U0598616
北京
参见78页~119页
河北、天津和山西
参见120页~139页
山东和河南
参见140页~159页
Harbin
THE NORTHEAST
Changchun
Shenyang
Hohhot
Beijing
Tianjin
Shijiazhuang
Taiyuan
Jinan
Yinchuan
BEIJING & THE NORTH
YELLOW SEA
Zhengzhou
Lanzhou
Nanjing
Shanghai
Xi'an
Hefei
Hangzhou
EAST CHINA SEA
Wuhan
CENTRAL CHINA
Chengdu
Nanchang
Chongqing
Changsha
Fuzhou
Taipei
PACIFIC OCEAN
THE SOUTHWEST
Guiyang
THE SOUTH
Guangzhou
Kunming
Hong Kong
Nanning
Macao
Haikou
SOUTH CHINA SEA
0 kilometers 400
0 miles 400
Nanning
Guangzhou
Hong Kong
Macao
Haikou
SOUTH CHINA SEA
南海诸岛

目击者旅游指南

中国

目击者旅游指南

中国

中国旅游出版社

责任编辑：张　旭
责任印制：闫立中

图书在版编目(CIP)数据
中国/英国DK公司编；徐彬译. --北京：中国旅游出版社，2011.10
（目击者旅游指南）
书名原文：Eyewitness Travel China
ISBN　978-7-5032-4053-9
Ⅰ.①中…　Ⅱ.①英…②徐…　Ⅲ.旅游指南－中国
Ⅳ.①K928.9
中国版本图书馆CIP数据核字(2010)第207669号

北京市版权局著作权合同登记号：图字：01-2010-2562
审图号：GS（2011）884号

书　　名：中国
原　　著：Dorling Kindersley 公司
译　　者：徐　彬　宋　爽　谭　莹　段林林　田　雨　任娟娟
徐艳秋　丰　慧　陈了了　岳秋菊　井娓妮
出版发行：中国旅游出版社
（北京建国门内大街甲9号　邮编：100005）
网　　站：http://www.cttp.net.cn
制　　版：北京中文天地文化艺术有限公司
经　　销：全国各地新华书店
印　　刷：北京华联印刷有限公司
版　　次：2011年10月第1版
2011年10月第1次印刷
开　　本：889毫米×1194毫米　1/32
印　　张：17.125
字　　数：834千
定　　价：78.00元

《目击者旅游指南》责任说明

我们将尽可能地确保本书在其出版时书中内容的时效性。然而，一些细节性资料，如电话号码、开放时间、价格、艺术馆的安排以及旅行信息等均有可能发生变化。对于任何因为利用本书或第三方网站上所获资料产生的后果，出版商概不负责。出版商也不能保证书中所列网址上的旅行资料一定有效。

我们热烈欢迎来自读者的建议和意见。来信请寄：Publisher, DK Eyewitness Travel Guides, Dorling Kindersley, 80 Strand, London WC2R 0RL，Great Britain.

◁ 蜿蜒的长城

孔子（前551~前479年）

目录

介绍中国

北部地区

中部地区

南部地区

广西桂林小镇里的山峰

西部地区

宁夏中卫高庙的牌楼

东北地区

内蒙古和丝绸之路

西藏

河南奉先寺——龙门石窟中规模最大的佛龛

如何使用本书

本旅游手册为您的中国旅行提供专家建议以及详细的实用信息，让您的中国之行得到最大的收获。开篇的中国简介引入中国地图，并将其置于历史文化背景之中。图上七大区域每个区域为一章，每章包括 1~7 个省。在本书中，您会看到有关中国主要景点的描述性文字，并配有地图、照片和图示。

1 总览
全书将中国分为七个区域，每个区域一个章节，每章各有专题介绍，并配以地图说明，图文并茂地介绍了中国全景。主要城市和景点都已在地图上标注出来。

"出游"部分简要介绍本区的长途旅行交通工具。

定位图用色彩表示各区域的分界线。

2 地域特色
每章中的区域概述都突出介绍了该地区的文化、历史、地理和饮食。除此之外，各章节中还有许多引人入胜的专题介绍。

3 篇章介绍
每章都使用特定的颜色。同时，为方便查阅，各个地区所有景点都已用数字在地图上标示出来。其中，黑圈里面的数字表明该景点在本篇章中出现的顺序。

所附地图标出了城市、铁路客运线路以及各主要道路的位置。

4 城镇地图
每一章所涉及的重要城镇都有详细描述，此外还推荐了许多景点。各章节内的“游客清单”提供一些实用信息。便携地图中则标明主要景点和交通枢纽的位置。
“游客清单”上列有景点地址、开放时间、交通信息等。
还有与地图上圆点相对应的景点清单。
5 主要景点
书中的古代建筑都配有细致入微的图解说明；博物馆有用不同色彩标示的平面图，有助于找出最佳展品；介绍公园时则附带地图，地图上标出了步行线路。
地图上的星号表示游客不可错过的特色景点。
6 主要城市地图
北京、香港和上海各成一章，并配有城市地图，景点都已用带有数字的圆圈标示出来。其中北京和香港有详细的搜街城市地图。
图中所示景点是按字母顺序排列的。
每章都有用不同颜色标出的翻阅标签。各个章节所对应的区域见封三。
7 详细信息
各景点编排顺序与篇章开头地图上的数字排序一致。

上用
上用

介绍中国

感受中国

蜿蜒曲折的万里长城、高耸入云的布达拉宫以及点缀在古代丝绸之路上的敦煌石窟让中国闻名于世。中国幅员辽阔，既有郁郁葱葱的亚热带森林，也有白雪皑皑的北方旷野，还有数千年来耕种不休的稻田。这里的人民和他们居住的土地一样与众不同，寺庙和住宅也别具特色。世界上只有极少数的几个国家能够提供如此丰富多彩的旅游景点。现在，中国已经成为世界上最受欢迎的旅游胜地之一。

光绪年间的瓷盘

富丽堂皇的北京紫禁城

北部地区

- 北京紫禁城
- 中国长城
- 西安兵马俑
- 平遥古城

华北拥有很多最具中国特色的风景名胜。紫禁城（参见86页~89页）是明清两代的皇宫。里面曲折的回廊以及富丽堂皇的亭台楼阁让游客流连忘返。紫禁城往北约75公里，矗立着雄伟的长城（参见106页~108页），这是古代中国在不同时期为抵御塞北游牧部落侵袭而修筑的军事工程。古都西安拥有中国第一个皇帝下令建造的兵马俑（参见168页~169页），陶俑排列整齐，是震惊世界的考古发现。西安郊外还分布着唐代帝王的陵寝。在山西，人们可以看到中国最古老的木建筑，比如在大同（参见131页）、五台山（参见134页~136页）、平遥（参见138页~139页）均有此类房屋。其中，平遥是中国保存最完好的古城，其城墙也完整保存了下来。

中部地区

- 蓬勃发展的上海
- 苏州园林
- 中国“威尼斯”
- 明代的屯溪和歙县

浙江是当今中国最富裕的省份之一，曾为早期通商口岸的宁波、温州等市集中了中国大部分财富。20世纪20年代，上海（参见182页~201页）被誉为“东方巴黎”。如今，它再次成为中国内地最耀眼最繁华的都市。浦西旧时的殖民建筑改建成了餐馆和酒吧，而如今对面已是浦东新区，建筑吊塔和摩天大楼林立。距上海不远，有美丽典雅的苏州园林（参见204页~215页）以及多个水乡古镇，比如同里、周庄以及无锡等（参见216页），它们有如“东方的威尼斯”。中国中部的内陆既有外观简朴的民居，也有富商大户的豪宅。多为明代住宅，它们散落在屯溪、歙县、宏村和西递等地（参见234页）。

熙熙攘攘的上海南京路上的霓虹灯

乘坐传统帆船是游览香港的好方法

南部地区

- 香港
- 厦门殖民地时期的建筑
- 多元文化宝库——泉州
- 永定土楼

中国南部地区的文化受外来文化的影响很大。秩序井然的大都市香港（参见308页~323页），原为英属殖民地，是繁华的现代大都会。其海山相映的维多利亚港有如“东方曼哈顿”，有壮观的城市风景。新中国成立前厦门（参见284页~285页）的外国人聚居区的外国人留下了精心建造的欧式楼房；而数百年前，天主教徒和穆斯林则在泉州留下了各式各样的宗教纪念碑，数量惊人。在这一地区的大山里，可以见到客家人建造的特色房屋——土楼，位于永定，这些建筑就是当地的客家人的村寨（参见288页），这种建筑既是民居，也是牲畜的圈舍。

丽江古城典型的鹅卵石街道

西部地区

- 广西喀斯特地貌
- 大理和丽江
- 广西三江风雨桥

中国西部风景优美，气候宜人，是少数民族聚居的地区。这些少数民族以其多姿多彩的节日和风格独特的建筑著称。广西境内的喀斯特地貌（参见410页~411页）是中国最著名的景点之一。从桂林（参见412页~413页）始发的漓江一日游颇受欢迎。大理（参见384页~385页）和丽江（参见388页~390页）是保存良好的云南山城，城内遍布蜿蜒曲折的小径与小溪。在广西三江（参见418页~419页）随处可以见到一种木石结构的风雨桥。

东北地区

- 大连和哈尔滨殖民地时期的建筑
- 沈阳故宫
- 长白山瀑布

夏天来到东北，可以使人躲开骄阳酷暑。在大连（参见442页~443页）和哈尔滨（参见448页~449页），日俄占领时期建造的建筑保留完好。沈阳（参见436页~437页）至今还保留着清朝的宫殿，伪满时期末代皇帝溥仪的宫殿则在长春（参见444页）。拥有多座火山的长白山（参见446页~447页）位于中朝边界，这里有著名的长白山天池。

内蒙古与丝绸之路

- 莫高窟
- 塔克拉玛干沙漠中的绿洲
- 藏传佛教寺庙

许多与中亚或更远区域的重要贸易线路都经过该地区，并在此留下了很多佛教古迹。其中最著名的是敦煌莫高窟（参见495页），石窟里的壁画记录了佛教在中国的发展历史以及敦煌附近权力的更迭。塔克拉玛干沙漠周围的绿洲包括吐鲁番（参见502页~503页），这里遍布大片的葡萄园。库车（参见507页）有土坯房。发展较快的喀什（参见508页~509页）有清真寺、周日大巴扎。西宁（参见496页）和夏河（参见480页）的藏传佛教寺庙为我们了解藏族文化提供了更多的选择。嘉峪关（参见490页~491页）是明长城的终点。

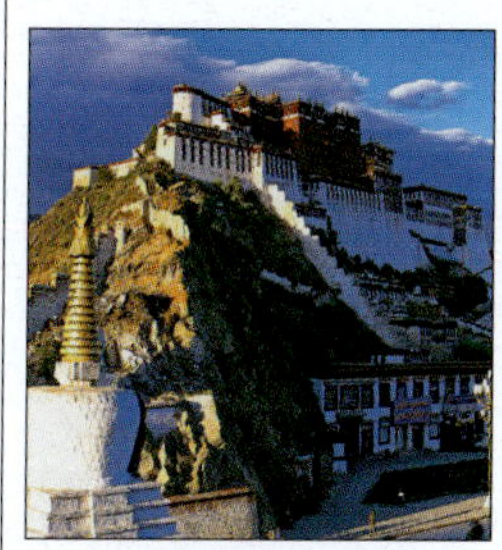

雄伟壮观的拉萨布达拉宫

西藏

- 坐火车去拉萨
- 拉萨布达拉宫
- 珠峰大本营

通往拉萨（参见526页~537页）的铁路是中国目前最壮观的也是世界上海拔最高的铁路线。高耸的布达拉宫（参见532页~533页）矗立在拉萨，让人肃然起敬。从中尼友谊公路前往珠峰大本营（参见544页~545页）沿途就能看到世界最高峰珠穆朗玛峰及其他多座8000米以上的山峰。

广西境内遍布高耸的喀斯特峰林

地图上的中国

中华人民共和国纵跨纬度50度，陆地面积约为960万平方公里，仅次于俄罗斯和加拿大，居世界第3位。其人口总数超过世界人口的1/5。中国与14个国家接壤。东面是太平洋，海岸线长达20000公里。首都北京是4个直辖市之一，人口近2000万。

图示
国际机场
高速公路
国道
铁路
国界
未定国界
省级界
RUSSIA
HEILONGJIANG
Qiqiha'er
Harbin
JILIN
Changchun
Jilin
NEI MONGOL
(INNER MONGOLIA)
ZIZHIQU
Xilinhot
L I A
Shenyang
LIAONING
Anshan
D.P.R.
KOREA
R.O.
KOREA
Hohhot
Baotou
Datong
BEIJING
BEIJING
Tianjin
TIANJIN
HEBEI
BO
HAI
Dalian
Yinchuan
Taiyuan
Shijiazhuang
NINGXIA
HUIZU
ZIXHIQU
SHANXI
Jinan
Qingdao
SHANDONG
YELLOW
SEA
CHINA
Luoyang
Zhengzhou
Xuzhou
JIANGSU
Xi'an
HENAN
Huainan
SHAANXI
Hefei
Nanjing
Shanghai
SHANGHAI
ANHUI
HUBEI
Hangzhou
Ningbo
Wuhan
CHONGQING
ZHEJIANG
Nanchang
EAST
CHINA SEA
Changsha
HUNAN
JIANGXI
FUJIAN
Fuzhou
Taipei
Guiyang
GUIZHOU
Xiamen
TAIWAN
GUANGDONG
GUANGXI
ZHUANGZU
ZIZHIQU
Guangzhou
Shenzhen
HONGKONG SAR
Hong Kong
Nanning
MACAO SAR
Macao
NAM
SOUTH
CHINA SEA
0 km 200
0 miles 200
Haikou
HAINAN
Heilong Jiang
Ergun
Xingkai Hu
Huang He (Yellow R.)
Chang Jiang (Yangtze R.)
Huai He
Yuan Jiang
Zi Shui
Nanning
Guangzhou
Hong Kong
Macao
Haikou
SOUTH
CHINA SEA
南海诸岛

中国概况

邓小平的改革开放政策使外国游客得以重返中国。但30多年过去了，对于外国人来说，中国在很大程度上依然显得神秘而陌生。这种神秘和陌生的色彩绝不亚于19世纪的情景，当时欧洲列强用坚船利炮迫使摇摇欲坠的末代王朝打开国门，开展贸易，接受外来者的探访。

这层神秘的面纱吸引着越来越多的外国游客涌入中国。而他们无一例外被中国的秀美景色深深折服。世界旅游组织预测，到2020年中国将成为世界上最受欢迎的旅游目的地。

长城的部分城墙如今被修缮一新，其蜿蜒曲折于天际间的恢弘气势令众多游客心醉神迷。紫禁城地处北京中心地带，游客如织，使人很难想象它往昔庄重肃穆的帝王气象。这里回廊曲折纵横，也会令试图一探究竟的游客迷失道路。西安秦始皇陵兵马俑虽为世人所熟知，但上千个陶俑列队的雄姿，只有亲眼看见才能真正感受得到。虽然中国还未全面实现经济飞速发展，但也绝非外国人所想象的蛮荒古国。在高楼林立的繁华都市的不远处，还能看到仍有人使用黄牛拉犁耕田；在偏远乡村，驴车仍是常见的交通工具。如果外国游客走进乡村，或许会引来村民的围观。

农民工

现代中国

尽管曾有饥荒和内战，中国人口仍在不到一个世纪的时间里从4亿增长到13亿之多。人口增长促使消费蓬勃发展。这点在城市里最为明显，这里有咖啡、计算机的广告牌，还有最近流行起来的快餐店、手机店甚至整容店等沿街而立。

据说上海是新时代具有中国创业精神的代表城市。在上海，游客随时能看到各种广告牌、高楼大厦，还有挂在商场外侧巨大的高清电视屏幕。

上海的摩天大楼是中国蓬勃发展的象征

◁ 中国南方喀斯特地貌风景区永恒的画面：月光下，一个渔民正用鸬鹚捕鱼

在巍峨群山中蜿蜒的长城

然而，上海只不过是一个城市而已，并非中国的全貌：中国的农村人口仍占总人口数量的半数以上，而且大多数企业仍归国有或国家控股。

中国一方面向世人展示了飞速的发展——豪华的宾馆，便利的交通，一流的餐厅都是明证。然而，这些令人欣喜的改变背后，却是古老的建筑不得不为四处延伸的公路让路，而这些新修的公路很快又会被堵得水泄不通。

如今，原来住在杂乱平房里的人们住进了楼房。在这里他们又重拾传统，养起了狮子犬。小鸟在精致的竹笼子里扑腾着翅膀鸣叫，养鸟人可能就坐在树下聊天。城市的广场上有人在放着五彩的风筝。

增长过快

中国经济的增长速度令世界震撼。但过快的经济发展也让生态环境付出了巨大代价。比如空气污染、自然环境恶化等就成为中国城市的主要问题。不过，随着政府控制污染对环境破坏的力度的加大，环境治理在一些城市已颇见成效：空气质量有了很大提高，江河湖泊的水质比过去洁净很多；不但有了更多的自然保护区，还建立了一些环境保护模范城市，而且针对环境保护的法律法规的执行也比以前更严格。

由于在农村工作机会少，数千万农村剩余劳动力涌入城市寻找更好的生活。快速发展的城市为他们提供了大量的就业机会。由于他们中的大多数人文化水平不高，又没有一技之长，所以基本从事的是体力劳动。很多人在建筑工地干活，虽然住在简陋的棚舍里，吃着简单的饭菜，但为了让家乡的亲人过上好日子，他们仍然省吃俭用，把积攒下来的工钱寄回家里。其他的农民工则选择在餐馆打工，或是从事其他

中国西南丽江的传统民居庭院

服务性行业，比如保姆、快递员、清洁工、保安员、城市小贩等。

虽然富裕的城里人有时会抱怨农村人口大量涌入导致城市犯罪率上升，然而他们对农民工的依赖却也越来越强，以至到了春节农民工返乡过年时，城里人会明显感到少了农民工们的服务，生活变得不那么便利了。

上海外滩的欧式建筑

政治

20 世纪末，欧洲的社会主义国家发生了一些风波，但中国政局十分稳定。

像许多其他民族一样，中华民族关心政治、关心国家，“国家兴亡，匹夫有责”绝对不是一句空话，而是渗透到中国普通百姓心灵的一种自觉和责任感。因此，虽然人们对政府也有不少的不满情绪，主要集中在腐败、污染、环境恶化以及不断上涨的房价和昂贵生活费用等问题上，但这一切都是基于中国老百姓对国家治理的关心，是中国传统习惯中很好的一个方面。

家庭生活

“家”对于中国人有着特殊的意义，家代表着亲人、温暖，中国人无论走多远，想家回家之情至死不变，活着的时候要游子归故，死了以后也要叶落归根。在中国，家总是与国连在一起。因此，中国人的家庭观念可能是世界上最强烈的。三代同堂甚至四代同堂的传统大家庭结构让家庭中的每一员感到安全。然而，随着社会进步和时代变迁，传统的中国家庭规模发生了变化，中国人的家庭开始向小型化、简单化和多样化转换。过去很少听说的丁克家庭、单亲家庭、空巢家庭、流动家庭、再婚家庭如今成为生活的现实。

20 世纪五六十年代以前的中国人对婚姻一般比较保守，“白头偕老”是他们对婚姻的理想，虽然很多家庭都存在着这样那样的问题，但社会环境和社会观念让他们不会轻易选择离婚。但 70 年代末以来，随着改革开放，新思潮新观念不断涌入，中国人的婚恋观也在发生着变化，离婚、再婚、不婚日益为社会所

上下班高峰时段的香港——媲美任何国际都市

理解并接受，中国人的性观念开始呈多元状态，对于婚前同居、婚外同居、私生子、二奶等问题，尽管大多数人仍持排斥态度，但社会容许度增加了。

目前中国仍在实行独生子女政策，因此，如何使那些在多个长辈呵护下的独生子女成长为勤奋、正直、有担当的人，是政府、社会、学校、家长们共同关心的问题。中国人历来注重对子女的教育，因而，教育投资在中国人的生活支出中占很大比例。儿女能上好的中学、大学是中国父母最感欣慰的事情。

中国的经济在飞速发展，中国人的生活水平也在不断提高。20世纪70年代，中国家庭梦寐以求的是自行车、手表、缝纫机；到80年代被冰箱、电视、洗衣机取代；而今，房子、车子、保险又成为中国人新的消费追求。从中不难看出中国人的生活是怎样发生着沧海桑田般的巨变的。

书同文

2003年，杨利伟成为中国第一个太空人，他搭乘神舟五号航天飞船绕地球14圈，创造了中国航天事业的历史，整个民族都为此感到骄傲。

中国人口最多的民族是汉族，此外还有55个少数民族（参见24页~25页）。中国各民族的人口分布呈现大散居、小聚居、交错杂居的特点。汉族地区有少数民族聚居，民族地区也有汉族居住，你中有我、我中有你；许多少数民族既有一块或几块聚居区，又散居全国各地。西南和西北是少数民族分布最集中的两个区域。西部12个省、自治区、直辖市居住着全国近70%的少数民族人口，边疆9个省、自治区居住着全国近60%的少数民族人口。随着中国经济社会的发展，少数民族人口分布范围进一步扩大，目前全国散居少数民族人口已超过3000万。近几年中国政府在加快少数民族地区经济社会发展和保护少数民族文化方面做出了努力。

北京传统的交通模式

少数民族母子

几乎每个中国人都学说汉语普通话，这是中国的官方语言。现代汉语可分为七大方言：北方方言、吴方言、赣方言、湘方言、客家方言、粤方言、闽方言，这七种方言中，以北方方言分布最广，其分布地域大约占全国面积的70%；使用的人口也最多，也占汉语人口的70%左右，其余六种方言的使用人口总和约占汉语人口的30%。各种方言发音存在极大不同，方言词汇也有浓重的地方文化和地方传统特色。

在饮食方面，不同地区的中国人有不同的喜好。有的地方人们喜欢吃辣，有的喜欢吃酸，还有的喜欢吃甜等。到四川和云南旅游的人们会发现当地人独爱辛辣食物，而到了广东、广西又

演艺明星在北京举办户外演唱会

会惊讶粤菜会如此精致。

文化和宗教

中国有很多的传统地方戏曲。如今各种现代艺术、电影和流行音乐也日益繁荣。其中有专门为游客准备的舞台表演。此外中国的大学生也喜欢聚在酒吧听中国本土的乐队演唱，而巨额投资的武侠大片则能吸引更大批的观众。

太空大国——中国第一个宇航员杨利伟

中国是一个宗教信仰自由、多种宗教并存的国家。信众共计 1 亿余人，宗教活动场所 8.5 万余处。在中国，全国性的宗教团体有中国佛教协会、中国道教协会、中国伊斯兰教协会、中国天主教爱国会、中国天主教主教团、中国基督教三自爱国运动委员会、中国基督教协会等。各宗教团体按照各自的章程选举、产生领导人和领导机构。

中国各宗教团体自主办理教务，并根据需要开办宗教院校，印刷发行宗教经典，出版宗教刊物，开办社会公益服务事业。中国与世界许多国家一样，实行宗教与教育分离的原则，在国民教育中，不对学生进行宗教教育。部分高等院校及研究机构开展宗教学的教学和研究。在各宗教组织开办的宗教院校中，根据各教需要进行宗教专业教育。宗教教职人员履行的正常教务活动，在宗教活动场所以及按宗教习惯在教徒自己家里进行的一切正常的宗教活动，如拜佛、诵经、礼拜、祈祷、讲经、讲道、弥撒、受洗、受戒、封斋、过宗教节日、终傅、追思等，都由宗教组织和教徒自理，受法律保护，任何人不得干涉。

在中国，各种宗教地位平等，和平共处，未发生过宗教纷争；信教的与不信教的公民之间也彼此尊重，团结和睦。这既是由于源远流长的中国传统思想文化中兼容、宽容等精神的影响，更是因为中华人民共和国成立后，中国政府制定和实施了宗教信仰自由政策，建立起了符合国情的政教关系。

中国的现代消费社会——北京西单

西部景观和野生动物

森林蝴蝶

中国西部气候干燥，西南高原起伏，西北沙漠广布，不适宜农耕，人口稀少——只有一些特别的动物适应这里的环境并生存了下来。青藏高原东部边缘森林覆盖的高山地区，绿竹广布，是中国最有名的世界珍奇稀有动物大熊猫的栖息地。发源于青藏高原的许多河流，为这里的森林带来丰沛的融雪水源，使这里成为种类繁多的动物、植物以及奇花异草的天堂（参见342页～343页）。

图示

① 青藏高原

② 中西部山脉

③ 西部及西北的沙漠

④ 竹林

青藏高原

青藏高原山脉纵横，南有喜马拉雅山，北有昆仑山和祁连山，西为喀喇昆仑山。平均海拔4875米，是世界上最高的高原。

中国中西部山脉

中国中部地区的天然森林占地52000平方公里，是野生动物的主要避难所，包括濒临灭绝的金丝猴等多个物种都栖息在这里。

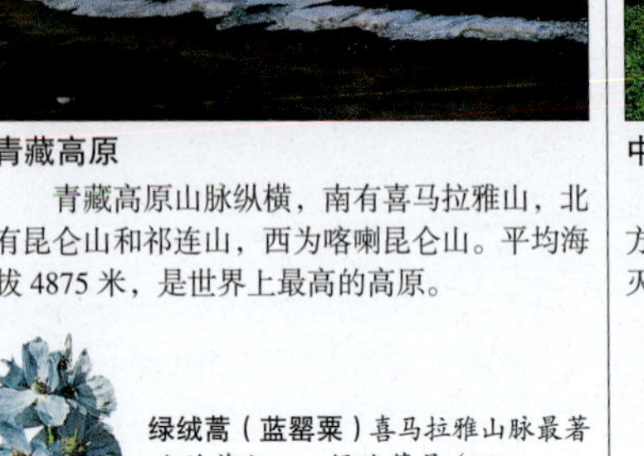

绿绒蒿（蓝罂粟）喜马拉雅山脉最著名的花之一。绿绒蒿属（Meconopsis）植物约有15种生长在云南和西藏，且多用于中药。

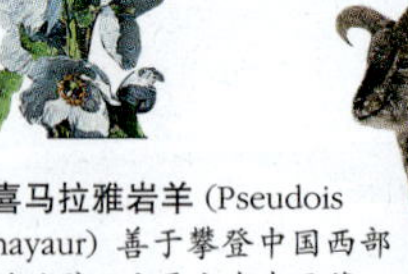

喜马拉雅岩羊（Pseudois nayaur）善于攀登中国西部的峭壁，主要分布在西藏、四川和云南。

雪豹（Panthera uncia）用厚厚的皮毛来保护自己，但由于其皮毛极为珍贵，过去常被猎杀，现已被列为濒危保护动物。

猕猴（Macaca mulatta）常见于中国各地的森林。它们虽然能够自主生存，但已经习惯了向人类乞讨食物。

杉木（Cunninghamia lanceolata）是一种常见的针叶树，主要分布在亚热带针阔叶混交林里。

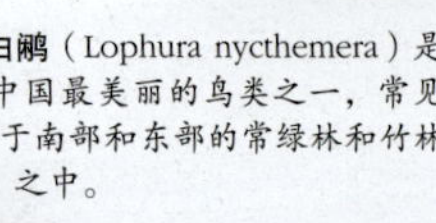

白鹇（Lophura nycthemera）是中国最美丽的鸟类之一，常见于南部和东部的常绿林和竹林之中。

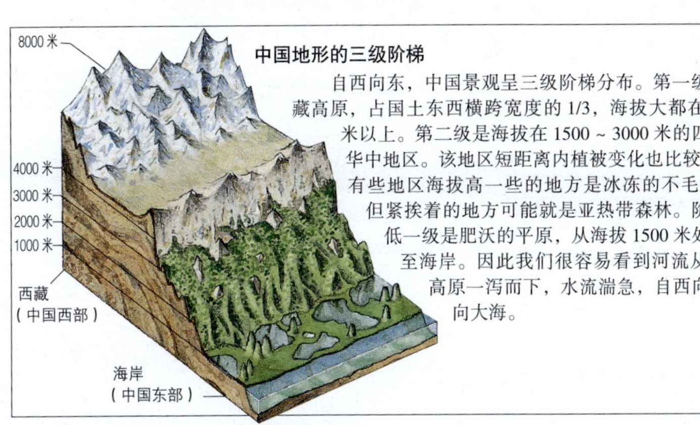

中国地形的三级阶梯

自西向东，中国景观呈三级阶梯分布。第一级是青藏高原，占国土东西横跨宽度的 1/3，海拔大都在 4000 米以上。第二级是海拔在 1500 ~ 3000 米的四川及华中地区。该地区短距离内植被变化也比较明显，有些地区海拔高一些的地方是冰冻的不毛之地，但紧挨着的地方可能就是亚热带森林。阶梯最低一级是肥沃的平原，从海拔 1500 米处延伸至海岸。因此我们很容易看到河流从青藏高原一泻而下，水流湍急，自西向东流向大海。

北部和西北部的沙漠

中国沙漠化面积占全国总面积的 20%，且集中分布在西北地区。在这种极端恶劣的生存环境里只有少数动植物得以生存，其中以爬行动物以及跳鼠之类的小型啮齿动物居多。

仅有约 600 只野生双峰驼（Camelus bactrianus）生存在中国的沙漠里。

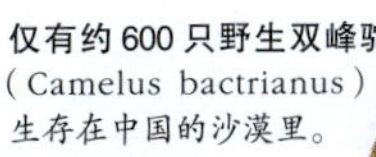

蒿子（Artemisia spp）是干旱草原上典型的低矮灌木，能够在盐碱地中生存，且耐周期性干旱。

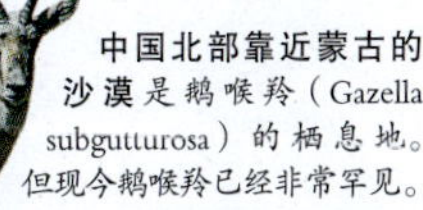

中国北部靠近蒙古的沙漠是鹅喉羚（Gazella subgutturosa）的栖息地。但现今鹅喉羚已经非常罕见。

竹林

中国约有 500 种竹子，占森林总面积的 3%，分布在 18 个省。这些竹林不仅是野生动物的重要栖息地，又由于其茎部坚韧难以折断，因此也是一种宝贵的资源。

毛竹林（Phyllostachys pubescens）中的竹子高大挺拔，竹子茎部坚韧，当地人将它应用到很多方面（参见 409 页）。

红腹锦鸡（Chrysolophus pictus）原产于中国中南部，生活在山坡上的矮树林间或者森林里，海拔在 800~2500 米。

大熊猫（Ailuropoda melanoleuca）是珍稀动物的代表，其数量在中国中部和西部的森林保护区内正不断增加。

东部风光和野生动物

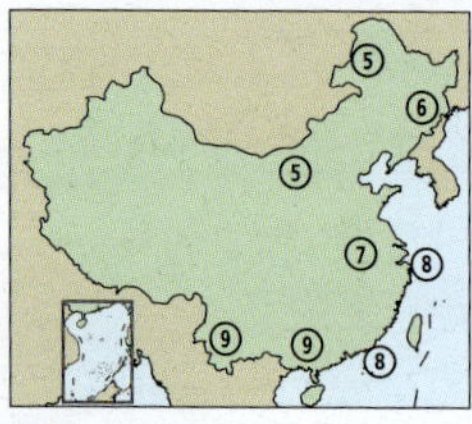

图示

- ⑤ 草原
- ⑥ 东北的森林
- ⑦ 肥沃的低地平原
- ⑧ 沿海湿地
- ⑨ 丛林

神圣的莲花

地处温带的国家中，中国拥有的动植物种类是最多的。其中，约有植物 30000 种，动物 500 种，鸟类 1200 种。尽管中国大部分低地平原已经精耕细作了数百年，仍有许多重要的野生动物栖息地，其中包括 120 万公顷湖泊，130 万公顷沼泽湿地以及沿海的盐沼湿地。中国东北边疆自然环境恶劣不适宜农耕，森林损耗较少。尽管林业生产砍伐了大量的树木，东北林区仍是中国面积最大的森林。草原相对较容易开发，因此许多草原都被开发成了耕地。

草原

草原上生长的草非常耐旱，是牧民畜养的牲畜的重要食物来源。草根紧紧抓住表层土，这样可以防止水土流失和荒漠化。但是近年来，由于农耕和放牧过度，北京经常遭受沙尘暴的袭击。

草原斑猫（Felis libyca）常栖息于西北天山的灌木草原，以小型哺乳动物、鸟类和爬虫为食。

大鸨（Otis tarda）体重最多可达 15 公斤，是最重的飞鸟，在户外干草堆上筑巢。

高鼻羚羊（Saiga tatarica）的大鼻子能够过滤灰尘，加热吸入的气体，是最奇特的草原动物之一。

中国东北林区

东北林区生长的树木主要是针叶树，如常绿树冷杉、云杉、松树以及落叶松。林区以南是混有橡树和白桦的温带阔叶林。

中国很多地区甚至包括海南省都有亚洲黑熊（Ursus thibetanus），冬季来临它们会去冬眠。

刺槐（Robinia pseudoacacia）虽原产于北美东部，但已在中国广泛种植。

美丽的灰喜鹊（Cyanopica cyana）素喜群居，经常成群飞过森林或公园。

生态威胁

空气、土壤和水污染严重威胁着中国脆弱的环境以及一些特有动植物。此外，一些稀有动物由于具有药用价值而被猎取，这就意味着许多物种会濒临灭绝。

不过，中国政府正在加大自然环境保护力度，且宣布由于生态系统改善以及对大熊猫、朱鹮和扬子鳄栖息地的保护，这些物种的数量正不断增加。

尽管如此，中国在环境保护方面仍有很长的路要走。

热带丛林

热带丛林常见于中国最南方，主要集中在海南岛以及云南山间的小块盆地。由于过度砍伐和放牧，许多森林已经变成了稀树草原，或是改成了种植园，尤其是橡胶这样有经济价值的植物。

富饶的平原

著名的黄河、长江等主要河流冲刷成的河道滩地经过精耕细作，原有的自然植被已经消失，一块块耕地连缀在一起，一望无际。平原地区的粮食作物以水稻为主，稻田与鱼塘相间分布，鱼塘则用来养鱼和鸭。

稻田 华中和华南肥沃的平原，山坡上满是稻田。

棕背伯劳 (Lanius schach) 分布在华东和华南，常栖息在路旁电线杆上。

水牛 (Bubalus arnee) 是一种用来耕地的家畜。它们在泥泞的稻田里显得悠闲自在。

湿地以及沿海地区

湿地是中国最多样化的生态系统，也是珍稀动植物的主要栖息地。一些湖泊和洪水淹没的河谷也是那些濒临灭绝的鹤等水鸟迁徙途中的驿站。

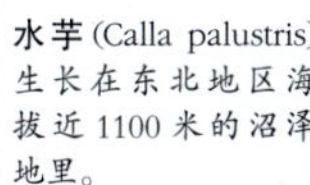

水芋 (Calla palustris) 生长在东北地区海拔近1100米的沼泽地里。

鸳鸯 (Aix galericulata) 看上去样子很别致，常见于东北地区多树的小溪边，通常在树洞中筑巢。

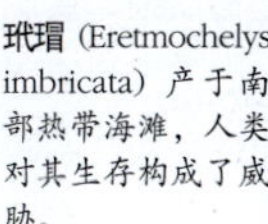

玳瑁 (Eretmochelys imbricata) 产于南部热带海滩，人类对其生存构成了威胁。

中国的民族

中国有55个少数民族，每个民族都有自己独特的风俗习惯、服装甚至语言。尽管少数民族文化丰富多彩，但人口只占全国的7%，其余皆为汉族人。随着社会现代化，各族相互通婚，民族差异也不断淡化，但是各个民族仍为本民族的传统感到自豪，始终保留着自己传统的信仰和习俗。少数民族（尤其是妇女）的服饰样式各异，十分漂亮。如今，这各式各样的服饰和丰富多彩的文化已经成为少数民族一大亮点，吸引了众多游客，也促进了当地经济发展。

人口逾百万的哈萨克族信仰伊斯兰教，聚居在新疆北部。哈萨克人以马术著称，其宝贵的马匹和牧场就是他们的生活重心。

维吾尔族信仰伊斯兰教，语言与土耳其语相似，人口约839万，聚居在中国西北的新疆维吾尔自治区。

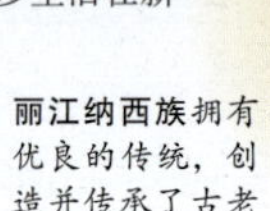

西北

中国西北地区多为沙漠、半沙漠以及山区，居民多信奉伊斯兰教。该地区的少数民族有维吾尔族、回族、哈萨克族、乌孜别克族、塔吉克族和塔塔尔族等。其中维吾尔族是该地区最主要的少数民族，他们多生活在新疆维吾尔自治区。

丽江纳西族拥有优良的传统，创造并传承了古老的东巴象形文字。

白族人主要生活在四川、云南、贵州、湖南等地，人口约160万。其中云南大理是白族自治州，是白族人的主要聚居地。白族人传统上以农耕渔猎为生，他们的民族服装色彩丰富，吸引了很多游客。

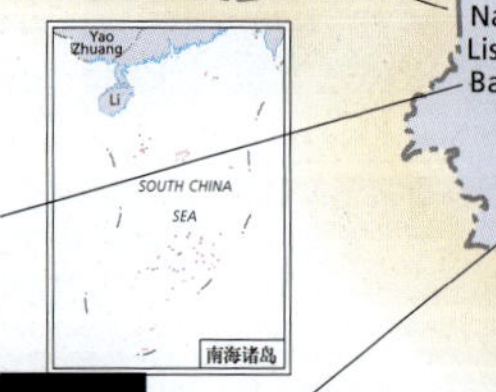

西南

青藏高原位于中国西南部，约20个少数民族在此聚居，其中藏族人口约541万，是中国最具民族多样性的地区。彝族是该地区人口最多（776万）的少数民族，散居在四川、云南及贵州等地。

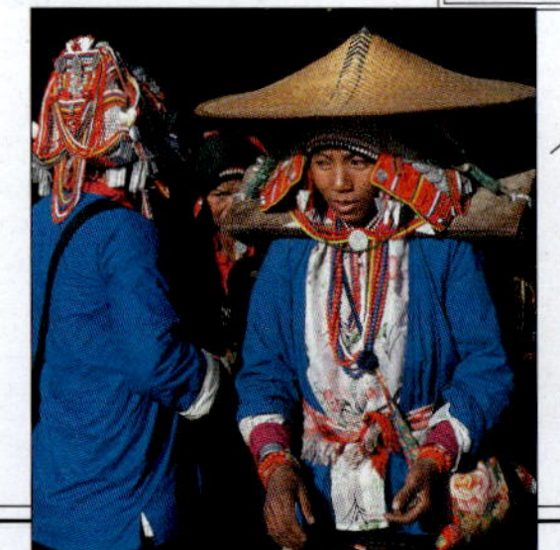

傣族和哈尼族主要聚居在云南南部的西双版纳，这里属热带地区。这里的居民主要信仰佛教，他们崇尚自然，以农耕为主。

东北

除了蒙古族，东北地区还有一些人口较少的少数民族,包括人口几千人的达斡尔族、鄂伦春族、赫哲族以及鄂温克族。还有约200万人的朝鲜族。不过该地区人口最多的少数民族是满族，约1068万人。

回族主要聚居在宁夏回族自治区，但在全国各个省市也都有回族聚居地。

鄂伦春族是中国人口最少的少数民族之一，仅有约7000人，主要聚居地是内蒙古和黑龙江。鄂伦春人住在用木杆和兽皮或桦树皮搭盖而成的很简陋的圆锥形房屋里（参见453页）。

华中以及华东

人口63万的畲族人主要居住在闽浙两省。主要从事农业，传统上善于使用竹子编制工艺品。另一个人口较少的少数民族是高山族（约45万人），该民族来自台湾地区，大部分都定居在位于中国内地东部的福建省。

土家族的民族历史已有2000多年，人口约802万，聚居在湖南、湖北、四川等地。

华南

壮族（约1617万人，2000年统计）是中国人口最多的少数民族，聚居在广西壮族自治区，这里有著名的龙胜龙脊梯田。壮族人与傣族人有语言及文化上的联系，后者则与泰国人存在一定的种族关系。苗族（894万人）主要聚居在中国南部省份，苗族人以其精湛的技艺和多彩的节日著称（参见404页～405页）。

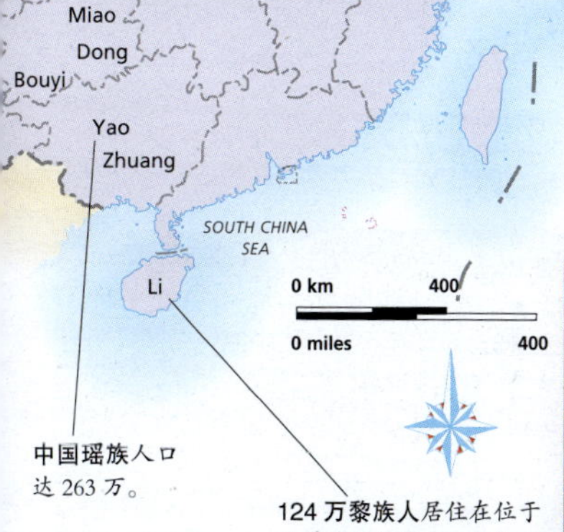

中国瑶族人口达263万。

124万黎族人居住在位于热带地区的海南。他们以其传统的织技著称，善于织造五彩缤纷的布匹。

语言文字

中国最早的文字是商朝（前16~前11世纪）时期刻在龟甲和兽骨上用于占卜记事的符号。尽管不同的书写材料使中国文字发生了一些变化，但整体上仍然具有高度的连续性。一般说来至少要认识3000个汉字才能读报，而一个受过良好教育的人至少应该认得5000个汉字。中国现在的官方语言是普通话，不过仍有许多方言与之共存。虽然来自中国不同地区的人们听不懂对方的话语，但他们写的却都是同一种文字。

仓颉是传说中黄帝时期的史官。传说一天早上，仓颉看到雪地里鸟兽的爪痕，从中受到启发，便创造了象形文字。

美丽的汉字

中国书法已上升为一种艺术形式，同绘画（参见39页）一样具有视觉审美价值。中国文字最早刻在甲骨上，后又出现了铸造在钟鼎之上的金文以及刻在石头上的石鼓文，之后又以毛笔书写在丝绸或纸张上。随着书写工具的改变，书写的风格也随之越来越流畅。

朱红印章上面可能刻着收藏者的名字或其他文字。

书写材料有丝绸、石头、纸张等。造纸术是在公元2世纪的时候由东汉蔡伦发明的。

草书笔画连贯，简练生动，有较强的表现力。

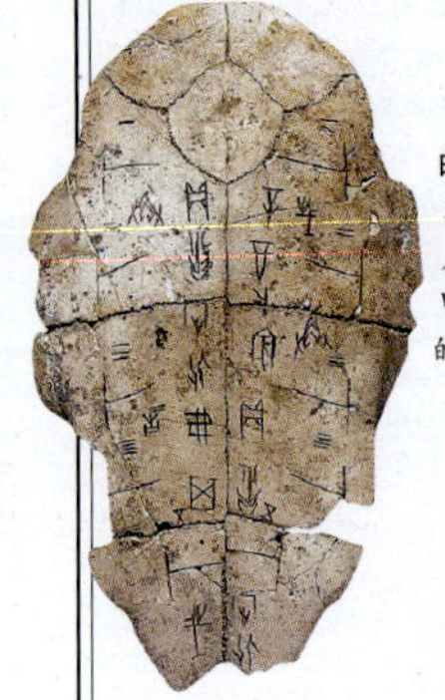

甲骨文是中国最早的文字。人们把占卜的问题刻在甲骨上，然后用火灼烧甲骨，根据甲骨反面裂出的裂痕来确定答案。

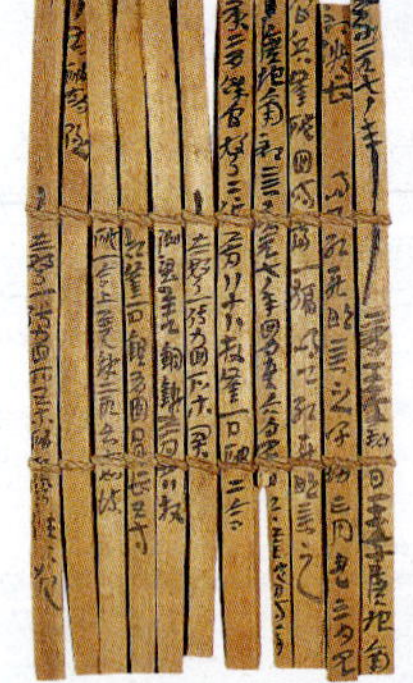

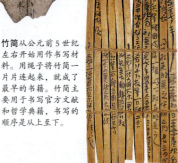

竹简从公元前5世纪左右开始用作书写材料。用绳子将竹简一片片连起来，就成了最早的书籍。竹简主要用于书写官方文献和哲学典籍，书写的顺序是从上至下。

《金刚经》（868年）是世界上最早的有明确刊印日期的木刻版印刷品。印刷术的发明比《金刚经》早约一个世纪。活字印刷术是11世纪时发明的。

汉字

是音、形、意结合的文字。一个汉字的偏旁，即汉字上边或左边部分，通常为推断该字的意义提供了线索。这里以“好”为例，其发音为“hǎo”，这个字是“子”字部，意为“孩子”，意思就是“女人”加“孩子”等于“好”。

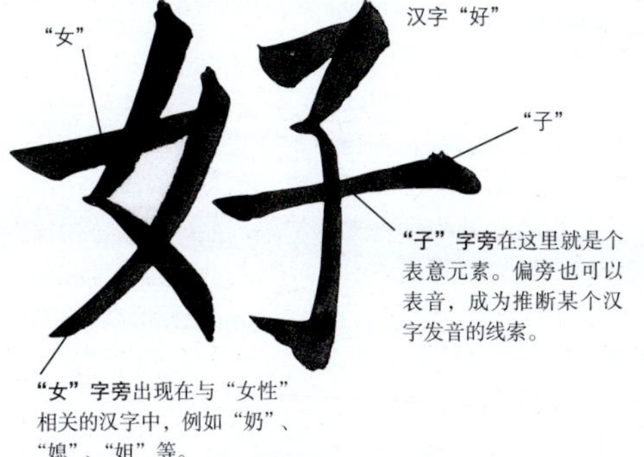

“子”字旁在这里就是个表意元素。偏旁也可以表音，成为推断某个汉字发音的线索。

“女”字旁出现在与“女性”相关的汉字中，例如“奶”、“媳”、“姐”等。

拼音是汉字罗马化的统一规范，1956 年公布。拼音不是用来取代汉字的，只是为了让孩子的汉语入门更简单，让汉字更容易输入计算机。

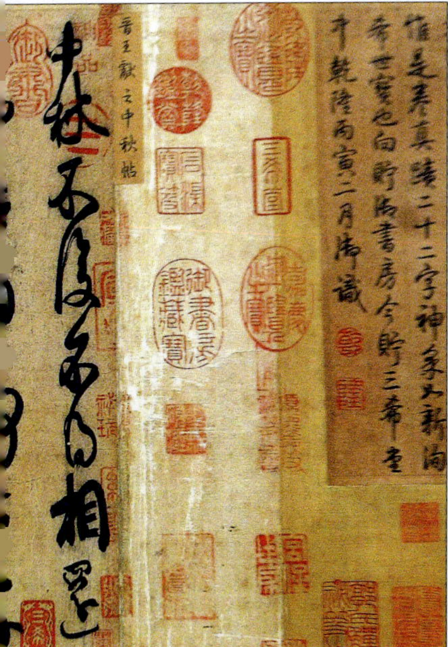

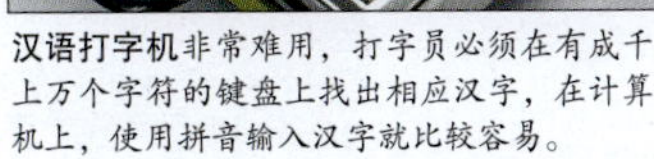

汉语打字机非常难用，打字员必须在有成千上万个字符的键盘上找出相应汉字，在计算机上，使用拼音输入汉字就比较容易。

书法种类

篆书起源于周代，用于雕刻铭文。

隶书在东汉时达到顶峰，用于石刻碑文。

楷书由隶书演变而来，唐朝时开始成熟，是现代汉字的基础。

草书笔画精练，往往演化成抽象的曲线或圆点。

行书笔画相互牵连，介于楷书和草书之间。

简体字 1956 年中国开始推行简化字，最初的目的是尽快使大批农民学会阅读。

中国文学

中国最早的书可以追溯到公元前6世纪，这些书主要是哲学类的，如儒家的《论语》、道家的《道德经》。汉朝（前206~220年）司马迁的《史记》之后历史也开始成为一种文学体裁，自那以后，中国历朝历代都编修前朝的史书。成熟的小说体裁是在明代（1368~1644年）出现的，清代小说达到了一个历史的高峰。20世纪80年代以来，中国作家获得了越来越多的创作自由。

《论语》的作者孔子及其弟子

经典

秦王朝之后，儒家思想一度成为政权的统治思想，其中《诗经》、《尚书》《礼记》、《周易》和《春秋》五部古代文献被尊奉为儒家经典，被定为中国教育的基础。

士大夫通过参加朝廷的科举考试获取官职，考查内容是以上经典著作的具体知识以及文章水平。

贾宝玉《红楼梦》的主人公自称怡红公子，不愿意遵从父亲学习“道德文章”。

唐代诗人

中国最早的诗歌集是《诗经》和《楚辞》，1200年后中国诗歌于唐代（618～907年）达到顶峰，李白和杜甫是唐代最伟大的两位诗人，此外还有8世纪的“诗佛”王维，以及稍晚一点的白居易（772～846年）。

杜甫（712～770年）的诗多涉及战争苦难以及家庭生活。杜甫的诗篇充满对下层人民的同情，深具儒家美德。杜诗多用典，尽显诗人博学多才。

李白（701～761年）的诗热情奔放。他是个多产诗人，最爱写以赏月饮酒为主题的诗，李白诗歌所表达的摆脱束缚、追求自由的主题符合道家思想。

小说

到了明代，小说从民间故事和神话逐渐发展形成了一批经典著作，比如《西游记》、《三国演义》及《水浒传》。《水浒传》讲述的是绿林英雄揭竿而起，对抗腐败官府的故事。到了清朝，小说进一步发展，出现了语言以及人物刻画达到高峰的浪漫小说《红楼梦》。小说内容反复被改编成京剧、电视剧、电影等作品。

武圣关帝起源于《三国演义》中所描写的蜀国大将关羽。这部小说是基于三国时期（220~280年）的历史人物加工而成的。关帝象征着正义、忠诚和正直，在中国的许多庙宇内都能见到关帝像。

《西游记》是根据佛教僧人玄奘西行印度取经的经历而写的一部传奇历险故事。这部创作于明代晚期的小说以随唐僧取经的徒弟孙悟空为中心，在中国文化中孙悟空已经成为机智与勇敢的化身。

《红楼梦》

堪称中国最伟大的一部小说，展现了清朝贵族家庭的没落。《红楼梦》蕴涵超脱的道家思想，描写了贾宝玉以及金陵十二钗的生活以及爱情，人物刻画细致入微。

20 世纪

20 世纪初，中国小说家和剧作家开始用新的现实主义的风格探讨一系列社会问题，“文化大革命”（参见 64 页 ~ 65 页）期间许多作家遭受迫害。“文革”后，各种形式和风格的文学作品越来越多。

莫言是“文革”之后的小说家，他最著名的小说是《红高粱》（1986 年），改编成了一部颇有分量的电影。莫言写作风格丰富多样，往往比较生动形象、荒诞离奇，且又充满想象力。

鲁迅是 20 世纪早期的短篇小说和中篇小说作家，被称为中国现代文学之父。他的作品具有写实、讽刺的写作风格。在他笔下，最著名的人物可能要数阿 Q。阿 Q 是辛亥革命前后被压迫、落后、不觉悟农民的缩影。

宗教与哲学

中国宗教和哲学按传统可分为儒、释、道三大派。这三种宗教和谐共生，在一座庙宇里同时供奉三教神的现象并不稀奇。在中国，儒家思想一般不认为是一种宗教。它最早对中国人产生现实的影响力，它强调人对社会的责任，历来被视为官方指导思想。道家所代表的是一种更个人化、更本真的状态。与儒家注重遵守既定的礼法不同，道家强调事务的相对性。佛教是外来宗教，注重对精神的修持和对来世的向往，它主张舍弃对现实物质的追求，为中国人提供了实用主义立场之外的其他选择。“文化大革命”期间，宗教因有悖共产主义思想而被取缔。如今人们能够自由地表达他们的信仰。

老子、佛陀和孔子

儒家思想

儒家创始人为孔子（前551~前479年），孔子的思想被后来的思想家继承和发扬。儒家将社会看做是用一系列道德规范让人们彼此约束的尊卑有序的等级结构，每个人都受到五种人际关系的约束，即所谓三纲五常，其中三纲是：君为臣纲，父为子纲，夫为妻纲。儒家思想是中国封建社会统治阶级的官方哲学。新中国成立后，在很长一段时间内，儒家思想由于和以前的封建统治阶级的联系而受到排斥。

孔子是中国古代伟大的思想家和教育家，他的平家治国之道是以仁和义为本的。孔子去世之后，其弟子继续传播孔子的思想学说。

孝是儒家伦理道德的另一个核心内容，儒家的孝指的是要尊敬顺从父母，进而延伸到尊重爱护其他的家庭成员。

祭孔每年9月底在孔子故里曲阜举行。至今仍有十几万孔子后裔居住在曲阜。

尊重祖先就是基于孝道，这始终贯穿在中国文化中。农历四月的清明节是中国的传统节日，人们在这一天要扫墓祭祖。

后世学者整理了儒家经典著作，包括《论语》，这部书记录了孔子的言行，在孔子去世后由他的门生及再传弟子编撰而成。这些儒家经典著作在1912年之前一直是教育的主体内容。

道教

道教与早期的民间信仰密不可分，道教的宇宙观吸收的传统概念包括“阴”和“阳”以及导引能量的“气”。随着时间的推移，道教发展成为一个神祇林立的复杂宗教。道家思想鼓励人们相信自己的直觉，劝诫人们按照宇宙运行的法则“道”来生活。

老子，道教的创始人，是一个充满神秘色彩的人物，他大约生活在公元前6世纪。《道德经》相传为老子所作，该书阐述了道家的哲学思想和处世方式。

韩湘子，道教八仙之一，据说是登桃树坠死而尸解登仙。在传说中，韩湘子往往是手持玉屏箫。

炼丹术致力于寻找长生不老药，深受封建帝王的青睐。道教促进了科学的发展，导致了9世纪火药的发明。

《桃花源记》是诗人陶渊明的代表作。这部作品深受道家思想的影响，描述了一个渔人偶然进入了仙境般的世外桃源。道家崇尚自然，使世人创作出许多这样的理想乐园。

佛教

中国的佛教主要是大乘佛教，它承诺所有修行信徒都能获得救赎（人皆具菩提心可以成佛）。修行圣者菩萨留在世上普度众生。信徒通过修行和行善来积攒功德，由菩萨接引他们去往极乐世界。

西方广目天王（左）执蛇；**北方多闻天王**执宝伞。四大天王守护着众寺庙的入口，保护佛法不受世俗的侵犯。

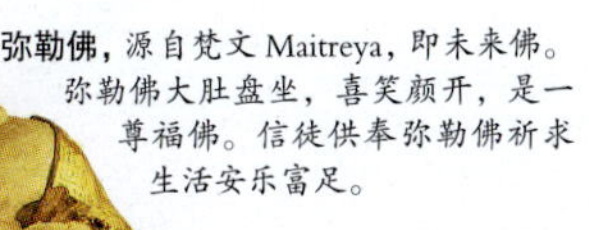

弥勒佛，源自梵文 Maitreya，即未来佛。弥勒佛大肚盘坐，喜笑颜开，是一尊福佛。信徒供奉弥勒佛祈求生活安乐富足。

罗汉是佛陀的弟子，寺庙常供有十八罗汉。罗汉至高的修行境界使得他们能够超脱生死。

佛教徒烧香来祈福求安。众多信徒烧香礼佛，积攒功德，寺庙由此释放出强大的精神能量。

“气”的力量

中国哲学的宇宙观认为“气”充盈宇宙，这一观点可上溯到商周时期。气被视为宇宙和地球的本原，后来气又被补充发展为相互对立的“阴”、“阳”二气。宇宙万物的发展与变化都是气自身运动的产物。在道家经典《道德经》中，“气”与“道”同义。汉字“气”（右）象征一碗冒气的米饭，米之能量即“气”正向上升起。“气”的概念贯穿在中国思想的所有领域中，它是中国传统科学艺术的指导原则。

汉字“气”，象征着一碗冒气的米饭

“气”的利用

“气”的利用体现在多个实践和应用领域。例如，在公元前2世纪，中医学逐渐建立发展起来，“气”就被确定为中医学的核心概念。“气”是万物的生存必需，它通过气道经络流布全身各处。（参见232页）

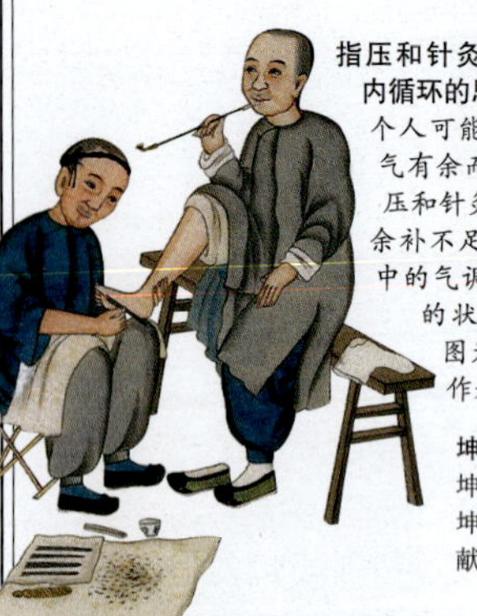

指压和针灸疗法以气在体内循环的思想为依据。一个人可能会因气不足或气有余而感到不适，指压和针灸疗法通过损有余补不足的方法将人体中的气调整到正常运行的状态。（编者注：图为修脚图，疑是作者理解有误）

坤卦为纯阴卦。坤为地卦象，坤卦意味着奉献和接受

气功是一种以“气”为基础的深呼吸练习。道家传统养生观认为加强呼吸的锻炼能够延长寿命。如今，人们通过练气功来增强身心健康。

武术强调练气，习武者如少林寺的武僧，通过集体武术表演展示了他们惊人的体魄和持久的忍耐力。

风水师用罗盘和其他仪器在追踪一个办公楼内的气流。风水很受香港人的欢迎，他们一般不会把风水看成迷信活动。

风水

风水的基本理论依据也是“气”的概念。运用风水学可以策划出建筑物或房间的合理布局，比如大门在哪更为合适，通过这些布局来影响“气”的流动，从而提高居住者的运势。

明十三陵（参见104页～105页），是中国明代皇帝的墓葬建筑群，从选址到规划设计都是在中国传统风水学说的指导下进行的。坐落于十三陵北部的军都山脉可以阻挡住来自北方的煞气。

香港汇丰大厦位于香港皇后像广场前端（参见308页）。该建筑被认为拥有绝佳的风水布局，汇丰大厦面朝海湾，大厦前面没有其他建筑物遮挡因此可以自由接纳外来的贵气。

《易经》

是中国古代经典，《易经》又名《周易》，几千年来《易经》一直用于占卜。在《易经》中八卦互相搭配得到六十四卦，每卦各有六条阴爻和阳爻组成。六十四卦比八卦更能显示出气的复杂状态。

乾卦，为纯阳卦，由三条不间断的线组成

阴阳标志，代表相互依存的阴（负）和阳（正）

孔子晚年非常喜欢研究《易经》，并为《易经》写了注释。这幅图里，孔子正用蓍草排列成卦，并参考《易经》来确定每卦的意义。

八卦图

八卦围绕着阴阳符号，组成基本的八卦图，寓含气的运转。每卦由三条断开的横线（阴爻）或不间断的横线（阳爻）组成。阴阳两爻组合得出各种卦象，这些卦象描绘出阴阳二气潜在的运转状态。

灵签占卜常用来预测未来。在香港的寺庙外，人们常常可以看到善男信女将灵签撒在地上，随后卜卦师通过显示的八卦阵来解读卦象。

建筑

皇家建筑琉璃瓦上的龙

中国宫殿建筑和宗教建筑2000多年来一直使用同样的建筑结构。这种建筑结构由三部分组成：台基、梁柱和墙身。中国古建筑群的显著特征包括一个外门、四面围墙、围廊以及由南向北展开的一座座院落。中国古代建筑以木质结构为主，但是由于木质建筑容易引发火灾，因此只有少数建筑保存至今。中国目前能够完整见到的最早建筑建于唐代。

鸟瞰北京故宫，能够看出传统的平面均衡对称布局

堂

中国古代主体建筑中的堂历来采用一种建筑模式，即由夯土或石头砌筑而成的堂基，呈现方格状的楹柱。堂前“间”的数量通常为奇数。斗拱位于立柱和横梁的交接处，其作用是承托梁架的荷载和向外挑出的屋檐。木柱所涂的漆色彩鲜艳，屋顶呈现出优美舒缓的屋面曲线，并铺以瓦片或茅草。

乾清门（参见87页）是一座典型的宫殿式大门，它是连接内廷与外朝的重要通道。乾清门的开间为奇数，符合中国古建筑的惯有风格。

标准的堂 中国的古代建筑物遵循了按照比例布局的一系列规则。这种统一的组群布局得到世人的认同，这对中国这样一个疆土辽阔民俗各异的国家是有益的。

楼、阁

中国多层建筑始于宝塔的建造。这些建筑物各不相同，既有两层的民宅也有七层以上的观景塔楼。阁的用途是存放物品，因此只在正面装有门窗。这两种类型的建筑均保持了中国古建筑的基本要素，那就是台基、梁柱、墙身。

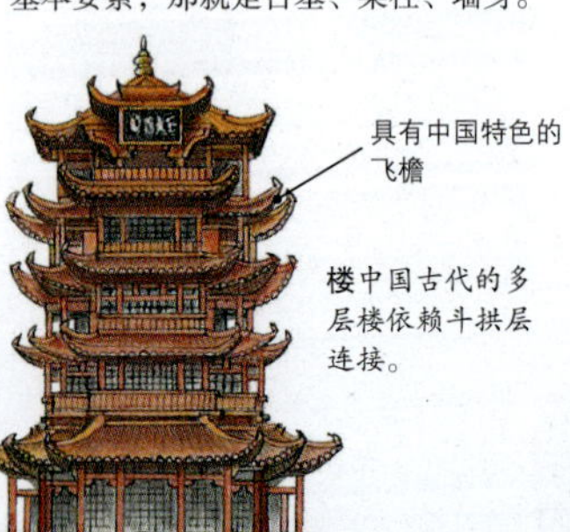

楼 中国古代的多层楼依赖斗拱层连接。

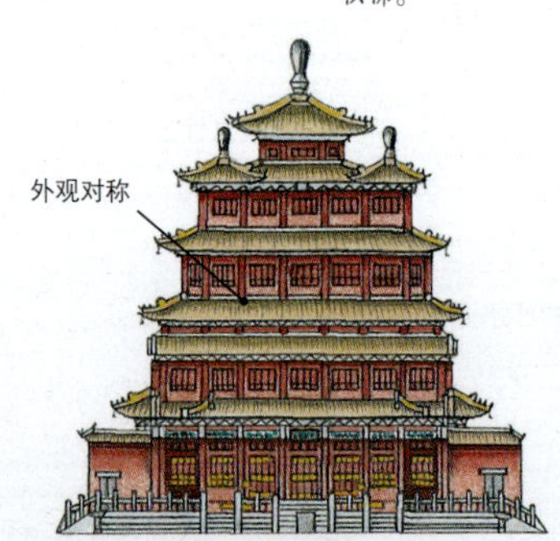

阁 用于藏书和供佛。

塔

随着公元1世纪佛教的传入，中国宝塔在印度佛塔建筑的基础上逐渐发展起来。在佛寺里，多层宝塔和其他建筑物构成了一个建筑群（后来多层宝塔通常作为单体建筑独立建造），多层宝塔往往被用来安置佛像。建塔的材料有砖、石或木材。

塔尖与印度佛塔的塔尖相似

塔基下通常建有地下室

牌坊

牌坊，亦称牌楼，是纪念性或装饰性建筑物。有木牌楼、砖牌楼、石牌楼和琉璃牌楼。牌楼上往往有寓意深刻的题词。牌楼建在街道的交叉口、寺庙、桥梁、衙署、公园和陵墓前。

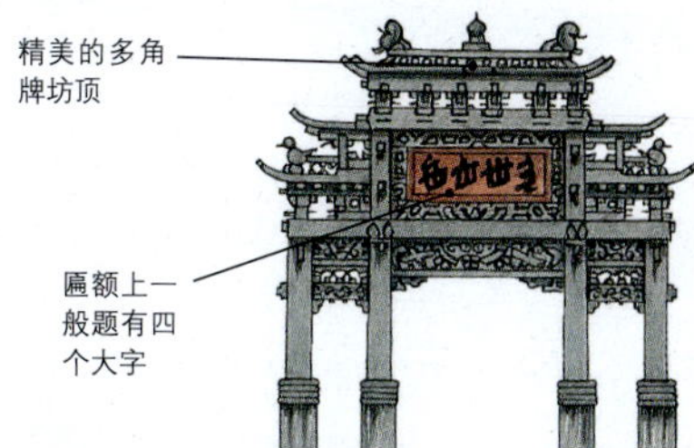

城墙

早期用作抵御外敌的城墙，和中国其他早期建筑一样，是用土夯筑而成的。土坯有两种：一种是将土放在坯模中夯筑成坯，还有一种是用湿草泥脱模晒干成坯。后来人们通常用砖砌筑城墙。按中国的建筑传统，城墙呈正方形，正门朝南。古汉语中“城”也有“墙”的意思。

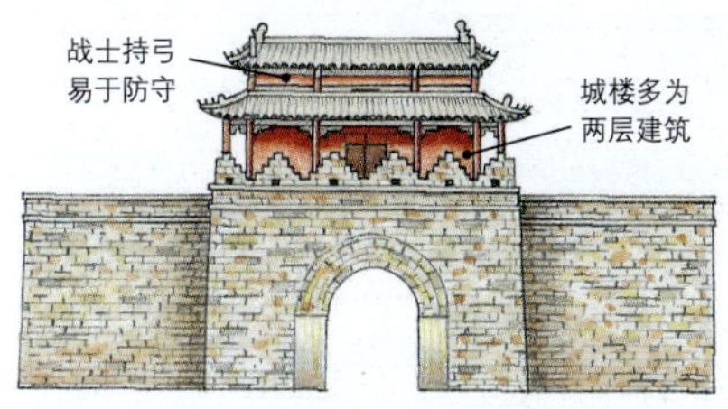

城墙和城门位于城墙上的城楼建筑样式各不相同，既有单层简单建筑，也有宏伟的多层建筑。

城墙通常由夯土和砖砌筑而成，其墙体和城楼是有效的防御设施。北京和上海原来都有城墙环绕。

建筑细节

中国的建筑细节是很有趣的。例如，只有皇家建筑才能使用黄瓦。九龙壁在紫禁城和其他皇家园林中可以见到，壁上雕有九龙。自古龙是阳或男性的象征，后来成为帝王的象征。

鸱吻据说鸱吻能够喷水镇火，因此古代的人们常把鸱吻装饰在屋脊之上以避火灾。

斗拱起着承上启下、传递荷载的作用。斗拱显示了中国传统的建筑技艺，其全部结构不使用一枚铁钉，斗拱还有很强的装饰性。

中国的发明

袖珍罗盘

印刷的书籍、瓷器、丝绸、雨伞和风筝都源于中国，这些日用品只是中国古代发明的一部分，现在全世界都在使用。值得注意的是，中国烧瓷技术比欧洲早1000余年。哲学对中国两项最显著的发明起到了一定的作用。炼丹术士在寻找长生不老药时偶然发明了火药，而磁罗盘则是从测风水和占卜的仪器演变而来的。

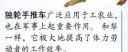

独轮手推车广泛应用于工农业，也在军事上起重要作用。和犁一样，它极大地提高了体力劳动者的工作效率。

铸铁把铁矿石放进高温熔炉加热之前混入磷来降低铁矿石熔点。这种降低熔点的技术在数百年前就被用于制陶。

十进制伴随着书写系统发展起来，这种记数法推动了数学的发展。

最早的纸以树皮、竹、麻、亚麻和丝绸为造纸原料。

弩与弓相比具有更远的射程、更强的穿透力以及更高的命中率。

2000年 | 1800年 | 1600年 | 1400年 | 1200年 | 1000年 | 800年 | 600年 | 400年 | 200年

公元前 公元前20

2000年 | 1800年 | 1600年 | 1400年 | 1200年 | 1000年 | 800年 | 600年 | 400年 | 200年

粗瓷器的烧制最早可推至商代，早期的釉色泽饱满，并且已能防水。

宽犁亦称翻土板犁。提高了农民的耕作效率。犁头使用了铸铁刃，可以耕翻从未开垦过的土壤。

快速飞跃

早期的技术进步引发了中国的农业技术革命。铁刃犁增加了可耕土地的面积，提高了耕地的产量，维持了更多人口的生存。在加强中央集权政府对众多人口的管理这方面，造纸、印刷技术以及纸币的发明显得尤为关键。比如在那些采矿和烧瓷的工厂，劳动力、组织能力和技术的增强既提高了产量，也提高了中国的军事力量。

磁性罗盘用于风水操作，最初的罗盘是由一把磁石勺子和一个铜制的盘子组成。后来中国水手在远洋贸易航行中用罗盘来帮助寻找方向。

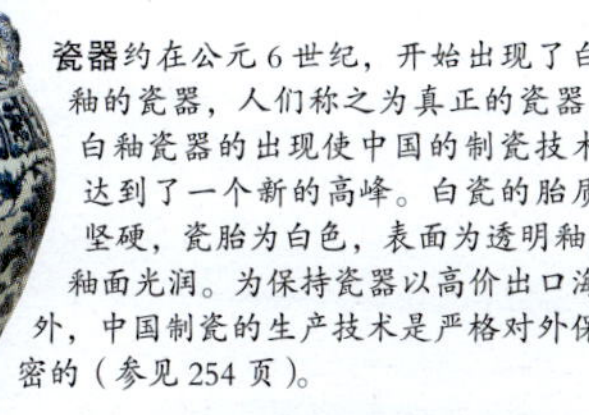

瓷器约在公元6世纪，开始出现了白釉的瓷器，人们称之为真正的瓷器。白釉瓷器的出现使中国的制瓷技术达到了一个新的高峰。白瓷的胎质坚硬，瓷胎为白色，表面为透明釉，釉面光润。为保持瓷器以高价出口海外，中国制瓷的生产技术是严格对外保密的（参见254页）。

印刷术

印刷术是中国古代四大发明之一。它开始于隋朝的雕版印刷，经宋仁宗时代的毕昇发展、完善，产生了活字印刷，并由蒙古人传至欧洲，所以后人称毕昇为印刷术的始祖。中国的印刷术是人类近代文明的先导，为知识的广泛传播、交流创造了条件。印刷术先后传到朝鲜、日本、中亚、西亚和欧洲。

马镫增加了马匹在通信、运输和战争中所起的作用。

印刷术雕版印刷术最初被用来传播佛教教义。《金刚经》（参见26页）的传入促进了雕版印刷的进一步发展。1041~1048年，毕昇发明了活字印刷，他用胶泥制字，一字一印。

0年 400年 600年 800年 1000年 1200年 1400年 1600年 1800年 2000年

公元

0年 400年 600年 800年 1000年 1200年 1400年 1600年 1800年 2000年

纸币最初作为商品交换的凭证由商人来发行。因其比金属币轻，纸币后来发展成由政府发行的货币。

火药由古代炼丹术士发明。它最初用于制造烟火和采矿，直到公元8世纪才用于战争。

货船船舱被间隔成多层，并配有船头帆和船尾帆，船尾柱及方向舵，这些多桅船和同时期的欧洲船相比，体积更大，技术更先进。

地动仪由张衡发明。当某一方向发生地震时，地动仪对应该方向的龙头就会吐出小球，落入龙头下面蟾蜍的嘴里。

算盘出现于元朝。因为算盘可以用来进行较复杂的计算，人们常称它为最早的计算机。在中国算盘至今仍在使用。

传统艺术

出土的铜钟

最早的中国文物是在帝王陵墓里发现的。这些出土文物既有商周时期的青铜器、瓷器、玉器，也有秦代的兵马俑。多种多样的艺术形式陆续在中国发展起来，其中绘画和陶艺已经达到极高的美学境界，可以算作是中国传统艺术的代表。其他的艺术形式如雕塑也取得了显著的成就，特别是中国西部的佛教雕塑。中国盛行的多种装饰艺术形式各具特色。

佛像雕塑有明显的犍陀罗派风格

三足青铜鼎出土于早期帝王陵墓，鼎上雕刻有神秘怪兽的形象，即饕餮纹。

林木用干湿两种墨来体现细节

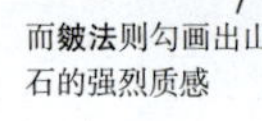
而皴法则勾画出山石的强烈质感

陶器

自中国发明瓷器后，相关的制陶、装饰和上釉技术得到大规模的发展，这些技术后来被日本和欧洲各国竞相模仿。中国陶瓷的审美品性和制作工艺在清朝灭亡之前一直处于世界领先水平。

唐朝天王俑起镇恶驱邪的作用，通体以斑驳陆离的三色釉为主。唐三彩是一种低温釉陶器。

宋朝青瓷钵钵体上刻有花卉图案。青瓷在欧洲有一个专门的名词 celadon，指的是在粗陶器和瓷器上施以纯正的青绿色釉。

明代花瓶这种白底青花瓷器在世界范围内拥有极高的知名度，仿制品遍布各地。青花瓷器是釉下彩的一种，以含氧化钴的钴矿为原料，钴料烧成后呈蓝色。

清朝粉彩花瓶是用特殊着色方法烧制的精美瓷器。因使用了白色珐琅彩使各种颜色“粉化”而得名“粉彩”。

花鸟画（包括水果和昆虫为描绘对象的画）显示出中国画家善于观察大自然的特点。尽管花鸟画的主题轻松，但是其立意深远，往往关乎人事。

中国画

是中国成就最高的传统艺术形式之一，国画的工具和材料有毛笔、墨、颜料、宣纸、绢等。

山水画（见下图）特别受文人青睐，在北宋和元代达到高峰。黄公望是元代书画名家之一，他以书法中的草籀笔法入画，深受世人仰慕。

宗教画最早出现在佛教沿丝绸之路从印度传入中国之后。中国的宗教画在很短的时间内就独树一帜。

描绘远方的**山峦**时使用**泼墨**技法

画竹是一个专门的文人画派。竹子象征着君子在逆境中百折不挠的意志。

传统工艺品

中国不仅在绘画和制瓷这些传统艺术形式上成就卓越，装饰艺术也丰富多彩。在中国盛行在漆器、象牙和玉器上雕刻精美的图案，景泰蓝、砚台、鼻烟壶、扇子都是享有盛名的工艺品。

鼻烟壶在清代得以大量制作。鼻烟壶以玻璃、翡翠、玉石、瓷器等为原材料，在鼻烟壶的内壁上刻画有精美细致的图案。

漆雕的独特风格在于漆色红润和花纹精美，漆雕常被制成盒子。

景泰蓝是一种珐琅制品。先将铜制金属丝在胎上粘出花纹，然后和色彩不同的釉料镶嵌在一起。最后进行烧制和磨光。

现代艺术

20世纪初，随着中国同西方的联系日益密切，中国现代艺术产生。在这一时期，视觉艺术、西方音乐、话剧、电影以及像自由诗这样的现代文学形式在素材和风格上都有了新的尝试。1949年新中国成立之后，社会主义的现实主义风格成为中国艺术创作的主流。“文化大革命”期间，艺术沦为政治斗争的工具，呈现出高度政治化和概念化的面貌。许多艺术家遭到迫害。从20世纪八九十年代起，中国艺术在改革开放的大环境中迅速发展并频繁变化，一些令人瞩目的新艺术形式得以发展。

东方明珠电视塔 20世纪90年代初期，中国出现了高层建筑热潮，上海浦东就是一个典型。

该行为艺术作品出于苍鑫之手，他是自20世纪90年代中期开始活跃在艺术舞台上的北京概念艺术家。该作品题为天人合一，引用了中国古典哲学的概念。

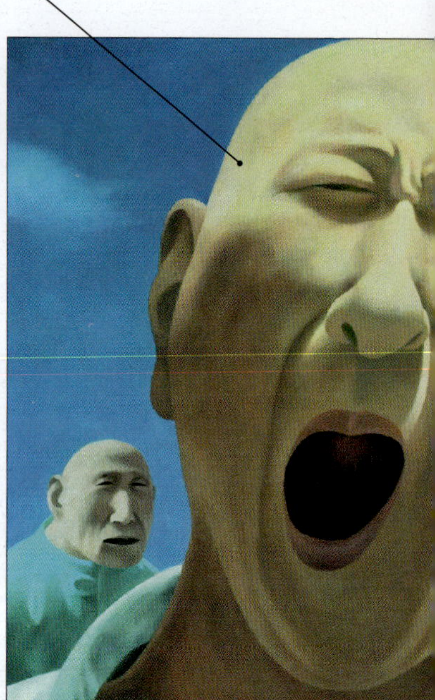

光头泼皮

现代艺术

这幅画的作者是方力钧，他是玩世写实主义流派的领军人物。该流派诞生于1989年。他们抛弃理想主义，用调侃的方式对待中国存在的问题。

该雕塑作品名为Torso，作者展望，上海概念艺术家。他使用反光的不锈钢材料来表达坚固的创作思想。

管弦室内乐自20世纪初在中国流行。目前，已经有很多擅长西式音乐的流派，高品质的合奏团和艺术家活跃在世界舞台上。

中国电影

电影《马路天使》(1937 年)制作于当时的上海外国租界，是中国电影早期经典作品之一。从那时开始，中国电影在国际影坛上屡创佳绩，中国当代影坛更是出现了张艺谋、陈凯歌等具有国际声誉的大导演。

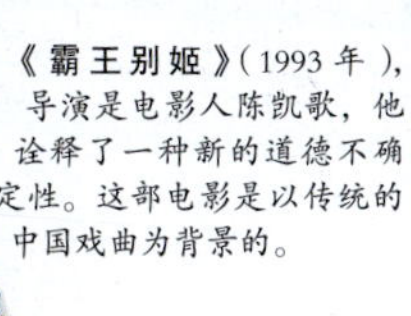

《霸王别姬》(1993 年)，导演是电影人陈凯歌，他诠释了一种新的道德不确定性。这部电影是以传统的中国戏曲为背景的。

香港电影蓬勃发展，尤以其动作片著称。著名武打影星成龙的早期表演和武打设计处女作是《笑拳怪招》。之后他拍摄了众多的电影作品，并从香港电影界成功打入好莱坞。

背景朦胧的蓝色，好比梦境一般

画中的人物似乎受到了威胁

主要人物好像在大喊大叫，又好像在打哈欠——他是生气，还是无聊

韦唯中国当代唱片销量最好的流行歌手之一。摇滚乐起步于 20 世纪 80 年代。崔健被称为“中国摇滚教父”。在很多权威人士看来，他代表的是一种反叛形象。相反，香港的粤语流行歌手遭受的争议较少，发展空间较为自由。

当代中国的芭蕾舞糅合了传统的中西方元素。图中是由国家芭蕾舞团表演的芭蕾舞剧《大红灯笼高高挂》，该剧是根据张艺谋的同名电影改编而成的。

现代话剧诠释了 21 世纪的中国生活。图中是黑色喜剧《厕所》(2004 年)里的一幕，该剧由国家话剧院在北京演出。这部话剧对城市生活和同性恋进行了直白的描写，打破了社会禁忌。

节日

中国节日欢快喜庆，丰富多彩，体现着古老的信仰和习俗，是中国文化和传统的重要组成部分。其中最隆重、最重要的还属春节，即农历年。春节是个亲人团聚的日子：家家户户都打扫得干干净净，人们都换上了新装；到处都张灯结彩，亲友间互赠礼物；鞭炮齐鸣、烟花盛放将节日的热烈气氛推向了高潮。几乎所有的春节习俗都蕴涵吉祥兴旺之意。商业往来当中，所有的债务都会在农历年前结清。传统上的春节要庆祝 15 天，一直延续到正月十五的元宵节，不过全国的公共假期只有 3 天，周末调休后凑为 7 天。

红包
这些图案精美的红色信封象征着好运和财富，人们通常会在除夕夜给孩子们红包。

舞狮
春节和其他节日期间都有。通常一狮由双人来舞。另外，节日期间还有舞龙。与舞龙相比，舞狮更需要武术技巧。

香港维多利亚港的烟花盛况

鞭炮
一串串的鞭炮挂在大街上，为春节带来了几分热闹，也带来了潜在的不安全因素。北京市中心地区禁止燃放鞭炮，很多人都到郊区去体验爆竹声响震天宇的乐趣。

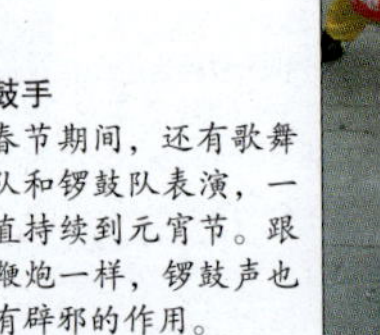

鼓手
春节期间，还有歌舞队和锣鼓队表演，一直持续到元宵节。跟鞭炮一样，锣鼓声也有辟邪的作用。

一种月饼

节日食品

每个节日都有其特殊的食物：饺子（水饺）是中国，尤其是中国北方新年家家都吃的东西；元宵（汤圆）则是元宵节的代表食品，里面的馅有甜的，也有咸的；而粽子（用竹叶包着的金字塔形糯米团）则在端午节的时候吃；在月圆之夜中秋节，大家吃的是月饼。月饼就代表了月亮，里面的馅有甜的也有咸的，有近千种做法。

粽子

壮观的烟花

没有烟花的新年是不完整的新年。一些大城市通宵燃放烟花，令人流连忘返。烟花，原本是用来辟邪，或者是唤醒龙王的，因为龙王能给来年带来降雨，从而保证有个好收成。

彩灯
元宵节恰逢满月之日，标志着为期两周的新年结束了。元宵节的灯笼，有的写上吉利话，有的做成动物形状。

橘子
象征着新年好运，过年的时候，人们都会在家里摆上橘子和鲜花。在粤语方言当中，"橘"这个字的发音跟"运"类似，而花又代表着新的开始。

对联
这些贴在门口两侧的红色条幅其基本句式来自骈文或律诗，表达着对这家人来年的美好祝愿。

传统剪纸表现的十二生肖

中国的十二生肖

每年都以十二生肖之一为代表，循环往复。比如说，人们会在春节的时候说欢迎"狗年"的到来。根据中国生肖的说法，人是哪个生肖就会有哪个动物的某些特征。

鼠 2008年，能够带来守护和财富。

牛 2009年，道家代表人物老子通常都是骑牛的。

虎 2010年，中国人认为虎乃万兽之王。

兔 2011年，代表长寿，神话传说中玉兔生活在月亮上。

龙 2012年，中国皇帝以及阳气的象征（参见32页~33页）。

蛇 2013年，传说中华夏民族的祖先伏羲就是半人半蛇的。

马 2014年，自由的象征。

羊 2015年，和平和创造力的象征。

猴 2016年，代表勇敢和机智，就像孙悟空一样。

鸡 2017年，有五种优点：优雅、勇敢、自信、仁慈、可靠。

狗 2018年，中国神话中幸运的化身。

猪 2019年，代表富裕多产。

中国的一年

传统的中国节日都属农历节日，按农历计算，每个月 29 天，这样一来，这些节日的阳历日期每年都不同。一些舶来的节日——比如国庆节和劳动节——通常都是按阳历来定的。宗教节日逐渐在中国复苏，中国各地以及世界上其他的华语地区都会庆祝这些节日。另外，中国各地以及各少数民族还有自己独特的节日。像圣诞节这样的洋节日也开始在中国流行。春节是中国最重要的节日，人们提前几周就开始准备。大部分机关和商店都休息三天，不过也有很多休息一周。人们都忙着回家过年，出行十分不便。

红灯笼——吉祥的象征

人们用丰富多彩的游行活动庆祝新年

春季（2 月至 4 月）

这是一年当中人们结清债务、走亲访友的时候。桃花盛开、大地回春，春节标志着古老的耕种周期的开始。

农历一月

一年中最重要的节日——**农历新年**（参见 42 页~43 页）。农历新年又叫春节、农历年、旧历年，俗称过年、大年、过大年。过年时，人们互赠礼物和红包，换上新鞋新衣服。元宵节（2 月至 3 月）乃月圆之日，历时 15 天的春节到这一天结束。很多地方都在这一天挂上灯笼，有的灯笼上写着吉利话，有的灯笼被做成动物形状。元宵（汤圆）是这个节日的特色食品。

农历二月

藏历年 根据藏历年的习俗，家家户户都会吃一种以青稞为原料的面食，见面时互道“扎西德勒”。同月，藏历年之后，是传召大法会和酥油花节。

精美绝伦的西藏雕塑品

香港艺术节（2 月或 3 月）重要的国际艺术节之一，也是香港重大的艺术盛会。艺术节历时 3~4 周，期间众多海外及本地艺术家将为观众献上音乐、戏剧、舞蹈、大众娱乐节目、电影以及艺术展览等。

国际妇女节（3 月 8 日），在中国又称“国际妇女节”、“三八节”和“三八妇女节”。这一天妇女可以半天甚至全天休息，而男人则要继续工作。

农历三月

植树节（3 月 12 日）20 世纪 70 年代末中国政府开始推行植树节，不过这并不是一个官方节日，而是全国绿化运动的一部分。

潍坊国际风筝节（4 月）放风筝是清明庆祝活动的一部分。超过 1000 名选手在风筝节时来到山东一比高下。

泼水节（4 月中旬）傣族人（主要聚居于云南省，参见 381 页）独有的节日。泼水节是傣族的新年，过节时人们互相泼水，以示祝福，泼水代表着对传说中魔神的镇压。

清明节（4 月）是一个

清明节扫墓

扫墓和缅怀先人的日子。家属往往把食物放在墓碑前，有时一家人也会在这一天聚餐。

海南椰子节（4月）设立于1992年，是一个展示当地椰子丰收的盛会。

三月街（4月）。只有云南信仰佛教的白族过这个节日。这个节日的活动包括集市、赛马、唱歌和跳舞。

天后诞（4月至5月）香港以及福建一带的沿海地区庆祝该节日，天后诞是天后（或者叫妈祖）的生日（参见149页），她会关照出海的人。这是渔民和水手非常重要的节日。

夏季（5月至7月）

到了夏天，人们往往在户外庆祝节日。5月是旅游旺季的开始，很多人外出探亲访友。

农历四月

国际劳动节（5月1日）为期三天的五一短假期间，出行十分不便。

青年节（5月4日）纪念1919年学生运动，这场运动标志着中国新民主主义运动的开始。

佛诞 西藏一个重要的宗教节日，是为庆祝佛教创始人释迦牟尼佛诞生的日子，又称浴佛节。在香港，佛诞又称万佛节，庆祝更为隆重。佛教徒祈祷消除罪孽，获得智慧与和平。

“相约北京”艺术节（5月）国际音乐艺术节，包括歌剧、舞蹈、器乐和声乐音乐会。

农历五月

儿童节（6月1日）电影院和其他娱乐场所向儿童免费开放，孩子们还会收到很多礼物。

端午节（又称五月节）（6月）纪念投江自尽的爱国诗人屈原。这原本是个带有宗教色彩的节日，但现在主要是人们娱乐游玩的日子。大家赛龙舟，吃粽子。在香港，端午节前后还会举行一些丰富多彩的竞赛活动，其中还有邀请国际健儿参加的比赛。

上海国际电影节（6月）1993年10月首次亮相，是中国内地唯一的A类国际电影节。

端午节——多彩、热闹、盛大

那达慕大会，内蒙古体育和贸易盛会

农历六月

中国共产党成立纪念日（党的生日）（7月1日）庆祝中国共产党1921年在上海成立。

秋季（8月至10月）

南部亚热带依然温暖，但在海拔较高的地区和中部地区，天气逐渐凉爽。金秋时节，树叶泛黄，节日众多。

农历七月

建军节（8月1日）1927年南昌起义，中国共产党打响了武装反抗国民党反动派的第一枪。节日的主题是军民团结一心。

七夕节（8月）一个极富浪漫气息的节日。传说地上的牛郎和天上的织女被银河分隔两地，他们在每年的七月七日得以鹊桥相会，七夕节由此而来。该节日又名乞巧节。

雪顿节（酸奶节）（8月或9月）西藏的藏戏节日。相传百姓在这一天向僧人进献酸奶，节日由此得名。

那达慕大会（8月）（内蒙古）呼和浩特、巴音布鲁克以及内蒙古其他地区的传统活动。大会包括赛马、摔跤和射箭三项运动。妇女身着传统服装。另外，那达慕也同样是一场贸易盛会。

那曲赛马节（西藏）（8月）是西藏最重要的民间节日。节日在那曲地区举行。上千名牧民进行赛马、射箭、马术表演等传统的藏式运动。

中秋节龙灯

中元节类似于万圣节，是具有佛教色彩的传统节日，人们会在这天祭奠祖先。传统认为这一天不宜搬家，忌嫁娶。

青岛国际啤酒节（8月）在东部港口城市，青岛啤酒之乡青岛举行。青岛啤酒是取崂山泉水酿造的（参见146页）。

农历八月

教师节（9月10日）不属于法定假期。

中秋节（9月）代表收获或月亮的节日，有家人团聚、同吃月饼的习俗（参见43页）。

国际少林武术节（9月）自1991年起，每年在郑州举行。

孔子诞辰（9月28日）新中国成立后，中国曾经搞过批孔运动。但现在孔子重新受到尊崇。曲阜的孔庙、北京和其他地区都有纪念活动。

大连国际服装节（9月中旬）届时有为期两周的时装表演，所有服装均由亚洲设计师设计，其开幕式游行十分壮观。

青岛国际啤酒节上的舞者

国庆节训练有素的部队阅兵式

农历九月

国庆节（10月1日）有为期一周的国庆长假，到处都洋溢着喜庆的节日气氛。一般逢整年度如40年、50年，会有庆祝1949年中华人民共和国成立的大阅兵。

重阳节（10月）九九代表阴阳中的双阳，代表男性的自信与力量。根据习俗，人们会在重阳节做一些有象征意义的事情，像登高远眺、遍插茱萸、饮菊花酒等，以此来驱邪。不过，并不是所有的地方都过重阳节。

冬季（11月至次年1月）

冬季，中国南方气温下降、气候转干，而中部和北方则通常要历经严寒。

这时，旅游旺季结束，不过大家都在忙着为春节做准备，乐在其中。

农历十月

壮族歌节（11月）壮族是中国人口最多的少数民族，他们有自己独特的民俗歌舞传统。1999年，国际民歌艺术节首次在南宁举行。

农历十一月

冬至 中国天文学家早在汉代就确立了这个节气。历史上，冬至是一个重要节日，不过现在其节日意义少了许多。各地在冬至时有不同的风俗，北方地区有冬至宰羊、吃饺子、吃馄饨的习俗；南方地区在这一天则有吃冬至米团、冬至长线面的习惯；而苏南人在冬至时吃大葱炒豆腐。有的地区在冬至这一天还有祭天祭祖的习俗。

圣诞节（12月25日）虽然中国信仰基督教的人很少，但圣诞节也一样带来了商业效应，这个节日的代表事物是圣诞树和圣诞老人。在香港，圣诞节属公假日。

农历十二月

古尔邦节（12月或1月）新疆、宁夏和全国的穆斯林都庆祝古尔邦节。这是一个穆斯林节日，相传古代先知易卜拉欣向安拉承诺宰爱子以示忠诚。正当易卜拉欣举刀时，天使吉卜利勒奉安拉之命降临，送来一只黑头羝羊以代替牺牲。为纪念这件事，穆斯林设立了古尔邦节。这一天，人们宰杀牲畜，享用宴席，载歌载舞。

元旦（1月1日）同1月或2月隆重的春节相比，元旦稍嫌逊色，不过这仍然是公假日。

2011年公假日

元旦：1月1日至3日
春节：2月2日至8日
清明节：4月3日至5日
劳动节：4月30日至5月2日
端午节：6月4日至6日
中秋节：9月10日至12日
国庆节：10月1日至7日

周末时间的调整

春节和十一长假前后的周末假期时间通常都会调整，以便同其他三天共同构成连续的七天长假。更复杂的是，放假的具体日期往往要到最后一刻才能确定下来，不过，这也给人添了些许猜测的乐趣。

中国的气候

中国国土辽阔，跨越多个气候带，各个地区气候差异很大，像西南沿海属夏季湿热、冬季温暖的亚热带气候，吐鲁番盆地以高温著称，而山区则夏季凉爽，冬季持续干燥。北部海拔较高地区和靠近西伯利亚的东北部地区降雨稀少、气候干燥，但南部和东部地区则降水丰富、气候湿润。

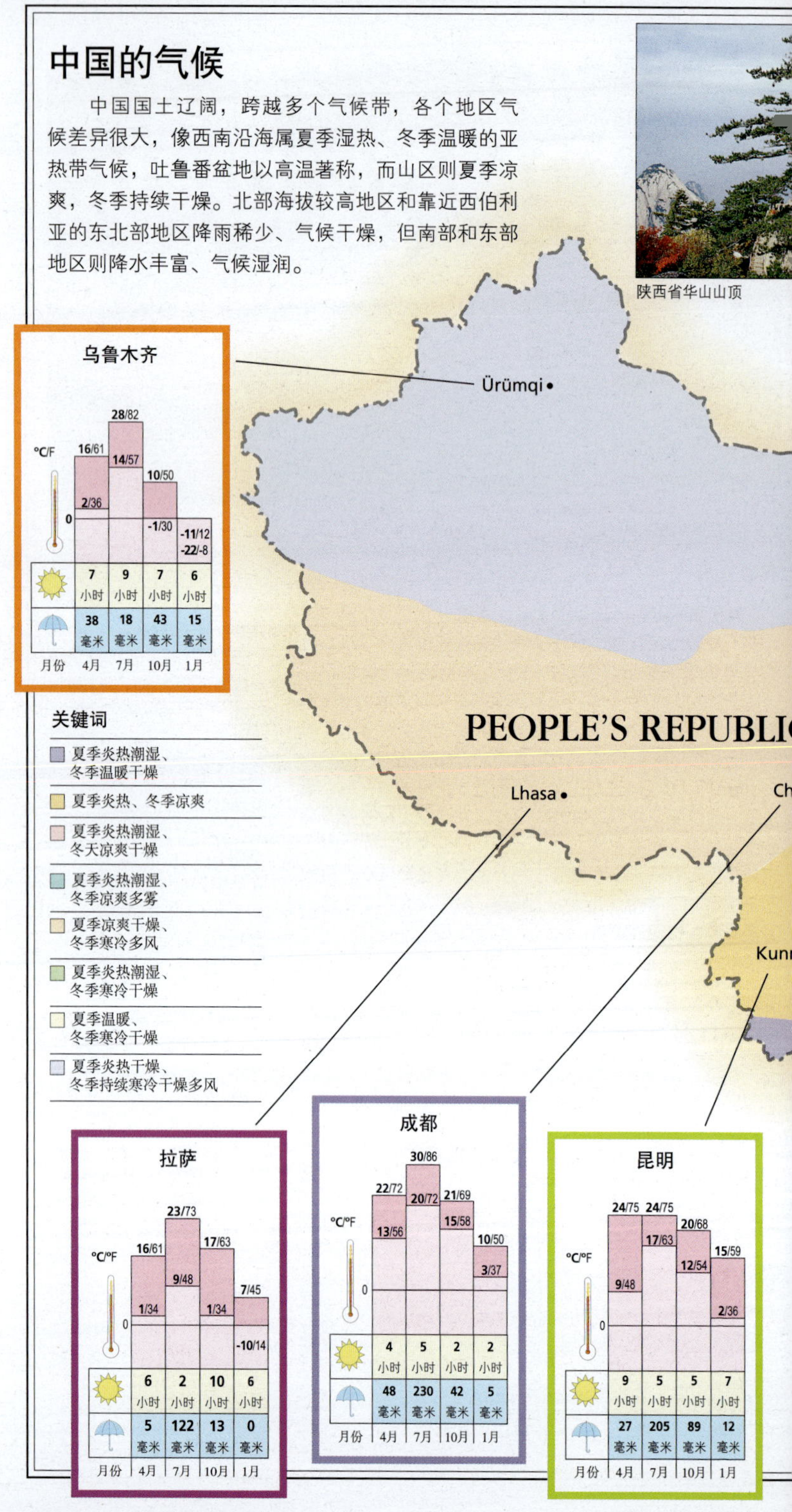

陕西省华山山顶

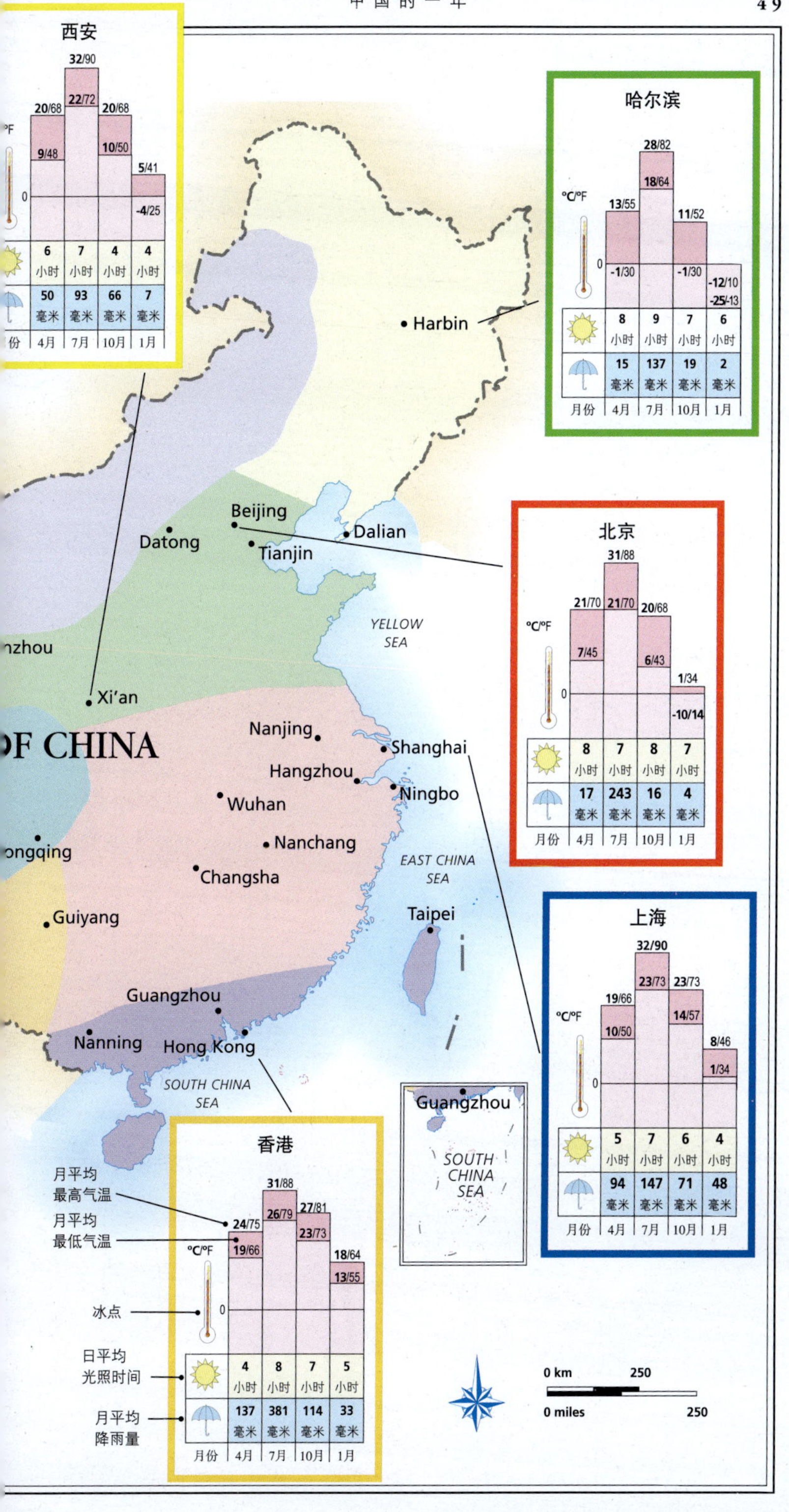
西安
32/90
20/68
22/72
20/68
9/48
10/50
5/41
-4/25
°F
0
6 小时
7 小时
4 小时
4 小时
50 毫米
93 毫米
66 毫米
7 毫米
份 4月 7月 10月 1月
哈尔滨
28/82
°C/°F
18/64
13/55
11/52
0
-1/30
-1/30
-12/10
-25/-13
8 小时
9 小时
7 小时
6 小时
15 毫米
137 毫米
19 毫米
2 毫米
月份 4月 7月 10月 1月
Harbin
Beijing
Datong
Tianjin
Dalian
YELLOW SEA
nzhou
Xi'an
北京
31/88
21/70
21/70
20/68
°C/°F
7/45
6/43
1/34
0
-10/14
8 小时
7 小时
8 小时
7 小时
17 毫米
243 毫米
16 毫米
4 毫米
月份 4月 7月 10月 1月
OF CHINA
Nanjing
Shanghai
Hangzhou
Ningbo
Wuhan
Nanchang
ongqing
Changsha
EAST CHINA SEA
Guiyang
Taipei
上海
32/90
23/73
23/73
19/66
14/57
°C/°F
10/50
8/46
1/34
0
5 小时
7 小时
6 小时
4 小时
94 毫米
147 毫米
71 毫米
48 毫米
月份 4月 7月 10月 1月
Guangzhou
Nanning
Hong Kong
SOUTH CHINA SEA
香港
31/88
26/79
27/81
24/75
23/73
19/66
18/64
13/55
°C/°F
0
4 小时
8 小时
7 小时
5 小时
137 毫米
381 毫米
114 毫米
33 毫米
月份 4月 7月 10月 1月
月平均
最高气温
月平均
最低气温
冰点
日平均
光照时间
月平均
降雨量
Guangzhou
SOUTH CHINA SEA
0 km 250
0 miles 250

中国历史

中国是世界上保持单一的统一文明最悠久的国家之一。中国历史上有过多次朝代更迭，也经历过许多和平与繁荣时期。每逢盛世，中国总能不断同化和吸收外来思想。而当遇到吏治腐败，朝局混乱而导致帝国瓦解之时，又总会周期性地涌现出某位雄心勃勃的帝王，建立新的帝国。

早期文明

大约在公元前8000年，以原始农业经济为基础的定居点开始出现在东部沿海地区和黄河、长江及渭河等土壤肥沃的河流三角洲地区。

这些文明重视狩猎、采集和渔业，形成了南稻北粟的种植结构。每个文明都有其风格独特的陶器，如仰韶（前5000~前3000年）彩陶和龙山黑陶（前3000~前1700年）。

仰韶陶器双耳瓶

中国青铜时代与早期朝代

中国第二个朝代是商朝，在大约公元前1600年建立。商朝社会庞大而复杂，权力集中在统治阶级身上，形成了庞大的官僚统治机构和军队。商朝率先大规模生产铸造青铜器。精致的青铜食器和酒器既可用于宴会，也可用来盛放给祖先的祭品。甲骨文是最早的文字的证据，其创造可以追溯到约公元前1300年。

公元前1066年，周部落夺取政权，建立西周，定都镐京即现在的西安。西周初期延续了商朝的很多传统，但随后又重新建立了自己的政治制度。周朝有大量铭刻在青铜器上的文字，即金文。后来，人们开始在绢和竹简上书写。

东周（前770~前256年）分为两个时期，以周平王元年（前770年）到周敬王四十四年（前476年）为春秋时期；周元王元年到东周灭亡（前256年）35年后的秦始皇元年（前221年）为战国时期。东周时期，各诸侯国争霸，东周政治冲突不断，社会动荡不安。各诸侯国为其政治、军事和经济的需要，在商、西周交通干线的基础上，不遗余力地将道路扩展到更为遥远险绝的地方，因而在客观上促进了交通的发展。此时铁器的使用，给农业带来了革命性的变革。因此经济得以发展。正是在这种动荡不安的社会环境里，儒家、道家和法家哲学思想出现了。

大事年表

公元前8000~前6500年 新石器时代

公元前5000~前3000年 渭河流域的仰韶文化

约公元前2070~前1600年 具有半神话特点的第一个王朝夏朝出现

约公元前1300年 最早的文字甲骨文出现

公元前551~前479年 孔子生活的年代

公元前475~前221年 战国时期

公元前8000年 | 公元前6000年 | 公元前4000年 | 公元前2000年 | 公元前1000年 | 公元前500年

公元前6500~前5000年 中国北方最早的定居点出现

商代青铜食品容器

公元前1600~前1046年 商代

公元前1046~前771年 周朝夺取政权

公元前770~前476年 春秋时期

公元前513年 最早出现铸铁

◁ 宋代画家赵伯驹的《汉高祖入关图》局部

朝代年表

中国历史上朝代更迭，中间夹杂分裂和内战。帝王权力由神赋予，至高无上，不受约束。各朝统治者都会宣称，前朝统治者拂逆了神灵，上天收回了赋予他的神圣权力。

商

公元前1600～前1046年

商代标志着中国青铜时代和宫廷文化的出现。半人半神的大王担任祭司，与神灵沟通。

商朝青铜鼎

西汉

公元前206～25年

帝号	年份	帝号	年份
高帝	前206	[新]王莽	9
惠帝	前194	更始帝	23
高后	前187		
文帝	前179		
景帝	前156		
武帝	前140		
昭帝	前86		
宣帝	前73		
元帝	前48		
成帝	前32		
哀帝	前6		
平帝	1		
孺子婴	6		

汉景帝陵墓中出土的残破的赤陶土头像

东汉

25～220 年

帝号	年份	帝号	年份
光武帝	25	顺帝	126
明帝	58	冲帝	145
章帝	76	质帝	146
和帝	89	桓帝	147
殇帝	106	灵帝	168
安帝	107	献帝	190

唐

618～907年

帝号	年份	帝号	年份
高祖	618	敬宗	825
太宗	627	文宗	826
高宗	650	武宗	841
中宗	684	宣宗	847
睿宗	684	懿宗	859
武后	684	僖宗	873
中宗	705	昭宗	889
睿宗	710	哀帝	904
玄宗	712		
肃宗	756		
代宗	762		
德宗	780		
顺宗	805		
宪宗	806		
穆宗	821		

三彩舞蹈女俑

五代

907～960年

在长江以北地区相继出现了五个朝代，他们都迅速篡夺政权，各朝统治均不超过三代。位于南部的十国也经历了类似的动荡时期。

在此期间和宋朝大部分时期里，北部边疆由东部半游牧的辽（907~1125年）和西部的西夏（1038~1227年）统治。1115年，辽被金（1115~ 1234年）推翻，1127年金迫使宋南迁。

元

1206～1368年

帝号	年份	帝号	年份
太祖	1206	英宗	1321
拖雷	1228	泰定帝	1324
太宗	1229	天顺帝	1328
乃马真后	1242	文宗	1328
定宗	1246	明宗	1329
海迷失后	1249	宁宗	1332
宪宗	1251	顺帝	1333
世祖	1260		
成宗	1295		
武宗	1308		
仁宗	1312		

明

1368～1644年

帝号	年份	帝号	年份
太祖	1368	世宗	1522
惠帝	1399	穆宗	1567
成祖	1403	神宗	1573
仁宗	1425	光宗	1620
宣宗	1426	熹宗	1621
英宗	1436	思宗	1628
代宗	1450		
英宗	1457		
宪宗	1465		
孝宗	1488		
武宗	1506		

西周

公元前1046～前771 年

周朝建都长安（今西安）。延续了商朝的一些传统，但重新制定了政治制度，将贵族分成若干等级。西周都城被攻陷，国王被杀害，西周封建统治结束。

东周

公元前770～前256年

春秋时期

公元前770～前477年

战国时期

公元前476～前256年

都城东迁至洛阳的周王朝史称东周，期间各诸侯国不断争霸。随着秦国在大国征战中获胜，这段战乱不断的漫长时期最终结束了。

秦

公元前221～前206 年

始皇帝	前246
二世皇帝	前209

秦始皇陵出土的侍者塑像

三国、晋、南北朝

220～589年

三国时期（220~280年）中国呈现魏、蜀、吴三国鼎立的局面。

晋分西晋和东晋：西晋（265~317年），自武帝（司马炎）泰始元年起，到愍帝（司马邺）建兴五年止。建都洛阳。东晋（317~420年），自元帝（司马睿）建武元年起到恭帝（司马德文）元熙二年止。建都建康（今南京）。

5世纪初至6世纪末叶，宋、齐（南齐）、梁、陈四朝先后在我国南方建立政权，叫南朝（420~589年），北魏（后分裂为东魏和西魏）、北齐、北周先后在我国北方建立政权，叫北朝（386~581年），合称为南北朝。

隋

581～618年

在隋朝中国再次出现统一局面，隋朝统治虽然短暂，但在中国历史上起着重要的作用。

文帝	581
炀帝	605
恭帝	617

大运河上隋炀帝的船队

北宋

960～1127年

太祖	960	神宗	1068
太宗	976	哲宗	1086
真宗	998	徽宗	1101
仁宗	1023	钦宗	1126
英宗	1064		

徽宗绘画作品

南宋

1127～1279年

高宗	1127
孝宗	1163
光宗	1190
宁宗	1195
理宗	1225
度宗	1265
恭帝	1275
端宗	1276
帝昺	1278

正德皇帝沉迷于玩乐导致朝政荒废

清朝

1616～1911年

太祖	1616
太宗	1627
世祖	1644
圣祖	1662
世宗	1723
高宗	1736
仁宗	1796
宣宗	1821
文宗	1851
穆宗	1862
德宗	1875
（溥仪）	1909

朝服背部龙的图案

中国封建王朝的建立

随着秦国在大国征战中获胜，战国时期最终结束了。公元前221年，秦王嬴政做了中国历史上第一个皇帝，自称“始皇帝”。他在位时间虽短，但对中国历史产生了重大的影响。秦国是根据法家思想治国的，法家提倡确立统治者至高无上的地位并采取中央集权制度。完成统一大业之后，秦始皇征用大量人力在北方修筑防御工事——长城。他统一了货币和度量衡，并奠定了法律制度的基础。作为统治者，秦始皇认为他死后也应有军队保护他，使他免遭敌人伤害，于是下令在他的陵墓东侧建造了兵马俑陪葬坑。

秦兵马俑中的跪射俑

汉朝的建立（前206～220年），预示着中国历史迎来了一个黄金时代。汉高帝（前206～前195年在位）建立了西汉（前206～25年），定都长安（今西安），并基本保留了秦朝建立的中央集权制度。汉朝之后的皇帝采用了考试制度为国家选拔有才干的官员。汉朝社会以儒家思想为立国之本，儒家经典是选拔官员考试的基本内容。道教和阴阳理论与祖先崇拜思想并存，共同构成中国传统信仰的基础（参见30页~33页）。汉帝国不断扩展，中亚地区、越南和朝鲜也被纳入中国的控制范围。

公元前139年，张骞被派出使西域，试同中亚建立外交联系。张骞返回时，给汉朝带来了有关西域草原的丰富信息，西域的“天马”也被引入中原。西域人用纯种的汗血马（大宛马，西方称费尔干纳马，大宛在今乌兹别克斯坦的费尔干纳盆地一带）换取中国丝绸，沿着传说中的丝绸之路，开始了贸易往来（参见462页~463页）。

公元9年，王莽夺取政权后，汉朝统治出现短暂的中断。随后光武帝（25~57年在位）恢复了汉朝，建立东汉，定都洛阳。此时，汉朝开始再次扩张领土。到东汉时期，纸开始广泛用于官方文件，此时还出现了中国第一部字典，即许慎编著的《说文解字》。第一个佛教团体在今江苏建立，佛教开始在中国传播。

分裂时期

从和帝（89~105年在位）开始，东

汉朝刻在坟墓砖上的战车和步兵

大事年表

公元前213年 秦始皇焚书，这是他统一中国进程的一部分

公元前206年～25年 西汉建都长安（今西安）

约公元前139~前126年 朝廷派遣张骞出使西域，建立了丝绸之路上的首次外交和贸易联系

2年 中国进行了已知的第一次人口普查：人口数为57671400人

汉朝青铜马和骑士

约100年 第一 典《说文解字》 世，全书收录的 数超过了9000字

公元前200年 | 公元前100年 | 1年 | 100年

公元前221~前206年 始皇帝统治下的秦朝

秦俑

公元前165年 首次为选拔官员设立了选士制度的考试

25~220年 东汉都城建在洛阳

65年 楚王刘英建立第一个佛教团体

唐朝画家阎立本《历代帝王图》中隋炀帝和文帝画像

汉走向了衰败。220年，内战最终使中国分裂。随后的350年里，中国内战不断，先后由14个短暂的朝代和16个小国统治。

中国进入南北朝（420~589年）时期，两朝有自己独特的风格。外族人控制了中国北方。如鲜卑族的拓跋部落于386年建立北魏。这些外族统治者较为开明，易于接受外来的思想和宗教。在其统治时期修建了众多优秀的佛教石窟。从494年开始在其都城大同附近开凿了云冈石窟。随后都城迁至洛阳，又开凿了龙门石窟。

北魏佛教石窟中的飞天雕像

由于外族控制了北方，汉族统治者南撤在建康（今南京）建立新都。由于南方社会相对稳定，人口转移到长江三角洲地区，所以南方成了经济和文化中心。这一时期，道教重新兴起，人们对佛教的兴趣与日俱增。所以哲学和艺术得到了蓬勃发展。

统一和稳定

军事上打败梁、陈之后，北周大将杨坚（541~604年）于581年自立为帝，建立隋朝，他就是隋朝开国皇帝隋文帝。隋朝统治短暂，但意义重大。大隋之盛世在中国乃至世界上历史空前，当时是繁荣与开放的社会，当时的中华帝国国泰民安、经济繁荣、文化昌盛、社会安定、户口锐长、垦田速增、积蓄充盈，甲兵强锐、威动殊俗、幅员万里。有隋文帝开创的“开皇盛世”。文帝进行了一系列的工程，包括扩建长城。隋朝第二个皇帝炀帝在位期间修建大运河，营造东都洛阳城，开拓疆土，畅通丝绸之路。

90年 同中亚的交流被阻断

3世纪晚期道教重新兴起

310年 汉族统治者大批流亡到南方

北魏云冈石窟大佛

581年 隋文帝重新统一了中国，建立了隋朝

200年 | 300年 | 400年 | 500年 | 600年

魏、蜀、吴三国之间的战争爆发

386~534年 北魏，第一个朝廷信奉佛教的朝代

420~589年 中国进入南北朝时期

约6世纪 真正的瓷器出现

约7世纪 中国雕版印刷首次使用

唐朝

人们一致认为唐朝是中国的黄金时期之一。这一时期经济繁荣，政治稳定，领土不断扩张。在此期间中国疆域达到空前规模：东至朝鲜，南至越南，横跨中亚，最北到达西伯利亚南部。这在中国历史上是前所未有的。陆路和海路交通方便，促进了贸易繁荣，同时也刺激了中西方奢侈品的流通。唐朝时期对外来宗教较为宽容，佛教最为流行并且受到统治者的推崇。该时期艺术和文学成就达到了高峰，涌现出了许多著名诗人，比如李白、杜甫等。

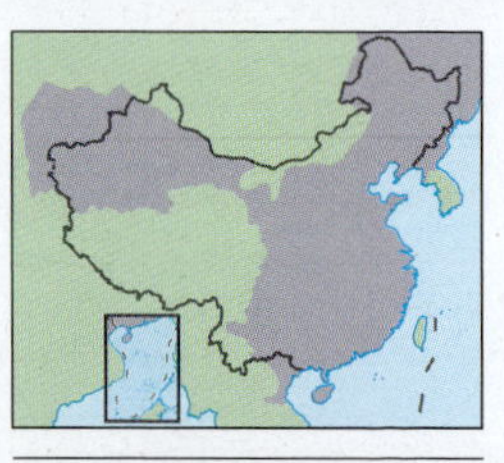

公元750年唐朝的疆域

这尊唐三彩描绘了丝绸之路沿线的生活。商人和朝圣者穿行于传说中的丝绸之路，交易金银手工艺品、纺织品、异国食品和良种骏马。

类似的人物形象展现了观音菩萨的典型特点：左手持莲花，右手持花瓶和柳枝。

拖地长袍，唐朝服饰的典型风格。

正如这幅古墓壁画所示，外国使节，包括朝鲜（图中右侧）和西方使节（站在朝鲜人旁边的），来到唐朝进献贡品。

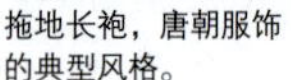

这盏银杯是1970年出土的宝藏之一，尽管浮雕装饰大部分是唐朝风格，但是有明显西方文化影响的痕迹。

长安（今西安）7世纪人口达到100万，成为世界上最大的城市。这座国际化大都会聚集着伊朗人、土耳其人、阿拉伯人和波斯人。

唐太宗（627~649年在位）是一位伟大的军事战略家。在其统治期间加强边境保护，建立与外国的外交和贸易联系。完善科举制度，促进社会流动性，加强朝廷的稳定性。

武则天（690~704年在位），中国历史上唯一的女皇，她操纵软弱的丈夫唐高宗，并残酷地排除异己。尽管她生性凶残，但是她是位伟大的统治者，其统治时期唐朝社会稳定，经济繁荣。

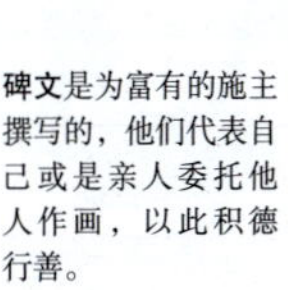

碑文是为富有的施主撰写的，他们代表自己或是亲人委托他人作画，以此积德行善。

观音菩萨在中国家喻户晓，其特点是头冠中有阿弥陀佛。

敦煌帛画唐朝佛教广为流行，并且受到统治者的推崇，特别是在笃信佛教的武则天统治时期。佛教团体成为佛经翻译和佛教艺术产生的中心。图为精致的敦煌帛画。

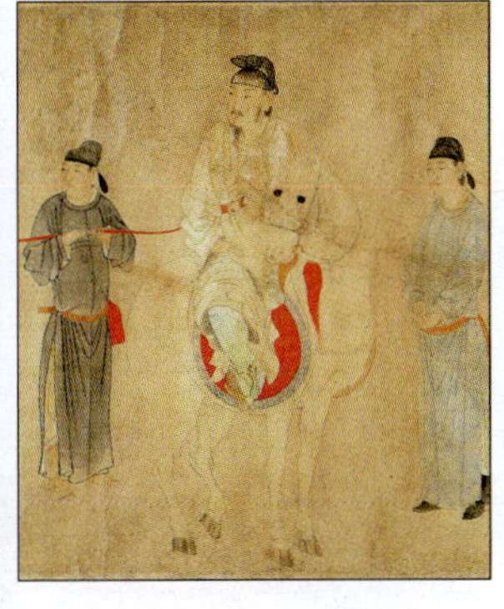

唐玄宗（712~756年在位）称唐明皇，是一位很有才德的皇帝，在其统治下唐朝进入鼎盛时期。在位期间任用贤能、改革吏制、发展经济、提倡文教；他不惜耗巨资修建寺庙，并于754年设立了翰林院。

一代帝王的爱情悲剧

唐玄宗晚年，因迷恋杨贵妃，越来越无心政务。朝廷的阴谋和内讧酝酿着不稳定因素。750年伊朗和土耳其混血后裔安禄山控制了东北边境。755年安禄山攻占都城迫使朝廷逃往四川。当到达马嵬坡时，唐玄宗的军队哗变，要求皇帝处死杨贵妃。最终杨贵妃在他眼前被活活勒死。经诗人们的传诵，他们的爱情悲剧永垂不朽。虽然安禄山最终被击败，但唐朝从此开始衰落。

杨贵妃的丰满身姿成为唐三彩的经典造型

唐朝的辉煌

唐朝（618~907年）在中国历史上有很重要的地位（参见56页~57页）。在这段黄金时代，中国经历了较长时间的和平与繁荣。艺术蓬勃发展，外国艺术如银饰的传入，丰富了艺术的风格和技术。外国宗教，如景教传入中国并被人们接受，同中国土生土长的道教和儒教并存。7世纪中国发明了雕版印刷，因而加速了佛教的传播。

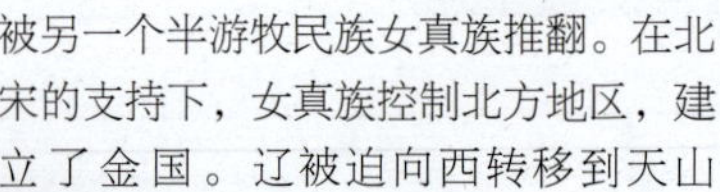

唐三彩釉马

755年安史之乱之后，唐朝越来越关注国内问题。841~846年佛教遭受重大迫害，预示着唐朝开始衰落，并最终在907年灭亡。

辽（907~1125年）

辽代，其疆域最大时覆盖了蒙古、满洲和中国北部。当时由半游牧和农牧的契丹人统治。辽代实行双重管理体系，“以国制治契丹，以汉制待汉人”（以奴隶制统治契丹广大畜牧业地区，以封建制统治占领的渤海燕云十六州等较为发达的汉人农业生产地区）以保证自己的习俗和传统得以传承，同时利用唐朝管理结构，提高效率。1115年，契丹的统治被另一个半游牧民族女真族推翻。在北宋的支持下，女真族控制北方地区，建立了金国。辽被迫向西转移到天山地区即今天的新疆，在那里建立了西辽（1123~1211年）。中国西北其他地区被西夏统治。西夏人承认辽人的统治。

五代十国（907~960年）

当中国北方处在草原的半游牧民族间的混战中时，南方地区被一系列军事割据政权统治。宋朝始建于960年，创建者赵匡胤是后周的大将（960~976年在位），称帝后称为太祖。在长江三角洲和南部，十国相对和平与稳定。979年宋朝统一十国。

宋朝（960~1279年）

宋朝时期文化繁荣，城市得到前所未有的发展，其间中国社会构成也发生了深刻的变化。和唐朝相比，宋朝不注重领土的扩张，而注重通过改善交通促

《韩熙载夜宴图》，五代

大事年表

618~907年 唐代建立，预示着中国历史上新的黄金时代的到来

690~704年 武则天，中国唯一一个女皇统治时期

755~762年 安史之乱迫使朝廷官员从长安逃到四川

868年 最早的雕版印刷品《金刚经》出现

907~960年 政权割据的五代十国时期

10世纪 和火器出现

700年 750年 800年 850年 900年

661年 中国实现在克什米尔、布哈拉和伊朗东部边界的统治

705年 著名诗人李白诞生

唐代银器

770年伟大的诗人杜甫去世

806~820年 最早的纸币“交子”出现

907~1125年 契丹人建立辽，将北京作为其南京

进经济的发展。以大规模生产为基础的新兴行业开始出现，如江西省著名的陶瓷行业。南宋时期，中国发生了产业革命，开始大规模生产盐和铁等原材料。在欧洲，这样大规模的生产直到18世纪才出现。

在蓬勃发展的经济环境下，新兴的中产阶级出现，刺激了对一系列新消费品的需求。权力由贵族阶级转向朝廷官员。这些官员闲暇时，或吟诗作赋，或习书法绘画。人们热衷收藏名画，带来了艺术的兴旺发达，并使中国出现了全世界第一套国家收藏艺术品。徽宗特别鼓励艺术的发展，他善于利用前朝旧制以及审美价值来确立自己在艺术史上的地位。新儒家的出现和道教的重新兴起，标志着宋朝时中国本土信仰和传统权力结构的恢复。

宋徽宗像，1101~1125年在位

北宋时西北和东北屡次遭到西夏和金的侵扰。金与宋签订盟约联宋灭辽。可仅仅12年后，金便攻占了北宋都城汴梁（今开封），劫去宋徽宗、钦宗二帝，迫使北宋朝廷南逃。南宋（1127~1279年）都城设在长江以南的临安（今杭州）。

金（1115~1234年）

建立金的女真族是一个半游牧民族，起源于满洲的通古斯族。由于连年与宋交战，并且经常受到蒙古人的袭击，金国力衰败。到13世纪早期，金朝的南部和北部受到南宋和蒙古部落的夹击。1227年，蒙汉联合击败了金，1234年金哀宗自杀身亡。金很快划入迅速扩张的蒙古帝国的版图。

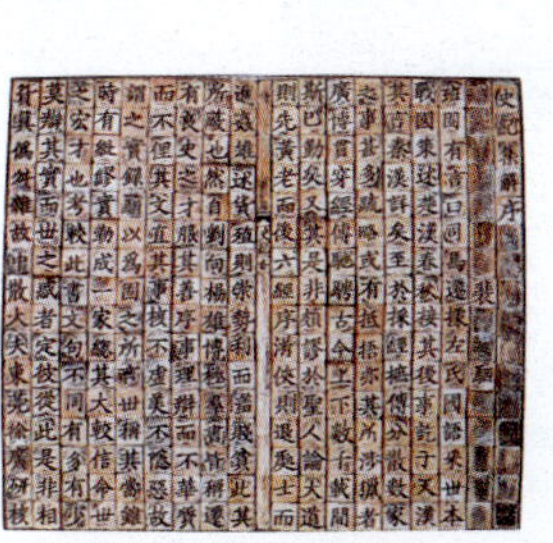
早期的活字印刷版（宋朝）

金朝时期，随着封建化的深入，社会经济获得了一定的发展。除了畜牧业的优势外，其农业、手工业以及商业也有所进步。金朝文化深受汉族影响，取得了相应的成就，其中戏剧较为突出，并产生了元好问等著名文学家。当然，客观地说，无论是经济、科技还是文化，比起南宋来金朝还差得很远。

女真文是金朝通行的官方文字，该文字是根据汉字改制的契丹字拼写女真语言而制成的。

960~1127年 北宋重新统一中国，定都汴梁（今开封）

宋徽宗绘画作品局部

1127~1279年 被金打败后，宋被迫南迁，建立南宋，定都临安（今杭州）

1154年 首次发行纸币（金代）

1206~1208年 宋金交战

950年 | 1000年 | 1050年 | 1100年 | 1150年 | 1200年

1038~1227年 党项人在中国西北建立西夏政权

1041~1048年 活字印刷术出现

1090年 中国船舶上使用指南针（被证明是最早使用指南针的例子）

1115~1234年 金在中国东北建国，迫使辽西迁

1214年 金把都城从北京迁至河南开封

元朝（1206~1368年）

中国历史上蒙古族建立的统一王朝。1206年成吉思汗铁木真在蒙古高原建立大蒙古国。窝阔台建哈剌和林为首都。1260年忽必烈即位，于1271年改国号为大元，次年迁都大都（今北京）。从成吉思汗建国至元朝灭亡共15帝，163年。控制区域北至蒙古高原，东北到鄂霍次克海，南迄南海，东南有台湾，西北尽新疆。丝绸之路再次开放，中国和中东及中世纪欧洲开始往来。当时蒙古朝廷同欧洲使节、天主教传教士及商人首次进行直接接触。马可·波罗是意大利旅行家和商人，在忽必烈当政时期在中国为官21年。

佛教菩萨（元朝）

同汉人建立的官僚统治不同，蒙古人通过军事统治的形式治理国家。虽然汉语和蒙古语都是元朝的官方语言，但元朝并不鼓励汉人担任官职。来自中亚和西亚的色目人在朝廷中担任官职，因此汉人逐渐退出官场。

成吉思汗（1162~1227年），波斯小画像

由于没有明确的继承大统的规则，1328年蒙古贵族间掀起了内战。红巾军、白莲教等秘密组织领导农民起义，1368年朱元璋将蒙古人驱逐出中原，成为明朝的开国皇帝。

明朝（1368~1644年）

明朝（意为“光明”）是中国历史上统治时间最长、最稳定的朝代之一。明朝建立者朱元璋，出身低微，在起义中升为大将，并最终成为大明的开国皇帝。朱元璋在位时期，对中央和地方政府做了根本性的变革，使其对继承人具有约束力。朱元璋废除丞相制，自己直接负责六部，皇帝变得更加专制。

朱元璋将皇位传给了自己的孙子。他死后，他的儿子燕王朱棣从藩地北京起兵反抗他的侄子建文帝，攻破南京，并即位称永乐皇帝。永乐帝（1403~1424年在位）将都城迁至其权力所在地北京。他根据中国传统的城市规划理念建立了一个新城市。紫禁城位于城市中心（参见86页~89页），是皇家宫殿和朝廷办公所在地，周围是纵横交错的街道。在其基本方位上设立四个皇家祭坛。整个城市四周城墙环绕，形成有森严壁垒的城堡。从1421年起，除了中华民国时期，北京一直是全国的政治中心。

到了15世纪，中国已成为一个重要

大事年表

1215年 蒙古人占领北京

1234年 金哀宗自缢身亡，金被并入蒙古帝国

蒙古骑士

1368~1644年 农民起义领袖朱元璋建立明朝

1403年 开始在中国北方修筑明长城

1250年　1300年　1350年　1400年

1227年 成吉思汗去世，他生前统一了草原上讲蒙古语的众多部落

1279~1368年 忽必烈打败南宋，建立元朝，称帝开始统治中国

1328年 元朝蒙古贵族间的内战爆发

明朝玉象

现存的长城中明代长城保存较为完好

的海上强国，其船舶令同时期欧洲的船只相形见绌。青花瓷、丝绸和其他奢侈品在日本、东南亚和中东等国外市场需求量很大。永乐帝派遣回族宦官郑和七下西洋，最远到达非洲东海岸及中亚。1514年葡萄牙商人首次来到中国购买茶叶，之后茶成为欧洲社会的时尚饮品。葡萄牙商人将瓷器作为压舱物和其他奢侈品连同货物一起带回欧洲。17世纪荷兰主导世界贸易，该主导地位直到100年以后才被英国超越。天主教传教士16世纪便来到中国，皈依者寥寥无几，但却取得了接近皇帝和内廷的机会。社会经济发达，手工业生产有很高水平。丝棉纺织、陶瓷、织锦、缂丝、冶炼、建筑等都闻名于世。16世纪中叶以后，在手工业行业中出现资本主义生产关系的萌芽。

明朝婚礼饰品

宣德年间（1426~1435年）艺术蓬勃发展。宣德皇帝本人便是一位艺术家和诗人，他支持艺术发展，尤其是景德镇瓷器产业。文学方面，明朝晚期戏剧和古典小说尤为知名，如《西游记》（参见29页）。哲学思想方面，晚明王夫之、黄宗羲为代表的反对空谈和封建专制，成为影响深远的学说。

明朝中期开始，皇帝怠政，官员更加腐化，地主阶级到处搜刮民脂民膏，导致江南民变的发生。万历末年，关外建州女真叛乱，明朝开始走向衰亡。天启年间，中宫黄门集团的专政加快了这一进程的发展。至崇祯年间，因为连年灾害，明廷因财政破产，无力镇抚，人民纷纷揭竿而起，后金的军队也突破长城防线，五入关内。崇祯十七年（1644年），李自成率军攻克北京，崇祯帝自缢，同年清军入关。明朝残余力量在江南建立过短期的政权，史称南明。

26~1435年 宣德帝成为明第一个大力发展艺术皇帝

1514年 葡萄牙人来到中国，成为第一批进行茶和瓷器贸易的欧洲人

青铜镀金碗（明）

1573~1620年 万历初期国家兴盛，但后来因为皇帝疏于政务，国家开始衰败

1620年 泰昌皇帝被太监毒害

1450年　1500年　1550年　1600年

0年 北京紫禁建设竣工

16世纪初 明朝后期的统治者荒废政务，宦官权力膨胀

1538年 天主教神甫利玛窦来到中国南方并开始传教

1570年 通俗小说《西游记》出版

17世纪 荷兰主导了欧洲与中国的贸易

1601年 天主教传教士利玛窦获准进入北京

清朝统治（1616~1911年）

1616年满族首领努尔哈赤建立后金，将散乱的北方各部落组成八旗。1636年，满族统治者皇太极改国号为大清（意为“善战之国”）并为1644年攻占北京做好了准备。顺治元年（1644年）清军入关，定都北京逐步统一全国。满族人热衷于效仿汉人统治方法，鼓励汉人学者入朝为官，为新朝廷服务。汉人和满人同朝为官，起初使用满语，后来以汉语为政府的官方语言。然而，尽管满汉交往密切，但满族统治者谨慎地保持满汉之间的界限以保护自己的特权和文化传统。

康熙皇帝，
1662~1722年在位

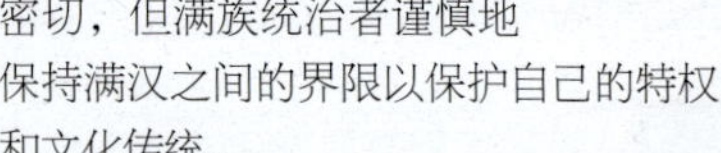

清朝初期，统治者较为开明，当时的中国是世界上领土最大、人口最多的国家之一。康熙执政期间，撤除吴三桂等三藩势力（1673年），统一台湾（1684年），平定准噶尔叛乱（1688~1697年），并抵抗了当时沙俄对中国东北地区的侵略。康熙死后，雍正帝即位。雍正的四子成为了乾隆皇帝（意为“持久兴隆”）（1736~1795年在位），预示着另一个黄金时代的到来。乾隆在位期间多次用兵，统一疆土，使统一的多民族国家得到巩固发展。1755~1757年两次出兵西北，平定长期割据天山北麓的准噶尔部，又平定南疆回部封建主霍集占兄弟的叛乱，派驻伊犁将军与喀什噶尔参赞大臣管辖天山南北。1766年平定大小金川土司制，废除土司制，改置州县。晚年出兵西藏驱逐入侵的廓尔喀（今尼泊尔），重新规定驻藏大臣和达赖喇嘛的职权、地位，同时规定金瓶掣签的制度，加强中央对西藏的管辖。

18世纪，通过天主教传教士和贸易往来，中国同西方的联系增多。到18世纪中叶，中国试图控制贸易，拒绝与西方的官方联系。1792~1794年英国派遣马嘎尔尼勋爵到达中国，试图同中国建立外交关系，并使中国进行贸易开放，但中国拒绝给予英国特权。

帝国的衰落

19世纪是中国历史上最动荡的时期之一。内部起义、自然灾害以及西方

马嘎尔尼勋爵率领的庞大使团到达乾隆皇帝的帐篷

大事年表

1616~1911年 满族建立清朝

1644~1800年 平定叛乱、抵抗侵略

1650年 北京建立第一座天主教教堂

1662~1722年 康熙皇帝统治时期，任命传教士掌管钦天监

1723~1735年 康熙的儿子胤禛继承帝位开始统治，年号雍正

顺治皇帝，1644~1661年在位

1736~1795年 乾隆年间大力发展艺术，他统治时期是中国另一个黄金时代

1747年 乾隆建造西式风格的圆明园（参见103页）

1757年 中国在广州限制对外贸易

1650年 | 1675年 | 1700年 | 1725年 | 1750年

一个商人在广州仓库检验茶叶质量

列强的入侵在清朝末期达到顶点。几位软弱的皇帝被慈禧皇太后操纵和控制，晚清大部分时间都是她在垂帘听政。1851~1864年的太平天国运动席卷了中国南部和中部地区。

西方列强因不满中国闭关锁国，限制对外贸易，给中国施加越来越大的压力。为了保护其在印度殖民地的鸦片贸易，英国参与了第一次鸦片战争（1840~1842年）。最终中英签订《南京条约》。条约规定：中国开放五个通商口岸，支付巨额赔款，并割香港岛给英国。1856年英法发动第二次鸦片战争之后，欧洲列强开始瓜分中国，划分势力范围。英国在长江流域和上海的势力最强，德国控制山东，法国控制中国与越南的边界地区。1900年义和团联合清军袭击外国驻北京公使馆。八国军队打败了义和团和清军联军，慈禧太后逃到西安，将一切归咎于皇帝。中国政府再一次割地赔款，慈禧太后返回北京以后一直住在北京，一直到1908年去世。作为末代皇帝，溥仪一直住在紫禁城直到其被冯玉祥将军驱逐出宫。1912年1月1日主张共和的国民党领袖孙中山成立中华民国。

孙中山，1866~1925年

走向共和

在封建王朝的最后几年，许多中国知识分子认识到中国需要现代化变革。1898年戊戌变法的支持者主张采用西方科技和教育制度。这次运动遭到以慈禧太后为首的守旧派的强烈反对，这年9月慈禧太后等发动政变，光绪帝被囚，维新派康有为、梁启超分别逃往法国和日本。谭嗣同等6人被杀害，历时仅一百零三天的变法终于失败。义和团运动以后，清朝进行了一系列改革。各地建立了民选政府，进一步削弱了清朝的势力。1911年清朝彻底瓦解。孙中山当选为中华民国临时大总统，但很快辞去大总统之职，让位于袁世凯，而袁世凯却寻求复辟帝制。袁世凯称帝后，各省纷纷讨伐，他被迫让步，并于1916年去世。此后中国实际上一直处于地方军阀的统治之下，直到1949年中华人民共和国成立。

~1805年 白莲教损害了清朝的权财力

1816年 阿默斯特勋爵领导的英国特使寻求打开中国贸易市场

1851~1864年 太平天国起义

1856~1860年 第二次鸦片战争（中国与英法两国）

1898年 光绪帝被慈禧太后软禁

1900年 义和团起义

1775年 | 1800年 | 1825年 | 1850年 | 1875年 | 1900年

1792~1794年 马嘎尔尼勋爵率领大使来到北京，试图同中国建立贸易关系，但并未成功

1861年 慈禧太后开始垂帘听政

1840~1842年 中英第一次鸦片战争

1908年 慈禧太后去世

1894年 中日甲午战争爆发

清朝玉佩

慈禧的指甲套

文化大革命

全称为“无产阶级文化大革命”。是由毛泽东于1966年5月错误发动和领导的，于1976年随“四人帮”的垮台而告终的政治运动。运动又被林彪、江青两个集团利用来篡夺政权。这场运动实际上是一场给党、国家和各民族带来严重灾难的内乱。

演员在表演样板戏

“文化大革命”期间鼓励**青少年投身到革命中**。受到鼓动的青少年到处抄家，销毁照片，没收他人财产。“文革”中甚至出现孩子揭发批斗亲生父母的情况。

红卫兵

中国“文化大革命”初期以青年学生为主体建立的群众组织。参加红卫兵组织的多数青年自认为是从事革命活动，但实际上红卫兵在全国各处串联，煽动造反，在政治、经济、文化等各方面造成极大破坏。

群众批斗会是社会主义教育运动的重要组成部分。该运动旨在纠正社会和经济生活中存在的资本主义和修正主义，为“文化大革命”奠定了思想舆论基础。当时人人都被要求参加群众批斗会。

“文革”当中人民解放军战士在学习《毛主席语录》。

批斗后被抬走的**受伤的干部**。羞辱人成了每次批斗会的惯例。众多干部和教师被游行，受到批斗，失去工作甚至被逼自杀。

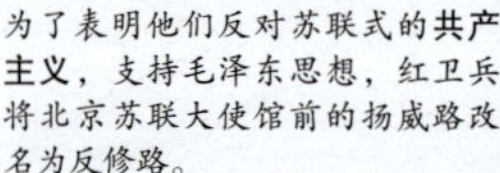

为了表明他们反对苏联式的**共产主义**，支持毛泽东思想，红卫兵将北京苏联大使馆前的扬威路改名为反修路。

林彪号召全国学习毛泽东思想，并汇编成红宝书。该书成为新兵的必读之书。作为国防部长，林彪是毛泽东重要的军事后盾，是毛泽东指定的继承人。1971年林彪密谋篡权，事情败露后驾机逃跑。途中在蒙古温都尔汗坠机，机毁人亡。

样板戏指一批创作于中华人民共和国成立以后，主要反映传统政治立场的作品，其政治意义远超过文化价值。样板戏的影响力在“文革”时期达到顶峰，是国家当时唯一允许出现的文艺作品。

五七干校是中国“文化大革命”期间，为了贯彻毛泽东《五七指示》和让干部接受贫下中农再教育，将党政机关干部、科技人员和大专院校教师等下放到农村，进行劳动的场所。

刘少奇（右），1959~1966年担任中华人民共和国主席。他是“文革”中被批斗、监禁和游行的最高官员，最终被迫害致死。

四人帮

中国共产党内江青、张春桥、姚文元、王洪文在“文化大革命”期间结成的声名狼藉的领导集团的简称。江青是毛泽东的妻子，她始终是主要角色。张春桥、姚文元原是中共上海市委的宣传工作干部。王洪文原是上海国棉十七厂保卫科干事。他们利用毛泽东的信任和重用，在“文化大革命”的混乱局势下，拉帮结派，迅速成为党内有很大权势的集团。“四人帮”在“文化大革命”中凭借其地位权势，诬陷、迫害中国共产党和国家领导人及大批干部，企图篡党篡权。1976年10月，毛泽东逝世后不到1个月，中共中央政治局决定把这4个人隔离审查。最后，法庭判决江青、张春桥、王洪文无期徒刑；姚文元有期徒刑20年。

“四人帮”成员被判决时的塑像被悬挂在树上

蒋介石（1887~1975年），国民党的领导人

共产党和国民党

随着清朝被推翻，政治形势发生了巨大的变化，国民党和成立于1921年的中国共产党这两种力量在社会上占主导地位。国民党最初是由孙中山领导，后来，蒋介石在1926年夺得领导权。1923年，国共两党形成了反对军阀的“统一战线”，但是1926年共产党人被从“统一战线”中驱逐出来。蒋介石带领他的军队北伐成功后，到达南京，并将南京设为国民政府首都，他出卖了共产党领导下的上海工人，使他们遭到屠杀。共产党被迫转入地下，毛泽东带领军队撤退到农村。

1930年在江西山区，毛泽东和朱德建立了江西苏维埃政权。在这个易守难攻的根据地，共产党开始给农民重新分配土地，并确立了新的婚姻法。1934年，蒋介石通过第五次围剿，迫使红军开始了艰苦的长征（参见256页~257页）。红军到达延安结束了长征。直至1945年，延安都是共产党的指挥中心所在地。

日本侵华

内乱中的中国更易遭到侵略。1931年，日本占领东北地区，并成立了伪满洲国傀儡政权，扶持清朝的末代皇帝溥仪当傀儡皇帝（参见444页）。到1937年，日本已经占领了中国北方大部，在南京、上海和长江流域，大肆占领城市，烧杀淫掠，惨绝人寰。直到1945年，中国人民终于将日本侵略者从中国大地上驱逐出去，而后中国却陷入了国共内战。

东方红

1947年，共产党的土地改革取得成效，赢得了广大农民的支持。1948~1949年，中共在对抗国民党的战役中取得了决定性的胜利。1949年10月1日，在北京，毛泽东宣告中华人民共和国成立。蒋介石携大量皇家珍宝逃往台湾。

在中华人民共和国成立初期，中

共产党宣传画描述毛泽东受到人民群众的拥戴

大事年表

1910年 1920年 1930年 1940年 1950年 1960年

- **1912年** 溥仪退位标志着中国帝王制度的终结
- **1921年** 中国共产党建党
- **1926年** 蒋介石夺取国民党领导权
- **1931年** 日本侵略中国东北
- **1934年** 红军长征
- **1937年** 日本占领中国大部
- **1945年** 第二次世界大战结束，日本战败
- **1947年** 中国爆发国共内战
- **1949年** 毛泽东宣布中华人民共和国成立
- **1951~1952年** 农村合作社成立
- **1958年** 激进的“大跃进”运动
- **1966年** 毛泽东发动“文化大革命”

末代皇帝溥仪

国人民努力重建这个遭受了100年欺凌动乱、疮痍满目的国家。新的法律要求纠正和废除过去的不平等条约，重新分配土地和废除包办婚姻。1957年，中国共产党开展了“百花齐放、百家争鸣”运动，鼓励人们言论自由。但未曾预料到的突如其来的批评，导致中央迅速改变政策，将知识分子打为“右派”，并把他们派到农村接受再教育。毛泽东对中国缓慢的发展感到沮丧，1958年，他发起了“大跃进”运动。人民公社取代了家庭，为人们提供食品和照顾儿童，解放了劳动力并改进了生产力。但不切实际的生产率指标和伪造的统计数字掩盖了毛泽东的试验的灾难性影响。农业试验的失败加上自然灾害导致数百万人饿死。

周恩来会见尼克松总统

对农业和工业进行改造后，毛泽东力图发动社会变革，并于1966年发起了“文化大革命”（参见64页~65页）到1971年，动乱的局面才日趋平稳。但是直到1976年毛泽东逝世后，“四人帮”倒台，“文革”才告结束。“文革”后，邓小平复出，他推行经济改革，实行包产到户的政策，并倡导更大的经济自由。

20世纪80年代的经济体制市场化改革，刺激了经济的发展，而政治体制改革却裹足不前。1989年的政治风波后，邓小平坚定不移地推进经济改革，20世纪80年代成立深圳经济特区，开放了上海证券交易所。至1992年，中国已经成为世界上最大的经济体之一。

在20世纪90年代，经济以前所未有的速度发展，随之，现代高楼取代了传统的建筑，中国发生了巨大变化。香港和澳门相继回归祖国，外国投资也大量涌入，企业家纷纷涌现。但是，经济回升的基础还不稳定、不巩固、不平衡，一些深层次矛盾特别是结构性矛盾仍然突出。

从中国国情来看，国家大，底子薄，人口多，并且几乎年年都有重大自然灾害。地球上人口最多的国家如何解决它所面临的许多问题，引起世界上其他国家的关注，因为重新崛起的中国将会对他们的未来产生巨大的影响。

证券交易所里的中国商人

红宝书

- **1972年** 美国总统尼克松访华，这是美国总统首次访问中国
- **1976年** 毛泽东逝世
- **1978年** 邓小平复出，成为国家领导人
- **1993年** 江泽民成为国家主席；三峡大坝开始建设
- **1997年** 香港回归祖国的怀抱；两年后澳门回归祖国
- **2001年** 中国加入世贸组织
- **2003年** 中国首次发射载人航天飞船；胡锦涛成为国家主席
- **2008年** 北京举办奥运会
- **2010年** 上海举办世博会；广州举办亚运会

70年 | 1980年 | 1990年 | 2000年 | 2010年 | 2020年

北部地区

北部地区概要

北部地区包括河北、山西、山东、河南、陕西、天津，以及首都北京五省两市。这里有蜿蜒流经的黄河和万里长城。在这片广袤的土地上，古老都城有六座之多，因此，这里留有灿烂的王朝遗迹，如北京的紫禁城，陕西西安附近的秦陵兵马俑以及书写着佛教文化的龙门石窟、云冈石窟。这里是宗教圣地，其中道家名山包括华山、泰山，佛教名山五台山，还有嵩山少林寺，都在此区域内。这里有两大海港——天津港和青岛港。在这两座城市里，仍存有殖民地时期欧式风格建筑。此外不得不说的另一处关隘是山海关，这是长城和大海的交会处。

练习太极拳（北京天坛）

位于山西大同的云冈石窟，其传世的雕刻、彩绘栩栩如生

DATONG
208
Huang He (Yellow R.)
TAIYUAN
PINGYAO
YAN'AN
LINFEN
CHANGZHI
108
207
Yinchuan
LUOYANG
LINGBAO
ZHENGZHOU
Lanzhou
BAOJI
XI'AN
316
SHANGZHOU
108
210
207
312
HANZHONG
SHIQUAN
NANYANG
Xiangyang

交通

北京是交通枢纽，到周边城市的航空线路、铁道线路和公路线路都很便利，每天都有发往西安、洛阳、开封和郑州等城市的航班。有高速列车连接北京和该区域内的几个大城市，其他中小城市间也有普通列车往返。天津是一个重要的南北铁路枢纽。这里还有全面的长途公共交通服务系统，但私家车无疑是更为快捷的选择，也是更受欢迎的出行方式。

图示

- 高速公路
- 国道
- 其他公路
- ▲ 山区

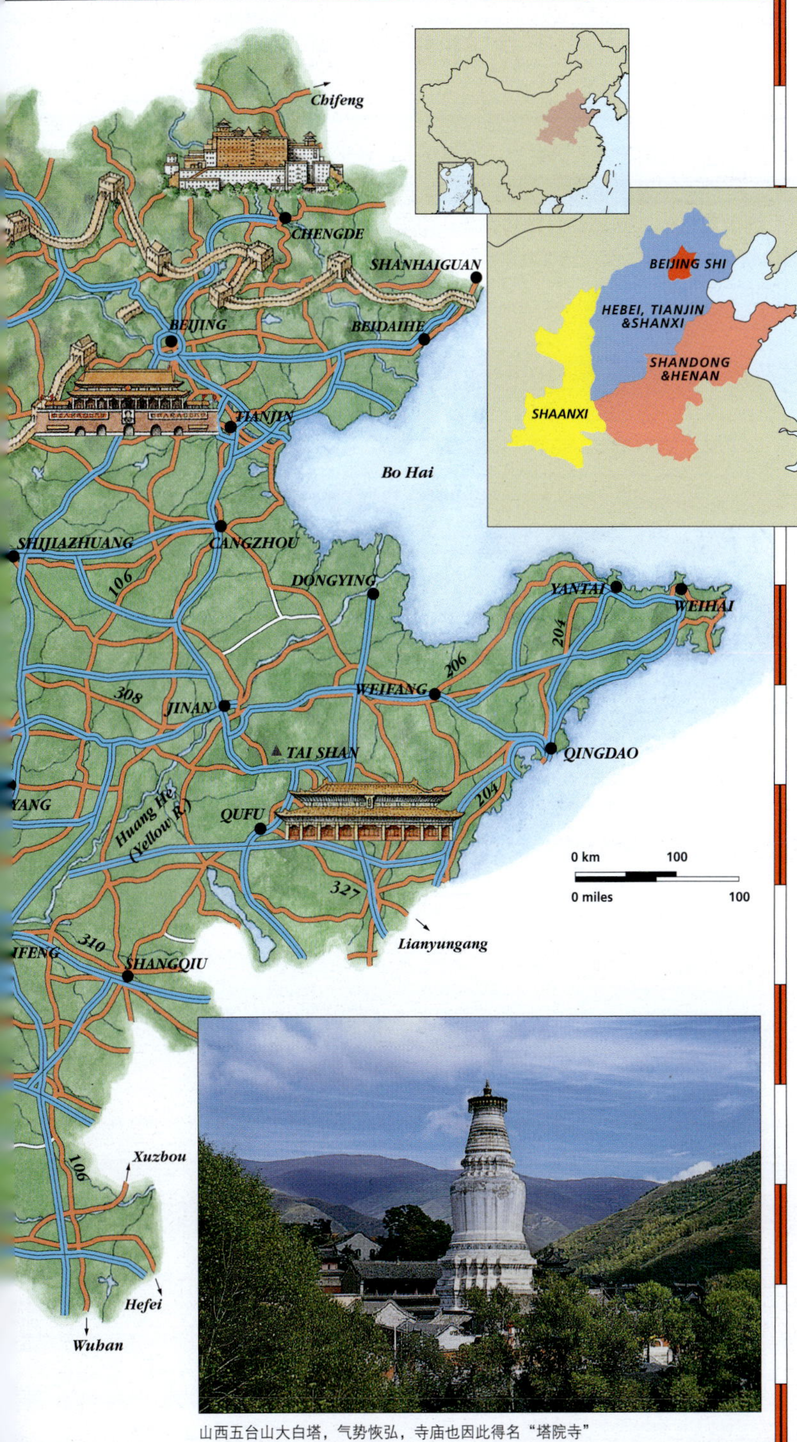

山西五台山大白塔，气势恢弘，寺庙也因此得名“塔院寺”

北部地区概况

黄河，中华文明的摇篮，在中国北方干涸的国土上刻下了深深的一道蜿蜒的线条。历史上，这里是汉民族的家园，也是在这里，竖立起了最辉煌的丰碑。因此，造访这些历史遗迹便成了各方游客来中土游览的首要目的，而他们的行程通常从中国的首都——北京开始。

几千年来，黄河养育了两岸定居的华夏民族的祖先，也时而咆哮着冲毁他们的家园，使他们流离失所。黄河流经陕西、山西、河南、山东等省，为这些省份划定了天然边界。河南（黄河以南）、河北（黄河以北）两省便因此得名。在其蜿蜒漫长的流域内，黄河经过了无数富有历史遗迹的文化名城，最后在五岳之首泰山以北穿过，注入渤海。它也不时与长城，这座华夏文明的另一座壁垒——相交。长城在华北土地上蜿蜒伸展，如今的城墙大多已土崩瓦解，变成了残迹。这些残垣断壁告诉现在的人们，这些地方曾是防御北方游牧民族的要塞。尽管长城是作为防御工事建立的，但它并不能完全阻止游牧部落攻入中原。

龙门石窟的金刚

河南省遍布新石器时代文化遗址，文物出土颇丰，使这里成为中国历史早期文明的摇篮之一。河南地处黄河以南，位于此的洛阳、开封两个城市都曾是中国的王朝古都。另一座古代城市安阳，则是商代的国都。然而，在北部地区历史最为灿烂夺目的，还要数陕西西安这座古城。西安举世瞩目的宝藏便是秦陵兵马俑（参见168页~169页）。秦始皇是中国历史上第一个皇帝，他统一了中国，这些兵马俑便是为保卫他的陵寝而制造的。不过，西安这座古

北京颐和园中俯瞰昆明湖的佛香阁

中国东部沿海省份山东省青岛市的俯瞰图

都辉煌鼎盛的时期是在唐代（参见 56 页～57 页），因为在当时，这里地处丝绸之路的东端。当时建立了气势恢弘的大清真寺，并且有大量回族人迁入，证明那时的西安是一个兼收并蓄的大都市。

北京雍和宫的香火

13 世纪末期，蒙古忽必烈大汗定都北京。但直至 1421 年，明朝永乐皇帝把权力中心迁移至此，北京才真正具备了皇城的地位。北京有笔直宽阔的街道，也有窄小曲折的胡同，多是保留了前朝建筑的风格。纵横交错的胡同，包围着这个帝都的核心宫殿体系——紫禁城。在 21 世纪的今天，包围这些庙宇和宫殿的已换成了高端商品购物街和人山人海的游乐场，这里汇集着八方游客。

河北和山西二省接壤，这片区域内冬季天寒地冻，夏季酷暑难耐；相较而言，河北东部临海地区因受海洋凉爽空气的影响，夏季气候相对较为舒适。另外，山西省因受与之毗邻的戈壁滩影响，时而会遭受沙尘暴天气。河北省境内土壤肥沃，是发达的农业省；山西境内则拥有丰富的矿产资源。尽管这些省内均已高度工业化，但仍保留了许多值得一看的胜地，如崇善寺（参见 137 页）、五岳之尊泰山、港口城市天津（原在河北省境内）。尽管已是现代化城市，天津市内仍保留了开埠时期的欧式建筑，其中天津意式风情区，又名新意街，是意大利本国以外世界上唯一一处大型建筑群。被联合国教科文组织列入《世界文化遗产名录》的洛阳龙门石窟（参见 154 页 ~155 页）恢弘壮丽。山东，古为齐鲁之地，位于中国东部沿海、黄河下游、京杭大运河的中北段，省会设于济南。山东历史悠久，在中华文明的发祥与发展过程中有很多重要贡献，其中最广为人知的是孔子及其儒家思想。如今儒家思想再次受到全社会的重视。

陕西华山，几千年来中国无数文人骚客吟咏过的地方

京剧

脸谱纪念品

京剧始于清代，形成于北京，是中国上百种地方戏剧中的一种。据说，乾隆皇帝（1736~1795年在位）南巡期间，迷上了安徽、河北一带的地方戏，随即把这些地方戏班召集到北京。京剧，一种新的戏曲形式便诞生了。光绪皇帝和慈禧太后也是京剧迷，他们的兴趣都在一定程度上助长了这种艺术形式的发展。京剧表现出的艺术生命力是惊人的。在“文革”期间，京剧名角曾屡遭迫害，大多数剧本也遭到政府禁止，但这种戏曲形式却仍然存活了下来。

乾隆皇帝，京剧始创阶段的见证者

京剧

京剧曲目一般取材于中国历史和文学，通过独特的曲调风格，向观众呈现出令人惊叹的视觉效果。京剧是一种种类齐全的剧院艺术，基本的表演形式包括唱、念、做、打，另外还充满了象征符号。

猴是观众最喜爱的舞台形象之一——聪明、无畏、足智多谋。这一形象在许多中国古典文学著作中都有描述（参见28页~29页）。

脸谱的油彩色泽象征着不同戏曲人物的性格特征。比如红色，代表着忠义和果敢；紫色，代表着庄严和正义；绿色，则表示此人勇敢而易怒。

骑马这一动作是通过角色手执红缨马鞭来象征实现的。其他舞台动作也是通过类似的象征手法来实现的。

京剧中的**“打”**的一招一式，都结合了武术运动中的优雅灵动，其练功之艰苦超乎想象。在戏服设计上也别出心裁，为的就是使演员在舞台上的每一次跳跃、每一次回眸，都显得更为英武帅气。

乐器

尽管京剧包含的视觉元素繁多，但人们通常还是说“听”戏去而不是“看”戏。因此，京剧中融合的音乐元素是不容忽视的。通常一场戏下来，伴奏的乐器要有六七种之多。其中弦乐包括二胡和三弦，有时还有琵琶（中国传统乐器）。这些乐器都是用来为京剧演唱伴奏的。打击乐器包括拍板、锣、鼓等。这些乐器通常用来凸显角色行动的节奏感；角色的举手投足都与声音密切关联着。有时管乐也显得作用突出，如中国传统乐器喇叭、笛子和唢呐。

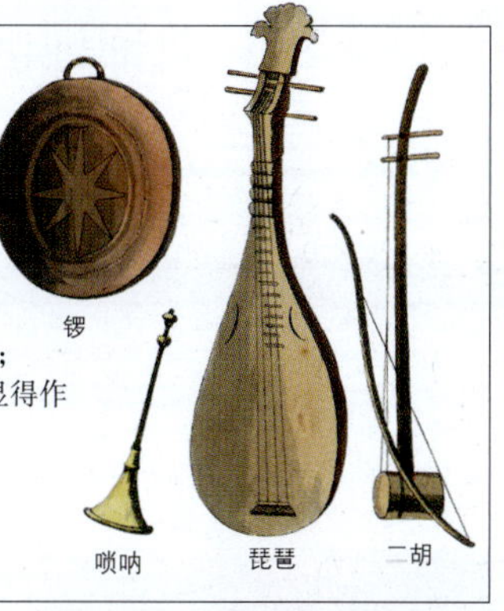

梅兰芳在20世纪二三十年代，也就是京剧的鼎盛时期，是最著名的旦角。所谓旦角指的是京剧中的年轻女性角色之一。过去曾有过男演员扮女角的传统，但现在已经不再这样了。

四个主要角色

京剧中有四个主要角色，分别是：生，男性角色；旦，女性角色；净，又叫“花脸”，相比之下，其造型和脸谱都更具象征性；丑，喜剧化色彩的角色。

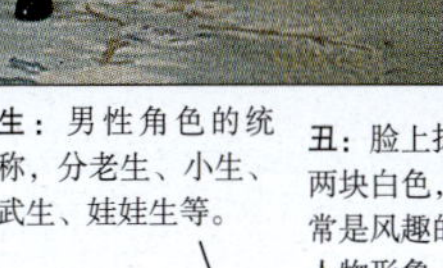

生：男性角色的统称，分老生、小生、武生、娃娃生等。

丑：脸上抹着两块白色，通常是风趣的小人物形象。

旦：女性角色的统称，分花旦、彩旦、武旦、闺门旦、老旦、正旦六种。

净：形象最为鲜明，通常具有强烈的个性。

地域食品：北部地区

早在公元前6000年，就已有人定居于黄河流域，但直到公元前1500年，才出现文字记载。借助这些文字，我们得以清楚地了解古代中国人的饮食习惯。那时人们已经开始养猪，并种植小米、小麦、大麦、水稻等谷物。那时的人们甚至学会了通过粮食发酵酿酒。后来（约前1100年），人们的饮食中出现了大豆，接下来，相关的豆制品也相即出现了，如豆浆、豆腐。北京本没有独特的地方菜肴，但由于是京城，来自五湖四海的菜系都或多或少地对其产生了影响。

胶菜，又称胶州大白菜

大街上叫卖的糖葫芦，是颇具北方特色的小吃

宫廷御厨

忽必烈于1272年定都北京，自此，北方菜开始受到蒙式烹饪的影响，出现烧烤、火锅等。此前，历代王朝的都城都主要集中在黄河流域，如西安、洛阳、开封等。精心准备的昂贵配料，如鱼翅、燕窝、鲍鱼等均从南方运送至京。菜肴富含艺术性的品色和极具诗意的名称，也是京菜一大特色。可以概括地说，北京菜是在一代又一代紫禁城御厨的烹制下发展创新而来的。

山东

山东是孔子的诞生地，鲁菜被看做中国最为经典且源远流长的菜系之一。自古以来，许多名厨皆出自山东，甚至有人说，铁锅（镬）发源于此。通常，在人们谈及北京菜的时候，所指的其实

整只北京烤鸭配以传统作料

地方特色菜肴

外形酷似鸭头的鸭梨

北京烤鸭作为宫廷菜肴的一种，应该是北方菜中名气最大的了。北京烤鸭采用的是北京地区独有的填鸭，经过仔细的干燥处理后，在鸭身表面刷一层甜汁，再挂在芳香的果木片上炙烤。烤成之后，经过厨师的精工切片，再裹入一层单饼里，这道美食就可以享用了。吃烤鸭的时候可辅食鸭杂以及鸭汤。此外，还有一种北方特色饮食——蒙式火锅。蒙式火锅构造简单，就餐所用全部容器只是一只小锅，这是与游牧民族生活习性相适应的。其他区域性特色饮食均取材于当地的特产——黄河的鲤鱼、山东沿海地区的大虾和黄鱼，当然不能忘了当地的特色调味品——大蒜和大葱。

木须肉：将黄花、鸡蛋、黑木耳和肉丝混炒，用煎饼卷起来吃更美味。

是鲁菜。作为中国最重要的农业大省之一，山东向北京输送的供应物资在北京当地食物消费总量中占据着相当大的比重。山东主要出产小麦、大麦、高粱、小米、玉米、大豆和花生等农作物。此外，在黄河流域和北部湾地区，尤其在山东半岛，海产品产量大，品种也极为丰富，包括鱼、虾、贝、鲍鱼、海蛞蝓和海胆等。水果也是山东一大特产，山东还有知名的葡萄酒品牌和啤酒品牌，如享誉世界的青岛啤酒（参见146页），这些产品出口至世界多个国家和地区。

北京某餐馆的茶道表演

天津

天津是中国最大的城市之一，天津菜也在中国菜系里占有独特的地位。作为中国最早的对外贸易港之一，天津这座城市在日常生活中的许多方面都具有一种大都会的特质，其中受俄罗斯和日本的影响尤甚。因此，您会发现，牛羊肉在当地饮食中占有重要地位。

夜市上五花八门的地方小吃

清真美食

中国的清真饮食主要起源于回族、维吾尔族、蒙古族等少数民族。如今回族已遍布中国各地，但他们的传统定居地还是在北方地区。维吾尔族主要分布在西北地区，而蒙古族则是一个传统游牧民族，在北方很多地区都有他们的足迹。穆斯林禁食吃猪肉，因此，牛肉、羊肉（包括羊肉串）就成为他们日常饮食中重要的肉类食品。手擀面条和馕也颇具特色。

菜单

贵妃鸡 传说是因《贵妃醉酒》中的杨贵妃而得名的。

爆炒腰花 其实，所谓“腰花”，就是滚刀切成的猪肾，加之竹笋、荸荠和黑木耳翻炒而成。

酒糟鱼片 先将鱼片过油，再用料酒炖。

凤尾虾 在大虾尾端裹上一层面糊和面包屑，然后用油炸。

京酱羊肉 用甜面酱加醋烹制嫩羊肉片，这样一来，经典的糖醋味道就出来了。

拔丝苹果 一道备受欢迎的中餐甜品。

葱爆羊肉：切片羊肉加入大蒜、韭菜、葱、甜面酱等迅速翻炒。

蒙式火锅：将切得很薄的羊肉片、蔬菜和面条放进沸腾的水里涮食，辅之以各种各样的蘸料。

糖醋鲤鱼：极具代表性的鲁菜菜品，从传统意义上讲，要用黄河鲤鱼烹制而成。

北京

北京是中国的首都，是世界上最大的城市之一，现今人口超过 1900 万。北京第一次成为都城是在元代（1206~1368 年），明清两代都把北京的紫禁城作为统治机构的核心所在。如今，翻天覆地的改革之风吹来，已使这座古都旧貌换新颜。

以紫禁城为中心，向外围以网格状扩展，现在北京城的发展模式还保留着自明代起保存至今的城市建设模式。如今，老北京城往昔的神采仍依稀可辨，比如在二环附近纵横交错的庙宇、宫殿和老胡同，向人们展示着古城的遗迹。宽广交错的马路，四通八达的立交桥，高耸入云的大厦、购物中心，还有气势恢弘的天安门广场都是二环以内的风景。这个曾在13世纪被蒙古骑兵付之一炬的城市，如今正在经历着崭新的、翻天覆地的变革，也承受着巨大的人口压力。北京还成功举办了2008年奥运会。熙熙攘攘的上班族、悠闲散步的老年人、沿街摆摊的小贩，北京可以说是一个现代中国的缩影。

在北京，酒吧、咖啡厅不计其数，娱乐场所浩如烟海，从传统的京剧杂耍到极富现代感的爵士乐，甚至声嘶力竭的朋克式喧嚣，在这里都能找到。在首都的各色餐馆中，中国各地菜肴一应俱全——既有川菜的麻辣辛香，也有粤菜的精工制作。在路上，虽然越来越多的新增机动车给自行车大军带来了压力，但就目前而言，骑自行车仍然是城市观光的最佳方式。

昆明湖上的游船，颐和园

◁ 天安门广场上迎风飘扬的红旗

北京游览

这张地图上注明了一些北京重要的景点和地区。紫禁城是这座城市的核心，往南是天安门广场和前门，往东是王府井商业区，往北是钟鼓楼，往更远处的东北方向是雍和宫。北海公园以北，恭王府坐落在一个历史悠久的胡同区里，这些老胡同构成了这座城市的迷宫。再往南是天坛，一座典型的明代祭祀性建筑。北京郊区同样古迹颇多，如宏伟壮丽的长城、风景秀美的明十三陵等。

地图参见70页~71页

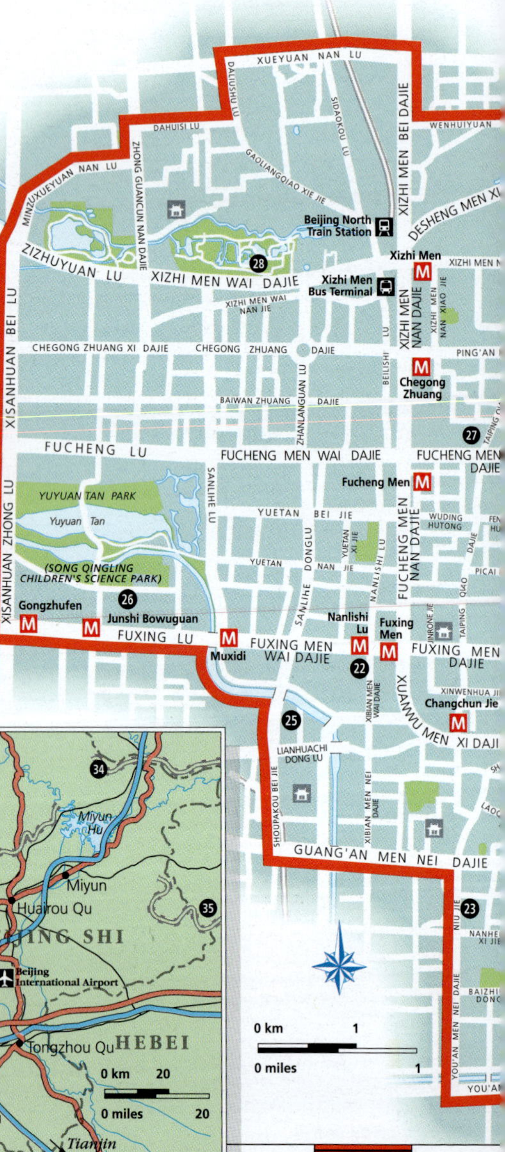

图示

- 城市地图：参见 82页~83页
- 国际机场
- 火车站
- 长途汽车站
- 地铁站
- 城市公交车站
- 旅游咨询中心
- 医院
- 寺庙
- 教堂
- 国道
- 主要道路
- 省、直辖市界
- 长城

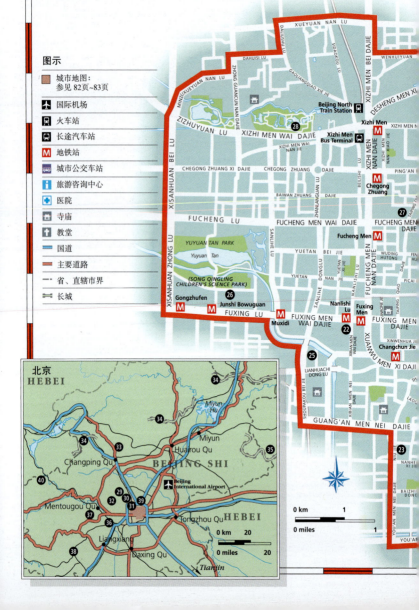

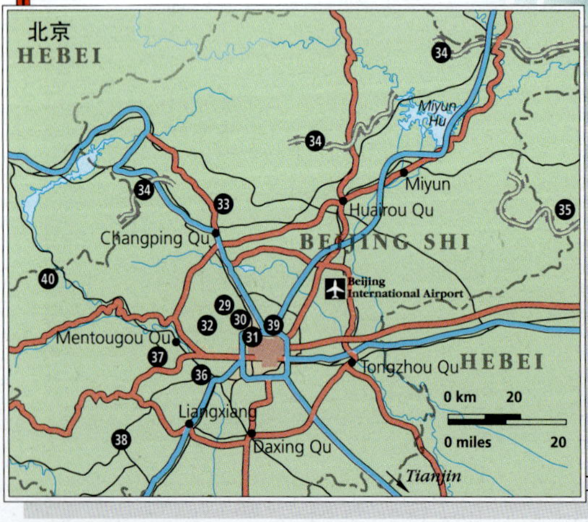

景点一览表

城区及周边历史建筑、景点

古观象台 18
爨底下村 40
大栅栏和琉璃厂 5
钟鼓楼 11
清东陵 35
紫禁城（参见86页~89页） 7
中国长城（参见106页~109 页） 34
恭王府 10
卢沟桥 36
明十三陵（参见104页~105页） 33
国家体育场 39
周口店北京人遗址 38
前门 2
颐和园（参见100页~102 页） 29
天安门广场（参见82页~83页） 1
北京地下城 3
圆明园 30

博物馆和画廊

北京首都博物馆 22
北京市规划展览馆 4
北京自然博物馆 20
中国美术馆 16
中国人民革命军事博物馆 26
东便门箭楼 19

寺庙、教堂和清真寺

孔庙 13
牛街清真寺 23
东岳庙 15
法源寺 24
大钟寺 31
雍和宫 12
妙应寺（白塔寺） 27
宣武门天主教堂 6
潭柘寺 37
天坛（参见96页~97 页） 21
白云观 25

商店和市场

王府井大街 17

公园和动物园

北海公园 9
北京动物园 28
地坛公园 14
景山公园 8
香山公园 32

请参阅

• 街道 参见114页~119 页

交通

围绕市中心有一系列环城线路，最好的出行方式包括乘出租车、地铁或骑自行车。尽管城市公交系统网点密集，但总体来说，还是过于迟缓拥挤。跟随旅行团出游也是快速游览城市的一种选择。大部分酒店和旅行社都配有专门的观光巴士，供乘客游览北京城，相比之下，乘出租车的灵活性要更大，但费用较高。

城市地图：天安门广场 ❶

毛主席像

天安门广场位于北京市中心，是一个巨大的开放型广场，也是现代北京的心脏。广场的中心是毛主席纪念堂，周边有20世纪50年代风格的建筑，也有新近修建的城市围墙。平日里，广场上从全国各地而来的游客络绎不绝，抬眼望去，天空迎风飞扬的风筝也是密密麻麻。

长安街上骑自行车的人们

人民大会堂
这里是中国的立法机构，宽敞明亮的礼堂和宴会厅只在每年人民代表大会期间全天开放，闭会期间仅部分时间开放。

★ 正阳门
俗称前门，至今已有500多年的历史，处在北京城的南北中轴线上，现有城楼与箭楼。

箭楼同正阳门一样，也是明代建筑

★ 毛主席纪念堂
两侧矗立着以革命史诗为内容的雕塑，毛泽东主席遗体存于纪念堂内。瞻仰开放时间：周二至周日上午8:00~中午12:00。

★ 天安门
1949年10月1日，毛泽东主席在天安门城楼上宣告了中华人民共和国的成立。今天，毛主席像仍然悬挂在城门正中央。

地图
参见北京街区图 地图：3 C1

0 meters 20
0 yards 20

chang'an jie

每天清晨和傍晚都分别会有**升降国旗仪式**

中国国家博物馆
建于1959年，这座博物馆的前身是中国历史博物馆和中国革命博物馆，是在两馆合并的基础上建成的。展馆基本陈列仍以中国历史为主，同时承办其他各类世界级展览。

游客参观毛主席纪念堂时，**不得带包、饮料和相机入内**

人民英雄纪念碑
建于1958年，碑身上刻有花岗岩装饰浮雕——中国革命史以及毛泽东、周恩来的亲笔题词。

星级景点

★ 毛主席纪念堂

★ 正阳门

★ 天安门

前门（正阳门），北京中心城墙的一部分

前门 ❷

前门大街。地图：3 C2。M 前门。
每天上午8:30~下午3:30。

前门是正阳门的俗称，原由瓮城墙连为一体，后因修路分割成两个部分。

前门由箭楼和城楼构成，城楼位于天安门广场南缘，箭楼位于正南。在清代，北京的内城城墙（把皇家居住的紫禁城和北京城百姓居住区隔开）有九座城门，其中前门是最大的一座。

城楼高40米，立于贯穿天安门和故宫的南北中轴线上。内部的博物馆里藏有古城墙和北京老街道的一些图片资料。

箭楼高38米，始建于1439年，其上有94个放箭的洞口。这两座城楼都在义和团运动期间遭到战火损坏（参见431页）。1916年，两座建筑之间的一座半环形连接城墙被损毁。如今，箭楼不向公众开放。穿过东面的一条路，就是当年英国人在中国修建的老火车站了，也就是今天的北京铁道博物馆。

北起正阳门箭楼，南至天坛路的前门大街是北京的老商业区，奥运会后在原址基础上做了翻新。这片区域内有数不清的绸缎店、食品店、药店、饭庄等老字号，以及电影院和胡同建筑，还有高端市场在此发展，因此值得游览。

前门
电话：（010）65229386。
每天。

北京地下城 ❸

西打磨胡同62号。地图：4 D2。M 前门。电话：（010）67022657。资料截止至2010年11月。更新信息请致电查询。

由于20世纪60年代中苏关系破裂，毛泽东主席决定在北京城建设一个防空系统。在这些纵横交错的地下通道里，武器装备、医院以及大量的水源和食物都有所配备。这个地下迷宫的入口不好找，但有一个却为人熟知，就是位于前门东南的西打磨胡同的那个。导游会告诉游客怎样沿着回旋潮湿的地道行走，旁边有标志牌介绍这些房屋曾经的用途，并指示回到地面的通道。主道上分出了很多小道，这些小道没有灯光，独自闲逛是很危险的。

战备医院
War Hospital

地下城战时医院遗址

北京市规划展览馆 ❹

前门东大街20号。地图：3 C2。M 前门。电话：（010）67024559。周二~周日上午9:00~下午5:00。

北京市规划展览馆位于北京前门东大街（老北京火车站东侧），是在原有建筑基础上改造而成。改建后的展馆共分4层，分别以展板、灯箱、模型、图片、雕塑、立体电影等形式介绍，展示了北京悠久的历史和首都城

北京的城墙

北京最早的城墙是金代（1115～1234年）修建的，当时的北京叫燕京或中都，其修建原型模仿了开封城墙（参见150页）。蒙古族忽必烈大汗定都中都后，在原址上进行了重建，并将都城更名为大都，那时的城墙长约30公里。直到明朝（1368～1644年），北京城墙才基本定为外墙七座门、内墙九座门的形制。恢弘壮丽的内墙高11.5米，宽19.5米。遗憾的是，在20世纪五六十年代，大部分城墙和城门都遭拆除，为市区道路建设让路。内城墙中，只有前门及德胜门得以幸免，而外城墙中只保留下了东便门（参见95页）。旧城门集中在今天的二环路上，这些城门也多成为如今北京城内地铁线路的站名。

前门的箭楼

大栅栏街上的中国革命纪念品销售店

市规划建设的伟大成就。

大栅栏和琉璃厂 ❺

地图：3 C2。Ⓜ 前门。

前门南面是拥挤热闹的胡同（参见91页），这片胡同区占老北京城居民区的1/4。内城墙和城门把清朝统治者居住的“内城”和外围的百姓居住区隔开了。该地区已被翻修，还原了清代的建筑风貌，并配有旅游巴士专线。在前门大街北段西行就是大栅栏街了。所谓的“大栅栏”，现在已不存在。过去是一些栅栏门，这些门到夜里都会关闭，不让前门周边的居民进入内城。大栅栏街上有人力三轮车，是游客很好的游览工具。

这片区域堪称旅游观光的胜地，有许多古色古香的清代风格店铺。从大栅栏街左边第一个胡同下去，就是百年老酱菜店六必居。而在大栅栏街右边就是瑞蚨祥，这是中国传统服装老店，那里的丝绸是最有名的。大栅栏街南面是著名的同仁堂中药店，该店始建于1669年，曾为皇室供给药材。在路的同一侧，是张一元茶庄，这座茶庄也同样历史悠久，早在20世纪早期就已经开始供应上等名茶。大栅栏街西面是琉璃厂街，在这里从陶瓷古玩到古线装书，一应俱全，颇值得游玩。但对一些所谓的“古董”，游客们购买前可要擦亮眼睛了。

重修后的琉璃厂街上骑自行车的人

宣武门天主教堂 ❻

前门大街西段141号。 地图：3 A2。Ⓜ 宣武门。

宣武门天主教堂（又称南堂）是北京城内修建的第一座教堂，地处宣武门地铁站附近，毗邻利玛窦故居。利玛窦是第一个到达北京的基督教传教士。他于1601年到达北京，向万历皇帝进贡了钟表、数学仪器和世界地图等欧洲珍品，从而获得皇帝批准，在此修建了教堂。

宣武门天主教堂共有三进院落，大门为中式建筑，占据了教堂的第一进院落，其后的东跨院为教堂的主体建筑，西跨院为起居住房。教堂主体建筑为砖结构，面向南方，正面的建筑立面为典型的巴罗克风格，三个宏伟的砖雕拱门并列，将整个建筑立面装点得豪华而庄严，整个建筑里面磨砖对缝，精美的砖雕随处可见。教堂建筑的室内空间运用了穹顶设计，两侧配以五彩的玫瑰花窗，整体气氛庄严肃穆。

如中国许多教堂一样，这座教堂也是在经历了战火后翻修重建而成的。这座教堂始建于1605年，后于1775年遇焚。一个世纪之后，政府对教堂进行了原址再造，此后只在1900年义和团运动时遭到过一次损毁。教堂于1904年再次重建，是北京城仍在使用的最大的天主教堂。宗教仪式使用多种语言布道宣讲，包括汉语、英语和拉丁语。弥撒时间表会张贴在告示栏上。南堂南门附近还有一个小纪念品店。

南堂的彩色玫瑰花窗

紫禁城 ❼

城墙装饰浮雕

紫禁城位于北京的中心位置，原是明清两代的皇宫，1925年10月正式成立故宫博物院，是中国最宏伟的建筑群，于1420年初步竣工。这个宏伟的宫殿群集中国古代宫殿建筑之大成，是500年内24个帝王统治的象征。直至1912年中国结束帝制之前，紫禁城一直是中国权力机构的中心，象征着无尽的皇权和绝对的尊荣。1949年，这座皇家宫殿开始对外开放。

石狮
一对石狮子在大殿的入口处守卫着。雄狮的爪下是一个球，而雌狮的爪下则是一只幼狮。

★金水桥
共五座，分别象征了儒家思想中五种做人的美德，桥下流过的河流叫金水河，自西向东，河流的形状像朝中官员官袍上围的玉带。

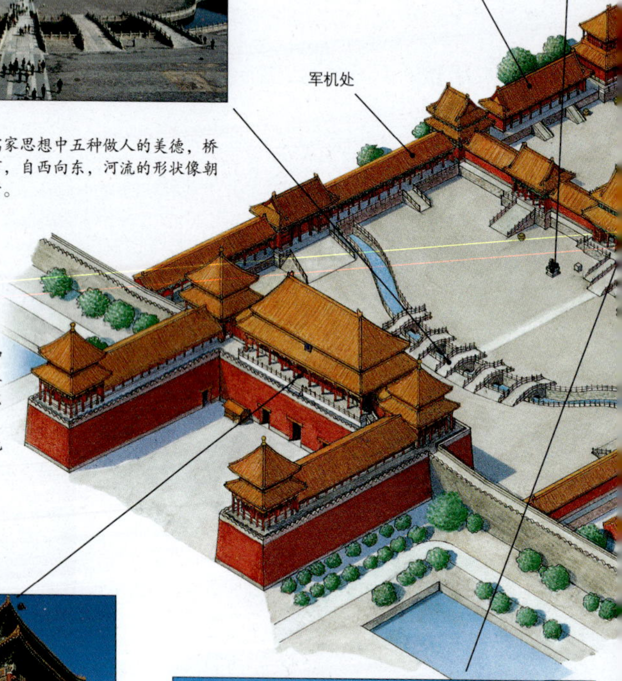

库房

军机处

前朝
紫禁城南半部以太和殿、中和殿、保和殿三大殿为中心，两侧辅以文华殿、武英殿两殿，是皇帝举行朝会的地方，称为“前朝”。

午门
每逢新年，皇帝都在午门城楼上检阅兵将、观赏庆典。

太和门
门高24米，雕梁画栋，飞檐翘角。原本是接待客人的，清朝（1616~1911年）用作宴会场所。

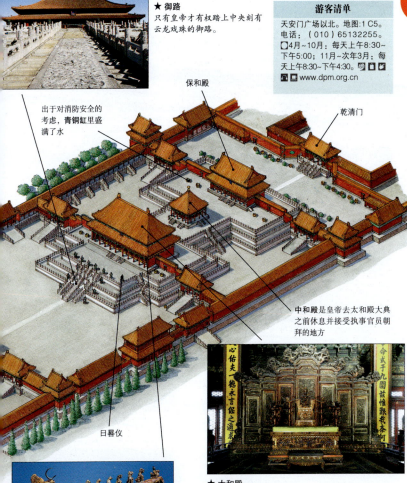

★ 御路

只有皇帝才有权踏上中央刻有云龙戏珠的御路。

游客清单

天安门广场以北。地图:1 C5。电话：（010）65132255。
4月~10月：每天上午8:30~下午5:00；11月~次年3月：每天上午8:30~下午4:30。
www.dpm.org.cn

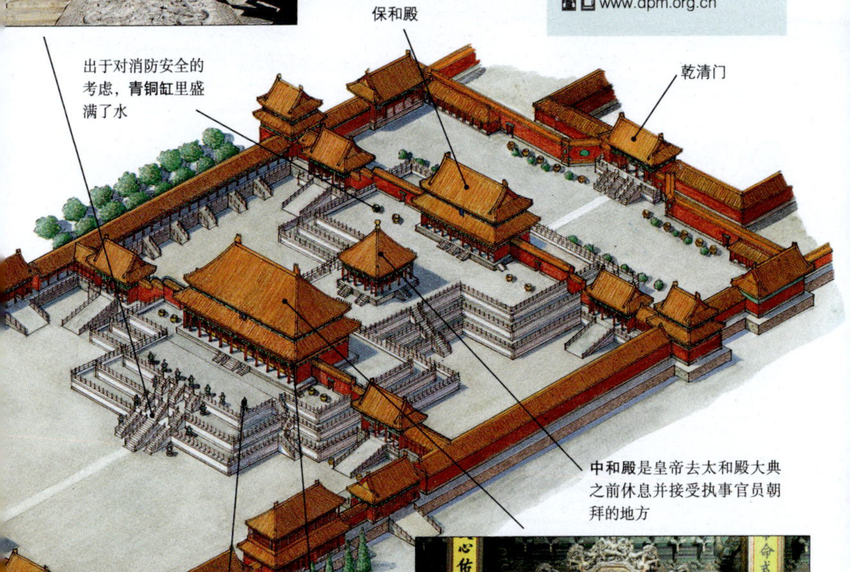

保和殿

出于对消防安全的考虑，**青铜缸**里盛满了水

乾清门

中和殿是皇帝去太和殿大典之前休息并接受执事官员朝拜的地方

日晷仪

★ 太和殿

太和殿是故宫里最大的殿，是举行重大仪式的场所，如皇帝登基。殿内华丽的宝座上方天花正中安置形若伞盖向上隆起的藻井，五彩斑斓、美不胜收。

屋顶守护神

据五行学说，很多涉及数目的地方都被处理成了奇数，这样便可建立与水的关联，传说可以使建筑免受火灾。

星级景点

★ 金水桥

★ 御路

★ 太和殿

数字的设计

阴阳调和是中国设计的关键。由于奇数所代表的是阳（这与皇帝的阳刚之气相关），像三、五、七、九这些奇数就被广泛地采用到了建筑细节里。据说故宫内共有房屋9999间，象征着九九归一，而宫门上面有81（9×9）枚黄铜铆钉。

嵌有81枚黄铜铆钉的宫门

游览紫禁城

过乾清门往北不远就是内廷，内廷主要包括三个大殿。继续前行就来到后花园，这里的神武门是紫禁城的北门，从这个出口出来，便来到了后面的景山公园（参见90页）。内廷的东西两侧也各有数目众多的殿堂，其中一些是故宫博物院的展厅（入内参观需额外收费）。

御花园内的千秋亭

内廷

保和殿（前朝）之外有一处大而拥挤的庭院，院门便是紫禁城东西方向的出口，通往内廷的乾清门。这里有三个金碧辉煌的宫殿，与前朝的小宫殿相映成趣。黄琉璃瓦重檐庑殿顶的乾清宫是皇帝处理日常政务、接见官员的地方，也是皇帝的寝宫。明朝的末代皇帝崇祯就是在乾清宫的北边写完遗书后狂饮，杀死了15岁的公主和他的后妃，最后上吊自尽的（参见90页），当时农民起义军已经攻入了京城。北面坐落着交泰殿，这是皇后的起居室；再往北还有坤宁宫，是明朝皇后居住的中宫。清朝时，这里的大厅是祭神的场所，包括一些祭祀用品，都摆放在此处。坤宁宫院内东南角立有一神杆，又称索罗杆子，传说是萨满教祭神鹊和神鸦用的。杆子上端有斗，装五谷和猪肉。

御花园

御花园，位于三大殿和坤宁宫以北，始建于明代永乐年间。园内对称地坐落着亭台楼阁、寺庙殿宇，怪石嶙峋，古柏参天。花园的东部和西部分别坐落着千秋亭和万春亭，两亭各有一个圆形拱顶。花园北部坐落着钦安殿，是故宫中唯一保存下来的道教建筑。殿内供奉道教北方最高神——真武大帝（玄武大帝）。清代每年元旦，在钦安殿南面的天一门内设斗坛，皇帝在此拈香行礼。如逢大的节日，则在钦安殿设道场。由于地处花园东北部的石山上，登临其上便可综观御花园及周边地区全景。在清代，每逢七夕佳节（农历七月初七，中国情人节），御花园都要举行祭祀仪式，在这一天，皇帝和皇后、妃嫔们在一起，都要佩戴双星装饰祈福，来象征彼此恩爱。

东六宫

内廷东面有一片较小的殿堂院落，那是从前妃嫔的居所。如今，这片区域已成为玉器、绘画、陶瓷、古董等藏品的博物馆，其中包括令人惊叹的钟表展览馆（位于永和宫），馆内藏品规模

九龙壁上的龙

龙

龙是从很多动物的体貌特征中提炼出来的一个图腾形象，它有蛇身、鹿角、牛耳、鹰爪和鱼鳞。龙被赋予了众多神话特征，可腾云驾雾、潜江入海、幻化其身、祈雨降邪。龙的五爪代表着帝王的权力，因此在皇家建筑中，龙是最为常见的装饰之一。龙具有吉祥之意，因此在照壁、御路等处都常装饰有龙的形象。时至今日，每逢春节等传统节日，各地还会有舞龙表演，表明龙在每个国人心里仍具有重要地位。

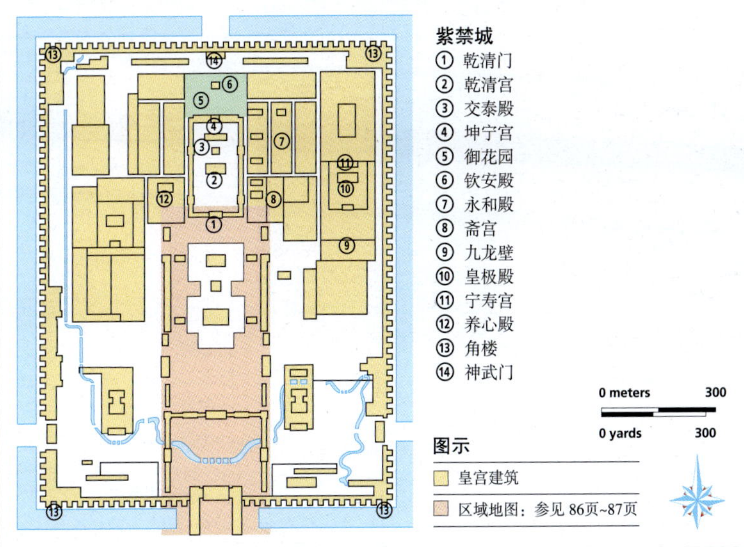

让人称奇。游客需注意，此处一些宫殿展厅要收取额外费用才能入内参观。馆内藏有各种钟表，名目繁多，中国的、英国的、法国的一应俱全，一部分是过去皇室的藏品，一部分是后来皇室成员的捐赠。内廷东南角是斋宫，这是皇帝在祭祀前斋戒的地方。继续往东南方向看，是瑰丽多彩的九龙壁照壁，这是一个31米长的墙壁，墙上的琉璃瓦色泽光艳，堪比北海公园的九龙壁（参见90页）。照壁最大的功能是遮挡视线，也让访客能够在进入内厅之前得以驻足，整理衣冠。照壁后面是几座陈列珠宝的内殿，大致位置在整个内廷的东北部，包括皇极殿和宁寿宫。这些殿堂内展列着帝王使用的一些装饰精美的器具。宁寿宫西北面是一个幽静的花园，园内有假山石刻、亭台楼阁。

养心殿大厅里精美的浮雕

西六宫

除了三大殿，故宫内西侧的殿堂大部分是不对游人开放的。养心殿被雍正（参见109页）用作皇帝寝宫和处理日常政务的地方。此后各帝一直沿用，从雍正到宣统共有八代皇帝住在这里。此前的康熙皇帝在位60多年间一直居住在乾清宫。1912年2月12日，末代皇帝溥仪就是在养心殿的东暖阁下诏退位的（参见444页）。

宫墙

每一座宫墙的两头都有角楼，其重檐歇山顶的特点非常突出。宫殿的北门叫神武门，这里也是平日里鸣钟击鼓的地方。此处宫墙全部位于护城河以内，另有一处宫墙包在紫禁城外围。在这道城墙之外，还有内城和外城的城墙。这些城墙在20世纪五六十年代遭到过损坏，只有少数几处存留了下来，其他大部分地方都已旧貌不再。然而值得庆幸的是，故宫宫墙和宫墙四边的城门都完好无损地保留到了今天。

宫墙转角处的四角楼之一

北海背依景山

景山公园 ❽

西城区景山西街44号。地图：1 C4。Ⓜ东四。电话：（010）64044071。◯早上 6:30～晚上7:30。

景山公园坐落于北京南北中轴线上，始建于元代（1206～1368年）。明永乐年间，将开挖护城河的泥土堆积于此，砌成一座高大的土山。明初，此山被称为“万岁山”，至清代，更名为“景山”。外国人也称其为煤山，究其原因，说法不一，不过据推测，明在修建紫禁城时，曾堆煤于此，随之得名。

清朝覆灭之前，景山一直与紫禁城紧密相连，为皇家御苑。按照风水的说法，邪气可导致死亡和毁灭，后有景山可挡北风穿堂，保护紫禁城免受恶风侵袭。然而，它未能挽救明末崇祯帝的命运。1644年，农民起义军闯入北京时，他在景山东南坡的一棵槐树下自尽身亡。原树早已枯死伐除，人们在原处重新种了一棵，以作为标记。公园内有几处宫殿阁楼，而游览景山一定要登万春亭，在此可以观赏紫禁城金碧辉煌的宫殿。

北海公园 ❾

西城区文津街1号。地图：1 C4。Ⓜ天安门西。电话：（010）64033225。◯每天早上6:00～晚上8:00。

北海公园是我国现存最悠久的皇家林园之一，距今已有1000多年的历史。1925年北海辟为公园对外开放。园内湖光山色，亭台楼阁，庙宇轩昂。元世祖忽必烈营建大都时，对其重新规划并进行了大规模整修扩建。北海南门附近的团城内还存有一个巨大的玉瓮，据说它曾为忽必烈的大酒缸。公园得名于园内湖泊——北海。北海湖面积广大，南接中共中央高层驻地中南海。中南海目前不对公众开放参观。

北海公园白塔

位于北海中心的琼岛由挖湖的土堆积而成，是整个园林的核心。岛上白塔建于清顺治八年（1651年），高约36米，是藏式喇嘛塔，是为迎接五世达赖喇嘛进京而建。白塔下是永安寺，寺内殿宇依山就势而筑，层层递高，上下串联。湖的北岸还有几处景点，比如气势恢弘的九龙壁。九龙壁长27米，整壁全部用彩色琉璃瓦砌成。壁两面各有九条蟠龙，戏珠于波涛云雾之中，据说能够震慑火灾和辟除邪祟。九龙壁西侧便是小西天了，它是中国最大的方亭式大殿。

恭王府 ❿

西城区前海西街17号。地图：1 B3。Ⓜ鼓楼。电话：（010）83288149。◯每天上午8:00～下午4:00。

在前海西侧迷人的胡同区内，坐落着北京保存最完整的王府——恭王府。有人说这里就是曹雪芹创作于18世纪的经典小说《红楼梦》中的荣国府和大观园（参见28页～29页）。恭王府建于清乾隆年间，由官邸和花园两部分构成。官邸规模宏大，花园布局考究，园内走廊和亭阁均为开放式设计，曲径通幽，碧水萦回。该府原为乾隆宠臣和珅的宅第，因在修建过程中有明显的奢侈僭越行为，和珅由此获罪，第宅入官。后来咸丰帝（1851～1861年在位）将其赐予其弟奕䜣，是为恭王府。游览恭王府的旅行团很多，如果您是个人参观的话，最好是一大早就来，然后还可以逛逛周围的胡同。每到夏天，王府的大戏楼有京剧表演。

恭王府占据北京绝佳的位置，据说十大元帅和郭沫若等人均在恭王府的附近居住，而且都非常长寿。据说，北京长寿老人最多的地方就是恭王府附近，这是一块风水宝地。

恭王府精致的拱门

北京四合院

乍一看，北京似乎是一个非常现代的城市，而逛过北京的胡同之后，您会发现老北京的精髓其实是在胡同里。胡同纵横交错遍布京城，很多北京的老百姓(北京人)仍生活在这里。胡同多为东西走向，是四合院之间留出的通道。起初，四合院是富商和官员的住宅，后多被收归国有，现在越来越多的四合院又为私人所有。探访北京的胡同很简单，前门南大街、后海还有前海附近都有很多保存完好的胡同。随着北京城市的现代化发展，很多传统的四合院都遭到了破坏，不过也有一些被改造成宾馆。住在这里，游客可以更好地体味这个即将消逝的世界。

晾晒在院子外的衣服

拥挤的大杂院
由于北京住房紧张，稍大些的四合院里加盖了很多其他房子。一个四合院内有可能住着几户人家。

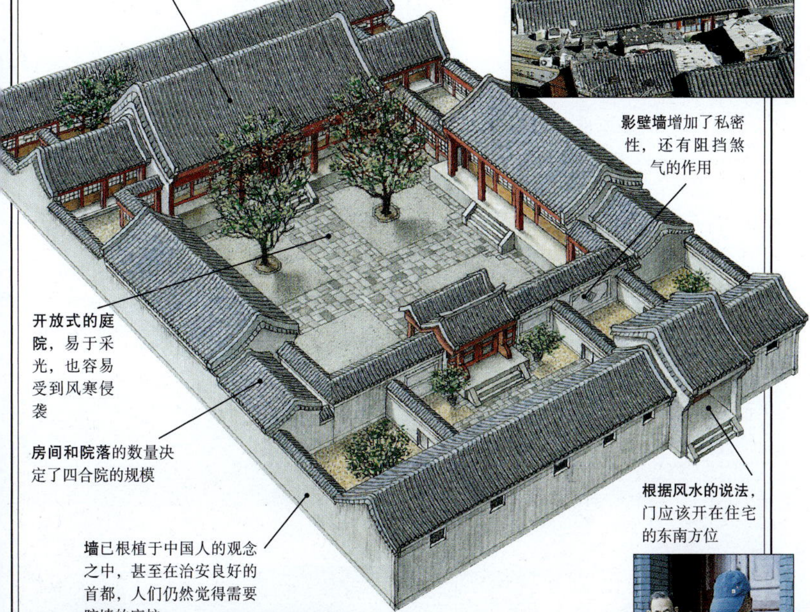

四合院中北房为正房，一般由家中长者居住，如祖父母

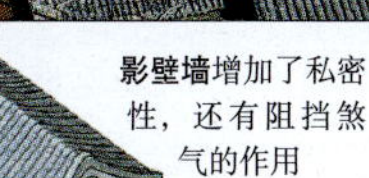

影壁墙增加了私密性，还有阻挡煞气的作用

开放式的庭院，易于采光，也容易受到风寒侵袭

房间和院落的数量决定了四合院的规模

根据风水的说法，门应该开在住宅的东南方位

墙已根植于中国人的观念之中，甚至在治安良好的首都，人们仍然觉得需要院墙的庇护

大杂院中几家人生活在一起，培养了深厚的感情，院外的胡同也成了家的延伸。

典型的北京胡同
游客可以参加人力三轮车胡同游，顺便游览恭王府（参见90页），但自己在胡同里随便走走逛逛更有意思。

由鼓楼眺望钟楼

钟鼓楼 ⓫

东城区地安门外大街北端。地图：1 C2。Ⓜ 鼓楼。电话：(010) 84027869。◯ 每天上午 9:00～下午 5:00

鼓楼坐落在平分紫禁城和天安门广场的南北中轴线北端，刚好处在老北京的胡同区里（参见 91 页）。现存的鼓楼建于明永乐十八年（1420 年），是一座建在高砖台上的殿堂式建筑。游客可以沿陡峭的楼梯登上鼓楼俯瞰北京城，还能参观陈列在鼓楼里的 25 个更鼓。其中主更鼓 1 面和群鼓 24 面，象征一年二十四节气。据史料记载，原鼓已被借口镇压义和团运动而闯入北京的八国联军所毁（参见 431 页）。

沿鼓楼向北步行不远就是钟楼，原钟楼早已毁于火灾，现在的钟楼重建于乾隆十年（1745 年）。楼内悬挂的大铜钟，高约 4.5 米，重约 42 吨，铸于明永乐十八年（1420 年）。春节期间游客可以付费撞钟祈福。

每到年节，依然能听到浑厚有力的钟鼓声，成为京城著名的一景。

雍和宫 ⓬

东城区雍和宫大街 12 号。地图：2 E2。Ⓜ 雍和宫。电话：(010) 64043769。◯ 每天上午 9:00～下午 4:00。

雍和宫是北京最大的藏传佛教寺院，建于清康熙三十三年（1694 年），原为雍亲王府，乾隆九年（1744 年）改为藏传佛教寺庙。雍和宫由牌坊和天王殿、雍和宫大殿、永佑殿、法轮殿、万福阁五进宏伟大殿组成，另外还有东西配殿等。整个建筑布局院落从南向北渐次缩小，而殿宇则依次升高。形成“正殿高大而重院深藏”的格局，巍峨壮观，具有汉、满、蒙、藏民族的特色。第一进天王殿中坐着笑容可掬的弥勒菩萨像，塑像后面是护法神将韦驮，大殿两侧是东西相对而立的四大天王。后面的主殿雍和宫供三尊铜制三世佛像，两面山墙前的宝座上端坐着十八罗汉。再往后走便是具有藏族建筑特色的法轮殿，殿内正中莲花台上为藏传佛教黄教创始人宗喀巴大师的铜像（参见 520 页～521 页）。

雍和宫中的瑰宝当属巍

雍和宫大门昭泰门富丽庄严

北京孔庙大成门和孔子像

然耸立于万福阁内的弥勒佛像（未来佛），高18米，地下埋入8米，是用整棵名贵的白檀香木雕刻而成。雍和宫后院有关于藏传佛教的展览，十分精彩。展品包括莲华生大师像、观音菩萨像等，以及一些法器，比如金刚杵、金刚铃，两者合用，有阴阳和合之意。

孔庙 ⓭

东城区国子监街13号。地图：2 E2。
M 雍和宫。电话：(010) 84011977。
每天上午9:00～下午5:00。

北京孔庙毗邻雍和宫，是仅次于孔子故乡山东曲阜孔庙的全国第二大孔庙（参见142页）。通向孔庙的国子监街有精美的彩绘牌楼，这种牌楼在北京仅有很少被保留下来。北京孔庙始建于元大德六年（1302年），后于光绪三十二年（1906年）修葺扩建。庙里青砖铺地，古树参天，安静祥和，可以使人们暂离城市的喧嚣。门内院落共有三进，中轴线上的建筑从南向北依次为大成门、大成殿、崇圣门及崇圣祠。大成门外陈列着进士题名碑，约有200座，碑上刻有通过科举考试的进士姓名、次第和籍贯。在高大古柏掩映下另有14座碑亭，亭内各有龟趺（龙与龟图腾的直接结合）驮负高大石碑。大成殿中大理石祭台上供奉孔子和其弟子的牌位。大成殿后有崇圣祠，自成院落，为祭祀孔子先祖之地。

地坛公园 ⓮

东城区雍和宫以北。地图：2 E1。
M 雍和宫。电话：(010) 64214657。
每天上午6:00～下午9:00。

地坛公园得名于园内地坛。公园内古韵幽深的园林景致是游览、休憩的好去处。地坛又称方泽坛，始建于明代，是明清两朝帝王祭祀“皇地祇神”的场所。地坛平面呈方形，以象征“天圆地方”之传说。明朝时期先后在京城设立了五个祭坛，它们对称分布在紫禁城的东南西北中，天坛在南，地坛在北，日坛在东，月坛在西，社稷坛在皇城之中。每年春节，地坛公园都举办迎春文化庙会，有大规模的仿清祭地表演，迎接新年春耕，同时祭祀神灵（参见42页～43页）。

东岳庙庙门内的哈将

东岳庙 ⓯

朝阳区朝阳门外大街141号。地图：2 F4。M 朝阳门。电话：(010) 65510151。周二～周日上午8:30～下午4:30。

在北京东部朝阳区北京工体附近，有一座气势恢弘的古庙，那就是至今保存完整的华北地区第一大正一道观——东岳庙。寺庙得名于道教名山——东岳泰山（参见144页～145页）。庙门对面隔街建有一座高大雄伟的明代琉璃牌楼，正面镌刻着“秩祀岱宗”，意思是“皇帝按照规定的礼节祭祀泰山神”。

辉煌壮美的东岳庙历史可追溯至14世纪初，1999年当地管理部门斥巨资对其进行大范围的修葺，现由道教组织管理使用。走过长长的甬道便可到达主殿岱岳殿，殿内东岳大帝端坐在玉罗台上，两侧是文武辅臣。庙内最令人惊叹的是东岳大帝掌管下的地府七十六司，各司殿都供奉着造型生动的判官神像，而且各司职能都附有详尽的说明。道教认为泰山为治鬼之所，人死归土后，灵魂都要到这里接受审判。在积财司和增延福寿司，游客还可以求签问卦。

地坛公园

中国美术馆 ⑯

东城区五四大街1号。地图：2 D4。Ⓜ东四。电话：（010）84033500。◯每天上午9:00～下午5:00（下午4:00停止售票）。

中国美术馆内设14个展览厅，分布在三个楼层上。美术馆已举办过数千场具有影响力的国内外美术展览以及摄影作品展览。展馆建筑看似普通，其收藏的中国现代美术精品却能让人大开眼界。这些藏品没有像其他媒体如电影和文学作品那样需要通过层层审查。很多杂志比如《Time Out 北京》和《The Beijinger》都会定期发布该馆展览的详细信息。

王府井大街 ⑰

地图：4 D1。Ⓜ王府井。夜市。◯每天下午5:30～晚上10:00。圣·约瑟夫教堂位于王府井大街74号。电话：（010）65240634。◯礼拜日清早开堂。

繁华的王府井大街是北京最早的一条新式商业街。这里汇集了很多大型的百货商店和购物中心，比如著名的新东安市场（参见112页）。王府井的日用百货、服装鞋帽、古玩字画、音像书籍琳琅满目，应有尽有。在北京外文书店能买到非常详细的北京地图。这里还有不少老字号和有经营特色的药房、洗染店、绸缎店、茶叶店和鞋店等，使得这一商业街区热闹非凡。不过，王府井的夜市更有意思。夜市上满是各式各样的中国传统小吃，比如牛肉串以及一些非常特别的风味佳肴，比如蝎子,另外还有煎饼、水果、虾、鱿鱼、大饼等。夜市南边的王府井小吃街可以找到各种风味的餐馆。圣·约瑟夫教堂俗称北京东堂，位于王府井大街74号。教堂是一座庄严的拟罗马式建筑，正面共有三座穹顶式钟楼。清顺治十二年（1655年），皇帝下诏在耶稣会传教士汤若望（1591～1666年）居所修建教堂，后由于遭到地震、火灾以及义和团运动的破坏，教堂曾多次被重建。东堂一直是北京最重要的教堂之一，不久前北京市政府拨巨款对其进行了全面整修，并扩建了教堂前的广场，成为王府井大街的一道景观。

王府井大街上的北京东堂

王府井大街旁夜市上美味的小吃

古观象台 ⑱

地图：4 F1。Ⓜ建国门。电话：（010）65128923。◯每天上午9:00～11:30，下午1:00～4:00。

坐落在北京建国门立交桥西南角的北京古观象台始建于明正统七年（1442年），是世界上最古老的天文台之一。古观象台最初为元代（1206~1368年）的司天台，但保留至今的部分是明代由南京迁都北京后建造的。17世纪初，以利玛窦（1552~1610年）、汤若望为代表的传教士凭借其丰富的科学知识，特别是其对日食、月食的准确预测给皇帝和钦天监留下了深刻的印象。

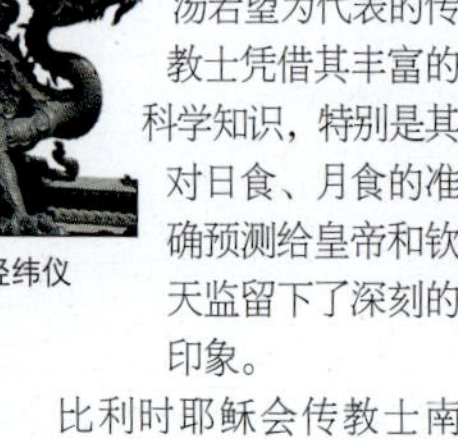

古观象台黄道经纬仪

比利时耶稣会传教士南怀仁（1623~1688年）曾担任钦天监官员，并于康熙十三年（1674年）设计了一套天文仪器。1900年八国联军攻占北京，其中几件天文仪器被德国侵略者掠走，直到“一战”结束后才归还。古观象台内陈放着几台复制的古代天文仪器，并配以中华传统的花纹，比如雕刻细致的游龙。沿阶梯登上古台可以欣赏精美的青铜仪器，包括用于观测天体经度和纬度的地平经纬仪和用于观测行星和恒星坐标的玑衡抚辰仪。

东便门箭楼内大气的红门画廊

东便门箭楼 ⑲

崇文区建国门南大街内侧。地图：4 F2 Ⓜ北京站。红门画廊。电话：（010）65251005。每天上午9:00～下午5:00。查询展览信息请登录www.redgategallery.com

古观象台南不远处，有一段北京残留的古城墙（参见84页），城墙的末端就是建于明代（15世纪）的内城东南转角处的箭楼。游客可以登上箭楼，再沿着短而不失巍峨的古城墙走走，欣赏这座辟有箭窗的高大城防堡垒，还可以从古城墙上看看北京城。1900年义和团运动时，八国联军为解救被困外国公使闯入北京，箭楼陷落，士兵们登城后在墙上刻下了他们的名字，有的甚至一直留存至今。东便门箭楼内空间幽深，大红色的木立柱和巨大的横梁无不体现了浓烈的中国风格。北京最优秀的艺术画廊之一——红门画廊就位于箭楼的一层和四层。红门画廊是由一个来北京学中文的澳大利亚人于1991年创办的，画廊定期以各种形式展示当代中外后起艺术新秀的作品。展览预告公布在画廊网站上（见上文）。

东便门箭楼

北京自然博物馆 ⑳

崇文区天桥南大街126号。地图：3 C3。 Ⓜ前门，然后乘出租。电话：（010）67024439。周二～周六上午9:00～下午5:00。 www.bmnh.org.cn

北京自然博物馆位于首都南城中轴线上的天桥地区，背靠世界文化遗产天坛公园，面对现代化的天桥剧场，具有特殊的文化环境。它的前身是成立于1951年4月的中央自然博物馆筹备处，1962年正式命名为北京自然博物馆。

北京自然博物馆是中国同类馆中规模最大的，主要从事古生物、动物、植物三大领域的标本收藏，馆藏5000多类标本。为了更好地向公众展示这些珍贵标本，北京自然博物馆的基本陈列以生物进化为主线，展示了生物多样性以及与环境的关系，构筑起一个地球上生命产生发展的全景图。古生物展厅陈列的是数百万年前生活在中国的史前动物标本。动物陈列区则展示说明了动物界的进化过程。地下的“人体真奇妙”馆陈列了令人毛骨悚然的人体整体标本、人体八大系统及重要器官的标本。“植物陈列”展示了原核生物的细菌、蓝藻，真核生物的藻类、真菌、裸子植物、被子植物等的大量标本及生态照片，展现了植物的多样性，再现了植物演化的历程，反映了植物对动物、人类的生存所具有的不可缺少的作用。

在常规展览之外，自然博物馆还不定期地推出各种各样的临时主题展览，如“猛犸象”、“达·芬奇科技”、“人体的奥秘”以及连续12年推出的“动物生肖”展览等都产生了比较大的影响。

北京自然博物馆古生物陈列厅中的恐龙骨架

天坛 ㉑

通向圜丘坛的棂星门

天坛始建于明代，是中国最大的保存完好的坛庙建筑群。天坛建筑处处展示了中国古代特有的平衡、象征的艺术表现手法，是中国古代建筑的精品典范。天坛是明、清两代皇帝每年冬至“祭天”和“祈谷”的圣地。皇帝自命为天子，可以沟通天地，对话上苍，承载着把百姓的愿望告诉上苍的责任。在明、清两代，天坛是皇家禁地，如今的天坛被辟为公园对公众开放，每天清晨有很多市民在此打太极拳（参见271页）。

祈年殿，皇帝祈祷农业丰收的地方

天坛建筑群

天坛主要建筑都集中在内坛，南北部分由丹陛桥（高于地面的甬道）连接，构成了内坛的南北轴线。圜丘坛形圆象征天，祭坛所用石料数目都与“九”有关，象征“天”数，是最吉祥的数字。回音壁是著名声学建筑，两人分别站东西墙根，一人靠墙低声说话，另一人能清晰听到。

① 祈年殿
② 丹陛桥
③ 回音壁
④ 皇穹宇
⑤ 圜丘坛

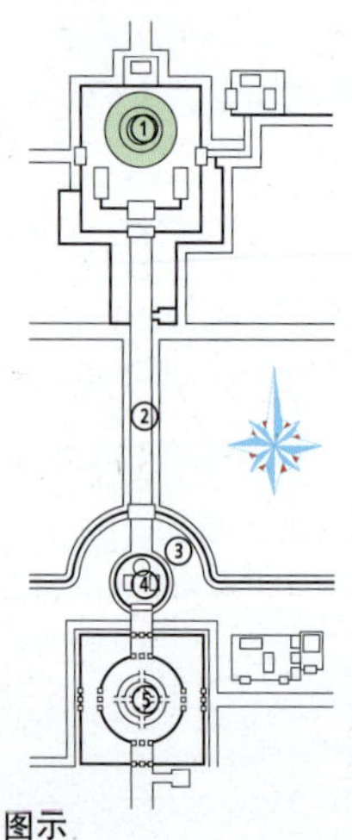
1
2
3
4
5

图示

注解区域

皇穹宇正南方的三座宫门，东门（皇帝）、西门（官员）、中门（天帝）

皇穹宇是陈列天神与皇室先祖牌位的地方

圜丘坛是皇帝举行祭天大典的地方

匾额大多由皇帝书写
圆形屋顶象征着上天
红色是皇家的颜色
大殿内外的龙、凤图案代表皇帝和皇后

星级景点

★ 九龙藻井

★ 龙井柱

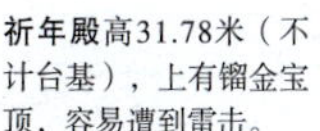

祈年殿高31.78米（不计台基），上有镏金宝顶，容易遭到雷击。

游客清单

崇文区天坛内东里（东门）。地图：4 D3、E3、D4、E4。电话：（010）67022617。M 前门。 34路、6路、35路 每天上午8:00～下午5:00 景点。 每天上午8:30～下午5:00。

★九龙藻井

祈年殿内，天花板处是精致的九龙藻井，中间为金色龙凤浮雕。大殿内部全部采用木结构，无大梁、长檩及铁钉。

青色代表上天

★ 龙井柱

28根装饰精美的大柱支撑着整个殿顶的重量。内圈的4根柱叫龙井柱，代表四季；中圈12根金柱，代表十二个月；外圈12根檐柱，代表十二时辰；内外两圈相加24根代表二十四节气。

皇室先祖牌位

祭品

圜丘坛

圆形，三层，总高1丈6尺。在上层的栏杆头上都刻有精致的云龙纹，象征着皇家建筑。

祈年殿

建于明永乐十八年（1420年），往往被错误地称为天坛。其实天坛并不是一个单独的庙宇建筑，而是指整个祭天的建筑群。

牛街清真寺 ㉓

宣武区牛街 18 号。地图：3 A3。Ⓜ 到宣武门，然后乘出租。电话：(010) 63532564。◯ 除周五和节假日外，每天上午 8:00～下午 6:00。

北京最古老、规模最大的清真寺，历史可以追溯到 10 世纪。寺内现存主要建筑均于明清时期修筑，是采用汉族传统建筑形式修建的清真寺的典型实例。它位于城市的回族区，附近有许多清真餐馆和商店。回族是中国的穆斯林少数民族，主要来自宁夏，现遍布中国各地，北京的回民数量在 20 万人左右。从男人们的胡须和特有的白色帽子上可以轻松辨认他们。

牛街清真寺是一处别具特色的宏伟建筑，清真寺的大厅和碑文上篆刻着伊斯兰装饰图案和阿拉伯经文。其中最珍贵的财产是保存 300 年之久的《古兰经》手抄本。

古时人们从塔式的望月楼上进行天文观测和农历计算。从望月楼可以看到元朝时期两位阿拉伯传教士的坟墓，墓碑上还刻着阿拉伯文。庭院内郁郁葱葱的草木使之有别于北京繁忙的街道。建议游客穿着谨慎。非穆斯林不得进入礼拜大厅。

法源寺主殿内供奉的佛像

法源寺 ㉔

宣武区法源寺前街 7 号。地图：3 A3。Ⓜ 宣武门。电话：(010) 63534171。◯ 周一、周二、周四～周六上午 8:30～下午 3:30。

从牛街清真寺向东步行少许即可到达法源寺。寺院的年代可追溯到公元 696 年，该寺大概是北京城内历史最悠久的古刹。法源寺在唐太宗（627～649 年在位）的主持下兴建，以纪念在远征北方部落的战争中丧生的士兵。最初的唐代建筑早已在一连串的自然灾害中被毁，现存建筑的年代可追溯至清朝。

这是一座典型的佛教寺院。靠近大门处，香炉的东西两侧分别是鼓楼和钟楼。远处，一对青铜狮子守护着天王殿，殿内供着一尊弥勒佛（笑佛）雕像和他的护法天王。大殿的前侧立有一座古代的石碑，殿内释迦牟尼（佛陀）的镀金铜像两旁立有菩萨像和罗汉像——他们都是从轮回中解脱出来的佛。

在寺院的后方，藏经阁里陈列着各种经文，另一间佛堂里供奉着一尊 5 米高的佛像。寺院中到处是来佛学院修学的和尚。法源寺也是中国佛学院、中国佛教图书馆的所在地，是培养青年僧伽和研究佛教文化的重要场所。

辉煌的牛街清真寺内景

白云观 ㉕

宣武区白云观街 6 号。Ⓜ 到南礼士路，然后乘出租。电话：(010) 63443666。◯ 每日上午 8:30～下午 4:00。

白云观是中国道教协会的所在地，始建于公元 739 年，是北京最大的道观。白云观作为道教全真派三大祖庭之一，其前身系天长观。道教重在行善积德。道观主要为木质结构，1166 年遭火灾焚烧殆尽，自此多次重修。现存建筑结构的年代可追溯至明清时期。观前立一明代三门牌楼。据说，用手摸摸山门前的石猴会带来好运。道观的主要殿堂沿中轴线排列，两边还建有许多其他建筑。灵官殿中有四幅护法元帅的画像，老律堂中供奉着全真七子，他们是全真派祖师王重阳的七大弟子。财神殿是寻求财神庇佑的人们光顾的地方，而体弱多病之人则前往药王殿祈福。

八仙殿建于清嘉庆十三年（1808年），殿内奉祀钟离权、吕洞宾、张果老、曹国舅、铁拐李、韩湘子、蓝采和、何仙姑八位道教仙人。

吕祖殿建于清朝光绪年间，殿内奉祀吕洞宾祖师。吕洞宾是八仙中影响最大、传闻最广的一位仙人。他周游天下，化度世人，或隐或现，世莫能测。

道观的道场里尽是头上盘着独特顶髻的道士。每年农历新年（参见42页～43页）时，这里会举行庙会，道观尤为热闹。

中国人民革命军事博物馆 ㉖

海淀区复兴路9号。Ⓜ 军事博物馆。电话：（010）66866244。◯ 每天上午8:00～下午5:00。

中国人民革命军事博物馆致力于展示武器装备和宣传革命英雄事迹。在博物馆顶端有一枚镀金的中国人民解放军军徽。前来参观的游客可能会获赠毛泽东、马克思、列宁和斯大林的画像。中央北大厅的兵器馆中展出不再使用的喷气式战斗机、坦克和地对空导弹。博物馆顶层的画廊按历史时间顺序展示了中国军事活动所取得的骄人成就。

妙应寺（白塔寺）的佛教和尚

妙应寺（白塔寺）㉗

西城区阜成门内大街。地图：1 A4。Ⓜ 阜成门。电话：（010）66160211。◯ 每天上午9:30～下午4:00。

妙应寺的始建年代可以追溯到1271年，当时的北京城处在蒙古人统治时期。这座高51米的白塔由尼泊尔匠师设计，因其独特的藏式风格而远近闻名。除其传统的钟鼓楼、天王殿和主殿外，这座佛寺还在一间佛殿中供奉着许多稀世罕见的小型藏式佛像。还有一间佛殿供奉着十八铜罗汉像。

中国人民革命军事博物馆展出的喷气式战斗机

北京动物园 ㉘

海淀区西直门外大街137号。Ⓜ 到西直门，然后乘出租。电话：（010）68314411。◯ 早上7:30～下午5:00（春夏两季到下午6:00）。

北京动物园位于北京展览馆以西，是中国最大的城市动物园。明代为皇家庄园，清初改为皇亲、勋臣傅恒三子福康安贝子的私人园邸，俗称三贝子花园。清光绪三十二年（1906年），收集了一些动物，称万牲园。中华人民共和国成立后，经全面整修扩充，辟为西郊公园。1955年改今名。熊猫馆是最好的展馆之一；熊馆的狗熊在清晨时最为活跃。巨大的水族馆是这里的最大看点，里面展览着珊瑚、亚马孙雨林，还有令人印象深刻的鲨鱼池。各种水生哺乳动物，包括各种鲸类和海豚，丰富了园内的动物种类。

颐和园 ㉙

青铜龙

每年为了躲避北京炎热气闷的夏天，清朝皇帝和后宫妃嫔们会从紫禁城移居北京西郊的颐和园。在清朝之前，历代统治者就在这里开始营建皇家园林，但直到乾隆年间（1736～1795年在位），在此建清漪园，形成了现有的布局和规模。颐和园与慈禧太后有很深的渊源。咸丰十年（1860年），清漪园被英法联军焚毁，光绪年间慈禧在遗址上重建，并改名为颐和园。1900年，颐和园又遭八国联军的严重破坏。1902年再次修建，由于财力不足，后山部分长期未得修复。

★ 万寿山
佛香阁位于万寿山正中位置，山上还有一些令人印象深刻的宗教建筑。

智慧海

石舫
昏庸的慈禧太后挪用海军军费修复了这座奢华的建筑，石舫上有木质仿西洋大理石舱楼。

码头

宝云阁（铜亭）
重207吨，工艺精致，外形仿照木结构建筑的样式

Kunming Lake
West Lake
South Lake

颐和园

颐和园占地约290公顷。昆明湖为主要湖泊，北依万寿山，南湖岛靠近东岸。如果要环湖步行，大约需要两个小时。

① 玉带桥
② 西堤
③ 南湖岛
④ 铜牛

图示
注解区域

0 meters 800
0 yards 800

星级景点

★ 万寿山

★ 德和园

★ 长廊

慈禧太后

和唐朝女皇武则天（参见57页）一样，她是中国历史上最有权势和影响力的女性之一。慈禧是咸丰皇帝的妃子，同治皇帝的生母，她以垂帘听政的名义把持了同治（慈禧的儿子）和光绪（慈禧的侄子）两朝的朝政。慈禧反对光绪实施维新变法，并剿灭义和团运动，最终导致1911年清王朝的覆灭。

慈禧太后，1835～1908年

游客清单

北京西北10公里处。电话：(010)62881144。M从苏州街乘出租5分钟。玉渊潭公园和动物园附近的北京展览馆乘船（冬季停航）。4月～10月：早上6:30～晚上6:00，11月～次年3月：早上7:00～下午5:00。

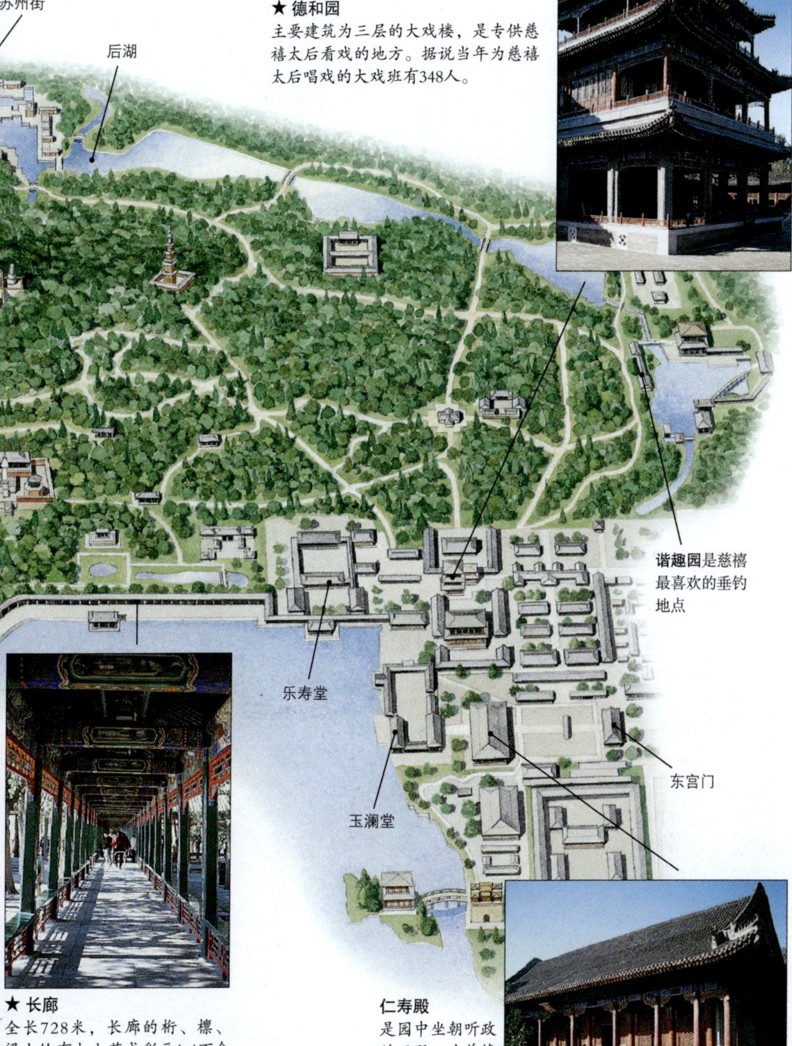

★ 德和园
主要建筑为三层的大戏楼，是专供慈禧太后看戏的地方。据说当年为慈禧太后唱戏的大戏班有348人。

谐趣园是慈禧最喜欢的垂钓地点

★ 长廊
全长728米，长廊的桁、檩、梁上绘有大小苏式彩画1.4万余幅，内容包括山水风景、人物典故等。

仁寿殿
是园中坐朝听政的正殿，为单檐建筑，内有慈禧太后的宝座。

游览颐和园

颐和园和承德避暑山庄（见122页～125页）同为中国四大名园之一。它既是一座大型天然山水园，充满了自然之情趣，又包含中国皇家园林恢弘富丽的气势。园内亭台、长廊、殿堂、庙宇和小桥等人工景观与自然山峦和开阔的湖面相互和谐、艺术地融为一体。即使经过多次重修，园内庄重威严的政治活动区，庭院式的生活区，苑园游览区，与平静祥和的庙宇神殿有机地结合在一起，是中国风景园林设计中的杰作。

十七孔桥飞跨于东堤和南湖岛之间，用以连接堤岛

整个颐和园非常大，但只要有充足的时间和精力，逛逛主要景点没有问题。东宫门在颐和园最东边。这一带是清朝皇帝从事政治活动和生活起居的地方。仁寿殿在颐和园大门东宫门内，仁寿殿是帝王听政、办公以及接见外国使臣的地方。同治、光绪年间，慈禧太后也曾在此垂帘听政。殿前庭院绿树浓密，所陈铜麒麟极其精美。麒麟为中国古代传说中的一种动物，头上有角，全身有鳞甲，有辟邪和分辨善恶的本领。

铜牛据说是为镇压水患而设

玉澜堂紧靠昆明湖东岸，是一组建筑别致、环境幽静四合院。1898年戊戌变法失败后，此处即成为慈禧太后幽禁光绪皇帝的地方。乐寿堂是慈禧太后在颐和园的寝宫，坐落在德和园的西侧，临近码头，方便慈禧乘船游湖。长廊由此沿湖向西延伸，中间建有4座八角重檐的亭子。万寿山南麓自长廊中部起有一组气势雄伟的宗教建筑群。首先是湖岸边的装饰华丽的“云辉玉宇”牌楼，然后为排云门，两只精美的铜狮分列宫门两旁。排云殿是第一个主殿，采用了重檐设计。殿后为巍峨高耸的八角宝塔佛香阁。佛香阁再向上是建于乾隆年间的宗教建筑——智慧海。这是一座用琉璃砖瓦和石料建成的2层“无梁殿”。嵌于殿外壁面的千余尊琉璃佛极富特色，可惜外墙下半部的佛像头部很多已被破坏。在此还可以眺望后湖和苏州街。苏州街是乾隆皇帝修建的“买卖街”，皇帝妃子游幸时开始“营业”，现在经过重建，主要出售一些小吃和纪念品。佛香阁西侧是宝云阁，也称作铜亭，是18世纪以来少数未遭受外国军队破坏的建筑之一。

昆明湖北岸的景点很多，如果要细细地逛，一天的时间可能不够。其实游客可以选择在湖区南岸走走，那里的游人通常不多，视野开阔。在石舫（石舫北边原为皇家船库）附近的码头有船驶往南湖岛。如果时间充足，不妨租条小船，在昆明湖里惬意地泛舟。南湖岛是昆明湖中最大的岛屿，因位于昆明湖南部，故称南湖岛。岛上的龙王庙是宫中祈雨之所。南湖岛通过十七孔桥与东堤相连。石桥造型优雅别致，两边栏杆上雕有大小不同、形态各异的石狮544只。自十七孔桥两端数桥孔，到中孔均为第九孔，体现了帝王的“九五之尊”。昆明湖东岸，十七孔桥东桥头卧有铸于1755年的铜牛。对岸就是玉带桥，拱高而薄，连接西堤和湖岸。西堤由北向南蜿蜒在昆明湖上。

铜亭工艺精致，完全为铜铸

圆明园遗址，过去曾被誉为“东方凡尔赛宫”

圆明园 30

海淀区清华西路28号。M 在五道口打出租车。每天早上7:00～晚上7:00。

圆明园位于北京西郊，与颐和园毗邻。18世纪中期清乾隆皇帝对圆明园进行了大规模扩建，广泛地吸取各地园林的精华，融入圆明园中。他下令朝廷中的西方传教士在圆明园北区设计并修建了一系列欧洲园林建筑，堪比法国凡尔赛宫。不幸的是，1860年第二次鸦片战争期间英法联军对圆明园进行了大规模抢劫，纵火烧毁了园中的中式建筑。园内幸存的西式建筑也被捣毁，残存的遗址继续受到劫掠，纷纷被军阀官僚运走修建私园和陵墓。英法联军的野蛮劫掠和清政府的昏庸无能是圆明园被焚毁破坏的原因。

圆明园遗址会让人感到震撼人心的悲哀，而长春园中断石残柱不失往日的优雅和高贵。园内有一个小型的展览馆，该馆有大量图片资料，还有按原貌复制的“圆明三园”微缩模型，详细介绍了圆明园的景观。园内西洋楼、万花阵、迷宫等少数几处景点得到复建，遗址公园内还有一些湖泊、亭阁和花园，是一处不错的游憩之地。

大钟寺 31

海淀区北三环西路甲31号。公交车300路、367路。电话：（010）62550819。每天上午8:30～下午4:00。

大钟寺始建于清雍正年间，现为中国古钟博物馆。寺庙遵循典型的佛寺布局，包括天王殿、大雄宝殿、观音殿等。大钟楼里的永乐大钟是寺内最重要的藏品，它于明朝永乐年间（1403～1424年）铸造，钟身内外整齐地铸有汉文、梵文书写的佛教经咒。该钟重达46.5吨，是世界最大的大钟。清乾隆年间，大钟由万寿寺移至大钟寺，一直存放至今。明、清两朝，每逢辞旧迎新之际，大钟寺的和尚都要敲钟108下，钟声悠扬悦耳，能传40公里远。寺内设有一些展览，比如“古代铸钟工艺展”等。游客还能尝试“打金钱眼”，即将铜钱抛掷到钟顶的圆洞口，如抛过圆洞口，来年将可大吉大利。寺庙西侧展厅还藏有宋、元、明、清时期的几百件古钟铃。

哼将，碧云寺的门神

香山公园 32

海淀区香山卧佛寺路。696路（颐和园—香山）、360路（动物园—香山）。早上6:00～下午6:00。植物园。每天。

香山公园是一座大型的山林公园。秋季是游览香山的最好时节，满山红叶，如火如荼，瑰奇绚丽，游客可乘游览索道到达香山峰顶——香炉峰，站在峰顶远眺四野，可将西山美景尽收眼底。正门不远处的碧云寺是景区内最美的古刹，山门殿内有两尊金刚力士塑像是佛教守护寺门的神将，俗称哼哈二将。寺院中心的普明妙觉殿现为孙中山纪念堂。孙中山先生于1925年逝世，移灵南京前曾停灵于该殿。寺院最后面是通高34米的金刚宝座塔。香山公园向东2公里处便是北京植物园，园内环境优美，拥有各类植物3000多种。园内的卧佛寺因存有一尊巨大的铜卧佛而远近闻名。中国的末代皇帝溥仪被特赦后（参见444页），曾在北京植物园做过园丁。

大钟寺

明十三陵 ㉝

神道上的神兽麒麟

明朝16位皇帝中有13位都埋葬在十三陵，这是中国帝王陵寝建筑的最佳典范。十三陵选建此地，最初是因为这里是“风水”胜境，绝佳“吉壤”。皇陵背向绵延山麓，东、西、北三面环山，南面开敞，背后主峰耸峙，能保护亡灵免受北风邪气的影响。长陵是永乐皇帝（1403～1424年在位）的陵寝，在十三陵中气势最为雄伟，营建时间也最早。后经修复，皇陵重现秀丽风采，不过永乐皇帝、皇后及其16位妃嫔的墓室至今尚未发掘。

★ 神道
神道是长陵陵寝建筑的前导部分
长7公里，两旁设有36尊石像，包
臣、武将、动物。

重修长陵
图中所示的是15世纪纪埋葬永乐皇帝的长陵墓冢。

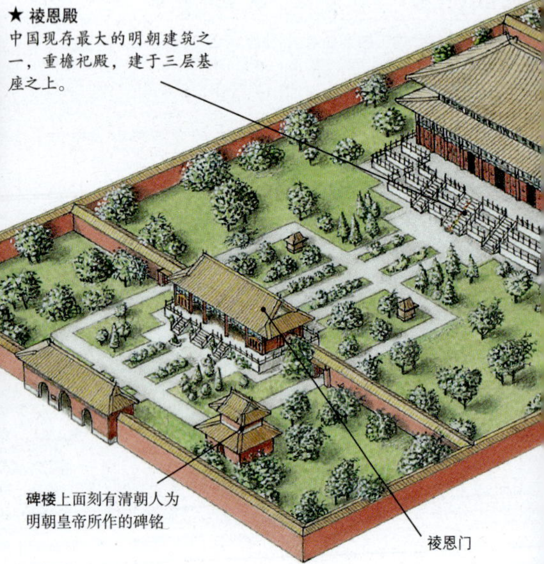

★ 祾恩殿
中国现存最大的明朝建筑之一，重檐祀殿，建于三层基座之上。

碑楼上面刻有清朝人为明朝皇帝所作的碑铭

祾恩门

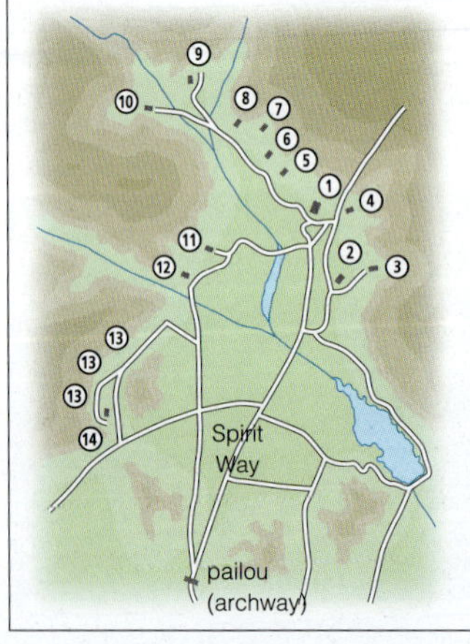

明十三陵

这13座陵墓占地40平方公里，最好乘坐出租车游览。国家曾对长陵、定陵和昭陵进行修复，游客众多。其余未经修复的陵墓则游客较少。

① 长陵（1424）
② 永陵（1566）
③ 德陵（1627）
④ 景陵（1435）
⑤ 献陵（1425）
⑥ 庆陵（1620）
⑦ 裕陵（1449）
⑧ 茂陵（1487）
⑨ 泰陵（1505）
⑩ 康陵（1521）
⑪ 定陵（1620）
⑫ 昭陵（1572）
⑬ 妃嫔墓
⑭ 思陵（1644）

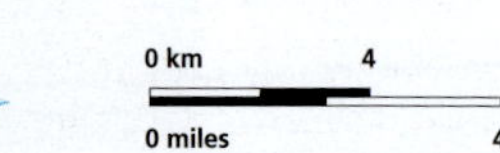

★ 定陵宝藏

定陵是万历皇帝的陵墓，出土文物众多，陈列在长陵主殿当中，其中包括金冠，冠顶攀附着两条蟠龙。

游客清单

北京西北方向45公里。从西直门（地铁附近）乘845路到昌平政法大学，然后乘出租或公交车314路到大宫门。很多到长城旅游的人（参见106页～108页）都会在这里停留。电话：(010)60761888。每天上午8:30～下午5:00。内部。

灵塔是陵墓的入口

在石砌墓室上面有圆形壁垒环绕

雪松木立柱

支撑屋顶重量的，是高达13米的楠木，立柱顶端还建有精美的斗拱支架。

永乐皇帝塑像

永乐，明朝第三任皇帝，从南京迁都北京之后，下令修建紫禁城（故宫）。

定陵墓室

定陵是明朝在位时间最长的皇帝——万历皇帝（1573～1620年在位）之墓，是16座陵寝当中唯一一座被发掘并对外开放的。20世纪50年代，考古学家惊奇地发现该墓室的内门依然完好无损。他们在墓室内找到了给万历皇帝陪葬的财宝。万历皇帝在位期间，挥霍无度，最终导致了明王朝的覆灭。

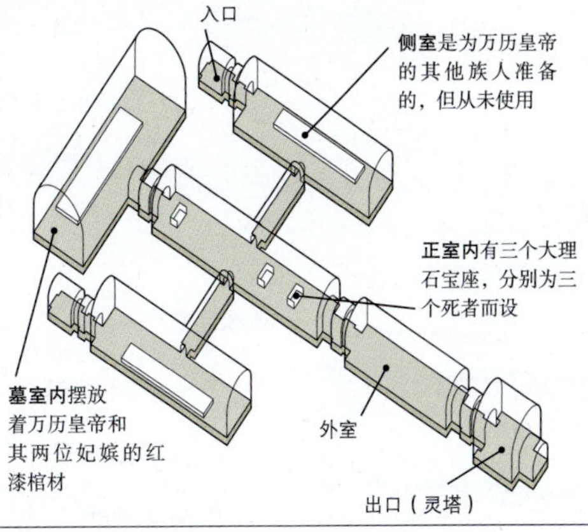
入口
侧室是为万历皇帝的其他族人准备的，但从未使用
正室内有三个大理石宝座，分别为三个死者而设
墓室内摆放着万历皇帝和其两位妃嫔的红漆棺材
外室
出口（灵塔）

星级景点

- ★ 祾恩殿
- ★ 神道
- ★ 定陵宝藏

中国长城 ㉞

长城是中国古代劳动人民创造的伟大奇迹，是中国悠久历史的见证。长城经过沙漠、山川和平原，东西绵延上万里，因此又称万里长城。历史上，各诸侯国为防御别国入侵，修筑烽火台，用城墙连接起来，形成最初的长城。秦始皇（前246~前210年在位）统一中国之后，开始正式修筑长城。自秦代以来，大规模修筑长城的朝代中，属汉族统治的有秦、汉、隋、明四朝，属少数民族统治的则有北魏、北齐、北周、辽、金五个朝代。1987年，联合国教科文组织将长城列入《世界文化遗产名录》。

受损长城遗址
大部分城墙仍未得以修复，并已经碎落，只有核心部分尚存。

★ 全景
为达到防御外敌入侵的目的，古人在修建长城时，充分利用自然地形，将城墙修建在地势高险之处，并沿山脊而下，因此现在我们所看到的长城全景十分雄奇壮丽。

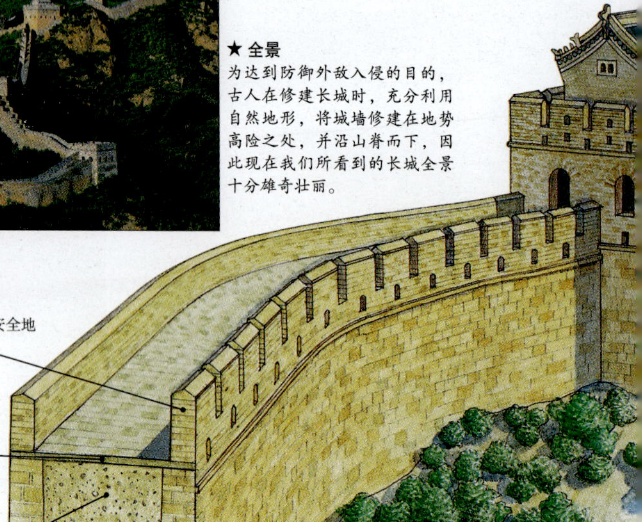

城墙使士兵可以安全地向敌军放箭

石板及石砖表层

泥土和碎石夯层

块状石层

窑砖层采用石灰砂浆和糯米汁搅拌而成的灰浆做胶接剂

大块的当地石材

重修长城

此处展示的长城的一段是在明朝（1368～1644年）修建的，位于八达岭。明朝在1505年前后大修长城。新中国成立后，在20世纪50年代和80年代又对长城进行了重修。

★ 烽火台
明朝新加设的部分，可用作信号塔、堡垒，也可驻兵和贮藏军需。

星级景点
★ 全景
★ 烽火台

游客清单

- 由于参观长城时完全处于户外，因此最好穿防水上衣，带上防晒霜。
- 带上充足的饮用水。
- 长城的某些地段会非常陡峭，一定要穿舒服、轻便的鞋子。

大炮
明朝加设的另一种东西，用于保护城墙以及招呼援军。

敌楼相隔两箭远，这样整个城墙都会得到守护

烽火台燃烧狼烟用来报告有敌人来袭

车道平均8米高，7米宽

多功能城墙
长城可以通过狼烟、火光、鼓声等快速传递消息，还有助于全国军队快速调拨。

中国长城（明长城）

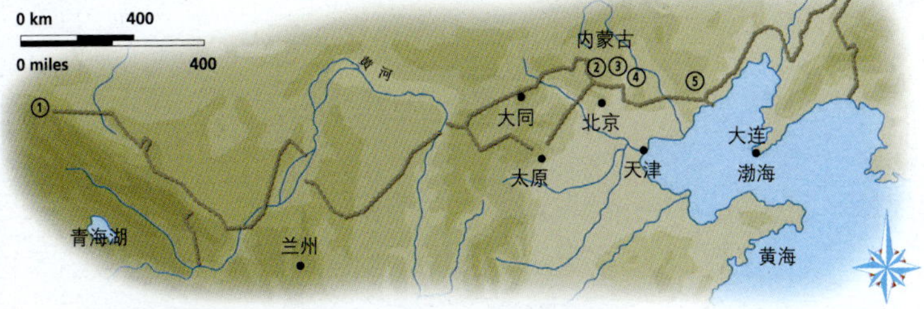

大部分游客从北京（参见108页）出发游览长城。不过整个长城的其他任何地方也都值得游览。长城其他景点包括居庸关、嘉峪关以及山海关。

旅游景点

1. 嘉峪关（参见490页~491页）
2. 八达岭和居庸关
3. 慕田峪和黄花城
4. 司马台
5. 山海关（参见128页）

探索中国长城

来到北京，您就不能不登长城。多数酒店都能为游客安排参观长城的行程，途中通常还会参观明十三陵（参见 104 页～105 页）。但是，一定要弄清楚行程中是否安排了您不想去的地方，比如说景泰蓝加工车间、玉器制造厂或中医诊所等。游客可以几个人一伙雇一辆出租车去长城，车费平摊，这样玩起来更为自由，也可以走得更远一些。

八达岭长城出售旅游纪念品的货摊

八达岭

北京西北方向 70 公里。电话：（010）69121268。在德胜门乘 919 路公交车直达。每天早上 6:30～晚上 6:30。

经过整修的明长城八达岭段是长城建筑中的精华。城墙上配设了护栏、缆车、烽火台和各种旅游设施。蜿蜒于重峦叠嶂之间，八达岭长城景观宏伟、气势磅礴。要想充分领略这一奇景，您可以远离人群，从入口处沿城墙向东或向西前行，走得越远越好。游客可以凭门票参观长城博物馆。居庸关关城就在通往八达岭长城的路上，尽管经过整修，相比八达岭，其游客还是要少一些。城墙两侧，山峦起伏，地势险峻，由此不难看出这里作为防御重地的原因所在。“云台”是位于居庸关关城中心的一座石筑平台，建于元代（1206～1368 年），上有很多佛教雕刻，异常精美。

慕田峪

怀柔区，北京以北 90 公里。从宣武门乘 6 路旅游专线车。每天早上 7:30～下午 6:00。和缆椅。

慕田峪长城旅游区群山环抱，环境清幽。我们目前所看到的慕田峪长城是于 1368 年在北齐（550～577 年）长城遗址上建筑而成的，经后人修葺，城墙上建有多个烽火台。

黄花城

怀柔区，北京以北 60 公里。每天。

黄花城长城同慕田峪长城城墙相连，属明长城中修筑较为精细的一段，跟其他部分相比，开发较少。雄伟的城墙被一个大型水库一分为二。由于左侧难以攀登，多数游客选择水库对面的右侧线路。这里没有栏杆，碎石遍地，攀登的时候要十分小心。由于长城墙体塌陷碎落，政府对攀登长城做出了严格的限制。重修工程正在进行中，因此有时可能无法游览黄花城这一段。

依山而建的黄花城长城遗址

司马台

密云县，北京东北 110 公里。东直门长途汽车站乘 980 路（高速）到达密云终点站，换乘司马台长城的专线。每天早上 6:00～晚上 6:00。（4 月～11 月）。

司马台长城只有部分得以修复，至今仍保留古长城原貌。城墙有些地段陡峭而险峻，攀登起来非常危险。多数游客在游览司马台长城时，都会沿东部区域攀登，从这里可以到达长城更为陡峻的部分，之后就无法攀登了。虽然地势陡峭，但长城上风光绮丽、环境优美。从司马台步行四个小时就能到达金山岭，这里同样是风景秀丽的旅游胜地。

八达岭长城修复段，位于北京西北

清东陵 ㉟

北京以东 125 公里，河北省遵化县。
□ 5 月～10 月：每天上午 8:00～下午 5:00；11 月～次年 4 月：每天上午 9:00～下午 4:30。

清东陵内通往顺治皇帝墓的神路

清东陵坐落于北京以东，河北境内。尽管陵墓环境优美，但位置偏远，所以比起明十三陵（参见 104 页～105 页），知名度还是低很多。实际上，清东陵是中国现存规模最大、保存最完整的古帝陵建筑，其规模堪比紫禁城（参见 86 页～89 页）。在该陵墓群中，建有皇陵五座：顺治帝（1644～1661 年在位）的孝陵、康熙帝（1662～1722 年在位）的景陵、乾隆帝（1736～1795 年在位）的裕陵、咸丰帝（1851～1861 年在位）的定陵以及同治帝（1862～1874 年在位）的惠陵，其中除惠陵由于距主墓群距离较远尚未开放以外，其他四座均对外开放。通往顺治帝孝陵的神路位于主墓群的中心位置，长 3 公里，两侧建有守护石兽，比其他陵墓的神路都要长。孝陵西南是乾隆帝裕陵，该陵寝墓室精美，布满了佛教雕刻和藏文、梵文经咒（这在皇族和儒家陵墓中十分少见）。清东陵西侧是慈安太后和慈禧太后（参见 101 页）的定东陵，两陵相连，慈禧陵居右，慈安是咸丰帝的第一个皇后，其陵居左。两座陵墓同建于 1879 年，但之后慈禧于 1895 年派人大肆重修其陵墓，从而使其更加富丽堂皇。通向恩殿的大理石路面上刻有精美的龙凤图案，其中龙代表皇帝，凤代表皇后。定东陵以西是定陵，定陵目前只有部分开放，陵前道路两旁有很多动物石雕。妃园寝规模相对较小，绿瓦覆顶（皇帝和皇后的陵寝都采用黄瓦）。

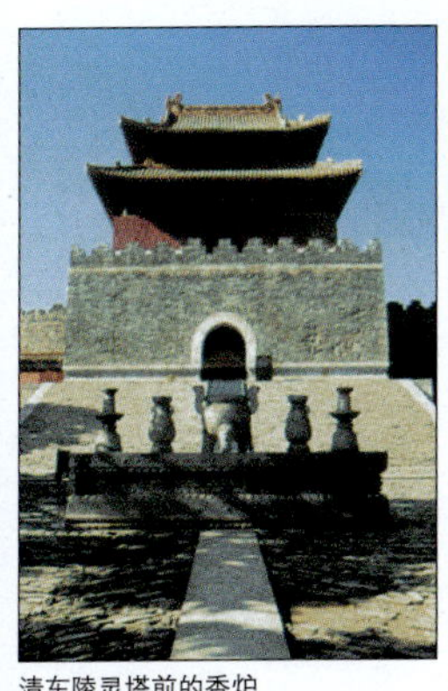
清东陵灵塔前的香炉

清东陵综合体现了中国传统的风水学、建筑学、美学、哲学、宗教、民俗等文化，具有重要的历史、艺术、科学价值，是中华民族和全人类的文化遗产。

雍正帝

雍正（1723～1735 年在位）为康熙皇帝之子，其母原为侍女，其陵址不在清东陵，而是选建在数百里以外的清西陵（位于河北省易县）。雍正皇帝违背了先皇的遗愿，或许是出于内疚，他不愿与父亲葬在一起。康熙去世之后，雍正篡权（康熙原传位其他皇子），宣布自己为皇位继承人，并残酷迫害有可能威胁到其统治地位的兄弟和叔伯。尽管得位不正，可雍正仍是一个贤君，虔诚地信仰佛教。他在位期间，整顿吏治，提高百姓的道德和教育水平。雍正选择清西陵，也可能有另一个原因，那就是他对东陵并不满意，想找一个自然环境更好的地方。不管原因如何，热衷于中国陵墓建筑的人更加崇尚清西陵安静清幽的环境。中国末代皇帝溥仪的陵墓也于 1995 年迁至清西陵附近的商业墓地。

身着龙袍的雍正，龙袍是其权力的象征

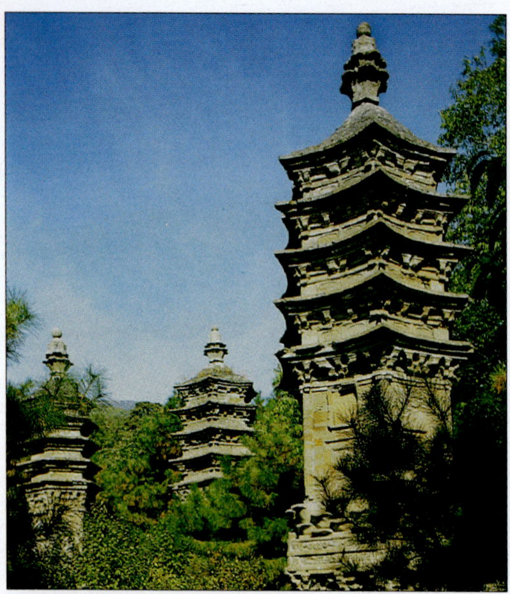

塔林石塔，潭柘寺

卢沟桥 36

位于市中心西南方向16公里处，丰台区。莲花池车站乘坐339路公交车；从湾子（北京西站附近）乘坐309路公交车。每天早上7:00～晚上7:00。抗日战争纪念馆宛平城内街101号。周二～周日上午8:00～下午5:00。

卢沟桥上的石狮子

卢沟桥始建于金大定二十九年（1189年），全长267米，属石造连拱桥，横跨于原宛平县城的永定河上。历史上，大桥曾被洪水冲毁。目前所保留的桥体结构于1698年修复。马可·波罗曾在其著名的《马可·波罗游记》中对卢沟桥有所记载，所以卢沟桥又名马可·波罗桥。大桥东西两头立有石碑，碑文分别为清朝皇帝康熙和乾隆御笔所题。其中桥东头立有乾隆题写的“卢沟晓月”诗碑。大桥两侧的护栏上雕有400多个石狮，形态各异。据说从皇帝到百姓都曾漫步桥上来数石狮的个数。有趣的是，不管人们怎么数，每次数出的数目都不一样。

几百年来，尽管经过加宽和大规模的修缮，大桥还有很大一部分保留了原貌。该桥不仅具有文物价值，而且还有重大的历史意义，因为这里曾经发生过卢沟桥事变。1937年7月7日，日军同中国国民革命军在这里交火，中国战败，最终导致北京沦陷，日军发动全面侵华战争。对这段历史感兴趣的游客，都会去参观抗日战争纪念馆，在那里有关于这场可怕战争的展览。

潭柘寺 37

门头沟区。北京以西45公里。至苹果园（1小时），然后乘931路公交车或7路旅游专线即到。电话：（010）60862505。每天上午8:00～下午5:00。

潭柘寺规模宏大，现潭柘寺共有房舍943间，其中古建殿堂638间，建筑保持着明清时期的风貌，是北京郊区最大的一处寺庙古建筑群。公元3世纪建寺，初名嘉福寺。但因寺庙位于潭柘山麓，附近有龙潭，山上有柘树，故后来更名潭柘寺。整座寺庙依山势而建，殿宇巍峨，景色秀丽，尤其以古木参天而闻名天下，其中最著名的要数一棵名为“帝王树”的古银杏了。旁边还有一棵稍矮的“配王树”。

不过，这里最迷人的景观还是离停车场不远的塔林，郁郁丛林当中耸立着无数的石塔。所有的佛塔都是为纪念得道高僧而建。它们塔型不一，种类繁多，其中包括密檐式佛塔，其典型特征是层层屋檐依次向下排开。其中年代最为久远的可追溯到金朝。

潭柘寺不仅以古迹众多、风景优美吸引着四海宾朋、八方游客，而且近几年还修建了现代的旅游服务设施，实行交通、住宿、餐饮、游览、娱乐、购物的一条龙服务，使景区成为享誉中外的旅游胜地。

卢沟桥是一座有11拱的石桥，西方称之为“马可·波罗桥”

周口店北京人遗址 ㊳

周口店村。北京西南48公里。🚌从北京天桥站乘坐917路公交车到房山，转乘2路或乘出租车即到。◯每天上午8:30～下午4:30。🎫

20世纪20年代，周口店出土了40多件人骨化石和原始石器，经证实，这属距今超过50万年的北京猿人（北京直立人）的史前遗址。普遍认为，这一惊人发现为尼安德特人与现代人类之间存在联系提供了有力的证据。周口店遗址被联合国教科文组织列入《世界遗产名录》，除有一个小型博物馆展出一部分石器、饰品和碎骨之外，整个地区只供相关专家研究使用。可惜的是，"北京人"都不大来了，使近年来该遗址一直门庭冷落。

周口店北京人遗址

国家体育场 ㊴

奥林匹克公园。Ⓜ奥林匹克公园。🚌◯每天上午10:00～下午5:00。🎫 www.beijing2008.com

国家体育场是中国为举办2008年奥运会筹建的大型建设项目中最抢眼的建筑。它是北京"奥林匹克公园"建设规划的一部分，该规划包括大型森林公园、奥运村和多个其他场馆，比如国家体育馆和游泳中心。

造型前卫的国家体育场——"鸟巢"

瑞士建筑师赫尔佐格和德梅隆以"鸟巢"设计赢得了该体育场的设计权。"鸟巢"外观随意柔和，由钢结构和水泥柱交织而成，立面和结构达到了完美的统一。顶部的混凝土网状结构的空隙当中填充了半透明的膜，这种膜具有防水的功能，同时光线能够透射进来。国家体育场是世界顶级建筑之一，可供游客参观。工程总占地面积21公顷，建筑面积258000平方米。

奥运会、残奥会开闭幕式，田径比赛及足球比赛决赛在这里举行。奥运会后这里成为文化体育、健身购物、餐饮娱乐、旅游展览等综合性的大型场所，并成为具有地标性的体育建筑和奥运遗产。

爨底下村 ㊵

位于斋堂镇附近。北京西北方向90公里。Ⓜ至苹果园（1小时），然后乘929路公交车到斋堂（3小时）或搭乘出租车。◯每天。🎫

在北京古老的土地上，有一座风貌古朴幽静、个性鲜明的古老山村。它就是静静隐置于京西深山峡谷之中的"古村文化明珠"——爨底下村。爨底下村位于京西山区深山峡谷中，苍松翠柏、绿树成荫，大有"世外桃源"之感。

到爨底下村旅游，路途比较辛苦，不过这是值得的，因为这个村落保留着很多明清时代的建筑群，就好比一个活生生的博物馆。整个村庄坐落在陡峭的山坡上，建有四合院和农村住宅，风景美不胜收。由于原始村庄结构紧密，所有的四合院之间都通过小道相连。游客凭门票可参观整个村庄，这个过程需要几个小时的时间。围墙上还保留着"文革"期间有关毛主席的图案和标语。

全村现有29户，70人。如果想到周围的山上游玩，或者感受当地村民的热情好客，游客们可以在这里留宿。很多当地居民抓住旅游业给他们带来的机遇，为游客提供住宿，价格也比较合理。

爨底下村明清时代的房屋

北京的购物和娱乐

毛泽东纪念品，琉璃厂

近年来，北京的购物场所变化很大，既有现代华丽的百货公司，也有古老典雅的零售商铺。从商场、百货公司，到专卖店、时装店以及古玩和丝绸市场，甚至地摊上，各种商品琳琅满目、应有尽有。主要购物街王府井大街（参见94页）是备受中外游人青睐的购物场所，不过随着大量新商场的出现，竞争也变得十分激烈。

可惜的是，许多传统商铺已经消失，只有大栅栏街还保留着几家（参见85页）。北京还有多个热闹的娱乐区，那里有餐馆、酒吧、俱乐部，还有很多传统京剧、戏曲和音乐表演的场所。

购物

从传统手工艺品、收藏品、地毯、丝绸，到电子产品、家具、古玩以及由专人设计的服装，游客都可以在北京买到。我们这里提到的很多商店都提供包装和运输服务。

古董、工艺品和收藏品

真正的古董很难找（参见598页～599页）。要买古董和收藏品，最好的地方要数位于北京东南部的**潘家园旧货市场**。该市场每天开放，为了以最低的价格买到最好的东西，很多人周末一大早就过来，从各种菩萨雕像、陶器、屏风、字画和装饰品当中淘到自己喜欢的宝贝。附近的北京古玩城分好几层，也有很多陶器、家具、珠宝和藏式艺术品。位于天坛（参见96页～97页）附近的**红桥市场**，也是个购买收藏品、纪念品和珍珠的好地方，主要在三层和四层。不过需要提醒大家的是，这里的很多东西都不是真品。琉璃厂（参见85页）有很多漆器、陶器、字画和工艺品，很多游客在这里一逛就是几个小时。**华艺古典家具**主营古典家具，也包括对古典家具的修复和仿制。

书籍

北京有很多大型书店。**西单图书大厦**是北京最大的书店，一层里侧有旅游书专架，可以买到旅游指南书和地图，还有明信片等旅游纪念品出售。**王府井大街外文书店**是目前国内最大的外文书店。它位于繁华的王府井中央商业街。主要经营外文图书、音像制品、国产画册等。北京的一些书吧，如**书虫**、**光合作用**等还提供餐饮服务，在舒适的环境中细细品味书香也是不错的选择。

百货公司和商场

近年来，北京的专卖店层出不穷，给零售业带来了激烈的竞争，尽管如此，大型百货公司依然备受消费者的青睐。西单大街以商场众多闻名。伴随着消费热潮的兴起，新开的大型商场到处都有（西单地铁站周围就有很多），各类名牌产品应有尽有。另外，还有三里屯路的**三里屯village**，很多知名品牌都落户于此。大望路地铁站附近的**新光天地**里面有不少的时尚名店。

地毯及纺织品

北京市场上的地毯种类繁多，分别产自西藏、甘肃和新疆，游客在购买时要使劲儿讲价才行。幸福大街上的**前门地毯公司**主要经营手工地毯，这些地毯做工精美，产地分别是新疆、内蒙古和西藏。另外，**古董地毯公司**、琉璃厂的**地毯商店**、**亮马河古玩市场**以及**潘家园旧货市场**，也都是值得一去的地方。

新秀水一改往日风貌，已变成一栋五层楼高的商场。有经验的购物者称，新秀水没有了旧秀水的味道，不过游客们在这里买东西仍然要会讲价才行。**元隆丝绸股份有限公司**经营丝绸面料和丝绸成衣。**北京丝绸商店**位于前门以南，主要经营高档丝绸。如果想买高档服装，去Na-Li看看吧，在这里也可以讲价。**雅秀服装市场**有四层，专卖各种服装、面料和工艺品。

娱乐

伴随着造型前卫的**国家大剧院**的开放，北京的艺术表演迅猛发展。这里的演出项目以文艺演出为主，比如京剧和传统戏曲。

北京有很多电影院，不少电影院周二半价。每年都会引进不少外国大片，有的电影院可以看3D效果的电影。（石景山店）具有北京地区唯一的数字IMAX银幕。不论是在酒吧里，还是在酒店里，都能找到一些娱乐杂志，上面有电影预告。北京的电影预告做得很好，在地铁和公交车的移动电视上也能看到电影宣传片。

京剧

京剧是中国的国粹，是不能错过的艺术盛宴。演出的剧目全部是精心挑选的京剧名段。当您坐在剧场里，欣赏京剧表演中生旦净丑各种角色的唱念做打时，自是一种美妙绝伦的艺术享受。有的剧场可以让观众在演出前到化妆室看一看演员们的脸谱化妆。

正乙祠戏楼是中国唯一基本保存完好的木结构戏楼，建于佛教寺庙的原址上。这里经常举行京剧演出，晚上7:30开始。**湖广会馆**也有类似的精良表演设施，演出每晚7:15开始。天气暖和的时候，**恭王府**晚上7:30也有演出（参见90页）。另外，很多旅行团也带游客到建国饭店的**梨园剧场**看戏。

传统戏台

北京有很多茶馆，这里是欣赏各种演出的理想场所，其中包括中国传统音乐、评书、戏曲、杂技和武术等。

北京好多地方都有杂技表演，演员个个肢体灵活、技艺精湛。**朝阳剧场**每天下午5:15和晚上7:15有比较大众化的杂技表演，北京杂技团的演出则在**万胜剧场**进行。**天地剧院**每晚7:00也有演出。**老舍茶馆**每天下午和晚上都有戏曲和杂技表演。**天桥乐茶园**也有类似的演出，每晚6:30开始。德云社位于北京市宣武区北纬路甲1号。其所属的“北京相声俱乐部”每周都在天桥乐茶园等地演出五六场，全体演员的艺术水平和艺德受到了京津观众的交口称誉。

餐馆、酒吧和酒店

北京是会聚各地美食的地方，可以找到各种口味的餐馆。东单有一家叫“**日昌**”的茶餐厅，那里经营广东风味。在**云南驻京办事处云腾宾馆**里可以吃到云南菜。**沸腾鱼乡**的水煮鱼很好吃。在崇文门哈德门饭店东侧有一个**赣南饭店**，里面的赣菜堪称一绝。

近年来，北京的西餐馆大多集中在北京朝阳区东四十条地铁站以东的三里屯路上。如果您想寻求更加放松的体验，可以去后海和前海交界海岸附近的酒吧，比如风格独特的**苏西黄俱乐部**。另外，前海东沿的**无名吧**，是开办最早也是最好的酒吧之一，也是值得一去的地方。北京的四星级和五星级酒店的消费水平要更高一些。

指南

古董、工艺品和收藏品

北京古玩城
朝阳区华威桥以西，东三环南路21号。

红桥市场
朝阳区红桥路。

华艺古典家具
朝阳区东苇路小店89号。

潘家园旧货市场
朝阳区潘家园路。◻ 每天早上6:00~下午3:00。

书籍

外文书店
王府井大街235号。 地图：2 D5。

图书大厦
西城区西长安街17号。
地图：3 B1。

百货公司和商场

三里屯
三里屯路，新光天地，建国路87号。

地毯及纺织品

古典地毯
朝阳区工体东路。

北京丝绸商店
前门大街珠宝市5号。
地图：3 C2。

亮马河古玩市场
朝阳区亮马桥路27号。

Na-Li
朝阳区三里屯北路。

前门地毯公司
幸福大街59号3号楼一层。 地图：4 F3。

雅秀服装市场
朝阳区工体北路58号。

元隆丝绸股份有限公司
永定门东街15号。
地图：4 D4。

京剧

湖广会馆
虎坊路3号。
地图：3 B3。
电话：（010）63518284。

恭王府
前海西街17号。
地图：1 B3。
电话：（010）83288149。

正乙祠戏楼
前门西河沿大街220号。
地图：3 C2。
电话：（010）63033104。

传统戏台

朝阳剧场
东三环北路36号。
电话：（010）65072421。

老舍茶馆
宣武区前门西大街3号。
地图：3 C2。
电话：（010）63036830。

国家大剧院
西长安街。
电话：（010）66550000。

天桥乐茶园
宣武区北纬路1号。
地图：3 C3。
电话：（010）63040617。

天地剧场
东直门南大街10号。
地图：2 F3。
电话：（010）64169893。

万胜剧院
天桥市场街95号。
地图：3 C3。
电话：（010）63037449。

酒吧和俱乐部

无名吧
前海东沿，银锭桥南。
地图：1 C3。
电话：（010）64018541。

苏西黄俱乐部
朝阳区农展馆路1A。

北京街区图

地图标出了本章所描述的所有景点、酒店、餐馆、购物以及娱乐场所。地图上的网格给出了北京的城市分区。街区图对面的页上给出了地图上标出的街道名称索引。下面的图示显示地图的比例尺以及其他的功能，包括地铁、火车和公交总站、医院、旅游咨询中心等。北京已经在原城市中心的基础上向外发展了很多，80页上的北京大地图标出了北京中心以外北部、西部、中部和南部的情况。搞清楚城市道路的命名体系（参见115页）非常重要，这样可以比较容易地在城市中找到道路。

骑自行车是游览城市的好方法

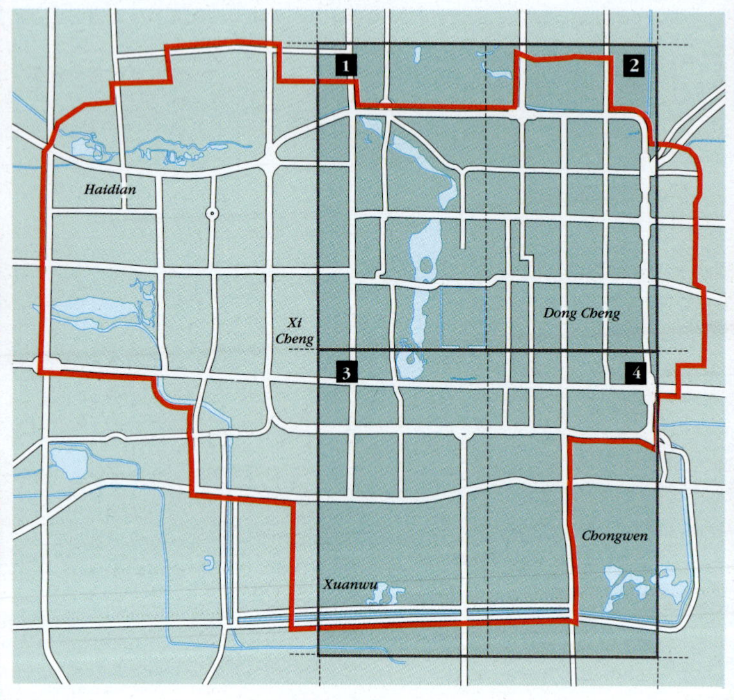

街区图图示

- 主要景点
- 旅游点
- 其他重要建筑
- 火车站
- 长途车站
- 地铁站
- 城市公交车站
- 旅游信息
- 医院
- 邮局
- 寺庙
- 教堂
- 清真寺

SCALE OF MAP ABOVE

0 km 2

0 miles 2

SCALE OF MAPS 1-4

0 meters 500

0 yards 500

街区索引

街道名称可能用“街”或“路”。因此，问路的时候，要注意的是“天坛街”也可能被说成是“天坛路”。许多街道也称作“大街”，而表示方位的词有“中”以及“东、南、西、北”四个字。北京地名的另外一个重要的词是“胡同”，指的是小巷子。

1
A
B
C
1
2
3
4
5
XUEYUAN NAN LU
XINKANG JIE
XINDE JIE
WULUTONG JIE
Rending Hu
ANDELI BEI JIE
RENDING HU GONG YUAN
XINJIEKOU WAI DAJIE
DESHENGLI XIJIE
DEWAI XI HOU JIE
DESHENG MEN WAI DAJIE
TYUAN HUTONG
HONGCI XIANG
ANDELI ZHONG JIE
ANDELI DONG JIE
GULOUWAI DAJIE
JIAOCHANGKOU JIE
ANDELI NAN JIE
QINGNI NAN
WENHUIYUAN LU
LIBAISI JIE
LINJIA HUTONG
DAJING HUTONG
ANDELI JIE
JIUGULOUWAI DAJIE
ANDE LU
ANDE
BINGJIAOKOU HUTONG
DESHENG MEN XI BINHE LU
Arrow Tower
Jishuitan
DESHENG MEN DONG DAJIE
ANDING
DESHENG MEN XI DAJIE
Huifeng Temple
XIHAI BEI YAN
Xi Hai
XIHAI DONG YAN
DESHENG MEN NEI DAJIE
Former Residence of Song Qingling
BABUKOU HUTONG
XITAO HUTONG
Gulou Dajie
ZHONGTAO HU
XINJIEKOU BEI DAJIE
XIJIAOCHANGXIAO 7 TIAO
XINJIEKOU 7 TIAO
XIJIAOCHANG HUTONG
DASHIQIAO HUTONG
BANQIAOTOU TIAO
XIHAI NAN YAN
XIAOSHIQIAO HUTONG
GUOWANG HUTONG
ZHAOFU JIE
XINJIEKOU 4 TIAO
SHUICHE HUTONG
GULOU XI DAJIE
QIANMACHANG HUTONG
DOUFUCHI HUT
BEI CAOCHANG HUTONG
HEITA HUTONG
DONGXINKAI HUTONG
Hou Hai
HOUHAI BEI YAN
XIZHANG HUTONG
XINJIEKOU DONG JIE
Bell Tower
YANGFANG HUTONG
Guanghua Temple
XIZHI MEN NEI DAJIE
Drum Tower
NACAOCHANG JIE
DAHOUCANG HUTONG
ZHENGJUE HUTONG
LUG'ER HUTONG
BOQICANG HUTONG
DASHIHU HUTONG
HOUHAI NAN YAN
HANGKONG HUTONG
SANBULAO HUTONG
HONGSHAN HUTONG
LIU XIANG
QIANGONGYONG HUTONG
XINJIEKOU NAN DAJIE
MIANHUA HUTONG
SONGSHU JIE
LIUYIN JIE
DAXINKAI HUTONG
QIANHAI DONG YAN
BEIWEI HUTONG
LIUHAI HUTONG
Mansion of Prince Gong
ZHAODENGYU LU
DONGGUANYING HUTONG
Museum of Mei Lanfang
YANNIAN HUTONG
QIANHAI BEI YAN
FANGZHU HUTO
DACHENG XIANG
Qian Hai
DI'AN MEN WAI DAJIE
DAJIAO HUTONG
BAOCHAN HUTONG
HUGUOSI JIE
DINGFU JIE
JINGYONGLI
LONGTOUJING JIE
QIANHAI NAN YAN
JINGUO HUTONG
XINGHUA HUTONG
YUYOU HUTONG
YUDE HUTONG
PING'AN DAJIE
DI'AN MEN XI DAJIE
QIANCHE HUTONG
FUGUO JIE
XI SI BEI BA TIAO
TAIPINGCANG HUTONG
DAYU HUTONG
XI SI BEI QI TIAO
CUIHUAHENG JIE
BEI HAI PARK
AIMIN JIE
DI'AN MEN NAI DAJIE
XI SI BEI LIU TIAO
ZHONGMAOJIAWAN
AIMIN 4 XIANG
DONGLANGXIA HUTONG
CUIHUA JIE
XI SI BEI WU TIAO
BEI JIE
HUANGHUAN JIE
DACHAYE HUTONG
XI SI BEI SI TIAO
Bei Hai
BEIHAIBEIJIA DAO
TAIPING QIAO DAJIE
XI SI BEI SAN TIAO
AIMIN 7 XIANG
XISI BEI DAJIE
DAHONGLUOCHANG JIE
XISHIKU DAJIE
JING SHAN HOU JIE
ANPING XIANG
XISI BEI ER TIAO
XISI BEI TOU TIAO
White Dagoba Temple
Children's Palace
Miaoying Temple White Dagoba
Guangji Temple
DAGUAIBANG HUTONG
XIHUANGCHENGGEN BEI JIE
Xishiku Church
Jade Island
JING SHAN XI JIE
JING SHAN PA (COAL HILL)
FUCHENG MEN NEI DAJIE
DASHIZOU HUTONG
YANGROU HUTONG
Tuancheng (Round City)
ZHUANTA HUTONG
XI'AN MEN DAJIE
WENJIN JIE
JING SHAN QI
BANSANG HUTONG
DAJIE
JINGSHENG HUTONG
NENGREN HUTONG
SANGAOZHALAN HUTONG
DAYUAN HUTONG
XIXIN HUTONG
GUANGMING HUTONG
IMPERIAL GARDENS
QIAO
BINGMA SI HUTONG
BEI CHANG JIE
FENGSHENG HUTONG
XIDAN BEI DAJIE
XIHUANGCHENGGEN NAN JIE
TAIPING
HOUNIWA HUTONG
FENZI HUTONG
FUYOU JIE
Forbidden City
DONG XIEJIE
HUZHU XIANG
YUQIAN HUTONG
SHIFANGXIAO JIE
BANBI HUTONG
Zhong Hai
HONGMIAO HUTONG
PICAI HUTONG
LINGJING HUTONG
XI CHENG
BEIYIN HUTONG
DAMUCANG HUTONG
A
3
TAIPUSI JIE
B
C

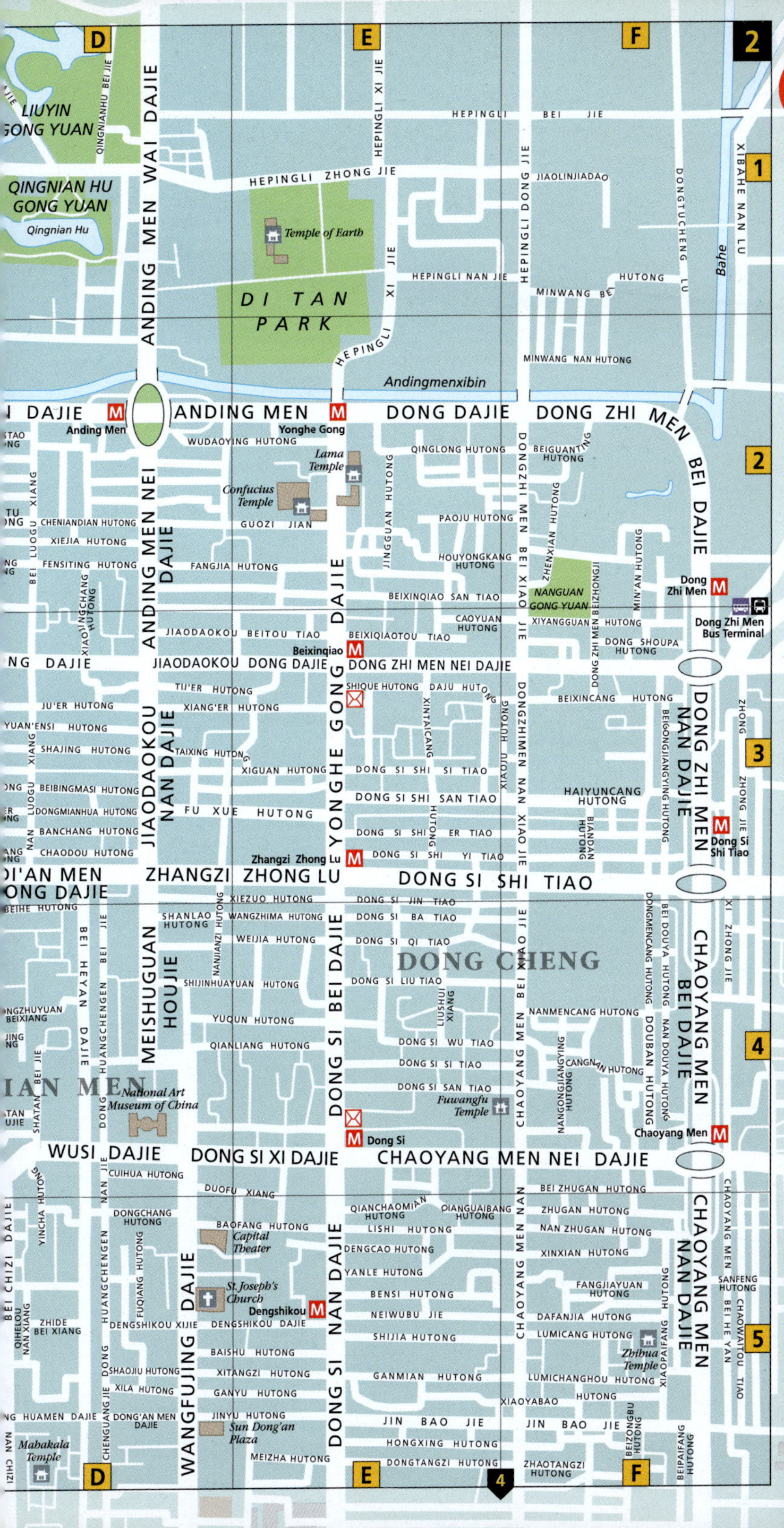

D
E
F
2
1
2
3
4
5
4
LIUYIN GONG YUAN
QINGNIAN HU GONG YUAN
Qingnian Hu
ANDING MEN WAI DAJIE
HEPINGLI ZHONG JIE
HEPINGLI BEI JIE
Temple of Earth
DI TAN PARK
HEPINGLI NAN JIE
HEPINGLI DONG JIE
JIAOLINJIADAO
MINWANG BEI HUTONG
MINWANG NAN HUTONG
DONGTUCHENG LU
XIBAHE NAN LU
Bahe
Andingmenxibin
ANDING MEN DONG DAJIE
Anding Men
Yonghe Gong
DONG ZHI MEN BEI DAJIE
WUDAOYING HUTONG
Lama Temple
Confucius Temple
GUOZI JIAN
QINGLONG HUTONG
BEIGUANTING HUTONG
PAOJU HUTONG
HOUYONGKANG HUTONG
JINGGUAN HUTONG
ANDING MEN NEI DAJIE
FANGJIA HUTONG
BEIXINQIAO SAN TIAO
NANGUAN GONG YUAN
Dong Zhi Men
Dong Zhi Men Bus Terminal
CAOYUAN HUTONG
XIYANGGUAN HUTONG
DONG SHOUPA HUTONG
JIAODAOKOU BEITOU TIAO
BEIXIQIAOTOU TIAO
Beixinqiao
JIAODAOKOU DONG DAJIE
DONG ZHI MEN NEI DAJIE
SHIQUE HUTONG
DAJU HUTONG
BEIXINCANG HUTONG
DONG ZHI MEN NAN DAJIE
JIAODAOKOU NAN DAJIE
YONGHE GONG DAJIE
XIANG'ER HUTONG
TAIXING HUTONG
XIGUAN HUTONG
DONG SI SHI SI TIAO
DONG SI SHI SAN TIAO
HAIYUNCANG HUTONG
FU XUE HUTONG
DONG SI SHI ER TIAO
DONG SI SHI YI TIAO
Dong Si Shi Tiao
Zhangzi Zhong Lu
ZHANGZI ZHONG LU
DONG SI SHI TIAO
XIEZUO HUTONG
WANGZHIMA HUTONG
WEIJIA HUTONG
DONG SI JIU TIAO
DONG SI BA TIAO
DONG SI QI TIAO
DONG SI LIU TIAO
DONG CHENG
SHIJINHUAYUAN HUTONG
YUQUN HUTONG
QIANLIANG HUTONG
MEISHUGUAN HOUJIE
DONG SI BEI DAJIE
NANMENCANG HUTONG
DONG SI WU TIAO
DONG SI SI TIAO
DONG SI SAN TIAO
CANGNAN HUTONG
Fuwangfu Temple
CHAOYANG MEN BEI XIAO JIE
CHAOYANG MEN BEI DAJIE
National Art Museum of China
Dong Si
Chaoyang Men
WUSI DAJIE
DONG SI XI DAJIE
CHAOYANG MEN NEI DAJIE
CUIHUA HUTONG
DUOFU XIANG
BEI ZHUGAN HUTONG
ZHUGAN HUTONG
NAN ZHUGAN HUTONG
DONGCHANG HUTONG
BAOFANG HUTONG
Capital Theater
LISHI HUTONG
DENGCAO HUTONG
XINXIAN HUTONG
YANLE HUTONG
St. Joseph's Church
Dengshikou
BENSI HUTONG
NEIWUBU JIE
SHIJIA HUTONG
FANGJIAYUAN HUTONG
DAFANJIA HUTONG
LUMICANG HUTONG
Zhihua Temple
DENGSHIKOU XIJIE
DENGSHIKOU DAJIE
BAISHU HUTONG
XITANGZI HUTONG
GANYU HUTONG
JINYU HUTONG
GANMIAN HUTONG
LUMICHANGHOU HUTONG
XIAOYABAO HUTONG
WANGFUJING DAJIE
DONG SI NAN DAJIE
CHAOYANG MEN NAN DAJIE
Sun Dong'an Plaza
JIN BAO JIE
HONGXING HUTONG
DONGTANGZI HUTONG
ZHAOTANGZI HUTONG
MEIZHA HUTONG
Mahakala Temple
HUAMEN DAJIE
DONG'AN MEN DAJIE
ZHIDE BEI XIANG

3
A
B
C
1
2
3
4
5
XI CHENG
XUANWU
Cultural Palace for Nationalities
FUXING MEN NEI DAJIE
XUANWU MEN NAI DAJIE
XUANWU WAI DAJIE
CAAC (buses to airport)
Xidan
Nan Hai
ZHONG SHAN PARK
Xinhua Men
Tian'an Men Xi
Tian'an Men
XI CHANG'AN JIE
Capital Cinema
Beijing Concert Hall
National Centre for Performing Arts
Great Hall of the People
Tian'an Men Square
Mao Zedong Mausoleum
Bank of China
South Cathedral
Changchun Jie
Xuanwu Men
Heping Men
Qian Men Bus Terminal
Qian Men
XUANWU MEN XI DAJIE
XUANWU MEN DONG DAJIE
QIAN MEN XI DAJIE
Zhengyici Beijing Opera Theater
QIAN MEN DAJIE
NAN XINHUA JIE
BEI XINHUA JIE
GUANG'AN MEN NEI DAJIE
LUOMASHI DAJIE
ZHUSHIKOU XI DAJIE
Cow St Mosque
Fayuan Temple
Beijing Workers' Club
Liyuan Theater
Friendship Hospital
Tianqiao Bus Terminal
Tianqiao Theater
TIANQIAO NAN DAJIE
YONGDING MEN NEI DAJIE
WANSHOU PARK
Peking Opera Theater
Central Academy of Traditional Opera
North Gate
Waterside Pavilion
East Gate
West Gate
Taoranting Hu
TAORANTING PARK
Xiannong Tan
Xiannong Tan Stadium
YONGDING MEN XI JIE
ZUO'AN MEN DONG JIE
YOU'AN MEN DONG BINHE LU
YONGDING MEN XI BINHE LU
Yongding Men Bus Terminal
Beijing South Train Station
CAISHIKOU DAJIE
YONGDING MEN WAI

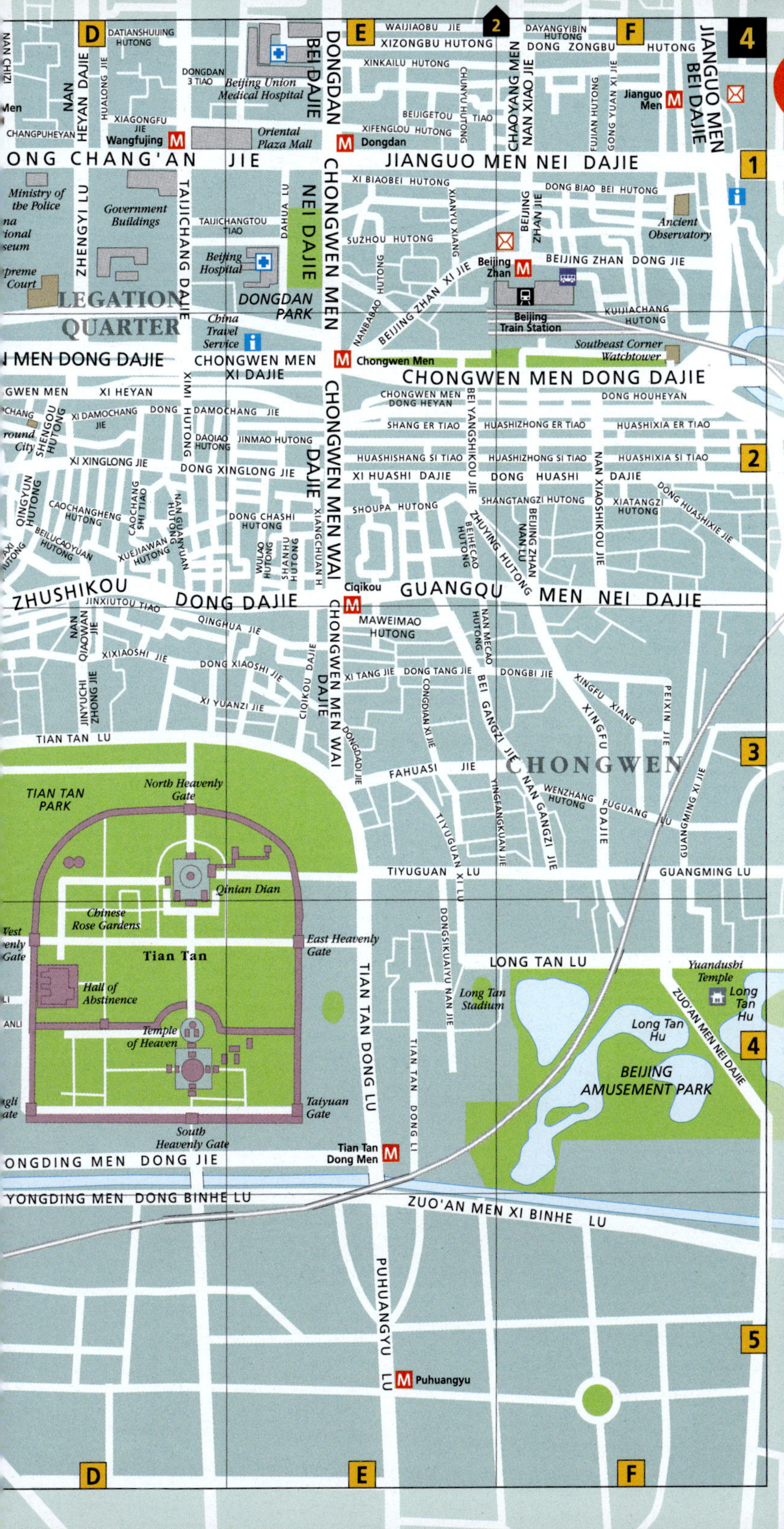

D
E
F
4
1
2
3
4
5
Beijing Union Medical Hospital
Oriental Plaza Mall
Wangfujing
Dongdan
Jianguo Men
JIANGUO MEN NEI DAJIE
JIANGUO MEN BEI DAJIE
DONGDAN BEI DAJIE
CHONGWEN MEN NEI DAJIE
Ministry of the Police
Government Buildings
Beijing Hospital
Ancient Observatory
Beijing Zhan
BEIJING ZHAN DONG JIE
BEIJING ZHAN XI JIE
Beijing Train Station
LEGATION QUARTER
DONGDAN PARK
China Travel Service
Southeast Corner Watchtower
Chongwen Men
CHONGWEN MEN XI DAJIE
CHONGWEN MEN DONG DAJIE
HUASHIZHONG ER TIAO
XI HUASHI DAJIE
DONG HUASHI DAJIE
ZHUSHIKOU DONG DAJIE
Ciqikou
GUANGQU MEN NEI DAJIE
CHONGWEN MEN WAI DAJIE
CHONGWEN
TIAN TAN LU
TIAN TAN PARK
North Heavenly Gate
Qinian Dian
Chinese Rose Gardens
Tian Tan
Hall of Abstinence
Temple of Heaven
East Heavenly Gate
Taiyuan Gate
South Heavenly Gate
TIYUGUAN LU
GUANGMING LU
LONG TAN LU
Long Tan Stadium
Yuandushi Temple
Long Tan Hu
BEIJING AMUSEMENT PARK
ZUO'AN MEN NEI DAJIE
TIAN TAN DONG LU
Tian Tan Dong Men
YONGDING MEN DONG BINHE LU
ZUO'AN MEN XI BINHE LU
PUHUANGYU LU
Puhuangyu

河北、天津和山西

河北北部与内蒙古自治区相交。河北南部为平原，北部为山地，且有万里长城横穿境内。尽管有这道防御线，公元 1644 年清军还是穿越山海关，从此开始了清王朝对中国长达 260 多年的统治。河北西临山西省，位于北京和天津两市的外围。天津曾经是河北省的省会，以紫竹林为中心的原租界区有很多外国建筑,久有“外国建筑博物馆”之称。

山西（位于太行山以西），北依万里长城这道保护屏障，曾经是抵御蒙古和突厥部落进攻的军事缓冲区。山西的大部分地区是多山的高原，其工业化水平较高。黄河流经山西的西部边界。在游览完北京后，游客可以前往承德参观皇家园林和寺庙建筑，也可以去大同市郊的云冈石窟欣赏佛像雕刻艺术。您还可以选择其他的著名景点，比如修建于悬崖峭壁间的悬空寺，群峰环抱的五台山（中国佛教四大名山之一）以及保留大量明清建筑的平遥古城。

◁ 大同市九龙壁上雕刻的龙的细节图

承德 ❶

香炉

1703年，承德山区（避暑山庄）被康熙皇帝选为避暑之所。山庄位于河谷当中，周围群山环抱，属战略安全地带，满族人可以在这里狩猎、习武。塞外的田园风光给满族统治者带来了关于东北故乡的回忆。周围外八庙以怀柔政策为宗旨的寺庙设计则让来访的蒙古部落首领安心，这样一来，皇帝就可以让他们效忠朝廷。

寺庙采用藏式的设计，使远道而来的蒙古盟友有宾至如归的感觉

★普陀宗乘之庙

总体布局与西藏布达拉宫相似，是外八庙中规模最大的一座庙宇，庙中供唐卡（西藏宗教卷轴画）、西藏宗教饰物和两个缩小的檀香塔。

Shuxiang Si

Putuozong Zhi Miao

Northwest Gate

BISHU SHANZHUANG

West Gate

CHENGDE CITY

城墙长10多公里。

图示

▭ 城镇地区

═ 公路

康熙皇帝

康熙（1662~1722年在位），是清朝入关后的第二代皇帝，他在位61年，是中国历史上在位时间最长的皇帝。与其他帝王相比，康熙皇帝治国更为勤俭务实。他在位期间，大清国经济富裕、疆域开阔、国力强盛。康熙帝下令减免田赋，保护农业生产，使农村经济取得良好的发展。这位杰出的军事家还曾出资邀请耶稣会传教士来朝廷传播西方艺术和科学。康熙死后由皇四子雍正（1723~1735年在位）继位，康熙的皇孙乾隆继承了雍正的皇位。乾隆（1736~1795年在位）在位60年，为了不超过其祖父的61年，将皇位退让给太子，自己做了太上皇。

康熙皇帝在书房

星级景点

★ 普陀宗乘之庙

★ 普宁寺

★ 避暑山庄

须弥福寿之庙

这座庙建于1780年，为到承德祝贺乾隆七十大寿的六世班禅而建。

游客清单

承德。北京东北方向250公里。从承德站乘坐5路、7路、11路、15路公交车均可到达。避暑山庄 每日开放时间为早上5:30～晚上6:30。外八庙。每天开放（所有寺庙并不同时开放）。

★普宁寺

这座寺庙分前后两部分，前部是传统汉地佛教寺庙形式，后部则是典型藏传佛教寺庙布局。普宁寺最引人注目的当属寺内的一尊金漆木雕大佛（参见124页～125页）。

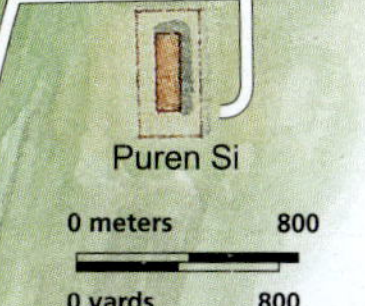

普乐寺

普乐寺的主体建筑旭光阁，重檐圆顶，类似北京天坛祈年殿。

★避暑山庄

避暑山庄的南部为宫殿区，宫殿建筑林立、布局严整。湖面波光粼粼，岸边凉亭交错，泛舟湖上可以将最美的景致一览无余。

市内观光

乘坐小巴，只用一天的时间，您就能游览寺庙和山庄。不过，这一天可能相当辛苦。如果时间允许，您可以用一天时间悠闲地逛逛避暑山庄，第二天雇辆出租车前往外八庙。

普宁寺

香炉

普宁寺是承德避暑山庄外八庙中最为壮观的寺庙建筑群。乾隆帝在1755年为纪念清军平定蒙古叛乱而下令修建此寺。整个寺庙吸收并融合了汉地佛教寺院和藏传佛教寺院的建筑风格。普宁寺依山形地势而建，顶峰矗立着大乘阁，阁内立有一尊千手千眼观音菩萨，高约22米，是世界上最大的木质雕像。

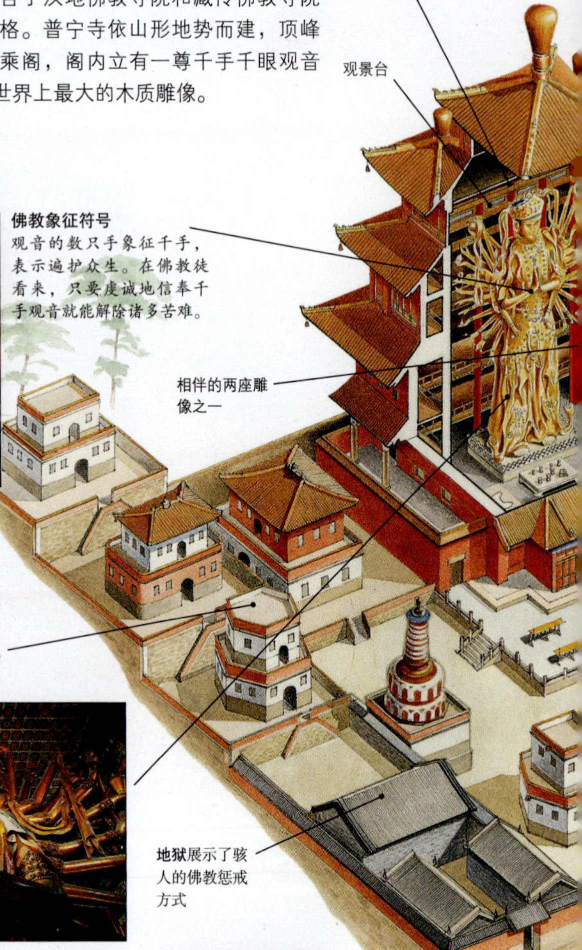

阿弥陀佛是观音的老师，观音头顶处雕阿弥陀佛一尊

观景台

佛教象征符号
观音的数只手象征千手，表示遍护众生。在佛教徒看来，只要虔诚地信奉千手观音就能解除诸多苦难。

相伴的两座雕像之一

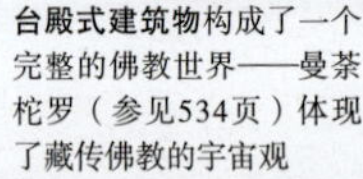
台殿式建筑物构成了一个完整的佛教世界——曼荼椤罗（参见534页）体现了藏传佛教的宇宙观

★ 观音
佛教徒通常尊称其为观音菩萨，巨大的观音雕像由五种木材雕刻而成。登上观景台可以俯瞰风景。

地狱展示了骇人的佛教惩戒方式

僧人
普宁寺是承德外八庙中唯一住有僧人的寺庙，早晨可以在那里看到僧人诵经。

星级景点
★ 观音
★ 大乘阁

游客清单

位于河北省承德市东北8公里处。6路。每日上午8:30~下午4:30。承德旅游信息中心，（0314）2300741

藏式转经轮
在藏传佛教中，转经轮内有神圣的咒语和经文，顺时针转动经轮可获得功德。
喇嘛塔（舍利塔）
这些宝塔代表了佛祖的实际存在，塔内放置着活佛的遗物或遗骨。
建筑物吸收了诸多藏族元素，如红白相间的砖以及独具特色的窗子
妙严室皇帝进庙休息之所
外墙
门楼

★大乘阁

大乘阁高约37米，象征佛教世界的中心——须弥山。

普宁寺

此图展示了普宁寺后部的藏式建筑风格。这部分强调高低错落、形态各异的藏式建筑风格，而前半部的汉族寺院则采用了中国传统的建筑形式，即主要建筑都在一条中轴线上。

北戴河是中国北方首屈一指的度假胜地

北戴河 ❷

位于北京东面300公里。✈到达位于北戴河东北方向15公里处的秦皇岛后，搭乘巴士即可。

尽管中国拥有绵长的海岸线，但优质海滩却屈指可数。除了南方的海南岛,就属北戴河的沙滩最为优质。海滨城市北戴河，地处河北秦皇岛市中心西部，受海洋气候的影响，冬无严寒，夏无酷暑，树木葱郁、气候宜人，自然环境优美，是中国北方的海滨度假区，是躲避北京酷热天气的胜地。19世纪英籍铁路工程师因勘察线路发现了北戴河，不久北戴河成为驻天津的外国公民的乐园。他们竞相在这里修建别墅、度假屋和高尔夫球场。新中国成立后，政府又投资新建了不少疗养院、饭店、宾馆，使北戴河成为国内设施齐全、规模可观的海滨度假胜地。

遗憾的是，许多典雅的欧式别墅被各式花哨的现代海滨房产遮住了风采。在旅游旺季（4月~10月），北戴河的沙滩上挤满了小商贩和前来度假的游客。除了泡在海水中嬉戏或躺在沙滩上享受阳光，在北戴河消遣的其他方式就是遍尝各种海味美食或者在中海滩路的出口租一辆单人或双人自行车，骑车子绕着海边欣赏美景。北戴河的联峰山公园位于北戴河市的西部，满山松柏如海，山顶建有望海亭，登亭远眺能将北戴河海滨的秀丽风光尽收眼底。修缮后的观音寺坐落于联峰山上，殿内供奉观音像。北戴河的三个海滩上点缀着一座座革命工人的塑像。中海滩的游客最多，而西海滩相对安静一些。中海滩附近的老虎石是观看日出的绝佳地点。东海滩位于北戴河东北6公里处，退潮时海滩上满是海草和贝壳。

山海关 ❸

位于北京东面350公里处。✈到达山海关西南13公里处的秦皇岛后，搭乘公交车即可。

山海关（雄居山海之间）矗立在北戴河海岸线的不远处,长城在此与海交会。尽管比不上北戴河富饶，山海关也算得上是一座历史悠久的古城，其明长城更是闻名天下。城内典雅古朴的小城、胡同遍布，小城内有客栈为游客提供住宿服务。

山海关的城池与长城相连。天下第一关位于城东，耸立在长城之上，城楼威武雄壮。满族人在山海关击退了软弱无能的守城将士，迁都北京，从此清朝取代明朝成为全国的统治者。游客可以登上城楼，那里陈列着清朝的武器和服装。长城博物馆坐落于城楼之南，馆内陈列大量精美的长城图片和模型，非常值得一看。馆内还展示了几百年前的筑城用具和守城兵器。展示文物丰富，长城文物在国内长城主题展览中品类最多。

角山长城地势险要，距山海关北约3公里，游客可以扶着城墙徒步攀登，也可以乘坐缆车。老龙头坐落于城南4公里处，是明万里长城的起点，长城在此与海交会。国家对老龙头进行了修缮，游客可以乘坐观光巴士来此一游。沿老龙头西行，游客可以见到海神庙。

长城博物馆
每日上午8:00~下午5:00。

形象地取名为老龙头，长城在此与海交会

◁ 承德普乐寺

天津 ❹

位于北京东南方向80公里处。 974万。 天津站、天津北站、天津西站。乘高速铁路从北京出发需30分钟到达天津站。 天津客运西站、长途汽车东北角站、第一汽车站、中国民航（机场专线巴士）、天津客运南站。塘沽港。 友谊路22号。电话：（022）28358309。

天津是中国四个直辖市之一，也是主要的港口城市。这个城市的迷人之处在于它的租界区洋楼建筑，这些建筑自1858年天津成为通商口岸后陆续兴建而起，汇集了各个时期与流派的西洋建筑。英法侵略军率先进驻天津后，日本、德国、奥匈帝国、意大利、俄国侵略军也陆续进驻，他们在这里竞相修建银行、学校和教堂。

神像，街市

天津古文化街，位于城区北部，是古老的商业步行街，人们在此休闲娱乐。天后宫，坐落在城区街西，人们为表达对护航女神的崇高敬意而修建此庙。天津文庙，又名孔庙，位于天津旧城西南方向，“文革”期间被损毁，1993年得以重建。望海楼天主教堂（Wang Hai Lou Cathedral）位于海河东侧，是一座规模较大的建筑物。外面的中文匾额记录着教堂惊心动魄的历史。望海楼教堂1870年被民众焚毁后曾重建，1900年在义和团运动中被再次烧毁。1976年唐山大地震时该教堂被严重震毁，1983年得以修复。大悲禅院位于望海楼天空教堂的北面，寺前有一条街，街上卖各式香烛和护身符。入口处的天王殿内供奉着弥勒佛，后面的大悲殿里则供奉着观音。清真寺位于天津旧城西部，是一座中式伊斯兰教寺院。该寺不对公众开放，但衣着得体的游客可能被允许进入。在天津市解放北路汇集着许多殖民地时期的

天津市天后宫绚丽的花砖墙

西洋建筑，利顺德大饭店就是其中之一，末代皇帝溥仪也曾在这里住过。著名的沈阳道古玩市场是独具特色的古物交易场所。在所有的出售商品中，最有趣的当属红色题材纪念品，如毛主席胸章、塑像和泛黄的老照片。在天津最繁华的购物区滨江道的尽头，坐落着天主教西开总堂（Xi Kai Cathedral），该教堂为法国人所建，有三个并列的绿色穹顶。教堂于周日开放。

大悲禅院
天纬路40号。 每日开放。

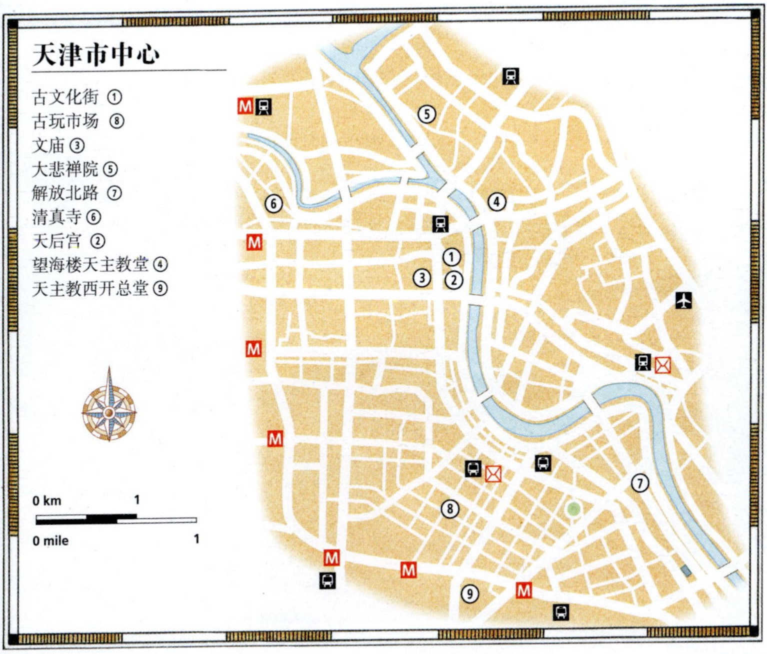

天津市中心

古文化街 ①
古玩市场 ⑧
文庙 ③
大悲禅院 ⑤
解放北路 ⑦
清真寺 ⑥
天后宫 ②
望海楼天主教堂 ④
天主教西开总堂 ⑨

0 km 1
0 mile 1

石家庄 ⑤

位于北京西南250公里处。965万。东港路26号。电话：（0311）85898765。

石家庄是河北省省会。位于河北省中南部。1948年新中国成立前夕全国第一个解放的省会城市；该市区历史文化悠久，交通便利，旅游资源丰富；随着社会主义经济发展，石家庄已经屹立在现代化城市行列。石家庄市自现代铁路兴建以来一直是工业重镇，该市主要景点包括位于市东的河北省博物馆，馆内陈列有许多珍贵文物，比如有金缕玉衣和完整的随葬小型兵马俑等。位于石家庄市中山西路的烈士陵园，白求恩和柯棣华这两位国际共产主义战士、革命英雄均安葬于此。加拿大人白求恩和印度人柯棣华都于20世纪初加入共产党。

河北省博物馆
周二～周日上午9:00～下午5:00。

周边景点：石家庄的大多数景点都在市郊,游客搭乘火车、公交车或小巴即可轻松到达。正定县位于市区北15公里处，该县历史悠久，县内有诸多远近闻名的古寺古塔。其中属隆兴寺最为著名。隆兴寺俗称大佛寺，该寺最引人注目的是大悲阁内的观音（观音菩萨）铜像，这尊菩萨像高约21米，铸于1000多年前的宋代。这尊多臂大佛现在的视觉效果仍令人震撼。游客可以登上观景台近距离地观看佛像。

凌霄塔位于隆兴寺之西原天宁寺内，高41米，是一座重修过的唐代砖木结构楼阁式塔。在正定县主干街道燕赵大街不远处的开元寺内矗立着唐代古塔——须弥塔。此外，中国现存唯一的唐代钟楼也坐落于此。古城正定有众多文化古迹，如孔庙、临济寺的澄灵塔、广惠寺的华塔。华塔的塔壁上塑有菩萨、大象、鲸鱼等造型，甚为华丽。

正定开元寺的唐代宝塔

赵州桥位于石家庄市东南方向40公里处，该桥坐落在赵县附近，已有1400年的历史。赵州桥是工程学上的一项伟大壮举。由匠师李春花费了十余年的时间建造，于公元605年建成，这座长约51米的桥同时满足了多种需求。该桥的拱形弧度平缓，桥面过渡平稳，便于军队通行，桥身高度足以抵御洪水的侵袭，并且河岸也能支撑桥重。赵州桥的主拱（圆弧拱形而非半圆拱形）由28道拱券并列砌筑而成。建桥者在大拱两端各设两个小拱，这样既可以减轻桥身的自重，也可以增加桥的泄洪能力。

优雅的石桥——赵州桥

苍岩山上的桥楼殿（悬空寺）

苍岩山坐落于石家庄市西南40公里处，众多古寺名塔掩映于峰峦古柏之间。苍岩山寺亦称悬空寺，建于隋代，耸立于山峰数百级台阶之上。其中，桥楼殿建于横跨在两山峭壁之间的桥上，气势雄伟。周围山谷坡地风景宜人，几座古刹掩映于崇山峻岭之中。

苍岩山不仅是风景旅游胜地，而且还是佛教文化名山。隋炀帝的长女南阳公主曾在此出家为尼。自隋至今，经历代修整形成现有的福庆寺、卧佛寺、龙岩寺、公主坟、菩萨顶、玉皇顶等寺庙园林和休闲场所。经佛教协会批准，常年有僧人留驻，并依法开展各种佛事活动。

大佛寺
每天上午8:00～下午5:00。

赵州桥
每天。

苍岩山
从石家庄出发。每天。

大同 ❻

位于北京西南265公里处。312万。大同中国国旅。电话：（0352）5101326。

大同是山西省第二大城市，华北地区较有影响力城市之一，素有“中国雕塑之都”、“凤凰城”和“中国煤都”之称。

大同北连内蒙古，尽管境内煤矿、发电站遍布，大同市内还是有不少奇特壮观的景点是值得一看的。

大同曾是北魏（386～534年）和辽（907～1125年）的都城，这两朝皆由少数民族建立。北魏推崇佛教，因此开凿了云冈石窟。周边景点有著名的华严寺，该寺始建于辽代，坐落于古城区十字路口西部，大西街的一条小巷内。华严寺建成于金代，寺庙的大部分建筑都被后朝整修过。华严寺的大雄宝殿矗立于4米多高的基座上，是中国规模最大的佛殿之一。殿内供奉着明代所塑的五尊佛像，佛坛两侧各置诸天神。殿堂顶部天花饰以梵文、花草、龙凤等。离开华严寺，沿大东街十字路口往东步行不远便是九龙壁。大同九龙壁是一座45米多高的照壁，建于明朝开国皇帝朱元璋第十三子的王府门前。善化寺位于大南街十字路口南2公里处。始建于唐，后来毁于大火，在12世纪得以重修。正殿内供有五尊佛像，两侧置有二十四诸天塑像。

大同市华严寺大雄宝殿内的镀金佛像

华严寺
每天上午8:30～下午5:30。

善化寺
每天上午8:30～下午5:00
17路。

云冈石窟 ❼

参见 132页～133页。

悬空寺 ❽

位于大同东南65公里处。从大同乘车至浑源县，然后打的即可到达。电话：（0352）8327417。每天上午8:00～晚上6:30。

恒山又称北岳，是中国五大名山之一。恒山山脉雄伟壮丽，它的最高峰海拔达2000多米，吸引了众多勇敢的攀登者。早在秦朝，秦始皇就曾来此巡游，之后的历代帝王延续了这一传统。然而，恒山最引人注目的当属悬空寺。悬空寺由几根细长的木柱支撑，整个建筑看似虚附于高耸的峭壁上。该寺建于北魏，然而恒山脚下的恒河洪水泛滥，将寺内的建筑群冲走。现存建筑是清代修建的。寺内共有殿宇楼阁40间，这些殿宇倚崖靠壁天然挖凿而成，最后在表面覆以木材。楼殿之间，以天梯石栈连通。寺内有颇多儒、道、佛三教塑像，有铜铸、铁铸、石雕像等。三教殿内同时供奉着孔子、佛陀、老子的塑像。唐开元二十三年（735年），李白游览悬空寺后，在石崖上书写了“壮观”二字。明代大旅行家徐霞客称悬空寺为“天下巨观”。

奇景——恒山悬空寺

云冈石窟 ❼

栩栩如生的罗汉，第18窟

云冈石窟依山而凿，是中国佛教艺术最经典的杰作之一。云冈石窟始建于北魏兴安二年（453年），窟中造像51000余尊，建造石窟是为灭佛事件赎罪。云冈石窟融汇了希腊、波斯、中亚及印度艺术元素，见证了别国文明沿丝绸之路传入中国后的成果。北魏于公元494年迁都至洛阳，自此之后石窟的造像工程几乎停止。这些雕像体积大小不一，雕像旁附有英文说明。

★**第6窟外部**
窟前的木结构楼阁使窟内高约16米的塔柱和其他雕刻作品完好无损。

第13窟弥勒右臂雕有一托臂力士像

第16窟雕像极具特色，尤其是佛像的头部

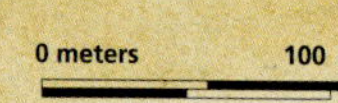

第16~20窟是由昙曜和尚于453～462年住持开凿的第一期窟洞。

第5窟和第6窟窟前的木结构楼阁保护

第10窟的详细介绍
与第9窟构成一组双窟，该窟也分前后两室。窟内装饰有美轮美奂的浮雕，壁龛上刻有各式精美的雕像。

★**第20窟的主佛像**
这尊佛像轮廓简约协调，显示出极高的艺术成就。此窟曾有木质屏障。

音乐窟——第12窟
此窟是以音乐、舞蹈为主要内容的洞窟。色彩绚丽的四壁为研究中国那一时期乐器的发展使用提供了重要的证据。

星级景点
★ 第20窟的主佛像
★ 第6窟外部
★ 第5窟内的佛祖坐像

★**第5窟内的佛祖坐像**
这尊佛像标志着摆脱了早期佛像的雕刻风格，形象更为丰满、逼真。窟前的木结构楼阁使该窟保存完好。

大同云冈石窟中央部分

游客清单

位于大同市以西16公里处。大同国旅。电话：（0352）5102265。从市区西部的新开里汽车站乘3-1路。从火车站乘3-2路，也可在火车站预订大同国旅云冈线路。每天上午8:30~下午5:30。

第3窟内部

窟内的佛像面部圆润，嘴唇饱满。从这些雕像的风格看，可能为隋代（581~618年）所刻。

第2窟的塔柱

此窟呈正方形建筑格局，中央的方形塔柱使窟顶与地面相连。窟内的雕像因常年暴露在风雨中而部分受损。

艺术影响，第18窟

主尊巨大佛像带有有明显的犍陀罗风格（参见463页）。作为丝绸之路的交会点和佛教圣地，此处的佛像雕刻致力于重建佛祖庄严肃穆的本性。主尊佛像头戴花冠，两侧雕有5座身形较小的罗汉像，这些罗汉像更具现实主义风格。

佛祖原本裸露的肩膀被覆上中国传统的长袍束带（见第5窟）

这些罗汉像面容逼真，显示了雕刻艺术家的个人风格

佛像手指并拢，这是佛祖的标志之一

在第18窟外可以看到窟内庞大的佛像

五台山 ❾

香炉

佛教名镇——台怀镇地处五台山五大高峰环抱之中，五台山的佛教寺院和旅馆酒店大多集中于此。在清代五台山有寺庙300余座，后来许多寺庙建筑遭到破坏。宗喀巴，藏传佛教格鲁派（黄教）派的创立者，曾在五台山修行，因此许多西藏、内蒙古等地的藏传佛教徒来此朝圣。晚春和夏季是游览五台山的最佳时机，但也是这一时期游客最多。

罗睺寺
寺内有一座木质八瓣莲花，花瓣中的佛像随圆盘转动而或隐或现。

★ 塔院寺
耸入云天的明代藏式大白塔是该寺的标志，此塔高约50米。塔顶的铜宝瓶上悬以铜铃。

图示

- 建筑物区域
- 公路

星级景点

- ★ 塔院寺
- ★ 显通寺
- ★ 菩萨顶

台怀镇
位于清水河西，该镇吸引了众多朝拜者、僧人和喇嘛。游客来此参观寺庙，许愿求佑。

★显通寺
是五台山寺庙群中最大的一座寺庙，其中最引人注目的当属铜殿。整座殿全由金属铸成，殿内铸满了小巧的佛像。

游客清单

位于太原市北部240公里处。从大同或台怀出发。从北京出发，到达五台山站后，乘坐1小时的公交车即可到达。中国国旅。电话：（0350）6542122。每天。可乘坐私人经营的小巴或出租，也可乘坐国旅专线。

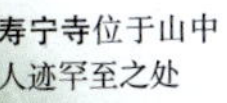

寿宁寺位于山中人迹罕至之处

★ 普萨顶
菩萨顶的历史可追溯到明、清，登完108级石阶方可到达这座寺院。这108级石阶象征佛教的108颗念珠。

七佛寺
这座寺庙不像其他著名寺庙那样游客如织，因此这里更适合安静地观赏风景。寺内矗立着一座汉白玉塔。

善财洞坐落在山脚下，在此可以看到北去的缆车

文殊信仰

“曼殊师利”在中国常被称为文殊菩萨，是佛教中的大智菩萨，列于五台山诸佛之首。文殊菩萨为释迦牟尼的弟子，其形象通常是骑乘狮子，手持慧剑，寓意以智慧利剑斩断无知和烦恼。五台山的众多寺庙大殿内都供奉有文殊菩萨像，文殊与五台山的渊源可追溯到公元1世纪，相传那时路过此山的印度高僧发现了菩萨灵迹。之后有诸多见证文殊灵迹的记录。

文殊菩萨，五台山的诸佛之首

游览五台山

五台山最早是道教人士追求长生不老的修炼之地，之后吸引了虔诚的佛教徒纷纷来此修建寺庙。漫步在台怀镇的街道上，游客可以看到群峰环绕之中寺庙林立，放眼小镇周边，也是佛寺如林。游客很容易到达五台山的大部分景点，有机会膜拜中国最古老的建筑可以算是此番旅程的最大回报了。

五台山绿树成荫

五台山寺庙

五台山上的寺庙最早建于东汉。五台山的五峰峰顶各矗立一座寺庙，因山势险峻，只有虔诚的佛教徒会来此朝圣。游客从太原出发，可以徒步、乘公交车或小巴（包括国旅专线巴士）到达几座较近的寺庙，但如果要去比如南山寺这样较远的景点，则需要游客安排更为充裕的时间。

山谷景色迷人的南山寺位于台怀镇南3公里处，是五台山规模最大的寺庙之一，寺内的十八罗汉像因造像精美而远近闻名。佑国寺位于台怀镇西南5公里处，坐落在南山寺的上层，为南山寺建筑群的一部分。穿过龙泉寺前108级石阶和精致壮观的大理石拱门便可到达前院的天王殿（殿内供奉弥勒佛雕像——未来佛，其大肚盘坐的形象深入人心，亦称笑佛）。雕刻精细的普济墓塔及观音寺等其他建筑也坐落于此。

从台怀镇出发可以轻松到达两座寺庙，一座是明代的碧山寺，寺内供有若干栩栩如生的佛像，还有一座是镇海寺。

南山寺路程相对较远，位于通往太原的台怀镇南部2公里处，寺内有中国现存最古老的木质建筑物（782年）。主殿几乎完好无损——历经中国历史数次灭佛运动尚能保存完好，可以算是一个奇迹了。尽管后代对南山寺进行了多次修缮，但是主殿的唐代风格还是被保留下来，这种风格在中国寺庙建筑中实属罕见。佛光寺，位于台怀镇南40公里处，该寺也以其9世纪的唐代建筑而闻名。殿内的宏大斗拱、唐宋壁画以及明代罗汉像（参见31页）都分外引人注目。

龙泉寺精美壮观的石雕拱门

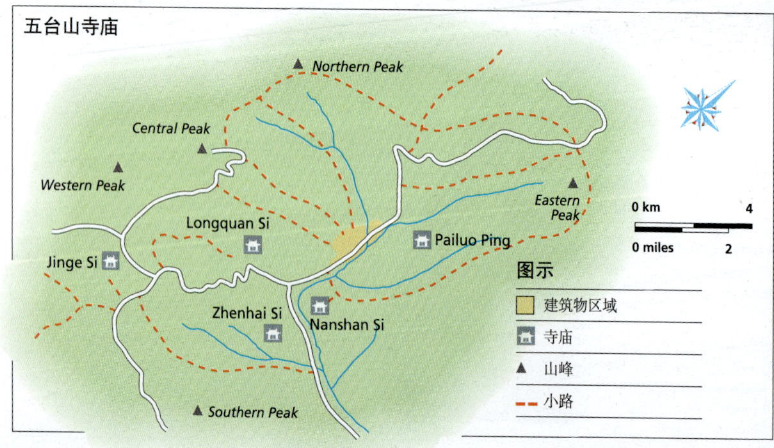

太原古刹崇善寺

太原 10

位于北京西南408公里处。358万。中国国旅。平阳路38号。电话：（0351）8211109。

太原坐落于汾河沿岸，是山西省的中心，也是一座现代化工业城市。太原是一座具有2500多年悠久历史的中华古城，以其悠久的历史、灿烂的文化、丰富的资源而闻名天下。从太原去平遥（参见138页~139页）和五台山（参见134页~136页）交通非常方便。公元前471~前221年，太原是赵国的都城。到公元6世纪，太原成为佛教圣地。太原地处军事要地，毗邻北方游牧民族，在唐代得以扩建，成为了一座防守重城。北宋建立初期，宋太宗率军北伐平北汉，在夺取了晋阳城（太原）之后，因害怕这片凝聚着王者之气的风水宝地出现与他争夺帝位的真龙天子，同时也害怕军队凭借城坚池深的晋阳城再进行叛乱或割据，因而下令火烧太原城，之后又引晋水冲灌晋阳使这座城市成为废墟。

古刹崇善寺隐藏在五一广场东北方向的一个小巷里。该寺始建于7世纪，现存建筑则可追溯至14世纪。1864年的一场大火将寺内主要建筑焚毁，之后该寺得以重建。大悲殿正中供奉千手观音像，两侧分别矗立着一尊与它等身的塑像。这座千手千眼观音立像高约8米，手在身后向四面八方展开。殿内摆放着宋、元、明等朝代的佛经。双塔寺位于太原东部，于晚明奉皇帝之旨修建。又名永祚寺，寺内两座高耸的13层古塔高约50米，已成为太原的标志。山西省博物馆分为两处——主体部分坐落在五一广场西北隅的纯阳宫，此处原为明代道观，馆内陈设山西的历史文物，如青铜器、雕像等；另一处坐落在五一广场东的文庙内，此处为明代建筑群，馆内收藏有山西近代文物以及佛经藏品。

晋祠寺，守护神

崇善寺
每天上午8:00～下午4:30。

山西省博物馆
两处开放时间均为周二～周日上午9:00～下午5:00。

周边景点：香火鼎盛的晋祠寺，位于太原市区西南25公里处的悬瓮山麓，始建于北魏，现存建筑大多建于宋代。进入正门沿着中心线走便可看到明代的水镜台，最初用作戏台。从水镜台向西，一条水渠穿过寺庙建筑群，通过渠上的桥便是金人台，台上四角各立铁人一尊。在中轴线末端，是宏伟壮丽的圣母殿，此殿为中国现存最古老的木质建筑之一。殿内存有一组形态各异的宋代陶瓷人物塑像，这些塑像中，圣母居中而坐。

天龙山石窟位于太原市西南40公里处的天龙山腰，其佛像雕刻艺术精练、细腻且又富有感情。在天龙山东西两峰的山腰间开凿有石窟21个，有些已经磨损或毁坏，为东魏至唐时期石窟。第9窟中的弥勒佛坐像是天龙山石窟中保存最为完整的一尊雕像。

天龙山上还有遍山松柏，尤以盘龙古松龙游神盘，纵横缠绕，为天龙山上又一奇观。

晋祠寺
每天上午8:00～下午5:00。

天龙山石窟
每天上午9:00～下午6:00。

太原晋祠寺的泉水

平遥 ⑪

传统的大红灯笼

平遥古城四面围墙，是中国为数不多的保存基本完好的明城墙之一，城墙以内的街道两旁尽是中国古代建筑，有四合院、寺院以及历史悠久的店铺。平遥明清建筑荟萃，证明了平遥曾经作为金融中心的辉煌，由于清王朝的覆灭，票号也随之倒闭。城内资金被统治者转移到了上海和香港，平遥从此不再辉煌。随着日后的不断发展，平遥终于得以保留其原有的风貌。

★日升昌

这座博物馆全面展示了中国早期银行的百年兴衰，是中国第一家票号（开设于1824年）的旧址。

西门，火车站

XI DAJIE

ZHENGFU JIE

NAN DAJIE

县衙

在明清时代是平遥的行政机构，衙署与南大街上的城隍庙东西对称，前者代表世俗世界，而后者则代表精神世界。

星级景点
★ 城墙
★ 日升昌
★ 钟楼

平遥东南

是古镇最引人注目的地方，古镇中心及东南角景点汇集，博物馆、古建筑林立。

南门（迎曛门）

★ 城墙

这座城墙建于1370年，高约12米，外墙呈锯齿状，据说整座城墙形如龟状。南门为龟头，东西四门形似龟爪前伸，北门为龟尾。

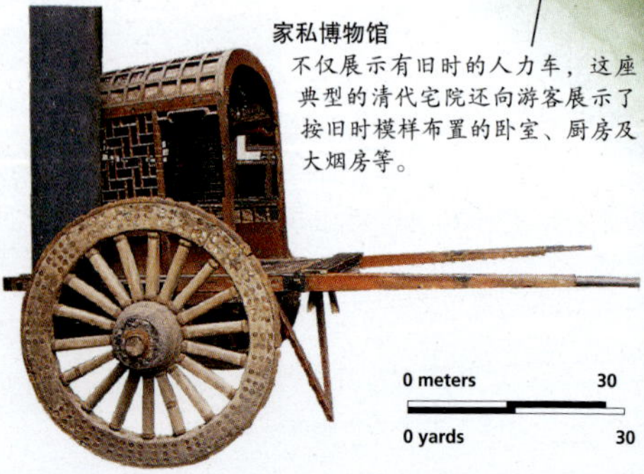

家私博物馆

不仅展示有旧时的人力车，这座典型的清代宅院还向游客展示了按旧时模样布置的卧室、厨房及大烟房等。

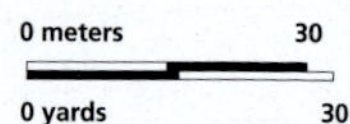

游客清单

位于太原南部100公里处。 50万。 城墙西门入口。日升昌 每天。 有日升昌、家私博物馆、县衙的联票。

★ 钟楼
矗立在南大街上，是一座楼檐造型精美的古建筑，十分迷人。

北门（拱极门）

天吉祥博物馆收藏有少量本地手工艺品

这三座毗邻的道教庙观最后重建于1859年庙会失火之后

DONG DAJIE

GHUANGMIAO JIE

上东门

奎星塔
矗立于城墙之上，造型别致华丽，顶层建八角攒尖亭。因中国古代"二十八宿"之一的"奎星"而得名。

观敌楼城墙每隔50米便筑敌楼一座

双林寺 ⑫

位于平遥西南6公里处。 每天上午8:30～下午6:30（冬季到下午5:00）。

双林寺是座历史悠久的佛寺。寺中的唐槐、宋碑、明钟以及古代建筑、彩塑和壁画都是稀世珍宝。

该寺建于1500年前的北魏，历史悠久。北魏曾建都大同。现存殿宇多为明清建筑，殿内保存有宋、元、明、清历代佛像2000余尊。这些塑像被安放在三进院落的十座殿堂中。双林寺塑像多姿多彩，表情不一，有的滑稽可笑，有的凶险狰狞。栩栩如生的罗汉塑像位于第二殿内，它们与真人等高，达到了呼之欲出的境界。第三殿中的诸多菩萨塑像也非常值得一看。

乔家大院

乔家大院 ⑬

位于平遥北部20公里处。 在太原和平遥的往返途中下车即可到达。 从平遥出发。 每天上午8:00～下午5:30。

1991年由张艺谋导演、巩俐主演的电影《大红灯笼高高挂》曾在此拍摄。乔家大院始建于18世纪，是一座由313间房间组成的大型建筑群。它完美体现了建筑的对称性，全院布局整齐端庄。大院四周是封闭式外墙，高10米有余，它是清代商人乔致庸的宅第。乔致庸靠经营豆腐和茶叶生意发家。

山东和河南

本区域包括山东和河南两省，黄河下游流经于此，灌溉了这片土地，也使之成为中国最古老的居民定居地之一。山东是块物华天宝之地，山东人为生活在这片土地而自豪。这里是孔孟之乡，黄河在这里入海，更有道教名山——五岳独尊的泰山，曾经的德属殖民地青岛——至今保留着巴伐利亚式的卵石小径和日耳曼风格建筑（19世纪，青岛受到了外来侵略，但正是在这段时期内，随着德国技术的引入，建立了青岛啤酒这一世界闻名的品牌）。

黄河把河南省的版图分割成了颇不均匀的两块，然后东流至山东境内。河南省北部沿黄河流域是历史遗迹最为密集的一片区域，早在公元前6000年，那里便是中华文明的发源地。著名的古都安阳、开封和洛阳均坐落于此。宏伟壮丽的佛教雕刻胜迹龙门石窟便地处洛阳城外。此外，河南还有道教名山嵩山——少林寺和少林武术的发源地，北宋都城开封——城内至今存有佛寺古刹和历史上中西方交流的遗迹。

◁ 龙门石窟奉先寺内的佛像和金刚力士像

济南的现代城市轮廓及远处流经的黄河

济南 ❶

距离北京350公里。603万。
千佛山东二路9号。电话：（0531）82927250。

济南因地处黄河入海口以南而得名，是山东省省会，位于山东省中西部，具有4000多年的历史，是中华文明的重要发祥地之一，是闻名世界的史前文化——龙山文化的发祥地。游览泰山、青岛或曲阜等地的游客常常会造访这里。济南是有名的泉城。其中最著名的当属黑虎泉，该泉泉眼是青铜虎头造型，泉水从虎口喷涌而出。

大明湖公园坐落于城北，园内有脚踏船、水塘、园林、庙宇等，是游览观光的佳所。此处西南是李清照纪念馆，李清照是12世纪中国著名的女词人，该馆是为纪念她而建。馆内有李清照塑像、画像及其作品的书法摘抄。

在城市东南，坐落着著名景点千佛山，山上有众多形态各异的佛像，山顶散布着几座寺庙，从山下到山顶有一个多小时路程。也有缆车供游客乘坐。山上佛像众多，最早的始建于6世纪，但许多在“十年动乱”中都遭到了破坏，近年政府又出资进行了修缮。千佛山北面不远处就是山东省博物馆。馆内陈列有佛教雕刻藏品、新石器时代的陶器（部分出自附近龙山文化遗址）和恐龙化石。此外，展品中还有现存中国最早的书籍——竹简（以竹片制成）。

周边景点：柳埠镇，位于济南市东南33公里。四门塔以其独特而古色古香的建筑风格闻名于世。这座高一层，有四个门的石塔，顶上有塔尖，塔内有高僧大德的生身舍利。该塔建于611年，是同种类的塔建筑中最古老的。塔内陈列着几尊佛像。

千佛山
经十一路18号。每天早上5:00～晚上9:00。

山东省博物馆
经十一路14号。每天。午间、周末。

泰山 ❷

参见 144页～145 页。

曲阜 ❸

济南以南180公里。64万。至兖州，再西行16公里后乘小巴。
中国国旅弘道路36号。电话：（0537）449149。

作为孔圣人的故乡，不仅在中国，在日本和韩国，曲阜都被视为一个神圣之地，前来祭拜的人很多。每年9月份，至此的游客尤多，因为这里要举行祭孔大典。孔子死后，子孙后代世代居庙旁看管孔子的遗物。到北宋末期，孔氏后裔住宅扩大到数十间；到金代，孔子后裔一直住在孔庙东边。随着孔子后世官位的升迁

曲阜孔庙内的游廊

和爵位的提高，孔府建筑不断扩大，至宋、明、清达到现在规模。现在孔府占地约7.4公顷。府邸是中国传统的坐北朝南建筑，分为居住区域和行政区域，东面有座庙堂，后面是花园。多数厅殿都是明代修建的。孔府北面的重光门是专门迎驾的，东面的避难楼是动乱时期家族避难之所。

邹城孟庙，位于曲阜以南

孔府旁边是孔庙。孔庙内有牌坊、庭院、厅堂、匾额、庙宇、参天古柏和宗祠。这座庙宇原本构造简单，始建于孔子去世后第二年，即公元前478年。此后一直保持原状，直至明清时期，才得到了大规模修缮扩建。庙门前矗立着198块石碑，碑身上刻的是元、明、清时期科举考试及第的人的名字，共5万之多。一些石碑下面有巨大的像龟的巨兽赑屃（传说中龙生的九子之一）。一路走来，穿过这些牌坊，就到了建于11世纪的奎文阁，一座有三重房檐的楼宇。历史上，孔子自大成门入杏坛讲学布道。大成殿是整个建筑群的核心，整个殿身建立在大理石基座上，殿周围饰有廊柱，柱身雕刻着祥龙。圣迹殿是以保存记载孔子一生事迹的石刻连环画圣迹图而得名的大殿。圣迹图被认为是我国第一部有完整人物故事的连环画，具有很高的历史价值和艺术价值。秦始皇（前246～前210年在位）焚书坑儒之时，是孔子的后人在鲁壁（今位于孔府东部）这个地方藏匿了孔子的遗著，使之得以保存。在汉代，这些书籍又重新被发现。

孔庙内的雕刻石柱

孔林位于曲阜城北，四面环墙，孔子和其家族后人安葬于此。孔林里树木多为松柏，墓碑和拜祭台散布其间。

孔林始于孔子死后第二年。因为历代大书法家曾亲笔题碑，故而孔林又有碑林的美名，堪称书法艺术的宝库。

曲阜往南不远就是邹城（现为县级市），这里是孟子（前372～前289年）的故乡，孟子是中国古代又一著名儒学思想家，被尊为“亚圣”。孟庙幽远僻静，包括围绕5个大院落的64个殿堂。同孔子一样，孟子有一处府邸、一处陵寝。

孟府
每天上午8:00～下午5:00。

孔庙
每天上午8:00~下午5:00。

孔子

孔子（前551~前479年）。中国春秋末期思想家、政治理论家、教育家，儒家创始人。世界文化史上影响最大的人物之一。名丘，字仲尼。鲁国陬邑（今山东曲阜东南）人。他的思想极大地影响了中国，也流传到了日本、韩国、越南等周边国家，为众人所熟知、接受。孔子生于战乱动荡的春秋时期，当时应百姓要求，他创立了一套基于“仁”的实用处事哲学，希望统治者能对百姓施以仁政。在鲁国没有听众，他就周游列国，希望能有统治者采纳他的思想。直至孔子辞世，他的思想也未被统治者采纳，他的哲学没有以书面形式记录下来，而是他的学生将他的思想汇编成册，题名，并将其推而广之。孔子的儒家学说在后世被广为信奉。儒家哲学成为后来封建社会科举制度的基础，也成为后人入朝为官的必修课，直至1905年科举制被废除。

孔子学说在近代以来的新发展就是新儒学，又称新儒家，是近代西方文明输入中国以后，在中西文明碰撞交融条件下产生的新的儒家学派。新兴的“大众儒学”是当代新儒学发展的最高成果。

中国古代伟大的教育家、思想家——孔子

泰山 ❷

挑山工

泰山字面意为平安祥泰之山，曾是中国早期神话传说的重要源泉之一，几千年来，关于泰山的传说数不胜数。终年都有众多朝拜者和游客来此登游，因此，较中国其他名山，游览泰山的人最多。尽管登山的人很多，山路两侧的神龛、碑文无不彰显着这一圣山的神秘色彩。许多游客为了一睹泰山日出，选择在山上的旅店过夜。观赏云海日出的山峰附近有泰山最宏伟壮观的庙宇，吸引了无数虔诚的朝圣者来此膜拜。

碧霞祠是供奉碧霞元君的祠堂，民间传说碧霞元君能福佑众生，有求必应

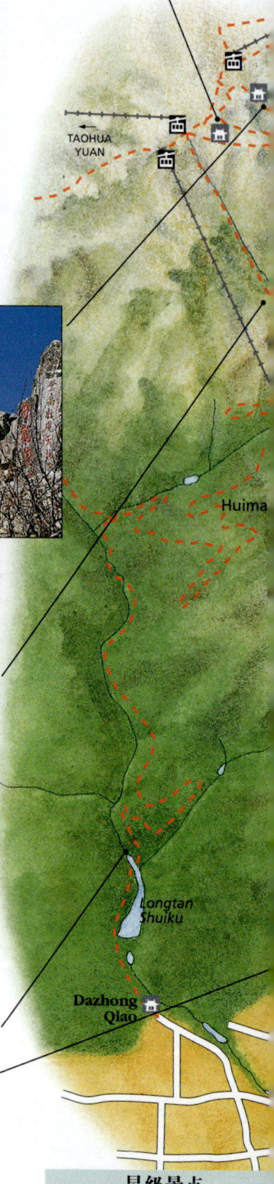

★ 玉皇庙
玉皇庙地处泰山顶峰玉皇顶，供奉着道教的最高神明，这里海拔1545米，庙内供奉着玉皇像和一些壁画。

★ 十八盘
登山途中最考验登山者体力和意志的地方要数十八盘了。十八盘从中天门一直延伸至南天门，以陡峭著称于世。经此处可到达南天门，但还未到山顶。

黑龙潭

普照寺
虽然泰山是道教名山，但也不排除山上时有佛教建筑，比如这座普照寺，沿西线途中很容易游览此处。

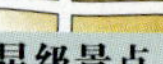

星级景点

★ 十八盘

★ 玉皇庙

★ 岱庙

五岳独尊之圣山

泰山是中国五座道教名山中最著名的一座，历史悠久，从秦始皇开始，历代帝王必登泰山。帝王登泰山，以祈祷万世基业；如若登山不成，则预示着天意之不向。有几处与皇帝有关的景点。传说当年宋真宗骑马走到回马岭，坐骑拒绝前行，无奈他只能乘轿，回马岭这个名字便是因此而得。

秦始皇，中国历史上第一个大一统王朝——秦王朝的开国皇帝

游客清单

泰安，位于济南以南70公里处。在济南。靠近火车站。电话：（0538）8272114。泰山登山节（9月）。早上7:40～下午5:00；缆车：上午8:00～下午6:00。

图示

缆车
寺庙
支线
路径
建筑区域

登泰山

有两条线路可到山顶。多数行人都走中间的线路，这条线路也是过去皇帝祭天所走的线路，沿线有很多纪念碑刻。虽然西线的历史古迹相对少一些，但自然风光秀美，包括黑龙潭等景点都在此线，因此仍吸引了众多游客沿此登山。许多游客选择中间线路上山，西线下山。

经石峪

斗母宫以北有一扁平巨石，其上刻有佛教最重要的经典之一《金刚经》的经文，是这座道教名山上的少数佛教遗迹，留存至今。

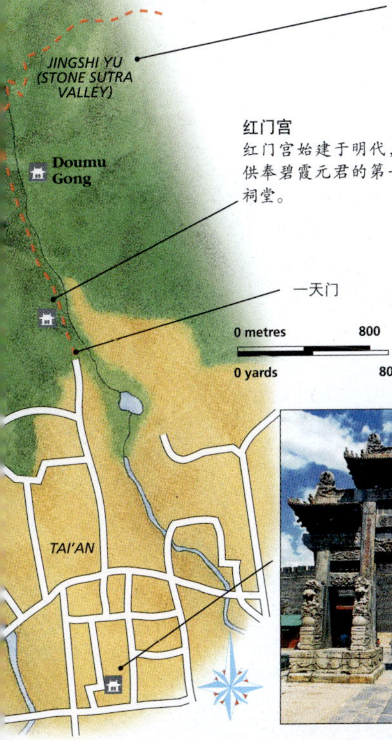

红门宫

红门宫始建于明代，是供奉碧霞元君的第一座祠堂。

★ 岱庙

这座庙宇算是登山途中一个里程碑了。主体建筑天贶殿气势恢弘，上饰琉璃金瓦，殿内有依稀可见的宋代彩绘，其中宋真宗被描绘成了泰山之神。

青岛 ❹

青岛位于山东半岛南端、黄海之滨。青岛市地处山东半岛东南部，东、南濒临黄海，东北与烟台市毗邻，西与潍坊市相连，西南与日照市接壤。

与中国其他工业城市不同，青岛市产业布局合理多样，是山东半岛上一个清凉的海滨城市，一个活跃的港口城市。青岛的国际知名度高，不仅因为青岛啤酒，还有城内大量德国式建筑，像碎石小径、红瓦屋顶、雕塑以及绿树环绕的街区。1897年，青岛沦为德国殖民地，直至1922年才回归祖国。如今的青岛市容整洁、企业活跃、发展前景良好，风头直逼上海。2008年北京奥运会的帆船比赛就是在青岛举行的。

青岛宾馆，曾为总督官邸

游览青岛

1897年，由于两个德国传教士被义和团士兵杀死，德军以此要挟清政府把青岛割让给德国（参见431页）。清政府被迫将青岛租借给德国，租期99年，第一次世界大战后，德国战败，青岛由日本占领，直到1922年，青岛回到了祖国怀抱。1938年~1945年，日军又再次占领青岛。

青岛这座城市非常适合休闲游览，其中大部分景点位于城市西南部原来的德国租界区，大致相当于从泰山路到小鱼山公园间的区域。德国人在修建青岛火车站时建了一个大钟塔，以此标志从济南修至此处的铁路路段的终结。青岛啤酒商标上所绘的八角亭，其原型是栈桥码头。栈桥长440米，连接了青岛港和第六海水浴场。熙熙攘攘的中山路是青岛著名的商业街。东面是青岛天主教堂（又称圣弥爱尔大教堂），教堂有两个醒目的尖塔，下面是鹅卵石道路和铁栏杆。这座教堂的东南是建筑造型别致的基督教堂，有醒目的钟楼和白色钟盘。这座教堂建于1910年。从外面看，墙壁是土黄色的，瓦檐是红色的，内部装修简约。教堂对游人开放。39米高的塔楼也定期开放，经过陡峭的楼梯，游人可以爬到钟楼上。更东边的信号山公园曾经是德国总督的府邸，现在是青岛宾馆。这座宏伟大厦曾迎接过各方人士，其中有袁世凯。新中国成立，毛泽东主席也曾在此下榻。步行向南不远就是青岛市博物馆，此地值得一游，馆内藏有几尊

青岛市中心

八大关 ⑦
总督官邸 ③
花石楼 ⑥
基督教堂 ④
青岛市博物馆 ⑤
青岛天主教堂 ②
栈桥 ①

中国的啤酒

青岛啤酒

青岛啤酒，是中国最著名的啤酒品牌，以崂山天然泉水酿制。1903年8月，古老的华夏大地诞生了第一座以欧洲技术建造的啤酒厂——日尔曼啤酒股份公司青岛公司。经过百年沧桑，这座最早的啤酒公司发展成为享誉世界的“青岛啤酒”的生产企业——青岛啤酒股份有限公司。是中国最大的啤酒生产商，远销海外40多个国家和地区。如今，随着国际品牌的涌入，青啤这个曾经的中国最高档啤酒品牌，在国内市场也面临着激烈的竞争和严峻的挑战。在每年8月份的国际啤酒节上，青岛啤酒的消费量大得惊人。旅行社会组织参观啤酒厂。

青岛某海水浴场的沙滩

公元500年的大佛石像和一些元代、明代的书画真迹。游客可漫步于青岛海滩。第一海水浴场面积最大，人也最多，往东还有第二海水浴场，风景更为宜人。干净的沙滩一直铺展到花石楼，花石楼是座石砌的小角楼，曾是俄罗斯贵族居住的地方。北面的八大关风景区在绿树掩映下显得格外雅致，这里是著名的别墅区和疗养院。

青岛天主教堂

浙江路15号。每天上午8:00～下午5:00；周日早上6:00，上午8:00，下午6:00有礼拜。

基督教堂

江苏路15号。每天上午8:30～下午5:00；周日有礼拜。

青岛市博物馆

美菱路27号。每天。

游客清单

济南以东330公里。761万。火车站。长途客运站、中国民航（机场巴士）。当地客运码头。南海路9号。电话：（0532）3893062。啤酒节（8月）。

虽然叫“八大关”，但是由十条以中国古代著名关隘命名的马路组成的。

周边景点：从青岛市区车行40公里，就来到了崂山风景区，这里有寺庙、瀑布和远足小径。崂山是道教名山，在古代，许多遁世之人都来此修炼，祈祷寻找到长生不老的良药。崂山东南麓幽谷中有一座上清宫，创建于宋初，后毁于山洪，元代大德年间（1297~1307年），道士李志明再次重建，后历代屡有修缮。该宫分前后两进庭院。这里有一条小路，直通山顶。在这里，游客可以选择乘坐缆车以观赏秀丽山峦景色，也可继续攀登。景区曾经有很多道观庙宇，但如今仅有少部分存留下来。其中最为著名的是宋代修建的太清宫，濒临海岸，离清代作家蒲松龄（1640~1715年）的故居不远。崂山山麓的岩洞旁分布着许多道观，其中地势最高的要数玄武峰的明霞洞了。崂山泉水也非常有名，青岛啤酒便是用此水酿制的。

青岛城市现代建筑轮廓，颇似上海浦东新区

烟台博物馆入口大厅，博物馆坐落在一座保存完好的清代建筑内

烟台 ❺

青岛市东北240公里处。650万。至上海、大连和天津。解放路180号。电话：(0535) 6234144。

烟台市，以前名为芝罘，位于山东半岛北部沿海，是一个深水港，出产钟表、水果和葡萄酒，比起青岛港的活跃繁忙，略显得沉静低调。烟台依山傍海，气候宜人，冬无严寒，夏无酷暑，东连威海，西接潍坊，西南与青岛毗邻，北濒渤海、黄海，与辽东半岛对峙，并与大连隔海相望，共同形成拱卫首都北京的海上门户。烟台市是我国首批沿海开放城市之一，是环渤海经济圈内以及东亚地区国际性港城、商城、旅游城。在明代，官兵在此处点狼粪放狼烟，作为发现敌情的信号，烟台便以此得名。1863年，烟台被设为英国的通商口岸，随即大量国外商人涌入此处。但在20世纪初，该城市的发展水平便被青岛超越了。最先来到这里的是英国人，随后是德国人、美国人，最后是日本人。虽然用作通商口岸，但是烟台市区并没有留下多少欧洲风格的建筑，因为这里不是租界。

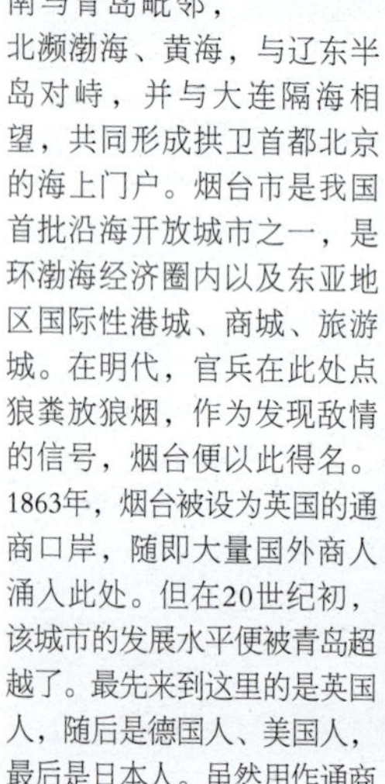

烟台博物馆清代装饰风格的大门

许多游客经过这里是为了西去蓬莱，但烟台市博物馆绝对值得游览一番。博物馆楼体是一座清代建筑，过去是水手、商人休憩的地方。与这座建筑的精雕细琢、木纹石刻相比，馆内的藏品倒是相形见绌了。

大堂正殿叫天后宫，是福建水手远航至此而建。据说当时他们刚经历了一场暴风雨，在此拜祭天后，以求保佑远洋平安。殿内所有建材组件都是由福建、广东等地的南方工匠雕琢而成的，1864年，这些雕梁画栋经海路运至烟台，后在此重新组建。因此，这里的建筑带有典型的南方特色，双层檐廊上饰有细致的陶器、石器和木雕。大殿入口处有许多中国传统文学故事里的人物场景，比如《八仙过海》，还有《三国演义》中的战争场面和人物形象（参见29页）。屋檐下是个奏乐的阿拉伯人塑像，房梁则被设计成了一个怀抱幼儿的慈母形象。殿堂外有个花园，花园里有个看台，时而有祭拜天后的文娱活动在此上演。

烟台市内有几个公园，包括毓璜顶公园和建在海边的山坡上的烟台山公园。自此处往东，是烟台两处较为僻静的海滩。海滨地区确实是休闲漫步的好去处。从东部高处远望，可以看到正在修补渔网的渔民。

烟台市博物馆
南大街257号。每天上午8:30～11:30，下午1:00～4:30。

威海 ❻

烟台东60公里处。252万。至烟台、青岛、北京和上海。中国国旅。古寨东路96号。电话：(0631) 5818616。至大连每日，至仁川（韩国）每周三趟。

威海市位于山东半岛东端，北东南三面濒临黄海，北与辽东半岛相对，东及东南与朝鲜半岛和日本列岛隔海相望，西与烟台市接壤。威海市是中国著名的港口及旅游城市，是中国沿海开放城

1895年中日甲午战争纪念馆，威海

蓬莱阁，传说中八仙在此东渡

市之一。在中日甲午战争期间（1894～1895年），威海曾是清政府北洋舰队海军驻地。对当时的中国北洋水师而言，要守卫威海港，刘公岛是一个易守难攻的防卫天堑。此后的1898～1930年，威海成为英国殖民地，被称为爱德华港，发展较缓慢，市内并没留有多少英式建筑。如今，刘公岛是威海首推的旅游景点。从市区乘轮渡5公里便可抵达。

岛上主要景点包括1895年中日甲午战争纪念馆。清政府在中日甲午战争中的惨败，直接导致台湾和辽东半岛（包括大连）被割让给了日本。纪念馆离码头不远，如今，通过展示战争资料和英国殖民地时期的图片，这里已成为对游客进行爱国主义教育的讲堂。

其他几个岛都是游览观光的好去处，游客可以在岛上徒步游览植被丰茂的群山。国际海滩上的白沙细浪使得此地也颇有名气。在威海乘轮渡可到大连和韩国仁川。岛上不提供住宿。

1895年中日甲午战争纪念馆
刘公岛。从威海出发（20分钟）。返回威海的游轮：夏季早上7:00～下午6:00，每8分钟一趟；冬季上午8:30～下午4:30，每30分钟一趟。每天。

蓬莱 7

烟台西北方向70公里。从烟台出发。

蓬莱阁在蓬莱市区西北的丹崖山上。蓬莱阁包括三清殿、吕祖殿、苏公祠、天后宫、龙王宫、蓬莱阁、弥陀寺等几组不同的祠庙殿堂、阁楼、亭坊组成的建筑群，这一切统称为蓬莱阁。

蓬莱阁是八仙过海中八仙畅饮的地方，在此登高迎风远眺，好不惬意。蓬莱阁始建于1061年，但其在历史上早已闻名遐迩，秦始皇曾派人至此东渡，寻求长生不老丹药。如今交通便捷，游客可乘巴士、轮渡来岛。

建筑气势雄伟，包括亭台楼阁、殿宇庙堂、高墙院落等一系列景点。藤蔓爬满了阁楼庭院。其主要展厅有6个，都被大面积修缮过，包括设有天后金像的天后宫。天后身后的壁画上绘有龙翔云端、翻云覆雨。每年农历三月二十三日是传说中天后生日，这一天景区里最热闹（参见45页），届时有庙会举行。来拜祭女神的人络绎不绝，使得这里香火颇为旺盛。如今景区内已配备了缆车和剧院。

传说在蓬莱阁能见到几十年一遇的海市蜃楼神奇天象。有人说曾看到一座岛，岛上亭台楼阁、绿树丛生，且有居民往来其间。天后宫有关于海市蜃楼的史料视频对游客有偿放映。每逢周末，来蓬莱阁参观的旅行团队络绎不绝。非节假日时，这里环境相对幽静些，从烟台到这里游玩，算上路上往返的时间，一天就够了。

蓬莱阁
从蓬莱出发需90分钟，每20分钟一趟。每天。最晚下午5:00。

天后

天后，又称妈祖、娘娘或天上圣母。天后是道教神话形象，相当于佛教中的菩萨。在广东和福建等沿海省份，天后被供奉为管辖海域的女神。传说天后本名林默，960年生于福建湄洲岛（参见290页）。年轻时，林默便因经常向遇险或受伤的海员伸出援手而出名，在她27岁过世后，还有遇难的渔民和官兵说经常看见她身穿红衣隐约出没，救人于危难。由于广东方言的影响，在那里，天后的音被传译成阿妈或妈祖。

在中国水手出海的幡旗上，常有天后的形象

从中国明朝永乐年间开始，随郑和下西洋，妈祖信仰从中国走向世界，先到琉球群岛、日本，再到东南亚各国，如横滨妈祖庙、澳门妈阁庙、马来西亚吉隆坡天后宫、菲律宾隆天宫。随着华人远渡重洋到欧洲和美洲，这些地方也开始有了妈祖庙。

开封 ⑧

在黄河蜿蜒流入山东之前，它还流经了一座古城——开封。开封是七朝古都，于北宋时期（960~1127年）达到鼎盛。反映当时市井生活的巨幅画卷《清明上河图》长5米，现存于北京故宫博物院。尽管城市繁荣，但黄河时有的泛滥还是给沿岸居民带来了流离失所的痛楚。许多著名建筑也被洪水冲毁，包括曾经的犹太教堂。悠久的历史、深厚的文化积淀，使开封享有七朝都会、文化名城、大宋故都、菊城之盛名。遍布市县的名胜古迹，依稀可寻的古城风貌，特色浓郁的民俗文化，绚丽多姿的秋菊，显示了古都的风韵和魅力。

气势雄伟的山陕甘会馆

游览开封

现在的开封大部分在老城墙内。城西的包公湖湖面广阔而静谧。在湖的南岸步行不远，就到了位于迎宾路的开封市博物馆，在此可以看见三根石柱，它们是曾经的犹太教堂的遗迹。它们见证了一段犹太人在此居住生活的历史。第四人民医院就位于曾经的犹太教堂内，记录着这个街区曾有犹太人生活居住。老井的铁盖也见证着曾经的一切。老城墙外，往北10公里，就来到了黄河风景区。在黄河岸边一处凉亭眺望，您可以看到滚滚的黄河之水东流而去。在距此亭不远处，有一尊铁牛，传说铁牛可以镇水，使河水不泛滥肆虐。

山陕甘会馆

徐府街，书店街以西。每天上午8:00～下午4:30。

清乾隆四十一年（1776年），由居住在开封的山西、陕西、甘肃的富商巨贾在明代开国元勋中山王徐达府的遗址上聚资修建，成为同乡聚会的场所。四周蓊蓊郁郁，楼宇恢弘气派。馆内有钟鼓楼，入口处有影壁墙。建筑屋檐上有反映商旅生活的绘画，主厅屋檐上刻有飞禽走兽，当然还有蝙蝠（取“福”字谐音）。

大相国寺

自由路。5月、9月。每天上午8:00～下午6:00。延庆观：包公湖东北胜利街。每天。

开封最著名的庙宇是大相国寺。始建于555年，宋朝时曾是中国首屈一指的禅寺，包括64个殿堂，可容纳众多僧侣。在1642年，也就是明朝时期，一场洪水将该寺院冲毁，后于1766年左右重建。寺院后的八角亭中矗立着一座四面千手观音雕像。这尊雕像是用一整棵树木雕琢而成的，上贴金箔，四面塑像极为罕见，为本寺镇寺之宝。正殿内有一排罗汉（参见31页）。寺庙附近有个露天大集市。

西面是延庆观。延庆观位于包公湖东北部，是中国道教史上具有重要地位的宫观。建于元太宗五年（1233年）。原名重阳观，系为纪念道教中全真派创始人王重阳在此传教并逝世于此而修建。明洪武六年（1373年）改名延庆观。现仅存玉皇阁部分。观内的玉皇阁设计风格独特，使这个原本不大的道观熠熠生辉。这座华丽的八角建筑，红墙青瓦，玉皇大帝的青铜像矗立其中。

铁塔

铁塔公园，北门大街。每天上午8:00～下午6:00。

高13层的铁塔位于城市东北，是一座宋代建筑。该塔始建于1049年，塔身由砖砌成，外镀褐色釉面明瓦，浑似铁铸，自元代起民间俗称其为铁塔。游客可以登塔远眺城市风光。这座铁塔也成为开封最著名的地标式建筑。

大相国寺内的千手观音

大相国寺旗幡

游客清单

郑州往东70公里处。520万。火车站。汽车南站、汽车西站。迎宾路98号。电话：（0378）3984593。

龙亭公园

中山路北。每天。清明上河园每天。

宋都御街，是宋朝主要的商业街区，沿街往北行走可至龙亭公园。这条街道上复原了宋代的商铺饭庄，有古玩字画、各色小吃。这条街十分繁华，北门是杨家湖（曾经皇室园林的一部分），周围都是娱乐观光景点如清明上河园。清明上河园是以宋代张择端的名画《清明上河图》为蓝本，集中再现原图风物景观的大型宋代民俗风情游乐园。占地面积510亩，为国家黄河旅游专线重点配套工程。龙亭公园是在北宋皇宫遗址及其周边园林的基础上修建而成。西北湖和杨家湖分别坐落在这片园林的西北面和南面。园内有儿童娱乐设施，还有一座清朝的龙亭，这里是市民休闲健身娱乐的好去处。

繁塔

开封市东南1.5公里处。15路。每天上午8:00～下午5:00。

北宋时期的繁塔是开封最古老的佛教建筑，始建于997年，地处禹王台公园以西，在南城墙掩映下淡然而低调（乘公交车可达）。繁塔塔身为砖石结构，曾经有九层，高80米，现在只剩下三层。在塔内各层的墙壁和石磴道上，还镶嵌着琳琅满目的宋代石刻题记。游客可登塔远眺周边的工厂和建筑物。

中国的犹太人

目前还没有史料明确记载犹太人是何时初到开封的，但一些证据表明，8世纪时，就有犹太商人沿丝绸之路来到中国境内。根据《马可·波罗游记》中的记载，元朝时，中国就已经有犹太人的足迹了。书中还记载，明朝皇帝曾赐予犹太人七大姓氏（包括安、金、劳、李、石、张、赵）。还有故事记载1605年，利玛窦听说开封有信仰神的宗教团体，遂特意赶至。本以为能遇到天主教会的教友，到达后发现，他们实为犹太教徒。多年来，犹太人一直在此生活，直至19世纪的一场洪水冲毁了教堂，人们也随即流离失所。

开封市中心

大相国寺 ②
繁塔 ⑤
铁塔 ③
龙亭公园 ④
山陕甘会馆 ①

0 km 1
0 mile 1

安阳 ❾

郑州以北 200 公里。 525 万。

考古发掘证实，河南北部安阳就是商王朝的首都——殷的旧址。在 19 世纪后期，农民挖掘出刻有古汉语符号的骨头，这些骨头叫做“甲骨”，有些是用于占卜的（参见 26 页）。

另外发现的铜器、玉器和皇家陵墓，形成了一个被人长期遗忘的殷的画面。殷墟博物馆位于安阳城北部，馆内展有甲骨文碎片骨、陶器、青铜器，包括由高头大马拉的六辆战车。东面是袁世凯墓。袁世凯由于窃取革命果实，图谋称帝，在近代史上为人所不齿。熙熙攘攘的老城区地处解放路以南的钟楼一带，也颇值得探访。在西南方，矗立着一座多檐八角楼——文峰塔，始建于 10 世纪，在明代修缮过一次。大多数的塔都是由下而上逐渐缩小，而文峰塔之独特，在于其一反常规，塔身上大而下小，呈伞状，为国内外所罕见。

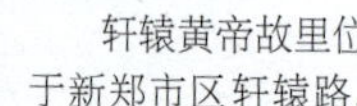

文峰塔，安阳

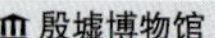

殷墟博物馆
每天上午 8:30～下午 5:30。

袁世凯墓
8 路、23 路。每天上午 8:00～下午 5:00。

洛阳传统的有三座拱门的白马寺

郑州 ❿

北京西南 700 公里。 721 万。 农业路（花园路）。电话：（0371）5852339。

郑州是河南省的省会。可做前往开封洛阳的旅途中转。郑州城东是屹立在这座城里 3000 多年的殷商城墙。西面是城隍庙，庙顶饰有龙凤雕纹。河南省博物馆位于城北，是金字塔形的，拥有 13 万多件工艺精湛的藏品，均配有中英文说明，第四层设有恐龙化石展览馆。观赏黄河胜景的好去处黄河公园位于郑州西北 28 公里。

轩辕黄帝故里位于新郑市区轩辕路，每年农历三月初三这里都会举办炎黄文化旅游节。

河南省博物馆
农业路 8 号。每天上午 9:00～下午 4:00。

安阳皇陵出土的商代车马

洛阳 ⓫

郑州以西 121 公里。 640 万。 九都西路。电话：（0379）4323212。

洛阳因地处古洛水之北岸而得名，以洛阳为中心的河洛地区是华夏文化的重要发祥地。洛阳是春秋时期赵国的发源地，哲学家老子就是洛阳人。公元前 29 年，中国的第一所高级学府在这里落成，从新石器时代开始到公元 937 年，定都洛阳的朝代有 13 个之多。

王城公园以东是洛阳市博物馆，馆内藏品颇多，包括商代青铜器、玉雕、唐三彩等。在唐朝，遵照唐朝女皇武则天的懿旨，数百种牡丹花被种到王城公园，并在此竞相绽放。现在每到春天，游客络绎不绝地到这里来参加牡丹节。

洛阳大多数的景点都位于城外。关林位于城南 7 公里处，为纪念三国名将关羽（参见 29 页）所建。建筑物装饰华丽，通向大厅的路上排列着石狮子，大厅里陈列着栩栩如生的关羽塑像。城东约 12 公里处便是白马寺。据说白马寺是中国最古老的佛教寺院（建于 68 年），到现在仍然香客不断，参拜的人络绎不绝。主厅里供奉佛像，第一个院子里是僧人的墓冢。

洛阳市博物馆
每天上午 8:00～下午 5:00。

关林
每天上午 8:00～下午 6:00。

黄河

黄河半坡陶器

黄河是中国第二长河，世界第五长河，世界上含沙量最高的河流。黄河，中国的母亲河，若把祖国比作昂首挺立的雄鸡，黄河便是雄鸡心脏的动脉。它见证了中华人民共和国伟大的发展。黄河流程达5464公里，流域面积达到752443平方公里，上千条支流与溪川相连，犹如无数毛细血管，源源不断地为祖国大地输送着活力与生机。历史上，著名诗人如李白、王维、王之涣等，都留下了千古绝唱。以黄河为背景的交响乐《黄河大合唱》更是热情歌颂了中华民族源远流长的光荣历史。

① **黄河源头**在青海山区。青藏高原上有一个4000米的落差，赋予了黄河令人难以置信的力量。

⑤ **入海**，黄河的泥沙清晰可见。多年来，造成了数百万吨的泥沙沉积。

图示

- 早期定居地
- 黄泛区
- 黄河南道

中国母亲河

上溯到公元前6000年，发现黄河边有人定居，为黄河赢得了“母亲河”的称号。

② **随着上游水土流失加剧**，河流中的泥沙不断填充。奔腾不息的黄河，平均每立方米水携带超过37公斤的泥沙。

③ **随着流速降低**，泥沙淤积起来，增加了土壤的营养，使沿岸成为中国最富饶的农耕区之一。

④ **由于淤泥抬高了河床**，那些居住在河流附近的居民不得不齐心协力重建堤坝。

龙门石窟 ⑫

莲花洞顶的花

与云冈石窟一样，石窟内的宗教彩绘塑像也是北魏（386～534年）统治者下令雕刻的（参见132页～133页），这发生在北魏从大同迁都洛阳之后。随后的隋唐两朝间，这些佛教建筑又得到进一步丰富和修缮，尤其是在武则天时期。但随着后世的灭佛运动，这一发展又被中止。多年来，许多佛头被盗，只剩下无头的残损佛像，其状惨不忍睹。

从伊河岸边眺望对岸的奉先寺和河岸石窟

奉先寺 ①

该窟位于伊河西岸，是石窟群中最大的一座，始建于675年。

★ 卢舍那佛

佛高17米有余，传说这尊佛像是按女皇武则天的形象修建的。佛像面带微笑，以此得名“东方蒙娜丽莎”。

阿难

阿难是释迦牟尼十大弟子之一，也是佛教重要创始人。他记忆力惊人，因而编纂了整套佛经。

星级景点

- ★ 卢舍那佛
- ★ 天王

损毁的阿难（释迦牟尼十大弟子之一）**像**

在晚唐时期，随着灭佛运动的展开，佛教在当时的中国遭到冷遇，许多佛像也被损毁。有些佛像在战争中被侵略者抢掠一空，还有些在“十年动乱”中遭到损坏。

★ 天王
手中托着塔，脚下是被他降伏的鬼怪，天王形象栩栩如生。

游览龙门石窟

龙门石窟有共计2000多处窟穴，10万多座佛像。佛像主要分布在伊河西岸较大的几个石窟中（皆散布于方圆1000米内）。

保存完好的莲花洞②建于527年，值得一提的是，这个洞穴没有经历后世修缮，一直保存原貌至今。该洞因其穹顶上有朵大莲花而得名，莲花周围饰有飞天。万佛洞③也是一座唐代石窟，建于680年。诸多佛像千姿百态，十分传神。药方洞④以其入口处洞壁上刻录的140多个药方而得名，这些药方包含了各种病症的诊疗对策，是中国古代医学的伟大成就。150多年来，这些药方中又不断有新的药方加入，以一种特殊形式反映了随历史发展而取得的医学进步。

中宾阳洞的释迦牟尼坐像

游客清单

洛阳城南14公里。电话：(0379) 5981651。从火车站坐83路。夏季：每天早上7:00～下午5:30；冬季：每天上午8:30～下午5:00。

宾阳三洞⑤建造历经24年，终于在523年完工。主墙上有五尊巨大佛像：中间一座是释迦牟尼，左右分列着四大菩萨，这是典型的北魏寺庙布局风格。连同侧墙上的佛像在内共三组，这三组佛像分别象征着前世、今生和来世。本来还有皇帝皇后拜佛浮雕，但已于1930年失窃，如今藏于美国国家博物馆。南宾阳洞的雕像完工于641年，同样惟妙惟肖，栩栩如生。石窟内的佛像透露着威严端庄的气息，这反映了北魏人民对佛的崇敬膜拜。与之相比，奉先寺里的唐佛像则包含着一丝自然生动的气息。

龙门景区一年四季都适合旅游，不同的季节有不同的风景。特别是每年4月洛阳牡丹花会，洛阳市政府举办各种庆典活动，各景区也有丰富多彩的娱乐活动，那时是洛阳旅游的黄金时期，游客在旅游的同时，还可以欣赏千年古都的多彩多姿的深厚文化。

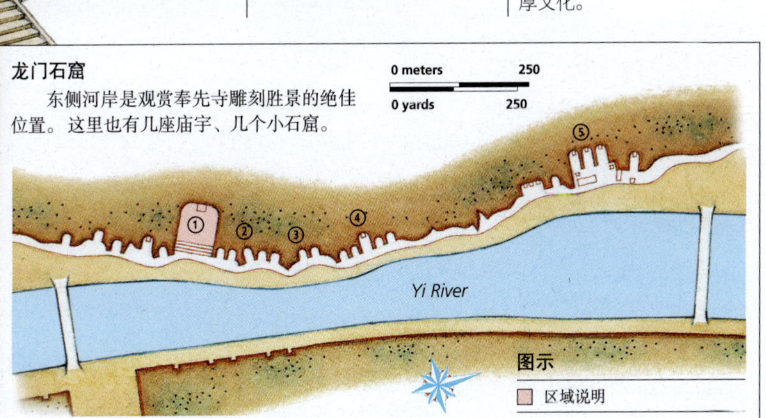

少林寺塔林

嵩山和少林寺 ⑬

郑州以南 80 公里。🚌 从洛阳和郑州去登封、少林寺。登封 ℹ 北环路 203 号。电话：（0371）62883442。

中国五大名山中的中岳嵩山，高 1492 米。嵩山最好的风光集中在登封。登封市位于太室山下，这里庙宇佛塔众多，山间景色秀丽。往东 5 公里就是中岳庙。这里可能是中国最早的道教庙宇，距今有 2200 余年历史，但今天保存下来的多是后人重建的。

嵩山正凭借着丰富的历史遗存，对其 8 处 11 项古建筑［太室阙和中岳庙、少室阙、启母阙、嵩岳寺塔、少林寺建筑群（常住院、初祖庵、塔林）、会善寺、嵩阳书院、观星台等］向联合国教科文组织申报世界文化遗产。

少林寺达摩祖师像

登封市以北约 3 公里是嵩阳书院。嵩阳书院是中国古代四大儒家书院之一，庭院内有两棵高耸的柏树，传说为 2000 多年前汉武帝手植。沿山路上行，就到了有 12 个面的嵩岳寺塔。该塔始建于 6 世纪，是中国最古老的砖塔。此处距建于元代的告成观星台仅 10 公里。这座锥形塔台是中国最早的天文观测场所。

少林寺以少林武术闻名天下，位于登封市西北 13 公里处。少林寺创于公元 527 年，达摩祖师从印度来此，留下了武功绝学的精髓。他创立了一套少林拳，成为中国武术中著名的流派。历史上，少林寺屡经大火。今天的少林寺在商业化炒作下，已不再具备往日的神秘。然而，仍有众多武术爱好者前来切磋武艺，也就是世界闻名的中国功夫。寺庙包括几个大殿。禅寺后院有座立雪亭。传说当年僧人慧可为了师从达摩祖师，在此立雪断臂，以示其心志之坚。立雪亭后面是劈路亭，路面坑洼，僧人在此练习步法。锤谱殿内，有展示少林拳法的陶人彩塑。

寺后不远处就是塔林，林中有一片气势宏伟的砖砌佛塔，用于安葬有威望的僧人。每年 9 月，这里都要举行有名的武术节。达摩祖师修行九年的洞穴就在少室山上。

少林寺
🚌 🚗 ◯ 每天上午 8:00～下午 5:00。
♿

中岳庙
◯ 每天上午 8:00～下午 5:00。♿

◁ 天王像和守卫像，龙门石窟

巩义 ⑭

郑州以西 80 公里。🚌 从洛阳、郑州。

巩义历史源远流长，文化底蕴深厚。早在 30 万年前，人类就在这里繁衍生息，是华夏文明发祥地的核心地区之一。据史料记载，中原部落首领伏羲、黄帝以及尧、舜、禹、汤等曾在这里画太极、演八卦，举行禅让活动和祭天仪式。

巩义市以其北宋皇陵和佛寺吸引了众多游客。现存的七座宋代帝王墓的看点是墓丘和塑像。皇陵主要分布在城东南，坐在往返于洛阳和郑州的汽车上就能看到这些古墓。巩义市北 8 公里处是石窟寺，寺内存有一些北魏时期的雕刻。

石窟寺
🚌 🚗 ◯ 每天上午 8:00～下午 6:00。
♿

巩义石窟寺内的佛像

功夫

在西方，中国的各种武术被统称为功夫，指的是一些行业内大师的技能，尤指武术类。没有人能确切地说出武术是何时产生的，但能肯定的是，中国武术是博大精深的搏击术，招式丰富多变，包括醉拳、螳螂拳等。尽管各种功夫之间区分得不甚明确，但大致上，功夫可分内家和外家两个流派。内家功夫重视内力的运用，也就是“气”（参见32页～33页），比如以柔克刚；而外家功夫则更强调体能方面的对抗。运用的兵器名目繁多，包括长矛、长棍、长鞭，甚至扇子、雨伞等生活物品，皆可取之做武器。

剑

功夫是中国人民长期积累起来的宝贵文化遗产。功夫在世界上影响广泛，不仅出现了李小龙等功夫明星，还出现了大量功夫题材的中外电影。

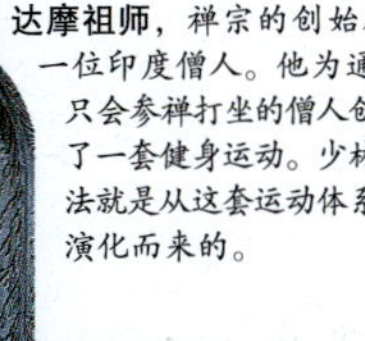

达摩祖师，禅宗的创始人，一位印度僧人。他为通常只会参禅打坐的僧人创立了一套健身运动。少林拳法就是从这套运动体系中演化而来的。

少林武僧训练的艰难程度超乎想象。扎马步是一个基础而耗体力的训练，马步扎得稳当，才能为习武打下好的基础。

形意拳属于内家功夫，接近硬功夫。尽管拳法刚劲有力，打拳的人却必须处于极为放松的状态。这些武术要学得形式很容易，但要掌握精髓却需要付出太多努力。

八卦掌是一种内功，变换掌法和步法的同时以绕圈走转为基本运动线路。八卦掌常被习武者视做一门捉摸不定的武功。

李小龙（右）在《精武门》中的剧照

功夫电影产业

无论在内地还是在香港，功夫电影一直保持着很高的收视率。功夫通常被用于与固定的电影情节紧密结合，比如复仇题材。著名功夫影星包括李小龙、成龙、李连杰，此外，还有一些不太著名的二线演员。代表电影作品包括《醉拳Ⅱ》和《龙争虎斗》。电影中的武术与现实中的武术有很大不同，也就是说，一个有名的武术演员并不一定非得是武术大师。为了让观众感觉打斗的真实，电影的打斗动作是设计好的，绝技是经过反复演练的，而真实格斗中双方的心理状态，在艺术中并未得到体现。

陕西

地处中原腹地，东临黄河，历来为兵家必争之地。公元前1066年，西周王朝定都镐京，位于现在的西安附近（参见162页~167页）。约850年后，也是在这里，秦始皇统一了中国，中国实现了历史上第一次大一统（参见54页）。从此，西安成为古代中国一个政治中心，在随后的1000多年里，许多朝代把都城定在这里，包括西汉、隋、唐。9世纪时，长安（西安）是当时世界上首屈一指的大都市，中华文明沿着丝绸之路传向世界各地。盛唐时期，西安人口超过百万，城内所修庙宇可达1000多座。

西安出土的文物宝藏数不胜数，闻名世界的秦陵兵马俑就位于西安东北郊。陕西历史博物馆内有藏品3000余件，从商周青铜器皿到唐代家居饰物，一应俱全。

此外，西安还有一些景点值得一览，如道家八仙庙及唐代佛塔大雁塔、小雁塔等。位于西安东部的华山是中国“五岳”中的西岳，地势险峻，壁立千仞，群峰挺秀，以险峻称雄于世，自古以来就有“华山天下险”的说法。让游客在远足探险的同时，领略其庄严肃穆的神韵。

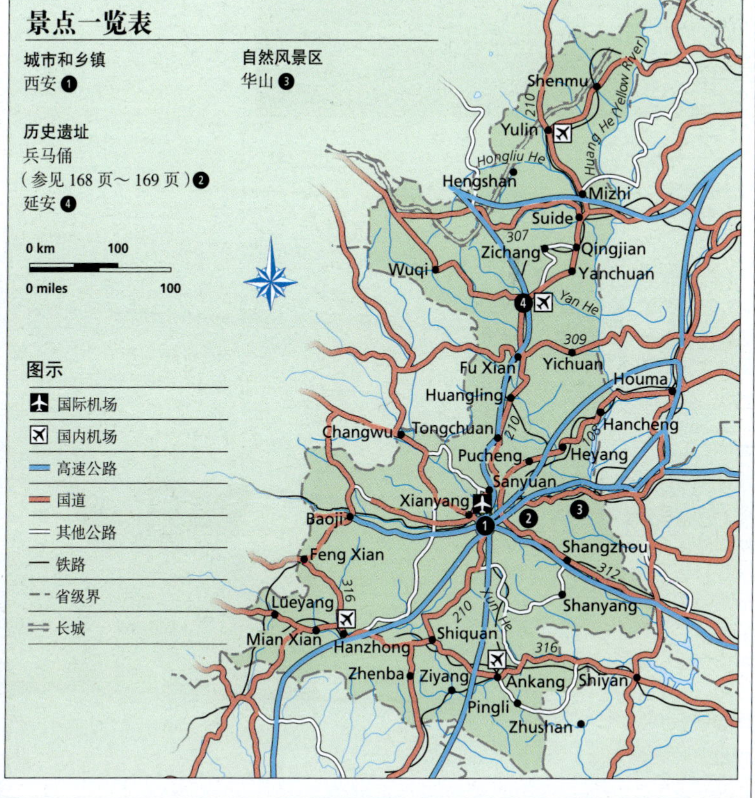

◁ 来华山最高峰——南峰探险的游客

西安 ❶

西安钟鼓楼的鼓

西安是陕西省的省会，4000多年间，有11个王朝定都于此，包括西周、西汉、西魏、北周和隋唐等。再往前追溯，秦始皇统一中国后，便于咸阳定都。唐代时西安的城市繁荣达到鼎盛，这里地处丝绸之路东段（参见462页～463页）。那时西安是世界上首屈一指的繁华都会，吸引了许多外国商旅前来，他们宗教信仰各异，包括景教教徒、穆斯林、波斯拜火教教徒、摩尼教教徒和佛教僧侣。后来城市逐渐衰落，但曾经辉煌灿烂的历史文化成为这里旅游业的重要支柱。

西安城墙南门一瞥

西安城墙

春季和夏季：上午8:00～晚上7:00；秋季和冬季：上午8:30～下午5:00。

与中国其他各地的城墙不同，西安城墙没有长城的雄伟险峻之气，大多比较低矮，其保存之完好也令人称奇，环绕长方形城区的古墙共计可达14公里长。在1370年，即明朝洪武年间（1368~1398年），在唐朝长安城皇城的基础上修建了明城墙，主要用夯土、生石灰和糯米浆等浇筑而成。城墙高12米，厚18米。游客攀登城墙的入口有好几处，如南城门以东、西城门等，城墙周围出售纪念品的商贩比比皆是。虽然这些城墙已是雄浑壮观至极，但比起唐朝占地78平方公里的长安城来还要逊色几分。

碑林博物馆

每天上午8:00～下午6:00。

从西安城墙南门东行不远就到了碑林博物馆。这里共计坐落着1000余座石碑，其中最早的建于汉代。许多学者对这些碑文产生了浓厚的研究兴趣，但是游客主要还是欣赏石碑上面雕刻的图案花纹。第一展室内的石碑上共刻了12部儒学经典，包括《诗经》、《易经》和《论语》。837年，奉唐文宗之命，这些典籍经过修订校对，被刻入了114座石碑，如今这些副本均藏于西安考古研究院。第二展室内的《大秦景教流行中国碑》更令人流连忘返。石碑刻于781年，顶端有个十字，是为纪念当时初来长安的景教教徒而修建的。顶部文字表达了对古罗马（当时称大秦）景教的信奉敬仰。635年，第一个景教传教者来到西安。这是一种全新的宗教，即主张基督有神、人“二性二位”。在西安，这些思想流传了近两个世纪，后又突然走向了没落。

第二展室《大秦景教流行中国碑》

第三展室内呈现的碑刻反映了长安昔日的繁盛之景。第四展厅藏有苏东坡（1037~1101年）及其他文人墨客的诗文碑帖，还有达摩祖师的版刻雕像（参见158页~159页）。第五展室里收藏的碑石，是研究地方史和宋、元、明、清社会发展的重要参考资料。馆内侧展室同样藏有丰富的历史宗教艺术珍品。

博物馆内新建成的新石刻艺术馆已面向游客开放，其内陈列“长安佛韵”，共展出149件北魏至宋代的石刻造像，展示了史上长安佛教艺术的最高水平。

碑林博物馆正门（曾为孔庙）

钟鼓楼

每天上午 8:30～下午 5:30。

巨大的钟楼位于西安城中心东、西、南、北四条大街的交会处，楼顶为三层青瓦屋檐。楼基为青砖砌筑，楼身为木质结构。1384 年始建，原址距此地两个街区，1582 年移址此处。又于公元 1739 年重建。楼内曾有一青铜大钟，每日清晨鸣钟预示白昼开始，如今楼内存放着大量古代乐器。登楼台之上可俯瞰城市街道交通。钟楼的门扇槅窗精美繁复，表现出明清盛行的装饰艺术。仔细欣赏门扇上一幅幅浮雕，它们会告诉您古代许多饶有趣味的典故逸闻。鼓楼在钟楼西北 200 米处，建于 1380 年，这里曾是穆斯林居住区，如今西安城内居住着 3 万多回族同胞。鼓楼是歇山顶重檐三滴水木构建筑，内部经过整修。

钟楼的铁钟

大清真寺

每天上午 8:00～晚上 6:30。

大清真寺位于西安市鼓楼西北隅，是一座历史悠久、规模宏大的中国殿式古建筑群，是伊斯兰文化和中国文化的结晶。该寺院始建于唐天宝元年（742 年），历经宋、元、明、清各代的维修保护，形成目前的格局。清真寺坐落在一片静谧之中，包含 4 个院落，站在前院，一座高 9 米的木牌坊耸立在眼前。这座木牌坊建于 17 世纪。第三进院落里坐落着中国最早的殿宇——一座三层八角攒尖顶的塔式建筑。南北两厢的讲经堂珍藏有清代手抄本《古兰经》。两个厢房之间坐落着祈祷厅，上饰青瓦，穹顶刻有《古兰经》中的经文。祈祷厅不允许非穆斯林入内。周五是穆斯林的聚礼日，所以不要在这一天参观清真寺。

大清真寺院内的阿拉伯文字石刻

此外，回民区里蜿蜒的街道、低矮的房屋、拥挤的道路、美味的餐饮，无不让人流连忘返。

游客清单

北京西南 1200 公里。774 万。西安西关机场，距咸阳市区 40 公里。西安火车站。西安汽车站、中国民航（机场大巴）、汽车西站。电话：（029）85223170。

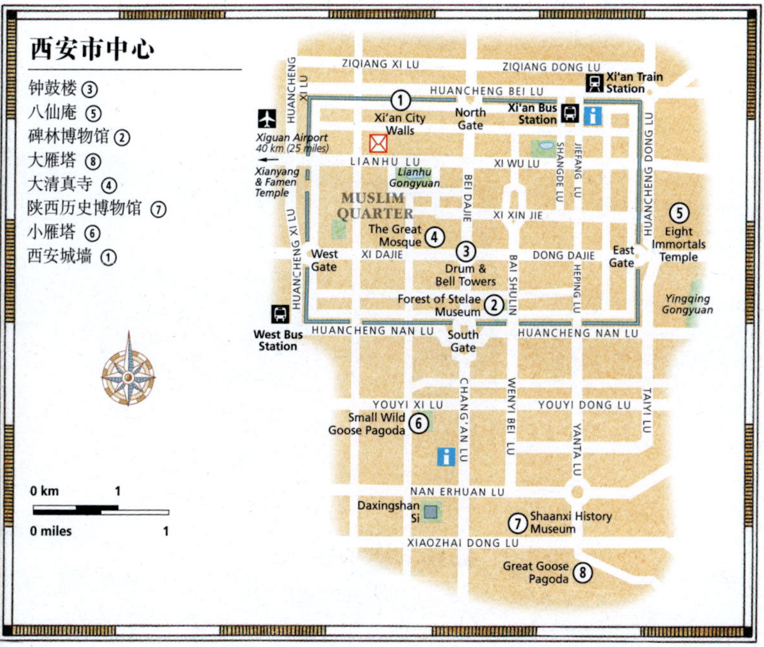

西安市中心

- 钟鼓楼 ③
- 八仙庵 ⑤
- 碑林博物馆 ②
- 大雁塔 ⑧
- 大清真寺 ④
- 陕西历史博物馆 ⑦
- 小雁塔 ⑥
- 西安城墙 ①

0 km 1
0 miles 1

八仙庵

每天上午 9:00 ～下午 5:30。

八仙庵位于西安城墙以东，是中国最古老的道观之一，它建在唐朝兴庆宫遗址上，到宋朝才开始成为道观。后得名八仙宫，以供奉宋代道教神话传说中的八位仙人。庵内有殿堂庭院，善男信女络绎不绝。主院的围墙很有韵味，绘有许多道家文学典籍里的人物和《内经》（道教最重要的典籍）中的动作招式。此外，还有些造型独特的道家匾额，刻有五个象征五岳的神秘符号。灵官殿内正中供奉着道教的护法神王灵官的彩色塑像。青龙、白虎两将军的彩色塑像分侍两侧。第二进院的正面为五开间的八仙殿，为八仙庵之主殿，是道观日常举行盛大宗教活动的场所。

八仙庵内的碑亭

厢房后面是斗姆殿。斗姆又名斗姥，是道教传说中北斗众星的母亲，原来是龙汉年间周御王的妃子，名叫紫光夫人。由于某个春天在花园游玩有感悟，生下九个儿子。斗姆殿西侧是丘祖殿，1900 年义和团运动中，慈禧太后和光绪皇帝曾西行避难于此（参见 431 页）。殿门上悬有光绪皇帝亲笔书写的“玉清至道”牌匾，这是慈禧太后对道观的赏赐。每逢农历初一和十五，庵内都有盛大的宗教庆典。庵外小街上有个古玩市场，每逢周三、周日开集，集市上许多古玩字画，鱼目混珠，购买需仔细甄别。

小雁塔

友谊西路。7 路、8 路、40 路、46 路。

每天。

西安南城门外西南方向是小雁塔，塔高 43 米，位于荐福寺内。小雁塔是西安城内保存较好的一处唐代古迹，是为了存放唐代高僧从天竺带回来的佛教经卷、佛图而建。小雁塔始建于 707 年，为使佛教典籍免受火焚，建筑设计者没有采用木质材料，而是修建了一座典型的密檐式砖塔。塔顶在之前的一次地震中被毁，在 1487 年，陕西发生了 6 级地震，把小雁塔中间从上到下震裂了一条 1 尺多宽的缝。然而在时隔多年的另一次大地震中，裂缝在一夜之间又合拢了。

小雁塔，原有 15 层高

陕西历史博物馆

参见 166 页 ~ 167 页。

大雁塔

雁塔路。5 路、21 路、501 路。

每天上午 8:00 ～下午 6:00。

登塔另外收费。

大雁塔是西安市的标志性建筑和著名古迹，是古城西安的象征。因此，西安市市徽中央所绘制的便是这座著名古塔。

大雁塔建于唐代永徽三年（652 年），又名大慈恩寺塔。据说，该塔是唐高祖为其生母祈福而建。唐朝高僧玄奘在印度游历后回国，带回大量印度佛经（参见 485 页），并在慈恩寺将佛经由梵语译为汉语。这座塔便是按照玄奘的要求而建，高 64 米，是一座砖仿木结构的四方形楼阁式砖塔。在当时，大雁塔的高度几乎是如今的 7 倍之多，不仅包括塔身，还有寺院和院墙。

登塔需额外交费。第一层塔内，设有古塔常识及中国名塔照片展，展示了佛塔的起源与发展以及佛塔的结构和分类。一些游客往窗外投掷硬币，以求赐福。塔外寺庙面积虽不可与唐代同日而语，也颇值得一游。寺内有三尊佛像和十八罗汉（参见 30 页～ 31 页）。

2002 ～ 2003 年西安市人民政府对大雁塔周边环境进行了大规模的改造，并在大慈恩寺北侧修建了主题文化广场——大雁塔北广场。音乐喷泉值得一看。

大雁塔园内拈香的游客

建筑历史

大雁塔的设计融合了印度建筑风格与中国传统建筑元素，是中国佛塔建筑史上一个里程碑。塔这种建筑形式缘起于古代印度，在云冈石窟的塔柱设计上也清晰地体现出来。1500多年间，从墓穴前的饰柱到高耸的多层建筑规格，佛塔设计风格经历了一系列发展变革。建筑材料包括石头、砖和木材，造型既有四面塔，也有多面塔。即使是中国建筑元素，在不同塔身上的运用也各不相同。

云冈石窟塔柱

起初，建筑设计师关注的重点在佛塔的实用性上。风水学认为，佛塔建在郊外没有寺庙的山上或河边为宜。

印度佛塔起源于佛祖释迦牟尼圆寂后，其弟子为纪念他，各自建塔以埋葬他的舍利子。所以佛塔是佛教徒主要膜拜的对象。我国的古塔源于印度佛塔，但又有中国特色，有别于印度佛塔。唐朝以后的五代时期战乱不断，佛塔建造的数量都不多。直到13世纪，元朝引入舍利塔，佛塔又开始在后世广为流传。

大理白塔是石砌佛塔的完美代表。建在一个69米高的方形基座上，塔尖为莲花造型，颇有印度佛教建筑风格。

八角塔，密宗佛教认为宇宙有八个基点。

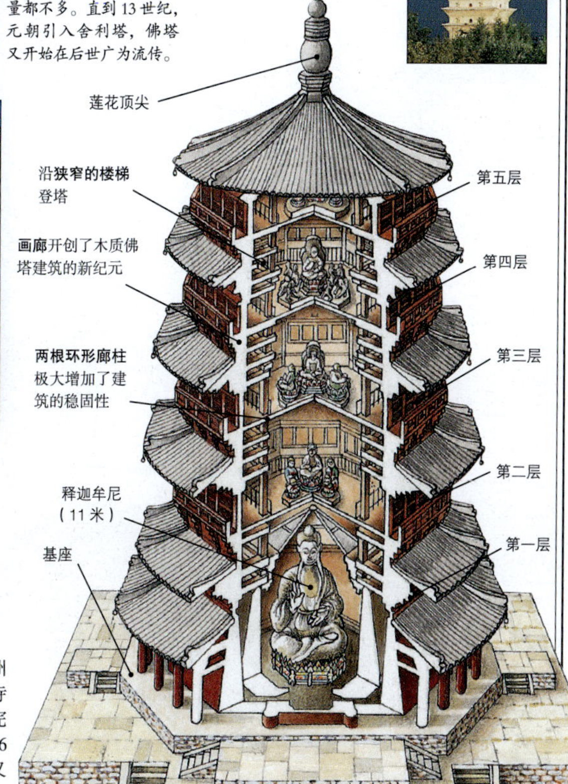

应县木塔

位于山西省朔州市应县城内西北佛宫寺内，是中国现存最为完整的木塔。建于1056年，呈平面八角形，又被称为释迦牟尼塔。

陕西历史博物馆

古代弩

作为西安最负盛名的景点，陕西历史博物馆收藏古迹珍品 37 万余件，记录了从史前时期至今西安所走过的灿烂历史。藏品包括陶瓷、青铜器、玉器、金银器皿、古币和书画作品（主要集中于明代早期，反映了古城西安的兴衰）。在这里，游客还可以近距离探寻唐代壁画和享誉中外的秦陵兵马俑（参见 168 页～ 169 页）。展品布置得当，均附有中英双语简介。

陕西历史博物馆——一座唐代风格建筑

★ 商代炊具
容器上刻有鬼怪图案，体现了殷商时期人对超自然力量的膜拜。商代青铜器皿是该时代的最高艺术成就。

周代酒器
该樽（盛酒器皿）是公牛造型的，樽盖为虎形，牛尾被巧妙地设计成了柄，于 1967 年出土。酒器表面饰有周代特色的花纹图案。

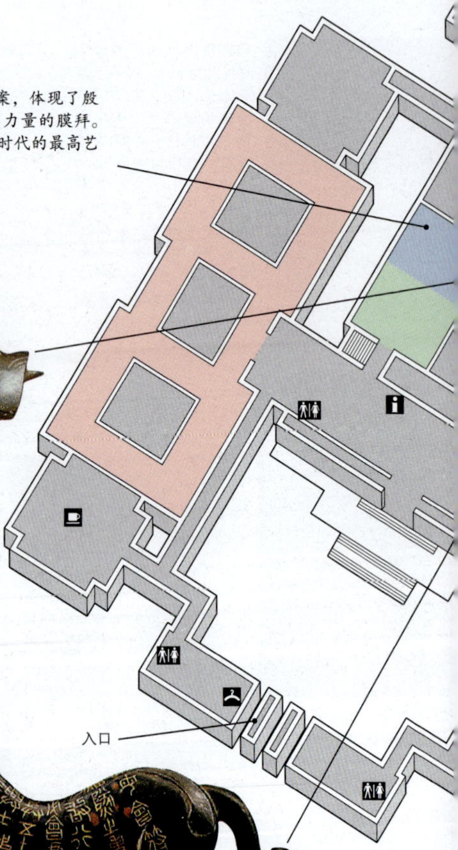

入口

虎牌
这个青铜虎牌上刻有秦代官文，是将军用于调遣军队的腰牌。

图示

- 史前
- 商周时期
- 秦朝
- 汉朝
- 南北朝
- 唐代
- 宋至明清时期
- 专题展览
- 非展区

星级景点

- ★ 商代炊具
- ★ 唐三彩马

游客清单

小寨东路91号，翠华路口。电话（029）85217140。从火车站乘5路、19路、521路均可到达。4月～9月：周四～周日上午8:30～下午5:30；10月～次年3月：每天上午9:00～下午4:30。www.sxhm.com

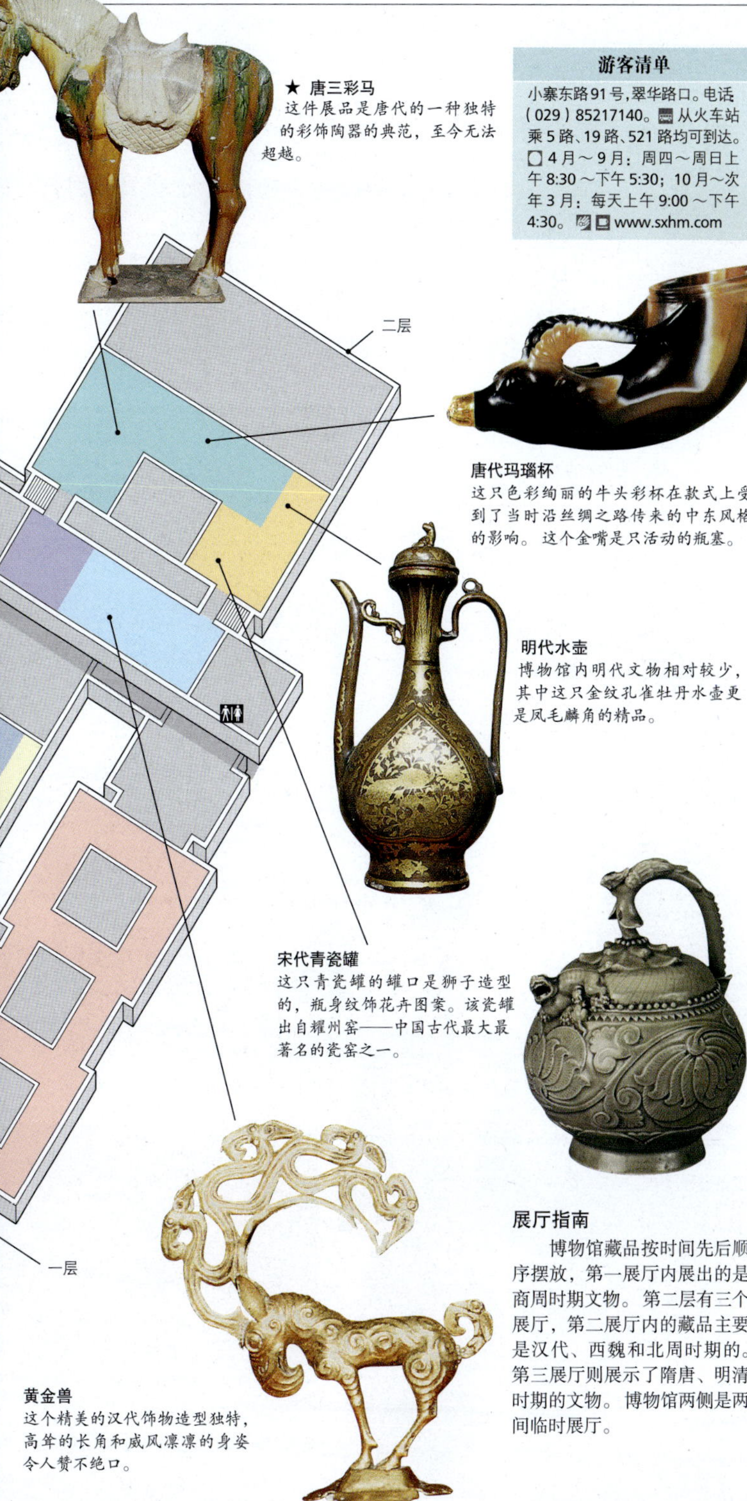

★ **唐三彩马**

这件展品是唐代的一种独特的彩饰陶器的典范，至今无法超越。

唐代玛瑙杯

这只色彩绚丽的牛头彩杯在款式上受到了当时沿丝绸之路传来的中东风格的影响。这个金嘴是只活动的瓶塞。

明代水壶

博物馆内明代文物相对较少，其中这只金纹孔雀牡丹水壶更是凤毛麟角的精品。

宋代青瓷罐

这只青瓷罐的罐口是狮子造型的，瓶身纹饰花卉图案。该瓷罐出自耀州窑——中国古代最大最著名的瓷窑之一。

黄金兽

这个精美的汉代饰物造型独特，高耸的长角和威风凛凛的身姿令人赞不绝口。

展厅指南

博物馆藏品按时间先后顺序摆放，第一展厅内展出的是商周时期文物。第二层有三个展厅，第二展厅内的藏品主要是汉代、西魏和北周时期的。第三展厅则展示了隋唐、明清时期的文物。博物馆两侧是两间临时展厅。

兵马俑 ❷

秦陵钟

1974 年，陕西省临潼县西杨村村民掘井时发现了一处地下陶俑。兵马俑皆仿真人大小，由黄土制成，是秦始皇陵寝的守卫者，距今已 2000 多年（参见 54 页）。当地共计出土了 7000 余尊兵马俑，造型多样，包括士兵、弓弩手和马匹。一号俑坑内为步兵俑；二号俑坑（仍在挖掘中）有骑兵俑；三号俑坑（尚未挖掘）似乎是总指挥部，包括 70 多尊兵将俑。原本每一尊兵俑都绘有色彩，持有武器，表情各异。

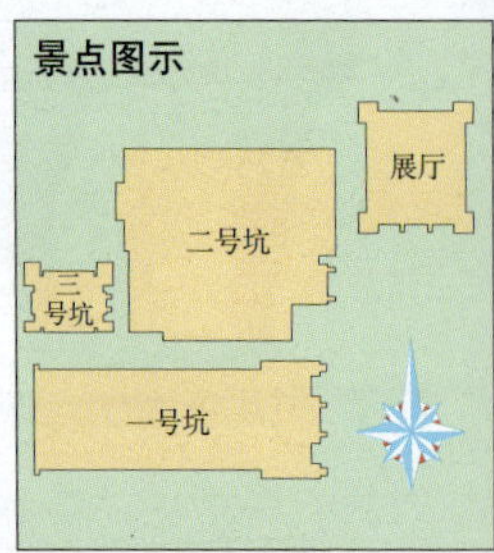

★ 一号俑坑内兵俑
一号俑坑内藏有战俑 6000 余尊，完全按战时布局阵法排列，场面巍然壮观。后方一备用坑内填满了大量没有组装好的兵俑头部碎片。

兵将俑
兵将俑身着及膝长衫，身材较步兵俑更为高大，似乎在其间巡视。

陶马，像旁边的骑兵一样，由碎片组装而成

原始装饰
其实当年的兵马俑个个色彩鲜艳，就像这件复原品一样。出土后由于空气干燥，有些颜色尚依稀可辨，有些就慢慢地脱落了。

步兵
陶俑原本皆配有武器，包括佩剑、长矛、弓箭等，如今这些武器大部分已经腐烂。

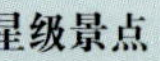

星级景点

★ 一号俑坑内兵俑

★ 跪射俑

★ **跪射俑**
尽管手执的木质弓箭已经腐烂，这尊兵俑仍身披甲胄，单膝跪地，神态警觉。为了使之稳固，兵俑脚穿的方履被钉在了地上。

游客清单

西安以东 30 公里。从西安火车站可乘 28 路、306 路。电话：(029) 81399001。每天上午 8:30 ～下午 5:30。

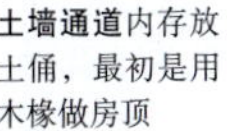

土墙通道内存放土俑，最初是用木椽做房顶

详细资料
从发丝到手型，兵马俑造型之细致令人称奇。服饰、佩戴、鞋子无一不是精雕细琢，体现了很高的艺术价值。

复原兵俑
挖掘、复原兵俑是个艰巨而细致的工作，该项工作至今仍在进行。每个兵俑都是独一无二的，通常需要一组考古人员对其仔细研究。

秦始皇陵

出土的兵马俑只是护卫复杂皇陵的兵俑中的一部分。俑坑往西 1600 米的地方有座山，那里就是尚未挖掘的秦始皇陵。当年秦始皇不惜动用 70 万人，耗时 36 年，才建成了自己这座陵寝。一些历史资料中有关于秦始皇这座庞大地下宫殿的描述：地下流有一道水银渠，洞顶饰有象征夜空的明珠。据说秦始皇陵还包括 48 位殉葬妃嫔的墓穴。此外，为防止陵墓构造外泄，建墓者在修完陵墓之后也都被杀害。两辆青铜战车本藏于陵寝附近的木棺之中，出土后经考古学家重新拼装复原而成。是实际马车大小的一半，由 3600 多片金属组成。

秦始皇陵是世界上规模最大、结构最奇特、内涵最丰富的帝王陵墓之一。秦始皇陵兵马俑是可以同埃及金字塔和古希腊雕塑相媲美的世界人类文化的宝贵财富，而它的发现本身就是 20 世纪中国最壮观的考古成就。

展厅内展出的兵车俑

乾陵懿德太子墓中的彩绘壁画

西安郊区

西安周边还有几处景点值得一游，可乘坐早上从西安火车站发车的西行观光巴士抵达。位于西安城区东北25公里处的咸阳，颇值得一去，它是秦朝都城，有历史博物馆和几处帝王陵。咸阳市博物馆的前身是座孔子庙，陈列有秦汉时期的文物古迹，展品中最著名的是在附近出土的3000多尊陶俑。茂陵位于西安以西40公里处，是汉武帝（前140～前87年在位）之墓。此墓穴是周边汉墓群中最大的一座。设有茂陵博物馆，专门陈列这座陵墓中出土的文物。气势宏伟的乾陵位于西安西北80公里处，是唐高宗陵和一代女皇武则天的陵墓（参见57页）。皇陵通道的两旁立满了石像，陵寝东南部由17座小型墓穴构成，包括章怀太子墓、懿德太子墓等。昭陵是唐太宗墓，位于西安西北70公里处。

乾陵懿德太子墓墓碑

法门寺，位于西安城西北方向120公里处，是著名观光景点。该寺是中国最早的佛寺之一，每天都有五湖四海的香客来此参拜。寺庙建于2世纪，传说是为了供奉当时印度阿育王进献的一只释迦牟尼指骨（舍利子）而修的，当时佛教刚从印度传入中土。在盛唐时期，舍利子受人崇敬，被供奉在这座寺内一密殿之中，时逢庆典，也会在护卫下向民众展示。唐后，存放舍利的密殿便无人知晓了，据猜测可能在灭佛运动中遭到损毁。令人疑惑的是，一般佛寺都有收藏珍宝的密殿，长期以来，却无人知道法门寺的密殿究竟在何处。20世纪80年代，随着部分古塔坍塌，密殿连同藏于其中的唐代古迹珍宝才得以呈现在世人眼前。如今，佛指舍利再次被供奉在密殿内。在博物馆里，游客可以看到此处出土的唐代工艺品。舍利子偶尔会被展出，如2003年，佛指舍利曾在中国台北展出。

法门寺佛光阁位于法门寺的新文化景区内，是西北地区唯一一座佛文化体验宾馆。讲经堂、禅茶室、素食餐厅、书吧等具有佛文化特色的设施一应俱全。

咸阳市博物馆
中山路。每天上午8:00～下午5:00。

茂陵、乾陵、昭陵
从西安火车站出发。
每天。

法门寺
从西安火车站出发，早上7:30发车，一天4趟。每天上午8:00～下午5:30。

法门寺佛塔高12层，如今已重现往日的辉煌

去往华山北峰的登山者和香客

华山 ❸

西安东 120 公里处。从西安火车站坐火车前往华阴市，出火车站后坐小巴。可乘缆车。

华山，海拔 2610 米，是五岳中的西岳，也是五岳中最高的一座，山势峻峭，壁立千仞，群峰挺秀，以险峻称雄于世。华山有东、西、南、北、中五座山峰，位于黄河西南，主峰形似莲花。众所周知，华山又称西岳，是座道教名山。古往今来，这里是道人隐士的遁世修身之所，留下许多传说佳话。虽然有许多庙宇留存至今，但山上寺庙观宇数量已没有古时之多。

游客可乘缆车至北峰，也可从华山村出发，结伴而行跋步三五个钟头到那里。到达北峰后，游客可乘缆车下山，也可沿山麓小径行至南面各个山峰。登华山的最佳时机是春秋两季，冬夏不宜登山。游客也可选择夜间登山。尽管山间的小贩和旅店也卖食物，但游客最好自己事先准备一些。穿防滑性能较好的登山鞋、靴。接近山顶的地方，有几处铁链护栏。按当地风俗，情侣把刻有彼此姓名的锁锁在铁链上，就可以永不分离。华山村和山上都有住宿的地方，选择夜间登山和等待观赏日出的游客可以留宿。

华山春季干燥，夏季雨量渐长，但山上转瞬即晴；秋季晴多雨少；冬季寒风刺骨。每年降雨天较少，多集中于 6 月～8 月，年降雨量达到 1030 毫米。

每年农历三月在西岳华山会举办盛大的祭山庙会。如今的华山庙会除仍有部分香客外，大部分为登山览胜的游客。庙会的活动内容丰富多彩，有国际登山节、中国象棋比赛和书画、摄影展览等。

延安 ❹

西安以东 250 公里。224 万。从西安和北京出发。

延安位于陕西省北部、黄土高原中部，可从西安乘火车到达。延安是长征（参见 256 页）结束后抗日战争期间中国共产党的指挥中心，因此红色旅游是当地支柱产业。城北延安革命博物馆收藏了各种党的历史文物遗迹，包括毛泽东主席当年的一些图片资料和所使用过的物品。博物馆不远处就是王家坪革命总部旧址，那里是毛主席和许多中共早期革命领导人生活和工作过的地方。凤凰山麓革命总部旧址是中共早期领导驻地。延安宝塔是一座明代建筑，坐落在城东南一处山上，也是纪念品中经常出现的一个形象。

另外，在历史古迹方面还有轩辕黄帝陵、子长钟山石窟等；在自然景观方面有延安黄河壶口瀑布、全国最大的野生牡丹群和花木兰故里万花山等。

延安革命博物馆
枣园路。每天上午 8:00 ～晚上 6:00。

王家坪革命总部旧址
枣园路。每天早上 7:00 ～黄昏。

华山上刻有情侣姓名的锁

中部地区

中部地区概要

中部地区包括港口城市上海、江苏、安徽、浙江、江西、湖南及湖北七省市，这七个省市分散在气势磅礴的长江的南部、北部。该地区有丰富的历史景观和自然风光，引人入胜的南京有保存完好的古城墙；风景如画的浙江有西湖美景；安徽有巍峨的黄山。文化名城杭州和苏州坐落在大运河两岸，大运河是中国早期最伟大的工程之一。最近竣工的三峡大坝位于长江湖北段，是世界上最大的水利枢纽，也是建筑史上又一新的巨大成就。

佛教圣地九华山美景

苏州狮子林宁静景色

Hanzhong
WUDANG SHAN
XIANGYANG
207
318
YICHANG
ENSHI
Chang Jiang (Yangtze R.)
WULINGYUAN
YUEYANG
107
319
CHANGSHA
320
HENGSHAN
322
TONGDAO
Liuzhou
YONGZHOU
107
JINGGANG
106
DAOXIAN
Xiao Shui
Wuzhou

交通

尽管南京、杭州和武汉都有国际机场，但上海是这一地区最重要的航空交通枢纽。该地区其他许多城镇也有国内机场，但除非真是赶时间，否则的话坐火车旅行更愉快些。铁路运行网络也已经升级，并且在某些城市之间还有“和谐号”列车运行。尽管长江和大运河都有轮渡和平底船，它们都能运送游客观光，但到偏远山区，如到湖北北部武当山、江西南部井冈山，乘巴士旅行是最便捷的交通方式。

图示

高速公路
国道
其他公路
▲ 山区

◁ 上海，浦东，黄浦江边新潮建筑

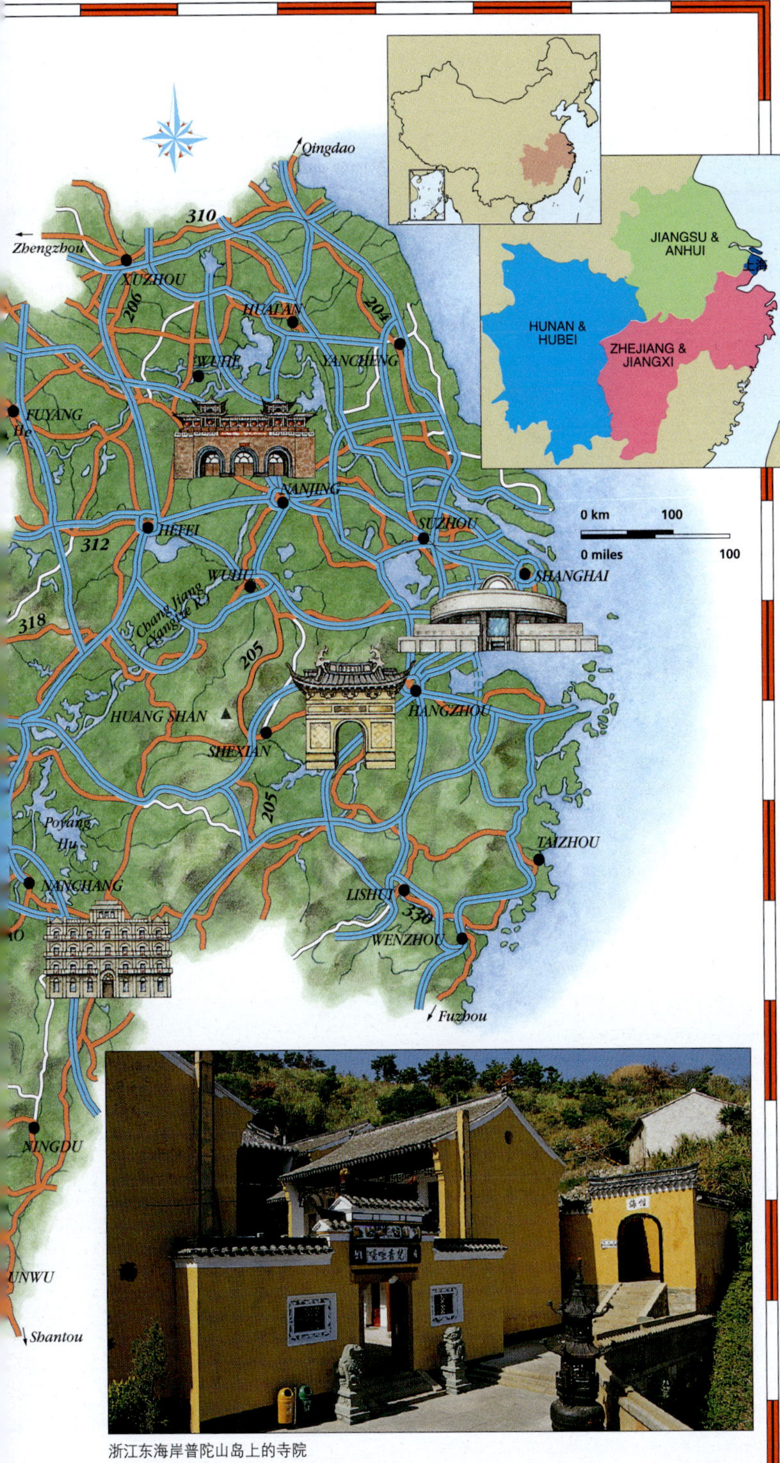

浙江东海岸普陀山岛上的寺院

中部地区概况

从现代化之城上海到风景如画、久负盛名的运河小镇，华中地区囊括了国家和文化的精华。该地区也被认为是现代中国久经考验之地，20 世纪初许多激动人心、影响整个中华民族发展的事件在此发生。

长江，贯穿整个华中地区，像条线一样把这些地方穿起来，在上海流入东海。水和泥沙冲积出一片肥沃广阔的土地，尤其是武汉周围的广大地区，被称为“中国的粮仓”或“鱼米之乡”。尽管长江经常洪水泛滥，但数百年来长江一直是中国贸易的命脉，正如 13 世纪马可・波罗看到的，江面漂满小船；在 19 世纪江面上到处是运茶叶的快船，而现在江面满是运送游客的轮渡和观光船。长江也加速了中国的发展：没有长江就没有大运河，没有上海。现在，随着受到争议的三峡大坝的建设，长江又被重新利用以适应中国庞大的人口需求。

风格华丽的扬州园林门口

上海，位于长江的支流黄浦江上，是中国第一大城市、四个中央直辖市之一。是中国大陆的经济、金融、贸易和航运中心。上海创造和打破了中国世界纪录协会多项世界之最、中国之最。上海位于我国大陆海岸线中部的长江口，拥有中国最大的工业基地、最大的外贸港口。有超过 2000 万人居住和生活在上海地区，其中大部分属汉族江浙民系，通行吴语——上海话。上海也是一座新兴的旅游目的地，具有深厚的近代城市文化底蕴和众多的历史古迹，今天的上海已经发展成为一个国际化大都市。并致力于建设成为国际金融中心和航运中心。上海是 2010 年世界

上海，外滩漫步，浦东极具时代特色的建筑景观

同里多条运河中的观光船

南京留下了大明王朝的印记，南京有巨大的明朝陵墓和恢弘雄壮的明城墙为证。杭州，曾是南宋首都，有美丽的西湖，是中国景色最宜人的城市之一。同样引人注目的是这一地区的园林、技艺高超的丝绸刺绣作坊和瓷器。江苏苏州，在一定程度上保留了古老的魅力，因其拥有在近代历史浩劫中保存完好的私家园林而享有盛誉。瓷器的生产继续以历史有名的景德镇官窑为主。丝绸的生产遍及该地区许多地方，跟1000多年前一样，丝绸仍然是主要的出口产品。

由于中部地区人口稠密，该地区主要是由人类对自然的改造形成，然而在这一地区仍然有大面积的自然荒野可供人欣赏实在令人惊讶。自然景观中最好的佐证就是关于“野人”的传说，据说有“野人”在湖北的神农架出没。对于那些想要避开城市喧嚣或追求田园生活的人来说，从美丽的江苏太湖到山景美妙的湖南武陵源和浙江的雁荡山，是最好的旅游线路。

博览会举办城市。

政治上，上海对中国的影响也是巨大的。上海是中国共产党第一次代表大会召开的地方。

事实上，在20世纪，几乎中国所有的重大政治事件都发生在中部省份。南京，明朝的第一个国都，也是蒋介石国民政府的国都。湖南，毛主席出生、受教育，并开始革命活动的地方。江西，1927年的南昌起义为中国的军队建设和武装革命打下了基础。同时，江西也是长征的出发点。南昌起义的迅速蔓延并不奇怪，因为安徽、湖南、江西等地区大部分都是山区，远离长江和政府统治，而且这些地区在当时都很贫困。

南京，明故宫遗址细节图

然而，在中国最后一位皇帝下台之前很长一段历史时期，在辉煌的宋代和明代，这里就遍布中国革命的火苗。在北京建立辉煌壮丽的首都之前，明朝曾定都南京，在

雁荡山灵岩景区吊桥

中国传统园林

荷花是园林里最喜欢用的、有象征意义的花

中国园林是对道家和哲学两种理念的中和（参见30页～31页）——景致和宁静：对自然的冥想可以让人产生顿悟。因此，受过良好教育的人们、家境殷实的人们在城市里为自己建造模仿自然景观的宁静居处。花园的诗情和画意，通过创造一幅看起来像自然界一样的画面来实现追求自然的目标，其实园林里的景色全部都是人造的。因此中国的园林设计师主要运用四种要素：山、水、花木和建筑。

古典的中国园林设计被认为是三维立体山水画或凝固的诗。

山：主要有两种类型的假山，一种是来自湖泊的侵蚀石灰岩，经常被用作雕塑品；另一种是将黄色的石头堆砌成假山，以唤起游人心中对山和洞穴的感觉。假山的美丽程度和真实性决定了园林建造的成功或失败。

水：水是生命中不可或缺的元素，同样水也可以用于园林中，充当镜子，用来增大园林的空间。水还可以作为对照物，用来平衡石头的坚硬。最后，水还是金鱼的家，金鱼象征着金玉满堂的好运气。

走廊、小径、桥梁把不同的区域连接起来，并且可由建造者掌控把怎样的景色呈现给游人。

楼阁内饰是显示创意的重要地方。为每个建筑物选择既恰当又富有诗意的名字要花费大量的心思。

使园林熠熠生辉的图案和镶嵌工艺也极富象征性。仙鹤，代表长寿；另外阴阳符号也经常出现在小径的交会处。

花园景致

运用这四种元素的园林就像一组画在丝绸上的静态画。它们按艺术家预先设计好的那样，一个接一个地映入您的眼帘。当您沿着小径漫步，看到的景致正是园林的设计者希望您看到的。或许景色是从别的地方“借”来的，这些来自别处的美景被看做这里景色的一部分；当您绕到某个角落里，会突然发现某个隐藏的美景。或运用对照的手法，用枝叶茂密的竹子来缓和假山的冷硬，或是用对立的景色，如用阴的元素“水”来平衡阳的元素“山”和“石”。

月洞门是圆形的门，透过门，外面的风景恰似被装入了框中。门的形状多种多样，方形、椭圆形，甚至可以是书一样的形状。

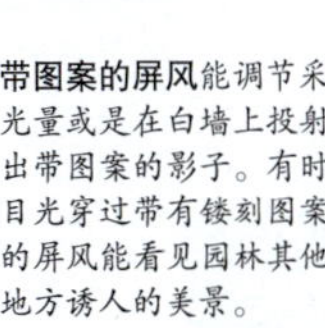

带图案的屏风能调节采光量或是在白墙上投射出带图案的影子。有时目光穿过带有镂刻图案的屏风能看见园林其他地方诱人的美景。

植物：植物在园林中的运用很谨慎，通常用的是植物的寓意。荷花代表纯洁，因为它出淤泥而不染；竹子象征意志坚决，百折不挠；梅花代表活力，因为它在严寒的冬季盛开；松树代表长寿，因为它常绿；华贵的牡丹，象征富贵。

亭台楼阁：建筑物是花园里不可缺少的组成部分，这些亭台水榭不仅为人们提供了沉思冥想的场所，更是园林中特有的景致和躲避日晒、雨淋的地方。亭台可以是开放的小亭子、多层的厅堂也可以是议事用的房间等。

盆景

盆景的历史可以追溯到唐代（618～907年），它是一种在盆里创作的小型的景观。盆景材料不仅可以用小树，工艺家还能通过石头和特殊栽培的植物创造出像风景画一样的自然美景。盆景在体现美丽的同时，还体现了和谐的理念，是人与自然关系的精神表现、短暂与永恒的结合。通常，中国园林有一部分地方用于展览或培养盆景这种雅致的艺术品。

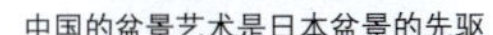

中国的盆景艺术是日本盆景的先驱

地域食品：中部地区

中部地区自古以来就被称为“鱼米之乡”，有中国最富饶的土地，是中国重要的农业区。这里种植大麦、小麦、大米、玉米、红薯、花生和大豆。河流和湖泊里淡水渔业资源丰富，沿海省份的深海渔业也已运营很长时间了。佛教圣地黄山和九华山上佛教徒的素食主义也影响了中部地区的饮食习惯。湖南菜和四川菜一样都是辣的，但湖南菜比四川菜更辣（参见344页～345页）。

蒜黄和小白菜

市场摊位上有各种各样的干货

上海菜

上海菜的特点可以概括为“精致美观，味道丰富，口味香甜”。最受人喜欢的一道菜是长江入海口的大闸蟹（但是过度捕捞使得现在的大闸蟹往往产自其他地方）。尽管上海有自己独创的“生煎馒头”（其实是一种煎包），但相对来说它仍是个新发展的城市，还没有真正形成自己的菜系。相反，影响上海饮食的主要因素是老的饮食流派淮扬和苏浙。另一个影响上海烹饪的是佛教饮食流派。奇怪的是，在上海这个现代化城市里却能找到最好的佛教素食餐馆。通常这些素菜都有和荤菜相同的名字，由于能巧妙地使用酱汁、豆腐、面筋等原料，这些菜看起来，甚至尝起来都像荤菜。

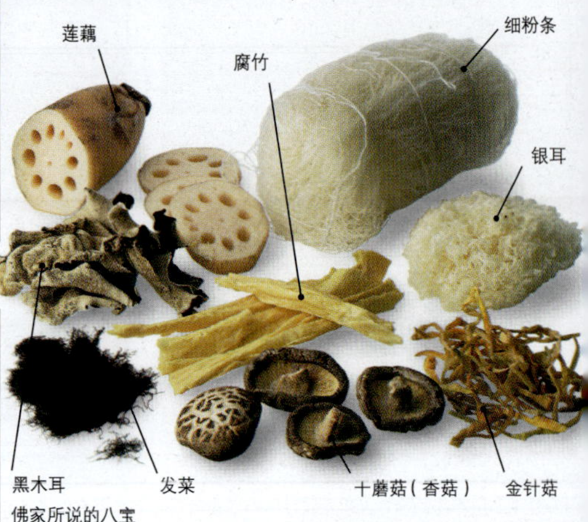

佛家所说的八宝

地方特色菜肴

该地区最著名的城市是杭州和南京，曾经是南宋和明朝的国都。每当国都发生变化，皇室便带着御膳房和御膳房里的工作人员搬迁，搬迁使得各地的食谱和烹饪方法融会贯通。尽管叫花鸡菜名很低俗，却是一道深受皇室喜爱的菜肴。叫花鸡——整只鸡里塞满蔬菜和香料，先包在荷叶里面，再放在土罐里烤。在吃的时候，打破土罐，香味四溢。中部地区的一种特色小吃（但实际上中国各地的人都喜欢）叫做腐乳。腐乳有刺激性，有像乳酪一样的味道，非常可口，并且在荤、素菜肴中都可搭配。在10月和11月淡水蟹最好吃，只要简单地清蒸，配上小葱、姜、酱油、糖、醋，就非常美味。

腐乳

狮子头：炖熟的猪肉丸子和生菜叶——看起来像狮子的头和鬃毛。

淮扬菜与苏浙菜

淮扬菜，淮河和长江三角洲特有的菜系，因为美味的鱼类和产自太湖的淡水蟹而出名。淮扬菜与鲁菜、川菜、粤菜并称为中国四大菜系。淮扬菜，始于春秋，兴于随唐，盛于明清，素有“东南第一佳味，天下之至美”之美誉。然而，苏浙菜包括的范围更广，包括江苏省和浙江省以及饮食文化中心南京市和杭州市，它们都是省会城市。除了用清淡汤料炖菜以外，这一带的菜肴因用酱油、糖、姜、米酒“红烧”而出名。“镇江醋”是产自江

鳝鱼，华中地区河里常见的一种鱼类

苏省镇江的黑米醋，被公认为是中国最好的米醋。

当然，浙江绍兴出产中国最好的米酒，金华有质量上乘的火腿。生长在杭州西湖附近的龙井绿茶也是值得品尝的。

公园咖啡厅——可以享用到各种馅料的面点

徽菜

进一步深入内陆是另一大美味菜系——徽菜，它有悠久的历史，但往往被游客忽略。安徽省尽管在内陆，但由于湖泊和河流网络密布，安徽仍然拥有大量的鱼类资源。该省也是中国重要的农业区之一，生产大量、多种多样的农作物和蔬菜。安徽省有名的作物之一是白笋。在山上隐居，吃素食的佛教徒常把鲜脆的笋类用在素菜里，通常把这些笋与树林里产的各种各样的奇特的蘑菇混合食用。还有，世界著名的祁门红茶（实际是黑色的）来自安徽南部湿润的山区——祁门。

菜单

叫花鸡 在整只鸡里塞满调料并放在土罐里烤熟。

油炸虾 带壳的虾被快速油炸后放入酱油和番茄汁炖熟。

蒸三鲜 蒸火腿丝、鸡肉及拌上笋丁、香菇、猪肉——简直可以说是蒸五鲜了。

淡水蟹 只需清蒸后蘸着放有葱、姜、酱油、糖和醋的调味汁吃即可。

米粉肉 这道菜需要长时间蒸，入口即化。

佛家八宝 一种美味素菜的统称，实际上这道菜可以包含许多不同的配料。

豆腐煲：炖锅里放入豆腐、海参、火腿、对虾、蘑菇、竹笋、小白菜。

松鼠鳜鱼：鱼切成片，裹上面糊，用油炸，再配上酸甜的酱汁。

糖醋排骨：油炸的小块猪排骨放入酱油、糖和醋炖熟。

亚一金店
亚一金店

上海

上海，位于黄浦江边，紧靠长江口岸，是中国东海岸最大、最具活力的城市，人口超过 1300 万。作为中国的直辖市之一，随着经济的迅速发展和工业化进程的加快，上海成为当今世界发展速度最快的城市之一。

根据字面的意思，上海的名字有“海上发展”之寓意，上海最近的发展也的确日新月异。13 世纪时的上海不过是个小县城，直到 19 世纪中叶英国的商业野心成为英国与中国的战争导火索。战后签订的《南京条约》允许英国在某些港口自由贸易，其中就包括上海。上海很快成了魅力的前沿，灯红酒绿的生活，最终使其走向衰败。上海被分割成不同的租界，少数外国人居住在租界里，先是英国建立租界，其后是法国、美国和日本。时至今日，外滩或黄浦江沿岸的码头旁仍然林立着殖民地的建筑物，见证着上海曾是世界第三大贸易中心。1949 年，上海解放。1990 年，浦东以及对岸的外滩被批准为经济特区，上海的经济开始复苏。大量投资迅速涌入上海。立交桥、商场、酒店不断兴建，金属结构和玻璃幕墙装饰的摩天大楼矗立在黄浦江边。今天，上海又一次走在经济和时尚潮流的前列，有许多俱乐部和酒吧，夜生活丰富多彩。

行人漫步在上海外滩的人行道上

◁ 在上海老城区，游人穿过九曲桥去湖心亭茶楼

游览上海

上海的三个主要城区中，位于南面的是老城区，那里的里巷、集市、寺庙都是典型的中式建筑风格。豫园也在其中，它是上海最好的古典园林。以前的租界区包括老城区西边的法租界和它北部的英美租界——它们统称为上海公共租界。外滩的人行道旁是林立的殖民地建筑，包括费尔蒙特和平饭店和上海俱乐部以及上海的两条主要购物街——南京路和淮海路。位于黄浦江东岸的浦东是上海最新的行政区，这里有世界上最高的建筑物。

地图
参见 174 页～ 175 页

景点一览表

城区及其周边历史建筑、景点
外滩（参见 186 页～ 187 页）1
法租界 9
龙华烈士陵园 16
浦东 5
上海展览中心 10
中国共产党第一次全国代表大会会址纪念馆 7
宋庆龄故居 14

庙宇和教堂
玉佛禅寺 12
静安寺 11
徐家汇天主教堂 15

公园和花园
复兴公园 8
虹口公园 13
人民广场 3

豫园和豫园商城
（参见 192 页～ 193 页）6

博物馆
上海博物馆
（参见 190 页～ 191 页）4

城镇
松江 18

商店和市场
南京路 2

自然风景区
佘山 17

0 meters 800
0 yards 800

交通

乘地铁观光是游览上海的最佳途径。上海的地铁网络正在迅速扩大，并且有正在建设的新线路。出租车也很方便、经济、便捷。公交车也很多，但是，由于堵车的原因，公共汽车通常很拥挤，很慢。尤其是在早晚的交通高峰期。虽然每条线路的公交车都有自己固定的时间表，但这对于外地游客来说还是有些复杂。

图示
城市地图：参见192页～193页
国际机场
火车站
长途汽车站
地铁站
轮渡码头
河船码头
旅游咨询中心
邮局
高速公路
国道
铁路
上海
SHANGHAI-NANJING EXPRESSWAY
Huangdu
Hongqiao Airport
Pudong
Pudong International Airport
Qingpu
Xinzhuang
Zhou
Wujing
Huangpu
SHANGHAI-HANGZHOU EXPRESSWAY
Minhang
0 km 10
0 miles 10
13
14
15
16
17
18
Dong Baoxing Lu
YONGXING LU
Hongjiang Lu Bus Terminal
QIUJIANG LU
Baoshan Lu
TIANMU DONG LU
TIANMU ZHONG LU
WUJING LU
XINJIANG LU
TIANTONG LU
GUANGFU
Suzhou Creek
Xinzha Lu
BEIJING XI LU
BEIJING DONG LU
People's Park
NANJING XI LU
NANJING DONG LU
PEOPLE'S PARK
HANGPU
Henan Zhong Lu
WUSHENG LU
YAN'AN DONG LU
NINGHAI DONG LU
JINLING DONG LU
RENMIN LU
HUAIHAI DONG LU
HUAIHAI PARK
Huangpi Nan Lu
OLD CITY
FUXING ZHONG LU
FUXING DONG LU
LUWAN
JIANGUO DONG LU
YONGNIAN LU
XUJIAHUI LU
LUJIABANG LU
ZHONGHUA LU
DONG JIADU LU
ZHONGSHAN NAN LU
ZHONGSHAN DONG LU
NORTH-SOUTH OVERHEAD ROAD
CHENGDU BEI LU
XIZANG BEI LU
XIZANG ZHONG LU
XIZANG NAN LU
HENAN BEI LU
HENAN ZHONG LU
HENAN NAN LU
SICHUAN BEI LU
WUSONG LU
SIPING LU
HAILUN LU
LINPING LU
ZHOUJIAZUI LU
GONGPING LU
DONG HANYANG LU
DONG CHANGZHI LU
DONG DAMING LU
International Passenger Terminal
Huangpu River
HUANGPU PARK
Huangpu River Tours Piers
PUDONG PARK
YINCHENG XI LU
YINCHENG BEI LU
PUDONG
LUJIAZUI LU
Lujiazui
LUJIAZUI PARK
RIVERSIDE PARK
RIVERSIDE PROMENADE
SHIJI DADAO
PUDONG DADAO
Dongchang Lu
YINCHENG NAN LU
DONG CHANG LU
PUMIN LU
ZHANGYANG LU
PUDONG NAN LU
WEIFANG LU
PUDIAN LU
TANGQIAO LU
Yan'an Donglu Tunnel
Tunnel
Nanpu Bridge
1
2
3
4
5
6
7

外滩 ❶

提到某一个地方，人们总会想起这个地方的明显标志，而外滩就是上海的标志。外滩也叫中山东一路，是原来殖民地时期上海的中心，它的一侧是黄浦江，另一侧是林立的酒店、银行、写字楼和俱乐部，这些建筑是西部商业实力的庄严象征。大多数旧建筑物现在仍然存在，漫步其间，很轻松地就能度过愉快的几个小时。为迎接2010年上海世界博览会该地区已经重建。

狮子，殖民势力的象征

外滩，是世界第三大金融中心

★ 香港上海汇丰银行
建于1921年，自诩为亚洲最美的建筑。里面有些令人惊叹的修复的壁画。

★ 海关大楼
入口大厅装饰着精美的海洋雕刻图案。

青铜狮子，摸摸它的爪子和头能带来好运气

华俄道胜银行大楼

前交通银行

★ 河边长廊
外滩的河岸边是欣赏水上交通和浦东沿线建筑的好地方，这里有家舒服的岸边咖啡馆。

星级景点

- ★ 河边长廊
- ★ 香港上海汇丰银行
- ★ 海关大楼
- ★ 浦东美景

★ 浦东美景
傍晚，外滩上成群结队的人们享受着河岸的微风和浦东现代化建筑投射的辉煌灯光（参见189页）。

中国银行
融合了20世纪20年代的美国风格以及中国的传统风格，这个令人印象深刻的建筑据说是由沙逊洋行的竞争对手孔祥熙所建。

前皇宫酒店
皇宫饭店建于1906年，曾是上海最好的酒店之一。在2010年作为斯沃琪艺术中心（Swatch Art Palace Hotel）重新开放。

印度、澳大利亚和中国的渣打银行大厦

前台湾银行

宇林大楼

费尔蒙特和平饭店
它是外滩上最有特色的建筑，1930年，由百万富翁维克托·沙逊爵士建造。许多著名的游客包括演员查理·卓别林和剧作家诺埃尔·科沃德都曾到此参观。

陈毅塑像
俯视外滩的铜像不是毛主席塑像，而是1949年上海解放后上海市第一任市长陈毅。

上海大剧院

南京路 ❷

Ⓜ 石门路（南京路）。

从外滩向西，地区间竞争激烈，如在原来法租界区内时尚的淮海路。但南京路被称为上海最有名的购物街。南京路全长 10 公里，被分为两段，从外滩到人民公园是南京东路，剩下的是南京西路。南京路起源于 1851 年从外滩通往河南路抛球场的花园弄（Park Lane）。一直以来被称为“购物天堂”的南京东路上到处是高档的奢侈品牌购物中心、商店和精品店。剧场、电影院、餐馆、美容院以及购物的人群构成了街上的整幅画面。1949 年以前，所有较大的商店都在这里落户。太阳百货（Sun Department Store）便是其中之一，它现在是上海第一百货商店，橱窗展示很有特色，每天能吸引 10 万多名顾客。因为逛街是最流行的消遣方式，所以拥有许多 20 世纪 30 年代欧洲风格建筑，从外滩到人民公园的南京东路步行街永远都是人声鼎沸。

南京东路的终点是人民广场，位于具有令人印象深刻的外观以及内部装潢精致的上海金门大酒店和庄重寂静的上海国际饭店的前面。上海国际饭店建于 1934 年，曾经是上海最时髦的酒店之一，并且当时是中国第一高楼。再往西，位于南京西路和静安寺地铁站之间的地方是从前的静安寺路，因为恰好临近静安寺而得名。这个地段消费档次更高，也没那么拥挤，有诸如恒隆广场（Plaza 66）、越洋广场（Park Place）、上海商城等奢华的商店和高档住宅区（参见 200 页）。上海展览中心的对面有一座集商店、餐饮及波特曼·丽嘉酒店的公寓于一身的建筑。

人民广场 ❸

南京西路。Ⓜ 人民广场。🕒 每天早上 7:00～晚上 6:00。

国际饭店的对面原来是跑马厅，现在，它的北半部分是风景如画的人民公园，南半部分是人民广场和上海博物馆。大多数人去人民公园里是散步、聊天、锻炼，或者干脆去看来来往往的行人。公园周围是有闪亮的玻璃幕墙和金属结构的摩天大楼。其对面的东侧是沐恩堂（the Merciful Baptism Church），建于 1929 年，是美国教友教堂。这座跨越派系幸存的教堂历经了许多中国的变革，尽管它设在中国，但它是面向所有人开放，欢迎外国国民。

公园里新的视觉焦点是上海当代艺术馆（the Museum of Contemporary Art）。博物馆的两层楼定期更换展品，展出的是顶尖艺术品与设计品。在人民公园西北角是上海美术馆，它位于原来的十里洋场跑马总会的底层。藏品既有许多优秀的国画，也有许多尝试性的作品。上海博物馆对面是上海城市规划展示馆（Shanghai Urban Planning Exhibition Hall），在这里可以观摩最近几年的大型城市发展项目的展示。最精彩的是有一整层专门用于展览上海市城市建设的微缩模型，展示了上海所有现存的和已批准但还没有建成的建筑物。在人民广场的西北角是上海大剧院（Shanghai Grand Theater）（参见 200 页），它几乎全部由玻璃建成，上面是壮观的凸形屋顶。这是绝对值得一去之处，可以在这里用餐，或是四处游览，也可以参观剧院。

南京路，繁华的步行街

沐恩堂
西藏中路 328 号。每天。礼拜时间参见入口提示。

上海当代艺术馆
每天上午 10:00 ～晚上 6:00。

上海美术馆
每天上午 9:00 ～下午 5:00。

上海城市规划展示馆
每天。

上海大剧院
每天上午 9:00 ～ 11:00，下午 1:00 ～ 4:00。

旧跑马厅

在 20 世纪初，旧跑马厅是上海社交生活的中心，跑马总会是当时中国最赚钱的公司之一。跑马厅里还有游泳池和板球场。1949 年，新中国成立后，被改建为美丽的花园和广场，用于政治集会，并最终变成了与上海博物馆相协调的美景。唯一保留的物品是公园西侧的旧看台钟。现在它是上海美术馆的一部分。

1949 年以前上海旧跑马厅景象

上海博物馆 ❹

参见 190 页～ 191 页。

浦东 ❺

黄浦江东岸。从人民广场到陆家嘴。人民广场。跨江轮渡码头。

浦东因地处浦江之东而得名，作为地理范畴包括浦东新区、原南汇区、闵行区浦东部分、奉贤区东部等地。

20 世纪中叶，浦东与外滩隔黄浦江相望，曾是上海最穷的地区，充斥着贫民窟和妓院，也是臭名昭著的黑社会老大杜月笙的老家。在 1990 年，浦东被划为经济特区，随之成为了世界上最大的建筑工地，据说这里有占全世界数量 1/3 的大型起重机。这里的变化非常显著——随着资金的大量涌入，这个原本闭塞的地方现已四处林立着摩天大楼。其中有 457 米高的东方明珠电视塔，从它的中部就能鸟瞰整个城市；里面还有上海历史博物馆。浦东还有 421 米高的金茂大厦。金茂大厦是中国最高的建筑物之一，东方明珠电视塔与它那 88 层的观景台相比都相形见绌。高 492 米的上海环球金融中心（Shanghai World Financial Center）超过了前两者，是世界上最高的酒店和观景台。

东方明珠电视塔
世纪大道 1 号。电话：(021) 58791888。每天上午 8:00 ～晚上 9:00。

上海历史博物馆
电话：(021) 58791888。上午 8:00 ～晚上 9:00。

浦东新潮而不断变化的城市天际线

上海博物馆 ❹

青铜币

上海博物馆有藏品超过12万件，展示了若干件从中国的新石器时代到清朝时期最有价值的文物，时间跨度超过5000年。虽然藏品的精粹是青铜器、陶瓷、书法、绘画，但也有精美的玉器、古家具、古钱币和中国印章等。该博物馆成立于1952年，目前的建筑在1995年开放，整栋建筑的设计是上圆下方的造型，寓意为中国“天圆地方”的传统说法。

上海博物馆，让人联想到商代的青铜鼎

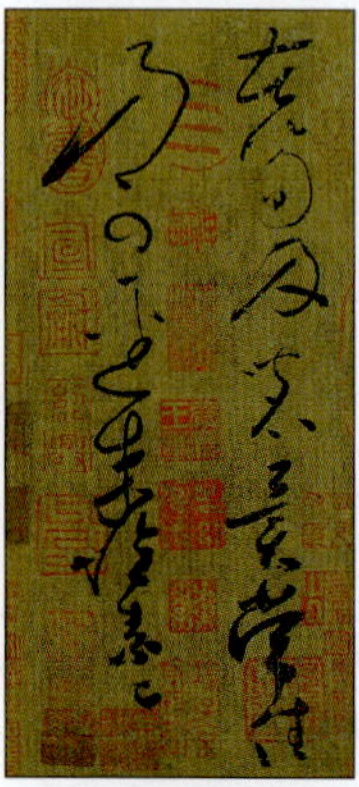

三层

书法
对于中国人来说，书法不仅仅是用来沟通，更是最高的艺术形式之一。这幅草书(参见26页～27页)怀素于737年所书，是典型的“狂草”，将枯墨瘦笔和苍劲有力集于一身。

★ 唐三彩女骑马俑
唐代（618～907年）陶器主要的技术发展是唐三彩（三色）陶器。这座庄重的俑像是彩陶中的精品。

青瓷瓷器
青瓷具有简约之美及很高的的收藏价值。这件瓷器出自南宋（1127～1279年）龙泉窑。栩栩如生地展现了蛟龙盘踞的姿态。

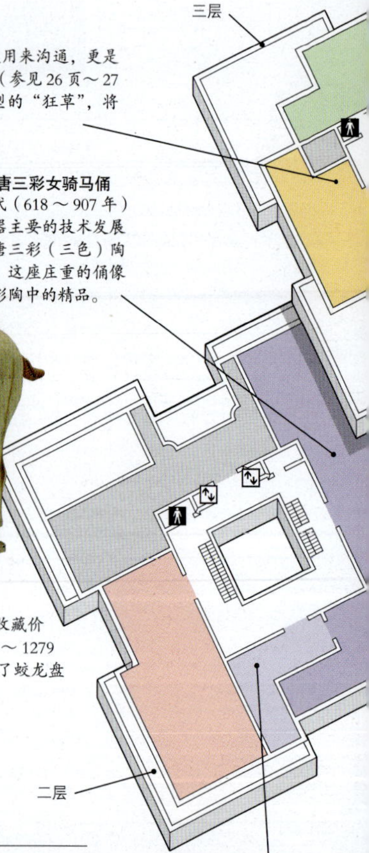

二层

暂得楼陶瓷馆有130件私人捐赠藏品，其中一些藏品属于清代官窑佳品

图示

- 铜器
- 雕塑
- 陶瓷
- 暂得楼陶瓷馆
- 绘画
- 书法
- 玺印
- 翡翠
- 家具
- 钱币
- 少数民族展示
- 临时展馆
- 非展览空间

游客清单

人民大道 201 号，人民广场。电话：(021) 63723500。M 人民广场。每天上午 9:00 ～下午 5:00 (闭馆前一小时停止售票)。
www.shanghaimuseum.net

中国古代玉器馆
玉器，是中国石料的精粹，在清朝 (1616 ～ 1911 年) 达到顶峰。图片是造型精美的玉觚(盛酒的容器)。

★ 中国历代绘画馆
中国的绘画在很大程度上受道家哲学影响。因此，王蒙 (1308 ～ 1385 年) 的画《青卞隐居图》试图描绘巍峨磅礴的自然界的画面。

两涂轩典藏私人捐赠的字画藏品

★ 商代青铜器
这个斝 (jiǎ)(古代盛酒的器皿)，是公元前 15 世纪中期至公元前 13 世纪的一种陪葬品，精巧的兽面纹显示了高超的工艺和技能。兽面纹又叫饕餮纹。

中国历代玺印馆展览名家的雕刻作品

中国古代雕塑馆藏品以古老的雕塑品为主，并且主要是宗教塑像

游览指南

为了安全起见，字画的展出位置经常更换。除了该博物馆永久收藏的展品，这里还经常展出来自世界各地主要博物馆的藏品。

星级景点

- ★ 唐三彩女骑马俑
- ★ 中国历代绘画馆
- ★ 商代青铜器

城市地图：豫园和豫园商城 ❻

中国狮子雕像

豫园商城的老式建筑并非是真的古老，但是造型奇特的屋顶仍然非常有吸引力。这些店铺里的商品从旅游纪念品到中药，应有尽有，虽然这里物品的价格虚高不少，但还是非常受欢迎。最好是早点去，并且直接到赏心悦目、相对安静的豫园（Yu Gardens）去，豫园建于明朝。在中午餐馆还不是很忙的时候去吃顿饺子，能使您有足够精力度过一个忙着购物和讨价还价的下午，然后可以到古色古香的湖心亭茶楼（Huxinting teahouse）去品茶。

豫园商城，老式建筑里的现代商场

豫园商城
尽管这里会或多或少地抬高价格，但徘徊在货摊间选择商品并且讨价还价还是很有趣的。

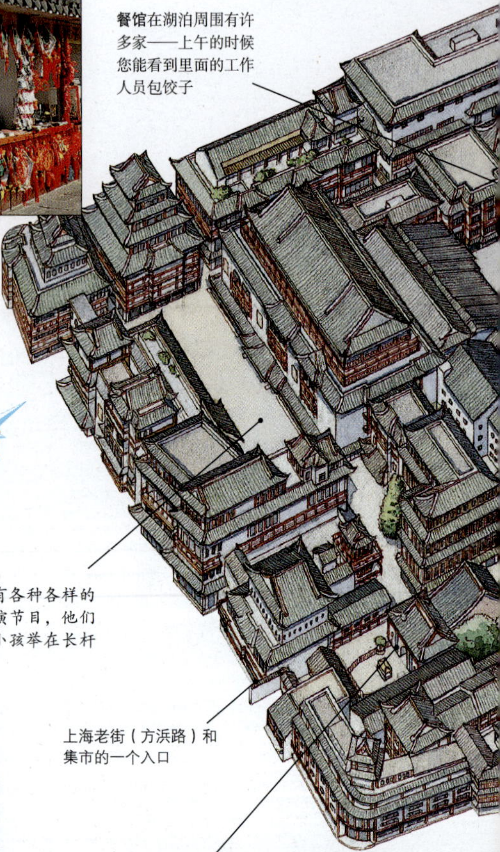

餐馆在湖泊周围有许多家——上午的时候您能看到里面的工作人员包饺子

街头艺人
时不时会有各种各样的的剧团表演节目，他们会表演把小孩举在长杆顶上。

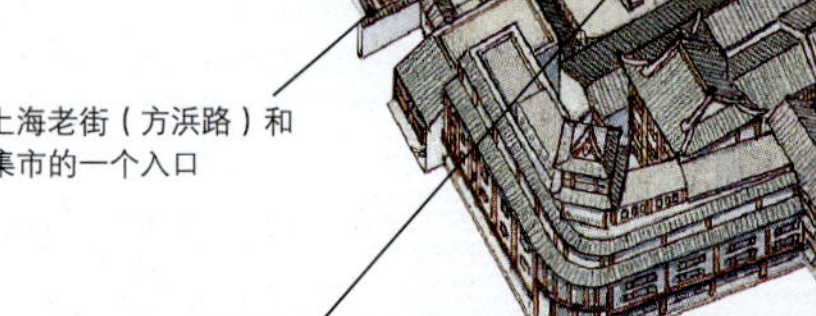

上海老街（方浜路）和集市的一个入口

★ 城隍庙
城隍庙的历史可以追溯到明朝，那里供奉着上海的城隍神。占地面积跟豫园商城的面积一样大。现在，重建的小规模的城隍庙很受游客欢迎。

星级景点

★ 城隍庙

★ 湖心亭茶楼

★ 大假山

★ 湖心亭茶楼
这座迷人的建筑，是在1784年由布商们出资兴建，到了19世纪后期才成为茶楼。据说九曲桥能保护建筑物，因为传说妖魔鬼怪只会漂游不会转弯。

游客清单

方浜中路269号（上海老街），老城区。6路。电话：（021）63868649。城隍庙 每天上午8:30～下午4:30。豫园 每天上午8:30～下午4:30。湖心亭茶楼 每天上午8:30～晚上9:00。

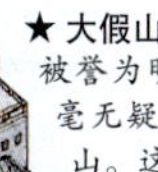

★ 大假山
被誉为明代最好的假山，毫无疑问它是最大的假山。这座假山能使人想起中国南方的山峰、洞穴和峡谷。

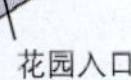

花园入口

龙墙
花园里白色墙壁的顶上盘踞着一条巨龙，注意看会发现它只有4个爪，而不是像帝王用的“五爪金龙”的图案，为的是避免招致皇帝不满。

豫园景区
围墙把豫园隔成六个景区，使得它犹如一个迷宫，并且会产生比实际面积大的错觉。豫园在下午和周末很热闹。

中国共产党第一次全国代表大会会址纪念馆的入口

中国共产党第一次全国代表大会会址纪念馆 ❼

黄陂南路 374 号。Ⓜ 黄陂南路。◯ 上午 9:00～下午 4:00。

建于 1952 年，由"一大"会议室、中共创建史陈列室和革命史专题临时陈列室 3 部分组成。

在这座位于法租界内的房子里召开过一次具有重大历史意义的会议，1921 年 7 月 23 日，各地共产主义小组代表在这里开会讨论建立中国共产党。据官方统计，包括毛泽东在内，共有 12 名与会代表。会议被警察发现，代表们被迫将会议地点转移到浙江南湖的一艘游船上。房子重新恢复了遗址原貌，里面有原来参加会议的代表们使用的椅子和茶杯。展馆讲述了中国共产党的历史。

复兴公园 ❽

复兴中路。Ⓜ 黄陂南路。孙中山故居纪念馆，香山路 7 号。电话：(021) 64372954。◯ 每天上午 9:00～下午 4:00。周恩来故居（又称周公馆），思南路 73 号。◯ 每天上午 9:00～下午 4:00。

复兴公园是上海开辟的最早的公园之一。

在 1908 年，法国购买了这座位于法租界内的私家园林。当时它被称为法国公园，并且包含有许多展现巴黎的公园艺术的元素在里面。蜿蜒的道路两旁是樱桃树。1949 年，它改名为复兴公园，寓意为"苏醒"。

在附近的香山路上是孙中山故居纪念馆，这是座典型的上海别墅，革命领导人孙中山和他的夫人宋庆龄 1918 年到 1924 年在此居住。房子里面的布置仍和孙中山在的时候一样，有很多他的个人物品，比如他的留声机和书。

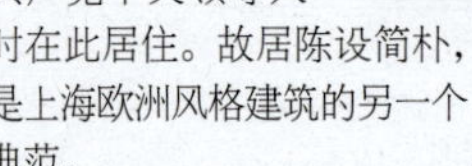
孙中山纪念馆的孙中山雕像

复兴公园以南的思南路 73 号（原名马思南路）是周恩来故居。周恩来任中国共产党中央领导人时在此居住。故居陈设简朴，是上海欧洲风格建筑的另一个典范。

法租借 ❾

Ⓜ 陕西南路。

以前的法租界，从老城区的最西边一直到海格路（Avenue Haig，也叫华山路），有商店、咖啡馆，其居民主要是白俄人和中国人。它有自己的电力系统、司法机构以及警察，里面级别最高的官员是"黄麻子"，他是臭名昭著的控制鸦片贸易的"青帮"首领。

现在，法租界的中心在淮海路上。这是一条热闹的街道，两旁布满了精品店、糖果店、发廊和酒吧，还有气派的锦江大酒店。酒店建筑包括格罗夫纳别墅，曾是上海最独特的建筑。酒店的 VIP 俱乐部在老楼上，仍保留着 20 世纪 20 年代的建筑风格。酒店周围的街道，特别是巨鹿路和茂名南路，有喧闹的酒吧和俱乐部，晚上也很热闹（参见 201 页）。另一个引人入胜的建筑是瑞金宾馆（Ruijin Guesthouse），位于复兴中路和陕西南路的角上。这座都铎风格的大厦现在是一座设在安静院落里的旅店。少年宫在延安路的西段，建于 20 世纪 20 年代早期，现在是儿童艺术中心。该中心会安排游客观看少年宫的歌舞表演。

这座欧洲风格的别墅是周恩来的故居

黄浦江

黄浦江全长仅110公里，淀山湖（Dianshan Lake）是黄浦江与长江的交汇点，在上海青浦区西。壮观的场面非常吸引人，并且这里有许多可以参观的景色，如外滩古老而壮观的江岸，浦东迅速发展的现代化城市，从黄浦江到宽阔、倾斜的长江口岸一路上繁忙的码头。船舶离开位于南京路和延安路之间的外滩码头（参见186页～187页）一个小时的行程最远能将游客送至杨浦大桥，但也有时间较长的需要三个半小时的行程，都去往长江。

黄浦江上的货船

长江⑦这个水域的水色变化明显，因为油腻的黄浦江水和颜色浑浊、与波涛汹涌的长江在此相遇，一座灯塔标志着两江汇合。

上海码头④上海人自豪地称几乎中国国际贸易的1/3经过常年忙碌的黄浦江。

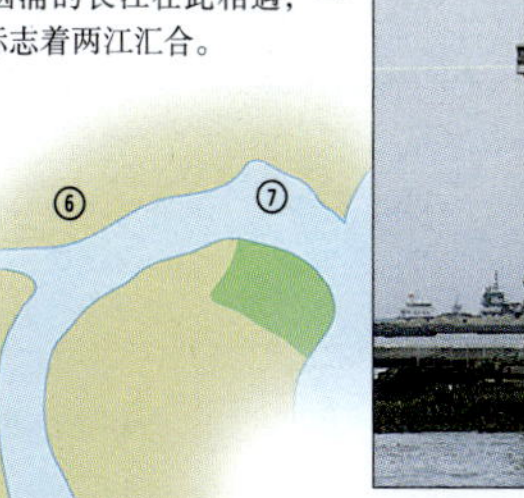

吴淞古炮台⑥这是1842年抗击英国的决定性战役的发生地点，它由一个月牙形炮台与10座进口的大炮组成。

杨浦大桥③建于1993年，是世界上最长的拉索型桥——拉索固定在每个索塔上。

共青森林公园⑤这座景观优美的大型天然公园是在湿地上开垦修建的，上海人周末喜欢到此游玩。

黄浦公园②在外滩的北端，公园里有人民英雄纪念碑。

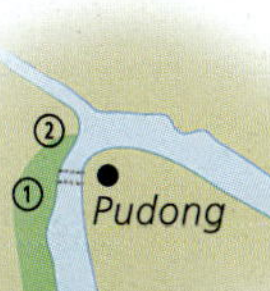

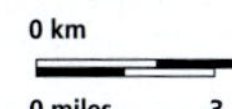

外滩①乘船是欣赏外滩雄伟壮观建筑轮廓的最好方法，也能令游客游览上海这座1949年以前迎接所有外国侨民的城市。

提示栏

长度：60公里。一小时旅程：16公里。**航船班次：**由于这些船只的大小和设施不同，所以一定要明确自己想坐什么样的船。较昂贵的船上提供食物，甚至有各种各样的娱乐活动。**时间：**周一至周五上午9:00，下午2:00，晚上7:00；周六上午11:00，下午3:30，周日上午8:00。观光行程为一小时的游船发船次数比较频繁（时间会有改变）。

苏联风格的上海展览中心的立面

上海展览中心 ⑩

延安中路1000号。电话：(021) 62473438。Ⓜ静安寺。◯每天上午9:00～下午4:00。

巨大的上海展览中心是少数能够反映苏联曾经影响过上海的事物之一。它建于1954年，原名中苏友好大厦，用于展览自1949年中华人民共和国成立以来在科学技术及农业上的发展。展览馆的所在地原为20世纪20年代上海最大的资本家、百万富翁塞拉斯·哈同(Silas Hardoon)的花园。展览中心那庄严华丽的苏联风格值得去看看。展览中心装饰华丽的入口十分醒目，有红星装饰的圆柱及镀金尖顶。上海展览中心承办了许多国内外重要的展览会，也担当上海市人民代表大会、政治协商会议和政府工作会议举办场所的重要角色。在经济、政治、科技等方面发挥巨大的作用。

在新乐路附近，原法租界内，老的俄罗斯东正教堂有独特的洋葱形圆顶。教堂曾为1917年俄国革命成千上万的难民服务。这附近的巨鹿路和长乐路周围有许多20世纪早期的别墅和上海富裕居民建造的豪宅。

静安寺 ⑪

南京西路1686号(华山路附近)。Ⓜ静安寺。◯每天早上7:30～下午5:00。

位于风景迷人的静安公园对面，里面有古老的静安寺公墓，是上海人最敬畏的祭祖地之一。最初建于三国时期，目前的建筑可追溯至明、清两代。有大雄宝殿、天王殿、三圣殿三座主要建筑，雄伟壮观。寺内还藏有八大山人名画、文徵明真迹《琵琶行》行草长卷。在20世纪30年代，它是上海最富有的佛寺，上海解放后，市人民政府将静安寺列为市级文物保护单位，并于1951年、1954年2次拨款共2万多元对静安寺进行修复。1953年4月，住持持松法师在寺内复兴自唐代以来失传已久的全国唯一的真言宗(密宗)坛场。每逢农历正月初一及四月初八(佛诞日)对外开放，游人前往瞻仰，礼佛者众多。静安寺在"文化大革命"时曾被关闭，但是重新开放后它变成了上海活跃的佛教圣地的典范之一。香火鼎盛的**静安寺**是人们**积德行善**和祈求好财运的地方。

玉佛禅寺墙壁的雕刻

玉佛禅寺 ⑫

安远路170号。电话：(021) 62663668。Ⓜ到汉中路，然后乘出租车。◯每天上午8:30～下午4:30。

玉佛禅寺是上海最有名的寺院，位于上海的西北部。是一座仿宋殿宇建筑，布局严谨，结构和谐，气势宏伟。中轴线上依次有大照壁、天王殿、大雄宝殿、般若丈室(上为玉佛楼和藏经楼)。它建于1882年，为了供奉慧根住持从缅甸请回的两座精美玉佛雕像而建。玉佛禅寺原址位于其他地方，原先的建筑被大火烧毁后于1918年迁至此地。寺庙关闭了将近30年，1980年重新开放，如今拥有约100名僧侣。寺庙建筑是南宋风格，屋檐陡峭并且房顶上雕梁画栋。两个庭院连接起寺庙的三个厅堂。第一个大厅是天王殿，四大天王分列两边。大雄宝殿中央供奉着三尊大佛，中间是释迦牟尼佛，两边分别是东方药师佛和西方阿弥陀佛。玉佛寺卧佛殿供奉着两尊倭卧佛殿供奉着两尊卧佛。一尊大的卧佛像是等十任方丈真禅法师从新加坡请回，由整坏玉石雕琢而成；另一尊小的卧佛像与玉佛像一同由慧根上从缅甸请回，由整块白玉精雕而成。

玉佛禅寺的金佛

老上海

直到1842年前，上海还是个较小的内河港口，最值得注意的是护城墙。1842年，清政府屈服于西方列强，将东部沿海的许多港口开放为通商口岸，这些通商口岸中包括上海，随后它们成了欧洲的居民点。它们的主要特点是治外法权——外国居民只遵守他们本国的法令，而不是中国的法律。因此，美国人、英国人和法国人拥有自己的“特权区”——在上海市内拥有自己的警察部队和司法机构的专门区域。这种混杂以及两次世界大战之间政治的动荡，都造成了某种发展的动力，使得上海呈现出一派繁荣景象。20世纪40年代这一切都结束了，面对中国人不断发起的抵抗侵略的运动，外国人放弃了他们的特权。

20世纪30年代的封面女郎

外滩也被称为中山路，黄浦江沿线宽阔的大街。所有在上海贸易中扮演重要角色的公司都在此设立了办事处，并且建造了雄伟独特的建筑。现在，这里仍然欢迎游客沿河参观。

大世界典型的上海建筑，归黑帮首领“黄麻子”（黄金荣）所有，里面充斥着声色场所。

跑马厅位于现在人民公园的位置，是外籍侨民生活中不可缺少的部分，跟其他很多俱乐部一样不允许中国人入内，外国人在里面像在他们本国一样进行社交。

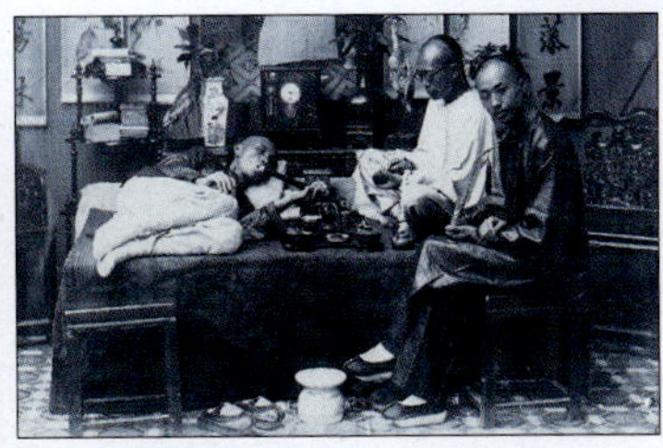
鸦片随着英国的公司如怡和洋行（Jardine Matheson）等宣称贸易自由而进入商品流通领域，遍布整个城市。当贸易的虚假外衣被撕掉，鸦片成了上海黑市的摇钱树。

南京路过去是，现在仍然是上海的零售中心。分为两部分（西段又叫静安寺路），这有中国第一百货公司，如今，在这里中国人和外国人平等。

虹口公园（鲁迅公园）湖边码头上色彩鲜艳的船只

虹口公园 ⑬

东江湾路146号。M 虹口。◯ 每天。

在苏州河和外白渡桥以北是国际公共租界的日本部分，那里曾有禅寺、日本学校及专门的日本商店。该地区最有趣的是虹口公园，始建于清光绪二十二年（1896年），是上海主要历史文化纪念性公园和中国第一个体育公园。地理位置优越，闹中取静，是用来打发时间的好地方，可以看湖上泛舟、下棋、练习太极拳或只是放松一下。它也叫鲁迅公园，因为它与曾经住在这附近的中国伟大作家鲁迅（1881～1936年）有着密切的关系。鲁迅最著名的作品是《阿Q正传》，作品嘲讽了中国人的民族劣根性。鲁迅也是早期支持白话文运动的人之一，主张简化汉字以及在文学作品中使用口语。鲁迅墓也坐落在公园里，1956年他的骨灰被安葬于此，以纪念他逝世20周年。公园主入口右侧是一座用来纪念鲁迅的纪念馆，在这里游客可以看到他著作的早期版本和鲁迅与其他一些知识分子往来的书信，其中包括萧伯纳的信。虹口公园南面是鲁迅故居，在这所位于山阴路的房子里鲁迅度过了他生命中最后的三年。这座房子是20世纪30年代日本风格的建筑的代表，但房子的陈设比当时的其他房子简朴得多。展品里有鲁迅的藤椅和写字台。

鲁迅墓，雕像

鲁迅故居
山阴路，大路新村9号。◯ 每天上午9:00～下午4:00。

宋庆龄故居 ⑭

淮海中路1843号。M 衡山路。◯ 每天上午9:00～11:00；下午1:00～4:30。

位于上海西南边的一座美丽的别墅是革命领导人孙中山先生的妻子宋庆龄的故居。宋氏家族的三姐妹和一个兄弟在中国都有很大的影响力。宋氏三姐妹中，宋美龄嫁给了蒋介石。蒋介石是1928～1949年中国实际上的最高统治者。宋霭龄与中央银行总裁孔祥熙结婚；宋庆龄与孙中山结婚。她的弟弟宋子文，是蒋介石的财政部长。新中国成立后，宋庆龄留在了内地，并成为政府的重要人物。孙中山去世后她住在上海，最初是住在原法租界他们共同的房子里（参见194页），后来搬到了这座别墅。1981年宋庆龄在北京去世，这里作为宋庆龄在上海的故居对外开放，供后人瞻仰。2001年经国务院批准 列为全国重点文物保护单位。

这栋房子是20世纪中期优雅的上海别墅的代表。房子里有一些精美的镶嵌木隔板和漆器。宋庆龄的轿车仍停在车库里，她的一些个人物品也在展出之列。这里是宋庆龄生前生活和从事国务活动的重要场所，漫步其间，似乎仍能感受到伟人的音容笑貌和不朽风范。

宋庆龄故居——一座迷人的20世纪早期的别墅

徐家汇天主教堂 ⑮

浦西路 158 号。电话：(021) 64382595。M 徐家汇。◯ 周六、周日下午 1:00～4:00。

红砖建造的哥特式圣依纳爵教堂位于上海的西南角，一直以来都与外籍居民有关联。建教堂的土地原本属于徐氏家族成员徐光启（1562～1633年），他受利玛窦的影响信仰天主教。徐光启去世后，留下土地给那些耶稣会信徒，让他们建教堂、耶稣会修道院和天文台。大教堂建于1906年，有50米高的双子塔。“文化大革命”时破坏了一部分，但又被重建，现在每周日都做礼拜，有2000多名信徒参加活动。教堂内部是传统的天主教风格和中式风格的有趣组合。徐光启的墓地在南丹公园附近。

龙华烈士陵园 ⑯

龙华西路 180 号。M 到上海体育场然后坐出租车。电话：(021) 64685995。41路。◯ 周二～周日上午 8:30～下午 4:00。龙华寺：龙华西路 2853 号。◯ 每天早上 7:00～下午 4:30。

这里是为了纪念1949年中华人民共和国成立以前为共产主义事业牺牲的革命者而建。中央是烈士纪念馆，有许多纪念雕像分布在公园各处。公墓建在原来国民党大屠杀的刑场上，在这里数百名共产党人被国民党处死。

附近是龙华寺和一座八角形塔。寺庙从687年就矗立在此处，宝塔则是238～251年修建的。现在的宝塔，建于977年，有飞檐。而庙宇则是晚清时期重建的。这座庙由几个大厅组成，而且香火鼎盛。春季桃花盛开的时候风景很漂亮。

龙华烈士陵园纪念雕像

佘山 ⑰

上海西南 35 公里。从文化广场公交车站点或在上海西区公交车站出发。

佘山仅100米高，山顶有雄伟的红砖建造的天主大教堂——中国圣母堂。在19世纪50年代，欧洲传教士在这里建了一个小教堂。后来，有位主教曾在该地避难，并发誓要在此地建一所教堂。该教堂于1925～1935年修建。通常用拉丁语做礼拜，在基督教节日，特别是5月举行，每到这时候，数以百计的教徒涌向这里。引人注目的大教堂值得细看。通向山顶的路象征着耶稣代人受难的苦难之路。步行穿过竹林令人感到愉悦，也有能到达山顶的缆车。山上还有一座古老的天文台，天文台里有设计巧妙的地震仪，它的外部有八个龙头，内部有钟摆。每条巨龙都口衔一个钢珠。当地震发生时，钟摆就会摇晃，碰撞到龙，使得龙嘴张开，龙嘴内的小球掉出，从而预测出地震的方位。

雄伟的佘山大教堂，中国圣母堂

松江 ⑱

上海西南 40 公里。从上海西区车站出发。

位于上海—杭州铁路线上，松江为上海历史文化的发祥地。历史上曾享有“苏松税赋半天下”和“衣被天下”之称。境内水网纵横，九峰竞秀，构成了“峪水肤”的旖旎风光。松江有许多旅游景点。这些旅游景点包括宋代方塔，它附近有一座高4米、长6米的明刻照壁，照壁上雕刻着传说中的怪兽，怪兽象征着人的弱点。松江西边是座古老的清真寺，寺庙中有一部分是元代修建的，据说是中国最古老的伊斯兰建筑之一。现在，醉白池是上海五大古典园林之一，前身为宋代松江进士朱之纯的私家宅院，已有900余年历史。现在它仍然是一个人们顶礼膜拜的场所。

购物和娱乐在上海

纪念品，东台路市场

一直以来上海都是中国的购物天堂。第二次世界大战前，上海富有魅力的外国居民区需要供应最好的物品，上海物品新颖、质量高的声誉一直持续到现在，商家能迎合各阶层的不同需求。上海也是有着浓郁文化气息的城市，经常有歌剧、戏曲、杂技、西方古典音乐、爵士乐表演。上海夜生活丰富，既有许多流行的酒吧和餐馆，也有许多电影院和夜总会。

商店和市场

上海最著名的商业街是南京路，那里商店林立（参见188页）。**友谊商店**里的商品是值得一看的，最有趣的当地市场不在南京路上，而是在江阴路上。位于前法租界内的淮海路是另一条著名的街道，有高档时装精品店和百货商店。

服装和纺织品

这里有来自欧洲、美国和日本的主要品牌，还有一些香港特区的连锁商店。主要的街道是南京路、陕西南路、淮海路和茂名路。想买便宜的服装，可以去**襄阳路服饰市场**，它位于淮海路以南，每天都营业。想买价格合理的丝绸，可以去**第一百货商店**（参见188页），但质量最好的要在**伊势丹**这样的商场里买。另一个不错的选择是去**友谊商店**。上海重新流行精巧的裁剪传统，而且上海W.W. Chan & Sons Tailor Ltd定制店价格公道。

古董

虽然上海有许多古董，但购买古董却有两个潜在的风险。首先，市场上充斥着假货，令游客会误以为是真品；其次，携带没有政府批准的古董出境是违法的。买便宜货并不容易，质量最好的东西不会很便宜。主要的古董市场在老城区附近的东泰路、福佑路（只在周日开放）和方浜路。方浜路上的（参见192页～193页）**虎豹大楼地下市场**是上海最大的室内古玩市场。广东路有国营的**上海古董文物商店**，而虹口区的多伦路上有一排重新修缮的商店卖古董、书籍和艺术品。

工艺品

中国所有的传统艺术品和工艺品在上海随处可见。如果要选贵的东西，**友谊商店**是个全面选择的好地方，而**豫园商城**是买茶叶、茶壶和茶具的好地方。挑选瓷器，最好是挑选精美的古瓷器的仿制品，这在**上海博物馆**都有出售，虽然价钱贵，但远远胜于在市场上卖的其他东西。在南京路的特色商店里不仅卖藏族等国内少数民族制作的工艺品，还卖尼泊尔等周边国家的工艺品。珠宝商店在上海随处可见，尽管到处都有卖玉器的，但难以区分优劣。购买养殖珍珠，是个较为安全的选择，在像**上海珍珠城**（Shanghai Pearl City）这类商店里就可以买到。想选中国的艺术品，可以在茂名路和南京路的几家画廊，如**朵云轩**和**顶层画廊**里选购。

娱乐指南与门票获取

上海有许多英文刊物，如每月的《That's Shanghai》，在这本英文杂志上有时事详情以及对餐馆评价。重要事件都刊登在当地报纸上。门票可以通过旅行社获取，也可以直接在景点购买，可以通过酒店订购。建议尽量提前订票。

表演艺术和音乐

上海值得夸耀的表演艺术有很多种类。上海有好几个国际标准的表演场所，如**上海大剧院**（参见188页）。在那里上演京剧、歌剧、西方古典音乐、舞蹈和戏剧。另一个非常流行的文化场所是**上海商城**，这里上演西方古典音乐和歌剧，而且上海最著名的杂技团每晚都在这里表演。**上海马戏城**坐落在共和新路上，是以杂技、马戏表演为主体，集文化、体育、娱乐于一身的综合娱乐艺术场所。想看中国传统戏曲可以去**天蟾逸夫舞台**，古老的**兰心大戏院**也偶尔上演京剧，第二次世界大战前英国许多有名的音乐家在这里演出过。**美琪大戏院**经常有芭蕾舞演出和地方戏剧表演，要欣赏中国现代戏剧表演则要去**上海话剧艺术中心**。

每周日晚上，**上海音乐学院演奏厅**都会有音乐会。欣赏爵士乐，则要去最有名的**和平饭店爵士酒吧**，也可以去**棉花俱乐部**。

电影院

除了中国内地和中国香港地区的电影外，来自欧洲和美国的电影也在电影院和酒吧上映。比如**新天地国际影城**、**上海电影艺术中心**和**环艺电影城**上映的外国电影（通常是审查过的）或是有中文字幕的原声电影，或是汉语配音带有英语字幕的。

酒吧和夜总会

上海的夜生活很丰富，符合这个大都会的特点。酒吧“来来去去”频繁，或许这个月它还很“时髦”，但下个月就停业了。酒吧追求前卫，深受东京、纽约和伦敦潮流的影响。里面的饮品价格很高，有些酒吧有舞蹈表演、现场音乐、夜间电影和喜剧演出等。主要的酒吧街在淮海路附近，尤其是茂名路和巨鹿路，有着华丽的外表。时尚之地诸如**布达吧**、**表演 Judy's Too** 以及 **Pegasus**。**The House of Blues & Jazz** 有现场音乐，而 **Goodfellas** 吸引年轻的观众。附近是考究的 **California Club**，位于复兴公园内。在西边，衡山路上流行的**波钵街**里面有现场乐队演出和舞蹈表演。南京西路以北的铜仁路上有美式酒吧——**马龙**。消费高档的新天地区是个泡酒吧的好去处，包括气派的 **Le Club at La Maison** 和**平饭店爵士酒吧**位于外滩南京东路的角落里，是老上海的典范，而**魅力酒吧**位于广东路一角，布置得像个 20 世纪 30 年代好莱坞电影集。目前的评论，包括哪个俱乐部有来自伦敦、纽约的 DJ 等详细资料，请参见《That's Shanghai》。

指南

商店和市场

友谊商店
金陵东路 68 号。
电话：（021）63373555。

服装及纺织品

伊势丹
淮海中路 527 号。
电话：（021）53061111。

第一百货商店
南京东路 830 号。
电话：（021）63223344。

W.W. Chan & Sons Tailor Ltd.
茂名南路 129–A02 号。
电话：（021）54041469。

艺术品

朵云轩
南京东路 422 号。
电话：（021）63510060。

顶层画廊
莫干山路 MSO。
电话：（021）62663369。

上海博物馆
人民大道 201 号。
电话：（021）63725300。

上海珍珠城
南京东路 558 号二层楼，上海旅游品商厦。
电话：（021）63223911。

豫园商场
方浜中路 260 号（上海老街）。
电话：（021）63868649。

表演艺术和音乐

House of Blues & Jazz
福州路。
电话：（021）63232779。

兰心大戏院
茂名南路 57 号。
电话：（021）62178530。

美琪大戏院
江宁路 66 号。
电话：（021）62174409。

和平饭店爵士酒吧
南京东路 20 号。
电话：（021）63216888。

上海商城
南京西路 1376 号。
电话：（021）62798600。

上海话剧艺术中心
安福路 288 号。
电话：（021）64734567。

上海大剧院
人民大道 300 号。
电话：（021）63868686。

上海音乐学院演奏厅
汾阳路 20 号。
电话：（021）64370137。

天蟾逸夫舞台
福州路 701 号。
电话：（021）63514668。

电影院

上海电影艺术中心（Shanghai Film Art Center）
新华路 172 号。
电话：（021）62808995。

环艺电影城
南京西路 1038 号十层。
电话：（021）62187109。

新天地国际影城
兴业路 123 弄 6 号四层。
电话：（021）63733333。

酒吧和夜总会

波钵街
衡山路 191 号。
电话：（021）64737911。

布达吧
原法租界，茂名南路 172 号。
电话：（021）64152688。

California Club
复兴公园，皋兰路 2a 号。
电话：（021）53832328。

乾门音乐酒吧
虹桥路 1468 号三层。
电话：（021）62953737。

Face
瑞金宾馆，瑞金二路 118 号。
电话：（021）64664328。

Glamour Bar
米氏西餐厅，广东路 20 号七层。
电话：（021）63509988。

Goodfellas
巨鹿路 907 号。
电话：（021）64670775。

The House of Blues & Jazz
茂名南路 158 号。
电话：（021）64375280。

表演 Judy's Too
茂名南路 176 号。
电话：（021）64731417。

法国红磨坊（Le Club at La Maison）
新天地广场北里 23 号楼。
电话：（021）63260855。

马龙美式酒吧
铜仁路 255 号。
电话：（021）62472400。

Pegasus
淮海中路 98 号。
电话：（021）53858187。

鼎红
安福路 284 号。
电话：（021）54037297。

江苏和安徽

江苏省和安徽省分别位于上海的北部和西部。江苏省是中国富饶以及人口密集的地区，大部分是农村地区。江苏南部深受长江影响，沿途有很多重要城市，包括其省会南京，历史景观众多；还有以园林、运河和丝绸生产而闻名的苏州、扬州。江苏省发展迅速，但仍然保留自己的特色，特别是在一些小城镇里，仍然能够找到很多传统特色的建筑。安徽的主要景观位于南部，那里的大片稻田都是由淮河水灌溉的。该地区长江以南主要是山区，景色壮观优美。黄山是安徽最负盛名的风景名胜区，而佛教名山九华山，则显得更安静一些。东南部歙县和黟县的一些城镇以具有精湛木雕艺术的传统老房子而享誉世界。

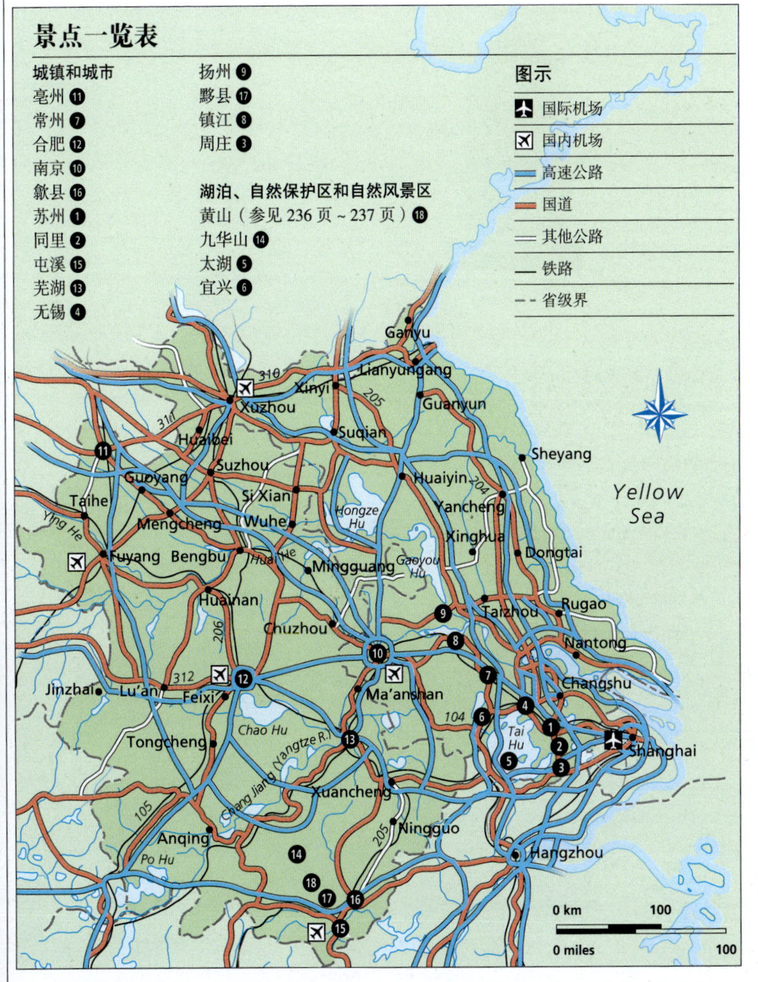

◁ 农民灌溉的稻田

苏州 ❶

在北寺塔底层的弥勒佛

苏州的运河、桥梁密布，呈网状分布，运河沿岸有很多房屋。苏州的历史可以追溯到公元前 6 世纪，那时建成了第一条运河以控制该地区较低的地下水位。1000 年后，随着苏州市最珍贵的商品——丝绸销往北方，大运河（参见 217 页）促进了该地区的经济繁荣。在明代，苏州作为文雅之地，蓬勃发展，吸引了众多的学者和商人，这些学者和商人给自己建造了众多景色优美的园林。这个城市拥有众多的旅游景点，繁忙的道路呈网格状分布。

北寺塔

人民路 1918 号。电话：(0512) 67531197。每天。

北寺塔（又名报恩寺塔），位于苏州市内北部偏西报恩寺中。始建于三国吴赤乌年间（238 ～ 250 年），相传是孙权母亲吴太夫人舍宅而建。宝塔的主体结构建于宋代，但据说它的根基始建于三国时期。塔高 76 米，呈八角形，其房檐大幅上翘。游客们可以直接爬上最顶层，能够清楚地看到整个城市的全貌，包括玄妙观和瑞光塔（参见 212 页～ 213 页）。

八角形的北寺塔

苏州博物馆

东北街 204 号。电话：(0512) 67541534。每天上午 9:00 ～下午 4:00。

苏州博物馆位于一座别墅里，它原是与其毗邻的拙政园的一部分。1860 年，该别墅被太平天国起义的领导人之一李秀成占领（参见 420 页）。这个平淡无奇的博物馆没有英文说明，集中展示了苏州与运河建设和丝绸生产的关联。有些展品，特别是早期的地图很有意思，但却因没有文字说明很难正确理解。

苏州丝绸博物馆

人民路 2001 号。电话：(0512) 67536538。每天上午 9:00 ～下午 4:30。

参观苏州丝绸博物馆是很令人赏心悦目的事情。它回顾了从公元前 4000 年至今丝绸生产（参见 208 页～ 209 页）及其使用的历史。 展品包括老式织布机、古代丝绸模板样品，还有一部分是对养蚕技术的讲解。博物馆最有趣的展区是有一个满是桑叶，正在结茧的桑蚕房间。

拙政园

参见 206 页～ 207 页。

狮子林

园林路 23 号。每天。

许多人认为狮子林是苏州最好的园林之一。然而，因为游客不了解中国园林设计的精妙之处，所以可能会觉得相当暗淡，因为岩石众多是其主要特点。对于古典园林，装饰性岩石是关键部分，并且它们象征着地球或者中国神圣的山峦。狮子林的前身是一座寺庙的一部分。九曲桥和带有异常精细格子的建筑物横跨大池，而假山部分形成了一个迷宫。

耦园

城东小新桥巷 7 号。每天早上 7:30 ～下午 5:00。

游览耦园（双园）是令人愉悦的事情，它不像城里其他的古典园林一样喧闹。耦园因有东西两个花园而得名（耦通偶），由建筑物和走廊将花园分隔开。耦园里有假山、水池，中间是优雅宽敞的亭阁，周围还有几家茶楼。它所处之地幽静清秀，园中的一些房子、运河和桥梁令人流连忘返。

迷人的耦园

玄妙观大厅里文学众神的壁画

游客清单

上海西北部50公里。631万。苏州火车站。北门站、南门站、吴仙石站。杭州轮渡。大运河旅游。赣江西路251号。电话：（0512）65151369。

苏州戏曲博物馆

张家巷中路14号。电话：（0512）67273334。每天上午8:30～下午4:30。

博物馆于1982年筹建，1986年10月14日建成开放。

坐落在有美丽格栅的明朝剧院里的戏曲博物馆是一座让人大饱眼福的博物馆。其展示大厅里安放着旧乐器，配有乐谱和歌词的精致手抄书，还有面具和演出服装。其他展品还包括与实物一般大小的乐队以及剧作家和演员的生动照片。苏州传统戏曲被誉为中国最古老的戏曲形式，有5000多年的历史。

有时候，博物馆会作为昆曲的演出场地，而邻近的茶馆每天都会有昆曲和音乐剧演出。

玄妙观

庙前街94号。电话：（0512）67775479。每天早上7:30～下午4:15。

神秘的道教庙宇建筑始建于晋朝，但与其他的庙宇一样已多次重建。三清阁可以追溯到宋代，是中国古代最大的道观。特别是它复杂的屋顶结构，值得探究。它位于苏州的商业中心，并与街头流行文化交融，虽然音乐家和杂耍已不复存在，但它仍然保留了休闲的气氛。

苏州市中心

北寺塔 ①
沧浪亭 ⑬
夫子庙 ⑮
拙政园 ④
苏州戏曲博物馆 ⑦
耦园 ⑥
盘门 ⑭
狮子林 ⑤
双塔 ⑨
丝绸刺绣研究所 ⑪
苏州博物馆 ③
苏州丝绸博物馆 ②
网师园 ⑫
玄妙观 ⑧
怡园 ⑩

0 meters 800
0 yards 800

拙政园

太湖石

拙政园是苏州最大的园林，也是最具代表性的园林。明正德四年（1509 年）左右，御史王献臣辞官后建园，后来主人更换频繁，并且他们按当时的审美观对此园做了些改变。从 16 世纪的绘画中可以看出，最初的园林比现在的装饰要少得多。花园分成东园、中园和西园三个部分。东园拥有各色花卉，但比起中园和西园稍嫌逊色。此处还有一个博物馆，展示了中国园林的历史和园林建造艺术。

遮阳走廊——在炎热的阳光下观赏园的通道

西园

★ 鸳鸯馆
分成同样大小的两个房间，这种布局可以使游客在夏季感受北向一间的凉爽，而在冬季则可以感受另一间的温暖。

波形走廊随水波起伏，呈现出一幅动态的景色

中园仿照了中国南部长江下游的景观

星级景点
★ 香洲
★ 鸳鸯馆
★ 远香堂

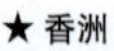
★ 香洲
这凉亭和露台类似于甲板和船舱。由于它倒映在水中，从四面八方都能欣赏到优秀的园林景色。

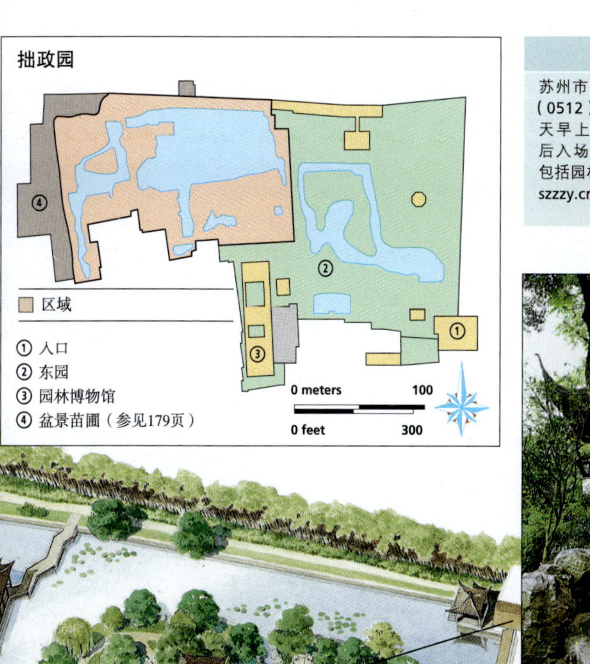

游客清单

苏州市东北街 178 号。电话：（0512）67510286。每天早上 7:30 ～下午 5:00（最后入场时间是下午 5:00）。包括园林博物馆。www.szzy.cn

待霜亭

人造假山是中国园林的重要组成部分，是凝思的理想之地。

梧竹幽居

园林里最著名的景观是北寺塔的“借景”（参见 179 页），北寺塔倒映在水中，从拙政园里能够观赏到。

★ 远香堂

远香堂，因旁边大荷花池荷花的清香而得名。

中国丝绸史

据说，在公元前 2640 年，黄帝的妻子嫘祖鼓励大规模养蚕，并在世界各地大力发展贸易，中国在这一行业大大获利（中国一般传说是黄帝的妻子发明了“养蚕取丝”）。在以后 3000 年左右的时间里，这一行业一直是中国独有，直到有移民将这一秘密泄露到了韩国和日本。另一个故事讲述的是一个嫁给和阗王子的中国公主偷偷把蚕作为礼物送给了她的丈夫。西方称中国为“赛里斯”或“丝绸之国”，他们从两个和尚那里学会了丝绸生产的秘密，当年这两个和尚将桑蚕放到竹筒里带了出去。

养蚕雕像，丝绸博物馆

丝绸陪葬的历史可以追溯到大约公元前 200 年

贡品

最初，丝绸是预留出供皇室使用的。例如，绣有象征皇威的五爪龙的皇袍。

作为重要的收入来源（参见 462 页～463 页），蚕丝贸易大力发展，并且事实上过去它是一种纳税方式，或用于支付工资。

这种传统条纹体现的是波涛和山峦，因此，显示了中华帝国的广阔

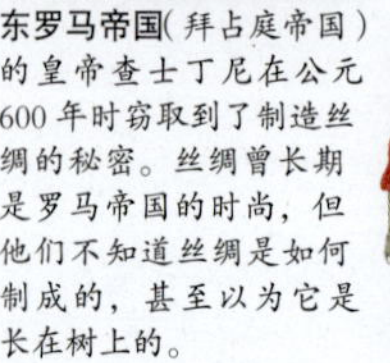

东罗马帝国（拜占庭帝国）的皇帝查士丁尼在公元 600 年时窃取到了制造丝绸的秘密。丝绸曾长期是罗马帝国的时尚，但他们不知道丝绸是如何制成的，甚至以为它是长在树上的。

妇女在自己家里生产丝绸——丝绸生产用半年的时间，每天她们工作大半天。政府也有许多作坊，生产和纺织丝绸。到唐朝时期，社会各阶层的人都可以穿丝绸服装。

丝绸刺绣成为一门重要的艺术，名门贵族的一些家庭妇女能够通过娴熟的刺绣获得一笔相当可观的财富。

丝绸生产

数千年的集约化养殖培育出了家蚕。家蚕并不会飞，它像一个产卵机器，它的幼虫蕴藏着丝绸的奥秘。中国人的智慧在于发现了它的祖先——野生的以吃桑叶为生的飞蛾，这也是中国独有的。

蚕的养殖首先，温度保持在18℃～25℃，蚕卵才能孵化。蚕（其实是一种毛虫）处于恒温状态后，不管白天还是晚上，都还要每隔30分钟给其喂食，直到它们进入茧的阶段。

液状蚕丝：蚕的唾液腺能够分泌一种透明的液体，而后可以凝固成丝线，也能分泌一种胶，将蚕丝黏在一起。

蚕茧：当蚕准备化蛹的时候，会用八字形方式旋转，使其黏性分泌物结成蚕茧。

缫丝：用开水杀死蚕茧中的蛹并浸泡以软化黏胶，这样能够使丝线分开——这称缫丝。几股就可以纺织成一根丝线。

符号的含义

斧头是十二种皇权象征符号之一，这些符号都是皇帝专用的。斧头代表处罚的权力。

蝙蝠不仅是对于皇帝，对于每个人都是幸运的象征。汉语中，蝠（fú）与“福”同音，听起来是好运气的意思。

黻是龙袍的十二章纹样（十二种皇权象征）之一，它代表了君主对其臣民的统治权（如两己相背代表君臣相济共事）。

中国艺术风格从17世纪起在欧洲和美国的不同时期都很流行。中国工厂加工的一系列中国艺术风格的设计专门用于出口。

丝绸有很多特点，它既保暖又轻盈、凉爽，因此冬天和夏天都适于穿戴，并且很舒服。

现在，中国的丝绸业仍然很发达，虽然实际上在低价市场上展览的很多“丝”都是人造丝。

八角形的宋代双塔

双塔

定慧寺巷。每天。

曾经是某一寺院的一部分，高达30米的双塔可以追溯到宋代。据最近发现的铭文显示，它们最早是在公元982年，系宋代王文罕、王文华兄弟为怀念他们的老师而建造的。这两座砖塔建筑形式一模一样，因此又叫兄弟塔。双塔在印度很常见，但它们在中国却很少见，苏州双塔是现存为数不多的双塔中造型最奇特、装饰最华美的一座。

怡园

人民路原43号，现1265号。每天早上7:30～午夜。

怡园是苏州年代比较近的园林，历史可以追溯到清朝末年。它是浙江宁绍道台顾文彬耗银20万两建成，当时使用了其他废弃园林的岩石和景观设计。花园原本占据了更大的面积，现在，它的典型特色是一个假山环绕的池塘和九曲桥。这个花园最好的欣赏地点是荷香亭，而另一亭延伸到池塘里面，在此能够感受到习习凉风。可以留意一下一些著名学者和诗人的书法。

丝绸刺绣研究所

景德路280号。每天。

这个研究所位于环秀山庄（周围有雄伟壮观的山脉环绕），制造精美的丝绸刺绣，工作主要是由妇女完成。为了制作出能够达到画面效果的设计，妇女会使用非常精细的、几乎是肉眼看不到的丝线。她们专门从事双面绣——如一只猫的绣品，可以一面是绿色的眼睛，而另一面是蓝绿色的眼睛。

网师园

阔家巷。电话：（0512）65203514。每天早上7:30～下午5:00。

据说，网师园的园主是一位退休官员，他当时梦想成为一个真正的渔民，网师园因此而得名。它的历史可以追溯到1140年，并于1770年彻底重新装修。许多人认为，它是苏州园林中最好的园林之一。网师园虽小，但它极其微妙地展现了古典园林每一个不可缺少的因素（参见178页～179页）。它的中央是一个湖泊，通过朴实无华的走廊相连，带有小庭院、屏风和精致格栅的亭台楼阁，最重要的观景点是“窗框图”，透过窗户看到的景色仿佛是一幅完美和谐的图画。最有名的建筑是望月亭，在这个亭子上，可以从镜子、水中、天空三个角度同时观赏月亮。晚上经常有中国戏曲表演，还包括当地的昆曲也会在此演出。

沧浪亭

人民路沧浪亭街3号。电话：（0512）65194375。每天早上7:30～下午5:00（4月中旬～10月上午7:30～下午4:00）。

沧浪亭——这个名字暗示了轻松务实的生活态度——或许是苏州最古老的园林，最早由学者苏子美于1044年设计，建在早期一座别墅的遗址上。他的继任者，朝廷的一位将军，于12世纪对花园进行了扩建，17世纪重建此园。沧浪亭使用了著名的“借景”手法，使不在园林范围的景观，也能给园林设计增添色彩。在

网师园内的望月亭

夫子庙的入口

这个园子里，这些景观是通过降低一些亭子北侧的墙壁实现的，这样从水中可以看到这些景色；也可以看到西南部的小山。园子的核心特征是与树木葱郁的山丘很相像的岵土堆。园林是思考和写诗的理想之地，雕刻在沧浪亭上的诗歌还清晰可见。

留园与西园

留园路338号。电话：(0512) 6533 7903。每天早上7:30～下午4:30。西园，西园路。电话：(0512) 6533 4126。每天早上5:30～晚上7:00。

留园和西园原本是一对，这两个花园在护城河以西地区相邻而立。1953年，重修留园，其四个风景区由一条长廊连接。西园原来属于一位虔诚的佛教徒所有，所以与其说它是花园不如说它是寺庙。戒幢律寺的屋顶和红色的横梁是南方建筑式样的典范。与之毗邻的是五百罗汉堂。

盘门风景区

参见212页～213页。

夫子庙

人民路。电话：(0512) 65194343。每天。

最早的宋代庙宇在1864年重修，在太平天国时期被毁（参见420页）。它的主厅中存有部分石雕，其中包括中国现在最古老的苏州的城市地图，江苏在1229年被称为平江。同时展出的还有一幅可追溯到1247年的星图，该图展现了天空中恒星和宇宙天体的位置。这幅星图是现存最早的同类地图之一。

虎丘

三门内路8号。电话：(0512) 67232305。每天早上7:30～下午5:00。

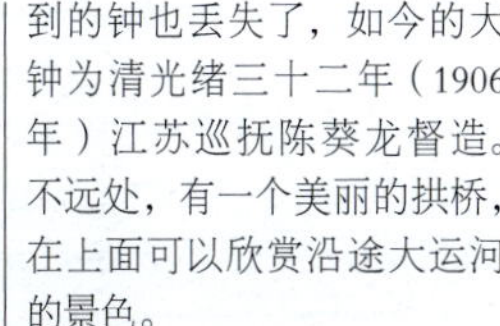
祭祀瓮，虎丘

在这个城市的西北部是有名的虎丘，是苏州创始人吴王阖闾的墓地所在地。在他葬后三日，便有白虎踞其上，不忍离去，相传其守卫着吴王的魂灵（故名虎丘）。

主要景点还有宋朝的倾斜塔（又称云岩塔），用砖建成，其中最高处有2米多的倾斜。在一次维修加固双塔的过程中，发现了一些10世纪的佛经和构建此塔时（959～961年）的记录。虎丘所在的公园很大，有池塘和花圃，春天和初夏时，花圃里百花争艳。还有一块大卵石被一分为二，据称是阖闾展示剑术的结果。他就安葬在附近，有3000把剑作为陪葬品。

寒山寺

寒山寺弄24号。电话：(0512) 67232891。每天上午8:30～下午4:00。

最早建于梁代，寒山寺得名于一个唐代的僧侣诗人。他和他的同门拾得和尚的石头碑刻，都能在这里看到。在被太平天国起义摧毁后，该庙于19世纪重建。寒山寺靠近大运河，因为唐朝诗人张继而尽人皆知，张继曾乘船停泊在附近。他的诗《枫桥夜泊》是刻在石碑上的，其中的两行诗使寒山寺闻名遐迩：“姑苏城外寒山寺，夜半钟声到客船。”后来，诗里提到的钟也丢失了，如今的大钟为清光绪三十二年（1906年）江苏巡抚陈夔龙督造。不远处，有一个美丽的拱桥，在上面可以欣赏沿途大运河的景色。

寒山寺的上香者

盘门风景区

石佛，瑞光塔

位于苏州的西南角，盘门风景区曾经一度被忽视，后来对此进行了大面积修复——运河边缘的窝棚也不见了踪影——但它仍然保留了这个城市最有趣的一些历史景观。盘门是通过陆路和水路进入苏州的一个独特的防御工事。据说，它可以追溯到大约700年前，虽然大部分的建筑都是近期建的。盘门风景区其他突出的景点还有迷人的吴门桥与从瑞光塔俯瞰的城市和运河景色。

具有吸引力的风景大厅
这个三层的亭子有一个幽静的茶室，前面还有的一个演出的西式舞台。

★ 盘门
和它相连的一段围墙（可追溯至1351年）是苏州古城唯一保存完整的古老防御工事。这是中国唯一的水陆城门。

伍子胥庙

双门水闸

★ 吴门桥
横跨京杭大运河，雄伟的吴门桥是苏州现存最高的古桥，吴门桥始建于宋代，后来经几次重建。吴门桥里建有很多台阶，从其顶部能够欣赏美景。

星级景点

★ 吴门桥

★ 盘门

★ 瑞光塔

从瑞光塔上俯瞰的景色
通过狭窄的楼梯登上瑞光塔，能够看到苏州的市中心，也能看到团团绿色——是闻名的美丽园林点缀着这个城市。

游客清单

苏州东大街 2 号西南角。从火车站。每天上午 8:00~下午 5:00。风景名胜区（包括盘门和吴门桥），瑞光塔单独付费。www.szp-mjq.com/doce/jj.htm

入口主大门是公园的主入口。在这里买票进入公园，要想登上瑞光塔还要单独付费

观赏牌楼或大门

一段长 90 米的城墙

★ 瑞光塔
这座宝塔于宋代时建成，共 7 层，高达 43 米。它为砖木结构楼阁式，其基层有一尊简单的佛教雕刻。

四瑞堂
四瑞堂堂名源自佛法。行人通道的尽头，大堂的两边都有小凉亭，一边存放着鼓，另一边存放着钟。

周庄古镇运河前的房屋

同里 ❷

苏州东南部 25 公里。 45000。

同里是这个地区典型的美丽水乡，能使外地游客很好地联想到苏州在其全盛时期的样子。同里古镇所有的房子都沿运河而建，运河上有几十座石桥，交通运输繁忙，商船众多。它的一些建筑也对公众开放，如**嘉荫堂**，建于民国初年，房主柳炳南。因其主建筑系仿明代结构，梁头棹木像明代官帽的帽翅，故名。其他有趣的景点还有**退思园**，是建于晚清时期的一个古典园林。

退思园
每天早上 7:45 ～下午 5:30。

同里镇众多运河之一，运河上的观光船

周庄 ❸

上海西部 20 公里。 32000。 上海、苏州。 到同里。从全功路购得老城区门票。电话：(0512) 67211655。

周庄是京杭大运河上连接苏州和上海的一个小镇，它曾经是一个繁荣的港口，专营丝绸、陶瓷和粮食。在元朝至清朝时期，它吸引了众多的学者和官员来此建造桥梁和房屋。在魅力老城区可以步行或在运河上乘游船欣赏。其中重要的景点有明朝时期的张厅和沈厅，张厅有 70 间房，而沈厅有 100 间房连接到主厅。澄虚道院是宋代的道教圣地，位于周庄博物馆附近。

无锡 ❹

苏州西北部 40 公里。 450 万。 到杭州和苏州的线路服务。 车站路 88 号。电话：(0510) 4016081。

游览无锡的重头戏，是景色秀丽的太湖和京杭大运河。据传说，该镇建于 3500 年前，当时是吴国的首都，并且是锡的生产中心。当锡矿（无锡的意思是“没有锡”）用尽后，首都西移，但由于其在大运河的位置，无锡的地位仍然意义重大。锡惠公园地处无锡西部，始建于 1958 年，其中还有建于明代的寄畅园。在公园的入口处，一条路通向锡山之顶的龙光塔。一架缆车将锡山和附近的惠山连接起来。无锡市博物馆陈列着 6000 年前的展品，还包括一些清朝的大炮。

锡惠公园
惠河路。 每天早上 6:00 ～晚上 6:00。

无锡市博物馆
惠河路 71 号。 每天上午 9:00 ～下午 4:00。

尽览美景的缆车，无锡市锡惠公园

太湖 ❺

无锡市西南部 5 公里。

中国最大的湖泊之一，太湖以它的岩石而闻名，岩石也是传统园林不可或缺的特征（参见 178 页～ 179 页）。该湖的北岸周围都是风景名胜，包括**梅园**，一到春天，4000 棵梅树竞相盛开，令人叹为观止。**鼋头渚**（因有巨石突入湖中，状如浮鼋翘首而得名）山清水秀，有茶馆，独占太湖风景最美的一角，是中国人最爱的景观之一。附近的三山岛曾有土匪出没，上有寺庙和高大的佛像。但是，这些佛像都没有马山半岛上 88 米的灵山大佛高，从其他景点乘坐巴士很短时间就能到达。该地区也有众多的湖畔主题公园。

梅园和鼋头渚
每天早上 7:00 ～下午 5:00。

京杭大运河

运河游船

京杭大运河，始建于公元前486年，其中一段建于1000年以后，目的是贯通南北水路，连接各个都城。它是世界上最大的人造水道。建造最早的大运河北段是出于军事目的，但大规模的建造始于公元7世纪，在隋炀帝的命令下，征发15岁至55岁男民工500多万，由残忍的监工督管。大运河将人口众多的北方和南部的水稻种植区连接起来，便于从黄河下游和江淮地区转运漕粮。在20世纪初，由于海运的发达，铁路、公路的建设及运输能力的提高，京杭运河的运输量逐步减少。

此地图显示了运河从北京到杭州1900公里的路程。运河穿越中国南北的古战场，为整个帝国提供粮食漕运。这里地势陡峭，为了通航需要，很早就使用了双闸的设计。这是双船闸使用的最早记录，在公元984年。

图示

 大运河

据说为了庆祝大运河完工，**隋炀帝**带领规模浩大的船队和最宠爱的妃嫔游览大运河。

虽然公路和铁路运输更受当地人的青睐，但**游船**是现在唯一欣赏运河沿途景色的方式。定期游船通宵来往于杭州和苏州或无锡之间，而普通船只能白天在主要的旅游站点之间穿梭。

驳船沿运河运载了大量农产品和工业产品。最繁忙的河段是南方和长江北部与山东交界的地方。

这条运河岸边遍布着从事家庭劳动的人们。很多家庭，即使他们有房子，在工作时仍然会住在船上。

丁山陶器店内销售的各种典型陶器

宜兴 ❻

苏州西南部40公里。 无锡和宜兴之间的公交服务。

无锡的主要城市，宜兴市连接整个地区，是一个繁忙的交通枢纽。这个运河沿线的富饶之地以其陶瓷而闻名，主要产于丁山镇，已有3000年的历史了。宜兴的紫砂工艺品等在国内外市场占有较高份额。城市的街道两旁遍布着工厂和陶器店，陶器店里摆满了陶制品，如各种形状和尺寸的传统小花盆。丁山旅游局还经常组织游客进行工厂参观。

游览这个城市时，可以观赏**陶艺馆**，里面陈列着大量展品，有早期精致的宜兴陶器，也有珍贵的微型茶壶。附近还有**溶洞**，包括三组景点——张公洞、灵谷洞和善卷洞。张公洞的72个洞穴中最有趣的是在海王厅，可容纳数千人，而灵谷洞有一个地下瀑布。

陶艺馆
丁山北路150号。 每天。

溶洞
每天。

常州 ❼

无锡西北部40公里。 359万。

虽然常常被忽视，但这个大运河沿岸城市还是值得参观的，它曾是古老的中心城市，以传统民居为特色的街道和运河纵横交错。两个主要街道——北大街与南大街两旁满是丝绸店和梳子店，这些色彩鲜艳的梳子都是本地制造的。建于唐代有悠久历史的**天宁寺**寺顶有83尊佛像装饰，而宋代的舣舟亭与北宋大文豪苏东坡有关，他经常来常州，泊舟于此。

镇江 ❽

苏州以东50公里。 269万。
中山西路92号。

位于长江岸边，很是引人注目，镇江的繁荣与大运河的建设关系密切（参见217页）。19世纪，这座城市曾遭到外国列强的瓜分。以前的皇家大酒店是仿欧式建筑的典型代表，而镇江博物馆就是在原英国领事馆旧址上改建的。镇江博物馆收藏了原始社会至明清各个时期的文物近3万件，一级文物82件，二级文物317件，其中吴国青铜器、六朝青瓷器、唐代金银器、宋代丝织品、京江画派的文物独具特色。

博物馆以西是**金山公园**，东晋时期，金山公园建在原来的金山寺旧址上，而金山之巅的慈寿塔建于唐朝。立于金山之巅，能欣赏到长江的绝妙景色。位于镇江东北江滨的是北固山，还有风景绝佳的凌云亭宝塔。再往东是焦山，是万里长江中风光秀丽的游览海岛，可以坐缆车或乘船游览。耸立于焦山东峰绝顶的是吸江楼，登楼远眺，长江的旖旎风光和绝佳妙处尽收眼底。

镇江博物馆
伯先路85号。 每天。

金山公园
金山西路62号。 每天。

常州市南方风格的天宁寺

书法

书法将普通的汉字提升到了一种档次很高的艺术形式，并且传统上认为书法与绘画或诗歌处于同样重要的地位，是一种自我的表达方式。然而，草书几乎是将普通字符转化成了具象和抽象的绘画，这样它的艺术性就很容易被赞赏和理解。因为从小就学习基本的笔画顺序，观赏者可以发现汉字的特点，并能够在艺术家创作过程中感受他们的精神世界。由于书法限于八种笔画，艺术家的个人风格——笔画粗细的变化、角度和活力——都很容易被理解。专家们重视的是书法笔画的平衡与粗细比例，汉字的结构以及自身的统一与和谐。

装饰性砚台

文房四宝

书法的主要工具被称为“文房四宝”——笔、墨、纸、砚。安徽特别以其优质的墨和毛笔而闻名。

墨块是由煤烟（松木或桐油）与胶甚至香料混合而成。尽管是合成的颜色，但墨水通常是黑色。

精心印在纸面上的印章。这个朱红色的印章上写的是恭贺新禧。

通常在砚台里使用适量的水研墨。粗的笔画显得更遒劲有力，而细笔画显得更灵动精细。

笔架是用来放置毛笔的，这样使艺术家能够放下画笔深思熟虑。

纸是在大约公元100年发明的，当时的纸是用桑树或竹纤维制成的。纸张比它所取代的丝绸价格更低廉，纸张按照其重量归类，因为重量影响了其吸收墨水的速度。

用毛笔写字比在石头或骨头上刻字更自如（参见26页～27页），字体也更流畅。毛笔是由各种皮毛制成的，而笔尖应该圆而尖，平而强劲。

实践是至关重要的。要掌控好笔法，知道下一步如何下笔，没有任何犹豫的余地。练习书法有三个层次——描红、仿帖和背帖。每一步，都能使艺术家增添更多的个性。

扬州 ❾

大明寺

作为长江三角洲的大城市之一，扬州一直以其繁荣的文化而著称。它在大运河上的位置决定了它起起落落的命运。随着宋朝的灭亡以及运河使用的减少，扬州开始衰退。但到明朝时期，重修运河并用于运送丝绸、大米和盐，扬州重新崛起。特别值得一提的是，一些盐商建立了优雅的别墅和花园，特别是在18世纪，扬州是皇帝出巡游览的重要地方。尽管扬州发展很快，但它仍有很多名胜古迹，包括它的一些园林。

东关街上历史建筑之间的水果摊

大明寺

平山堂路1号。电话：(0514) 7340720。
每天上午8:00～下午5:00。

大明寺，雄居蜀冈中峰之上，始建于公元5世纪，但在太平天国运动时期被毁，后又重建（参见420页）。寺中央的1973年建成的鉴真纪念堂是为了纪念曾在753年东渡日本的鉴真和尚。鉴真将唐代文明和中华佛教文化传播到日本。鉴真纪念堂在许多方面模仿了日本奈良的东照宫。附近还有一处天然泉水，紧邻着一家茶馆。

汉广陵王墓博物馆

相别路。每天上午8:30～下午5:00。

扬州汉广陵王墓博物馆地处蜀冈古城遗址南缘，占地27000平方米，本馆地形起伏，林木葱郁，建筑雄浑，是一座融文物与园林为一体的陵园式博物馆。中央展厅展出的是西汉第一代广陵王刘胥的墓葬，属帝王级的"黄肠题凑"木椁墓，规模宏大，结构严谨，是全国罕见的大型汉代墓葬之一，距今已有2000多年的历史。

瘦西湖

大虹桥路28号。电话：(0514) 7341324。每天早上7:30～下午5:00。

扬州最受欢迎的景点是瘦西湖，它是著名的杭州西湖的微缩版（参见242页～243页），瘦西湖窈窕曲折的河道，串以长堤春柳、亭台楼阁和桥梁。气派的五亭桥以其结构最为著名，为了纪念乾隆皇帝游览扬州，一个盐商于1757年修建了五亭桥。五亭桥以西是二十四桥，但因何称二十四桥，究竟是一座桥还是二十四桥？至今未有定论。白塔是一个藏式佛塔，仿照北京北海公园的白塔而建（参见90页）。煦园里的**闻莺阁**木质结构精致，而品园楼的风景很好地诠释了宋代画家郭熙的散点透视法。在瘦西湖东面，是乾隆皇帝的驳船停泊的御用码头。

扬州博物馆

天宁寺附近。电话：(0514) 7344585。
每天上午8:30～11:00，下午1:00～5:00。

扬州博物馆坐落在一个庙宇里，这个庙宇是为了纪念一位抵抗清朝统治者占领扬州的明代官员史可法于1772年建成的。博物馆里展出的文物众多，光彩夺目，其中还包括一艘从大运河里打捞出来的古船，还有质陪葬品。

个园

盐阜东路10号。电话：(0514) 7347428。
每天早上7:15～下午5:30。

扬州最有名的园林个园，曾经由画家石涛拥有，后来由一个盐商所有。个园的名字来源于竹子的叶子，竹叶看起来类似于汉字"个"，"个"的

五亭桥，瘦西湖公园

意思是"自我"。它的主要特点是假山，也有一些雅致的亭阁。

汪氏小苑

东圈门历史街区 14 号。每天上午 8:00～下午 5:00。

汪氏小苑所在的街道历史名人故居众多，其中包括前任国家主席江泽民的故居。豪华的汪氏小苑是富有的盐商住宅之一。始建于清朝，遗存老屋近百间。室内装修奢华，其主厅春晖室还装有德国的枝形吊灯和大理石天然山水画屏风。

普哈丁墓园

解放南路 17 号。电话：(0514) 7222241。每天上午 8:00～下午 5:00。

普哈丁，相传为穆罕默德圣人第 16 世裔孙，他在南宋咸淳年间来扬州传教，直到 1275 年去世。普哈丁墓位于满是《古兰经》铭文的建筑里。其他宋、明时期著名的穆斯林传教士也葬于普哈丁墓附近。普哈丁还建造了小型的清真寺——仙鹤寺。仙鹤寺位于甘

唐代石塔

泉路西南部。仙鹤寺的墙上贴满了阿拉伯花纹，这是波斯商人曾经经常光顾扬州的结果。

何园

徐凝门大街 66 号。电话：(0514) 7239626。每天早上 7:45～下午 5:00。

这个小花园对灌木、花草及人行道的巧妙的布置很有特

游客清单

南京东北部 60 公里。459 万。东汽车站，西汽车站。大学北路 99 号。电话：(0514) 7345746。

色，在空间和深度层次上给人以视觉享受和无尽的遐想。何园得名于它 19 世纪的主人何氏家族。全园分为（东、西）两部分，虽然其总体布局和样式深受北方建筑风格的影响，但是有一些亭台楼阁采用南方风格的格栅装饰。花园里还散布着一些茶馆。

文昌阁

圆形的文昌阁是唯一现存的扬州儒家书院。文昌阁由明朝第一位皇帝洪武帝朱元璋建造，洪武皇帝很重视教育，文昌阁最初有两个楼阁。阁北与四望亭相望，四望亭是明代省学院的一部分，曾作为天文台。阁西是唐代石塔，曾经是城外一座寺庙的一部分。宋代时，唐代石塔被转移到了扬州。

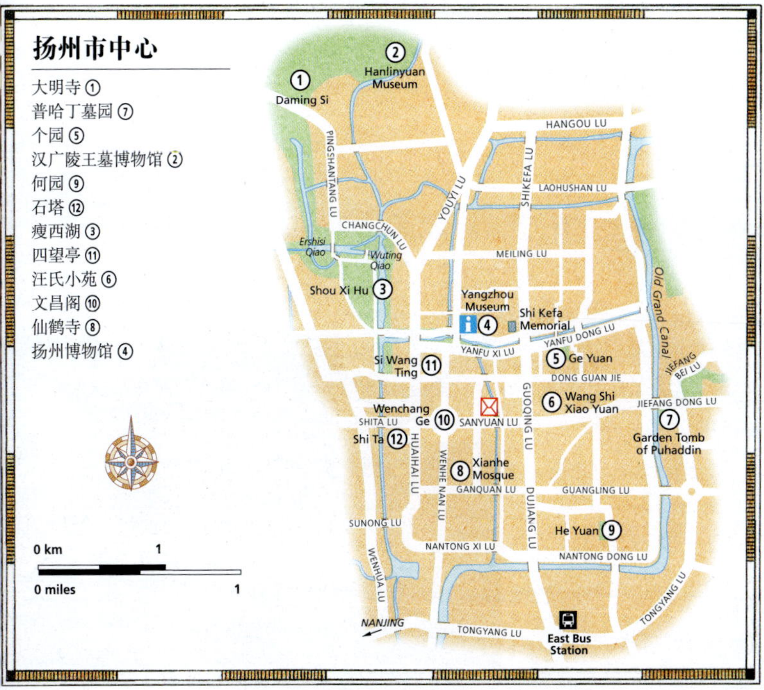

扬州市中心

- 大明寺 ①
- 普哈丁墓园 ⑦
- 个园 ⑤
- 汉广陵王墓博物馆 ②
- 何园 ⑨
- 石塔 ⑫
- 瘦西湖 ③
- 四望亭 ⑪
- 汪氏小苑 ⑥
- 文昌阁 ⑩
- 仙鹤寺 ⑧
- 扬州博物馆 ④

0 km 1
0 miles 1

南京 ⑩

夫子庙的雕像

众所周知，在中国的大城市中，南京一向是颇具吸引力的一个。江苏省的省会南京位于风景如画的长江岸边，紧挨着雄伟的紫金山。这个湖泊众多的城市周围是高大的城墙，它的街道两旁都是梧桐树，树影斑驳。南京的寓意是“南部都城”，直到公元220年，它是好几个地方政权的国都。后来，明朝初期它是明朝的国都。这里也是19世纪的太平天国政权和孙中山先生领导的第一个民主共和国的首都。如今，南京发展迅速，拥有众多豪华的餐馆和热闹的夜生活。

太平天国历史博物馆里的花园和凉亭

游览南京

老城墙给人的印象是南京是一个小城市，但是事实上，它的范围相当大。很多地方都可以徒步到达，但游客也需要使用当地的交通工具，无论是综合的公交系统还是出租车，都很方便，价格也很合理。

中华门

参见224页～225页。

太平天国历史博物馆

瞻园路128号。电话：(025) 52201849。每天。

该博物馆是为了纪念1851～1864年反对清朝统治的太平天国运动而建立的（参见420页）。这里曾是太平天国东王杨秀清的王府，而另一部分——瞻园最早是明朝洪武皇帝朱元璋的府邸花园。现在，博物馆大厅里陈列着大量与太平天国运动有关的纪念品和照片。当时，太平天国运动的影响遍布中国大部分地区。太平军定都南京后，发展迅猛，目标直指清王朝在北京的统治。但于1864年，最终被清王朝和西方势力联合镇压了。展出的物品有太平军的武器、制服和货币样本，还有一些文件阐述了太平军的思想，其目的是推翻中国的封建社会，建立一个人人平等的社会。他们的目标包括实现以儒家经典思想为基础的教育体系，重新分配土地以及实现男女平等。

白鹭洲公园

每天。

白鹭洲公园曾经是明朝徐达将军的府邸，后来，徐达后裔徐天锡又将其扩建为当时南京“最大而雄爽”的园林。入清以后，因不断受到战火与人为的破坏，园林萧瑟，甚而沦为一片废墟。新中国成立后该园得以重修，并辟为白鹭洲公园，现今的白鹭洲公园成为秦淮风光带上一颗灿烂的明珠。

夫子庙

公园路。电话：(025) 86628639。每天上午8:00～晚上9:00。

夫子庙（孔庙）最早可以追溯到公元1034年，而最新的建筑建于19世纪末，最近又有增建。该庙作为儒家研究基地，已经有1500多年的历史。大成殿是夫子庙的主殿，殿内正中悬挂一幅全国最大的孔子画像。殿内陈设仿制2500年前的编钟、编磬等十五种古代祭孔乐器，定期进行古曲、雅乐演奏。周围街道两旁的房屋都是翘檐和白色墙壁——其中许多都是依照典型的南方风格重修的。不远处，风光无限

夫子庙别具特色的重檐正殿

的运河岸边有很多短距离往返到中华门的船只。

朝天宫

莫愁路。电话：(025) 84466460。每天上午 8:00～下午 4:30。朝拜礼仪表演每天上午 11:15～中午 12:15。

朝天宫曾经是皇室贵族焚香祈福、礼拜诸神的道场，是官僚子弟学习朝规礼仪的场所，它也是一座孔庙。朝天宫是 19 世纪中期的建筑，比如礼堂、塔和走廊，建在一个公元 390 年古庙的旧址上。现在是市博物馆所在地，市博物馆里展示了商代青铜器及传说中的瓷塔的残存碎片，瓷塔于太平天国运动时期被毁。该塔始建于 15 世纪，是明朝永乐皇帝为了纪念他的母亲而建，并且墙面上都贴上了白琉璃砖。在大殿广场上，每天都有明代宫廷朝拜仪式表演。

附近的堂子街 74 号房子里有很多太平天国运动时期五颜六色的绘画，于 1952 年发现。这里后来是太平天国东王杨秀清的王府。关于动物和鸟类的画作，它们的历史价值比娴熟的技法更有意思。

天王府孙中山纪念馆的细节照片

天王府和煦园

长江路 292 号。电话：(025) 84542362。每天上午 9:00～下午 5:00。

天王府（太平天国时期的宫殿）还有其周围的古典园林煦园，最初是由明朝一位太子建造的。在清朝统治时期，一直到 1853 年，它都是省级政府所在地。当时太平天国领袖洪秀全将此地作为总部。天王府又是国民党政府所在地。其中有关于太平天国起义和孙中山的展区。附近的煦园是一个深受当地人喜欢的周末游玩景点。煦园内花木修竹参差，亭台楼榭林立，假山奇石散落，清水碧潭相映，是一座典型的江南山水园林。

游客清单

上海西北部 200 公里。535 万。主要火车站、火车西站。中央门车站，汉府街站、民航总局（乘公交车到机场）、南京东站。到上海、武汉和重庆。中山北路 202-1 号。电话：(025) 83428999。

南京市中心

白鹭洲公园 ③
朝天宫 ⑤
夫子庙 ④
鼓楼和钟楼 ⑪
梅园新村 ⑦
南京大屠杀纪念馆 ⑭
明故宫遗址 ⑧
莫愁湖 ⑬
南京长江大桥 ⑫
省博物馆 ⑨
太平天国历史博物馆 ②
天王府和煦园 ⑥
玄武湖 ⑩
中华门 ①

中华门

中华门是依明朝洪武皇帝（1368～1398 年在位）的命令而建，南京周围的城墙在当时世界上是规模最大的。高达 12 米的城墙，围绕南京城蜿蜒延伸 33 公里。由于南京周围都有河流和山脉保护，中华门是南京南部防御的关键部分。它的墙体是用糯米汁加石灰灌浆加固。当然，防御是有效的——没有敌人能够通过中华门破坏这些城墙。如今，壮观的中华门遗址向游客开放，引人注目的博物馆也建在了城墙的城垛内。

南京，从城墙到中华门

★ 内城堡

正门后面是三个城堡。作战时，欲破城而入的敌军很可能会被困于此。等待伏击的士兵都会隐藏在藏兵洞里。

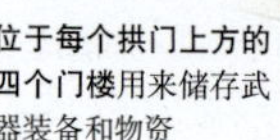

位于每个拱门上方的四个门楼用来储存武器装备和物资

吊闸门限制敌人从大门通行。表面的闸槽仍然清晰可见

重建中华门

主城楼位于城墙的顶部，其他的城堡伸向城内。如今，只有砖墙还在，门楼都没有留存下来。

星级景点
★ 内城堡
★ 拱门
★ 带签名的砖块

★ 拱门

四条拱形隧道，每一条长达 53 米，贯通瓮城。各道城门内均有巨大的可上下启动的千斤闸和双扇木门。

★ 带签名的砖块
许多砖上都压印了砖窑以及制砖工匠的名字和烧制日期。

游客清单

中华路。从城市中心乘坐 16 路公交车。上午 8:00 ～下午 5:00。

主城楼充当第一道防线，抵御敌人放火和监视

士兵雕像
这些身穿明代制服的士兵雕像有规律地分布在城垛周围。

坡道
宽阔的坡道向上延伸从城门每一侧到城墙顶部，这样能使士兵和马匹迅速进入防御通道。

南京的城墙

南京的城墙最初长达 33 公里，如今约 75% 的城墙依然存在。最壮观的部分是北部重新修缮的玄武门和东部的巨型条石。大部分但不是所有现有城墙都可以散步。

主要景点

玄武门 ①
太平门 ②
中山门 ③
中华门 ④

图示

现有的城墙
被毁的城墙

梅园新村

每天上午 9:00～下午 4:30。

位于南京市城东长江路东端，由中共代表团办事处旧址、国共南京谈判史料陈列馆、周恩来图书馆等组成。1946 年 5 月～1947 年 3 月，以周恩来为首的中共代表团在此与国民党进行了 10 个月零 4 天的谈判。

玄武湖周围是亭子和船码头

明故宫遗址

中山东路。每天。

14 世纪，洪武帝朱元璋建都南京，明故宫是为明朝洪武皇帝建造的皇宫。而后一个世纪里，这座雄伟的宫殿曾两次遭到火灾的严重破坏。先是满族人，而后是太平军将其破坏。现存下来的只是 10 座大理石桥，老午门（又称午门）以及大批精心雕刻的柱基，很值得研究。石柱（华表）也展现了宫殿建筑布局的理念。沿主轴，宫殿有三大庭院，周围是建在平台上的大厅。庭院两边分别是神坛和庙宇。明故宫规模宏大，布局严谨，成为后来兴建的北京皇宫的模板。这里树木繁茂，夏季树影斑驳。

明故宫遗址雕塑细部

省博物馆

朝天宫路 4 号。电话：(025) 84465317。

每天上午 8:00～下午 4:30。

省博物馆建于 1933 年，是中国最好的博物馆之一，确实值得一游。省博物馆内最精致的展品包括一些华丽的轿子、周朝的青铜器和商船模型。收藏的玉器和漆器包括一件金缕玉衣，它是由银线和长方形玉缝制而成的，最早见于东汉时期。同时展出的还有城墙上的砖块、老城区的照片和太平天国运动时期的文物。许多展品上都配有英文说明，这使博物馆更加妙趣横生。

紫金山

参见 228 页～230 页。

大理石基柱是宫殿布局的标志，明故宫遗址

玄武湖

玄武湖公园。每天。

在城市东北角的玄武湖公园里，巨大的玄武湖西岸，周围有一段完好的城墙。玄武湖长 2.5 公里，几个世纪以来，该湖为本城提供水源，也是深受喜爱的皇家避暑胜地。在宋代，它也用于海军演练。1911 年清王朝灭亡之后，玄武湖公园开始向公众开放。

玄武湖分布着各具特色的五块绿洲——五个小岛，五洲之间，桥堤相通，别具其胜。此地有众多的娱乐选择，有茶馆、餐馆、凉亭、各类船只、游泳区、露天剧院和小动物园。其中，樱洲岛的景色最优美，岛上遍布树木和鲜花。虽然玄武湖公园在周末很拥挤，但它仍是放松休闲的好去处。最方便的入口是通过中央路老城墙上的三拱玄武门，而门票可以从入口的售票厅获得。

鼓楼和钟楼

每天。

大幅修缮的鼓楼可追溯到 1382 年，已有 600 多年的历史了，鼓楼前面是一个传统大门。鼓楼内有好几面鼓，是当年击鼓报时的场所，为全城百姓昼夜报时，有时也会击鼓发出警报。如今，只有一个大鼓留存了下来。鼓楼内还藏有一些业余绘画，另外，鼓楼的一部分已改成茶馆。鼓楼东北侧不远处是钟楼（大钟亭），建于明代，而后于1889年重建。钟楼里的大铜钟铸于1388年，是中国最大的铜钟之一。

钟楼和鼓楼周围的区域曾是旧城区的行政中心。如今，钟楼和大钟亭处于闹市区，已为林立的高楼大厦所拥抱，交通繁忙，车水马龙。

南京大屠杀

南京大屠杀纪念馆

日本侵华战争初期，日本军队在中华民国首都南京犯下的大规模屠杀、强奸以及纵火、抢劫等战争罪行和反人类罪行。从1937年12月13日日军攻占南京起，疯狂的杀戮持续了6周以上，至少30万平民和战俘被日军杀害，约2万中国妇女惨遭日军奸淫，南京城的1/3被日军纵火烧毁。

当时身陷南京的法国人约翰·拉贝，目睹了日军的暴行，详细记载于日记中，后公开出版，名为《拉贝日记》，既是对日军暴行的血泪控诉，同时，也是日后有力的证词。抗日战争胜利后，指挥南京大屠杀的罪魁祸首甲级战犯松井石根被远东军事法庭处以役刑；谷寿夫被引渡给中国政府处以极刑。

南京长江大桥上的交通

南京长江大桥

大桥南路。电话：（025）58785703。电梯 每天。

1960年中苏关系破裂，苏联退出以后，中国政府独自承担起了南京长江大桥的建设，这项浩大的工程于1968年完成，是中国政府最伟大的成就之一。根据中国官方资料，南京长江大桥是中国人自主建造的一项工程，因为当时苏联撤回援华专家时，带走了原来的规划图纸。南京长江大桥是一座双层桥，汽车和火车都可通行，桥长约1.5公里，是中国最长的大桥之一。尚未修建南京长江大桥时，必须使用轮渡运载整列火车，一次承载一节车厢。游客可以乘电梯到达大钟亭或鼓楼顶部，在那里能够欣赏到长江对岸的美丽风景。另外，值得一看还有装饰大桥的苏联式雕塑。通过大桥的最佳路径是穿过相邻的大桥公园。

莫愁湖

每天。

莫愁湖位于南京西部城外，它得名于一个美丽善良的女子——莫愁。她的名字莫愁意思是“没有忧愁”，因为她的歌声非常甜蜜，又时常帮助穷人治病，为大家消除忧愁。莫愁湖公园里特别是当水中荷花完全盛开时，景色非常优美。莫愁湖边有一个露天舞台和一家茶馆。广场亭一侧赏荷厅的莲花池内有一尊莫愁雕像，而与之相邻的胜棋亭就是当年明朝开国皇帝朱元璋与将军徐达下棋的地方。

莫愁湖公园郁金堂少女莫愁的雕像

紫金山

明孝陵的门把手

据说紫金山因其岩石的颜色而得名，登上紫金山，能够俯瞰整个南京城。这个地区风景如画，平缓的小山上树木葱郁，竹林繁茂，还有别墅星星点点分布其中。紫金山上有南京几个最重要的旅游景点，诸如中山陵、明孝陵和灵谷寺。游览完这些景点需要一整天的时间，虽然周围有大排档，还是建议游客随身携带食物进行野餐，喝点补充精力的饮料。可以一直爬到山顶，欣赏整个南京城的壮丽景色。另外，您还可以从东城墙外乘坐缆车。

孙中山雕像

紫金山天文台

除了先进的设备，天文台里还有青铜天文仪器展览，这些青铜天文仪器可以追溯到15世纪。然而，3000年前中国人就开始使用类似物品了。

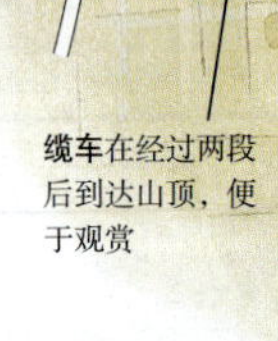

缆车在经过两段后到达山顶，便于观赏

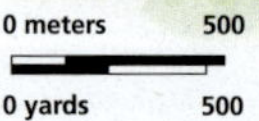

图示

缆车

道路

星级景点
★ 明孝陵
★ 灵谷寺与无梁殿
★ 中山陵

★ 明孝陵

明孝陵于1405年建成，明代开国皇帝朱元璋与其妻马皇后合葬于此。虽然很大一部分在太平天国起义时被毁（参见420页），但仍保留了原来的雄伟庄严。

立于一座华丽建筑内的**孙中山博物馆**常被游客忽略。四个楼层的展品有绘画、摄影以及对其个人影响的介绍，以时间顺序展现孙中山先生的一生。

游客清单

江苏省，南京以东 3 公里。从火车站。公园主要站点之间有班车服务。紫金山 4 月～11 月：每天早上 6:30～晚上 6:30；12 月～次年 3 月：每天早上 7:00～下午 6:00。明孝陵博物馆 每天上午 9:00～下午 5:00。

音乐台建于 1933 年，是中山陵的一部分

灵谷塔

灵谷塔建于 1929 年，这个高达 61 米的宝塔是由美国设计师茂旦应蒋介石的要求，为了纪念在辛亥革命中牺牲的将士而建的

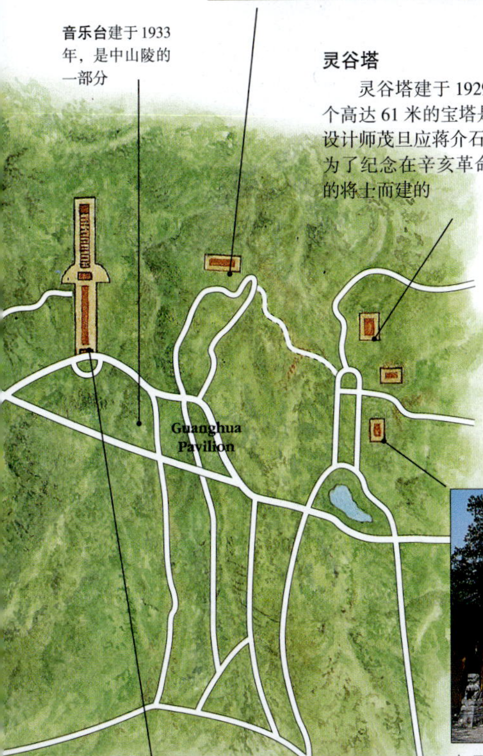

★ 灵谷寺及无梁殿

最早建于公元 514 年，原址在今明孝陵处。后来明朝洪武皇帝为给其墓地腾地，将灵谷寺及无梁殿移于此。最著名的还是无梁殿，建于 1381 年，当时它没有使用任何木材（是一座宏伟的砖石建筑）。

★ 中山陵

中山陵依山而建，气势磅礴。整个建筑用的都是青色的琉璃瓦，青色象征青天，乃含天下为公之意，以此彰显孙中山先生为国为民的博大胸怀。

游览紫金山

紫金山，又称钟山。游览紫金山最好的路径是从最东头的灵谷寺开始，慢慢向西一直到南京城。游遍此地需要一整天的时间，但如果时间不充裕的话，可以花上半天时间参观山上最受欢迎的景点孙中山纪念堂和另外的景点。不过，远离众人，闲逛于山中纵横交错的林荫小道，参观一些较小的旅游景点也是一件令人愉快的事情。

紫金山山脚下灵谷寺旁边的小湖

灵谷寺、无梁殿和灵谷塔

灵谷寺最初位于明孝陵所在地，明朝洪武皇帝欲在此建墓，因此就将灵谷寺移到了现在的地方。无梁殿是唯一现存的原建筑。它于1381年建成，是一个砖质的拱形建筑，建造时没有使用木梁。这本是一个木材短缺的解决方法，但是，除了极少数特例外，这个方法未能得到采用。此处还有一个重修的小佛寺，据说寺内藏有玄奘遗留的珍品，小佛寺也因此而出名，玄奘是唐代时赴印度取佛经的僧人（参见485页）。附近的灵谷塔上还刻有当年蒋介石亲笔书写的“精忠报国”。灵谷塔旨在古今结合，因为它本是一个老式建筑——宝塔，但却使用了现代的建筑材料——钢筋混凝土。从塔顶俯瞰，葱郁的树林像给大山盖上了厚厚的绿毯，景色非常开阔壮观。

孙中山纪念馆

稍微远离游览线路，孙中山纪念馆位于一栋华丽的建筑内，原名藏经楼。馆内珍藏的整套绘画、黑白照片和一些以时间顺序详细地讲述了孙中山先生生平的文物记事。顶部两层的展品都配有英文说明。

明孝陵神道上的石雕

中山陵

中国民主革命领袖孙中山于1925年逝世，后来举行了一个孙中山陵墓设计大赛。陵墓样稿得奖者是康奈尔大学建筑学院毕业生吕彦直建筑师（后由他设计施工）。该墓从牌坊开始上达祭堂，共有石阶392级，台阶用花岗石砌成。堂中有中山先生大理石坐像，逼真生动，堂后有墓门两重，进门为圆形墓室，石棺嵌入地下。此处也有其他的纪念馆，如光华亭和音乐台。音乐台深受在外野餐的游客们喜爱。

明孝陵

尽管明孝陵的大部分已经废弃，但是作为首个明朝陵墓，它仍然是主要的景点。通往陵墓的神道上都是石兽和官员的雕像（每种石兽四只，两蹲两立，共十二对），这些石像有的坐着，有的在站岗值班，都给人留下了深刻的印象。与众不同的是明孝陵不是南北延伸，而是自西向东逶迤绵延向上一直到达一个山坡上。明孝陵的南部是风景秀丽的梅花山。春季粉红色的梅花盛开时，梅花山特别美丽。梅花山的西部是植物园，植物园面积巨大，里面有植物、草地、山丘和湖泊。离植物园不远处的是廖仲恺墓。廖仲恺是著名的国民党领导人，一直追随孙中山。

紫金山天文台

建于20世纪30年代，那时天文台的面积略小。对于游客来说，天文台的参观重点是这里收藏的明清时期的青铜天文仪。

到达明孝陵（明朝开国皇帝洪武帝陵墓）的神道

南京人屠杀纪念馆的入口

南京周边地区

沿着紫金山，南京周围有很多有趣的值得参观的景点。乘坐出租车，可以很方便地到达这些景点，如果是到栖霞寺，可以乘坐公交车。

南京大屠杀纪念馆

建邺区，茶亭东街 195 号。电话：（025）86610931。每天上午 8:30 ～下午 4:30。

莫愁湖公园以西不远处是南京大屠杀纪念馆，它使人回忆起日本侵华时的暴行，即震惊世界的南京大屠杀（参见 227 页），大屠杀发生在第二次世界大战期间日军侵占南京时。在这个纪念馆里，成堆的尸骨和头骨碎片都是严酷暴行的见证。一系列的照片以时间为序展现了这些重要事件。该馆现在已成为国际间祈祷和平与历史文化交流的重要场所。

雨花台烈士纪念馆

雨花台

雨花路 215 号。电话：（025）52411523。每天上午 8:30 ～下午 5:30。

雨花台位于中华门以南。相传，5 世纪时（梁武帝时期），有位高僧（云光法师）在此设坛讲经，僧侣趺坐聆听，讲得精彩，听得入神，数日而不散，感动佛祖，天降雨花，落地为石，遂称雨花石，雨花台也由此得名。游客也会收集在此找到的彩色鹅卵石。可悲的是，1927 年以后，雨花台沦为国民党统治者屠杀共产党人和革命志士的刑场。新中国成立后，党和政府决定在此建烈士陵园。**雨花台烈士纪念馆**内有九尊 30 米高的巨大雕像（烈士群雕），都是典型的苏联写实风格。纪念馆的后面是一座宝塔，在那里能够俯瞰全城。

渤泥国（今文莱）国王墓

宁丹公路边。位于雨花台西北部 2 公里。每天。

渤泥国国王墓紧挨着雨花台，1958 年才被发现。自从公元 977 年，渤泥国的统治者一直向中国进贡。14 世纪中叶，明朝开国皇帝朱元璋大大扩大了现有的朝贡制度，外国要用礼物和珍贵的物品向中国纳贡。他还派特使到中国的朝贡国，当然包括渤泥国，以确保继续进行经济交流。渤泥国国王于 1408 年到达南京，但在访问期间死亡。他的墓地有一龟形石碑，与这段时期其他的墓地相似，通往墓地的神道两侧都有石人石兽雕塑。该景点没有明显的标志牌。

栖霞寺和千佛崖

栖霞山。位于南京东北部，距离南京 15 公里。从对面火车站乘公交车，需要 1 小时。电话：（025）85768152。每天早上 7:00 ～下午 5:30。

栖霞寺是全国最大的佛教寺院之一，始建于公元 483 年，但其现在的建筑建于清朝末年 1908 年。它包括两个主大殿，一个大殿的墙上雕刻着飞天；而另一大殿正中供奉毗卢遮那佛，他是真理和知识的化身。东面是一座八面石塔，建于公元 601 年，上面雕刻着佛陀释迦牟尼的生平（《八相成道图》）。

大厅的后面是千佛崖。实际上，悬崖上佛像只有 500 余尊，在中国“千”经常用来表示“许多”，而非确指。最早的雕像可以追溯到 5 世纪的南北朝的齐代，而大多数是在唐宋时期雕刻的。一些雕像在太平天国运动期间严重受损（参见 420 页），而后在“文化大革命”期间再次遭到破坏，但仍然值得参观。游客可以花上几个小时，在悬崖后面的树林里散步，甚是愉悦。

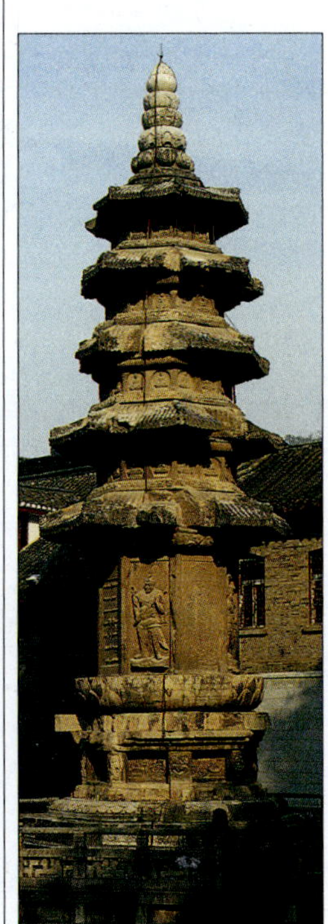
栖霞寺内雕有佛陀生平的八面石塔（舍利塔）

传统药学

中医大约已有4000年的历史，由于对长生不老药的研究，中药不断演变发展，许多帝王对其也有着浓厚的兴趣。几世纪以来，一直采用今天所称的整体医学疗法——强调饮食的重要性、心理健康和环境。如今，中医治疗仍然是建立在草药、饮食和针灸的基础上，道教观点是其不可分割的组成部分，最值得关注的是气（参见32页～33页），是生命至关重要的力量。气产生阴和阳两种相反而又相互依存的力量。阴阳通过干湿、冷热等体现在宇宙和身体上。西医认为疾病是由外力，如细菌或病毒引起的；与之不同，中医认为疾病是由病人体内阴阳不平衡造成的。当阴和阳失衡时，气就会耗尽或者受阻。中医会尽力使人达到阴阳平衡。

阴阳符号

10世纪的经络图

通过人体的经络运动，从各个重要器官到四肢，贯通全身。此图清晰地展示了经络从内脏通过手臂直到指尖的贯通。气压运用得恰到好处能够使气平稳运行。

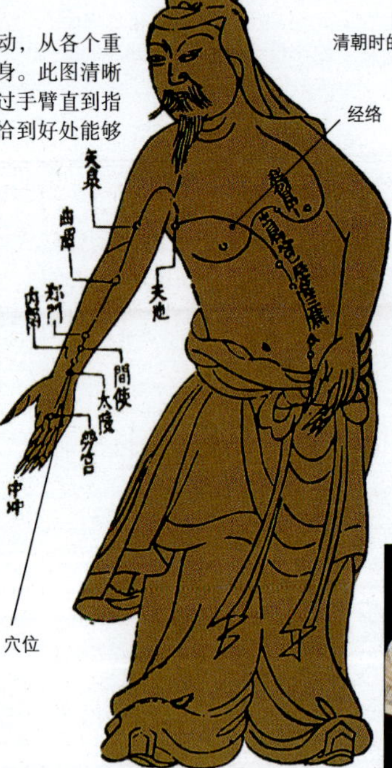

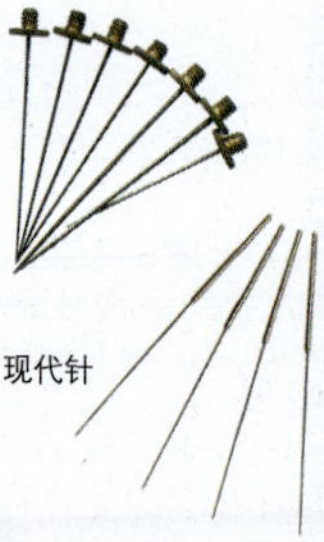

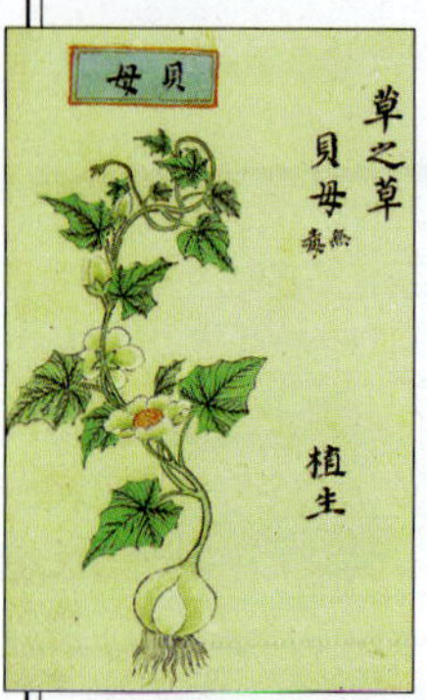

《本草纲目》是一本列出了所有已知疾病及其治疗方法的药典，16世纪由医药学家李时珍汇编成册。

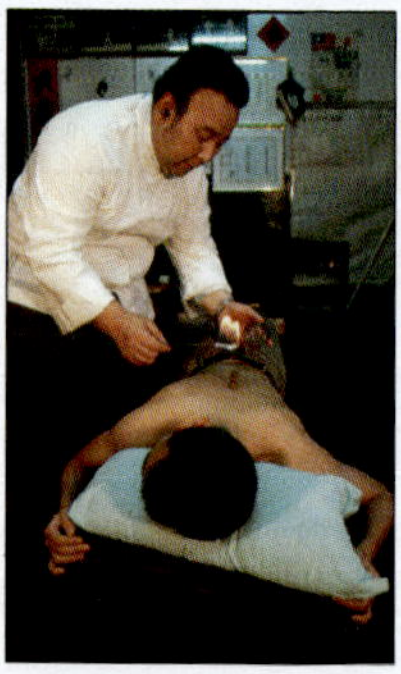

清朝时的针

现代针

针灸针沿经脉扎入皮肤下面的穴位，穴位又称气门。后来证明，针灸还是有效的麻醉剂。

将草药如菌类、草根、树皮，有时会有些干的动物产品，诸如鹿茸混合起来，经过精心搭配，给病人开出药方，病人再将其熬成汤药。

艾灸常用于治疗慢性病，通常会燃烧艾绒（艾绒是由艾叶加工而成），在身体相应的穴位上施行熏烤，热量经针传送（到穴位，通过经络腧穴的作用，以达到治病防病目的）。

广济寺入口处装饰华美的牌匾，芜湖

亳州 ⓫

位于合肥西北部 250 公里。

亳州药材市场——世界上规模最大的药材市场，吸引了来自中国和东南亚的 5 万多名商人。每种能够想到的植物、昆虫和动物肢体，不管是整体还是粉末状，都可以在展厅内找到。

有趣的还有 17 世纪的花戏楼，舞台周围用木雕、砖雕和彩绘装饰。亳州博物馆展出了三国时期曹操家族墓里挖掘出土的大量文物及其他地方历史文物，有重要的研究价值。

药材市场
中药。周一～周五。

地下隧道
曹操运兵道。每天。

合肥 ⓬

南京以西 150 公里。长江中路 42 号。电话：（0551）2672945。

合肥是安徽省省会，1949 年，新中国政府支持此地区的工业发展，当时此地很贫困，而现在它已发展成为一个繁荣的工业中心。虽然没有很有名的景点，但是游客在游览安徽省时很可能经过这个城市。省博物馆有一些有趣的展品，包括汉墓里的砖、发现于安徽的**直立人头骨**和“文房四宝”（参见 219 页），即笔、墨（墨块）、纸、砚，产于安徽的特别闻名（宣笔、宣纸、徽墨、歙砚）。位于湖光山色中的包河公园内有一家**包公祠**。16 世纪重修的**明教寺**高 5 米，原名铁佛寺，又称明教台、曹操点将台。而其附近的**逍遥津公园**是一座有文化历史特色、环境优美、景色宜人的综合性公园，同时又是三国时代著名的古战场，是合肥十景之一。

省博物馆
安庆路 268 号。周二～周日。

包公祠
芜湖路 58 号。每天上午 8:00～下午 5:30。

明教寺
淮河路。每天。

芜湖 ⓭

合肥东南 125 公里。

这里有该省的主要轮渡码头，它仅有的几个景点，包括赭山上的**广济寺**，建于公元 894 年，还有附近的**赭塔**是芜湖登高览胜的绝佳去处。合肥的中心街道两旁是一些老房子，老房子有茅草屋顶和泥墙，在这样的街道上散步也是件令人愉悦的事情。芜湖也是旅游的好去处。李白墓位于采石矶，距离马鞍山 7 公里，是铁路沿线芜湖南部的第一站。李白（701～762 年），唐朝诗人，是著名的醉仙，据说在一个皓月当空之夜，李白醉酒后跳江捉月，沉于江中。他的墓坐落在一座清朝庙宇的后面，经一长串台阶到达顶端，能够俯瞰长江美景。墓里可能只有李白的衣冠，因此对他最后的安息之地仍然争论不休。

李白墓，采石矶

李白墓
采石矶。乘火车到马鞍山，然后乘公交车或出租车。每天。

周围景点：位于芜湖东南部 60 公里处的**宣城**扬子鳄繁育研究中心，通过繁育扬子鳄，成功地增加了这一濒危物种的数量。扬子鳄产于安徽，野生的数量仍然很少，但是繁育的扬子鳄已经达到数千只，并且很快能使这些爬行动物重回野外。

宣城扬子鳄繁育中心，扬子鳄在晒太阳

九华山 ⑭

合肥东南部160公里。🚌 ℹ 白马新村135号，九华街。电话：（0566）5011588。

九华山是中国四大佛教名山之一，公元794年，来华求法的朝鲜（当时称新罗国）僧人金乔觉跏趺示寂，僧众认定他即地藏菩萨的化身，自此以后九华山成为朝圣之地。这里也是新近失去亲人者重要的朝拜地点，他们可以在此为死者举行殡葬仪式。

过去，经由九华山的乡间小路，可以看到遍布山间的60多座寺庙。第一个是清朝的祇园寺，内部大殿众多。还有历史最悠久的寺庙化城寺，寺中有一部分可能建于唐代。除此之外，还有一个装饰华丽的大门，这是爬山的必经之路。从这里，一种游览线路是步行一小时经过迎客松，然后向左途经很多寺庙直到百岁宫。百岁宫供奉着无瑕和尚的（又叫海玉）肉身，他在此端坐祈祷。游客既可以步行也可以乘火车返回。另外一条路是从迎客松处向右，经过凤凰古松，一直到达天台正顶。峰顶还建造了一尊巨大的佛像。如果不想花4个小时步行到山顶，可以从凤凰古松坐缆车，然后乘出租车返回。

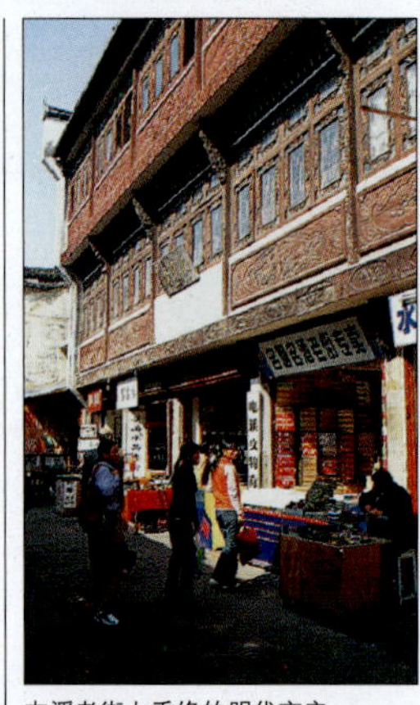

屯溪老街上重修的明代商店

屯溪 ⑮

黄山东南部70公里。✈ 🚆 🚌 ℹ 福上路99号。电话：（0559）2310616。

屯溪是游览黄山的重要交通枢纽（参见236页～237页），这里有许多传统古典建筑的典范。在某些地区诸如老街上，重修了很多明代的房子并将其改建成了纪念品和古玩店，还有一些改成了餐馆酒楼。高水平的装修让外地游客清晰地领略了典型的明朝时期城市的风采。很多房屋都带有装饰性的马头墙（参见235页），原本这种马头墙有其实际功用，火灾时可作为挡板。

宁静的九华山

歙县 ⑯

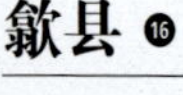

屯溪以东25公里。🚌 乘公交到屯溪。

以前称为徽州，歙县以其丰富的保存完好的明代住宅而闻名，这些房子原是一些富裕盐商的住宅。它们沿解放街和斗山街而建，就像早在14世纪时一样，这些房子仍有人居住。

富裕的徽州商人还在歙县立了诸多的纪念牌楼（牌坊），但最有名还是棠樾的牌坊群。棠樾是歙县以西约7公里的一个村庄，村内七座牌坊逶迤成群，这些牌坊赞扬了本地一个家族（鲍氏家族）的忠、孝、节、义。

黟县 ⑰

位于屯溪西北部，距屯溪35公里。🚌 乘小巴到屯溪。

被联合国教科文组织列入了《世界文化遗产名录》的宏村和西递，位于黟县附近，以明清时期的古民居而闻名。宏村地处黟县东北部，距黟县大约11公里，宏村始建于1131年。宏村山水明秀，享有“中国画里的乡村”之美称。整个村子呈“牛”形结构布局，古时宏村人还独具匠心地建造了牛形的人工水系，一条水圳向月沼和南湖供给水源；傍泉眼挖掘的月沼是“牛胃”，南湖是“牛肚”，九曲十八弯的水圳是“牛肠”。

西递位于黟县东南部，距黟县8公里，至今尚保存古朴典雅的明清民居100多栋。有些民居还有典雅的庭院，而其内部往往都饰有木雕匾额。有些房屋展现了当地的艺术特色。南平地处黟县西部，距黟县5公里，有很多古典风格的建筑。

徽州建筑

400 年前，有一群人对我国经济发展起了关键作用，歙县就是这群人的家乡。如今，安徽南部的居民多半是农民，但是从 14 ～ 17 世纪，他们的祖先都是徽州的富商，他们的商业敏感性全国闻名。他们用自己的财富建造了大房子，外面是白粉墙，内部是典雅的木质结构。这些房屋的显著特点是社会和环境因素共同作用的结果，这样建房子是为了应付天气变化、地震和土匪袭击的危险。很多这种类型的房子留存了下来，有些已有点衰败，但这仍是徽州商人事业的见证。

徽州牌坊

木雕精细的木板既起到装饰作用又实用——能阻止热量而光线却很好。

木柱比砖墙更能抵御地震

坡形屋顶利于将雨水收集起来，气场好（参见 32 页～ 33 页），使之流入池塘

墙壁并不能承受结构荷载——它们是幕墙

高窗棂使房屋免遭土匪袭击

院子里的鱼塘能使房子凉爽，并起到装饰作用

马头墙这种墙既能防止火灾向其他建筑蔓延，又能防止盗贼转移，而且已发展成为装饰建筑的一种方法。

牌楼门口这些精心建造的**牌楼**或**牌坊**是用石头而不是木材制成的，因为石头结实不易破损。

黄山 ⑱

西海门

被誉为我国最美的、最令人震撼的名山，自古以来，黄山云成海，峰为体，云为衣，其瑰丽壮观景色一直受到文人墨客和画家的歌颂。虽然黄山主峰不到1900米，而黄山七十二峰磅礴雄浑，峻峭秀丽，山路崎岖，但游人如织。如果说黄山的云海是浑然天成，不足为奇，那么它的怪石、竹林和奇松更是美不胜收。住宿可在温泉区或附近的汤口镇。在山顶过夜也并不单调，可以欣赏到壮观的日落和日出。

清凉台是观日出的好去处

TAIPING

Lianhua Feng (Lotus Flower Peak) 6145 ft

Shen Quan Feng 5340 ft

★ **飞来石**
飞来石是一块巨石，呈柱体耸立在峰头基岩平台之上，它傲视西海群峰和云海，风光无限美好。

西线
走西线比东线更消耗体力，要横穿岩层，所经台阶非常狭窄且陡峭。

星级景点

★ 飞来石

★ 始信峰

★ 鳌鱼背

迎客松
又称欢客松，常在邮票上出现（它的一侧枝丫伸出，如人伸出臂膀），欢迎远道而来的客人，据说树龄已有1000多年。

山顶美景
游览完山顶令人叹为观止的风景大约需要3个小时。欣赏夕阳美景的最佳地点是排云亭，乘坐缆车可到达。

游客清单

合肥南部200公里。在屯溪。到屯溪。从南京或合肥到汤口（5小时）；从屯溪到汤口（1.5小时）；乘公交车到主大门。每天。www.huangshanguide.com

图示

- 小巴站
- 缆车
- 寺庙
- 小路
- 道路

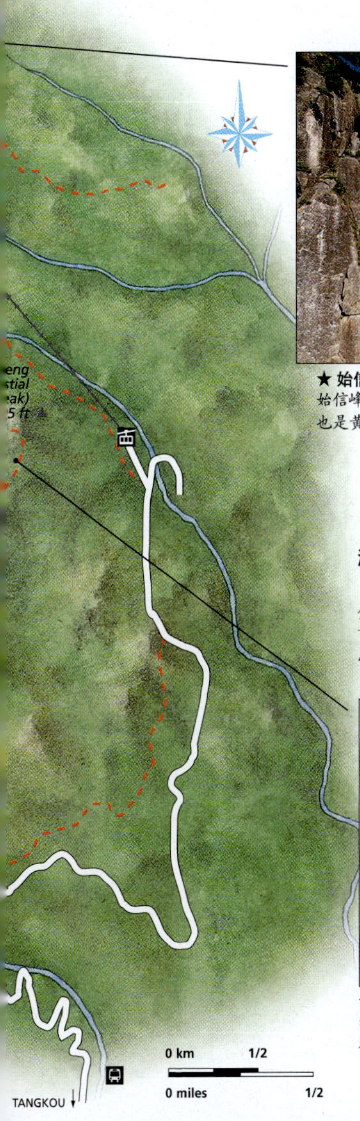

★ 始信峰
始信峰凸起于绝壑之上，这里巧石争妍，奇松林立，云蒸霞蔚，也是黄山一绝。可通过峰顶东头的渡仙桥到达。

0 km 1/2
0 miles 1/2
TANGKOU

游览黄山

走东线（8公里），需时约3小时；走西线（15公里），需时约6小时。一些登山者多上山走东线，下山走西线。两个缆车使您少走很多路，但线路通常很长。

★ 鳌鱼背
鳌鱼背位于通往天都峰的路上，因山峰形状极像鳌鱼而得名，最高处拱形高9米，两边直线向下，非常陡峭。

西泠印社

浙江和江西

紧邻上海南部，西南与江西接壤，这便是浙江。浙北是一片广阔肥沃的农田，省会杭州和秀丽的绍兴等城镇河渠纵横。杭州和重要港口宁波，是该地区主要的工业和商业中心。浙江沿岸有大约18000个岛屿，其中包括佛教圣地普陀山。该省南部山地崎岖，雁荡山秀美绝伦。

与华中其他地区相比，内陆的江西人口较少。北部是肥沃的平原，可由中国最大的淡水湖鄱阳湖以及注入其中的多条河流灌溉。公元7世纪，大运河的开凿带动了省会南昌的繁荣。随着19世纪中叶沿海通商口岸的发展，江西的经济衰落了。后来，在20世纪初，战乱迫使数以百万计的人背井离乡。赣南连绵起伏的井冈山是中国的革命圣地之一，那里发生过很多战事。瓷都景德镇和度假胜地庐山，位于该省东北部。

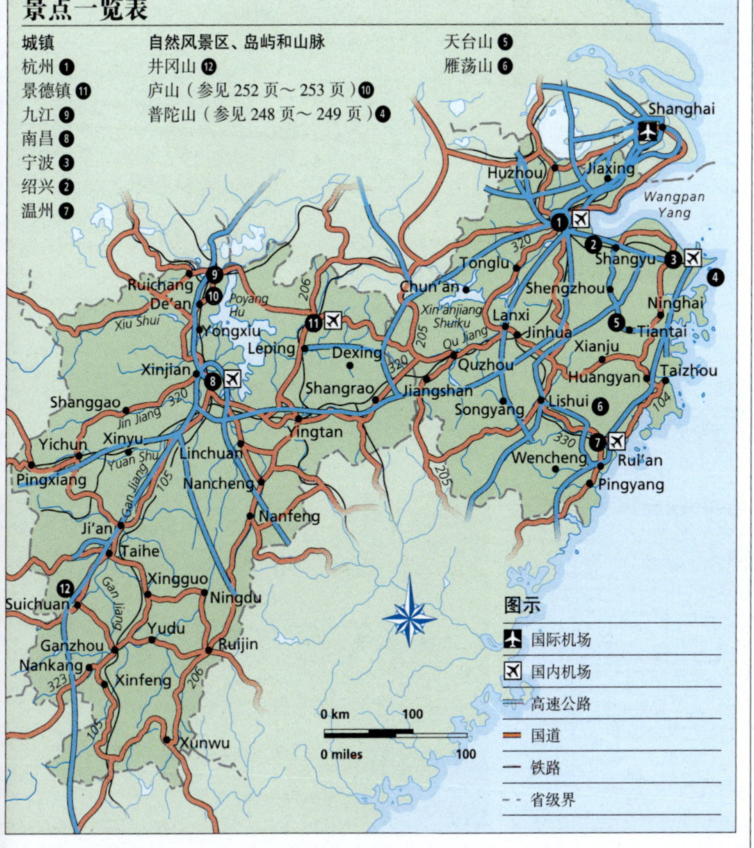

] 杭州西湖曲径通幽——向上通至孤山的西泠印社

杭州 ❶

岳飞雕像

杭州享有人间天堂的美誉由来已久，它是南宋时期（1138～1279年）繁华富庶的首都。后来，元朝定都大都，即今天的北京，但杭州仍然是一个繁荣的商业城市。马可·波罗曾在其游记里赞美它的辉煌。据称杭州最为繁华时他曾去过那里，形容其为“天堂之城，世界最富丽华贵的城市”。虽然老式建筑大多已毁于太平天国起义，但迷人的西湖及周边地区仍然值得参观。

通往岳飞墓的拱门入口

岳飞墓

北山路。电话：（0571）87966653。
◻ 每天早上7:30～下午5:30。

宋代名将岳飞，其爱国主义精神受人敬仰。他的墓就在西湖北面。金人入侵，他指挥抗金战争取得大捷，屡建奇功。就在岳飞大破金兵于堰城，准备乘胜北进时，被赵构、秦桧逼令班师，不久被以莫须有的罪名无辜杀害。

岳王庙建于19世纪末，旁边就是岳飞墓。中间的墓埋葬着岳飞，稍小一点的埋葬着同样被处决的岳飞之子。铁铸跪像代表了陷害他的南宋丞相秦桧、桧妻王氏、嫉贤妒能的将领张俊和监察御史万俟卨。这些跪像历来遭人唾弃，不过现在已经不鼓励真的朝上面吐唾沫了。

《印象·西湖》

北山路。电话：（0571）87962222。

每天晚上，岳王庙前的西湖都会上演水与光的动态实景演出。演出由曾经导演2008年北京奥运会开幕式的中国著名导演张艺谋执导，主题曲由“超女”张靓颖演唱。

黄龙洞公园与栖霞岭

西湖北面。

群山环抱的黄龙洞公园引人入胜。里面有茶馆、池塘、花卉，还有凉亭，夏季时音乐家会在此表演传统音乐。向东便是**保俶塔**，始建于宋代，20世纪重建。不远处依稀可见栖霞岭。抱朴道院位于半山腰斜坡。这所道院大部分时间都在举办各种活动，游客们可以尽情驻足。

抱朴道院的木雕

胡庆余堂中药博物馆

大井巷95号。电话：（0571）87027507。
◻ 每天上午8:30～下午5:00。

这个博物馆很有意思，它坐落在古朴雅致的胡庆余堂中药店内。中药店由清朝商人胡雪岩开办，诉说着传统中药上千年的悠久历史。这家药房同时也是诊所，如今仍然有很多人光顾。

西湖

参见242页～243页。

中国茶叶博物馆

龙井路88号。电话：（0571）8796422
◻ 每天上午8:30～下午4:30。

茶叶博物馆追溯了产茶的历史（参见291页），告诉参观者不同品种的茶的种植以及制茶与茶具的发展。许多说明都附有英文。

龙井村

中国茶叶博物馆西南方向。

龙井村生产中国最有名的绿茶品种。参观者可以在茶田中随意走动，亲眼看看制茶的各个生产步骤——采摘、分类、烘焙。也可以购买茶叶，其价格取决于其种类。

胡庆余堂中药博物馆主厅

灵隐寺

灵隐路法云弄1号。电话：（0571）87968665。◯ 每天早上7:00～下午5:00。

城市里的很多主要景观都在飞来峰山区，比如灵隐寺。灵隐寺始建于公元326年，曾经有3000个和尚，70多个殿宇。尽管现在的面积不比从前，但它仍然是中国的大型寺庙。在19世纪的太平天国运动中被破坏，20世纪又遭到一场大火的毁坏。据说其得以存留要归功于周恩来（参见250页），“文化大革命”期间他使该寺免于被毁的命运。不过，庙里有些地方已经很古老了，像一进门的天王殿两旁的石经幢，都可以追溯到公元969年。天王殿后面是大雄宝殿，大殿正中是一座高20米的释迦牟尼佛像，1956年用樟木雕刻，极具风采。

灵隐寺门口的理公塔为纪念印度的慧理法师而兴建，正是他为这座山起了一个不平常的名字。慧理看这座山与印度的一座山一模一样，问人们它是不是飞过来的。飞来峰以几十座石刻佛像闻名于世，很多佛像都可以追溯到10世纪。

飞来峰佛像

游客清单

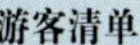

距上海西南120公里。677万。火车站、火车东站。汽车东站、汽车北站、西汽车站、中国民航（机场巴士）。电话：（0571）56723456。

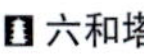

六和塔

之江路16号。电话：（0571）86591364。◯ 每天早上6:30～下午5:30。

六和塔矗立在钱塘江北岸的铁路桥旁，始建于公元970年，是仅存的一座八角佛塔。它为镇压钱塘江汹涌潮水而建造。钱塘潮是世界上最壮观的潮水景象之一，水墙巨大，潮头陡立，气势恢弘。六和塔高60米有余，明朝之前用作灯塔。

杭州市中心

胡庆余堂中药博物馆 ④
黄龙洞公园与栖霞岭 ③
西湖印象 ②
灵隐寺 ⑧
龙井村 ⑦
六和塔 ⑨
中国茶叶博物馆 ⑥
西湖 ⑤
岳飞墓 ①

西湖

小瀛洲的金属制品

西湖位于杭州中心，长久以来都被人们看做中国的风景奇观之一，面积超过8平方公里。四周是绿意盎然的小丘，柳树成荫的堤道，荷花香气阵阵扑鼻……西湖一直是艺术家寻求灵感之所在。西湖原本是与钱塘江河口相连的一处海湾，4世纪时钱塘江产生淤泥，便形成了湖。西湖易发洪水，所以人们修了几个堤坝，包括白堤和苏堤。用一下午的时间，雇一叶小舟，从东岸出发荡舟湖上，或是悠闲地漫步于林荫河堤，最是惬意。

★ 三潭印月
小瀛洲旁三座小石塔立于水中。满月之各塔内点上蜡烛，塔身洞口用纸盖住，出月影景象。

XI LI H

花港观鱼
这里是观鱼赏花胜地。由宋朝宦官设计，池内放养着金鳞红鲤，园中花木扶疏，令游客流连忘返。

★ 小瀛洲
小瀛洲有景点三潭印月，指的是湖中三座映月的塔。小瀛洲由4个水塘组成，形成"田"字形，由始建于1611年的亭台和堤埂环绕。"之"字形的九曲桥建于1727年。

星级景点

★ 小瀛洲

★ 三潭映月

★ 苏堤

★ 苏堤
两个堤道中较长的一个，其名源自时任杭州知州的宋朝诗人苏东坡。苏堤由6座石拱桥相连，是环湖西岸一条静谧的主路。

游客清单

杭州。定时始发于湖滨路旁东岸。有供人租用的船只。浙江省博物馆孤山路25号。电话:(0571)87980281。周一：下午1:00～4:00；周二～周日：上午9:00～下午4:00。

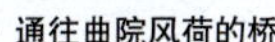

通往曲院风荷的桥
这座桥通向一所令人惊艳的花园，四周环绕着莲花。这是著名的西湖十景之一。

GU SHAN

西泠印社夏季对外开放

浙江省博物馆

XI HU

BEI LI HU

白堤
通向孤山的白堤，其名源自任杭州刺史的唐朝诗人白居易。说到孤山，它在唐朝只是一个景色秀丽的小岛，如今岛上已经有了茶馆和省博物馆。

马可 · 波罗

对于马可 · 波罗究竟是否到访过中国，存在很大争议。不过，他口述，由别人笔录的一本书《马可 · 波罗游记》——经过了很多润饰——表明在元朝时，马可 · 波罗曾在扬州做官三年。他将杭州形容为人间天堂、世界上最美丽的城市，商业兴隆，西湖上到处是漂亮的游艇，歌伎成群。自从南宋立都于杭州，杭州已然是一个大都市了。但是，《马可 · 波罗游记》也可能是基于先前他父亲和叔叔的旅程或者是其他商人的故事而作。

马可 · 波罗像
（1254～1324年）

绍兴鲁迅故居

绍兴 ❷

杭州东南 67 公里。463 万。
中兴中路。www.sx.gov.cn

尽管高楼大厦纷纷拔地而起，这个水上的小镇仍然有其魅力所在——小巷、拱桥，还有刷得粉白的房子。古镇绍兴是越国的国都。即使杭州成为宋朝国都之后，绍兴多年来仍然占据着重要地位。如今，这是一个人们探寻水乡的好地方，风景优美。

青藤书屋位于离解放南路不远的小胡同大乘弄，是 16 世纪文学家、书画家徐渭的故居。这所书屋是国内传统建筑的最好范例，有一个装饰性的花园，其中一间屋子还陈列着徐渭的佳作。

中国现代伟大的思想家、文学家鲁迅，这里也有几栋房子与他有关，1881 年他就出生在这里。这几栋房子基本都聚集在鲁迅路。**鲁迅故居**是民居建筑的典范，这里陈列照片、家具以及私人物品。对面是三味书屋（私塾），是鲁迅从小上学的学堂。

绍兴最著名的桥，是建于 13 世纪的八字桥，形似汉字“八”。它位于鲁迅路北，八字桥直街东端一个环境幽雅的地方。

这个小镇是短途旅行的好去处，值得反复品味。风景秀丽的东湖就在附近。参观者还可以乘船去大禹陵。据说该墓主人是大禹，夏朝（约前 2070 ～前 1600 年）的建立者。再远一点则是兰亭。据说中国最伟大的书法家王羲之（321 ～ 379 年），曾在此举办酒会，宾客们流觞曲水，酌酒作诗，王羲之因此而作《兰亭集序》。兰亭四周崇山峻岭，茂林修竹，浅溪淙淙，幽静雅致。

天一阁的石狮

青藤书屋
后观巷。每天。

鲁迅故居
鲁迅中路 429 号。每天。

宁波 ❸

杭州东南 145 公里。568 万。
大沙泥街 61 号。电话：(0574 87310467。

宁波是宋朝至明朝期间，中国最大的港口，位于离海岸较远的甬江上游。后来上海的兴起盖过了宁波，但是最近宁波又东山再起，因为它有天然的深水良港。这座小城一直与商业相连。当上海和广州在 20 世纪和 21 世纪初开始繁荣的时候，宁波人民已经被外国公司聘用为“买办”（代理或中介）了。

宁波的主要名胜是天一阁，建于 16 世纪，是中国最古老的私家藏书楼，也是亚洲现有最古老的图书馆和世界最早的三大家族图书馆之一。它俨然一个传统花园，竹林假山，亭台游廊，相映成趣。其中一个楼阁里陈列着古籍和卷轴。开明街东南是 14 世纪建的天封塔。前租界在新江桥北端，还有一个 17 世纪的葡萄牙教堂和一所法国建造的医院。城外，保国寺的大雄宝殿是长江三角洲地区现存最古老的木结构建筑。

天一阁
天一街 5 号。每天上午 8:30 ～下午 5:00。

宁波天一阁附近可爱的小巷

◁ 杭州西湖浓雾中隐约可见的苏堤桥

普陀山 ❹

参见 248 页～249 页。

天台山麓的国清寺

天台山 ❺

杭州东南 190 公里。

天上台宿山——天台山——是佛教天台宗祖庭所在地，与道教也有密切联系（参见 30 页～31 页）。东晋时天台山便是朝圣地，如今更是受到把中国看做佛教发源地的日本佛教徒的祭拜。天台宗初祖智顗和尚一生的大部分时间都在天台山，朝廷帮他在此建寺。这里景色奇妙，幽径蜿蜒、溪流潺潺、密林葱翠，在此散步再好不过。几种著名的作物也产自这里，比如华顶云叶茶、云雾茶、天台蜜橘以及各种药用植物品种。

天台山的第一所寺院国清寺就在山脚下，距天台县 3 公里。从这里有一条路通向 1100 米高的华顶峰，游客可以步行到华峰顶的拜经台或上方广寺旁的石梁飞瀑。石梁一带岩壁上有多处摩崖石刻，其中还有宋朝著名书画家米芾的手书。真觉寺院内供奉着一座石质智者大师肉身塔。

华顶峰
每天。

雁荡山 ❻

温州市东北 80 公里。从温州到白溪汽车总站。

总面积 450 平方公里，500 多个景点分布于 8 个景区，以奇峰怪石、古洞石室、飞瀑流泉称胜。其中，灵峰、灵岩、大龙湫三个景区被称为“雁荡三绝”。特别是灵峰夜景、灵岩飞渡堪称中国一绝。因山顶有湖，芦苇茂密，结草为荡，南归秋雁多宿于此，故名雁荡。

这里风景秀丽，危峰乱叠，还有众多寺院。它的最高峰百岗尖，海拔 1150 米。大龙湫瀑布落差达 190 米，是中国四大瀑布之一，有“天下第一瀑”之誉。通往瀑布的小径在高耸的山岩间迂回曲折。每到整点时刻，自行车手在高空表演骑单车走钢丝。最大的一片区域是灵峰景区，这里洞穴繁多，山峰奇形怪状，如果想远足，这是极佳的地方。灵岩景区通索道，有人行道，还有吊桥。白溪汽车总站处，有几条步行小道。

大龙湫瀑布
每天。

灵峰
每天。

温州 ❼

宁波以南 200 公里。773 万。小南路 107–1 号。电话：(0577) 88253137。

地处浙江省东南沿海，温州一直是一个与航海有关的城市。现在仍然是一个繁忙的港口。其经济蓬勃发展，主要是因为海外华人进行了巨额投资。市外，就近可以参观雁荡山；市内，也有一些景点供人游览。最出名的景点江心屿公园，是坐落在瓯江的一座岛屿，从麻行僧街坐固定时间的轮渡，很方便。公园里没有任何交通工具，美丽的花园、凉亭、宝塔以及人行天桥，都让人流连忘返，就算待几个小时也不尽兴。它还有一个灯塔，现在还在使用。解放路与信河街之间，南至瓯江，这一片区域便是旧城区。旧城区散布着几处很有特色的建筑，比如 18 世纪英国建的新教教堂，19 世纪的天主教堂，还有唐朝时建的妙果寺。

江心屿公园
江心岛。从温州的江心码头发船。
每天早上 7:30～晚上 10:00。

走在雁荡山山路上，风景一览无余

普陀山 ❹

香炉一瞥

舟山群岛岛屿众多，其中，普陀山是佛教四大圣山之一，与大慈大悲观音菩萨有千丝万缕的联系，是著名的观音道场，10世纪起就受到了人们膜拜。尽管“文化大革命”期间寺庙遭到红卫兵的严重破坏，但是仍然令人神往，引人入胜。普陀山已成为信徒经常光顾的朝圣地。湛蓝的海水和沙滩环绕着这个迷人的小岛，小巴穿梭来往于寺庙与各景点之间，不过小岛上的山丘、洞穴以及海滩最好还是徒步观光。

到顶峰
缆车的一头是小巴站，一头是佛顶山峰。从峰顶远眺，全岛美景、海中胜境一览无余。

★ 普济寺
这个宽敞的寺庙被美丽的樟树环绕，位于该岛的中心。11世纪这里建起了第一所庙，但是目前这所寺庙可新得多了。

★ 南海观音像
在岛的最南端，有一座巨大的观音像，高33米，立在岸边。基座的展览馆中陈列着400多个雕像，以示观音各个不同的化身。

Chaoya Dong
BAIBU SHA
Duobao Pagoda
JIN SHA
Chaoyin Dong
0 meters 500
0 yards 500

星级景点
★ 南海观音像
★ 普济寺
★ 法雨寺

慧济寺
慧济寺的历史可以追溯到1793年，位于佛顶山山顶，掩映在茂密的茶树与竹林之间。

游客清单

浙江海岸外、宁波以东80公里。舟山。从上海发船（快速轮渡：4个小时；慢速轮渡：14个小时），从宁波发船（快速轮渡：2.5个小时；慢速轮渡：5个小时），从舟山发船（半个小时）。包含登岛坐船费用以及各景点的最低费用。观音节（四月初）。www.putuoshan.net

图示

- 小型公交车站
- 轮渡
- 缆车
- 洞穴
- 小径
- 路

千步沙
是普陀山最秀美的海滩，沿东海岸延伸。海岬和朝阳洞将其与百步沙分隔。

★ 法雨寺
这是个气势非凡的寺院，其200间殿宇依山就势，分群递升，俯瞰大海。九龙殿内的九龙藻井及部分琉璃瓦从南京明代宫殿拆迁而来，被誉为普陀山三宝之一。

慧锷传说

日本僧人慧锷从佛教圣地五台山偷走了一个观音像，就在他航海回家的路上，船遭遇了狂风暴雨。他担心命丧于此，于是发誓倘若能保住性命，就建一个观音庙。海洋突然平静下来，船也缓缓漂向附近的普陀山海岸。他相信这是观音选择的岛屿，于是按照自己的许诺建立了观音庙，自己也成了虔诚的隐士，在普陀山度过余生。

关于慧锷在普陀山附近海航的壁画

南昌 8

佑民寺正面局部

建立于汉朝的省会南昌从明朝起开始繁荣，成为贸易中心。但是，这里之所以出名，主要还是因为1927年的南昌起义。由周恩来等领导，起义发动后占领南昌数日。8月3日起，起义军分批撤出南昌。南昌起义打响了武装反抗国民党反动统治的第一枪，标志着中国共产党独立创建、革命军队和领导革命战争的开始。尽管南昌主要是工业城市，但是也有不少名胜，博物馆也不错，还有几处革命景点。

佑民寺前游客在烧香

人民广场

革命烈士纪念塔：八一大道399号。电话：（0791）6262566。周日～周五下午2:30～5:00。

宽敞开阔的人民广场四周，气势恢弘但又略带阴森寒意。最南端是烈士纪念塔，塔身呈长方体，高45.5米，塔身两侧各有一片翼墙，嵌有苍松翠柏环抱的中国工农红军旗徽浮雕。广场北面陈列着20世纪20年代至40年代国内史迹档案照片。

朱德旧居

八一大道附近。每天。

位于南昌市花园角2号。这是一所砖木结构的两层楼房，坐西朝东，雕花飞檐悬于门楣，是典型的江南民居。

这个引人注意的木屋得从1927年说起，那时候革命还处于萌芽阶段，朱德和周恩来曾居住于此，后来率军起义，于同年8月1日将城市攻占。他们率领的起义军有约3万人，占领了南昌数日后撤出。尽管这次起义失败了，但是在20世纪中国历史上，它却是一个决定性的时刻，后来8月1日被定为中国人民解放军建军节。

佑民寺

民德路177号。电话（0791）6222301。每天上午8:00～下午5:00。八一公园 每天早上5:00～晚上11:30。

这所佛教寺院建于公元6世纪的梁代，是江西的主要圣殿之一，“文化大革命”期间曾被破坏，现已修复。三大殿之一有一座高10米站在莲花上的佛像。寺院内还有明朝和唐朝时（967年）铸造的两口铜钟。

寺院南面紧邻八一公园，曾是科举考试的地方。这是一个令人惬意的地方，绿荫如盖，湖水荡漾，还有一片圈起的花园，宋朝园主起名为“苏圃”。

八一起义纪念馆

中山路380号 每天。

八一起义纪念馆位于一栋显眼的大楼内，原为江西大旅社。它曾经是周恩来领导的起义的总指挥部所在地，起义军于1927年占领了南昌。三个楼层都摆设有古式家具以及武器。

滕王阁

沿江路7号。电话：（0791）6702055。每天上午8:00～下午5:00。

留给人深刻印象的滕王阁始建于初唐653年，因诗人王勃而名垂千古。从那时算起，滕王阁屡毁屡建，已经经历了26种面貌——终于在1989年，最后一次重建，取代了1926年被烧毁的那一个。滕王阁

周恩来（1898～1976年）

1973年的周恩来总理

周恩来是伟大的马克思主义者，伟大的无产阶级革命家、政治家、军事家、外交家，党和国家的主要领导人之一，中国人民解放军主要创建人之一；是以毛泽东为核心的党的第一代中央领导集体的重要成员，新中国第一任总理。他功勋卓著、品格高尚、人格光辉，深受国人爱戴。对于西方，他代表了中华民族通情达理与和蔼可亲的一面；对于人民，他虽身居高位，却了解民间疾苦，为人民排忧解难。他去世时，中国人民对他发自内心的深切哀悼。

庄严的滕王阁矗立于赣江之滨

60米高，内部3个明层、3个暗层，加顶部设备层共为7层，每一层都有一个主题且都与阁相关。第六层是滕王阁的最高游览层，游人可以乘坐电梯到达，观赏全城景色。在六层西厅有一个不大的小戏台，偶尔也会有歌舞表演以及当地戏剧演出。

省博物馆

新洲路1号。电话：（0791）6595424。周二～周日上午9:00～下午4:30。

这个江边的博物馆位于城市西面，展览空间很大。现有的展品非常有趣，时间横跨公元4世纪至清朝，比如在江西发现的化石以及景德镇窑的大批瓷器。还有一些展品出自墓葬，有春秋时期的，也有明朝的，包括雕像、玉带和珠宝首饰。有一部分是从明朝建立者洪武皇帝儿子的墓中发掘出来的。

绳金塔

绳金塔街东侧。通常入口紧锁。

这个59米高的砖塔原本是寺庙的一部分，始建于晚唐，到了18世纪，修葺一新。像很多宝塔一样，建塔是为了消灾，其毁坏也预示了城市的陷落。该塔位于一个古雅的社区，周围有几处茶馆、理发店和杂货店。

游客清单

杭州西南500公里。495万。湘潭机场。火车站。长途客运站，中国民航（机场巴士）。轮渡码头。福州路169号。电话：（0791）6382245。

青云谱

定山桥。周二～周日。

青云谱道院，也叫八大山人纪念馆，是明末清初中国著名书画家之一朱耷的隐居之地。他是明朝皇族后裔，明朝灭亡后躲藏在此，而这里原本是为道教人士隐居之用而设计的。他的画作雄健简朴，运笔奔放，这里陈列有一些复制品。

园内有前、中、后三殿。前殿祀关羽，中殿祀吕洞宾，后殿祀道士许逊。

南昌市中心

省博物馆 ⑥
人民广场 ①
八一起义纪念馆 ④
绳金塔 ⑦
滕王阁 ⑤
佑民寺 ③
朱德旧居 ②

浔阳楼，唐代酒肆的重现，令人印象深刻

九江 ⑨

南昌以北184公里。485万。庐峰路6号。电话：(0792) 8560600。

九江港口自古有之，是通向庐山的必经之路，作运送米、茶和瓷器之用。明朝时运送景德镇的瓷器。太平天国时期港口受到严重破坏，后来在1861年开放对外贸易，尤以茶砖出名。

城镇较古旧又活跃的地方是在江边，与工业区有两湖相隔。烟水亭位于甘棠湖中小岛上。最后一次重建是在清朝，还有一个博物馆，展出了一些九江的老照片。能仁寺始建于公元502年，"文化大革命"期间一度荒废，如今僧侣众多。

浔阳楼因九江古称浔阳而得名。其名最早见于唐代韦应物的诗中，后白居易也对其有所描写。而真正使之出名的却是《水浒传》。小说中宋江题反诗、李逵劫法场的故事使其名噪天下（参见28页～29页）。

现浔阳楼为1987年由九江市人民政府重建。

能仁寺
庾亮南路168号。每天。

浔阳楼
滨江路。每天上午8:00～晚上7:00。

庐山 ⑩

庐山的圆形门楼

庐山地处江西省北部鄱阳湖盆地，雄峙于长江南岸。其山体呈椭圆形，绵延着90余座山峰，如九叠屏风屏蔽着江西的北大门。庐山以雄、奇、险、秀闻名于世，素有"匡庐奇秀甲天下"之美誉。庐山尤以盛夏如春的凉爽气候为中外游人所喜爱，是游山玩水、观瀑赏湖的好去处。

★ 花径
这条小径在西面的悬崖边上，俯视可见锦绣谷秀美的景色。花径通向仙人洞，曾有一位道士在此居住。

★ 龙头崖
景色壮丽，风穿松林从耳畔吹过，石门涧中瀑布轰鸣。

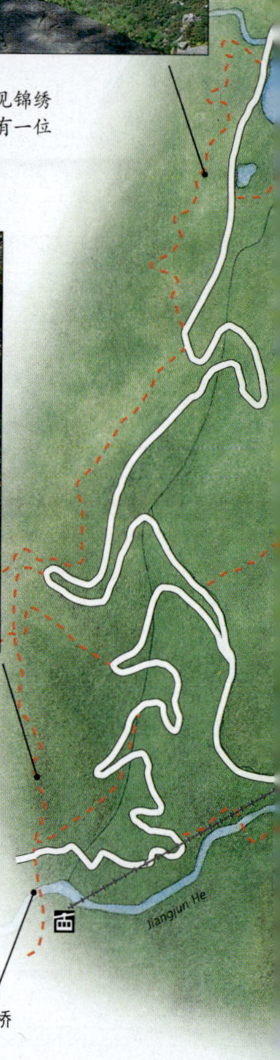

星级景点

- ★ 龙头崖
- ★ 花径
- ★ 美庐别墅

Jiangjun He

吊桥

游客清单

古岭，九江以南 35 公里。从九江汽车站发车；从停车场有小巴。每天。包含有进入景区的门票及各景点的门票。

★ 美庐别墅
曾是蒋介石的夏都官邸。当年，周恩来就是在这里同蒋介石进行国共合作谈判的。

人民剧院
1937 年落成，原名庐山大礼堂，新中国成立后改名为人民剧院。1959 年、1960 年、1961 年，毛泽东主席曾在这里主持了三次中央重要会议。

庐山博物馆曾是毛泽东住过的别墅

黑龙潭
五条溪流冲过一块巨石注入水塘。尽管河水清澈见底，但是人们仍然说水里住着一条黑龙。

瓷器

许多人将明代青花瓷看做中国风格的缩影。青花瓷设计优雅，颜色脱俗，令人惊叹。

中国陶器历史悠久，但是直到青铜器时代（约前1500年～前400年）用特别的黏土和炉温更高的窑，才烧出更加坚固，有时还带釉面的原始瓷器。但是真正的瓷器，直到隋代才出现。这时的瓷器，釉面光滑，击打时会发出近似水晶般清脆的声音。其中最精细的，甚至会呈半透明状。16世纪，瓷器在欧洲盛行，先是葡萄牙人，再是荷兰人和英国人，陆续做起了中国与世界各地之间的贸易，赚取了丰厚利润。

景德镇黏土是瓷器质量的关键，是上好的白高岭土与“白墩子”（长石碎末）的混合物。由此产生的精细粉末先是清洗，再通过丝绸拉伸，并烘干。

生产线上，每一位工匠在瓷器制作过程中都有不同分工。将黏土放在转盘上，做出一个粗略的形状（拉坯），再用刮刀精细雕刻（利坯），用水冲刷（捺水），将表面制作光滑。

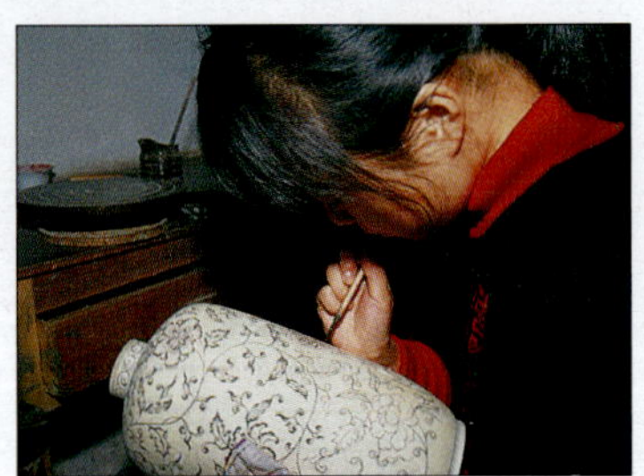
深蓝色釉底是通过上釉之前加工，涂上清晰的石灰石粉釉层、最好的白墩子，还有水。釉吸收了蓝色染料，融入原始黏土，形成坚固的玻璃般的瓷器。

烧制是制作瓷器的关键阶段——温度的波动能够一下子毁掉数以千计的作品。最好的瓷器是在黏土“烤箱”内烧制而成，这种“烤箱”可以保护瓷器，可以防尘以及防温度的剧变。

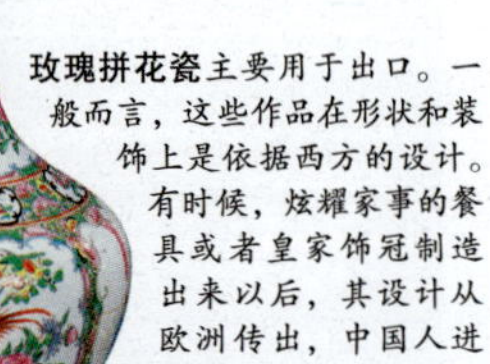
玫瑰拼花瓷主要用于出口。一般而言，这些作品在形状和装饰上是依据西方的设计。有时候，炫耀家事的餐具或者皇家饰冠制造出来以后，其设计从欧洲传出，中国人进行复制。

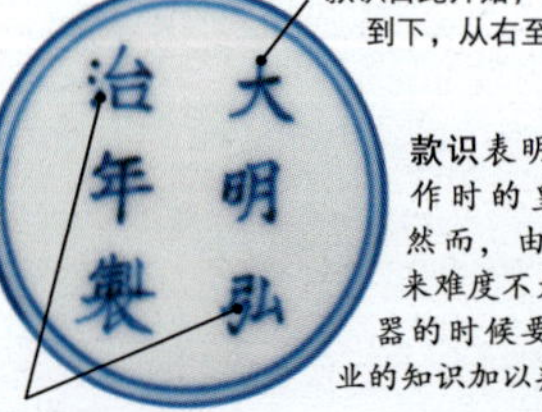

款识表明了瓷器制作时的皇帝年号。然而，由于伪造起来难度不大，收藏瓷器的时候要求具备专业的知识加以判断。

陶瓷时间轴

汉

这个时期的主要发展是上釉。简易的陶罐从日常用品转向艺术作品。

唐

由于技术的发展，唐朝出现了新品种的瓷器，最有名的是唐三彩，表现了丝绸之路的人物形象。

宋

美丽的宋瓷，其特点是造型简单，釉色单一浓厚。此时还发展出新的瓷器形状与裂釉技术。

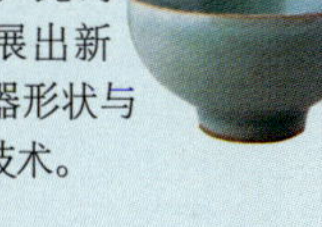

元

元朝瓷器受到了外国的影响。含有钴的蓝釉彩开始兴起，到明朝时发展完善。

明

明朝时，官方资助景德镇，产品大规模外销到西方。瓷窑活跃起来，工匠们也采用更加丰富的颜色，并进行图案设计。

清

虽然清朝后期，瓷器过度讲求精巧，而质量粗糙，但是清朝前期还是出现了精美的红釉瓷器。

景德镇其中一家陶瓷商店

景德镇 ⑪

南昌东北 145 公里。158 万。中国国旅：莲花塘路 8 号。电话：（0798）8222939。

数百年来，景德镇一直是中国瓷都，现在仍是国内主要的陶瓷生产地之一。虽然自汉代始，这里就已经开始烧陶了，但是令景德镇声名远扬的，还是发掘出的五代时期（907～960 年）的真正的瓷器。这种瓷器用当地富含长石的黏土制作而成。明朝时，景德镇因为临近都城南京而增加了其重要性，又因为有带蓝色釉底的精致瓷器而闻名遐迩。尽管现在瓷器的质量不比过去，但是参观景德镇的主要原因仍然是其陶瓷产品。参观工厂或古窑址需要由旅行社安排，不过仍然有几处名胜可以自行游览。

博物馆入口局部

景德镇陶瓷历史博物馆位于风景秀丽的枫树山盘龙岗上，是集文物保护、收藏研究、陈列展览、旅游休闲于一身的文博机构。从景德镇周边古窑址中出土的展品和正在工作的陶艺师使博物馆形成了有效互动。它在一个典雅的明代小楼内。众多建筑曾给城市带来荣耀，这座小楼是其中少有的遗存至今的一个。毗邻的古窑瓷厂运用的是古代制瓷技术。

陶瓷博物馆摆放着宋、明、清三朝精美的瓷器以及1949 年新中国成立以来制作得比较精致的产品。主要的瓷器市场位于解放路。这里卖的瓷器形状不同、大小不一，有仿古复制品、花园装饰品，还有表现猫、狗各种形态的瓷器。游客们可以爬到四层的木质**龙珠阁**上，俯瞰全城。

景德镇陶瓷博物馆建于 1954 年，三层结构。一层、二层为展厅。共有展品 2400 余件，分别按年代顺序布展。

陶瓷历史博物馆
中华北路。电话：（0798）8523541。每天上午 8:30～下午 5:30。

陶瓷博物馆
莲社北路 21 号。电话：（0798）8529783。每天上午 8:00～下午 5:00。

木结构的龙珠阁，从这里可以俯瞰景德镇全城

长征

20 世纪 20 年代，共产党领导的革命运动。为了躲避国民党反动派的围剿，向偏远的农村发展根据地。这些地方有四川、湖南、江西，还有毛泽东与朱德领导的总部井冈山。1934 年 10 月，国民党进行第五次围剿，江西苏区红军进行突围。红军主要选择晚上行军，平均每天行进 32 公里，一年下来行进了 9500 公里。长征中，许多战士牺牲在路上。

红军历经磨难，战胜了装备更精良的敌人，成功穿越了人迹罕至的地带。

⑧1935 年 10 月 19 日，长征在陕北画上了句号。毛泽东带领 5000 红军来到陕北，并在延安建立了独立陕甘宁革命根据地。

⑦红军穿越地处偏僻、布满泥潭的寒冷的**阿坝草原**，遭到了巨大损失。长征逐渐确立了毛泽东在红军中的领导地位。

图示

长征线路

0 km 300
0 miles 300

NINGXIA HUIZU ZIZHIQU
Lanzhou
GANSU
Huang
Xi'a
SHAANXI
SICHUAN
Chengdu
Chang J
CHONGQING
GUIZHOU
Guiyang
Kunming
YUNNAN

⑥**大雪山**是中国最高的山脉之一。翻越雪山是长征中最艰难的一段，高原反应、过度疲劳、衣服单薄等原因，让很多红军战士死在这里。

④在**娄山关**红军在国民党军队到来之前抵达，蒙蔽了追兵，取得了胜利。

⑤**泸定铁索桥**（参见 369 页）是渡过大渡河的唯一途径。红军为国民党军队所困，国民党早已拆除了桥上的木板，22 名红军战士沿着铁索爬行过桥，损失 7 人。控制了“生命线”。

③尽管损失惨重，红军还是于 1935 年 1 月占领了遵义。红军随即在此举行了会议，此次会议确立了毛泽东在党和红军中的领导地位。

（左起）博古（1935 年之前中共的领导人）、周恩来、朱德和毛泽东。

① 井冈山江西苏维埃根据地，后因第五次反围剿失利，红军开始战略转移。1934 年 10 月 16 日，毛泽东领导的长征从这里开始。

② 渡过湘江时，发生了长征中第一次重大战役。这场战役红军损失惨重。

井冈山树木繁茂的山坡

井冈山 ⑫

茨坪，南昌以南 320 公里。天街 2 号。电话：（0792）6556788。最具革命性的景点 www.jgstour.com

井冈山是中国名山之一——这是一块红色的土地，有大量的革命人文景观；这又是一座绿色的宝库，山高林密，溪流澄碧。山脉主峰是井冈山，也以五指峰闻名，高 1586 米。景色壮丽，日出时分尤为壮观，还有多种植物、鸟类、蝴蝶及其他昆虫。

20 世纪 30 年代茨坪村在内战中被完全摧毁，1949 年重建，成为景区，以纪念共产主义奋斗精神和长征。有很多建筑物都保留着早期革命家生活方式的原貌。这些革命家在蒋介石的严重迫害下，于 20 世纪 20 年代被迫迁往此处。特别是在蒋介石 1927 年的“四·一二”反革命政变以后大批共产党人和工农群众被屠杀，井冈山成为中国革命的摇篮。在史诗般的长征之前，他们在此制定革命战略。不远处是哨口黄洋界，1928 年红军曾在此击退国民党军队。

20 世纪 20 年代至 30 年代，海拔 1000 米的茨坪是井冈山革命根据地的中心，如今是当地政府所在地。地处山脉中心，宾馆等设施完善，是人们观光览胜的好地方。此地的美景令人惊叹，很难让人相信这里曾是沙砾遍布的革命堡垒。高 100 米的水口瀑布景色秀美，掩映在蓊郁的山谷中，被大石环绕，周围竹林、杜鹃花和松树林郁郁葱葱。茨坪北边的五龙潭有几泓清澈的水潭，湍流和瀑布注入其中。游客可以坐缆车到山顶，观赏全区的壮丽美景。如果兴致盎然，体力充沛，则可以徒步走遍大部分景区。

五龙潭

井冈山旅游最佳时间为每年的 4 月～10 月。而最精彩的莫过于每年的 4 月～5 月，十里杜鹃傲然开放，正是游览井冈山的绝佳时机。

五龙潭瀑布之一的珍珠瀑

湖南和湖北

湖南与湖北是中部地区最西部的省份。湖北发展主要依靠浩荡的长江，其省会武汉是一座河上的工业城市。湖北西部宜昌山区的三峡大坝 2007 年竣工，是世界最大的大坝景观。尽管路遥途艰，但是风景秀丽的神农架自然保护区是传说中野人的家，武当山以其武术派别出名，这些都是绝对值得参观的名胜。

8 世纪到 11 世纪由于华北政治动荡，百万人口移居湖南，因为这里农田肥沃。19 世纪时大量人口在明清两朝的重要粮食产地激增，随后，这里又被太平天国起义军所占（参见 420 页）。该地区在 20 世纪时经历的大饥荒在中国历史上也有深远影响。湖南作为毛泽东的出生地，其革命渊源仍然是其主要旅游特色，包括省会长沙和毛泽东的诞生地韶山。其他景点包括位于东北部的中国第二大湖洞庭湖，位于南部景色优美的衡山，还有西北部山水风光秀丽的武陵源。

◁ 武当山的寺庙里，武者正在习武

位于长沙的第一师范学院

长沙 ❶

武汉以南290公里。642万。芙蓉中路二段59号。

公元前280年秦统一中国以前，重镇古城长沙是楚国都城。若干年之后，到了1903年，长沙成为通商口岸，开放对外贸易，知名度再一次提高。在1938年的抗日战争中，这里进行了长沙保卫战，长沙城遭到战火破坏。这个城市与毛泽东联系紧密，1912～1918年，他在这里求学。

湖南省博物馆藏品丰富，比如新石器时代的彩绘陶器和商周青铜器。但是最主要的展品出土自长沙市区东郊马王堆的三座汉墓。一号墓为轪侯利苍之妻，二号墓为利苍本人，三号墓则是利苍之子。公元前193年轪侯利苍坐到了丞相之位，卒于公元前186年。椁室里有一个木棺，由黏土和木炭加以保护，木棺里面还有四层上漆彩绘套棺。尸体身着若干层丝织品。他妻子的尸体（浸泡在液体中展出）保存得相当好，皮肤还有一定的弹性。科学家对这一发现惊讶无比。确定了她死时50岁，生前患有肺结核与关节炎等症。根据当时的习俗，坟墓里放满食物和装饰，以告慰死者的灵魂。此外还出土了一幅帛画，展示了汉初人们观念中的宇宙图景和信仰体系。不远处是景色怡人的烈士公园。

在纪念毛泽东的众多景点中，最值得游览的是湖南第一师范学校（2008年更名为湖南第一师范学院）。毛泽东是伟大的马克思主义者，无产阶级革命家、战略家和理论家，中国共产党、中国人民解放军和中华人民共和国的主要缔造者和领导人。湖南湘潭人。1913年他19岁时在那里就读，一直到1918年。他在美术考试中画了个圈称为鸡蛋，所以没有及格，但是1917年他的学生身份得到了校方的承认。求学期间，他把大部分时间花在组织学生社团上，这为今后成为领导人积累了经验。1920～1922年，毛泽东重回此地，成了一名老师。游客可以在重建的湖南第一师范学院内自行游览，参观校舍，探访毛泽东曾经取水沐浴的水井，并踏足他召集政治会议的大厅。

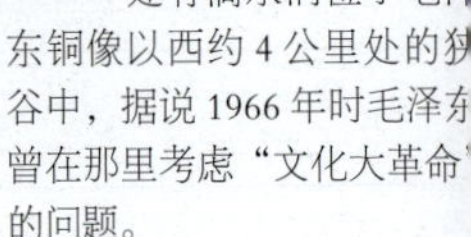
第一师范学院内的毛泽东雕像

湖南省博物馆和烈士公园
东风路3号。电话：(0731) 4514630。
每天上午8:30～下午5:30。

湖南第一师范学院
书院路207号。电话：(0731) 5126089。
每天。

韶山 ❷

长沙西南130公里。每天从长沙始发。

从1949年到1976年去世，毛泽东一直领导中国。他的出生地韶山，实际上是两个城镇。较新的一个在火车站附近，6公里之外是韶山冲，毛泽东的少年时代是在那里度过的。“文化大革命”期间，对毛泽东的个人崇拜进行得轰轰烈烈之时，朝圣的专列挤满了红卫兵，每天都有8000多人前来。如今韶山仍然游客众多，与毛泽东有关的任何建筑物都已变成博物馆。1893年毛泽东出生在毛家故居。房子是典型的农村风格，只是增加了一些纪念大事件的陈列品。紧邻的是毛泽东纪念馆，附近有毛氏宗祠。韶峰可俯瞰全村，可坐缆车到达。村外3公里处有滴水洞位于毛泽东铜像以西约4公里处的狭谷中，据说1966年时毛泽东曾在那里考虑“文化大革命”的问题。

毛泽东故居和毛泽东纪念馆
韶山冲。电话：(0732) 5685157。
每天上午8:00～下午5:00。

韶山韶峰上刻有毛泽东诗词的石碑

南岳祝圣寺的大山门

衡山 ❸

长沙以南 120 公里。电话：（0734）5662571。从长沙至南岳。每天。

衡山是中国五岳之一，海拔 1290 米，是一个树木繁茂的山峰群，建于 1300 多年前的很多寺庙点缀其间。到衡山途经南岳古镇，距长沙有 5 个小时的车程。这是一个惬意的小镇，有两条主要街道，还有几所重要的寺庙。南岳大庙自公元 8 世纪以来，一直都是佛教与道教的圣地。现有的建筑群建于 19 世纪，以北京紫禁城为范本。另一所寺庙祝圣寺是 8 世纪修建的佛教寺院，18 世纪时重建。

游览山区可以徒步，也可以乘坐小巴，不过要想到顶部，还要徒步 15 公里。半山腰有缆车直达山顶。许多寺院和庙宇都分布在苍翠繁茂的乡村小径旁。顺着蜿蜒曲折的小径，便可以到达为纪念 1911 年辛亥革命中牺牲的烈士而兴修的烈士纪念馆。继续前行，便到了建于 7 世纪的玄都观，它是湖南的道教主庙。这条线路最后可以到达上封寺，同时也是小巴的终点站。更远一点是山巅的祝融殿，这是一个小寺庙。游客可以住宿在接近山顶的旅馆中，站在山中平台上观赏日出。

芙蓉镇 ❹

长沙西北 400 公里。坐到猛洞河，然后乘坐巴士或船。从猛洞河出发。

芙蓉镇（王村）是猛洞河风景区的门户，1986 年在此拍摄同名电影。电影改编自古华的小说《芙蓉镇》。这是最早揭露 20 世纪五六十年代政治动荡影响乡村人民的书籍之一。芙蓉镇是一个令人流连忘返的小镇，享有“酉阳雄镇”、湘西“四大名镇”、“小南京”之美誉。有青石板街，也有古旧的吊脚木楼。河畔街上的土家风情园（土家人自己的博物收藏馆）反映了当地土家人民的文化习俗。游客还可以在沅江中沿芙蓉镇漂流。

武陵源 ❺

参见 262 页～263 页。

岳阳 ❻

长沙以北 100 公里。551 万。城陵矶。云梦路 25 号。电话：（0730）8218922。

岳阳位于长江沿岸中国第二大淡水湖洞庭湖边，是京广线火车与长江航运的重要中继站。主要景点岳阳楼曾经是唐代寺庙的一部分，与江西南昌的滕王阁、湖北武汉的黄鹤楼并称为江南三大名楼。目前建筑建于清代，让人过目难忘，屋顶檐牙高啄，金碧辉煌，俯瞰着洞庭湖。岳阳楼前有仙梅亭和三醉亭，三醉亭是道教八仙之一吕洞宾饮酒的地方。南边是刺史塔，建于 1242 年，用来祭拜掌控洪水的水怪。

从岳阳乘船，30 分钟后可到达一个小岛——君山岛。这里昔日是道家的隐居之所，如今以银针茶闻名。

岳阳楼
洞庭北路。电话：（0730）8315588。每天。

君山岛上，风景秀丽，舟楫荡漾

武陵源 ❺

疲倦的游客可以坐在轿椅上

武陵源通常被称为张家界，有391平方公里。这个风景名胜保护区属喀斯特峰林地貌（参见410页～411页），景色秀丽，岩峰高耸，有茂密的亚热带植被。武陵源包括三个自然保护区——张家界、天子山和索溪峪。有500多种树木，比如水杉——1948年重新加以确定之前，人们一直以为它已绝种。这里也是动物的天堂，有巨型蝾螈、猕猴，鸟类也多种多样。风景区常常云雾缥缈，增添了气氛，却也朦胧了景致。这里的夏季极其潮湿。

★ 仙人桥

仙人桥飞架在两处悬崖绝壁之间有围栏，也不宽阔，惊险而奇特。

★ 黄石寨

海拔1050米的黄石寨是武陵源最高的地方。要攀爬3878级台阶，需要足足两个小时。如果觉得楼梯爬起来太费劲，还可以乘坐缆车。

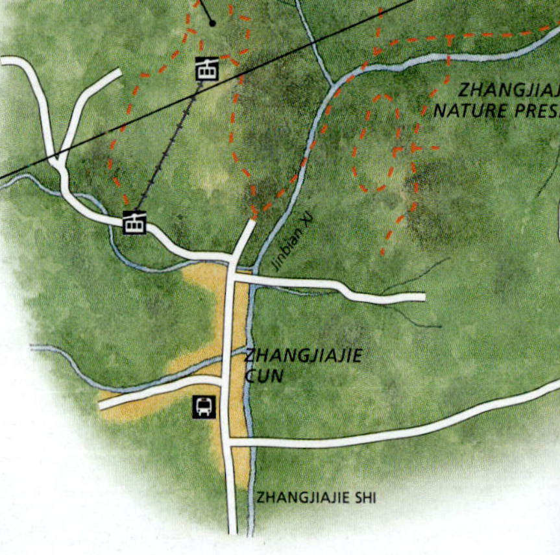

空中田园

空中田园是一块兀立的方峰，表层一片绿色，被高耸的山峰群环绕。

星级景点

- ★ 黄石寨
- ★ 仙人桥
- ★ 黄龙洞

天子山

站在风景区北部的山峰上，举目远眺，可以观赏两侧壁立的峡谷和版状石峰。整个周边地区有不计其数的地下溶洞。

游客清单

长沙西北 250 公里。张家界市。去往张家界市；乘坐小巴，一小时可到张家界村。每天。张家界市子午中路 26 号。电话：（0744）8280832。有效期为 2 天。www.zhangjiajie.com.cn

图示

- 汽车站
- 缆车
- 小径
- 游览区
- 道路

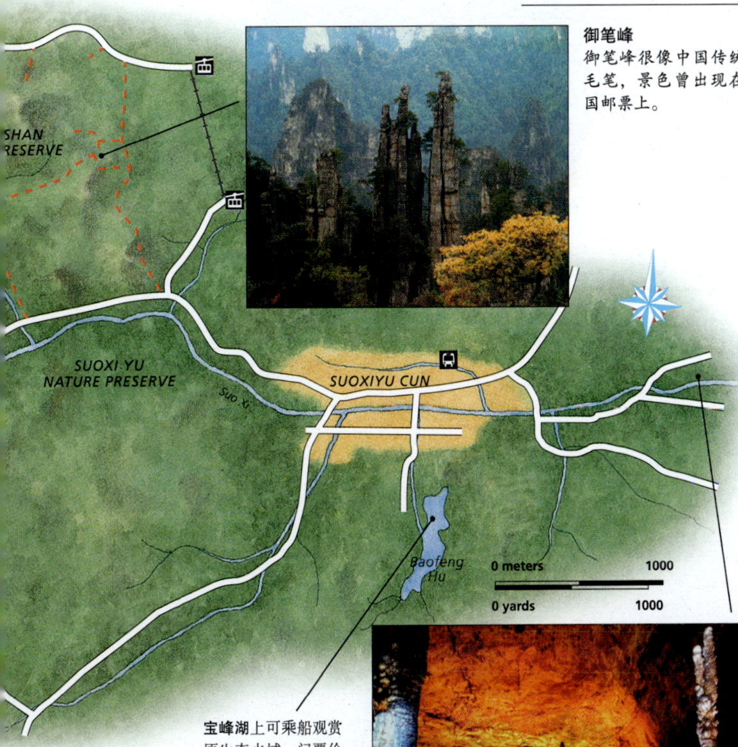

SHAN RESERVE

SUOXI YU NATURE PRESERVE

Suo Xi

SUOXIYU CUN

Baofeng Hu

0 meters 1000

0 yards 1000

御笔峰

御笔峰很像中国传统的毛笔，景色曾出现在中国邮票上。

宝峰湖上可乘船观赏原生态水域。门票价格已含船资

★ **黄龙洞**

灯光将 11 公里长的黄龙洞照得五彩斑斓，尽显其特色。游客可以坐船，顺着地下河流漂流而下。

览武陵源

最大的入口经过张家界村。沿着左边的小径 4 个小时，途经黄石寨。右边的小径有几条岔让游客渐渐远离人群。张家界村和索溪峪村可住宿，并以此为落脚点，游览风景区的东边北边。风景区内也分布有简易旅馆。

武汉 ❼

长春观道教雕像

湖北省省会武汉是长江沿岸的重要口岸，它是在三个老城的基础上合并而成的。这三个城市分别是武昌、汉阳和汉口。武昌是古时吴国（222～280 年）国都；汉阳始建于隋代（581～618 年），是古代定居点；而汉口则是在 1861 年，随着对外贸易的展开而成为一个商埠城市。19 世纪时，这里建起了一批钢铁厂，这座城市成为了中国早期的工业中心。1911 年辛亥革命就在这里爆发。这场革命推翻了清政府，建立了中华民国。

湖北省博物馆馆藏古代乐器（编钟）表演

湖北省博物馆

东湖路 156 号。电话：(027) 86794127。每天上午 8:30～下午 4:30。

博物馆位于东湖湖畔，是中国最好的博物馆之一。馆藏珍品是 1978 年出土的战国时期曾侯乙墓中的文物。曾侯乙死于公元前 433 年，漆棺下葬，陪葬的还有他的妻妾、狗和上千件青铜器、石器以及木器。展出的众多文物中，最引人注目的要数这套青铜编钟了，这套编钟在敲击时，每个钟都能分别发出两个乐音。

游客也可乘轮渡游赏东湖沿岸的风景区，岸边的亭台楼阁和园林美不胜收。

毛泽东别墅

东湖路。电话：(027) 68881918。每天上午 8:00～下午 5:00。

这座秀丽宜人的别墅是毛泽东在 1960 年至 1974 年的休憩之所，“文化大革命”初期的几年里，毛泽东一直在此居住。别墅坐落在一座宽敞的花园式庭院里，游客可以参观他的起居室、会议室、防空洞和游泳池。

黄鹤楼

武珞路。每天。

黄鹤楼位于长江南岸蛇山之上，在武昌区境内。原建筑建于公元 3 世纪，传说中八仙中的吕洞宾在此处饮酒后画仙鹤于墙上，以此抵酒账。为纪念他，人们就地建了黄鹤楼。但也有另一种说法是孙权为军事目的而建。1884 年毁于火灾，1981 年，黄鹤楼在距旧址约 14 米的蛇山峰岭上重建。这座 50 米高的建筑保留了完美的清代风格。游客登上此楼，便可鸟瞰城市秀色。山的东麓坐落着长春观，该观始建于元代，为道教全真七子之一的丘处机的门徒所建。南面是红阁，一座红砖建筑，在 1911 年孙中山先生领导的辛亥革命期间（参见 295 页）为前湖北军政府总部（红楼），馆后有一座巨大的青铜梵钟。游客可以支付少许的费用撞击此钟。该建筑前矗立着孙中山先生的雕像。

黄鹤楼后面的青铜大钟

武汉长江大桥

这座 110 米长的桥梁是新中国成立后于 1957 年建造的。在其落成之前，所有的公路和铁路运输都只能靠轮渡渡过长江。1995 年，在这座桥下游不远的地方建设了武汉长江二桥。

武汉市中心

龟山 ⑤
归元寺 ⑥
汉口 ⑦
湖北省博物馆 ①
毛泽东别墅 ②
武汉长江大桥 ④
黄鹤楼 ③

长春观壁画上描绘的道士

龟山

武汉汉阳工业区内有一些景点，大多坐落于龟山之上或其附近。这座山由一只神龟而得名，传说这只龟战胜了水怪，使汉江和长江都躲过了洪灾。古琴台是传说中的著名音乐家伯牙奏琴的地方。有位木匠听懂了伯牙的音乐，成为他的知音。在这位知音死后，伯牙摔了自己的琴，并发誓此生不再奏琴。山的东部散落着几座陵墓。在这里，有中国共产党最早的女领导人之一——向警予（1895～1928年）的墓。离此不远处，长眠着一位更早的历史人物——鲁肃。他是三国时期吴国人，一生颇具传奇色彩。

游客清单

上海以西750公里。843万。汉口火车站、武昌火车站。中国民航（有机场巴士通达）、汉口汽车站、汉阳汽车站、武昌汽车站。长江轮渡码头。汉口台北一路26号。电话：(027) 85784125。

归元寺

翠微横路20号。电话(027) 84844756。每天。

归元寺佛像

这座位于汉阳西部的佛寺始建于清初（1644～1662年），但现存建筑建于清末民初。寺中存有许多历史遗迹，包括一尊北魏佛像，但最令其闻名遐迩的是建于19世纪20年代的罗汉堂，大堂内有500尊罗汉雕像。正殿有一尊用一整块玉石雕刻的佛像。

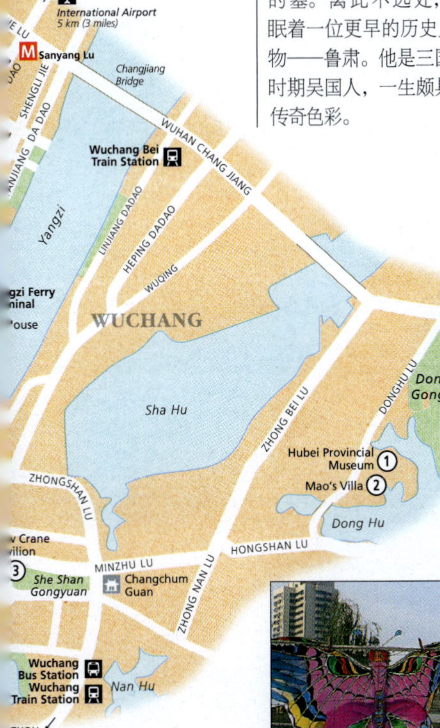

汉口

从1861年起，由于妥协的外交政策，汉口被开设为外埠。这一地区有一些保留完整的欧式建筑。在长江和中山大道之间，尤其是沿江大道和江汉路之间，此类建筑尤多。俯瞰长江的老海关大楼是一座带有文艺复兴风格的庞大建筑，有着巨大的灰色石拱门和科林斯式柱头等建筑风格元素。

长江岸边出售的五颜六色的风筝

荆州博物馆是道教开元观的一部分

荆州 8

湖北省中南部。武汉以西 240 公里。 652 万。 荆东路 52 号。

泛舟河上，荆州古城是一个歇脚的好地方，在现代化的沙市以西 8 公里。老城区由高 7 米的城墙围住，据传是三国时蜀国（221～263 年）大将关羽为守城建造的。荆州博物馆就位于城墙内。馆内藏有大量古代的丝绸和纺织品。尤其值得一提的是，生前爵位为五大夫，名“遂”的西汉古尸，外形保存完整，内脏器官齐全。

荆州博物馆配备各种基本设施，累计发掘了 7000 余座古墓葬和 50 余处古遗址，其中江陵马山战国丝绸、江陵张家山汉简及鸡公山旧石器时代遗址均为当年全国的重大考古发现之一。

宜昌 9

宜昌地区。武汉以西 250 公里。电话（0717）6241875。 解放路 52 号。电话：（0717）676 0392。

宜昌昔日是通商口岸，而如今提起它就令人想到 1986 年建成的葛洲坝以及 2007 年建成的三峡大坝。游客可以参观三斗坪的三峡大坝，位于宜昌上游 38 公里处。也可以从三斗坪镇出发，寻访神农架自然保护区。

长江三峡

观测站的风速计

长江三峡水利枢纽工程坝高 185 米，坝顶总长 3035 米。建设这一工程，可以给中国提供大量能源，在一定程度上抑制长江洪水，改善通航条件，并带动中国内地的发展。但是，三峡蓄水，会导致上百万人的移民，一些重要的文化古迹被淹没，并不可避免地带来了环境变化。

从下游观看三峡大坝

环境问题

三峡水利工程对生态环境的不利影响主要在库区，可能会使库区局部江段的污染加重；可能会使一些崩塌体滑入长江；此外，水流量减少，可能会大大增加分支河道的淤塞，进一步破坏脆弱的生态系统，阻断很多鱼类洄游的线路，破坏濒危的淡水豚类白鳍豚的家园。

水位升至 175 米之前的三峡一景

★ 坛子岭观测平台
站在这个制高点可以俯瞰大坝壮丽的全景，还可以看到介绍大坝建造历史的博物馆。

游客清单

宜昌以西35公里的三斗坪。夷陵大街72号，中国国旅。电话：（0717）6220848。从宜昌火车站坐4路车，或者乘坐几个小时的小巴或出租车。游客中心 每天。

长江雕塑是一大块被海水侵蚀的岩石，据说是从长江中发掘出来的

摆塔式缆索起重机塔是一个用于运输不长于25米的船只的大型起重机，速度要比双向五级连续船闸快得多

★ 双向五级连续船闸
这个1600多米长的船闸，可以让船垂直升降113米，当然也是世界上最大的船闸系统。船舶通过闸门需要将近3个小时的时间。

星级景点

★ 坛子岭观测平台

★ 双向五级连续船闸

神农架茂密的原始森林中壮观的峡谷

神农架 ⑩

宜昌西北部200公里。从宜昌坐汽车到木鱼，再换乘出租车。宜昌隆康路18号。电话：（0717）8686799。宜昌旅游局及木鱼林业部旅游服务中心。电话：（0719）3452303。

这个偏远又很少有人参观的森林保护区风景壮美神奇。树木繁盛，有很多珍稀树种。还有好几百种可入中药的植物，有一些系由植物学家欧内斯特·威尔逊于20世纪初引入欧洲。这也是众多中国珍稀动物的家园，比方说漂亮的金丝猴。

保护区内的小龙潭野考站，是为传说中野人修建的博物馆。野人类似喜马拉雅雪人，而且同样难觅踪迹。第一次有记录的目击事件发生于1924年。顺着小龙潭旁的道路走，就到了保护区的中心地带，这里更容易看到珍稀动物金丝猴、大鲵，还有白冠长尾雉。在山中行走，有时候是相对较宽的山路，有时候是在草地上蜿蜒迂回的小径，而通向山顶的道路最为艰难。游客也可以游览木鱼一带，山峰高达3105米。参观松柏寨也未尝不可，但必须要有导游陪同。

武当山 ⑪

武汉西北部350公里。从武汉或襄樊坐车到武当山镇。从十堰、襄樊或六里坪坐车到武当山镇。

武当山高峰林立，自唐代起就是道教名山。武当山不仅拥有奇特绚丽的自然景观，而且拥有丰富多彩的人文景观。可以说，武当山无与伦比的美，是自然美与人文美高度和谐的统一，因此被誉为“自古无双胜境，天下第一仙山”。作为国家重点风景名胜区、4A级旅游区、全国武术之乡、全国八大避暑胜地之一，其古建筑群被列入《世界文化遗产名录》。武当山的最高峰天柱峰海拔1612米。武当山还以武术闻名遐迩。宋代道士张三丰创造了一套内家拳，后来的太极拳就是从中发展演变而来。武当山寺庙的香火曾一度衰落，如今已经重新修葺，参观者络绎不绝。入山经过武当山镇，这里只有泰山庙和玉虚宫遗址。武当山位于武当山镇南部，有好几条道路可通达。走火车站旁的一条小径，8小时可到达天柱峰。也可以乘坐小巴，载游客到整段路的3/4处，再徒步2个小时到达峰顶。还可以坐轿或者坐从琼台观直达峰顶的缆车。如果乘坐小巴，游客先要经过武术学校，然后是紫霄宫。紫霄宫建于明代，多彩华丽，在这一带香火最为旺盛。正殿有富丽堂皇的重檐九脊。从小巴终点站稍微绕一下便可以到达建在悬崖峭壁上的南岩宫。近旁有龙头香（一座雕龙石梁），横空伸出，雕刻精美。主路路过供奉张三丰的榔梅仙祠。主路在黄龙洞分出两条岔路。其中一条比较平坦，直通天柱峰上的寺庙群落。天柱峰峰顶矗立着金殿，是铜铸鎏金建筑，建于1416年。金殿供奉着真武帝君，15世纪时他退隐到武当山。天柱峰上，壁立千仞，云山雾罩，壮丽宏伟。

武当山上建于明代的紫霄宫

◁ 长江在落日的余晖下，蜿蜒流过三峡

太极拳

每天都有数以百万计的中国人练习这种拳法。太极拳是一套缓慢优雅的功夫（参见159页）。千余年前，道家隐士和众多道士基于鸟类与动物的动作以及道家思想中的阴阳动静创造了太极拳。所有的动作都有各自的名称和规定的招式，蕴涵了阴与阳、动作的收缩与伸展、身体的起伏以及内外相合统一。

道教八卦图

各招式衔接和顺，套路可多可少，从12个到108个招式都自成一套。套路多的练下来需要一个小时。太极拳与武术确实有关系，但主要强调意气相合（参见32页～33页），游走全身。练习太极拳之后，会感到精神充沛，全身放松。

张三丰是一名官员，后厌恶朝廷政局，退隐于武当山。由于受到鸟蛇斗的启发，他以此为基础，创造出了太极拳，将功夫与道家思想相结合。

太极剑利用武器帮助人保持平衡，集中注意力。太极剑的招式大约有50种动作，与水有关，而刀则与火相连。

太极拳招式

太极拳根据流派不同、招式不同，动作相异。“单鞭”是一个常见的动作，在同一个招式中反复出现。

一只手臂向前推，另一只手臂向一侧甩出

腿部动作是异常稳健的太极拳姿势，重心向前移动

当腿部与地面形成45°角时，两脚稍微一转，将重心转移到后面的腿上

身体向下移动，同时保持挺直。手臂做出一个像要抵御攻击的姿势

前面的腿向前滑动，身体下沉接近地面，姿势坚挺，做好随时向上移动的准备（阳）

在公共广场上锻炼是中国百姓日常生活中的一部分。大清早，以老年人为主体的一群人就聚在一起打太极拳，步调统一，形态优雅。

南部地区

南部地区概要

南部地区包括福建、广东、海南三省以及澳门和香港特别行政区。该地区曾有数以万计的人移居海外，并将他们的饮食文化和传统习俗带到世界其他地方，南部地区也因此广为人知。然而，除了香港和广州以外，该地区并非游客所青睐的旅游胜地。不过此地仍有许多不容错过的美景，如明代古城潮州、秀美绝伦的武夷山以及广东福建沿海具有悠久历史的码头泉州、厦门和汕头，此外还有海南的热带风光。

湄洲岛海滩上劳作的渔民

香客熙攘的厦门南普陀寺

交通

本地区主要的航空枢纽是
和广州。香港航班可飞抵世界
而广州也有飞往亚洲包括中国
市的直达航班。厦门、福州、
等地的机场也可提供少数国内航
该地大部分区域都通铁路，有
车还是空调车，不过铁路线常
折迂回。公路网
四通八达，客车
多样，按驶往的
地不同其舒适程
参差不齐。该地
其是香港、澳门
地各港口之间船
来频繁。

◁ 香港阿伯丁港口一字排开的船屋

崇武古城的惠安女

车水马龙、商铺云集的香港

图示

- 高速公路
- 国道
- 其他公路
- ▲ 山脉

南部地区概况

长期以来的海洋传统濡染着南部地区的生活和文化。南部地区绵长的海岸线便利了福建、广东各港口与东西方贸易航线的联系。随着贸易往来的日渐频繁，英国人和葡萄牙人来到了这里，最终他们占领香港和澳门为殖民地。

南部地区属热带、亚热带气候。地理位置优越，交通运输发达，经济基础较好。是中国经济建设的前沿、对外开放的窗口。拥有丰富的土地、水、气、生物矿产和旅游资源。

福建茶农在采摘茶叶

从7世纪起，阿拉伯商人便经由广州、泉州这样的港口将伊斯兰教传入中国，同时又把中国的丝绸、瓷器和茶叶带到世界其他地方。中国古代的远洋船队也正是从这些港口出发的。明朝时，回族宦官郑和曾奉皇帝之命远渡重洋。15世纪早期他率领船队从福州出发，穿越了印度洋，最终到达非洲。将近一个世纪之后，葡萄牙船队沿珠江溯流而上，抵达广州。这次的远洋探险最终使澳门于1557年沦为葡萄牙殖民地。随后，英国人接踵而至，开始向中国倾销鸦片。臭名昭著的鸦片贸易引发了两次鸦片战争（1840~1842年，1856~1860年），最终中国不得不将香港和九龙半岛南端割让给英国。

几个世纪以来，这里有大批人移居海外，一开始他们大多涌入东南亚地区，后来便向西迁徙，甚至到了北美做契约劳工，使华人的身影遍布世界，这也从一个方面说明了为什么外国游客会把该地区视为他们最熟悉的中国地区。

广东饮食传统特色鲜明，闻名世

灯光璀璨的香港（从九龙隔维多利亚港远眺）

湄洲岛海港上瓦片铺就的房顶

在过去的20年间，南部地区与海外密切往来，从而使大量财富重又流入该地区。南部地区日趋富裕，这得益于中国更加灵活的现代经济体制以及来自香港的大量投资。该地区发展迅猛，新兴城市日渐崛起，如深圳，其经济特区的地位为城市发展注入了活力。在香港熠熠生辉的现代建筑带动下，南部地区也掀起大兴土木的热潮，高楼大厦如雨后春笋般涌现，曾经的古城天际线被重新勾勒。

界。然而广东地方菜里有时会添加一些古怪的材料，这些材料在海外广东餐馆里却并不使用；据说广东人什么都吃，这绝非信口开河。

南部地区的茶叶远销世界各地，福建出产的几种茶叶在全国也算上品，其中就包括乌龙茶。该地区孕育了沏茶品茶的艺术，并出现了所谓的“茶艺厅”，在福建省省会福州的茶艺厅里仍有一些沏茶艺人，他们会向客人展示与茶叶相关的各种技艺。

传统客家住宅

南部大部分地区都属于亚热带气候，此种气候下的人们喜欢群居的生活方式，这一点更多地体现在熙攘热闹的露天街头生活中。当地方言广东话与普通话殊为不同。广东话的发音极为独特。该地区其他主要方言还有闽南话。

华南地区也聚居着若干少数民族，如客家人和黎族。客家人是从中国北方迁徙到南部和中部的。福建客家人的围屋是去当地旅行不容错过的重要景点。黎族人是海南最早的居民，近2000年以前黎族人移居至此，直到20世纪30年代他们才摒弃了一直沿袭的原始生活方式。海南通什市周围是中部山地，在这里游客可一览黎族人极具特色的民族文化。

不过仍有许多绝世胜景隐匿在摩天大楼以及新兴开发区之间，值得游客寻幽探秘。其中主要有广州南越墓以及游客寥寥的潮州古城，那里有完好无损的明代古城墙。还有泉州的清真寺，该寺为中国最古老的清真寺之一。澳门和厦门鼓浪屿海岛上的一些建筑是殖民建筑的经典之作。地处热带的海南最引人入胜之处是其海滩风光，不过海南中部山区也值得一游。最后还有香港，这是一座繁华的国际大都会，无日无夜喧嚣不止，这种活力也是与其全球金融中心的地位相吻合的。

崇武古城的惠安女

水稻

一瓶米酒

水稻长期以来都是中国的主要粮食作物和经济作物。粮食乃民生之本，因此中国人问候他人最常说的一句话就是“你吃了吗？”水稻原产于中国南方，公元前10000年左右就已在此栽种。在数千年的历史长河中，中国人一直墨守着水田栽培的方法，鲜有改良，这种栽培方法可带来更高的产量，但需要兴建大型水利设施。今天，中国大部分地区都可种植水稻，中国的稻米产量已占全世界的35%。

水稻像其他多数谷物一样，花穗稠密，子粒紧裹在外壳里面。

脚踏水车有多节挠水叶板，可借助人力踩踏将地势较低处的水源引向农田。如今，虽然农田灌溉大多实现了机械化，但人们依旧使用各种设计精巧的提水工具给农田引水，其中很多都借鉴了古代竹质灌溉工具的技术。

粳稻

糯米

粳稻是水稻的一个亚种，也是在中国最为常见的一种水稻。一般来说粳稻子粒阔而短，且米质微有黏性。糯米多生长于中国东南部，煮好的糯米常常黏成一团。人们经常用竹叶包裹糯米做成粽子。

大米制品

稻米不光是中国人的主食，也具有多种用途。明朝时，人们用煮过糯米的水和制灰泥筑墙，用以增强防御工事墙体的坚固性。水稻收割后留下的稻草制浆后可做成质地优良的白纸，这种纸适宜用作画纸，也是制作风筝的极佳材料。水稻外壳可被用作肥料和包装材料，也可直接作为牲畜饲料。稻米研磨成的米粉易卷易拉，可用来制作各种样式的米线。中国国内出售各种米酒，其中有些口味醇美，如甘洌的绍兴黄酒，该酒就是用糯米酿造的。

从大米中榨取米汁，经发酵后制成米酒

水牛可被役使做犁田耙地之类的农活儿。这些勤奋耐劳的牲畜喜欢多水的生长环境，其排泄物也可用作宝贵的肥料，而且水牛也不像拖拉机那样时常需要维修保养。

山坡梯田

中国大片地区都以水稻为主要农作物。稻田已经改变了当地的风貌，尤其是在南部亚热带地区，那里的山坡上大都覆盖着层层水稻梯田。水流从斜坡上淌下来，会聚到低洼的泥滩地里，形成了一道道垄密沟窄的天然良田，这里还主要依靠手插方式栽种水稻。农民并不完全依赖降雨，他们会悉心管理水流，并把稻田里的水控制在15厘米的深度。一些农民还会在稻田里养殖食用鱼类，如草鱼等。

水稻种植

在中国广大农村地区，很大程度上还采用手插方式种植水稻，而且依旧沿袭传统栽培模式，这一点在丘陵地区尤为明显。种植水稻是劳动密集型的工作，在南方地区水稻一年可两熟或三熟，农民的辛勤劳作会得到丰厚的回报。

水稻秧苗需在特制的苗床上培植。经过大约40天之后，人们就会把秧苗以手插方式栽种到稻田里。

插秧是很辛苦的工作，常常累得人腰酸背痛。如今许多地方都已开始使用机械插秧了。农民们蹚着禾田里的水，将秧苗一棵棵插到稻田里。

到了**收获**的季节，人们先把稻田里的水排干，然后使用镰刀或收割机收割水稻。

为使**稻米**尽快脱去水分，农民将成堆的新稻米耙成薄薄的一层，放到太阳下暴晒。

簸谷是指向空中簸扬或用篮子倾倒稻米，利用风把秕糠吹走，从而将干燥的米粒与糠皮分离开来。

地域食品：南部地区

南方菜统称为粤菜，在地域分布上以广州为中心，珠江三角洲在这里横亘绵延，一直延伸到中国南海。珠江口坐落着中国另一座美食中心——香港。鱼类产品是该地区沿海经济的重要组成部分，而水稻则是主要的粮食作物。 其他农作物还有茶叶、花生、甘蔗以及各种亚热带水果如香蕉、菠萝、柑橘和荔枝等。 由于大批南方人移居海外，所以在国外吃到的中国菜大多都是粤菜。

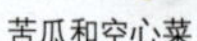
苦瓜和空心菜

菜市场上五颜六色的新鲜蔬菜

广州菜

广州菜誉满华夏，这得益于广州得天独厚的地理位置。广州是座港口城市，拥有一个富足阔绰的国际商人阶层，他们消费得起那些价格不菲的珍馐佳肴。广州属亚热带气候，夏季可长达6个月，除此之外就是秋季和春季，没有冬季。因此，广州农作物全年常青，鱼类资源也极为丰富。广州虽物产丰饶，但人口众多，常常不堪重负，所以广州人很多时候都要在食物上耗费心力。因此在其他省份很少见到的食物，在广州就成了价格不高的“美味佳肴”，如青蛙腿、龟、狗、蛇以及当地几乎所有的动物。饮食几乎成了广州人精神的寄托，当地人甚至有这样的说法：在广州“五步一餐馆。”

广式早茶点心

地方特色菜肴

酱肉和腊肠

提起粤菜大多数人都会联想到或蒸或炸、美味可口的广式早茶点心：明虾或猪肉馅水饺、小排骨、炸春卷、虾饺、凤爪，或色泽莹润的广式蛋挞。 这些点心都是在早餐时边喝茶边享用的，晚餐时从来不吃。其他特色菜还有鱼类贝类菜肴以及烤肉——烤鸭、叉烧（烤猪肉）、烤乳猪。粤菜的烹饪秘诀是使用各式调味品。虽然烹制新鲜美食时往往要放一点香料并以快火蒸熟，但同时也需要添加一些调味品如蚝油、海鲜酱、蘑菇、柠檬、黑豆及大豆、大蒜和生姜等，以使菜肴味道更佳。

清蒸鲈鱼：将鲈鱼与葱、姜一起清蒸，并添加少许酱油、米酒和香油。

潮州菜和东江菜

潮州菜与广州菜相比，菜式更加丰富多彩。潮州菜以烹制海鲜见长，因此烹饪材料必须新鲜——无论是在市场上还是餐馆里，都强调购买鲜活的动物或鱼类。潮州菜注重配酱调味，如鱼露、辣酱、红米醋等。东江菜较为简朴，口味偏咸——酱肉和腊肠为其特色菜。而且喜用家禽做主料。东江菜有时也可称作客家菜，“客家”的意思是客人家，指的是元朝初年（13 世纪）为逃避战乱从中国北方迁徙到南方的汉族分支族群。后来又发生过几次大规模的海外移民，这也是西方中式餐馆里只有粤菜的原因之一。

干货香料摊

香港一家商店里晾晒的鱼

香港

香港虽然以汉族为主，却是中国一座非常独特的城市，作为国际性港口，深受异域文化影响。因此，尽管香港大部分餐馆都是粤菜馆，但在这里您也能品尝到中国各式菜系美味，还有来自亚洲其他国家及欧洲的珍馐肴馔。香港是美食荟萃的大都市，并没有真正属于自己的特色菜，但也有人认为臭豆腐（一种气味刺鼻的发酵豆腐）能当此殊荣。香港也是一座不夜城，从不起眼的街道食品摊到奢华气派的宴会厅，到处都是人头攒动的食客，日日不休。据说在香港您可以每天换一家餐馆用餐，吃上一年也绝不会重样。

菜单

海鲜蔬菜　一道很受欢迎的菜，由明虾、鱿鱼、扇贝与各类蔬菜及面条一起混炒而成。

白斩鸡　将整鸡放入沸水或卤水中煮熟，然后盖上锅盖在汤中浸泡 6～8 个小时，直至冷透。这样做出来的鸡肉鲜嫩爽滑。

酱爆鱿鱼　其实这道菜中的鱿鱼可用任何海鲜代替，如螃蟹、龙虾、明虾等。当然也可以与辣椒一起炒，以增添辣味。

八珍豆腐　八珍豆腐的用料是猪肉和虾——素食主义者可只用佛教素斋八宝（参见 180 页～181 页）。

姜葱炒龙虾：将龙虾添加香料红烧，烧好后放到盛有面条的盘子里。

蚝油牛肉：将牛肉切成均匀的薄片，放入蚝油，与蘑菇、蔬菜一起爆炒。

烤肉：由精选乳猪肉、鸭肉或牛肉烤制而成，宜蘸酱冷食。

福建

海洋和山脉是福建省的基本地形特征。它的主要城市因沿海而繁荣兴盛，内陆则有巍峨壮观的美景——武夷山。

福建在历史上的重要性几乎可以追溯到战国时期（前476～前256年），当时越国被楚国（今湖北、湖南）击败，向南迁徙定居在中国的这一地区以及越南。那些来到福建的人曾被称为闽越，后来被称为闽人。即使是现在，福建人有时也被称为闽人，福建南部的方言被称为闽南话。在此之前的本地人因此被称为古闽。除了在武夷山中发现的神秘船棺外，没有古闽人存活下来。福建的主要景点沿着繁忙的海岸线排列，包括历史港口厦门和泉州以及作为主要的海事中心长达1000多年的省会福州。其他景点有崇武的石头城，还有湄洲岛——海上女神的诞生地。在内陆，福建未被破坏的原生腹地足以保护仅存的华南虎。这里也是客家人的故乡，您可以在永定周围的村落看到他们的传统住房。

◁ 从湄洲岛的山形屋顶眺望大海

厦门 ❶

作为一个有魅力的海滨城市，厦门在19世纪时被西方人称为“Amoy”，这是来自福建当地方言“厦门”两字的发音。宋代（960～1279年）初始设厦门，但直到明朝它才成为一个重要的港口。在17世纪清兵南下的时候，它还是一个重要的反清据点。抵抗运动由带有传奇色彩的明朝忠臣郑成功领导。由此，他也被称为国姓爷，被厦门人民纪念。

19世纪，当外国殖民主义者在鼓浪屿上建立商埠的时候，厦门成为早期的通商口岸。这座城市也是20世纪80年代被批准的首批经济特区之一。

南普陀寺屋顶上的龙

南普陀寺

思明南路。电话：(0592) 2086586。
每天早上4:00～下午6:00。

这座香火鼎盛的寺庙建于唐朝，有着华丽的南方建筑风格（参见298页），它的三个大殿供奉着许多佛像。天王殿供奉着佛教教义守护者韦驮的画像。他手拿金刚杵，指向下方，表示寺庙为朝圣者提供住宿。

虎溪岩

一座古色古香的小庙高高地坐落在虎溪岩的一块向外突出的岩石上。另一座名为白鹿洞的寺庙位于更高的山上。它建于明朝，可以从此处饱览整个城市的优美景色是它吸引游客的原因。

万石植物园

虎园路25号。电话：(0592) 2038471。
每天早上6:30～下午6:00。

这个大型自然景区拥有超过5300种的植物，尤其是来自中国南部和东南亚的植物品种。其中包括美国前总统理查德·尼克松种植的桉树、竹子和一株红杉树。这个留有子弹痕迹的岩石，是当年郑成功杀死他宗兄的地方。

华侨博物院

思明南路。电话：(0592) 2084028。
周二～周日上午9:30～下午4:30。

该博物馆分为两部分。第一部分重点介绍闽南移民的历史，配有照片、绘画和纪念品。第二部分藏有曾属于华侨的铜器、陶器和艺术品。铜器展品引人注目，年代跨度从殷商（前16世纪）至民国时期。

胡里山炮台

大学路。每天。

胡里山炮台是洋务运动的产物。坐落于胡里山海滨，这个巨大的炮台是由一个德国制造商于1891年为清政府建造的。它近14米长，重49吨，有效射程10公里。从防御土墙上可以望见台湾岛。

炮台守卫着的胡里山堡垒上的土墙

集美学村

每天。

位于厦门城北15公里处，集美学村由慈善家陈嘉庚于1913年创立。作为一名成功的新加坡商人，他在1950年回到中国并担任多个政府职位。具有中国一哥特式建筑风格的学院建在一个有许多宝塔的美丽公园里，紧邻大海。陈嘉庚故居也在这里面向公众开放。

鼓浪屿

厦门海洋世界。电话：(0592) 2067668。上午8:00～下午5:30。菽庄花园 每天。日光石 每天。郑成功纪念馆 上午8:40～下午5:00。

鼓浪屿原名圆沙洲、圆洲

鼓浪屿的小街道和优雅的殖民地房子

仔，因海西南有海蚀洞受浪潮冲击，声如擂鼓，明朝雅化为今名。

宁静的海岛鼓浪屿距厦门只有10分钟船程。岛上建筑引人入胜，除了电动游览车，没有其他机动车辆。1842年《南京条约》签订之后，列强的驻地代表在岛上设领事馆，鼓浪屿首次变得重要起来。它很快演变成一个欧洲风格的小镇，拥有教堂、领事馆和宽敞的别墅。1903年以后，鼓浪屿进一步沦为公共租界，成为西方列强的共管天下。这种地位直到第二次世界大战结束才改变。该岛仍然保持着一种南欧的特色。

鼓浪屿面积将近2.5平方公里，岛上非常适宜步行，有不太宽的街道和前面带有漂亮花园的优雅住宅。靠近轮渡码头的是厦门海洋世界，里面饲养着鲨鱼、海豹、海豚、企鹅和热带鱼。在鼓浪屿海滨立有郑成功雕像，在

郑成功的雕像

纪念民族英雄的同时期盼两岸同胞早日相聚。郑成功和他的舰队抵抗进攻的满族人多年。他还因从台湾驱逐荷兰人而受到称赞。沿岸更远的南部是菽庄花园，是1931年建造的私人别墅，于1955年向公众开放。今天，游客着迷于其众多的热带植物和花卉以及传统的中国式园林设计。毗邻花园的是港仔后海滩，游人众多。它的北面有日光岩，可乘缆车到达这个岛的最高点。日光岩脚下有郑成功纪念馆。全馆分为七个部分，展出各类文物、资料、照片、雕塑、模型300余件，比较系统地展示了郑成功的生平事迹。

远离海滩的西南部有一座英雄山，英雄山的背面是百鸟园。里面养着五颜六色的鹦鹉、白鹭和热带鸽子。

游客清单

位于福州西南250公里。174万。湖滨南路汽车站、夏河路汽车站、思明区汽车站。每周从香港到和平轮渡码头；从鹭江宾馆附近的轮渡码头去鼓浪屿。新华路78号华建大厦。电话：(0592) 2046847。

厦门市中心与鼓浪屿

港仔后海滩 ⑧
虎溪岩 ②
郑成功纪念馆 ⑩
南普陀寺 ①
华侨博物院 ④
菽庄花园 ⑦
郑成功雕像 ⑥
日光岩 ⑨
万石植物园 ③
厦门海洋世界 ⑤
英雄山 ⑪

0 meters 800
0 yards 800
Hubin Nan Road Bus Station 1km (0.6 mile)
Jimei School Village
Airport 10 km (6 miles)
Train Station 3km (2 miles)
Bus Station 3km (2 miles)
XIAHE ROAD
Zhongshan Park
Siming Bus Station
HUBIN XI LU
GONGYUAN NAN ROAD
WENYUAN ROAD
TONGWEN ROAD
DATONG ROAD
ZHONGSHAN ROAD
Seaside Building
ZHENHAI ROAD
Revolutionary Martyrs' Memorial
Lu Jiang
Heping Ferry Terminal
SIMING NAN ROAD
HUYUAN ROAD
Wanshi Botanical Gardens
NEICOUAO ROAD
BISHAN ROAD
JISHAN ROAD
Xiamen Sea World
GULANG YU
Huxiyan
TUNNEL
Ganlu Si
Bishan Si
Koxinga Memorial Hall
Sunlight Rock
Statue of Koxinga
GUSHENG ROAD
Overseas Chinese Museum
Nan Putuo Si
Yingxiong Shan
Gangzaihou Beach
Shuzhuang Garden
DAXUE ROAD
Huli Shan Paotai
Xiamen University

永定土楼民居

位于中国东南沿海的福建省龙岩市，拥有世界上独一无二的神奇的山区民居建筑。

客家人在唐末、五代晚期、宋代初期被从黄河平原驱逐南下。也许是因为他们过去遭受迫害的经历以及他们在新土地上生存（其正式名称是客家，意思是“客人”），他们采用了堡垒风格的夯土建筑，叫做土楼。能容纳数百人，这些圆形或方形建筑物围绕院子而建，内有迷宫似的仓库和公共会议室。

湖坑是永定地区拥有几个客家民居的城镇中最容易到达的城镇之一。从厦门坐巴士至龙岩（4小时），再坐两个小时的巴士至湖坑。

住宅上的祈福标记

永定土楼用土石夯筑，不用钢筋水泥，但坚如磐石。土楼的大门是用10厘米厚的杂木制成，外钉铁板，有的楼门上还装有防火水槽。土楼最高处设有瞭望台，以便了解敌情。

厚防火墙把建筑分为八个部分，与道家八卦图相互呼应（参见32页～33页）

粮库

生活区

外开窗为了安全起见，小而呈梯形，只有在上面的几层才有

宗祠位于建筑物内部中心，可用于仪式，如婚礼

外墙厚重用来防御，通常底部宽1.5米，在接近顶部时逐渐变细

底层用于客家人的日常生活。露天的碗碟洗涤室用于洗涤，食品制作场所则是厨房和餐厅。

◁ 福建武夷山的迷人景色

清净寺入口，中国的现存最古老的清真寺之一

泉州 ❷

厦门北部72公里。679万。
丰泽街。电话：（0595）22177719。

泉州位于锦江之上，是宋元时期中国最重要的港口。由于该市与印度和其他地区的贸易，泉州拥有一个永久的外国居民区。阿拉伯地理学家称之为“Zaitun”，词语“丝绸”就源于这个词。虽然泉州的重要性到明朝时有所削弱，但是它曾经的航海史仍然隐约可见。

目前无屋顶的**清净寺**始建于1009年，在1309年、1350年和1609年经历过大的整修。与中国南方其他的按照传统中式建筑风格建造的清真寺不同，它优雅的石头结构明显受到了阿拉伯风格的影响。幸存的寺门据推测是仿照中世纪大马士革的清真寺建成的。

城北的**开元寺**建于公元686年。一株莲花奇迹般地开在桑树上且仍然存在于大殿以西，因此该寺被称为莲花寺。宋代，有1000名僧侣在这里做法事。在寺庙的三个大殿中，大雄宝殿的天井灿烂夺目，殿中宝座上供奉着毗卢遮那佛，汉语译为大日如来。大殿的每一侧各有两个有着雕刻花纹的古塔。寺庙东部是海外贸易博物馆。它的亮点之一是可追溯到1274年的宋代货船。该船于1973年被发现，由雪松木制成，有竹帆和麻帆。当时，这些船只前往沙特阿拉伯、非洲和亚洲出口瓷器和丝绸，并进口香料、象牙和玻璃。此外，馆内藏有与城中的基督教和阿拉伯人有关的石刻。

开元寺北部是清源山风景名胜区。清源山是泉州十八景之一，也是国家级重点风景名胜区，由清源山、九日山、灵山圣墓三大片区组成。里面有块巨大的老君岩，是道家老子（参见31页）宋代时期的雕像。

清净寺
涂门街113号。电话：（0595）22193553。每天上午8:30～下午5:00。
开元寺和海外贸易博物馆
西街176号。电话：（0595）22383036。每天早上7:30～下午5:30。

崇武 ❸

泉州东部32公里。从泉州到惠安县，然后乘坐小巴到崇武。

崇武古城风景区是一处集滨海风光、历史文物、民俗风情、雕刻艺术于一身的特色旅游风景区。历来被世人称为“天然摄影棚”、“南方北戴河”。

1387年崇武石头城的建成使得崇武半岛的防御要塞地位加强，也成为防御海盗的重要堡垒。作为其防御的一部分，花岗岩房屋的平顶使得这些房子在6.6米高的围墙外很难被看到。主要居民是惠安人。惠安妇女身着独特的蓝色斜襟衫和肥大的黑色长裤。渔业和石雕为其当今的主要产业，要塞时期的围墙和老街仍然使人印象深刻。

湄洲岛 ❹

泉州东北部56公里。从莆田到文家，然后乘轮渡。

湄洲岛妈祖雕像

对于福建人来说，莆田市附近的这个岛与妈祖即海上女神有关（参见149页）。妈祖是一个出生于10世纪被神话的女孩。她的能力使她能够预测海洋情况，她的生日——农历三月二十三日是岛上主要的庆祝节日。许多妈祖的寺庙分布在岛上各处，而她的雕像则自豪地屹立在山顶。从码头走到主要的妈祖庙需要爬坡。这座妈祖庙历经多次重建，妈祖已不单单是一种民间信仰，还是中国海洋文化的缩影。由于到达这里并不容易，或许在岛上众多旅店里选一个旅店过夜是值得的。

崇武的平顶房子低于围墙

福州中州岛上的欧式风格建筑

福州 5

厦门北部250公里。636万。
五四路128号。电话：（0591）87119928。

福建省省会福州位于福建省东部沿海，风景优美的闽江下游，它作为一个主要的港口已有1000多年历史。起初它是利润丰厚的茶和糖的贸易中心，后来成为棉花、漆器、陶瓷的贸易中心。神秘的探险家马可·波罗于13世纪访问福州时，在游记里曾记录这个城市由皇帝的军队把守。

五一广场与毛泽东塑像，标志着城市的中心。正北是修建于10世纪的**白塔**，而在西部的是**吴塔**，是同一个时代的暗色花岗岩佛塔。吴塔北面是**林则徐纪念馆**。该馆是为了纪念清代官员林则徐而建的。林则徐是中华民族抵御外辱过程中伟大的民族英雄，他的主要功绩是虎门销烟。再向北是**开元寺**，里面有一个唐朝铁菩萨。它的西面是西湖公园，其中**省博物馆**里珍藏着一副有3500年历史的船棺。

苍山在河的南面，曾经是外国租界的所在地。中州岛（位于河中央）是外国酒吧和餐馆，富有现代气息。城市东部约10公里是**鼓山**，林木繁多，适宜散步。还有被大部分重新修整的**涌泉寺**，建于公元908年。

省博物馆
虎头街92号。电话：（0591）83757627。周二至周日上午9:00～下午4:30。

涌泉寺
每天上午9:00～下午6:00。

武夷山 6

福州西南部230公里。去武夷山市，然后乘坐6路巴士去公园。上古街。电话：（0599）5250380。www.wbr.cn

神奇的武夷山因其丘陵地区种植的乌龙茶而享有盛誉，拥有中国南部一些最为迷人的景观。它险峻、薄雾笼罩的砂岩山因三十六峰而闻名。九曲溪环绕其间，茂密的植被覆盖其上。自汉武帝（前140～前87年在位）首次访问五夷山，它被后来的皇帝们视为神圣的地方。

尽享美景的最好途径之一是乘坐沿江木筏，环绕峡谷曲折蜿蜒的河流被称为**九曲溪**。在九曲溪两岸的峭壁上，至今仍有悬棺遗迹十几处。那些神秘的有3000年历史的棺材固定在高高的悬崖上。它们由楠木（雪松）制成，大约5米长；这些重达数百公斤的棺木是如何安放在悬空的绝壁上的呢？至今是个谜。

几条小路通向山顶。桌面形状的大王峰最难到达，而容易攀登的是天游山，也是传统的看日出的好地方。最高峰是**三阳峰**，海拔718米。一条小路通向**水帘洞**，瀑布旁有茶馆。

中国工艺——漆器

由紫胶树（漆树）的树液制成，漆在汉代之前就作为木材防腐剂使用。它即使在潮湿的环境中也容易变硬，所以后来用于制造盘子和杯子——把几层汁液涂在木头或布上，然后给最后一层上漆。出现于元代的现代手工艺品采用了同样的基本方法——在木质的基座上涂几层漆，在漆彻底变硬之前在木质基座上雕刻深深的复杂图案。然后在其表面镶嵌上金、银或玳瑁，通常漆成红色。

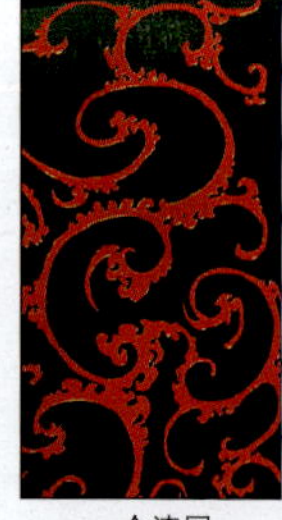
一个漆屏

茶的故事

茶与中国的关系比其他任何国家都要紧密。茶在中国的历史可追溯至5000年前，起初它是被当做滋补品饮用，现在它几乎是所有中国人日常生活不可或缺的一部分。它被广泛种植在温暖湿润的中国南方地区，特别是在福建、云南和浙江。虽然茶有许多品种，可是所有的茶叶都来自同一物种——茶树。

1908 年的德国茶叶广告

茶的味道取决于种植地域以及是否添加其他成分，如在茶中加入花而称为花茶。最常见的中国茶有：绿茶、红茶和乌龙茶，都因发酵过程不同而具有不同的外观和口感。通常只是饮用清茶，而不加牛奶或柠檬。只有西北部的穆斯林地区喝茶时加糖，而藏族喝茶时则要加上酥油。

神话中的皇帝神农氏发现了茶。作为一个明君，他宣称所有饮用水必须煮沸。一天，几片茶叶从树上飘进了沸腾的水里，他饮用此水后感觉味道很好。

到了唐代，饮茶遍及整个国家。8 世纪以前，茶商委托陆羽解释饮茶的好处。他创作了《茶经》，这是一部系统阐述茶的生产和发展史的著作。

茶叶贸易是英国与中国通商的一个关键性因素。葡萄牙人是第一批享用茶叶的欧洲人，荷兰人则是第一批从事茶叶贸易的欧洲人，但是在 17 世纪晚期饮茶这一时尚从荷兰流入英国后，英国成为最大的茶叶贸易国。

茶园中许多都是梯田，覆盖着南方内陆的山坡。一年之内采摘次数高达 5 次。采摘仍然大部分通过手工来完成，一位经验丰富的采茶手可在一天之内收获 32 公斤，但机械采摘方法正变得越来越普遍。

大城市中心有许多高档茶叶店。高价茶叶如福建乌龙茶、铁观音茶都可以买到，也可以品茶。

广东和海南

广东位于中国大陆最南端，海南岛则位于中国南海岸。广东省省会广州是一座位于珠江沿岸的港口城市；海南省省会海口地处海南岛北部，距离大陆南端50公里。

全世界许多外籍华人为广东籍，这也让广东成为中国最知名的省。就连毗邻广东的香港，其居民也多为广东人。历史上的广东开发较晚，直到明代其生产力水平才赶上中原。但广东的近现代商品生产和对外贸易比较发达，是中国民族工业的发源地之一。今天的广东省已经在中国经济发展中扮演着重要角色，其中广州、深圳、珠海的经济发展尤为迅速。此外，广东省名胜古迹众多，亦有一些美丽的乡村风情。

热带岛屿海南原隶属广东，现已成为一个独立省份。几个世纪以来，海南岛曾是流放地，南岸的海滩也是近些年才被开发成旅游景点的，如今的海滩已呈现出一派欣欣向荣的景象。不过，海南岛至今仍保留着土著黎族的文化痕迹，岛屿中央亦有尚待开发的荒山。

◁ 在海滩上修补渔网，海南

汕头巨大的石炮台公园的堡垒和护城河

汕头 ❶

广州东部 360 公里。507 万。汕樟路 41 号。电话：(0754) 889724555。

汕头曾是一个渔村，占据着珠江三角洲的战略位置，于 1861 年正式开埠，是中国近代最早对外开放的城市之一。那时的外国人把汕头称作“Swatow”(根据汕头两字的当地方言发音)，它很快便发展为主要的贸易中心。1980 年，中央政府宣布建立汕头经济特区。如今，汕头俨然一座名副其实的现代都市。不过，汕头市旧城区内仍保留着一些名胜古迹，例如天后宫。**天后宫是一座寺庙，**重建于 1879 年，庙内雕像栩栩如生。天后宫附近的**安平路两旁**散布着殖民地时代住房和货栈的遗址。安平路东段的滨水地区有座**石炮台公园，**公园内置有建于 19 世纪 70 年代的防御炮台。

石炮台公园
海滨路。电话：(0754) 88543120。
每天早上 7:30 ～晚上 11:00。

天后宫
升平路。电话：(0754) 8453120。
每天早上 7:00 ～下午 5:00。

潮州 ❷

广州东部 350 公里。2256 万。

潮州这座古老的城市在明代享有高度发达的文明。然而到了 17 世纪，由于反抗清朝统治，近 10 万潮州人民惨遭杀害，潮州经济迅速衰退。19 世纪，可怕的饥荒和贫困又致使大量居民迁离潮州。

如今，7 米高的**明城墙**依然矗立在韩江之岸，成为潮州旧城的东部边界。旧城区西至环城路，东至明城墙，是潮州市最具魅力的地方，置身街道便可窥见其历史的影子，比如中山路及甲第巷，其中甲第巷里林立着许多保存完好的清代建筑。开元寺坐落在甲第巷以北，始建于公元 738 年，这是一座佛家寺院，院落十分漂亮，寺院里还有几座富丽堂皇的大殿，殿内拱形的天花同样华丽多彩。壮丽的**广济门**城楼上设有阶梯，阶梯是通往城墙上的小径。韩文公祠位于韩江东岸，始建于 10 世纪，其下游是日渐碎裂的凤凰塔。

潮州广济门

开元寺
开元路。每天。

深圳 ❸

广州东南部 100 公里。233 万。来自香港及澳门。沿河路 1064 号。电话：(0755) 8232 6437。

20 世纪 80 年代末期邓小平提出经济改革，深圳是当时设立的第一批经济特区之一。在随后的短短几年内，这个毗邻香港的小村庄便迅速发展成为一座繁荣的大都市。如今，深圳已是中国重要的商业中心和交通枢纽。深圳西郊建有主题公园群。其中，**锦绣中华**和**世界之窗**拥有许多实景微缩模型，像巴黎埃菲尔铁塔等著名纪念碑的模型、中国长城的模型等，此外公园里还建有诸多纪念品商店。民俗**文化村**则展现了中国的民间传统，这里有传统舞蹈表演、中国绘画作品，文化村内还建有亭台楼阁。深圳东部沙头角的**明思克航母世界**是一座以苏联航空母舰为主体的军事主题公园。

深圳主题公园
广深高速公路，深圳海湾。每天。
明思克航母世界 每天。

深圳明思克航母世界里置有苏联航空母舰上的飞机

孙中山

孙中山是近代中国的民主革命家、政治家、理论家，第一任中华民国临时大总统。他于1866年出生于广东，曾研修医学，革命早期受太平天国起义领袖洪秀全（参见420页）的影响较大。1895年，孙中山发起的广州起义以失败告终，被迫流亡海外15年，在此期间他一直为其革命事业筹集资金（曾于伦敦遭缉捕并被关押在中国使馆）。1911年清王朝被推翻，当时的孙中山还在国外，1911年12月20日孙中山回到上海并于28日被推选为中华民国临时大总统。但于次年2月13日便向参议院请辞并推荐袁世凯接任。1925年孙中山逝世，未能如愿建立独立政府，也未能实现国家统一的夙愿。

1915年孙中山与宋庆龄结婚

"天下为公" 这句口号反映了孙中山的民主思想：选举权、罢免权、立法权以及修改法律的权利。

孙中山在其广州总部办公室办公。他曾在这里努力营造一个和平环境以期建立一个民主统一的中国。

蒋介石（照片里站立的）与孙中山。

1911年，**孙中山**（左二）当选临时大总统前正在探讨如何组建新政府。孙中山让位于袁世凯，不料袁世凯于1915年称帝，又一次将中国置于内战之中。

孙中山大元帅于1922年在广州成立军政府作为国民革命基地。

国庆节之际，孙中山画像同马克思及恩格斯的画像一同被摆放在天安门广场之中。他被尊为"中国革命的先行者"。

广州 ❹

华林寺的青铜罗汉

广东省省会广州是一座古老而重要的港口城市。19 世纪，外国居民通称它为“Canton”。在唐代，广州的贸易往来遍及整个亚洲地区，一个规模较大的穆斯林社区也随之在广州建立起来。后来，西方商人通过该港口首次同中国建立贸易联系。如今，广州已经成为一座富裕繁华的都市，市内亦有许多景点名胜，其中包括 2000 年之久的古墓和南越王宫殿及御花园。随着城市建设的不断发展，广州兴建地铁、完善基础设施，并且着力修缮了古旧建筑。城南沙面岛曾是外国租界，处处林立着殖民地风格的建筑，非常漂亮。

清平市场上各种谷物及香料

清平市场

清平路。Ⓜ 黄沙。◻ 每天。

跨过沙面岛（参见 298 页～299 页）对面的马路就到了清平市场，这是中国最大最有名的市场之一，各种商品应有尽有，包括药品、香料、蔬菜、海鲜干货、谷物、鱼、肉，还有卖宠物及花鸟鱼虫的。清平市场琳琅满目的农副产品、浓郁温馨的东方风情吸引着世界各地的游客纷至沓来。这个颇具中国特色的市场是我国南大门一个异彩纷呈的窗口。

华林寺

靠近长寿路。电话：(020) 81396228。Ⓜ 长寿路。◻ 每天。

华林寺建于 526 年，是广州香火最旺的寺庙，也是禅宗祖师印度僧人菩提达摩（参见 159 页）曾经走访过的诸多寺庙之一。华林寺最引人注目之处是其置有 500 尊罗汉像的大殿，罗汉之一头戴宽边帽的，可能是商人马可 · 波罗。

华林寺中信徒在烧香

圣心教堂

一德路 56 号。Ⓜ 海珠广场。

圣心教堂（石室教堂）是一座哥特式天主教堂，由法国人于 1860～1880 年建成。当时，中国政府为赔偿法国在第二次鸦片战争中的损失而将这片土地割让给了法国。圣心教堂有一对高 58 米的双尖石塔，石塔东侧是一座大钟楼，钟楼内置有四座法国铸造的铜钟。

农民运动讲习所

中山路 42 号。电话：(020) 83873066。Ⓜ 农讲所。◻ 周二～周日上午 9:00～下午 4:00。

讲习所展现了广州的革命历史，其旧址原是明代修建的孔庙。1924 年 7 月，农民运动讲习所在此创立，革命领袖毛泽东、彭湃等在这里讲授有关农民运动的各种课程，为中国革命培养出了一批重要的骨干。1927 年，中国共产党在广东举行起义，在国民党的残酷镇压下，5000 名起义者壮烈牺牲。起义之后，讲习所被迫停课关闭。

南越王宫及御花园

中山路。Ⓜ 农讲所。◻ 每天上午 9:00～正午，下午 2:30～5:30。

这是一处非同寻常的遗址。御花园周围即是南越王赵佗的宫殿。赵佗，河北人，是一位秦朝将领，秦朝灭亡之后，他建立了南越国（参见 298 页）。宫殿的屋顶是瓦垄型，殿旁有一条小径，这是通往主要景点的小路。宫殿东北方向有一片湖水，并伴着一条清澈见底的小溪，西南角则是一座相当古老的秦代造船厂。这里还有座小型博物馆，里面陈列着石板、柱子以及屋顶瓦，其中许多瓦片上都刻着“番禺”二字，这是广州最早的名字。

怀圣寺

光塔路56号。M 西门口。仅对穆斯林开放。

怀圣寺是中国最早建立的清真寺，据说是唐代阿布·宛葛素（Abu Waqas）（参见298页）投资兴建。虽然怀圣寺大部分是最近刚建成的，但里面仍建有一座古老的伊斯兰风格的尖塔，而且还矗立着诸多石碑。

光孝寺

光孝路109号。电话：（020）81089831。M 西门口。每天。

光孝寺是广州最具魅力的景点之一，人们通常认为它建于汉代。这里曾是南越国末代君王的居所，于5世纪改建成寺庙，禅宗祖师菩提达摩也曾造访此庙。然而，光孝寺原有建筑无一幸存，绝大多数殿堂皆修建于19世纪。寺院主殿由台柱支撑，殿内置有数尊佛像，主殿后面则矗立着三座非常古老的宝塔，其中之一建于676年，是禅宗六祖慧能（638～713年）当初落发的宝塔，其他两座宝塔皆为10世纪时的建筑。

光孝寺古老的宝塔

六榕寺

六榕路。电话：（020）83392843。M 公园前。每天上午8:00～下午5:00。

六榕寺是广州市一座历史悠久、举世闻名的名胜古刹。寺中宝塔巍峨，树木葱茏，文物荟萃。

六榕寺始建于公元537年，用以珍藏部分佛陀舍利。这些舍利是从印度带来的，藏于花塔神龛之中。花塔重建于1097年，平面呈八角形，外观9层，塔内其实共17层，高57米，非常值得一登。木质塔檐上雕有鸟、虫及狮子，错综复杂，玲珑精巧。塔顶竖着大铜柱，上边铸有佛像。

原六榕寺遗址现已残存无几。寺内禅宗六祖堂供奉着慧能铜像，铸于989年。苏东坡流放期间（参见302页）来该寺游玩之时见寺内有六棵榕树，随即题字“六榕”，寺内僧人便将此二字刻于院门外的石头上，六榕寺因此得名。

游客清单

香港西北150公里。786万。广州站及广州东站。省际客运站、流花站及天河客运站。从南海港至香港 环市西路179号。电话：（020）8666 6889。

陈家祠

中山七路。电话：(020) 81814371。M 陈家祠。◯ 每天上午 8:30～下午 5:00。

陈家祠由陈氏家族于 1890 年集资兴建，以供同宗子弟读书，也是祭祖的宗祠。该祠堂装饰华丽，色彩缤纷，是典型的南方祠堂建筑。虽然同为中国祠堂，南北方也大不相同。南方祠堂建筑并不像北方的那么古典，而且厅堂通常较低也较宽。正厅屋顶和墙壁往往刻以精美的图案并刻有戏剧人物造型。

南越墓

解放北路 867 号。电话：(020) 36182920。M 越秀公园。◯ 每天上午 9:00～下午 5:30，最晚进入时间下午 4:45。

距今 2000 年的南越墓是赵佗之孙的陵墓。赵佗，河北人，曾是秦国将领，公元前 214 年奉命征战岭南，秦朝灭亡后在此建立了南越国。赵佗的孙子死后不久南越国便臣属西汉。

陵墓中有许多珍贵的随葬品，主要由黄金、宝石加工而成，其中包括一套金缕玉衣。陵墓的说明文字附有英文，而且还有一段视频录像记录了 1983 年发掘南越墓时的情况。

陈家祠前壁砖墙上的传统戏剧浮雕

兰圃和伊斯兰教先贤古墓

解放北路 。M 越秀公园。◯ 每天上午 9:00～下午 6:00。

兰圃秀美迷人，这里有竹林环绕，亦有棕榈树点缀在池塘边。一般最好是冬末至初春时节前来观赏生长在温室里的兰花。沿兰圃西侧即是伊斯兰教古墓，穆罕默德的舅舅赛义德・阿布・宛葛素安葬于此，据说是他把伊斯兰教传入中国

沙面岛

沙面岛长约 800 米，不过一个沙洲之大。第二次鸦片战争时期（1856~1860 年）中国战败，沙面岛被割让给英法列强。不过，在中国政府允许外国人定居沙面岛之前，就已经有外国人偷住在他们的仓库里了。英法分别定居沙面岛东西两端，街道两旁不久便林立起欧式别墅、银行和教堂。然而，英法却禁止中国人进入沙面岛，因此岛上居民则完全按欧洲人的方式生活。

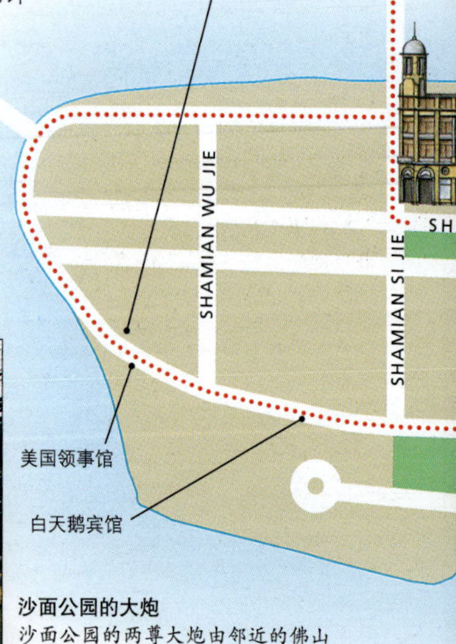

沙面公园的大炮
沙面公园的两尊大炮由邻近的佛山市制造，曾在 19 世纪中期的鸦片战争中使用过。

的。尽管古墓只允许穆斯林进入，游客从外面亦可窥其全貌。

越秀公园

解放北路。M 越秀公园。

越秀公园占地 90 公顷，是中国最大的城市公园之一。它被环市中路和清源路分成了好几部分，其中最引人注目的建筑当属东风中路旁的孙中山纪念馆。这座纪念馆建于 1931 年，是公园最靠近南部的景点之一，宝蓝色的琉璃瓦让纪念馆呈现出传统建筑的特点。1923 年孙中山在广州成立中华民国陆海军大元帅大本营（参见 295 页），并在此宣誓出任大元帅。

越秀公园孙中山纪念馆

其他景点位于公园中部，如广州的标志性建筑五羊雕像。传说五位仙人骑着五只羊飞临广州，并把谷穗种到这里，以确保此地永无饥荒，五羊雕像便是为纪念这个美好的传说而建。

市博物馆则坐落在五羊雕像附近，馆址镇海楼是一座明代望海楼。馆内藏有从公元前 4000 年至今的 1200 件展品，其中包括基督教宣传册，正是这些宣传册鼓舞广州农民发起了太平天国运动(参见 420 页)。

艺术博物院

麓湖路 13 号。电话：（020）83659337。周一～周五上午 9:00 ～下午 5:00，周六、周日上午 9:30 ～下午 4:30。

这座现代艺术博物院内展出了中国主要艺术家的作品。其中永久展出的是政治漫画家廖冰兄的作品，他曾在 1958 年被划为“右派”。

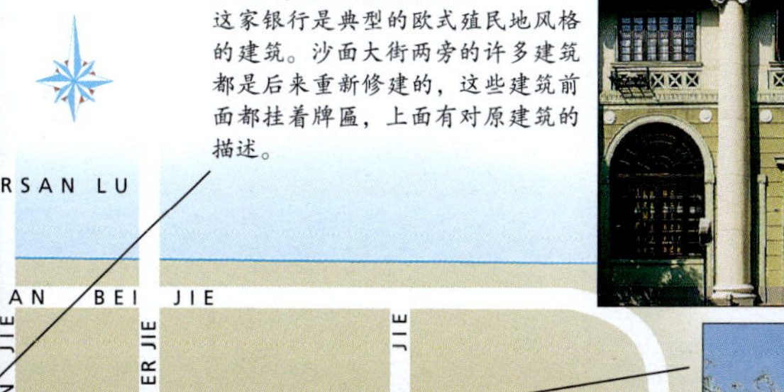

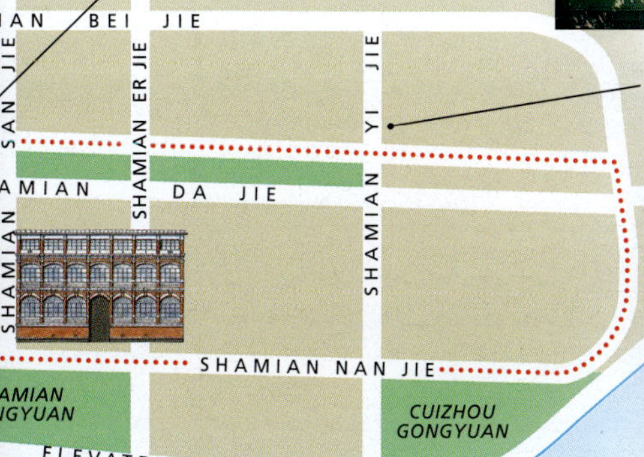

沙面大街上建筑物的正面

这家银行是典型的欧式殖民地风格的建筑。沙面大街两旁的许多建筑都是后来重新修建的，这些建筑前面都挂着牌匾，上面有对原建筑的描述。

路德圣母教堂

这座天主教堂坐落在沙面岛东部的法国社区，居住在这里的法国人经常来做礼拜。

翠亨村孙中山故居的卧室

翠亨村 5

中山市东部 30 公里。 从中山及珠海出发。

中山市位于广州南 90 公里处，是革命的先行者孙中山（参见 295 页）的故乡。他于 1866 年出生在中山市市郊翠亨村。1892 ～ 1895 年孙中山及其父母一起生活在这座葡式楼房里，如今这座建筑已是中山纪念公园的一部分。附近与孙中山故居同时兴建的房子也已重修，并对公众开放。

1966 年为纪念孙中山诞辰 100 周年，在故居旁建辅助陈列馆，馆名由宋庆龄亲笔题写，每年国内外大批游客前往参观游览。

孙中山故居
翠亨大道。电话：（0760）5501878。
每天上午 9:00 ～下午 5:00。

佛山 6

广州西南部 28 公里。 364 万。 从广州乘坐小巴。 祖庙路 14 号。电话：（0757）82223828。

佛山自宋代起就以其精致的陶器而闻名，其中呈淡蓝色的彩釉陶像尤为精美。游客可以让旅行社安排参观制陶工厂。如果游客想一睹佛山其他工艺品的风采，可以到位于佛山市东南部的佛山民间艺术社看一看，这里还有座明代寺庙仁寿寺。附近还有座道观佛山祖庙，始建于公元 1080 年。祖庙精美华丽，其建筑装饰大量采用以戏曲故事为主要题材的陶塑，这些陶塑都是附近石湾镇制造的。祖庙入口附近还摆放着大炮，它们曾在鸦片战争中用于轰击英军。

佛山祖庙精致的石屋顶

佛山民间艺术社
祖庙路。电话：（0757）82254052。
每天。 www.fsfolkart.com

佛山祖庙
祖庙路 21 号。 每天上午 8:30 ～晚上 7:30。

肇庆 7

广州西部 110 公里 411 万。 至香港。 天明北路 90 号。电话（0758）2229908。

肇庆具有独特的城市魅力，16 世纪晚期，耶稣会传教士利玛窦曾在此居住多年，之后才被明朝万历皇帝传召进京。著名的七星岩风景区位于肇庆市北部约 2 公里处，薄雾缭绕的七座山峰坐落在湖泊旁，似陨落的北斗七星。游客可以沿大桥或堤道走进七星岩景区近距离观赏。

肇庆市崇禧塔，建于明代，是目前广东省最高的宝塔，可以在此俯瞰西江。古城墙仍屹立在建设路上，西部郊区还有座梅庵寺，为纪念禅宗六祖慧能而建。

坐上开往肇庆东北方向的公交车，一会儿就可到达森林覆盖的**鼎湖山**，鼎湖山是广东四大名山之首，被称为“北回归线上的绿宝石”、“活的自然博物馆”。山上有许多风景秀美的步行小径。

七星岩
电话：（0758）2234728。 每天早上午 7:30 ～下午 5:30。

肇庆古城墙上的披云楼

北江岸边飞来寺宏伟壮观的大门

飞来寺和飞霞寺 8

广州西北部 85 公里。去往飞来寺和飞霞寺。每天 8:00 从清远出发。

从繁忙的清远可以乘船到达北江风景如画的**飞来寺**和**飞霞寺**，而且这也是唯一的交通方式。渡船每天一早出航下午返航，船上载着渔民及鸬鹚。鸬鹚是渔民专门养来捕鱼的，它们站在船头耐心等待着。第一座庙宇是已有 1400 多年历史的飞来寺，它坐落在飞来峡险峻的江岸之上。从江边拾级而上即可到达飞来寺华丽壮观的大门。寺院现存建筑主要是明代修建的，绕过这些各式各样的建筑，游客会看到一座现代亭阁，登上此亭阁，江边美景便可尽收眼底。

再往前走一段就来到了飞来峡岸边的飞霞古寺，这座古寺内有两座建于 19 世纪的道观，飞霞和苍霞。飞霞要比飞来大得多，其石厅和道观的墙壁也都十分精致。苍霞坐落在山坡上，“文化大革命”期间遭到严重破坏，目前正在整修，里面的壁画精美绝伦，值得去一探究竟。

韶关 9

广州北部 200 公里。

韶关被称为广东的北大门，是中国北方及长江流域与华南沿海之间最重要的陆路通道，战略地位历来重要。

韶关市区景点较少，风采楼是其中之一，这是一座屡经重修的古城门楼，此外还有建于公元 660 年的大鉴禅寺。不过，韶关周边地区倒有三处值得一游的景点。南华寺位于韶关市东南 25 公里，始建于公元 502 年，禅宗祖师菩提达摩曾在此悟道 36 年之久，南华寺因此而闻名。南华寺其中一座宝殿里供奉着达摩的雕像，传说是用其尸身铸成的。此外，还有一座大殿里供着一位踩着高跷的僧人。南华寺钟楼里的大型铜钟铸于宋代，已有 700 年的历史。

南华寺内的佛像

韶关市东北部约 50 公里处有座丹霞山，这是一座位于锦江岸边的地质公园，占地 290 平方公里。丹霞山石峰林立，形状各异，绮丽迷人，山上亦有通往顶峰的步行小径。游客亦可乘小船或汽车沿着锦江直达丹霞山。丹霞意为“红云”，丹霞山上红砂岩陡崖林立，还有通往山坡寺院的小路。

狮子岩位于韶关市南部约 18 公里，人们在狮子岩洞穴中发现了人类的直系祖先直立猿人的史前遗址。狮子岩景区内的博物馆展出了箭镞、陶器以及在史前遗址发现的手工制品。

南华寺
电话：（0751）6501223。每天早上 7:30～下午 6:00。

丹霞山
每天。

狮子岩
每天。

海南 ⑩

海南岛是中国最大的岛屿，虽然在汉代就纳入中国版图，但20世纪中叶之前，一直是作为流放地的一块穷乡僻壤。直到20世纪30年代，海南岛黎族人民仍旧过着采集和狩猎的原始生活。1988年，海南省人民政府正式成立，从此，海南成为中国最年轻的省份和最大的经济特区。海南的旅游资源十分丰富，风景名胜众多，例如，南部三亚市周围的热带海滩，西南部秀美的山地风光以及海南岛东海岸的咖啡种植园。

鱼被晾晒在新村东海岸

海口

三亚北部480公里。156万。新港码头驶来的大陆轮渡。

海南省省会海口是一座亚洲热带城市，也是一座繁忙的港口及交通枢纽。其东南有座五公祠，建于明代（1368～1644年）。该祠堂为祭祀几位贤臣名相而建，他们在唐宋年间因指责朝廷被贬至海南。其中，祠堂内有座祭祀宋代诗人苏东坡的公祠，他于1097～1100年被贬至海南。

海口市西部海岸秀英区有一座巨大的防御工事，是19世纪中国为抵御法国等欧洲列强而建的，厚厚的石墙院内藏着六尊大炮，且都与地下通道相连。以此再往西南即是海瑞之墓。海瑞是一个正直刚毅的明朝清官，也是因指责朝廷而被流放至海南。

通什及中部山区

通什，海口西南部416公里。从三亚和海口出发。民族博物馆 每天。

海南中部山区景色绮丽秀美，还有机会感受岛上的民族文化，值得一游。气候宜人的通什是该地区的中心城市，它曾是海南黎族苗族自治州的首府。民族博物馆的展品足以让游客了解海南历史文化的全貌。通什周边地区还残存着黎族传统住房和谷仓的痕迹。通什东南部约50公里矗立着一座1867米高的五指山，黎族人认为这座山是神圣不可侵犯的。不过，若徒步登上五指山顶峰也一定是一次愉快的经历。此外，通什东北部的琼中黎族苗族自治县周围也有一些风景区，其中包括百花岭的瀑布，从300米高的地方一泻而下，蔚为大观。

东海岸

文昌，海口东南部109公里。华侨农场。电话：(0898) 63622808。每天。

东海岸指的是海口、文昌、琼海、万宁、陵水至三亚一线。这里阳光充足，雨水丰沛。热带海滩和东郊椰林为文昌市主要景点。东山岭风景区位于万宁市市郊南部约100公里处，遍山都是奇怪形状的岩石。东山岭再往南即是兴隆，它因咖啡而享誉全国。兴隆热带植物园位于城南3公里处，游客可以在此品尝咖啡和绿茶。兴隆的华侨农场内居住着2万多名华侨，他们大都从越南及其他东南亚国家移居此地，靠种植咖啡和橡胶为生。兴隆以南是陵水黎族自治县，这里居住着许多黎族人，他们自公元前200年就已定居海南岛。陵水博物馆是苏维埃政府旧址，这是1928年共产党在海南建立的中国第一个共产主义政权。陵水狭窄的街道一如20世纪初的样子，古色古香的商店和住房林立两旁。陵水新村位于城南10公里处，居民

东山岭摩崖石刻

亚龙湾棕榈树环绕的洁白沙滩

游客清单

广东南部 25 公里。845 万 从广州乘列车后乘轮渡。从北海、深圳及广州出发。海口大同路 17 号。电话：(0898) 66757455。黎族三月三节（在农历三月初三）。

多为客家人（参见 288 页）。陵水的猴岛是一个相当大的广西猕猴聚集区，不过只有乘船才可抵达猴岛，从新村起程前来此地一日游也是不错的选择。

三亚和南海岸

海口南部 480 公里。536000。

三亚附近的热带海滩是海南主要景点。最繁忙的海滩当属城南的大东海，这里旅馆、餐馆、商店林立。三亚最好的沙滩是东边的亚龙湾，有绵延7公里干净的沙子。天涯海角位于三亚市西北部 25 公里处，第四套 2 元人民币背面的图案即是**天涯海角**的一块巨石——南天一柱。三亚另外一个景点是西瑁洲，是远足和潜水的好去处，从三亚海岸乘船两小时即可到达。

尖峰岭自然保护区

三亚西北部 115 公里。从三亚到东方，然后乘当地公共汽车。每天。

South China Sea
Haikou
Xinying
Wenchang
Dongjiao Yelin
Danzhou
Baisha
Bawang Ling
Dongfang (Basuo)
Qionghai
Qiongzhong
Wuzhi Shan
Wanning
Jianfeng Ling Nature Reserve
Jianfeng Ling
Tongshi
Qizhi Shan
Xinglong
Lingshui
Xincun
Tianya Haijiao
Yazhou
Ximaozhou
Dongmaozhou
Sanya
Yalong Bay
Nanwan Houdao (Monkey Island)
0 km 25
0 miles 25

图示

- 国际机场
- 国内机场
- 轮渡码头
- 高速公路
- 国道
- 其他公路
- 铁路
- 山峰

Bank of America

香港和澳门

港澳面积虽小，却是如此富饶迷人，也是近年来才发展起来的。港澳之所以拥有特别行政区的特殊地位，得益于自 16 世纪以来中西方贸易的蓬勃发展，也得益于百余年来现代化程度的不断提高和邓小平领导的中国政府的战略眼光。

澳门自秦朝起就是中国领土。1557 年，葡萄牙人来到“阿妈湾”（阿妈是该地区的保护神），成为第一批定居此地的欧洲人，但即使是葡萄牙人取得了澳门的居住权，明政府仍然在澳门境内行使主权，包括接受澳门葡萄牙人的地租，设立海关，置守澳官及以香山县令落实行政管理权。如今，殖民地时期留下的色调柔和的楼宇、耀眼炫目的赌场，让澳门成为一个颇具魅力的天堂，加之其旅游业带来的收益，小小的澳门一直保持经济平稳发展。

香港也是自秦朝起就成为当时的中原领土，直至 19 世纪中叶清朝战败后，领域被割让及租借给英国成为殖民地，香港从而作为通商口岸。第二次世界大战结束后，日本撤出香港，从此贸易恢复，制造业迅猛发展，香港经济和社会快速发展，很快成为一个高楼林立的城市，更跻身于亚洲金融、服务、航运中心行列。尽管 1997 年亚洲发生了金融危机，香港经济依旧蒸蒸日上，保持其国际光辉，给人以强烈的视觉冲击，令世人赞叹。站在九龙，凝望香港岛上的摩天大厦，作家帕拉维 · 艾亚尔（Pico Iyer）感叹道：“曼哈顿梦想正从中国南海冉冉升起。”

Hong Kong SAR
Macao SAR

道教文武庙中的螺旋式塔香

◁ 中环的现代摩天大楼让天星轮相形见绌

探访香港和澳门

香港闹市中心以维多利亚港为界分为两部分。其主要景观、文化景点、购物中心和餐饮都集中在香港岛北岸，靠近九龙南端。香港九龙以北与内地接壤的地方是新界，这里山岭起伏，集中着香港大部分现代化高层住宅。其他重要的岛屿——南丫岛、长洲岛和大屿山岛位于香港岛西侧，由此再向西即是澳门。香港和澳门都是特别行政区，因此内地游客前往两地需要申领港澳通行证。

地图参见 274 页～275 页

景点一览表

历史遗址、街道和城镇

香港仔 27
铜锣湾 3
中环 1
中环至半山自动扶梯 8
荷李活道 9
兰桂坊 7
澳门（参见 324 页～327 页）35
弥敦道 15
赤柱 31
尖沙嘴海滨 13
围村 24
湾仔 2

博物馆

香港文化博物馆 21
香港艺术馆 14
香港历史博物馆 17
香港科学馆 16

公园、花园和自然风景区

深水湾及浅水湾 29
香港动植物公园 5
麦理浩径 26
米埔湿地 25
西贡市及半岛海滩 23
太平山（参见 310 页～311 页）6

庙宇和寺院

万佛寺 22
香港拯溺总会 30
文武庙 10
黄大仙庙 20

其他景点

跑马地马场 4
海洋公园 28
天星小轮 12

商店和市场

花鸟市场 19
上环市场 11
庙街及玉器市场 18

岛屿

长洲岛 33
南丫岛 32
大屿山岛 34

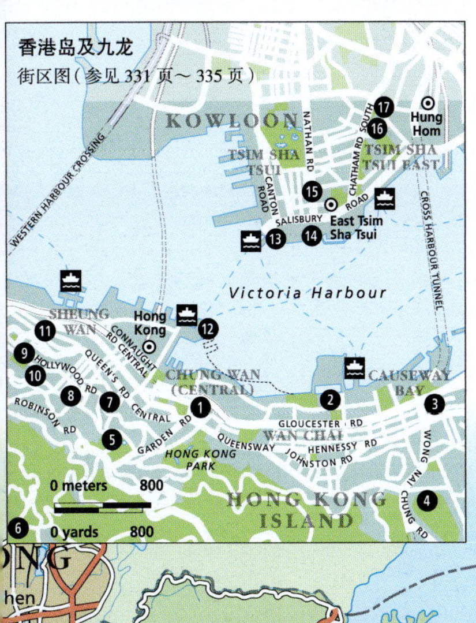

交通

在香港，最好徒步游览拥挤的市区。香港市中心有高效的城铁系统、现代化的机场，还有连接香港市中心、新界和内地的九广铁路。在各主要交通枢纽有公共汽车、电车、出租车停车点，票价都低于国际标准价。此外，还有天星轮（参见 313 页）穿梭于香港岛和九龙之间，亦有岛间轮渡在香港及其主要岛屿之间往返航行。岛间轮渡码头的西边，还有驶向澳门的漂亮的快速轮渡。

图示

- 国际机场
- 轮渡码头
- 火车站
- 高速公路
- 国道
- 其他公路
- 京九铁路
- 步行道
- 轮渡航线
- 特别行政区区界

天星轮码头附近的国际金融中心二期大楼

中环 ❶

香港岛。地图：2 C3。Ⓜ 中环。⛴ 九龙出发的天星轮。

中环位于香港的中西区，很多地方银行、公司企业和各式各样的教堂群高耸于这片香港金融行政中心日益拥挤的街道上。为向高空发展，殖民地时期的建筑消失殆尽，除了皇后像广场，在中环很少见到其他文化景点。出于对地产的强烈渴求，1841 年英国一占领香港就开始开垦土地。随着土地不断被开垦，香港岛和九龙越来越近。游客步行即可游览中环的一些有趣的建筑，尤其是像**皇后像广场**上的这些建筑。

典雅的香港立法会大楼是新古典主义建筑，其上竖立着蒙着双眼的希腊正义女神忒弥斯（Themis）的雕像，这是广场上唯一存留的殖民地时期的建筑。立法会大楼于 1911 年建成，最初作为香港最高法院所在地，如今已是香港立法机构立法会驻地。

除立法会大楼外，广场中心其他市政建筑则略逊一筹，并没有什么特色。不过，并不是所有的建筑都缺乏想象力。香港汇丰银行总行大厦俯瞰着皇后像广场，建筑风格现代，周围风水也不错。该大厦由英国建筑师诺曼·福斯特（Norman Foster）先生设计，于 1985 年建成，耗资 50 多亿港元，是当时造价最高的建筑物之一。来此游览，一定要乘自动扶梯去看一看气势雄伟的营业大厅；还要到大厦门前摸一摸颇具王者风范的石狮，这样能带来好运。带锐利尖顶的**中国银行香港总部**坐落在汇丰银行大厦后面。中银大厦由著名华裔建筑师贝聿铭（I.M. Pei）设计，但大厦带着尖顶明晃晃的棱线违背所有的风水理念，人们认为中银大厦气势咄咄逼人，这反而让汇丰银行大厦更显仁慈。

国际金融中心二期位于皇后像广场西北部，靠近天星轮码头，2003 年完工，共 88 层，高 415 米，是香港第一、世界第三高楼。两座新建的酒店和住宅楼也矗立在这里。国际金融中心商场是香港最大的购物中心之一，和置地广场一样同属中环高档购物商场。与九龙一水之隔的国际商务中心正在建设之中，预计将比国际金融中心更高。

位于皇后像广场的汇丰银行总行大厦（右）和中国银行（左）

冬日旅游旺季，香港声光俱现，节日的灯光照亮维多利亚港，可以远远地望见港岛天际线；璀璨的灯光洒向高楼，俨然形成了一幅**巨大的画面**。

位于扯旗山北坡的香港动植物公园分为新、旧两部分，有哺乳类及爬行动物的居所、鸟舍、儿童游乐场、温室及花园。

会展中心的屋顶

湾仔 ❷

香港岛。地图：3 F3。Ⓜ 湾仔。⛴ 九龙出发的天星轮。

理查德·梅森（Richard Mason）1957 年的著名小说《苏丝黄的世界》让湾仔声名鹊起，20 世纪五六十年代，五彩缤纷的湾仔红灯区渐渐销声匿迹，取而代之的是高档时尚的酒吧、餐馆和酒店。若要徒步旅行，从地铁湾仔站起步较好。在地铁拐角处顺着骆克道前行，寥寥数个酒吧，略见湾仔过去的影子。

从湾仔站向北步行 5 分钟，穿过告士打道即是中环广场。中环广场曾是香港最高的建筑，现如今也堪称一座气势宏伟的摩天大楼。站在四十六层远远望去，景色蔚为大观。跨过港湾道，面向中环广场的则是耗资 48 亿港元的会展中心。会展中心北端拉伸的线条让人感觉像是鸟儿在展翅高飞。这座智慧型建筑物设备完善先进，为全亚洲规模最大及设计最现代化的会议展览场馆之一。1997年香港回归祖国，回归庆典亦在该处举行。会展中心的玻璃幕墙让维多利亚港显得更加漂亮。会展中心外面宽阔的散步场所，是休息的好去处。

铜锣湾每天正午鸣放具有历史意义的午炮

铜锣湾 ❸

香港岛。Ⓜ 铜锣湾。电车 东行至筲箕湾的电车。

走出地铁，在铜锣湾首先映入眼帘的是拥挤不堪的大型百货公司如崇光百货、时代广场以及源源不断的购物人群。地铁站东边则是香港最大的公共公园——维多利亚公园，人们在这清幽宁静之处游泳、打网球，还可以练习太极拳。此外，避风塘旁边还有著名的午炮。自19世纪40年代以来，午炮每天鸣放，现为慈善筹款活动所用。午后，打开**午炮**的外壳，上面的小牌匾解释了鸣放午炮这一传统的起源，诺埃尔·考沃德（Noel Coward）在其歌曲《疯狗和英国人》里也颂扬了这一传统。

铜锣湾大部分土地都已开垦出来。港铁天后站旁的天后庙就在香港岛昔日海岸边，岸边还有曾经的英属仓库。

在香港想见明星并不是一件难事。尤其是在人群密集的铜锣湾，不少本地明星平日里逛街也不时会在这一带出现。据说韩国明星裴勇俊来到香港的时候就在铜锣湾疯狂购物。

跑马地马场 ❹

香港岛。电车 快活谷。☎ 夜间赛马详情请致电1817。www.hkjc.com/english

跑马地马场又名快活谷马场，周三晚的赛场上马蹄声嗒嗒作响，成千上万情绪激昂的赛马赌徒彻夜呼喊，气氛紧张热烈。赛马是风靡全香港的一项运动，对当地人来说它也是为数不多的合法赌博机会之一。该行业管制严格，只允许香港赛马会举办赛马活动。

快活谷原是一块疟疾滋生的湿地，但由于它是香港岛上最宽阔的平地，所以后来被改造成跑马场，且于1845年举行了第一场比赛。今天，庞大的看台足以容纳54000名观众，一年中除7、8月份外均有比赛。快活谷小小的赛马博物馆详细记载着香港赛马的历史。

快活谷赛马

香港赌马者痴迷于赛马。在快活谷或新界沙田一次赛马吸引的赌注比英国整整比赛一周的赌注还要多。在2006年7月，首次赛马的营业额达到千亿港元，从任何标准来看，这一数目都是相当惊人的。尽管一部分税收总是落到非法赌博财团手中，网上赌博又造成近10%的损失，但政府仍能从中获取巨额税收。

快活谷赛马场上的一场赛马

香港动植物公园 ❺

雅宾利道。地图：2 B4。电话：（0852）25300154。Ⓜ 中环。巴士 3B、12、12A、12M路。动物园 ◯ 每天早上6:00～晚上7:00。植物园 ◯ 每天早上6:00～晚上10:00。

在香港公园对面，跨过红棉路即是建于1864年的香港动植物公园。公园里有几十种外来动物，如狐猴、猩猩，这里也是世界上收集红颊长臂猿最多的地方，此外公园鸟舍里也聚集着各种各样的鸟类。包括一些古树在内数以百计的植物为这片宁静的绿洲提供了受人欢迎的庇荫之地。公园南部设有药用植物园，而灌木植物则集中在喷水池平台花园，该处经常栽有色彩斑斓的花卉。在公园东面的温室种植了超过150多个本地及外来品种的植物。此外，公园里还有操场、雕塑以及喷泉。

太平山 ❻

吹着轻轻的海风，漫步在绿树成荫的林地，一睹城市、海港及离岛的壮观景象，这让太平山成为香港旅游的必经之地。自殖民统治时期，太平山就已成为居住之处。19 世纪中期，统治者和富商们在此建房，躲避夏日的酷暑和潮湿。太平山的居民抬着轿子登上陡峭的山坡，他们还雇用许多中国人向其宅第运送物品。1888 年山顶缆车建成，原来 1 小时的艰难行程，现在仅用 10 分钟即可，即使山坡陡峭得吓人，坐上缆车旅行也会颇感愉快。尽管当时建成了缆车，中国人仍不许置办太平山上的地产。如今，财力雄厚的人士都可以在太平山购房，其房产的昂贵程度在世界上首屈一指。

★ 山顶一巡
围着山顶平地绕一圈是 3 公里，处处是壮观景色，向北看到维多利亚港，向南望见南丫岛。

山顶公园
顺着陡峭的山坡行至山顶，可以看到修剪整齐的公园，这曾是总督别墅（毁于第二次世界大战）。可惜的是山顶已围起来，里面是电线杆。

同乐径从花园蜿蜒盘旋至夏力道，路上杂草丛生，略显湿滑

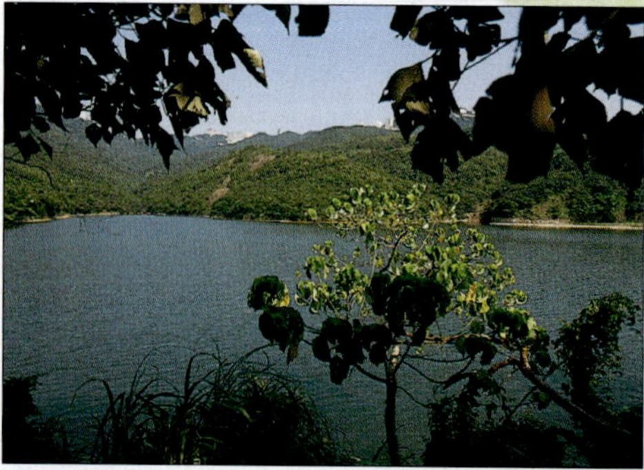

薄扶林水塘
沿着 5 公里长的小径向下走，穿过郊野公园宁静的树林，绕过水塘，便到了薄扶林道，这里常有返回市中心的公交车。

星级景点

- ★ 山顶一巡
- ★ 全景
- ★ 山顶缆车

★ 全景

无论白天还是黑夜，都可从山顶远眺海港全景，但见高楼林立，繁华喧嚣，景色美不胜收，令人心醉神迷。山上云雾缭绕，景色会变得朦胧，不过清晨往往比较清晰

游客清单

凌霄阁，山顶道128号。地图：2 A5。电话：(0852) 28490668。山顶缆车花园道总站。15路位于中环客运总站(码头7)；中环小巴车1路(国际金融中心二期)。www.thepeak.com.hk

图示

- 至太平山顶公园
- 山顶一巡
- 至薄扶林水塘
- 旧山顶道至中环
- 山顶缆车

0 meters 300
0 yards 300

通往中环的旧山顶道
林荫遮蔽，舒适宜人，但却煞是陡峭。为避免山底交通拥挤，需绕道地利根德里

山顶广场上有商店和咖啡馆，环境宜人

凌霄阁
这个壮观的购物商场亦是山顶缆车的终点站，商场里面有30多家店铺、杜莎夫人蜡像馆、电子艺术游戏体验中的虚拟世界、诸多颇具特色的咖啡馆以及360°观景台。

★ 山顶缆车

山顶缆车上有一条由计算机控制的缆绳，其安全记录在世界上也算名列前茅。缆车在圣约翰大教堂和炉峰峡之间上下穿梭，最险峻的陡角可达27°，现已运行了一个多世纪。

兰桂坊 ❼

中环。地图：2 B3。Ⓜ 中环。

只有到了晚上，兰桂坊才真正开始活跃起来，各种酒吧、俱乐部、餐馆里聚集着许多穿着时尚的上班族。兰桂坊拥有香港最新潮的酒吧等娱乐场所，尽管多数都是全周营业且每天很晚才打烊，周五、周六整条街道仍旧挤满狂欢的人群。如今在此聚会的人已经扩展到了德己立街荣华里的酒吧，这里还有物有所值的泰国、马来西亚以及印度餐馆，而且大部分都有户外就餐场所。

兰桂坊酒吧和俱乐部外面的人群

中环至半山自动扶梯 ❽

中环。地图：2 B3。Ⓜ 中环。◯ 早上6:00～午夜。

自动扶梯连接皇后大道至干德道的所有路段，全长792米。这是全球最长的户外电梯系统，历时两年半建成，耗资超过20500万港币。若在中环、半山和苏豪区（荷李活道南）之间上下班，乘自动扶梯是最好的通勤方式。自动扶梯周围还有一些酒吧、咖啡馆、餐馆以及零售货摊。位于阁麟街自动扶梯下面的春回堂药行出售保健补品，不过味道很差，令人难以下咽。公司里面还有会说英语的中医顾问，他们还能为好奇的顾客专门炮制补品。

自动扶梯入口——从中环上下班的近道

过去几年里，多半是随着自动扶梯的落成，苏豪区从一个名不见经传的小地方发展成为欣欣向荣的娱乐地带。苏豪区的伊利近街、些利街和士丹顿街都是餐饮的绝佳去处。士丹顿街上有一块牌匾，牌匾所在的地方就是中国革命先驱孙中山（参见295页）于19世纪90年代后期会见其同僚的地方。这块牌匾同时也记录了与孙中山革命历程相关的13个历史遗址。

荷李活道 ❾

中环。地图：2 B3。Ⓜ 中环，后乘自动扶梯。

由于早期街道两旁种满冬青树，因而得名“Hollywood Road”，当时美国的好莱坞“Hollywood”甚至还没有出现。荷李活道深具香港文化中西合璧的特色，游客主要都是来购买中国古董的。

荷李活道诸多古玩店不再像过去那样卖一些便宜货，而是卖古瓷器、大型象牙雕刻品以及一些精致的鼻烟壶。摩罗街的货摊是收集古董、旧钱币及粗劣工艺品的好去处，在这里还可以讨价还价。荷李活道东头有一些家具店出售水滴状丝绸灯罩等传统家具。

文武庙 ❿

荷李活道126号。地图：2 A2、2 A3。电话：（0852）25400350 Ⓜ 中环，之后乘自动扶梯。

文武庙坐落在楼梯街拐角处，建于1848年，是香港最古老、最著名的庙宇之一。庙内以金色和红色为主，螺旋状的塔香挂在天花板上，升起袅袅烟雾。巨大香炉里，火焰吞噬着一张张冥纸。

文武庙的狮子

文武庙于1847年为供奉文昌帝和武帝两位帝君而建。两个人一个是抗敌战死、忠主救民的文昌，一个是公元2世

在文武庙引燃一炷香

港市天星轮交通服务——在香港不容错过的风景

己的武将关云长，人们认为他们是名副其实的正人君子，所以将其神化为帝君，把他们的塑像供奉在主殿后面。香港开埠初期，华人仍抱有"生不入官门，死不入地狱"的心态，倘遇钱债纠纷，或任何是非仇怨等，就到庙宇里，在神灵面前宣誓，求神灵仲裁。同时期，亦是商绅集会议事的地方。

上环市场 ⑪

香港岛。地图：2 A1。Ⓜ 上环。

从新潮、现代的中环一会儿即可逛到上环西区，却感觉像是走进了另一座不同的城市。19 世纪初期，内地人士来港发展，都以上环为据点，因此若想缅怀香港的旧时风貌，上环绝对是最具代表性的地区之一。在皇后大道西部及永乐街周围，20 世纪 50 年代的破旧楼房下面处处是卖中药和海鲜干货的批发商。

除干货外，自动扶梯至摩利臣街一带还随处可见苹果、蔬菜及湿货市场，在那里可以买到新鲜的农产品。湿货市场通常出售禽类、鱼类等活物，而水果和蔬菜市场则销售丰富多样的水果以及具有中国特色的食物，包括热气腾腾的新鲜豆腐以及气味刺鼻的"皮蛋"（英文称为"千年蛋"），不过这并不是说这个蛋那么老了，只是由于它们被泥和糠包裹着看起来好像年代很久了的样子。尽管到了湿货市场会因气味难闻而却步，但这些地方还是不容错过的。

堆在上环市场的新鲜水果

天星小轮 ⑫

天星小轮码头：中环、湾仔及九龙。地图：2 C2、3 F3、3 E1。电话：（0852）23677065。

跳上这些 20 世纪 60 年代的大轮渡，在九龙和香港岛之间轧轧前行，倍感兴奋与浪漫，这种感觉是香港其他任何活动都无法媲美的。《国家地理》旅游杂志曾把搭乘天星小轮游览维多利亚港两岸誉为"人生五十个必到景点"之一。到目前为止，无论是白天还是夜晚，乘坐天星小轮都是欣赏港市天际线最好、最便宜的方式。这条主航线连接九龙半岛（靠近钟楼部分）及位于中环的天星轮码头，不过从九龙乘坐这些轮渡也可到达会议中心和湾仔。天星轮提供的服务被誉为香港岛最可靠的交通服务。它由一位拜火教的 Dorabujee Naorojee 先生于 1898 年创办。当时，只允许欧洲人和一些身着正装的人登上头等舱的甲板。

香港文化中心前院

尖沙咀海滨 ⑬

九龙。 地图：1 B5。 M 尖沙咀。 天星轮。 i 天星码头广场。香港文化中心：梳士巴利道。电话：（0852）27342009 上午 9:00 ～晚上 11:00。

尖沙咀海滨拥有香港最时尚的广场、博物馆以及酒店，是颇受欢迎的旅游目的地。天星轮（参见 313 页）码头亦位于此。码头东边是香港文化中心，礼堂、影剧院、画廊俱全。太空馆与文化中心毗邻，高尔夫球似的穹顶下有许多互动展品，是孩子们的理想去处。尖沙咀还有一些新景点，如星光大道，香港在此表彰电影巨星，还有用于观看香港天际线的观景轮。

香港艺术馆 ⑭

梳士巴利道 10 号，尖沙咀。地图：1 B5。电话：（0852）27210116 M 尖沙咀。 天星轮。 周五～周三，上午 10:00 ～下午 6:00（周六到 8:00）。 周三免费。 www.lcsd.gov.hk/hkma

职员需挑选百余件精品在各展览厅做定期展览艺术馆及艺术品展销服务。由于馆内珍藏品颇多，香港艺术馆位于香港尖沙咀海滨旁，邻近太空馆，楼高五层。馆内有展览厅、演讲厅、户外雕塑院。

艺术馆以展出中国传统水彩画和书法著称。艺术馆二层展出的是中国南方和亚洲技艺精湛的手工艺品。同时还展出 3000 多件陶器、玉器、青铜器、漆器、珐琅器、玻璃、象牙以及家具和精美瓷器。

弥敦道 ⑮

九龙。地图：1 B4。 M 尖沙咀。

弥敦道是九龙主要交通干道，下游部分也称作金域。弥敦道穿过半岛中心向北延伸，街上灯火辉煌、车水马龙，街道两侧酒店商铺鳞次栉比。其实中环不乏远比弥敦道繁华的地区，“金域”只是对该地区的赞誉之词。尽管如此，漫步弥敦道仍是香港之行不容错过的，这里人头攒动，既有购物者亦有各行从业人员，霓虹灯密密匝匝，缝纫店比比皆是，时尚酒店与粤菜餐馆云集，当然也有陈旧破败的宾馆大楼，远在弥敦道北端可以瞥见过去的影子。这里笔直的界限街仍是 1860 年边界线的标志。那一年，英国迫使中国割让九龙，以配合蓬勃发展的香港岛殖民地。

弥敦道霓虹灯

香港科学馆 ⑯

科学馆道 2 号，尖沙咀东。地图：1 C3。 电 话：（0852）27323232。 M 尖沙咀。 周一～周三和周五下午 1:00 ～晚上 9:00，周六、周日和公休日上午 10:00 ～晚上 9:00。 周三免费开放。www.lcsd.gov.hk/CE/Museum Science

科学馆是孩子们的乐园。四个楼层摆满各种互动展品，详细阐释电力、重力以及天气系统（如龙卷风）形成过程等基本科学原理。科学馆内也有科普展品，展品演示了从内燃机到计算机芯片以及机器人技术和虚拟现实等各种机器的运作过程。

其中大型展品包括一架悬于天花板的国泰航空退役 DC3 飞机、一架高 22 米的能量穿梭机。

香港科学馆 DNA 分子模型

香港历史博物馆 ⑰

漆咸道南 100 号，尖沙咀东。地图：1 C3。电话：（0852）27249042。 M 尖沙咀 周一和周三～周六：上午 10:00 ～下午 6:00；周日及公休日上午 10:00 ～晚上 7:00 周三免费 www.lcsd.gov.hk/hkmh

香港历史博物馆于 197 年创立，但馆中部分藏品来自 1962 年成立的大会堂博物美术馆。博物馆于 1998 年迁往位于尖沙咀漆咸道南的现址。

在香港追求利润寻求发展

的同时，港市的历史文化遗产也不断受到侵蚀。历史博物馆更展示了港市在没有摩天大楼之前的样子。在博物馆内，您可以在传统村落、街区和商店的复原模型周围信步徜徉，亦可在迷人的老照片前驻足。此外，历史博物馆里还陈列着青铜器时代的匕首、陶器以及在南丫岛及大屿山岛（参见322页～323页）发现的箭镞，更有趣的是这里还展出了香港制造的各种玩具。

庙街及玉器市场 ⑱

油麻地。地图：1 B2。M 约旦或油麻地。

庙街夜市从晚上8:00开始，讨价还价是逛夜市的一项必备技能。尽管便宜货比比皆是，但是庙街夜市特别的气氛和繁多的物品是无与伦比的，这里有真真假假各种品牌的服装、鞋帽、光碟等。庙街夜市上还有算命的，此外在这里还可以看到粤剧表演，吃到各种小吃。夜市弯弯曲曲从宁波街向北延伸至文明里。尽管广州（参见296页～299页）及中国其他地区亦有廉价玉器，但香港玉器市场也不失为淘宝的好地方。

旺角雀鸟市场上关在笼子里等待出售的鸟儿

花鸟市场 ⑲

花墟道，旺角，九龙。 M 太子道。

香港花鸟市场虽不及庙街热闹，但逛起来却十分轻松，非常值得一游。花墟道位于太子道西以北，道路两旁铺满五彩缤纷的鲜花以及颇有创意的竹子作品。在花墟道的尽头，有一个小小的雀鸟市场，这里有一些卖精致鸟笼、鸟食和鸟的摊位。还可以看到一些喜欢鸟的人用筷子给笼子里的鸟儿喂蝗虫。

黄大仙庙 ⑳

黄大仙，九龙。电话：(0852) 23280270。M 黄大仙。 每天早上7:00～下午5:30。

黄大仙庙是香港最大、最繁忙也是最有趣的祭拜地之一。黄大仙祠原名啬色园，是香火最旺的庙宇之一。祠始建于1921年，寺庙设计得色彩丰富，建筑雄伟，金碧辉煌，极富中国传统寺庙建筑特色。这座庙宇寓佛、儒、道三教于一家，三教各有祭神圣坛。不过它主要供奉黄大仙，黄大仙原是牧羊人，因治疗各种疾病而享有声望。主庙旁有算命的，他们主要通过看手相、面相预测命运，甚至能用英语说出来，并收取高额费用。还有一些祭拜的人会摇晃装着一堆竹签的抽签筒，直到有一根竹签被摇出来，据此就能预测将来发生在别人身上的事情。抽签筒里每根竹签上面都刻着具有相应意义的一串数字。还有的人用筊或称“佛的嘴唇”算命，这两个木片就像是橘子瓣。当你问一个问题，算命先生就把筊扔在地上，根据两木片掉在地上的方式来确定“是”或者“否”。

黄大仙庙，香港香火最旺的祭拜之地

SANYO
Bank of America

真人大小的万佛寺佛像

香港文化博物馆 ㉑

新界沙田文林路1号。九广铁路沙田站，然后乘免费公交车或者68路公交车。电话：(0852) 21808188。周二～周六上午10:00～下午6:00，周日及公休日上午10:00～晚上7:00。www.heritagemuseum.gov.hk

香港文化博物馆藏品内容涵盖历史、艺术和文化，让游客与香港居民增加对香港文化艺术方面的认识。博物馆的规模属全港最大，采用中国传统的四合院布局。馆内设有多个常设展览厅，亦收藏不少香港艺术品及当代大师的作品。

这座现代博物馆展现了香港6000年的人类历史。该博物馆有6个永久性展厅，馆中空间很大，足以举办临时展览，是港市最大的博物馆。新界文化博物馆展现了史前人类生活、乡村社会的出现、殖民统治以及新界大规模城镇化等一系列场景。博物馆内还有粤剧展馆，里面有手工制作的精美戏服等，让人们了解更多的粤剧文化。潇洒的书法条幅从二层垂下。在一层的儿童探知馆可以观看香港的自然栖息地，非常有趣。

万佛寺 ㉒

新界沙田。九广铁路沙田站。每天上午9:00～下午5:00。

从九广铁路沙田站北边出口出来，穿过马路，即是通往万佛寺陡峭的小路，数尊佛像林立路旁，佛像真人般大小，嘴唇鲜艳如红宝石。沿着这条小路依照路牌指示向上步行约15分钟即可到达位于山林顶端的万佛寺。万佛寺主庙内，高至天花板的架子上摆放着数百尊小金佛。外面的佛像则更多，其中一尊佛像骑一头大白象，另一尊则以巨犬为坐骑。不过，寺院鲜红色九层宝塔内的佛像比外面的还要多。此外，万佛寺主庙顶上的小屋里还供奉着一具经过防腐蚀处理的和尚遗体，和尚身披金叶被放置在玻璃橱里，此人乃是该寺院的创始人。

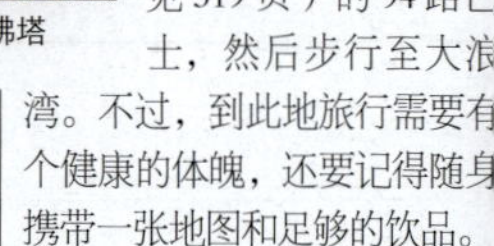
万佛塔

西贡市及半岛海滩 ㉓

新界。到彩虹地铁站，之后乘出租车或92路巴士至西贡市。

走出九龙熙熙攘攘的街道不过几公里，就到了崎岖的西贡半岛，半岛海岸上沙滩空旷、海浪清澈、游人罕至，令人有一种恍如隔世的感觉。

最好是经由西贡市进入此地。漫步于海滨渔摊之间，到餐馆品尝丰富多样的海鲜，这里确实是值得一去的好地方。

西贡半岛一些最原始、最洁净的海滩位于**大浪湾**。这里仅有一个小村庄，几家咖啡馆及商店。到这个僻静之地最好是乘坐从西贡市开往麦理浩径北潭凹（参见319页）的94路巴士，然后步行至大浪湾。不过，到此地旅行需要有个健康的体魄，还要记得随身携带一张地图和足够的饮品。

有一条又短又平坦的森林

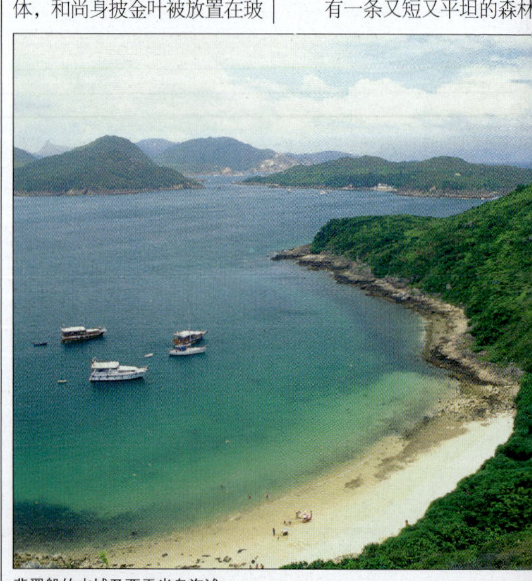
翡翠般的水域及西贡半岛海滩

小路从北潭涌游客中心发出。地图上标示出这里有许多小路，其中还有一条值得一走的天然小径。也可乘坐出租车或94路巴士。

另外，也可以雇一艘小渡轮，从西贡市出发游览诸多小岛。码头有很多热情招揽生意的船主，不过如果游客不能讲粤语，就需要带一张地图，在上面指出要去的地方。

围村 ㉔

新界粉岭。🚉 到九广铁路粉岭站，然后乘54K路专线小巴士。

从粉岭附近的松岭邓公祠起步，沿龙跃头文物径漫步，是体味殖民地时期之前的新界的好方法。松岭邓公祠兴建于1525年，至今保存完好，是香港规模最宏大的祠堂。该祠堂为邓氏宗祠，邓氏乃新界五大家族之一，邓氏成员至今仍在此举办庆祝活动，祭拜祖先。

围村每十年（通常在农历十月底）便会举行盛大的太平清醮（亦称打醮）。村民在这几天会酬谢天后。各参与者亦会欣赏到木偶表演及戏曲演出。此外，围村在这几天亦会有斋菜供应。

文物径覆盖的五围六村均为邓氏家族所建，彼此相距不到2公里。五围六村维修程度不同，有的仍破旧不堪，有的则已经恢复了围墙矗立的样子。值得注意的是有些围村里仍居住着一些人家。其中一个保存较好的围村是老围。另外一个有趣的围村则是东阁围。从宗祠向北步行几分钟即可到达东阁围，这个围村里有许多栋房子，其中也不乏现代建筑。文物径上路标相当不完整，不过在祠堂外面有张详细的地图。走遍龙跃头文物径只需一两个小时。

从粉岭火车站西行不远即

蓬瀛仙馆内的圣坛

是一座现代道观蓬瀛仙馆，供奉着代表中国十二生肖的神仙。人们用焚香和水果上供，以祭拜自己选择的那尊神仙。还有一间屋子的墙壁上有信封大小的洞，洞里藏着骨灰。鉴于道观里气氛肃穆，最好不要拍照。

蓬瀛仙馆
新界粉岭。🚉 粉岭火车站。🕐 每天上午9:00～下午5:00。 www.fysk.org

米埔湿地 ㉕

新界。电话：(0852) 24716306。🚉 到上水火车站，然后乘76K路巴士或乘出租车。需办理通行证并预约订票。 周末。 www.wwforg.hk

随着深圳城市延伸，米埔湿地被挤在了香港与深圳之间，该湿地是多种野生物种的栖息地。米埔和后海湾内湾一带的湿地是候鸟重要的补给站。此外，米埔还有全香港面积最大的红树林。随着珠江三角洲逐渐被污染，这个380公顷的湿地公园便成为许多物种的最后避难所。除苍鹭、白鹭之外，水獭及非常罕见的黑面琵鹭在米埔湿地皆可见到。此外，湿地还为热衷观鸟的人提供了许多观鸟点。若周末旅游时需要安排导游引导，请联系香港旅游发展局（参见331页）了解详情。**香港湿地公园**于2006年年中开业，占地64公顷。

麦理浩径 ㉖

新界。大帽山：从荃湾火车站乘出租车。政府出版中心：电话：(0852) 25371910。

麦理浩径全长100公里，西起屯门，东至秀美的西贡半岛，贯穿新界东西，共分为10段，即使走很长的路也可能看不到一个人。风景最美的一段要数大帽山，它是香港最高的山峰，晴朗的日子里，可以在此俯瞰遥远的城市。麦理浩径东段一直到大浪湾美丽的海滩（参见318页），风景也很漂亮。徒步走过麦里浩径必须要穿一双结实的鞋子，还要带着饮品和地图（从政府出版中心购买）。在年度毅行者慈善赛记录中，最快徒步完成麦里浩径路段不到13个小时。

风景优美的米埔湿地水道

一艘传统渔船停泊在繁忙的香港仔海湾

香港仔 ㉗

香港岛。🚌 从中环坐 7 路或 70 路公交车。

香港仔原是一个宁静的渔村，如今已成为香港岛上最大的独立城镇，人口逾 6 万人。该地区是在 1845 年以英国殖民大臣阿伯丁伯爵的名字（Earl of Aberdeen）命名的。香港仔拥有建于 19 世纪 60 年代的香港首个大型船坞。

从中环（参见 308 页）坐上公交车不久即可到达香港仔。香港仔区城镇中心高层住宅区、商业大楼、工厂林立，缺乏美感，非常没有吸引力。然而，它繁忙的气氛却弥补了这种缺憾。作为所有活动的中心，泊满船只的港口是香港仔最具吸引力的地方。这里的多数船只实际上是香港渔民的家。如此多的“兼职”住宅聚在一起，仍然让这个地带呈现出传统渔村的特点。小舢板停泊在木质渔船队伍以及富丽堂皇的浮动餐馆之间。兴致勃勃的运营商载着游客掠过渔船、船屋，绕过造船厂，游览整个海滨。

另外，若要一个更快捷（免费）的旅行，就跳上短程穿梭船，划向珍宝海鲜舫之类的浮动餐馆。珍宝海鲜舫是香港仔海湾第一家也是最有名的浮动餐馆。富丽堂皇的大船既像拉斯韦加斯风格的赌场，又像庙宇。顶层甲板现在是一个高雅别致的海鲜餐馆，偶尔伴有现场演奏的爵士乐。

耀眼的珍宝海鲜舫照亮了香港仔港湾

海洋公园 ㉘

香港仔黄竹坑道 180 号。电话（0852）25520291。🚌 从中环天星码头乘坐海洋公园专线汽车或乘坐 6A 路、6X 路、70 路、75 路、90 路、97 路或 260 路公交车。每天上午 10:00～下午 6:00。www.oceanpark.com.hk

香港海洋公园拥有全东南亚最大的海洋水族馆及主题乐园，凭山倚海，旖旎多姿，是访港游客最爱光顾的地方。

随着大屿山迪士尼乐园（参见 322 页～323 页）这一巨大竞争对手的到来，香港首个娱乐公园海洋公园引入新景点以吸引更多游客。虽然海洋公园很难与强有力的迪士尼乐园媲美，但它现在比过去任何时候都要好得多。在海洋公园里，大人孩子都可以尽享其乐，六大主题区让人们很轻松地在此玩上一天。低地花园是最好玩的区域之一。这里有蝴蝶屋，还有让这个主题公园引以为豪的两只大熊猫安安和佳佳。游客乘坐沿着深水湾游览风景的缆车就可以到达海洋天地。游客可以在宽敞气派的水族馆内近距离地观看成群的鱼儿，还可以看到在海底隧道里穿梭的鲨鱼。雀鸟天堂的鸟舍里有包括成群的红鹤在内的1000多只鸟儿。公园里遍地都是惊险刺激的游乐设施，儿童王国还为青少年提供了更为安全的游乐设施。

赤柱海边广受欢迎的海滩

深水湾及浅水湾 ㉙

香港岛。 从交易广场公交车站乘坐6路、6A路、61路、260路、262路公交车。

风景秀丽的深水湾和浅水湾沿着香港仔至赤柱的道路而居。两个海湾上皆有一些美丽的海滩。深水湾备受富人青睐，许多奢华的房产均建于此。长长的海滩边，有高大的树木环绕，让人不禁想起法国的里维埃拉。浅水湾海滩周围高档的公寓楼林立，这是香港商界精英的住所。夏季，浅水湾沙滩是广受欢迎的好去处。每到旅游旺季或周末，沙滩亦是人头攒动。富丽堂皇的浅水湾酒店毁于20世纪80年代，奢华的露台餐厅是其幸存的部分，这是个饮酒、喝下午茶的好去处。露台餐厅的后面即是卖野餐用品的超市和一些咖啡馆。

浅水湾巨大的观音菩萨塑像

香港拯溺总会 ㉚

香港岛浅水湾。 每天早上7:00～晚上7:00。

志愿组织，旨在减少因水上活动而引致的意外。提供水上安全信息、训练及考试资料、竞赛及活动消息、相片集等。

香港拯溺总会位于浅水湾南端，该大楼还作为寺庙，也是儿童探索的好地方。放在地上的救生器材中，还散乱地堆放着花哨的雕像，有神像、动物雕塑以及一些幻想出来的怪物雕塑。神像中最大的当数观音塑像，这座庙就是为供奉这位以慈悲为怀的菩萨而建的。庙中也有代表其他神的塑像，其中包括许多微笑的青铜佛像。据说，摸一摸他们光秃秃的头会给人带来好运。也有人认为跨过长寿桥能让人多活三天。

赤柱 ㉛

香港岛。 从交易广场公交车站乘6路、6A路、6X路、260路公交车。 每天上午10:00～晚上6:30。

赤柱在殖民地时期之前是个小渔村，而如今它却类似于一个配有英式酒吧的英国海滨小镇。赤柱市场上的物品种类繁多，衣服、沙滩装、丝绸、玉器以及家具应有尽有，吸引了众多周末前来购物的人们。赤柱还有泰国、意大利、西班牙以及中国餐馆等可供选择。

广场旁边的**美利楼**是一座大型的新古典主义建筑，里面有一些可以欣赏海湾风景的美味餐馆。1998年，美利楼被拆除并在赤柱重建，其原址现为中环的中银大厦。天后庙**毗邻美利楼**，兴建于1767年，是香港岛最古老也是最耐人寻味的庙宇。每年4月下旬或5月上旬人们都会跳舞、赛龙舟庆祝天后（参见149页）诞辰。

赤柱另一边则是美丽的**赤柱坟场**，坟场可追溯至早期殖民地时代。坟场里埋葬着香港早期居民以及在第一次世界大战和第二次世界大战中牺牲的战士，其中一些战士是在附近日本集中营里牺牲的。赤柱海滩位于半岛的另一边，这是一个长长的沙滩，龙舟竞赛也在该地举行。

南丫岛山上望见的海景和香港岛

南丫岛 ㉜

从中环（4 号码头）或从香港仔途经模达湾。

南丫岛上郁郁葱葱，漫步山顶让人颇感身心愉悦。上等的海鲜馆、酒吧林立岛上。此外，南丫岛禁止行车。如此轻松的环境，让南丫岛成为远离城市喧嚣的绝佳去处。从中环乘轮渡半小时即可到达南丫岛两个主要的村落，一个是位于西海岸的**榕树湾**，另一个是位于东海岸的**索罟湾**，这里有很多餐馆。其中，榕树湾有很多外籍人居住，这里有两三个英式酒吧，还有一些中西餐馆。顺着陡峭的山路往榕树湾附近的山上爬，漂亮的海景和美丽的香港岛尽收眼底。此外，游客亦可在贯穿这两个村落的小路上徒步旅行，但要注意轮渡返航的时间。南丫岛渔民文化村亦位于**索罟湾**，这一引人入胜的浮动展览展现了渔民的生活、捕鱼技能以及传统捕鱼技巧。

长洲岛 ㉝

从中环（5 号码头）出发。包山节（5 月）。

从香港岛乘轮渡仅需半小时即可到达风景迷人的长洲岛。您可以在这里划一划木桨，逛一逛沿着小巷的传统商店和神庙，还可以到北社海傍路海湾边的海鲜餐馆品尝海鲜。虾酱、鱿鱼即为当地特色。长洲岛南部海岸非常适宜散步并欣赏美丽的海景。这里还有通往殖民大山的林地小径。

长洲岛的居民已在此生活了 2500 多年，岛上最早的定居者遗留下的文物中，华威酒店下面岩石上几何形状的蚀刻版画是唯一的幸存者。19 世纪，长洲岛是海盗的天堂，据说还是臭名昭著的张保仔藏匿赃物之地。如今这里的鱼已在过去 50 多年里被捕捞殆尽。

港口附近有座**北帝庙**，建于 1783 年，庙里供奉着该岛的守护神，人们认为是他在 1777 年的瘟疫中拯救了岛上居民。一年一度的包山节（参见 331 页）于 5 月在长洲岛举行，每到这时年轻人会攀登用竹棚搭成、挂满平安包（素豆沙包）的包山。

长洲岛五颜六色的舢板和渔船

大屿山岛 ㉞

从中环（6 号码头）到梅窝（银湾）。

大屿山岛是香港岛大小的两倍。1898 年，大屿山岛连同新界及其他一些岛屿一起割让给了英国。尽管最近在大屿山岛架设了一座大桥，也修建了赤角机场，岛上大部分区域仍无人居住。大屿山岛上还有两座国家公园，公园里有许多远足小径，还有形成该岛脊柱的山峰。

大屿山岛人迹罕至，成了宗教静修的好去处。其中最引人注目的是坐落在昂坪高原上的宝莲寺。寺院圣地绚丽多彩，浮华的主殿值得一游。其中，坐落在 268 级阶梯之上

大澳渔村
传统的棚屋群集在海湾泥泞的岸边，这就是大澳渔村的住宅区。

高26米的大佛是该寺最吸引人的地方。自从1993年大佛开光建成，寺院始终游客如织。宝莲寺里还有紫荆花和兰花花园以及两个提供基本素食的斋堂。

昂坪周围地区也是散步和野餐的好地方。留宿戴维斯青年旅舍的远足爱好者可以先去看一看壮观的日出，再乘着黎明去爬凤凰山。

大澳渔村位于大屿山岛西部，这是一个古老静寂的渔村，狭窄的街道，狭窄的院落，不禁让人想起农村景象。大澳渔村曾是主要的盐交易中心，如今那些盐田已经改造成了养鱼池。此外，大澳渔村还有一些寺庙以及许多出售当地特产活海鲜和鱼干的商店。

宝莲寺的大佛

愉景湾位于大屿山岛东部，从这里可以漫步至圣母神乐院。神乐院的教堂对游客开放，愿意听祷告的游客可以进入。

香港迪士尼乐园是大屿山岛的最新景点，**该乐园**仿照加州迪士尼乐园而建，耗资数十亿美元，占地126公顷。乐园包括一个以米老鼠及其朋友为特色的公园以及特意为香港设计的景点、主题酒店、零售及餐饮中心。

在园内还可寻得迪士尼的卡通人物、小熊维尼、花木兰、灰姑娘、睡美人等。

昂坪及大佛

乘2路汽车，也可从东涌地铁站乘出租车或缆车。

迪士尼乐园

地铁阴澳站至竹篙湾站。

香港迪士尼乐园建在填海土地上，这里曾经是竹篙湾的一部分

东涌到宝莲寺由6公里长的缆车道连接

愉景湾是一个稍微有点超现实主义的公寓社区，这里的人们乘高尔夫球场专用车出门。喷气式轮渡直达中环。

梅窝是大屿山岛的主要码头，这里有几个餐馆、酒吧，还有个海滩

长沙湾的海滩沙多、干净而且人少，是香港最好的海滩

图示

- 国际机场
- 缆车
- 轮渡
- 高速公路
- 主要公路
- 其他公路
- 铁路

凤凰山

只有沿着穿过茶园的陡峭的小径向上走，才能登上这934米高的山峰。这里是看日出的理想地点。

澳门 ㉟

自香港乘坐轮渡一小时即可到达澳门。过去，当人们厌倦了香港的喧嚣与繁闹，便来澳门放松一下。那时，澳门只是一个休憩之地。那时的澳门经济落后，只能依靠殖民地时期留存下来的建筑和经营周末赌场作为经济来源。直到回归前不久，澳门才开始全面进行公共基础设施的建设，包括填海、修建机场、架设桥梁，而且合并了氹仔岛和路环岛。金光大道坐落于氹仔岛及路环岛之间的地段，这里到处是豪华气派的赌场酒店，其中的威尼斯人度假村酒店是拉斯韦加斯威尼斯人酒店的翻版，酒店还配备了舢板和平底小船。如今，澳门要比其邻居香港更耀眼、更有魅力。

大炮台城墙上具有历史意义的大炮

大炮台

澳门中部。5月～9月早上6:00～晚上7:00；10月～次年4月每天早上7:00～晚上6:00。博物馆前地112号。电话：（0853）28357911。周二～周日上午10:00～下午6:00。

大炮台于1617年始建，1626年建成，厚厚的城墙四周均置有古代大炮，坚不可摧。大炮台曾于1622年成功击退荷兰舰队。这座大堡垒也是葡萄牙人早期在澳门的落脚点，至今仍在澳门占据十分重要的地位。

澳门博物馆位于炮台地面以下，馆内自动扶梯和楼梯道上都安装了空调。博物馆详尽再现了葡萄牙人和中国人在澳门的生活。展览品按时间顺序排放，从葡萄牙商人及天主教传教士定居澳门开始，展现了澳门在葡萄牙统治时期中葡两国文化的并存，进而展现澳门的发展历程及其独特的传统。

圣保禄教堂

圣保禄教堂。电话：（0853）28358444。每天上午9:00～下午6:00。

教堂由耶稣会神甫设计建成，高耸于数级陡峭的阶梯之上，巍峨壮观。整座教堂如今虽只剩下摇摇欲坠的前壁，但依旧壮丽雄伟。其前壁上雕刻精细的基督教经文记录了基督教的一些大事，这是教堂最突出的特点。

圣保禄教堂由一名日本籍基督教徒协助建成，该教徒是在16世纪时因宗教迫害逃亡到澳门的。18世纪，澳门驱逐耶稣会传教士，这座教堂改建为军营，直到1835年教堂几乎付之一炬。20世纪90年代对教堂进行了一次大规模修建，才使得教堂前壁屹立不倒。圣保禄教堂博物馆与教堂相连，里面收藏着绘画、雕塑以及澳门其他教堂的遗物。

巍峨壮观的圣保禄教堂前壁

旧基督教坟场

白鸽巢前地。每天上午9:00～下午5:30。

这座坟场位于贾梅士花园拐角处，有许多早期殖民者在此安息。透过这些坟墓，人们可以获得更多的历史信息，了解早期殖民者的生活。早期殖民者中多数为英国人，在英国夺取香港统治权之前，他们在澳门及其周围开展贸易，嫁娶甚至发动战争。

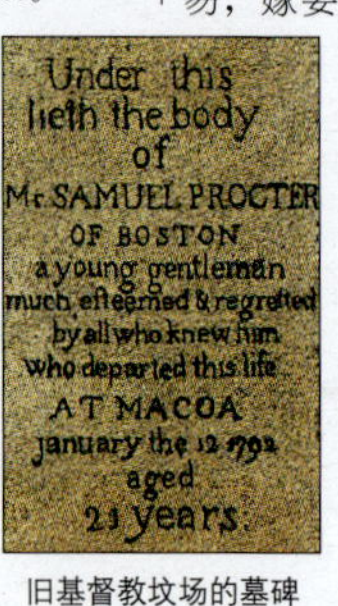

旧基督教坟场的墓碑

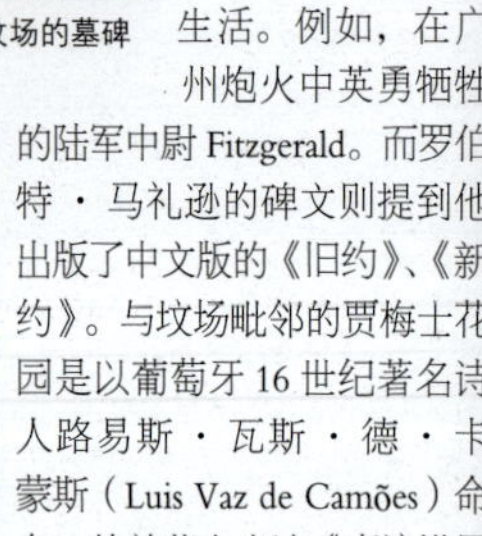
安葬在这里的名人有艺术家乔治·钱纳利（George Chinnery），第一位来华的新教传教士罗伯特·马礼逊（Robert Morrison）等。墓碑碑文简述了他们短暂的英雄生活。例如，在广州炮火中英勇牺牲的陆军中尉Fitzgerald。而罗伯特·马礼逊的碑文则提到他出版了中文版的《旧约》、《新约》。与坟场毗邻的贾梅士花园是以葡萄牙16世纪著名诗人路易斯·瓦斯·德·卡蒙斯（Luis Vaz de Camões）命名，他曾著有史诗《卢济塔尼亚人之歌》。

东望洋炮台和灯塔

东望洋山。电话：（0853）28595481。各不相同，请提前咨询。

东望洋炮台建于1622～1638年，站在炮台上可以一览城市的壮观景色。炮台最初用于保卫中国边境，于1865年增设灯塔。坐上通往山顶的缆车就可以轻松到达炮台。炮台旁矗立着一座小教堂，这里有几条环山小径。

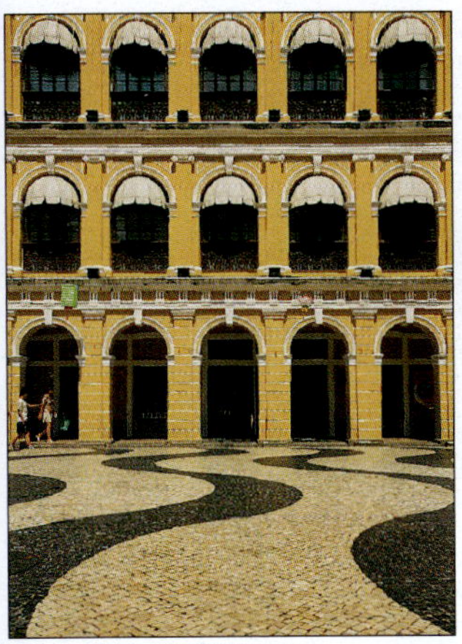

议事亭前地上殖民建筑的正面

威尼斯人

金光大道。电话：（0853）28828888。www.venetianmacau.com

在拉斯韦加斯威尼斯人的启发下，澳门也建了一个威尼斯人度假村，这个最壮观的酒店赌场同时建有钟楼、里亚托桥，还有平底小船贡多拉上引吭高歌的船夫，俨然一个微型威尼斯。这座大型度假村建设有许多套房、购物中心，还有可以容纳1800人的剧院。此外，度假村里游戏甚多，老虎机、二十一点、百家乐、轮盘赌、基诺以及一些中国的游戏，包括骰子游戏“大小”和麻将牌。赌博是澳门税收之源，它所带来的税收占政府收入的一半之多。而且澳门每周还会举行两次赛马、四次赛狗（参见330页）。

议事亭前地

议事亭前地象征澳门中心，周围矗立着许多宏伟的殖民建筑，包括市政府的民政总署大楼、邮政总局以及作为孤儿和妓女避难之处的仁慈堂大楼。附近还有诸多餐馆和旅行社。黑白两色瓷砖铺砌成绝美的波浪状图案，蜿蜒横亘于整座广场，这里是拍照取景的好地方，夜晚也无妨，广场反光灯会彻夜通明。

游客清单

56万。飞仔岛，往南约2公里。港澳码头，澳门友谊大马路（驶往香港、香港机场以及深圳机场的轮渡）。议事亭前地。电话：（0853）28315566。澳门艺术节（5月）。www.macautourism.gov.mo

南湾

漫步南湾大马路或许能让人更深刻地感受澳门殖民建筑的独特风格。虽然辟地填海占去了一些海滩，抹杀了南湾的优美之感，但富丽堂皇的楼房亭亭玉立，让南湾依然独具魅力。第一位来华的葡萄牙探险家若热·阿尔瓦雷斯（Jorge Alvares）的纪念碑竖立在罗理基博士大马路一角。旧总督府是澳门最漂亮的建筑之一。尽管总督府作为私人官邸并不向公众开放，但从马路上即可一览其美景。

澳门市中心

渔人码头 ⑫
大炮台 ①
东望洋炮台和灯塔 ④
议事亭前地 ⑥
澳门旅游塔 ⑪
海事博物馆 ⑨
圣地亚哥古堡酒店 ⑩
南湾 ⑦
福隆新街 ⑧
圣保禄教堂 ②
旧基督教坟场 ③
威尼斯人 ⑤

福隆新街

福隆新街也称幸福街，熙熙攘攘的澳门人在买卖烤制的美味饼干和蛋糕，各种香甜气味飘满街道。该地区曾经满是妓院，因此它的名字也略带讽刺意味。而如今，鹅卵石铺成的街道两旁汇集着各种小吃店，福隆新街已然成为一个颇受欢迎的驻足享用快餐之地。

海事博物馆内一个大型中式帆船

海事博物馆

妈阁庙前地 1 号。电话：(0853) 595 481。 周三～周一上午 10:00 ～ 下午 6:00。

澳门海事博物馆规模虽小，但展品十分有趣值得一览。从中可一窥澳门依靠海上贸易积累财富的历史。博物馆的展品包括中式帆船、葡萄牙轮船和渔船以及客家村落模型（参见 288 页），还有龙舟和一个小水族馆。此外，游客还可乘机动帆船在海港周围观光游览。

圣地亚哥古堡酒店

西环民国大马路。电话：(0853) 378111。www.saotiago.com.mo

在酒店住上一晚，坐在露台上饮一杯酒，或到酒店餐馆饱餐一顿，这座酒店都是值得一游的好地方。这座小小的酒店矗立在岩石山上，由 17 世纪的一座城堡改建而成。圣地亚哥是葡萄牙士兵的保护神，其教堂至今犹存。这座教堂看上去不像是一座漂亮酒店，更像是一座石窟，这让它更富魅力。酒店内一湾泉水流过石板铺成的大厅走廊，尽显古朴幽雅。酒店所有房间都按葡萄牙传统风格装饰，精美的瓷砖、深色的木质家具相映成趣。此外，酒店还经营着一家有名的猫餐厅。

澳门旅游塔

澳门观光塔前地。电话：(0853) 933339。 周一～周五上午 10:00 ～晚上 9:00；周六上午 9:00 ～晚上 9:00。www.macautower.mo

旅游塔高 338 米，是澳门半岛最具吸引力的景点。登上旅游塔，可以饱览澳门美丽风景，若是晴天，游客亦可一览香港周边的岛屿。不过，对那些不喜欢登高的游客来说，旅游塔并不是个理想去处。游客可以乘观光电梯到达塔顶，此外塔顶的餐厅、观景廊也有一部分是玻璃底的。真正喜欢冒险的游客也可以参加 AJ 哈克特公司举办的冒险活动，穿上防护服，系上安全带，探索旅游塔的外部特征。AJ 哈克特公司已经举办了许多次这样的活动。这些活动从相对安稳一点的蹦极，到在 233 米高空绕着旅游塔进行空中漫步，真是令人晕眩。

现代澳门旅游塔

民国大马路，圣地亚哥古堡酒店附近

渔人码头

 每天 24 小时开放。

渔人码头位于外港海岸，占地 92900 平方米，是澳门首个主题公园、最新旅游景点，也是澳门面积最大、最绚丽夺目的公园。这座综合旅游景点由大亨何鸿燊投资兴建，地处外港新填海区海岸，共分三个主题区。其中，唐朝风格的宫廷码头是个巨大的食品商场。在东西会聚，夜晚的烟花会演上一座人造火山喷发着火焰，而火山内的矿山车则惊险刺激，毗邻的儿童堡垒是专为家庭设计的乐园。励骏码头主题区既有世界各国的风味佳肴，也有精品商铺。此外，这里还有豪华游艇停泊的码头。

澳门特色食品

450 年前葡萄牙人入居澳门以后，大量在澳门长期居留或在澳门娶妻生子。葡萄牙人用中国配料、东南亚香草，加上从非洲、果阿、马六甲和日本哨所收集的调味品，采用葡萄牙烹饪方法做饭。后来，随着澳门地区中葡人民建立联系，富裕的中国家庭开始喜欢上了传统葡萄牙料理；而葡萄牙的那些不富裕的家庭并不单独吃葡国菜，而是加入更多广东风味儿的菜肴。久而久之，两种美食逐渐融合形成了别具一格的澳门美食。

开花的菜心

澳门一家商店出售的广东蜜饯

葡式料理

马介休（bacalhau）是葡萄牙料理中最为有名的配料。马介休其实是鳕鱼咸鱼干，它是伊比利亚烹饪必不可少的配料，澳门人也经常用各种方法炮制马介休。很难发现葡萄牙料理对中国料理的其他影响，不过葡国在烹饪中自由使用橄榄油、杏仁、西班牙辣香肠（青椒冷切肠）以及干藏红花粉（saffron）等的确让中国料理更添美味。澳门还有面包、蛋糕、奶酪、橄榄和咖啡等欧式食物。此外，澳门还孕育了高度发达的酒文化，当然几乎所有的酒也都是葡萄牙酒，而且这些酒的质量通常比较好，价格也较高。

其他影响

葡萄牙人的到来给粤菜带来的另一个明显的变化就是更多地使用香草和香料：源自非洲的香菜和辣椒，东南亚的鱼露，果阿的辛辣咖喱粉，巴西国菜黑豆烩猪肉和红薯，马六甲的酸角。

典型的澳门美食配料

地方菜和特色菜

澳门美食中很少有完全源自粤菜的佳肴。冬天的沙锅牛肉、猪肉、鸡肉、腊肠也许是澳门美食中最具粤菜特点的菜肴了。正如人们所想，马介休是最具澳门特色的菜肴。此外还有炖咸鳕鱼、鳕鱼和马介休球等。其他受欢迎的菜肴还包括咖喱虾。传统的葡萄牙菜薯蓉青菜汤和 Carne de Porco a Algarvia。乍一看，葡式蛋挞也像香港的广东蛋挞，但味道截然不同。

番红花

非洲鸡（Galinha Africana）或许得名于乌黑的菜色。做法是先将鲜鸡放在蒜、辣椒、椰汁混制的酱料里腌泡，然后放进烤箱里烘烤。

港澳购物

尖沙咀的陶瓷艺术

从高档商场里的精品时装，到街头市场上的便宜货，香港应有尽有，堪称购物天堂。在香港，定做的西装、衬衫和旗袍质量上乘，林林总总；电子计算机产品也令人目不暇接，竞相上市。游客在香港很难买到物美价廉的东西，特别是跟中国内地的物品价位相比，香港的价格就更显得高了。然而香港物品种类之丰富却是无与伦比的，这也成为香港的主要优势。此外，在香港逛街购物，即使在明码标价的精品百货店，也不要羞于讨价还价。

市场

只要您愿意在商品堆里淘宝，街市便是淘得便宜货的绝佳去处。油麻地的庙街**夜市**（参见315页）物品种类繁多，服装、饰品、纪念品，一应俱全，且价位适中，可谓人气最旺的街头市场。

夜市附近的玉器市场距夜市不远，市场上出售的玉器正是其大力宣传的产品。港岛南端的**赤柱**（参见321页）市场，工艺品、服装、配饰样样俱全，顺着港岛上蜿蜒曲折的道路前行，逛一逛赤柱市场，也是别具一番风味的。

西港城位于上环西区，是一个比较安静的地方。漂亮的殖民大楼里置有几十个货摊，出售古董、手表、玉器以及一些中国艺术品。大楼中间一层摆满颜色各异、条纹不一的布匹，楼上还有一个供应点心的上等咖啡馆。

购物中心、购物商场及百货公司

香港大型购物商场内物品花样繁多，琳琅满目。即使特爱逛商场的老手来到这里都有些吃不消。海港城里的百货商场规模庞大，近来又得以扩建，里面的店铺可达数百家，让停泊在九龙尖沙咀天星轮码头的大轮船都相形见绌。

港岛维多利亚港对面是**中环置地广场**和**金钟太古广场**，这里有著名时装品牌如普拉达、范思哲、杰尼亚以及超级时尚消费品牌如路易·威登、宝格丽、蒂凡尼。

铜锣湾（参见309页）的**崇光百货**也是一家大型百货公司。附近的**金百利商场**有超过数百家店铺，均出售街头时尚品牌。

东荟城名店仓位于东涌地铁站上层，是全港唯一的OUTLET MALL，近年来已经吸引了越来越多的国际品牌入驻。东荟城是个大型的豪华购物商场，只是由于云集了各品牌的折扣店，似一个大仓库，所以得名。如今该商场已有adidas、NIKE、BALLY等50多个国际品牌入驻，全年提供3~7折的优惠。

古董及珠宝

中环荷李活道（参见312页）古董店林立，大到巨型陶墓俑，小到精致的小鼻烟壶，应有尽有，是收集古董的好去处。其中，Honeychurch Antiques专售木雕、手镯、项链；Gorgeous Arts & Crafts则有保存尚好的古董家具；Dragon Culture里，有上好的陶器、竹刻和鼻烟壶可供选择；Gallery One又是一个观赏古董首饰的好去处。此外，在澳门，圣保禄大教堂南邻也有一些上好的古董店（参见324页～326页）。

电子产品、照相机及计算机

若需要电子产品及其配件即可到尖沙咀及九龙其他地区购买。

九龙半岛的弥敦道曾是国际电子产品零售基地，如今，**弥敦道**仍旧林立着许多相机和电子产品批发商店，但价格却不像过去那么有竞争力。鉴于以前发生过不少卖主做生意不讲诚信的事情，所以您购物时一定要谨慎。如果您确实打算在这里买东西，切记先对比咨询一下（确保您买的产品与家里的电压能兼容），这样才有可能买到物美价廉的物品。

星光行二层约有20家计算机精品店，该大厦位于汽车总站和尖沙咀天星轮码头对面，交通十分方便。

星光行再往北是**旺角电脑中心**，里面的零售店更多，而且价格一般低于其他商店，游客在此还可以讨价还价。不过，如果您买东西喜欢直截了当，那就到**丰泽**连锁店，这里的相机等手持设备货真价实，而且附带质量保证书和国外电压使用指南，可以放心购买。

中国工艺品

毫无疑问，在**中艺**销售的这些物品在内地肯定便宜很多，但不买也不妨进去看看，尤其是在旅行即将结束的时候。尖沙咀中艺店里摆满了各种丝织品、木雕、陶瓷、玉器和茶壶。

乐茶轩位于中环荷李活道下面，环境舒适宜人，游客可以在此品尝美味的绿茶和茉莉花茶，也可以购买一些精美的传统茶壶。在**澳门文化会馆**也可以找到物美价廉的茶壶。高档的茶壶糅合了现代观念与中国传统风格，同时也出售室内装饰品，价格合理。

服装

很显然，商场和百货商店是买衣服的最佳场所。然而，Joyce 精品时装品牌众多，也是买衣服的好去处。

在诸多**佐丹奴**店铺里服装价位差距是相当大的。

中环上海滩专售传统中国服装以及融合了时尚元素的家居服饰。喜欢穿宽松衣服的欧洲人可以到享誉英国的**马莎百货**连锁店购买服装。

琼华大厦的时装专卖店会聚了时髦、现代、复古等风格的街头流行服饰。鉴于其裁缝和衬衫制造商的传奇故事，香港也是值得一游的地方。逛一逛尖沙咀的街头古老店铺、文华东方大酒店毗邻的**大伟制衣**，或到著名的 Sam's Tailor，它曾给有杰出成就的老客户制作了精美的套装。

毕打行（四层以上）的小精品店或许会为您节省一大笔钱。

香港商场也充斥着假冒的名牌服装，其质量和做工远不及真品。如果您要寻找正品名牌服装，最好不要到街头市场，而只在大型百货商场或专卖店购买。

指南

市场

玉器市场
油麻地甘肃街和上海街交界处
地图：1 B1。
◻ 每天上午 10:00 ～下午 3:30。

赤柱市场
香港岛赤柱
◻ 每天上午 9:00 ～下午 6:00。

庙街夜市
油麻地庙街。
地图：1 B2。
◻ 每天下午 6:00 ～午夜

西港城
上环德辅道中。
地图：2 A2。
◻ 每天上午 10:00 ～晚上 7:00

百货公司

海港城
尖沙咀广东道 3 号。
地图：1 A4。
电话：（0852）21188666。

金百利商场
铜锣湾记利佐治街 1 号。
Ⓜ 铜锣湾。

置地广场
德辅道中 12 ～ 16 号。
地图：2 C3。
电话：（0852）25264416。

太古广场
金钟道 88 号。
地图：3 D4。
电话：（0852）28448988。

崇光
铜锣湾轩尼诗道 555 号。
电话：（0852）28338338。
Ⓜ 铜锣湾。

古董及珠宝

Dragon Culture
中环荷李活道 231 号。
地图：2 A2。
电话：（0852）25458098。

Gallery one
中环荷李活道 31 ～ 33 号。
地图：2 B3。
电话：（0852）25456436。

Gorgeous Arts & Crafts
中环荷李活道 30 号地上。
地图：2 B3。
电话：（0852）29730034。

Honeychurch Antiques
中环荷李活道 29 号。
地图：2 B3。
电话：（0852）25432433。

电子产品、照相机和电脑

丰泽
尖沙咀广东道海港城港威商场 3320 铺。
地图：1 A4。
电话：（0852）21161022。

旺角电脑中心
旺角奶路臣街 8 号。
Ⓜ 旺角。
电话：（0852）23846823。

星光行
梳士巴利道 3 号。
地图：1 A5。

传统工艺品

中国工艺品
尖沙咀梳士巴利道 3 号星光行。
地图：1 A5。
电话：（0852）27354061。

文化会馆
澳门新马路 390 及 398 号。
电话：（0853）921811。

G.O.D
霎西街、礼顿中心、铜锣湾。
电话：（0852）28905555。
Ⓜ 铜锣湾。香港酒店、海港城、广东道。
地图：1 A4。
电话：（0852）27845555。

乐茶轩
皇后大道中，上环。
地图：2 A2。
电话：（0853）28051360。

服装

大伟制衣
皇后大道中文华东方酒店 M17 号。
地图：2 C3。
电话：（0852）25242979。

佐丹奴
皇后大道中 29 号怡安华人行地下 4 铺。
地图：2 C3。
电话：（0852）29212028。

Joyce
皇后大道中 18 号。
地图：2 C3。
电话：（0852）28101120。

琼华大厦
旺角弥敦道 628 号。
Ⓜ 旺角。

玛莎百货
广东道海运大厦。
地图：1 A4。
电话：（0852）29263331。
皇后大道中中汇大厦 24 ～ 28 号。
地图：2 C3。
电话：（0852）29218365。

毕打行
中环毕打街 12 号。
地图：2 C3。

Sam's Tailor
尖沙咀弥敦道 94 号伯灵顿市场街。
地图：1 B4。
电话：（0852）23679423。

上海滩
中环毕打街 12 号毕打行
地图：2 C3。
电话：（0852）25257333。

港澳娱乐

水果鸡尾酒

香港的娱乐方式多得让人难以置信。香港有好几处场地吸引了本地及国际音乐家、中国戏曲团的戏剧和喜剧演员前来一展才华，尤其是在2、3月份的艺术节，这些场地更是集聚国内外艺术人才。近些年，城市的夜生活繁荣起来，酒吧、酒馆、舞厅、音乐俱乐部越来越多。年轻人虽仍旧喜欢粤语流行歌曲和一些老歌，却也爱上了电子音乐。尽管如此，当地人仍旧钟爱着卡拉OK。

相比之下，澳门略显安静，不过也可以到赌场感受那严肃认真的气氛，到美味的餐厅饱餐一顿。

娱乐指南

香港提供娱乐、美食、购物等指南的报纸杂志众多，让游客难以取舍。不过免费的周刊《香港杂志》或许是最佳选择。

大部分餐馆、酒吧均有该杂志，它为游客提供餐饮、购物、娱乐等全方位的指导。《南华早报》周五版也是一本上好的旅游指南。此外，免费派发的双周刊《BC Magazine》专为年轻人提供全面的俱乐部信息。

酒吧及酒馆

兰桂坊（参见312页），位于中环自动扶梯和苏豪区附近，拥有香港最好的俱乐部、酒吧及酒馆。Goccia 位于兰桂坊云咸街，云集香港名流。Le Jardin 也在附近，这里虽不及兰桂坊周围热闹，但却十分安静，适于聊天。您若想与名流雅士共饮，可以到香港顶级酒吧，诸如香港半岛酒店上面的**菲力克斯（Felix）**，窗外海港景色秀丽迷人。此外，您也可以到中环C Bar，或苏豪区的时尚酒吧Drop，它通常在深夜就成了一家俱乐部。您若想去个更悠闲轻松的餐馆，那就到苏豪区自动电梯旁的Life。

夜总会

香港夜总会的差别很大，既有略嫌寒酸的免费俱乐部，通常仅仅伴有音乐；亦有富贵名流出入的高档时尚的夜总会。夜总会入场费不尽相同，但一般情况下是100港元。在兰桂坊的Club 97小而精致，布局时尚，独享盛誉。它的唱片音乐主持人不断地播放爵士乐、放克及浩室舞曲。C Club坐落在C Bar下面的街角处，是倾听浩室舞曲的绝佳去处。Drop、Homebase以及时尚高档的Dragon I都是一些颇受欢迎的俱乐部。

音乐艺术场馆

香港也不乏大型音乐剧、歌剧、戏剧演出场地，包括**香港文化中心**、**湾仔的香港会议展览中心**和红磡的**香港体育馆**。其中香港文化中心有时还会举办免费音乐会。此外，体育馆附近还有**高山剧场**，在这里游客既可以欣赏京剧，又可以观看管弦乐表演。再者，香港**艺术中心**、**艺穗会**和**香港演艺学院**等都会举办舞蹈、单口相声等各种技艺高超的艺术表演活动。香港的The Wanch空间不大，但也通常会有民间艺术表演及一些独创艺术作品的演出。

澳门文化中心也值得一游。文化中心里摆放着艺术、历史和建筑展品，同时还接连不断举办音乐、电影、戏剧、舞蹈等艺术表演活动，3月份澳门艺术节的时候尤其繁忙。

体育运动

每年的春天都会迎来龙舟赛季。要了解该活动详细信息请咨询香港旅游发展局。

3月的七人橄榄球赛是个盛大热闹的体育活动，备受香港的外籍人士欢迎，其中许多人参加此项运动的主要目的便是趁此机会畅饮啤酒。对于那些特别喜欢橄榄球的人，国家队的人集合在一起72小时内就可能会打50场比赛。此外，10月～12月，香港也会主办数场职业网球赛。

赌博

在**沙田**和**快活谷**（参见309页）举办的赛马，是一项观赏性体育运动，也是香港唯一合法的赌博。赛马是香港最盛大的体育运动，无论白天还是夜晚的比赛，赛马场上都是一片沸腾的景象，值得一览。澳门也有自己的体育运动，即跑狗赛。跑狗赛虽不及香港赛马那样狂热，却也同样精彩。澳门最有名气的地方当数昼夜营业灿烂炫目的大赌场。最引人注目的则是**威尼斯人**。这里小型钟楼亭亭玉立，里亚托桥横在水面上，平底船穿行而过，岸边还矗立着主题购物中心。

儿童娱乐

香港的两大现代游乐园——**香港海洋公园**（参见320页）以及新落成的**迪士尼乐园**（参见323页），里面有各种游乐设施，还设置了许多景点和娱乐项目。位于太平山（参见310页～311页）山顶的**电子游戏体验馆**推出了虚拟运动和赛车等活动，游客还可以亲自动手设计电脑游戏。

香港公园中的**尤德观鸟园**模拟热带雨林环境，景色十分迷人，观鸟园同时也颇具教育意义。

传统节日

香港最盛大的节日当数一年一度的**春节**。维多利亚公园俨然一个巨大的露天市场，每年春节，公园里则会燃放烟花，景象十分壮观，堪比世界上任何一场表演或展览。

相比之下，**天后诞**则比较低调。此时，香港会在大型庙宇内举办巡游、舞狮等活动，其中也包括新界大庙湾的那座庙宇。而且天后诞这天香港所有的庙宇和渔船都会粉饰得鲜艳多彩。

5 月的**长洲太包山节**是个非常热闹的节日。节日庆典在长洲岛（参见 322 页）举行，为期一周。节日期间，人们要吃这里成堆的平安包，据说这些平安包是献给过去被海盗害死的岛民的灵魂的。此外还要举行飘色游行活动，这时孩子被放在隐形支架上巡游，犹如飘在半空中。

6 月的**端午节**在香港得到了进一步传承发展，现已成为香港最激动人心的节日。香港其他节日还包括 8 月中下旬的盂兰节和 9 月下旬或 10 月上旬的**中秋节**。

指南

香港旅游发展局

香港岛：皇后大道中心 99 号中环中心。
地图：2 C3。
九龙：天星码头广场
地图：A1 5。
电话：(0852) 25081234。
www.discoverhongkong.com

酒吧及俱乐部

C Bar
中环德己立街 30-32 号。
地图：2 B3。
电话：(0852) 25303695。

Drop
中环荷李活道 39-43 号(阁麟街入口处)。
地图：3 B3。
电话：(0852) 25438856。

Felix
梳士巴利道半岛酒店。
地图：1 B4。
电话：(0852) 2315 3188。

Goccia
Shop 1 & 2, G/F 73 Wyndham St.
地图：2 B3。
电话：(0852) 21678181。

Life
苏豪区些利街 10 号。
地图：2 B3。
电话：(0852) 28109777。

Le Jardin
中环荣华里 10 号。
地图：2 B3。
电话：(0852) 25262717。

夜总会

C Club
德己立街 30-32 号加州大厦。
地图：2 B3。
电话：(0852) 25261139。

Club 97
兰桂坊 9 号。
地图：2 B3。
电话：(0852) 28109333。

Dragon I
云咸街 60 号中央广场。
地图：2 B3。
电话：(0852) 31101222。

Home
中环荷李活道 23 号地下。
地图：2 B3。
电话：(0852) 25450023。

音乐艺术场地

香港文化中心
梳士巴利道 10 号演艺大楼五层。
地图：1 B5。
电话：(0852) 27342009。
www.lcsd.gov.hk/ en/cs.php

艺穗会
中环下亚厘毕道 2 号。
地图：2 C3。
电话：(0852) 25217251。
www.hkfringe.com.hk

香港演艺学院
湾仔告士打道 1 号。
地图：3 E3。
电话：(0852) 25848500。
www.hkapa.edu

香港艺术中心
湾仔港湾道 2 号。
地图：3 E3。
电话：(0852) 25820200。
www.hkac.org.hk

香港体育馆
九龙红磡畅运道 9 号。
电话：(0852) 23557233。
红磡火车站
www.lcsd.gov.hk/CE/Entertainment/Stadia/HKC

香港会议展览中心
博览道 1 号。
地图：3 F3。
电话：(0852) 25828888。
www.hkcec.com.hk

高山剧场
红磡高山道 77 号。
电话：(0852) 27409212。
www.lcsd.gov.hk/CE/CulturalService/KST/

澳门文化中心
澳门冼星海大马路。
电话：(0853) 700699。
www.ccm.gov.mo/

The Wanch
湾仔谢斐道 54 号。
地图：3 F4。
电话：(0852) 28611621。

赌博

跑狗场
澳门白朗古将军大马路。
电话：(0853) 333399。
www.macaudog.com

跑马地马场
香港岛快活谷。
电话：(0853) 1817。
www.hkjc.com/english

沙田马场
电话：(0853) 1817。
www.hkjc.com/english

儿童娱乐

迪士尼乐园
大屿山岛竹篙湾。
电话：(0852) 22032000。
M 竹篙湾
www.hongkong disneyland.com/english

电子游戏体验馆
凌霄阁一层 101 号。
地图：2 A5。
电话：(0852) 28497710。
www.ea.com

尤德观鸟园
中环香港公园红棉路。
地图：2 C4。
电话：(0852) 25215041。
www.lcsd.gov.hk/parks

香港街区图

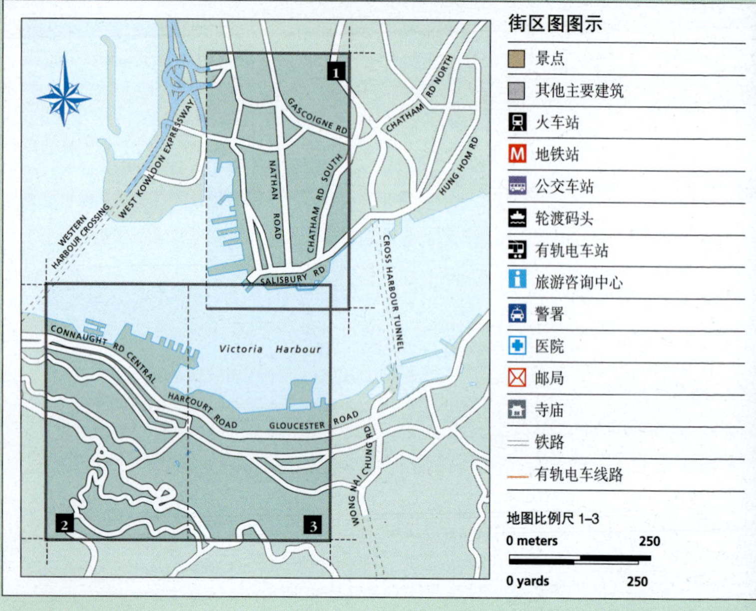
1
2
3
WESTERN HARBOUR CROSSING
WEST KOWLOON EXPRESSWAY
GASCOIGNE RD
NATHAN ROAD
CHATHAM RD SOUTH
SALISBURY RD
CHATHAM RD NORTH
HUNG HOM RD
CROSS HARBOUR TUNNEL
Victoria Harbour
CONNAUGHT RD CENTRAL
HARCOURT ROAD
GLOUCESTER ROAD
WONG NAI CHUNG RD
街区图图示
景点
其他主要建筑
火车站
地铁站
公交车站
轮渡码头
有轨电车站
旅游咨询中心
警署
医院
邮局
寺庙
铁路
有轨电车线路
地图比例尺 1–3
0 meters 250
0 yards 250

街区索引

A
B
C
1
2
3
4
5
YAU MA TEI
KING'S PARK
Yau Ma Tei
Tin Hau Temple
Jade Market
Queen Elizabeth Hospital
KING GEORGE V PARK
Jordan
KOWLOON CRICKET CLUB
TSIM SHA TSUI
KOWLOON PARK
CHINESE GARDEN
Kowloon Mosque
Museum of History
Hong Kong Science Museum
THE URBAN COUNCIL CENTENARY GARDEN
TSIM SHA TSUI EAST
China Ferry Terminal
Harbour City
Tsim Sha Tsui
WING ON PLAZA GARDEN
SIGNAL HILL GARDEN
East Tsim Sha Tsui
Tsim Sha Tsui East Ferry Pier
Peninsula Hotel
Ocean Terminal
Space Museum
Cultural Centre
Clocktower
Museum of Art
Tsim Sha Tsui Star Ferry Pier
North Point
Victoria Harbour
Chau Island, Island
Central
Wan Chai
Queen's Pier
NATHAN ROAD (THE GOLDEN MILE)
GASCOIGNE ROAD
JORDAN ROAD
CANTON ROAD
FERRY STREET
PRINCESS MARGARET RD
WYLIE ROAD
AUSTIN ROAD
AUSTIN AVENUE
CHATHAM ROAD SOUTH
SALISBURY ROAD
MODY ROAD
GRANVILLE ROAD
KIMBERLEY ROAD
HAIPHONG ROAD
PEKING ROAD
KOWLOON PARK DRIVE
AVE OF THE STARS
TSIM SHA TSUI WATERFRONT PROMENADE
3

2
A
B
C
1
2
3
4
5
Western Harbour Crossing
Macau
Ma Wan
Discovery Bay, Lantau Island
Lamma Island
Hong Kong-Macau Ferry Terminal
Government Pier
Pier 2
Pier 3
Pier 4
Pier 5
Western Market
Sheung Wan
CONNAUGHT ROAD CENTRAL
PIER ROAD
WING LOK ST
BONHAM STRAND WEST
BONHAM STRAND EAST
WING LOK STREET
BONHAM STRAND EAST
MORRISON ST
QUEEN'S RD W
SHEUNG WAN
JERVOIS STREET
DES VOEUX RD
Two International Finance Centre
Airport Express Hong Kong Station
HARBOUR VIEW ST
TAI PANG SHAN STREET
UPPER LASCAR RD
LOK KU RD
HOLLYWOOD ROAD
QUEEN'S ROAD CENTRAL
BLAKE GARDEN
Man Mo Temple
LADDER ST
BRIDGES ST
HOLLYWOOD ROAD
STREET
WELLINGTON ST
Central Market
JUBILEE ST
QUEEN VICTORIA ST
POTTINGER ST
PEEL ST
GAGE ST
GRAHAM ST
COCHRANE ST
SOHO
ABERDEEN ST
STAUNTON ST
LYNDHURST TERRACE
STANLEY ST
CHUNG WAN (CENTRAL)
PEDDER ST
SEYMOUR ROAD
CASTLE ROAD
CAINE ROAD
ELGIN ST
Central
CHATER ROAD
Prince's Building
STATUE SQUARE
ST
D'AGUILAR ST
LAN KWAI FONG
WYNDHAM ST
WYNDHAM STREET
ARBUTHNOT ROAD
The Landmark
ICE HOUSE ST
HSBC Tower
QUEEN'S RD CENTRAL
ROBINSON ROAD
PEEL STREET
Escalator
SHELLEY ST
Jamia Masjid
PUN SHAN KUI (MID LEVELS)
LOWER ALBERT ROAD
UPPER ALBERT RD
UPPER ALBERT ROAD
Former Government House
GARDEN ROAD
CONDUIT ROAD
ALBANY RD
ZOOLOGICAL & BOTANICAL GARDENS
Peak Tram Station
COTTON TREE
HONG
Edward Youde Aviary
KENNEDY ROAD
LUGARD ROAD
HORNSEY ROAD
OLD PEAK ROAD
MAGAZINE GAP ROAD
Peak Tramway
MACDONNELL ROAD
BOWEN ROAD
MOUNT AUSTIN ROAD
OLD PEAK ROAD
TREGUNTER PATH ROAD
MAY ROAD
TREGUNTER PATH ROAD
SHAN TENG (THE PEAK)
Peak Tower
FINDLAY ROAD
BARKER ROAD
PEAK ROAD
SEVERN ROAD
PLANTATION ROAD

D
E
F
3
1
Tsim Sha Tsui Star Ferry Pier
Cultural Centre
Museum of Art
Hung Hom, Tsim Sha Tsui East
1
Victoria Harbour
2
Hung Hom
Pier 9
Wan Chai Ferry Pier
Hong Kong Convention & Exhibition Centre
EXPO DRIVE EAST
WATERFRONT
CONVENTION AVENUE
3
PIER STREET
HARBOUR ROAD
FLEMING ROAD
COURT ROAD
TIM WA AVE
TIM MEI AVENUE
FENWICK STREET
Central Plaza
Admiralty
GLOUCESTER ROAD
WAN CHAI
TAMAR ST
DRAKE STREET
HARCOURT GARDEN
ARSENAL STREET
JAFFE ROAD
LUARD ROAD
LOCKHART ROAD
QUEENSWAY
Supreme Court
Pacific Place
HENNESSY ROAD
Wan Chai
JOHNSTON RD
SOUTHORN PLAYGROUND
THOMSON ROAD
Conservatory
JUSTICE DRIVE
QUEEN'S ROAD EAST
WING FUNG ST
STAR STREET
GRESSON STREET
SHIP ST
SWATOW ST
LEE TUNG ST
SPRING GARDEN LA
TAI YUEN STREET
STONE NULLAH LANE
CROSS ST
WAN CHAI ROAD
4
Hung Shing Temple
Hopewell Centre
KENNEDY ROAD
BOWEN ROAD
BORRETT ROAD
Pak Tai Temple
5
PEAK ROAD
D
E
F

西部地区

西部地区概要

中国西部地区拥有众多秀丽景观：四川东部的肥沃的红色盆地、长江沿岸的幽深峡谷、青藏高原边缘的崇山峻岭、西双版纳的热带雨林以及贵州和广西的喀斯特丘陵。人文景观也毫不逊色，像乐山大佛以及大理和松潘的明城墙遗址。这里还是众多少数民族的聚集区，包括西部的藏族，广东和广西境内的苗族和侗族，云南大理的白族、丽江的纳西族以及西双版纳的傣族。几个野生动物保护区也分布在这里，如四川的大熊猫自然保护区、贵州的草海水禽自然保护区和云南的西双版纳大象保护区。另外还有几个徒步旅行的绝佳去处，如虎跳峡、峨眉山以及云南南部与老挝的边境。

四川黄龙的明镜倒影池，呈梯状

贵州凯里附近的西江苗寨，依山傍水，次第升高相连

交通

游客可乘飞机到达像成都、重庆、昆明、贵阳、桂林、丽江和景洪这样的主要旅游城市。铁路的局限性要多一些，不过省会城市和多数大城市之间都有直达的火车。四通八达的公路交通覆盖整个地区，各主要城市之间都有特快客车，公路路况良好，不过某些边远地区，特别是贵州和广西的一些地方，路况比较差，坐汽车过去也慢一些。游客可以乘轮渡从重庆沿长江而下，一路观光游玩，需要几天的时间，还可以沿广西壮族自治区境内桂林和阳朔之间的漓江游赏，一天就足够了。

◁广西阳朔周围奇异的喀斯特景观

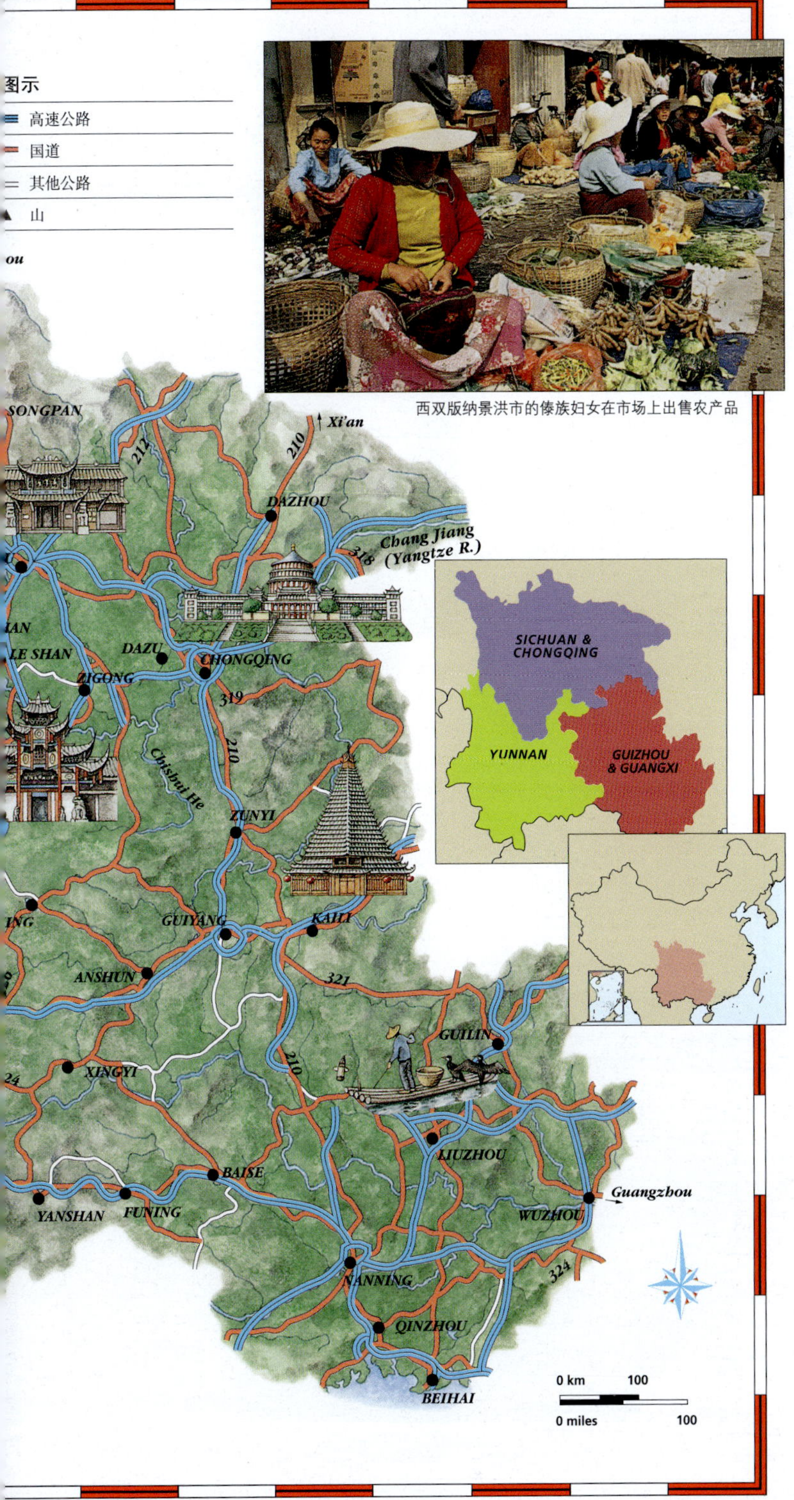
图示
高速公路
国道
其他公路
山
SONGPAN
Xi'an
212
210
DAZHOU
Chang Jiang (Yangtze R.)
318
LE SHAN
DAZU
CHONGQING
ZIGONG
319
Chishui He
ZUNYI
GUIYANG
KAILI
ANSHUN
321
GUILIN
XINGYI
LIUZHOU
BAISE
YANSHAN
FUNING
Guangzhou
WUZHOU
NANNING
324
QINZHOU
BEIHAI
0 km 100
0 miles 100
SICHUAN & CHONGQING
YUNNAN
GUIZHOU & GUANGXI

西双版纳景洪市的傣族妇女在市场上出售农产品

西部地区概况

西部地区风光秀丽、景色迷人，漓江两岸的喀斯特，峰林陡峻挺拔，长江上游的峡谷雄奇幽深，是中国最美的地区之一。该地区属多民族聚集地，众多少数民族的传统文化和生活方式更加增添了当地的旅游价值。

由于所处位置偏远孤立，西部地区一直有其独立的发展方式。历史上，该地区大致以今天的云南省为主，与其东部和南部相邻各地往来比较密切，与中国传统上的政治中心地区联系较少。战国时期，楚将庄蹻率军西征，经过长期征战之后，庄蹻及其部署“变服从其俗”，于公元前300

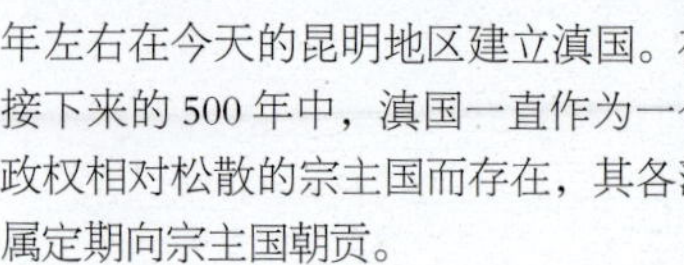

年左右在今天的昆明地区建立滇国。在接下来的500年中，滇国一直作为一个政权相对松散的宗主国而存在，其各藩属定期向宗主国朝贡。

濒临灭绝的四川大熊猫

南诏（748～937年）是中国唐朝时代西南部的奴隶制政权，国境包括今日云南全部及贵州、四川、西藏、越南、缅甸的部分土地。得益于南丝绸之路，南诏国贸易繁荣，国家富庶。公元13世纪，元世祖忽必烈亲率大军远征滇境，一举征服该地区。明清时期，今天的云南、贵州和广西地区属于中央集权的边远行省，由部落首领统治。

19世纪，官府及豪绅恶霸大肆搜刮百姓，强征苛捐杂税，最终导致矛盾激化，发生了两次大规模起义：穆斯林起义在1856年，于昆明。太平天国起义开始于广西（参见420页）。两次起义都遭到了清政府和官僚势力的残酷镇压，从此以后，该地区经济急转直下，往日的兴旺繁荣一去不复返。1870年，苗族再次发动起义。1934年，共产党长征途经此地，很多立志投身革命的人应征入伍。

停靠在洱海湖岸的渔船，洱海位于大理附近

成都第一道观青羊宫内熙熙攘攘、香火弥漫

四川是西南地区最大的省份，长期以来一直是中国的一部分，约公元前1000年，以青铜器为代表的巴文化在这里蓬勃发展，该地域文化的中心即现今成都以北的三星堆。公元220年，东汉灭亡，中国进入三国鼎立时期，四川省东部地区就是当时的蜀国，这里土壤肥沃，农业生产自给自足，其繁荣的经济为唐宋时期宗教事业的发展，如乐山大佛的修建奠定了基础。在之后的很长一段时期，四川一直是一个重要的军事驻地。新中国成立后，其主要城市重庆重工业发展迅速，于1997年从四川省划分出来，成为目前世界上最大的直辖市。从重庆出发，乘三峡游船游览长江是这里主要的旅游项目。

四川省内的丘陵地带和阿坝高原人口稀少，以藏族居民为主，与人口密集的东部平原地区相比，这里更受游客青睐。世界上仅存的野生大熊猫就生活在四川边境的竹林里。令人意想不到的是，省会成都并不是个时尚的大都市，而是一个节奏轻松、生活悠闲的地方，不管是公园、寺庙，还是一些古老的庭院里，茶馆随处可见。

云南省北临西藏山麓，长江从这里发源，南靠西双版纳和老挝边境，湄公河从这里缓缓流过。目前，云南正迅速成为中国最主要的旅游地之一。两个美丽的城市——大理和丽江位于昆明以北，周围有不少白族人和纳西族人居住的村庄。另外，游客还能在西双版纳欣赏到具有越南、老挝和缅甸风格的景观和文化。这里的少数民族居民会定期到集市上买卖东西，非常热闹。

多数到广西的游客都是冲着桂林和阳朔周围的喀斯特景观去的。不过，贵州和广西真正的魅力在于其山区风光，来这些地方的人不多，很多村庄的房屋都是用木头搭建的，居民也以少数民族为主，他们各自的语言服饰、建筑物、风土人情、喜庆节日、民间艺术、工艺特产、烹调艺术等构成了多姿多彩的民族风情，为民族风情观光旅游提供了良好的条件。这里土壤贫瘠，经济并不发达，不过正因如此，该地区的自然景观得以保持其秀丽风貌，如气势磅礴的德天瀑布和郁郁葱葱的马岭河峡谷。

身着民族服装的白族妇女

漓江流域植被茂密的喀斯特峰林

中国西南的植物

漂亮的叶子九重葛

中国西部地区是全国植物种类最多的地方，其中云南省首屈一指，拥有约15000种植物，约占全国植物种类总数的一半。很多园林植物源于这里，包括常见的杜鹃和木兰。该地区物种丰富，原因在于其独特的地理环境：虽然地域有限，但地形多样，从海拔较高的山区和高原，到南部北回归线附近的亚热带潮湿丛林，各种地形差异较大，其中还有一些偏僻的山谷，使得不同地形之间障碍重重，难以进行异花授粉。

西双版纳热带植物园属旅游热点之一，也是一个热带森林生态系统研究基地。

高山和峡谷

该地区的景观以无边无际的山脉和深谷为主。云南北部、四川西部和西藏西南部世界三大河流从这里发源：自西向东依次是怒江（萨尔温江）、澜沧江（湄公河）和金沙江（长江）。三江都发源于海拔较高的西藏和青海山区。

木兰（滇藏木兰），花朵呈鲜艳的粉红色，原产于中国喜马拉雅山一带。专门从事植物采集工作的苏格兰人乔治·福雷斯特在1904年发现了木兰，不过直到1924年人们才开始对其进行人工培育。

山坡上繁花似锦，其中包括杜鹃花和木兰花

野生杜鹃，一种十分珍稀的花卉植物。目前园林杜鹃的杂交品种大部分都源自中国西部地区的野生杜鹃。

绿绒蒿（罂粟科）生长在中国西南山区海拔2700～5100米的高山上，叶子表面生有柔软的丝状白毛。最初由著名植物学家E.H.威尔逊发现，具有药用价值。

在位于四川境内海拔2400米的高山草原地区，盛开着多种**拖鞋兰**，其中**西藏杓兰**是最漂亮的一种。

山茶花，园林品种多样，主要以观赏为培育目的。

热带森林或丛林

中国罕见的自然栖息地，虽然仅占全国面积的0.5%，但却拥有全国25%的物种。西南地区现存最大的栖息地之一位于云南省的西双版纳。这里每年约4月～10月为雨季，年降水量约为1500毫米，空气湿度大，温度高。海南岛和广西南部也有森林分布。

云南南部景洪地区茂密的自然热带雨林

柚子，也叫中国葡萄柚（大柑），中国南方已有数千年的种植历史。果实大，酸甜，多汁，外皮呈绿色。

龙血树（剑叶龙血树）药用价值极高。其形如鲜血的红色树脂可广泛用于治疗各种血症，改善血液循环。野生龙血树十分稀少，为保证资源充分，现由人工栽培。

千瓣莲花（地涌金莲）芭蕉科，分布在云南和贵州的一种美丽而罕见的植物。植株矮小，花序密集，花苞黄色，形似朝鲜蓟。

森林地表覆盖着蕨类和灌木，树枝上攀爬着藤本植物和无花果。由于大雾和暴雨频繁，附生植物（附着在树木表面的植物）十分繁盛。

红花蕉（红蕉），最漂亮的芭蕉科植物之一，常见于园林花卉当中。植株高约2米，苞片鲜红艳丽，花期长达两个月。由于过度采伐和栖息地破坏，目前尚存植株较少。

著名的植物标本采集人

20世纪初，很多勇敢的植物学家和探险家从世界各地发现并采集了各种奇花异草。其中最著名的几位要数乔治·福雷斯特（1873～1932年）、E.H.威尔逊（1876～1930）、约瑟夫·洛克（1884～1962年）以及弗兰克·金登·沃德（1885～1958年）。金登·沃德虽然并不属早期植物学家行列，不过他曾在第一次世界大战前后来到中国云南和西藏考察，搜集植物标本，由此而世界闻名。他曾发现几个杜鹃品种，具有重大意义。20世纪20年代，他采集到了美丽的蓝罂粟藿香叶绿绒蒿的种子，并由此将其多部作品中最著名的一部命名为《蓝罂粟的故乡》。

弗兰克·金登·沃德，探险家，植物学家

地域食品：西部地区

西部地区夏季炎热、冬季温暖、雨水充足，一年四季都适合农作物生长，号称中国的“粮仓”之一。四川盆地大量出产亚热带产品，如水果、茶叶和草药等，这里的口味以香辣为主。相比之下，尽管云南也有一些不错的菜肴，不过名气却相差很远；而贵州菜和广西菜则兼具川菜的辣和粤菜的精。

茄子和豆角

西部地区常见的水果和炸串

四川

川菜一直以口味多变、善用麻辣而著称，但实际上很多川菜并不辣。

19 世纪，中国人开始广泛种植辣椒，在这之前，辣椒全部从美洲进口。四川厨师认为，辣椒不会麻痹味蕾，而会刺激味觉。厨师做每一道菜，都应该在酸、甜、苦、辣、咸、鲜、香等各种口味中寻求一种平衡。菜里放上辣椒之后，会刺激人的味觉，从而使其能够同时品尝到更多的口味。

花椒是最有名的四川调料。这种经过烘干的花蕾味道辛香，能使嘴发麻，甚至比辣椒还厉害。

川菜好吃的最后一个秘诀是使用纯度较高的自贡食盐。

四川调料

地方特色菜肴

虽然在中国各地都能吃到宫保鸡丁和麻婆豆腐。然而，只有在四川，您才能品尝到口味醇正、用料地道的这两道菜。中国各个地区都有自己的“特色菜”，其中川菜口味浓郁、享誉中外，居各大菜系之首。云南有过桥米线，据说清朝有个秀才到岛上读书，他的妻子送米线给他当饭，为了保持米线温热，妻子发明了过桥米线。这种米线的鸡汤上覆盖一层鸡油，这样可以让汤保持温度，然后等吃的时候再把米线、火腿、蔬菜和鸡蛋等放进去。另一道特色菜是汽锅鸡，里面经常放上蔬菜和药材。因其在汽锅中煨汤，味道鲜美而得名。

鲜荸荠

宫保鸡丁：最著名的一道川菜。宫保乃贵州官员，其家厨为四川人。

云南

云南属热带气候，适合种植各种蔬菜，包括莲藕、竹笋、豆类、蒜芯。

云南也有一些独一无二的东西——首先想到的就是品质上乘的普洱茶。普洱茶通常烘干呈砖状，味陈、色重，有药理作用。云南火腿也很有名，能跟浙江金华火腿一较高下。另外，云南的奶产品，尤其是山羊奶酪在全国也是数一数二的。

云南降雨频繁，每逢雨后，漫山遍野都是蘑菇，当地人就会采来吃。还有，这里的热带气候养育了各种奇异的水果，为当地人增添了口福。

贵州集市上出售的蔬菜

卖粽子的人

贵州和广西

贵州和广西两省区，经济相对落后，保留着很多饥荒时期的菜肴，少数民族尤其如此。不过虽然传闻中的奇异菜肴很多，可是游客其实很难遇到像炒蜂蛹之类的菜。

贵州火锅很有特色，很多都放狗肉，不过要是您不想要，也可以不加（参见397页）。这里的菜多以酸辣为主。贵州特产茅台，用高粱和其他谷物酿制而成的蒸馏酒，属正式场合用酒。

广西美食，包括以酸甜口味为主的粤菜以及更具乡土气息的壮族食品。粽子以糯米为原料，呈金字塔形，有咸味的也有甜味的，是一种老少咸宜的食品。

菜品

香酥鸭 与北京烤鸭完全不同，鸭子经调味品腌渍，再上笼蒸至熟烂，最后经油炸而成。其中比较特别的一种——樟茶鸭是用樟树叶和花茶叶掺拌柏树枝等做熏料，熏制而成。

回锅肉 是另一道极受欢迎的传统川菜。烹制秘诀是先将猪肉入锅炖煮，然后爆炒至肉质松软。

米粉牛肉 是将大米捣碎成米粉，然后把牛肉、调味料和米粉放在一起拌匀，再放入竹子蒸屉中蒸熟即可。

豆瓣鱼 是将整条鱼放入油中烹炸，然后放入辣椒、蒜、姜、韭菜、酱油、糖、酒、豆瓣酱和醋，炖煮而成。

麻婆豆腐：麻婆豆腐的主要用料包括肉末、豆腐、辣椒、姜和高汤，是一道经典川菜。

酸辣汤：如果这道菜做法得当，其辛辣之味应完全来自白胡椒粉。

鱼香茄子：成菜具有鱼香味，但其味并不来自“鱼”，而是泡红辣椒、葱、姜、蒜、糖、盐、酱油等调味品调制而成。

四川和重庆

四川和重庆总面积57万平方公里，人口1.2亿，可划分为三个不同的地理区域。东部为重庆，以重工业为主的直辖市，其周边地区沿长江及著名的三峡向东延伸（参见350页～352页）。中部是面积广阔、土壤肥沃的红色盆地，省会成都，这里生活节奏悠闲，成都平原农田水利发达，呈棋盘状分布。峨眉山林木葱茏，寺庙众多；大足和乐山的石雕佛像气势雄伟，这全得益于该地区土地肥沃，经济实力雄厚。而四川北部和西部则是白雪皑皑的喜马拉雅山麓，海拔超过5000米，这里经济相对落后，以藏文化为主导。四川卧龙自然保护区位于成都的西北方向，是濒危动物大熊猫的栖息地，由此向北走很长一段距离就到达了松潘和九寨沟，这里的山区景观美不胜收。

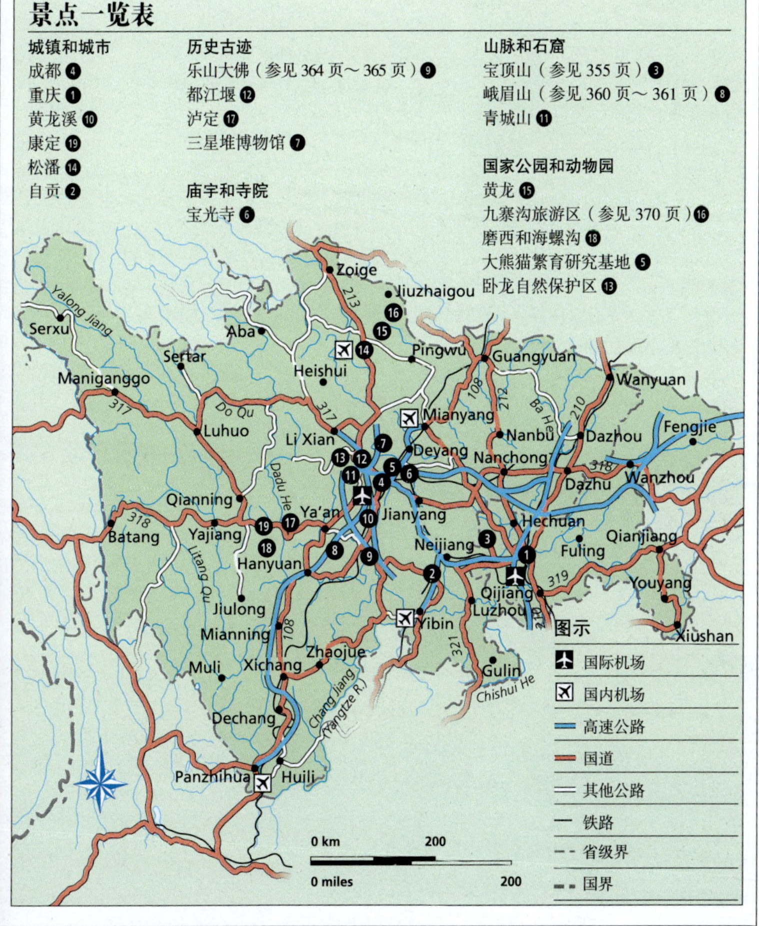

◁ 九寨沟富含矿物质的水域和茂密的树林

重庆 ❶

书法题字：罗汉寺

重庆属港口城市，位于长江和嘉陵江交汇处的一个半岛上，历史认为，公元前1000年这里曾是巴国的首都。重庆所在半岛属多山地区，城区依山而建，故有“山城”之称。另外，这里夏季潮湿闷热，因此人们又将其称为长江流域的三大“火炉”之一。重庆是一个生机勃勃、发展迅速的城市，这里历史古迹众多，三峡游轮由此起航，很多人都是冲着这一点来的（参见350页～352页）。1997年，设立重庆直辖市，市域面积向东延伸500公里，与湖北接壤。

朝天门码头进进出出的行人和货物

朝天门

朝天门（Gate Facing Heaven）位于半岛一角，现建有朝天门码头，泥泞的码头岸边停靠着无数随时开往中国东部的游船。两江交汇处的观景平台建于2000年，如果您来到这里恰逢有风天气，那波澜壮阔的景象将令人流连忘返。不过，重庆著名的多雾天气也经常会影响到观赏视野。

罗汉寺

罗汉寺街7号。每天。
www.luohansi.com

建于明代，以罗汉堂而闻名（罗汉即超脱生死轮回者）。印度佛教崇奉十八罗汉，但中国所崇奉的罗汉达数百个，包括佛教形象、民族英雄，甚至道家人物。罗汉堂内有524尊真人大小的罗汉塑像；有的安详正坐，有的面目狰狞。民间活佛济公的雕像就设在出口处，游人一眼就能辨认出来。

解放碑

位于重庆市中心的解放碑是一座造型普通的钟塔，是为纪念1949年解放战争胜利而立。解放碑周围是繁华的购物商业区。

位于重庆市中心的解放碑

重庆博物馆

人民大礼堂对面。每天上午9:30～下午5:00。

该博物馆又称三峡博物馆，收集了大量从四川附近遗址发掘的东汉（25~220年）古墓文物精品。画像砖是这里特有的藏品，长约50厘米，上面刻有图案，有的是宗教主题，有的则表现社会风俗。龙体太阳神的形象在这里反复出现，传说中太阳神与伏羲是中国人的祖先。陈列展览主要包括：“壮丽三峡”、“远古巴渝”、“重庆城市之路”、“抗战岁月”；专题陈列分别为“李初梨捐献文物”、“历代书画”、“历代瓷器”、“汉代雕塑艺术”、“西南民族民俗风情”、“历代钱币”。

人民大礼堂

人民路173号。每天。

该圆形大礼堂高65米，可容纳4200人，1954年为纪念重庆在解放战争中的重要作用而建，属会议用礼堂。礼堂仿

雄伟的人民大礼堂，目前属重庆大礼堂酒店（原人民宾馆）所有

天坛（参见 96 页～97 页）设计，现为重庆大礼堂酒店（原人民宾馆）的一部分，这里有时有音乐会演出。礼堂外观十分引人注目，三层蓝色瓦檐，大红立柱，在周围众多现代建筑当中鹤立鸡群。

史迪威博物馆

市区东南方向 5 公里，李子坝，嘉陵新路 63 号。每天上午 9:00～下午 5:00。

史迪威将军（1883～1946 年）的故居，他曾在 1942 年至 1944 年居住在这里，当时他任美军司令及蒋介石的参谋长。美国曾对中国抗日提供过物资援助，史迪威将军作出了突出贡献。博物馆展出内容涉及著名的飞虎队和美国飞行员组成的志愿援华航空队，该航空队曾于 1941～1942 年在中缅边境协助中国抗击日本侵略者。博物馆还出售印着"飞虎队"标志的 T 恤。

红岩村

红岩村 52 号。重庆以西 5 公里。每天上午 8:30～下午 5:00。

这里的白色建筑群在抗战时期是中共中央南方局和八路军驻渝办事处，多位中国共产党著名领导人曾在这里生活、工作，其中包括周恩来总理和他的夫人邓颖超。1945 年，日军投降之后，毛泽东主席亲临重庆，同蒋介石领导的国民党谈判，谈判期间，毛主席就住在红岩村。现在，这些建筑物当中展出了一系列战争时期的照片，照片上附有简单的文字说明。另外，这里依山傍水，环境优美。

村里五花八门的小吃摊

游客清单

成都东南方向 258 公里。3257 万。江北机场。菜园坝汽车站、红岩汽车站、中国民航（机场）。朝天门码头。邹容路 151 号 A 座 8 层邹容广场。电话：（023）6387 6537。www.ctiscq.com。

磁器口

重庆城西 14 公里。从重庆酒店出发。

磁器口（Porcelain Port）是位于嘉陵江畔的一个古镇，拥有 1700 多年的历史，明朝年间，这里曾是著名的瓷器生产中心，具有文物价值。古镇的河道沿岸，保留了原始的石板地面，古老的木质、土砖和石砌房屋，房屋上还有石刻图案、格子窗户和灰瓦屋顶。茶馆随处可见，有上百家。几家传统茶馆开在江边，有时会举行京剧表演。如今的磁器口已不再生产瓷器，而以众多现代和传统绘画名家云集在此而出名。

重庆市中心

朝天门 ①
重庆博物馆 ④
人民大礼堂 ⑤
罗汉寺 ②
史迪威博物馆 ⑥
解放碑 ③

0 metres 800
0 yards 800

长江

20世纪前，如果没有长江连接重庆和湖北的宜昌，崎岖的山脉几乎把四川与世隔绝。当时，乘船渡过三峡是一次危险的旅程。现在，旅行社会组团游览三峡壮观的景色，在常规的景点会组织下船参观。三峡大坝建成后景观发生了很大的变化，直到2009年水位一直在上升，使乘船旅行变得更加悠闲，同时也延长了旅行季节。

定位地图

注解区域

★ 石宝寨
这座杰出的寺院（参见352页）坐落于一座岛上，寨顶有一座兰若殿。

重庆附近景观
有平静的农田围绕着重庆，您会迷恋这里的日常生活。不用做任何准备，就这么顺流而下，尽情欣赏蔚为大观的峡谷风景吧。

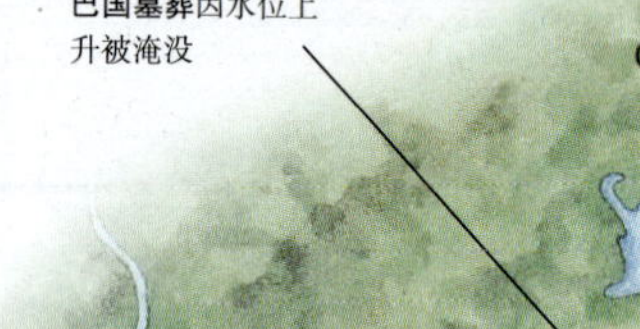

巴国墓葬因水位上升被淹没

丰都是最近从对岸搬来的

图示

省界

星级景点
★ 石宝寨
★ 小三峡
★ 瞿塘峡

鬼城名山
是一个供奉阴间及其统治者的地方。这里散布着庙宇、神殿，里面有蜡像描绘地狱的情景。包括等待罪人的各种酷刑。

游客清单

重庆至宜昌或武汉。 邹容路邹容广场大厦A座八层。电话：（023）63876537（中国国旅预订）。 短途旅行额外付费。www.hikeyantze.com

三峡

虽然这条水道已不像过去那样湍急凶险了，但瞿塘峡、巫峡、西陵峡陡峭的山峰和狭窄的水道还是描绘了不少惊险的场景。

★ 小三峡

小三峡的特色是有悬崖的龙门峡和大量野生猴子。

张飞庙（参见352页）为纪念蜀国大将张飞（？～221年）而建

去神农溪（参见352页）做一次愉快的旅行

★ 瞿塘峡

是三峡中的第一个也是最短的一个峡。水流湍急。

三峡大坝

在到达宜昌之前，有机会一睹这个世界上最大的工程（参见266页～267页）。现在大多数旅行团都会登上大坝。

长江旅游

长江三峡现已竣工，坝前水位在2009年提高至175米；目前，三峡水位仍在不断上升，所以每一次的长江旅游都是前所未有的。为保证三峡工程顺利完成，数百万人进行迁移，多个村庄、考古遗址被淹没水下。施工人员将部分建筑物迁走，无法迁走的，则在其周围建设保护大堤。当地的自然景观必然会或多或少地遭到破坏，不过新建水库规模庞大，畅游江上的气势犹存，其历史韵味和秀丽风光也毫不逊色。

选择旅行团

航线：有的游轮开往上海，不过过了武汉再往东走，景色就很一般了。所以最好预订从重庆至宜昌或武汉的游轮。逆行（西行）游轮则便宜一些，但有可能在夜间航行。

游轮：一些游轮提供不同等级的客房（一星到四星级），根据旅行线路查看一下是否有优惠船票，最好个人预订（比通过国旅预订便宜）。

公共轮渡：船上设施普通，食物一般（最好自己准备），没有优惠，船票可以从重庆朝天门码头购买。

时间：9月及10月是最佳游览时期，5月及11月次之；夏天会有暴雨。

乘木筏游览峡谷溪流——神农溪

神农溪

神农溪，两岸绝壁夹峙，河道渐窄，是长江旅游的热点之一。溪流两侧的悬崖峭壁上布满了木梁凿孔，这是汉代出于军事目的而修建的古栈道痕迹。另外，这里至少有三具悬棺，它们是1000多年前土家族祖先古代巴人安放在峡谷峭壁上的，现在这些古代巴人已无后裔在世。悬棺中的陪葬品和悬崖壁画见证了古代巴人同古老的四川巴文化以及当地的土家族（参见24页～25页）之间存在着联系。

由于神农溪水位过低，很多游轮无法通过，不过长江旅游航线都包括大宁河（参见351页）河段。

张飞庙

张飞（？～221年），桃园结义三兄弟之一,三国时期蜀汉重要将领，刘备手下大将军。张飞为人暴躁、鲁莽、勇猛、嗜酒，他曾经在长坂坡当阳桥孤身一人喝退曹军百万，曹军一将领当场坠马而死。其兄弟关羽死后，张飞更加暴躁孤僻，经常酒后鞭打士卒，部将不堪忍受，趁他熟睡之时将其杀害。张飞庙里塑有多具姿态各异的雕像，栩栩如生。长江水位上升以后，寺庙也曾被迁移。

石宝寨

石宝寨（意为宝石山寨）以其建筑精美的12层古刹兰若殿而闻名，其卷曲屋檐形似兰花，通高56米，建于1750年。“石宝”二字是有来历的，据说寺庙中有一岩石，石上本有一洞，每天有米从洞里流出，供和尚们享用。可后来有个和尚生性贪婪，将洞口凿大，图谋多捞一些米换钱，结果那洞从此粒米不出。长江水位上升之后，为保护石宝寨，人们在其附近修建大坝，不过可惜的是，这里原有的一个古老村庄已淹没于水下。

纤夫

20世纪50年代，长江急流河段得以治理，在这之前，船只如果想往上游方向走，只能靠纤夫拉，这些纤夫齐心协力，一起将船拉过江水湍急的三峡河段，每走一步都十分艰难，收入也少得可怜。江边的石滩为他们拉纤提供了方便，也减少了些许危险。在长江水位线升高之后，纤夫们也堆砌了类似的石级，这一切在三峡的很多地方都留下了印迹。

纤夫们在长江支流神农溪上拉纤绳

会馆茶室门前

自贡 ❷

重庆西南部 170 公里。326 万。檀木林宾馆。电话：(0813) 2207313。

四川有 2500 多年的采盐历史，而自贡一直是这里的制盐中心，吸引着来自全国各地的盐商。自贡地下卤盐资源丰富，通过盐井开采出来，在卤水蒸发过程中，还有天然气产生。中国的钻井技术，即用竹片当管道，以铁打制钻头，捞取卤水，该方法在 19 世纪 50 年代传入西方，为后来的石油开采业提供了借鉴。到 20 世纪 60 年代，自贡已广泛使用竹质管道和木质井架，井架高达 100 米。直到今天我们还能看到这些古老的盐井和象征盐商暴富的建筑。

自贡市**盐业历史博物馆**馆址位于修建于 1736 年的西秦会馆，这是一个陕籍盐商聚集的场所。下方中庭内建长廊，以前这里经常有演出，上方厅内有光滑的木雕石刻，外有翘檐翼角，整座建筑奢华精巧。该馆藏品覆盖井盐发展的全部历史，包括汉代采盐图片、巨大的金属钻头以及反映钻井过程的短片等。另外两座同代的景点建筑是两个茶楼，其古董内饰精巧美观，当地人可以在这里小坐闲聊。最引人注目的还属建于 19 世纪的王爷庙，与西秦会馆形状类似，但规模较小，临滨江路，位于釜溪河畔的岩嘴上。另一处是中华路的老城店主会馆，其入口开向斜坡，通道上有精美雕刻，庭院内为石板地面，四周有很多私人木搭货摊。

燊海井，位于市中心以东，始凿于 1835 年，井深达 1001 米，卤水自喷量每天约 14 立方米，并且能日产 8500 立方米的天然气，堪称世界之最。在这里游客可以看到在钻井汲卤过程中所用到的高达 18 米的木质井架、竹管、绳索、牛拉绞车以及用来蒸发制盐的盐锅，这种盐锅以天然气为燃料，目前仍然在生产中使用。自贡市的地下财富还不止于此，恐龙博物馆里的化石也属于其中之一，这些化石出土于东北市郊的大山铺恐龙化石遗址，**这里的地质年代为侏罗纪时期**。1985 年，在英国的协助下，有关专家对大山铺遗址进行了广泛挖掘，出土了大量骸骨，其中包括类似剑龙的四川巨刺龙（Gigantspinosaurus sichuanensis）和身长 9 米的食肉性和平永川龙（Yang-chuanosaurus hepingensis）。博物馆主厅内陈列着众多动物遗骸，很多都保留其原始埋藏状况。

自贡市盐业历史博物馆
解放路。电话：(0813) 2208581。每天上午 8:00～下午 6:00。

燊海井
大安街。每天上午 8:00～下午 6:00。

恐龙博物馆
大山铺。电话：(0813) 5801234。每天上午 9:00～下午 2:30。

自贡市盐业历史博物馆的正门

四川采盐

盐是从沿海地区的咸水池中采挖提取的，自汉代以来，制盐业就是国家税收的一个重要组成部分。然而，在四川，从地下采盐（其采盐技术精妙，并远早于西方）要比从沿海地区购盐便宜得多，因为外地盐征税颇高。11 世纪，四川采盐深度加大，并使用竹质管道，制盐业迅速发展。采矿企业应运而生，大量工人涌入四川，官府为防止税收流失，下令禁止深打盐井，不过后来这些盐井又重新被开放。17 世纪，四川人又学会了在采盐过程中提取天然气，并利用这些天然气煮盐。

西秦会馆的盐矿模型

大足石刻

沉思

宝顶山大足石刻，集中国儒家、道家和印度密宗佛教等造像艺术精华，是充分体现哲学和宗教相辅相成的璀璨明珠。石刻多以宗教为主题，但其题材多变、风格迥异。其中有的反映日常生活场面，但大部分属神佛雕刻，包括护法神像和释迦涅槃圣迹图。石刻以红色、蓝色和绿色为主。

六道轮回图 ③ 转轮圣王蓬头獠牙，双臂环抱巨轮，此轮是载人于六道轮回的车轮，六道包括天道、阿修罗道、畜生道、地狱道、饿鬼道和人道。

千手观音 ⑧ 千手观音实际有1007只手，它们金光闪闪，好似缕缕火焰从观音像身上喷射而出，每只手都代表不同的菩萨化身。

卧佛 ⑪ 佛祖释迦牟尼半身侧卧像，身长15米，面容慈祥安静，从而使肃立其身前的弟子半身群像更加引人注目。卧佛旁边是九龙浴太子，取材于佛陀出生时受到九龙喷淋灌沐的传说。

孝道 ⑰ 父母为子女无私奉献，子女对父母要尊敬孝顺。这是一种儒家思想，在佛教雕刻中出现，充分显示了中国宗教信仰的灵活性。

地狱变相 ⑳ 佛和菩萨目光俯视，悲怜慈祥，关注着地狱里的芸芸众生，刀山和截膝地狱里的动物头鬼卒正在惩罚罪人。

道家人物 ㉔ 这两座年长圣人的古老雕像似乎是道家哲学的代表人物。

石狮 ㉘ 文殊菩萨的坐骑，文殊菩萨为佛教四大菩萨之一，代表聪明智慧。该石狮身形是普通狮子的两倍，为圆觉道场的守门石狮。

三圣④ 三位圣人安详而坐，陷入对生命、永恒及万物的无限沉思当中。雕像下方刻有“宝顶山”三个大字。

亲代抚育⑮ 这座雕塑表达的主题是父母有养育儿女的责任。佛教雕刻中蕴涵孝道这一儒家命题，足以说明我国的宗教与哲学在唐代已经相互融合。

圆觉㉙ 宝顶山石刻的代表作，代表着轮回过程中的自我完善。

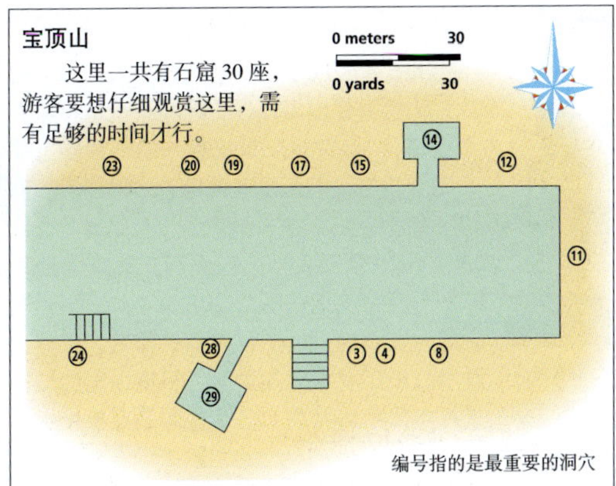

宝顶山 ❸

大足县东北部15公里。从重庆菜园坝汽车站乘车至大足县（约2小时车程），再转乘小巴至宝顶山石窟（约半小时车程）。上午8:30～下午5:00。包括北山。付费拍照。

大足县山体上石窟众多，内有造像5万余尊，最初开凿于公元7世纪的唐代。其中雕刻技艺最为精湛、形象最为丰富的要数宝顶山石刻。该石刻由僧侣赵智凤于1179年至1245年主持开凿而成。宝顶山是佛教圣地之一，有“上朝峨眉，下朝宝顶”之说。大佛湾是马蹄形山湾，崖面高约8米，属石灰石质，墙体质软，上有独立造像30座，还有规模庞大的释迦牟尼卧佛像。

宝顶山的其他石刻还有5号摩崖造像《牧牛图》，风光静美，体现了禅宗在修习禅观过程中寻求顿悟的寓意。3号和4号洞窟之间的《猫鼠图》，刻画的是一只猫抬头望着一只正在竹竿上爬的老鼠，十分轻松自然。与其他石窟相比，大足石窟更加贴近于世俗生活，也就是说，人们在观赏石窟时，可以通过普通人的生活透视抽象的佛教教义。这里的造像不光有佛和菩萨，还包括帝王、官员、将相、僧侣、豪绅，甚至是穷人。

1999年12月，这里被联合国教科文组织列入《世界文化遗产名录》。

周边景点： 北山，大足县城北2公里处，原为军事营地，公元892年由该营地的将军主持开凿。这里的龛窟取光较差，造像相对普通。其中最为突出的是136号转轮经藏窟、弘法于峨眉山的普贤菩萨像以及阴阳同体的日月观音像。

美食： 宝顶山美食以麻辣和酸辣为主，有火锅、泉水鸡、辣子鸡、鸡丝豆腐脑、山城小汤圆、麻圆、清炖牛肉汤和担担面、抄手等。

大足北山石刻的造像之一

成都 ❹

刘备像

四川省省会成都是一个现代化大都市，然而其文化氛围轻松闲适，花园和茶馆遍布城乡各个角落。“坐茶馆”是成都人的一种特别嗜好，不管是在公园还是其他地方，您都会找到茶馆。几把不那么结实的椅子、几张桌子往往就是茶馆的全部家当。成都历史悠久，最早起源于巴蜀时期（参见 358 页），三国时期成都为蜀国国都，后以其蜀锦闻名，世界上最早的纸币就出现在这里。根据中国的城市规划标准，成都布局相当紧凑，多数旅游景点都集中在市中心。

文殊院内的茶馆生意兴旺

文殊院

文殊院街。每天上午 8:00～下午 6:00。

隐于成都胡同当中，是四川省佛教协会所在地，寺院得名于文殊菩萨——佛教中智慧的化身，文殊菩萨像通常都以蓝色狮子为坐骑。寺院建于公元 700 年左右，院内的五重大殿为典型的清代建筑。各殿堂楼阁均为石砌而成，古朴宽敞，内有多尊雕像，殿堂之间，设有青铜香炉，环境极为清静幽雅。文殊院是四川著名的佛教圣地，究其原因，并不在于其建筑奢华，而在于这里佛教活动众多，香火鼎盛。游完寺院，人们可以到附近的茶馆或素斋馆稍稍休息。

文殊院内出售的香

永陵博物馆

永陵路。42 路、48 路、54 路。每天上午 8:00～下午 5:30。

位于成都西北部，发掘于 1942 年，是蜀国开国皇帝王建之墓，王建于公元 907 年称帝，918 年病逝。陵墓内建有 6 米长的石砌底座，上置棺床，棺床有三层木台阶，木台阶上置石质棺椁，棺床四周有“二十四伎乐”浮雕，乐队 24 人均为女性。底座下面由真人大小的武士半身像支撑。陵墓内还设有王建石像，墓顶残存画像彩画，更加彰显王建颇具文化修养，为人廉恭俭素。但其子奢靡放纵，蜀国于公元 925 年被晚唐所灭。

杜甫草堂

清华路 38 号。每天。

杜甫，唐代最著名诗人之一，公元 759 年为避“安史之乱”入住成都。在之后的 5 年里，他生活贫困，一直住在成都西郊的茅屋里，其间留下诗作 240 余首，诗中经常以大自然的力量影射社会动荡不安，《茅屋为秋风所破歌》就是代表作之一。杜甫草堂布局传统，里面的池塘、桥梁、树木以及亭阁建于 1811 年，但其花园由后人于 10 世纪始建。草堂古朴典雅，以白色为主，堂内陈列有杜甫诗集、文物及书画作品，游客可以从中了解杜甫的一生。

唐代遗址陈列馆位于草堂东北面。

青羊宫

一环路西二段 9 号。每天。

9 世纪修建而成，成都主要道观。观名青羊，来源于道家创始人老子曾语“子行道千日后，于成都青羊肆寻吾”。青羊宫中最突出的建筑是建于 1882 年的八卦亭，亭内塑有真人大小的老子法相，身骑水牛，周围石柱上雕龙 81 条。主殿三清殿内设有三座雕像，均为蓄胡长者形象，分别为玉清元始天尊、上清灵宝天尊和太清道德天尊，下有两只铜羊，右侧一只生有虎爪、麒麟角、蛇尾和中国十二生肖的其他特征。旁边大殿后方的墙壁上画着三位真人，游客都来排队触摸，以求得好运。

道观青羊宫外的朝拜者

人民公园内纪念碑近景

人民公园

少城路 12 号。每天早上 7:00 ～晚上 9:00。

是成都最好的公园，全年都有花卉展览，园内的池塘和庭院都爬满了紫藤，周末还有皮影戏演出。园内设“辛亥秋保路死事纪念碑”，该纪念碑是为纪念 1911 年保路运动中的死难烈士而建。

武侯祠

武侯祠大街 231 号。每天上午 8:00 ～下午 6:00。

武侯祠是为纪念三国时期著名的军事家诸葛亮（181~234 年）而建，因诸葛亮生前被封为“武乡侯”，逝世后又被刘禅追谥为“忠武侯”，成都武侯祠是中国唯一的君臣合祀祠庙。公元 223 年修建刘备陵寝时始建。1672 年扩建，新建寺庙式殿宇，内修三国人物雕像**守卫刘备陵墓**。刘备殿内有刘备贴金塑像，左侧陪祀的是他的孙子刘谌，诸葛亮的雕像则设在另一大殿当中。最后一个大殿常用于举行川剧表演。

四川大学博物馆

望江路四川大学东门旁。电话：(028) 85412451。每天上午 9:00 ～下午 5:00。

建于 1920 年，最早由美国学者戴谦和（D.S. Dye）教授出任馆长，这是一座四川民族博物馆，不久前曾重建。内藏刺绣、皮甲、藏传佛教物品、书画、石刻以及拓片等宝贵文物。附近的**望江楼公园**沿江坐落，园内的望江楼是为纪念 9 世纪女诗人薛涛而建。

游客清单

重庆西北部 258 公里。1126 万。双流机场。火车北站、火车南站。汽车北站、西门汽车站、中国民航（可乘汽车到机场）、新南门汽车站。人民南路 22 号。电话：(028) 66488000。www.alltrip.cn

武侯祠内的一道拱门

成都市中心

杜甫草堂 ③
青羊宫 ④
人民公园 ⑤
文殊院 ①
武侯祠 ⑥
永陵博物馆 ②

三星堆面具，造型奇特，做工精致

大熊猫繁育研究基地 ❺

成都东北部 10 公里。乘出租车。每天上午 8:30～下午 5:00。

该研究基地成立于 1987 年，人工繁育大熊猫幼崽 27 只，成活率极高。到目前为止，这里繁殖的大熊猫都被送往动物园，不过该研究基地的最终目的是将大熊猫放归野外。这里是中国观赏大熊猫的最佳地点之一，目前约有 20 只小熊猫和 21 只大熊猫供游客观赏。熊猫多数时间较为安静，往往不是在咀嚼箭竹，就是在睡觉。

宝光寺 ❻

成都东北部 19 公里。乘出租车。每天上午 8:00～下午 5:00。

宝光寺是我国历史悠久、规模宏大、结构完整、环境清幽的佛教寺院之一。

自汉代以来，宝光寺就是人们烧香拜佛的地方，公元 881 年，唐僖宗为躲避叛乱来到这里，宝光寺由此而得名，为众人所知。唐僖宗发现寺内木质宝塔下霞光迸射，认为是埋于地下的舍利之光，于是赐寺名“宝光”，并下令修建石砌宝塔——舍利塔，宝塔共 13 层，高 30 米，位于宝光寺入口附近。塔顶部分在地震中遭到毁坏。寺庙内有专人照料的花园，园内银杏树繁盛，另外还有十几处保存着古代文物的殿宇，其中一处供奉着藏传佛教宗喀巴大师，庙内还立有石碑，上有刻于公元 540 年的佛像。罗汉堂为宝光寺的杰出建筑，始建于清代，内有真人大小的罗汉雕像 518 尊，色彩艳丽，另有佛像 59 尊以及菩提达摩像和巨大的凤凰雕像。菩提达摩——印度僧人，中国佛教禅宗的祖师。另外还有康熙像和乾隆像，胡须、靴子和斗篷是两座雕像的典型特征。寺院里还有提供素斋的小餐馆。

三星堆博物馆 ❼

广汉，成都以北 24 公里。电话：(0838) 565 1526。从成都到广汉。每天上午 8:30～下午 5:00。

三星堆遗址于 20 世纪 80 年代起发掘，早在 1929 年当地农民就曾在此发现了古代文物。考古学家在这里意外发现了古城遗址，历史超过 3000 年，很有可能是巴蜀文化的中心。这里曾多次发现祭祀坑，坑内出土大量青铜器、金器和玉器。很多珍贵文物都收藏在三星堆博物馆里，其中包括青铜立人像，高 2 米，手大，呈卷曲状；青铜神树，枝上立鸟栖息；以及多件面具，宽 1 米，眼睛突出，目光凶狠。另外，展出的还有一些精致小件文物，附有发掘说明。尽管三星堆文物同当时出土于中国东部的殷商文物类似，但其风格迥异，制作技艺高超。传统学说认为，中国文化的起源仅限于黄河流域，而三星堆遗址的发掘却向这一理论提出了挑战。

川剧

表演中精心打扮的演员

用四川方言演唱，已有 300 年的历史，是人们喜闻乐见的传统艺术。川剧不像京剧有严格的形式，但乐曲丰富，生动活泼，很多都取材于当地传说，唱腔以高腔为主，伴以打击乐器和管乐器演奏。杂技是川剧的重要表演形式。川剧中有变脸的特技，掌握这种技巧之后，演员可以同时扮演多个角色；演员必须手疾眼快，提前化好装，或者准备好要更换的脸谱。川剧表演通常在小剧场，甚至茶馆里举行。在成都，华兴正街的锦江剧场和玉双路的蜀都剧场都有川剧表演。很多游客都会到剧场了解川剧情节，参观剧场后台。

大熊猫

大熊猫珍贵稀少，仅在中国分布，最近有基因测试表明，熊猫跟熊科有亲缘关系。目前，野生大熊猫约有 1200 只，这个数字呈上升趋势，世界范围内圈养在动物园里的约有 120 只，中国最近又实现了大熊猫的人工繁育，尽管如此，大熊猫仍属严重濒危动物。大熊猫主要以竹为食。它们的臼齿发达，便于咀嚼竹竿，但消化系统比较落后，所以它们只要不睡觉，一般都在取食。由于大片竹子同时开花，同时死亡，大熊猫在一段时间内就会面临饥饿的威胁。要在以前，它们就会去别的地方觅竹，可是现在，随着经济的发展，它们的栖息地在逐渐缩小。目前在陕西、贵州、四川成立了 12 个大熊猫自然保护区，其中包括成都的卧龙自然保护区（参见第 367 页）。

硬石咖啡厅的标志

尽管从消化系统来看，熊猫属食肉动物，但其主要以竹为食，每天要吃 15～30 公斤。由于只能消化摄入营养的 20%，它们不进食的时候都在睡觉，以减少能量的消耗。

熊猫有着非常适合取食的爪子。它们的一根腕骨已经发育成了“伪拇指”，这有助于它们抓取光滑的竹子。

大熊猫繁殖能力不强，即使动物园中设施完善，也很难提高其产崽量，因为它们只在每年春天发情一次，且对于交配对象十分挑剔。

野生熊猫属独居动物，寿命一般在 25 年左右，它们多数靠气味划分领地，单独生活。它们身上色调分明，这样便于在森林中相互识别。

2004 年，四川成功繁育 10 只大熊猫。他们普遍使用人工授精的方法，通过育婴箱来避免野外繁殖幼崽死亡率高的弊端。

一只刚出生的熊猫幼崽，体重仅有 100 克，而一只成年熊猫的体重则在 200 公斤左右。熊猫的幼崽哺育期为 90 天，幼崽三年以后才会离开母亲单独生活。

峨眉山 ❽

峨眉山，海拔3099米，自东汉以来，就一直是道教和佛教圣地。这里草木植被浓郁葱茏，寺庙众多，是举世闻名的普贤菩萨道场。相传公元6世纪，普贤菩萨曾乘六牙白象登上峨眉山。峨眉山上植物品种繁多，共计3200余种，占中国植物种类总数的10%。很多都种植在寺院内，其中包括珙桐，树叶为白色；银杏，野生银杏现已绝迹；还有桢楠，常为寺庙梁柱用材。峨眉山上最惹眼的动物就数猴子，它们大胆活泼，会拦住游客索要食物，所以最好还是把吃的东西收起来吧。

骑乘六牙白象的普贤

★ 顶峰
峨眉三大顶峰，连绵起伏，从正面看十分陡峭。

登山者
如果您走累了，山上有轿夫抬您前行。如果想少走路，游客可以从报国寺乘车至缆车乘坐处，从这里乘缆车到万年寺。要想更省事一些，可以乘缆车一路到达山顶的接引殿。

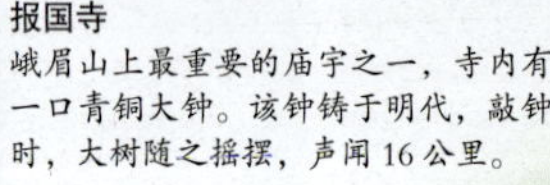

报国寺
峨眉山上最重要的庙宇之一，寺内有一口青铜大钟。该钟铸于明代，敲钟时，大树随之摇摆，声闻16公里。

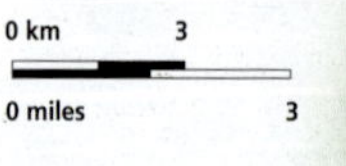

星级景点

- ★ 顶峰
- ★ 万年寺
- ★ 清音阁

金顶寺
寺前建有平台，游客可以在这里欣赏日出、云海和其他自然景观。

洗象池传说普贤菩萨曾在此停留，汲水浴象

★ 万年寺
峨眉山历史最悠久的古刹之一，可上溯至1611年，寺内供奉举世闻名的普贤金像。

the Summit

游客清单

成都西南143公里。报国寺附近。电话：(0833) 5520444。至峨眉山市。从成都或乐山到峨眉县或报国寺；峨眉山市至报国寺要20分钟。每天。

图示

车站	
缆车	
寺庙	
小路	
公路	

游峨眉山

登游峨眉山大约需要三天的时间，很多寺院都提供食宿。带上雨具，穿上耐磨的鞋，因为山上的石板路会比较滑，10月～次年4月尤其如此，在这段时间里，山上有很多卖草鞋和鞋底钉的小贩。如果您想登上顶峰，一定要带上厚衣服，一年四季都是如此。

★ 清音阁
位于黑白两水汇流处，周围山林茂密，地势较低，两侧各有拱桥一座。要想在峨眉山上过夜，附近的寺庙是最浪漫的地方。

乐山大佛 9

凌云寺天王

大佛通高71米，雕刻在凌云山的红砂岩峭壁上，地处岷江、大渡河和青衣江的交汇处。公元713年，海通和尚为保障过往船只的安全，立志凭崖开凿弥勒佛像，不过这也有一定的实际意义，因为凿佛像的时候扔了很多碎石，填满了江里的凹陷。大佛竣工时，其周围以及临近的乌尤山上也建起了几座寺庙。目前，大佛同寺庙之间已经有路相通，并被联合国教科文组织列入《世界遗产名录》。

嘉州画院
位于环境优美的寺庙中，藏品颇具艺术价值，充分展现了大佛的悠久历史和雕筑特色。

★ 大佛
现在，我们仍然可以看到排水系统的遗迹。由于佛体存在植物生长和污染问题，大佛必须每十年维护保养一次。

九曲栈道台阶狭窄，沿峭壁而下，可到大佛脚趾

星级景点
★ 大佛脚
★ 大佛
★ 濠上桥

★ 大佛脚
佛脚庞大，脚背宽8米，站在这里，您可以欣赏到世界最大的石刻弥勒佛坐像。有关佛像，还有一些惊人的数字：耳长7米，肩宽28米，鼻高5.6米。

海通和尚

海通和尚发起开凿大佛之后，很多人捐赠俸金，朝廷下令赐麻盐税款（参见353页）以保障工程顺利进行。海通居住在佛头后方的山洞里，佛像动工后，地方官索贿营造经费，海通自剜其目，以示志诚。佛像尚未完工，海通圆寂，后有官员韦皋续赠俸金完成大佛腿部和足部的开凿，整个工程于公元803年竣工。

海通，虔心致力于佛像工程

游客清单

乐山，成都西南154公里。从成都汽车站至乐山，然后转乘3路车至大佛。从乐山至乌尤寺，然后步行至大佛。5月～9月早上7:30～晚上7:30，10月～次年4月上午8:00～下午6:00。

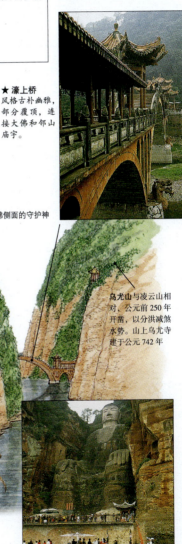

★ 濠上桥
风格古朴幽雅，部分覆顶，连接大佛和邻山庙宇。

周围古老的寺庙

大佛侧面的守护神

乌尤山与凌云山相对，公元前250年开凿，以分洪减煞水势。山上乌尤寺建于公元742年

麻浩崖墓
出现于东汉时期（25～220年），是当地贵族墓窟，内有画像雕刻和早期佛像。

游客可以从乐山雇船，畅游江上，观赏大佛

青城山正门，翘角飞檐，风格华丽

黄龙溪 ⑩

成都西南 50 公里。🚌

一个安静古朴的水岸小镇，镇上有窄巷七条，周围田野阡陌，风光秀丽，武打片《卧虎藏龙》就曾在黄龙溪古镇取景拍摄。古镇上木柱青瓦的楼阁房舍大都建于明清时代。这里有三座古庙，**其中最大的是古龙寺，**寺内殿堂简朴，寺门不高，两侧设有石狮一对，正门上为戏台，每逢庙会，便能派上用场。小镇的另一端坐落着**潮音寺，**一座尼姑庵，规模不大，寺内有彩色石雕龙神菩萨，生红发，蓄须。**镇江寺**一般不对外开放，不过这里有一个不错的茶馆，临江而建，是个休闲娱乐的好去处。

青城山 ⑪

成都西北 70 公里。🚌 至都江堰后转乘出租车。

道教名山，这里林木青翠，风景秀丽，故名"青城山"。在四川名山中与剑门之险、峨眉之秀、夔门之雄齐名，有"青城天下幽"之美誉。青城山分前山、后山，山上广建道观，曲径通幽，漫步其间，很是惬意。一进正门，就是前山，西行 15 公里即到后山，后山相对人迹稀少，山坡陡峻，道路狭窄。**建福宫**位于山门附近，是青城山保存最为完整的道观。青城主观天师洞位于前山的。正殿内饰有明朝版画，汉代道教天师张道陵曾在此讲经传道。上清宫，位于青城第一峰，海拔 1260 米，步行到此要两个小时，游客也可乘缆车上来。**上清宫**始建于公元 4 世纪，宫内还设有茶室。从上清宫上行不远就是**老君阁。**泰安寺坐落在青城后山，**海拔较低，**规模庞大，围墙有垛口，如同堡垒一般。

都江堰 ⑫

成都西北 60 公里。🚌 从成都西门车站乘车。🕒 每天上午 8:00～下午 5:00。都江堰灌溉区。

都江堰市，地域广大，主要以都江堰水利工程而闻名，该工程于公元前 256 年由蜀郡太守李冰组织修建。由于岷江水患频发，李冰率人在岷江上修筑分水堰，将江水分为两支，这样就能保持水量稳定，灌溉良田。作为中国古代人民智慧的结晶，都江堰工程沿用至今。刚刚兴建的紫坪铺水库位于都江堰以北 15 公里处，该水库对都江堰调配水功能产生了一定的影响。**目前，离堆公园**覆盖都江堰工程，园内有多处观景平台，很多主要景点都可以在这里观赏，其中包括**二王庙**，该庙是为纪念李冰及其子而建。

行驶在美丽的青城山月城湖上的渡船

◁ 人们在九曲栈道及其上方的平台上观赏乐山大佛

松潘古城东门，石墙雄伟壮观

卧龙自然保护区 ⑬

成都西北 130 公里。
www.chinawdong.com

卧龙自然保护区位于四川省阿坝藏族羌族自治州汶川县西南部，邛崃山脉东西坡，距四川省省会成都 130 公里，交通便利。保护区始建于 1963 年，面积 20 万公顷，是中国最早建立的综合性国家级保护区之一。保护区总部设在卧龙镇，这里建有研究基地和大熊猫繁育中心，山脚下有提供住宿的地方，据说这里会有野生熊猫出没。不过，最有可能看到熊猫的地方还是该中心的户外围栏里，这里圈养着 60 多只从野外带回来的动物，它们要么是在这里治病，要么在这里得到喂养。

保护区内的**英雄沟**和**银厂沟**非常适合徒步旅行，不过旅行者要有一定的体力和经验才行。如果游客对当地情况不太了解的话，可以考虑雇一名导游。虽然游客有可能看不到熊猫——因为即使在英雄沟和银厂沟，熊猫也很少见——也会接触到大熊猫栖息地，看到保护区内的 40 多种鸟类。

松潘 ⑭

成都以北 220 公里。从成都西门车站乘车。

松潘，始建于明朝，地处边陲的军事重镇，官兵在此驻守海拔 2500 米的山口。目前松潘已成为当地藏族、羌族和回族人民的行政中心与商品集散地。松潘至今保留着很多古城特征，街道呈十字形分布，四周耸立着高大的石砌城墙，并且分别在东、南、北三个方向开设城门。南门前面的庭院中建有隔墙，这里曾经是古代的“海关”，专门检查入城的商旅车队。岷江穿城而过，将松潘城一分为二。**古松桥**横跨江上，桥上建亭，顶部为双层设计，上面有动物雕刻作为装饰。松潘有两大清真寺，一座在城中心，另一座在北门外沿江而建，风格与中国传统的寺庙类似，但在色彩上使用了黄色和绿色，寺门上写有阿拉伯文字。在这里，您可以买到绿松石饰品、羊皮大衣、牦牛酥油和风干牦牛肉。北门外，有两家旅行社，您可以在这里租上一匹马，到附近的村庄来个马背夜游。如果您要在这里过夜，那只能露天睡在帐篷里，食物也很一般。想骑马出游的游客应当与旅行社就线路和费用达成书面协议，以免产生争议。

悬挂在松潘古城东门上的灯笼

黄龙 ⑮

松潘以西 65 公里。从成都或松潘乘车。黄龙庙会（7 月或 8 月）。

黄龙，地处长约 7.5 公里的峡谷地带，海拔 3000 米，境内绵延的岷山，终年积雪。这里的河流从山上发源，顺流而下，其间矿物质沉积，逐渐形成了 12 个彩池和钙华瀑布，岩石多呈黄色，故得名“黄龙”。黄龙原有庙宇四座，但都损毁严重。其中，**黄龙寺**位于峡谷上游，寺内有黄龙守护神雕像，这里每年都有庙会，赛马是必不可少的项目。

黄龙钙华梯地

九寨沟旅游区 ⑯

九寨沟是中国最美的风景区之一，占地面积620平方公里，遍布山峰河谷，内有多个藏族村寨。这里雪峰巍峨，山下大小湖泊100多个，湖水湛蓝，据说是西藏女神色嫫不慎打碎镜子，宝镜的碎片散落人间形成的。山林湖泊之间，还有很多壮观的悬瀑，碳酸钙形成的结晶体到处可见。牦牛是这里常见的野生动物，除此以外，各种野生鸟类也是一大特色，其中包括罕见的鸳鸯；这里还有熊猫，不过很少见。

鸳鸯

徒步旅行小贴士

九寨沟沟内交通：沟内有观光巴士。山路和木板路只能徒步走过。诺日朗餐厅提供餐饮接待服务，十分便捷。

时间：避开夏季周末的旅游高峰。9月～10月，这里秋色怡人，游客较少。

SAIGON

Jiuzhai Gou

扎如寺 ① 寺庙规模不大，寺内壁画色彩鲜艳，只有两名僧人。

树正寨 ② 一个藏族村寨，深蓝色的树正群海前后连绵数里，海滩上芦苇成片，村内佛教圣地众多，水动力磨坊随处可见。

诺日朗瀑布 ③

九寨沟最负盛名的瀑布，春末景色最为壮观，滔滔水流飞泻而下，溅起无数水花，气势雄伟，水势浩大。

珍珠滩瀑布 ④ 瀑布从碳酸钙斜滩上奔流而下，直冲谷底，卷起千堆浪花，好比片片滚动跳跃的珍珠。

原始森林 ⑤ 风景区深处有针叶林分布，这里人迹罕至。

0 km 4

0 miles 4

图示

旅游线路

其他线路

五彩池 ⑥

湖里生长着蕨类和草本植物，湖水深处如翠鸟般湛蓝，而浅水中生长的海藻又增添了几分绿色，每逢雨后，水中还会出现乳白色的旋涡。

长海 ⑦ 海拔3100米，是风景区内面积最大，海拔最高的湖泊。

贡嘎山东南坡的海螺沟冰川，因岩石碎块裸露而呈黑色

泸定 ⑰

成都以西 230 公里。

泸定是位于大渡河畔的一个小集镇，县城周围群山环绕。泸定铁索桥全长 100 米，横跨大渡河，桥身由 13 条铁索组成，铁索上铺木板，大桥于 1705 年建成，成为疏通当地交通的重要纽带。1935 年，中国工农红军在长征（参见第 256 页）途中“飞夺泸定桥”，使之成为中国重要的历史纪念地。当时，国民党部队拆除了桥板，企图将红军困在大渡河南岸，但红军 22 位勇士从铁链上奋勇爬过，占据了对岸的国民党阵地。大桥两头都建有桥亭，河岸远处有一座博物馆，馆内以照片形式展出了“飞夺泸定桥”的情况。

具有历史意义的泸定桥，两头建有桥亭

磨西和海螺沟 ⑱

泸定西南 45 公里。酒店提供旅行服务。

磨西小镇，羌族人口众多，是到海螺沟的必经之地。海螺沟冰川是亚洲海拔最低、最容易进入的冰川，拥有海拔 3720 米的冰舌。1935 年，红军在长征途中，曾在磨西天主教堂留宿，之后开始翻越大雪山，在这期间，红军有近 1/3 的人不幸牺牲（参见 256 页）。海螺沟冰川沿四川最高峰——海拔 7556 米的贡嘎山东南侧下探。游览海螺沟，往返要三天的时间，期间会经过杜鹃林，最后到达冰舌部分，这里因为有很多岩石碎块而呈现黑色。冰川上部倒挂着蓝绿色冰块，温泉与冰川河流共存，游人可以在冰川上洗温泉浴。海螺沟属高海拔地区，不宜剧烈运动，不宜饮酒，应多食蔬菜、水果，以防发生高原反应。

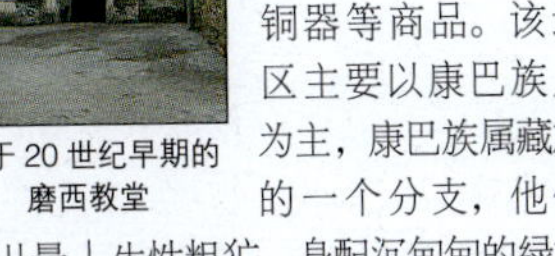

建于 20 世纪早期的磨西教堂

康定 ⑲

泸定以西 50 公里。从成都新南门汽车站出发。

康定地处折多河谷，属四川盆地西缘山地和与青藏高原的过渡地带，历史上重要的物资集散地，是四川连接汉族聚居区与藏族聚居区的门户，在政治、军事和经济上具有重要的战略地位。清朝时期，康定成为盛极一时的边茶贸易中心，商贩将茶叶压制成茶砖，运到康定，换取藏族群众的羊毛、铜器等商品。该地区主要以康巴族人为主，康巴族属藏族的一个分支，他们生性粗犷，身配沉甸甸的绿松石饰品，腰间悬刀，行为举止迅速。位于康定中心的安觉寺是康巴人主要的朝拜庙宇。另外，这里还有很多羌族、回族和汉族居民。跑马山位于康定东南部，每年的浴佛节就在这里庆祝，届时康巴人将举行赛马，展示他们的马术技巧。德格县的德格印经院位于康定以西，距离西藏边境 500 公里处，这里也是值得一看的地方。

云南

云南位于中国西南边陲，自然景观丰富，气候复杂多样，少数民族众多。西北属青藏高原山区；南部则是热带雨林和火山平原。中部为平原和丘陵，长江、萨尔温江、湄公河从这里流过，其中长江是亚洲第一长河。

公元前3世纪，滇国建立，国家以游牧民族为主，千百年来，云南一直是一个相对孤立的边境省份，受汉族文化影响较小，保留了其地方特色。目前，该省少数民族众多，占全国少数民族总数的1/3，同邻国缅甸、老挝和越南之间有很多共同之处。省会昆明是中国旅游观光、休闲度假的好地方。昆明附近有令人叹为观止的石林；几个少数民族村寨分布在西双版纳的热带森林里；北部的大理则是本土居民白族人的故乡；再往北是纳西古国之都丽江，这里以原石铺成的街道和古建筑而闻名，已被联合国教科文组织列入《世界遗产名录》；虎跳峡，谷坡陡峭，蔚为大观，游赏虎跳峡需要两天的时间。

除昆明外，云南省大部分地区铁路交通十分不便。所以汽车是云南旅游必要的交通工具。

◁ 千寻塔，建于公元9世纪，位于大理市郊，是三塔中历史最为悠久的一座

昆明 ❶

昆明市博物馆地藏寺经幢

云南省省会，海拔2000米。这里夏无酷暑、冬无严寒，植物资源丰富，故有“春城”之称。历史上，昆明曾属南诏国领土，那时初为天下所知（参见386页），到13世纪，昆明已发展成为一个经济繁荣的国际性城市。目前，昆明已经进入快速发展的时期，但仍然是中国经济相对落后的城市之一。

昆明市中心现代化的高楼大厦

翠湖公园

翠湖南路67号。◻每天。

位于昆明市西北部，公园里亭台楼阁，水静桥美，湖内遍种莲花，冬天会有大量红嘴鸥飞来过冬。法国公使馆旧址位于公园以西，现用于临时性展览。公园的西北方向是大学区，这里有学生咖啡馆。

圆通寺

圆通街30号。电话：（0871）519762。◻每天上午8:00～下午5:20。

坐落在圆通山脚下，云南最大的佛教寺院，香火十分旺盛。寺院曾多次得以重修，寺门为明代建筑，雄伟壮观，寺院的中心位置有一池塘，一座石桥连接池塘两岸，石桥上建有清代亭阁一座。亭阁内供奉着一座高3米的弥勒佛金像。亭阁后面是明代建筑大雄宝殿，殿内有龙柱一对，上雕木龙，喻指寺庙池塘内有龙的传说。再往后是一座泰式佛殿，里面供奉着泰王国赠送的释迦牟尼铜佛像。圆通寺后绝壁峭拔，有阶梯，岩石上刻有宗教诗词和经文。

花鸟市场

景星街花鸟市场店铺林立，人山人海，热闹非凡，集市上各种商品应有尽有，琳琅满目。这里的宠物花样繁多，有鸟、鱼和其他各种动物，还有很多古玩和纪念品，像太极剑、珠宝、古钱币、竹质烟斗和“文革”纪念品。

云南省博物馆

东风西路和五一路交叉口。电话：（0871）6179535。◻周二～周日上午9:30～下午5:00。

云南省博物馆于1964年建成使用。它是一座主楼七层、两翼三层的宝塔式建筑，通高40余米。大楼一层至三层为展厅，面积共4200平方米，前面是12根合抱粗的圆形大柱，屋顶金色刹杆灿灿，红星闪烁，气势雄伟，造型别致。

该博物馆二层陈列着铜鼓（参见421页），做工精细，出土于滇池沿岸的墓冢，可上溯至战国和西汉时期，已有2000多年的历史。铜鼓表面刻有纹饰，以表现田园生活为主，不过也有摔跤场景、牛虎相斗等图案。制作最为精美的铜鼓是用来储存贝壳的，贝壳是当时的一种货币。其他的多为乐器和陪葬品。直到今天，铜鼓依然是云南一些少数民族婚礼、节庆和丧葬中的重要乐器。各个时期的青铜器和木雕佛像陈列在博物馆的另外一个展厅里。再往上还展示有史前人类遗骸和盾皮鱼的石膏模型。

翠湖公园内的湖上凉亭

穆斯林区

顺城街是昆明仅存的一条古街，即原来的穆斯林区。街道两旁店铺林立，游人可以买到葡萄干、皮塔饼和风干牛肉。南城清真寺拥有400年的历史，原位于正义路，曾毁于战火，之后得以重建，正面采用白色砖瓦，寺顶呈圆形绿色，现代而华丽。与新建的清真寺相比，其周围的深街小巷更具吸引力，这里的店铺出售宗教服装，像无檐便帽以及各种麦加图片。一些清真小饭馆里有专门做面条的厨师，他们耍面团、撕面条的技巧十分高超，引来不少游客驻足观看。另外，这里还有很多卖羊肉串的，羊肉串上撒上孜然，在火上烤得冒油，不禁让人垂涎三尺。离这不远的地方，在护国路和庆云街之间还有一座清真寺。

穆斯林区的烤羊肉串

西寺塔

东寺街。◯ 早上7:00～晚上8:00。

西寺塔始建于唐代，共13级，每级都设佛龛雕像。东寺塔离这儿不远，形制跟西寺塔相似，建于花园当中，更加古朴优美。尽管两塔的殿宇并不对外开放，但游客可以进入西寺塔的围院参观，门票也不贵。

昆明市博物馆

拓东路71号。电话：（0871）3153256。◯周二～周日上午10:00～下午5:00。

虽然内容不及云南省博物馆，但该馆仍然收藏了一些相关文物。其中最引人注目的是宋朝的大理国经幢，通高7米，粉红色砂岩雕筑而成，是大理国布燮（官名，相当于宰相）袁豆光为纪念高明将军所造。幢体共七级，上有守护神和鬼奴雕像，栩栩如生，顶端雕有佛像，守护在圆球周围。博物馆楼上还陈列着铜鼓和五具当地出土的恐龙化石，其中包括一具翼龙和一具巨硕云南龙。

双脊龙骨骼化石，昆明市博物馆

游客清单

大理东南208英里（335公里）。390万。昆明巫家坝机场。昆明火车站，火车北站。昆明汽车站，汽车西站。环城南路285号。电话：（0871）3566666。

昆明市中心

花鸟市场 ③
昆明市博物馆 ⑦
翠湖公园 ①
穆斯林区 ⑤
云南省博物馆 ④
西寺塔 ⑥
圆通寺 ②

0 meters 800
0 yards 800

双檐金殿，全部由黄铜铸成

金殿

昆明东北12公里。从昆明火车北站乘坐6路、71路、76路即到。每天。

金殿位于昆明东北市郊，幽雅僻静，这里有保存完好的花园和松叶林，极具旅游价值。不过，该风景区的焦点还是坐落在鸣凤山顶的金殿。金殿建于1671年，最初为清朝叛将吴三桂的避暑之处，大殿分为两层，全部由黄铜铸成。其整体造型模仿传统的木结构庙宇，建有屏风、立柱和翘檐。大殿通高6米，重达300吨，下置大理石底座，由于年代久远，表面铜锈沉积，整座建筑几乎完全变成黑色。风景区内屹立着很多古老的茶花树，其中一棵有600年的历史。正殿内的格窗、横梁和雕像全部由铜铸成，另外还有两把道家武士使用的七星宝剑。花园里山茶飘香，是野外聚餐的好地方。游客可以乘坐巴士或租自行车到山脚，然后徒步上山至金殿。

金殿后方的山上另建有道家圣地一处，内置钟塔，一口重达14吨的铜钟悬挂其上。铜钟于1432年铸造，原置于昆明城南门，该门后来被拆除。

筇竹寺

昆明西南12公里。从昆明汽车西站乘车。每天上午8:00～下午5:00。

筇竹寺，始建于唐代，后毁于火灾，公元15世纪得以重建。如今的筇竹寺建于元代，木质结构，以黑红两色为主，是一座古朴典雅的佛教建筑。寺庙内有佛像三座，雄伟壮观，不过寺内最受游人推崇的是其真人大小的精美泥塑雕像，它们由杰出的四川泥塑大师黎广修历时十余年，于20世纪末精心塑造而成。当时，黎广修携其五名徒弟承担为寺庙主殿塑造五百罗汉群像（罗汉即超脱生死轮回者）的任务。起初罗汉像并未得到人们的认可，黎广修也因此不准再从事此类工作，不过现在这些雕像已经成为筇竹寺的标志性景点。墙面上的人物面相古怪，乱成一团——其中一个胳膊比身子还长，另一个的眼球则在膝盖上。他们都踩在浪花上，水里还有鱼。另外还有三组摆放在架子上的塑像，它们体现的是佛教德行和罪孽。有趣的是黎广修把自己和五个徒弟的形象也塑成了罗汉，混入了五百数之中，在观赏时不妨加以留意。这些人物雕刻精美，从诸多角度反映了人生与邪恶：摘月、戏怪、打哈欠、争论、吃桃。黎广修在刻画面目神态和动作举止方面颇有技巧，从而使得五百罗汉惟妙惟肖，各具特色。有人认为，这些雕像很多都是对当时世俗人物的讽刺，这也可能是五百罗汉像在当时没有得到认可的原因。

另外，主殿内的石碑也值得一看，该石碑刻于14世纪，上面以蒙、汉文字记录了中国古代王朝同云南之间的贸易往来。寺院内有一家上好的素斋餐厅。

筇竹寺鸟瞰图

滇池沿岸的海埂公园

滇池和西山

从昆明乘车。每天。www.iandni.gov.cn

滇池，位于昆明南部，南北长40公里，两岸有众多渔村，湖西群山环抱，湖东开阔平坦，构成一幅美丽的天然画卷。帆船往来于宽阔的湖面上，这些传统的中国式帆船由竹桅杆和方形帆布搭制而成，是渔民用来打渔的。大观楼，濒临滇池北滨，是个观赏滇池美景的好地方，由此向南就是海埂公园，园内翠柳成荫，景色迷人。

西山是观赏滇池的最佳地点，位于昆明西南约16公里处。这里山脉连绵，好似一个少女仰卧在滇池畔，青丝垂海，故西山有“睡美人”之称。登攀西山，沿途寺庙众多。游客可以徒步攀爬，也可以乘坐小巴士上山。进山第一座寺庙是华亭寺，距离入口2公里。公元11世纪，昆明鄯阐侯高智升曾在这里修建乡间别墅，后来该寺庙多次得以重建。寺内景观秀丽，建有多处佛塔和池塘，殿内的塑像生动传神，其中包括面目狰狞的四大天王、金身蓝发佛像以及五百罗汉。

从华亭寺出来，沿着陡峭而曲折的林间小路走大约2公里，就来到太华寺。太华寺始建于1306年，由佛教禅宗云游大师玄鉴和尚创建，主要供奉以慈悲为怀的观音菩萨。众所周知，这里园囿清秀，植物尤以山茶花和木兰花而出名。再往山上走20分钟，就到了三清寺，寺内建有庙宇、大殿和亭阁。公元14世纪，这里曾是蒙古王子消夏避暑的地方。到18世纪，三清寺已成为道教圣地。

太华寺内亭、池、林、园交相辉映，风景如画

龙门石窟位于距离三清寺约800米的地方，这里依山开凿了很多窟龛、石阶和隧道。石窟开凿工程浩大，由道人吴来清于18世纪主持开建，历时70年完成，绳子和锤子是当时仅有的工具，开凿石窟绝非易事。这里的窟龛内有很多精美造像，包括观音和文曲星。游客可从三清寺附近乘坐缆车到山顶的巨龙门，一个海拔2500米的观景台，从这里可以观赏滇池美景。

滇缅公路

1500年来，南方丝绸之路贯穿云南、缅甸，直到印度，沿途尽是崇山峻岭、茂密丛林，经常有强盗土匪出没。20世纪30年代，日本发动侵华战争，国民政府退守西部，为保证从缅甸向国内抢运战略物资，中国政府开始修建滇缅公路。公路全长1100公里，施工过程中动用劳工30万人。尽管筑路设备落后，但人们最终还是将公路建成，把昆明和位于缅甸腊戍的英国铁路终点站连接起来。“二战”期间，滇缅公路成为向盟军运送食品、武器和医疗用品的战略交通线。大量的军用物资从仰光通过铁路运至腊戍，然后再用卡车通过滇缅公路运至中国。1942年，日本占领腊戍，由美国史迪威将军（参见341页）指挥建造的另一条公路成为连接印度雷多和滇缅公路的重要通道，两条公路的交会点位于缅甸八莫。

蜿蜒在崇山峻岭间的滇缅公路，修建于20世纪30年代

石林 ❷

石林，大自然鬼斧神工的杰作，这里的石灰石柱纵横交错，是云南最为著名的旅游胜地。石林的石峰石柱千姿百态、重峦叠嶂，有的高达30米，它们的名字十分有趣，像“犀牛望月”、“雨后春笋”，惟妙惟肖，令人浮想联翩。这里的巨石群好比森林一般，林间曲径蜿蜒，移步易景，还有湖泊分布其中。石林是中国旅游的热门景点之一，经常出现多个旅行团挤在中间的情况。您可以到边缘地带寻求一份静谧，不过千万不要忘记，在这梦幻般的自然景观中，很容易迷路。如果想进一步感受大自然的神奇，您可以在这里过夜，当人潮散去，华灯初上，石林别有一番风味。

★ 望峰亭 ③
石林里的很多小路都通往位于中心位置的望峰亭，这里是眺望石林群峰的佳处。

小石林 ①
小石林，位于大石林以北，面积稍小，更为幽静。这里有一处空地，每天晚上都有撒尼族人进行舞蹈表演。

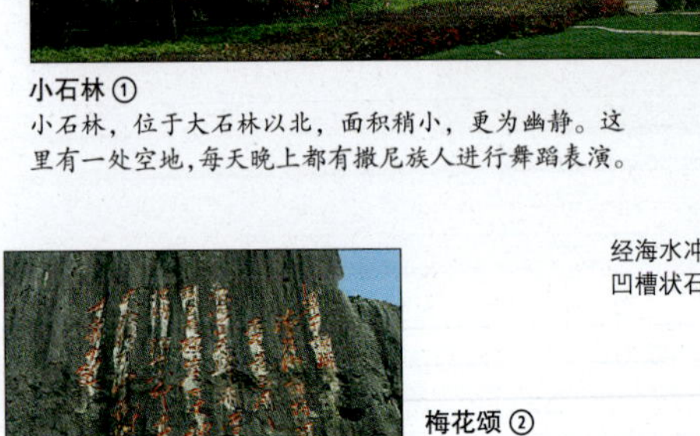

梅花颂 ②
很多岩石上都刻有诗词，其中包括毛泽东最喜爱的一首《梅花颂》，字体优雅流畅。

经海水冲刷形成的凹槽状石柱

石林的形成
根据该地区发现的化石判断，2.
亿年以前，二叠纪时期，石林
覆于水下。后来，地壳上升，
水退去，大海中的石灰岩海床
为陆地，又历经风化和雨水冲蚀
逐渐形成今天形态各异的石峰
柱。

撒尼族

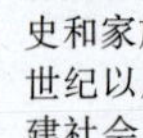

撒尼族，彝族的一个支系，世代居住于石林周围。彝族，主要分布在西南地区，拥有自己的文字和6种方言，保留了诸多有关医药、历史和家族谱系方面的记载。进入20世纪以后，很多彝族地区仍处于封建社会，有的仍然信奉萨满教。撒尼族人广泛分布于石林地区，善于刺绣，很多当地的撒尼人都在石林担任导游和舞蹈演员。

石林的撒尼族导游

星级景点

- ★ 望峰亭
- ★ 剑峰池

★ 剑峰池 ④
在锯齿状石峰环抱之中。这里有一条狭窄的小径通向石林尽头。

锋利的石峰边缘

石柱呈波浪状，边缘很薄，这是石灰岩经海水中的化学物质侵蚀而成的

游客清单

昆明东南120公里。电话：(0871) 7719006。每天24小时。火把节（农历六月底）。www.china-stoneforest.com

阿诗玛 ⑤
传说，一个名叫阿诗玛的姑娘曾坐在这里翘首以待心上人的到来，最终化为石林后方的一块石像。

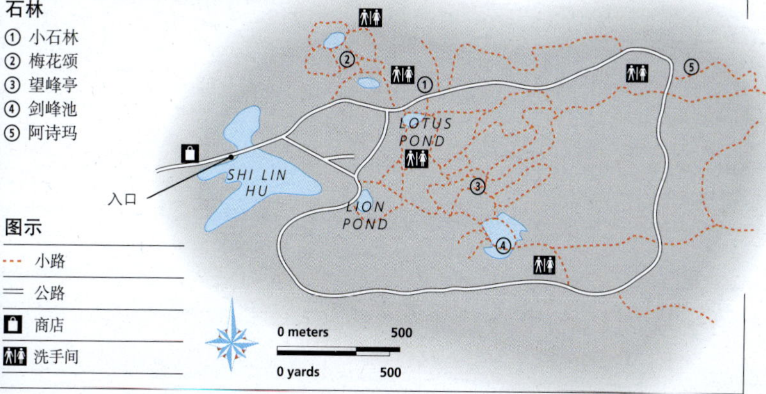

傣族妇女在繁忙的景洪市场上售卖蔬菜

景洪 ❸

昆明西南 690 公里。39 万。

西双版纳位于云南南部，属热带地区，虽然是繁荣昌盛的中国的一部分，但民俗风情却同邻国缅甸和老挝大致相同。公元 12 世纪，傣族首领叭真以景洪为中心建立国家。如今，这里高楼大厦随处可见，而道路两旁却是棕榈成荫，给人一种很奇特的感觉。缓慢的生活节奏是该地区吸引游客的一大亮点，也是当地傣族文化的一大特色。

曼听佛寺位于市中心东南，是西双版纳最大的佛教寺庙。全部为木质结构，下有立柱支撑，浮于地面之上，内部结构简单，绘有生动形象的佛教主题壁画。佛寺旁边有一所专供傣族男童修习佛学的学校。佛寺后面是春欢公园，历史上的宫廷花园旧址，有无数孔雀栖息在这里，很是热闹。公园里有一条小河，河对岸建有多处庙宇和佛塔，很多条路都能到达。这里的商店出售活鱼，供游客放生祈福。位于景洪城西景洪西路上的热带花卉园是每个对当地植物感兴趣的人都必到的地方，这里花卉品种繁多，风光绮丽。这里还有大量的热带植物（1000 余种），很多都附有英文说明。每天午后这里会有充满活力的傣族舞蹈表演。这里还立着一块周恩来纪念碑（参见 250 页），是为了纪念 1961 年周总理和缅甸领导人吴努在此通过会晤缓解边境紧张局势而设立的。

热带花卉园内发芽的植物

曼听佛寺
曼听路。每天上午 8:00～晚上 7:00。

热带花卉园
景洪西路 28 号。每天。

周边景点：位于景洪东南 30 公里的橄榄坝是周边景点中比较不错的一处。位于城东南的傣族园囊括了几个保存完好的傣族村寨，这里的房屋是传统的高脚建筑，以竹子和木头为主要建筑材料。公园的中心位置矗立着一座金身佛塔，称作曼春满金塔，拥有 700 年的历史。不过景洪最具吸引力的地方还是湄公河畔风景如画的茂密丛林。附近的咖啡馆可以为您提供徒步旅行的建议以及自行车出租业务。

著名的三岔河野象谷坐落在景洪城区以北 50 公里处，约有 50 头野生大象在这里出没。游客进入景区游览，必须有导游的带领。谷内在树上建有通道，这样便于游人观察野象，另外游人还可以乘坐架空滑道，观赏野象谷全景。百鸟园和蝴蝶园位于南门附近。这里经常会有大象表演，人们训练大象挥舞长矛利刃。

哈尼山寨位于景洪以西 38 公里。在这里，游客可以亲身领略哈尼文化的魅力。村寨里有典型的哈尼族建筑、水稻梯田和茶树种植园，吸引着八方游客。在这里，游客可以欣赏到民族舞蹈表演和独特的哈尼服饰，哈尼服饰以其绣花围腰、胸前银佩以及华丽的头饰而著称。

郁郁葱葱的景洪热带花卉园

◁ 位于丽江黑龙潭中心位置的亭阁，黑龙潭后面就是玉龙雪山

傣族

在中国，傣族人主要生活在西双版纳地区，这里植被茂盛、四季常青。历史上，傣族人的分布地区曾向北延伸至长江流域。公元13世纪，蒙古族南下扩张，傣族人被迫向南迁移，现在泰国、老挝、缅甸和越南均有傣族人居住。不管生活在哪个国家，傣族人享有共同的文化，虽然大乘佛教是中国其他大部分地区较为盛行的流派，但傣族人信奉小乘佛教，有自己的语言和文字。

银制象形胸针

傣族人拥有较高的种植技术，多依河流发展农业，种植水稻、甘蔗、橡胶和香蕉，这里土壤肥沃，农作物长势良好。傣族菜以甜为主，其他地方很难吃到，值得品尝。这里有著名的香竹饭、菠萝饭以及富有异国口味的蚂蚁蛋和炒青苔。

传统傣家住宅属高脚房屋建筑，以竹为主要建筑材料，分上下两层，上层住人，下层养牲畜。户外的水井上建有井罩，傣家人对水格外虔诚。

传统的傣族妇女穿着筒裙或长裙、紧身内衣，外套对襟窄袖衫。她们的头发都是盘于头顶，以梳子固定，以鲜花为饰。傣族人以镶金牙为美，已婚妇女都佩戴银手镯。

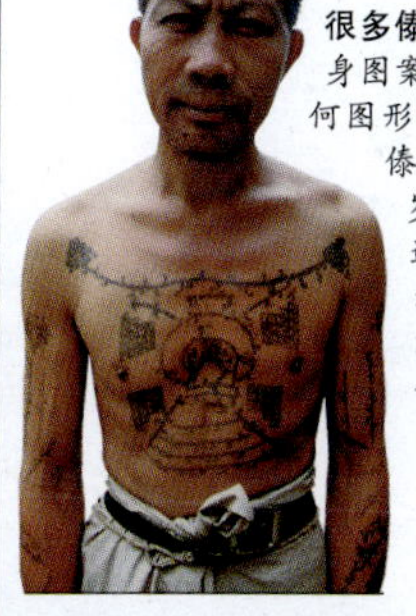

很多傣族男子都有文身，文身图案包括动物、花卉、几何图形和傣族文字等。根据傣族习俗，男子到了12岁就要在躯干和四肢上进行文身。目前，这种成年礼习俗正在逐渐消失，不过在一些偏远地区依然存在。

在农村地区，如果有的东西自己生产不了，傣族市场是人们购物的唯一渠道。大型的集市通常都在周一，方圆数百里的村民都会来赶集。这是人们讨价还价、采购货物的时间，也是父老乡亲闲话家常，青年男女欢乐嬉戏的时刻。

泼水节

原为隆重的佛教节日，传说是为庆祝魔神的灭亡而设，如今的泼水节早已成为人们狂欢嬉戏的日子。这一天，不管是认识也好，不认识也好，人们相互尽情泼水。民间认为，这是吉祥的水，祝福的水，不管是谁，虽然全身湿透，还是高兴异常。泼水节的第一天会有大型集市；第二天会有赛龙舟、放烟花、大象和孔雀表演；第三天则是人们泼水狂欢、跳舞、唱歌的时间。

云南泼水节在4月中旬，一般是13～16日

西双版纳 ❹

西双版纳深处云南南端，属亚热带气候，在气候和文化上与东南亚诸国非常接近。该地区大部分都被原始热带雨林覆盖，这是中国仅存的原始热带雨林，茂密的丛林为种类繁多的野生动植物提供了栖息场所，其中鸟类数量就占到全国总数的 1/3。西双版纳约 1/3 的人口是傣族人（参见 381 页），另有 1/3 为其他各少数民族。大部分居民都聚居在小村寨里，游客可穿梭于各个小镇，骑上自行车游览乡野风光，或者到茂林深处跋涉探奇，这是去西双版纳游玩最引人入胜的地方。

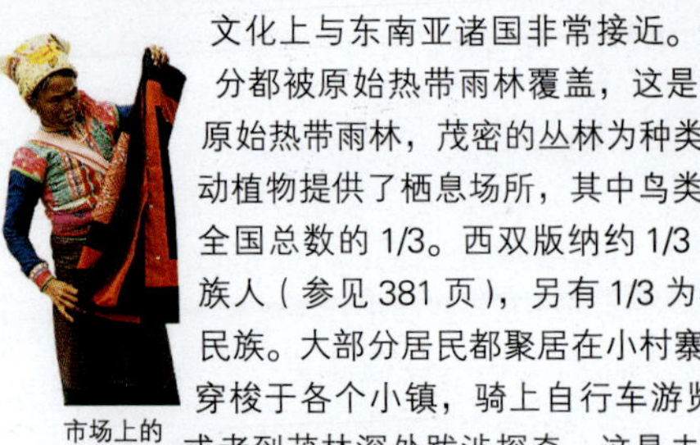

市场上的白族妇女

勐仑植物园里形似立柱的棕榈树

东至老挝

这条线路途经一片平整的耕地，然后穿过高山森林最终到达中老边境。如果游客带齐了相关证件，也可越过国境线。

曼听小镇坐落在橄榄坝（参见 380 页）以东，镇子上随处可见木结构傣族房屋。小镇的**佛寺**和**独塔**建筑技艺精湛，原是 12 世纪时修建的寺庙，“文革”中被毁，后来得以重建。

乘公共汽车东行三小时可到达**勐仑镇**，该镇坐落在罗梭江畔，镇上有几条尘土飞扬的街道。风景绝胜的**勐仑植物园**位于江对岸，穿过吊桥即可到达，该园是为研究当地植物的药用价值而建立的。园中植物有 3000 多种，即便是没有植物学知识的人也会大开眼界，这里有著名的龙血树——其汁液可用来愈合伤口，此外还有竹子以及成片年代久远的苏铁树。植物园内建有小旅馆，游客可在此过夜。

要去**勐腊县**，首先要经过一片农田，随后还需穿越广阔茂密的热带丛林，这是西双版纳五个野生动物保护区中最大的一个，现在已逐渐衍变为橡胶种植园。

搭乘的士往勐腊以北行驶片刻即可到达**补蚌望天树空中走廊**，空中走廊由一系列细长索桥搭设而成，索桥一端紧扣于树冠处，高约 40 米，伫立于走廊上可欣赏脚下秀美绝伦的丛林景致。由此再行 15 公里，可到达瑶族村寨**瑶区**。

尚勇村是靠近中老边境最大的村寨，作为西双版纳苗族（参见 406 页～407 页）聚居地，这里也是别有一番风味的。

勐仑植物园
每天上午 8:30 ～下午 6:00。

补蚌望天树空中走廊
勐腊以北 30 公里。
每天上午 8:30 ～下午 6:00。

西至缅甸

西双版纳西部与东部相比较为落后，道路崎岖，交通不便。然而，该地区有许多纯粹的少数民族村寨景色迷人，绝对不虚此行。

勐海县并无奇特景致，却可以成为骑自行车探访乡野村寨的大本营。勐海因出产普洱茶闻名遐迩，而且每周日还会有热闹的集市。

景真**佛教建筑**以“波苏”著称，“波苏”是一座八角佛亭，为佛家授经布道场所。主寺庙墙壁上绘有美丽的装饰性壁画。距此稍远处的**勐遮镇**上，有一座兀立于山顶的**曼磊佛塔**，该塔建于 18 世纪，造型奇特别致，塔身为八面体，飞檐重叠。佛塔内藏有书写于棕榈叶上的佛经，极为珍贵。**西定**是饶有趣味的哈尼族村寨，寨上每周四都会举办大型集市。

在勐海城外采摘普洱茶

景真寺院壁画上描绘的佛教活动

形似春笋的曼飞龙塔

格朗和乡也以哈尼族为主，这里的妇女常佩戴精致的银制头饰。阿卡人是哈尼族的一个分支，他们拖着长长的辫子，聚居在县城以北靠近湖边的村寨里。

朝边境方向南去，可到达**勐混镇，**勐混镇冷清寂寥，不过每周日都会举办规模很大的集市，从黎明开始至正午结束。来此赶集的人多为傣族居民，但也有一些哈尼族和布朗族人。镇上还有一座破败的寺院，建于19世纪。

边境集市上也有许多来此赶集的山区布朗族人和缅甸商贩，所以这个边境前哨还是值得一游的。

大勐龙至布朗山

大勐龙地处景洪以南70公里，每逢赶集的日子这里都异常热闹，是徒步旅行和寺庙观光的绝佳去处。途中可在**嘎洒**逗留，这里的**曼光龙寺**修筑有赏心悦目的龙形楼梯。

曼飞龙塔矗立在大勐龙北部，步行约有半小时的路程。九座尖塔簇然而立，优美雅致，是当地佛寺建筑之精品。该佛塔建于1204年，传说佛祖曾在此留下脚印。来此上香朝圣的人为数众多，每年10月底或11月初的探塔节期间，此地都会举行盛大的欢庆活动。另外一座佛教遗址为**黑塔**，虽然破败古旧，但却是一个景色怡人的所在。

沿南阿河及其支流**徒步跋涉三日可至布朗山，**沿途丛林茂密，并有一些傣族、哈尼族、布朗族和拉祜族村寨，旅程简单而充实。先从大勐龙出发，行走10公里可到傣族村寨**曼光罕**，再行13公里可到达布朗族村寨**曼播**，这是旅途过夜的好地方。第二天游客要顺着蜿蜒小径跋涉22公里，穿过一片茂密的丛林，最终到达**卫东村**。到了第三天就轻松多了，游客行走10公里的路程即可到达布朗山，山上可提供基本的住宿，并有公共汽车每天往返于勐海镇。

观光游览小贴士

出行：景洪可提供出租车服务。主道路上公共汽车往来很频繁。旅游区的咖啡厅里可租到自行车。

徒步旅行：许多徒步旅行俱乐部的总部都设在景洪。如果在丛林地区徒步旅行，建议带上导游。该边境地区比较敏感——不要在无导游带领的情况下走近中缅边境线。备好足够的水，带上防晒霜、一件雨衣、一顶帽子以及一个急救箱。

住宿：大多数村寨里都有基本的住宿设施。

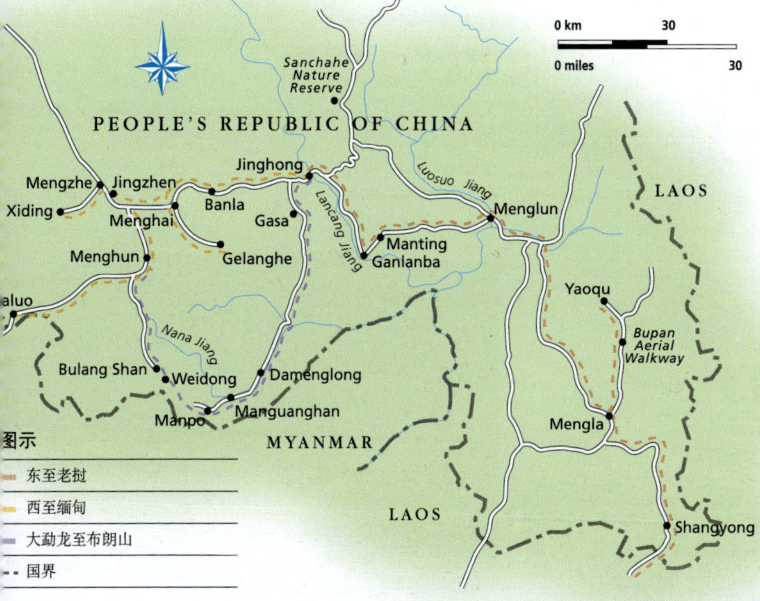

大理及洱海 ❺

南门上镌刻的“大理”两字

小城大理东临洱海，西及苍山山脉，城内风景如画，吸引着纷至沓来的八方游客。大理老城区仍为遗存下来的明代城墙环卫着，城区内卵石铺砌的街巷和石板房尤为引人注目。周边乡村聚集着许多白族村寨，为游客提供了了解传统文化的窗口。到了赶集的日子就更加妙趣横生。当然游客也可以参加山地远足活动，或者到洱海观看传统捕鱼方式——鸬鹚捕鱼。到大理游玩的最佳时间是春季交易会期间，到时会有数百名白族群众前来助兴，上演无鞍赛马、摔跤等庆祝活动，载歌载舞，一直持续五天之久。

从南城门上掠过城中建筑物屋顶北望

游览大理

大理古城区面积仅 4 平方公里，一个早晨就可游览无余。从南门步行横穿市区直至北门，大约需要半小时的时间。这里有许多饶有趣味的所在，从小纪念品店到茶馆、传统按摩店，应有尽有。每周五的集市上，购物者和农民商贩也蜂拥赶来，到处挤挤挨挨，人头攒动。市内最佳登高观景点是南城门，伫立城头，可远眺洱海和苍山。

护国路和复兴路

护国路自西向东横贯市区中心，绰号“洋人街”，这里宾馆云集，提供比萨饼和卡布奇诺咖啡的咖啡馆比比皆是。老城的多数景点都集中于南北通衢——复兴路两侧。鼓楼紧邻大理博物馆，曾几何时，声声暮鼓便是城门关闭的讯号。沿复兴路往北更远处，坐落在图书馆前面的是一处广场，经常会有人来这里玩纸牌或多米诺骨牌游戏。再远一点就到了安静宁谧的玉洱公园了，园中果树成林，池塘密布。而矗立在街头北侧的则是大理的天主教教堂，教堂顶部由唐代瓦片铺筑，山墙则饰以彩绘。

大理博物馆

洱海南路 8 号。电话：(0872) 2670196。每天上午 8:30 ~下午 5:30。

南城门内不远处坐落着大理博物馆，清朝时曾为大理提督府衙。1856 ～ 1873 年穆斯林起义期间，起义军首领杜文秀曾一度据其为自己的元帅府。博物馆庭院深，院中栽种着成团成簇的三角梅与马樱丹，绝对不虚此行。亭子中赫然悬挂的巨大铜钟来自旧时钟楼。博物馆内收藏的诸多文物中最吸引人的当属南诏国（参见 386 页）佛像以及一尊丫鬟雕塑，此外还有明朝古墓里出土的管弦乐器。后馆大厅内陈列着许多卷轴画的临摹品，其中一幅描绘的是南诏建国时的景象。

三塔

大理西北 2 公里。电话：(0872) 26666107。www.dalisanta.net

三塔卓然而立，是大理的标志性建筑，最早曾建于崇文寺内，后来在清代时被损毁。从市区往北步行 20 分钟或乘公交车，不一会儿即可到达，在旅游客车未到之前观光游览，最为惬意。千寻塔为 16 级方形塔，塔高 70 米，是三塔中最高的一座，历史也最为久远，可追溯到公元 800 年左右。每层塔身上都有精美的大理石人物浮雕。塔中藏有许多佛教文物，如佛经 、铜镜以及金制饰品，这些文物是在 1979 年修缮三塔时找到的，如今都陈列在

风景怡人的大理博物馆

大理城北俊逸挺拔的三塔

游客清单

昆明西北 420 公里（261 英里）。50 万 下关机场，距大理 30 公里（18 英里）。到了下关，再乘 30 分钟的公交车可到大理。苍山路 49 号。电话：（0872）2195635。春交会（农历三月也就是 4 月或 5 月的第 15 天）。

荅后的博物馆中。另外两个较小的八角形佛塔建于 11 世纪，高 42 米。这两座塔除了用以存放圣物之外，还可安抚众神，祈福禳灾。千寻塔塔前镌刻着“永镇山川”四个大字。

中和寺

大理以西。

大理市区步行至中和寺约有一个小时的路程。往市区以北前行，沿途穿过一座小桥，最终到达中和峰下长有雪松和桉树的树林，顺着树林中的蜿蜒小径攀至山顶即可找到中和寺。更简单的方式是从主路上乘坐登山吊椅。中和寺始建于明代，如今被修缮一新，寺中既有佛教圣像，也有道教神祇。从这里极目远眺，湖泊和城区如临脚下，风光旖旎，赏心悦目。游客可骑当地人提供的马匹向山上更高处攀行，不畏艰难者亦可顺着一条石径徒步跋涉 9 公里，最终到达无为寺，寺中有修习太极拳的僧人。游客可在寺中过夜，次日再返回。

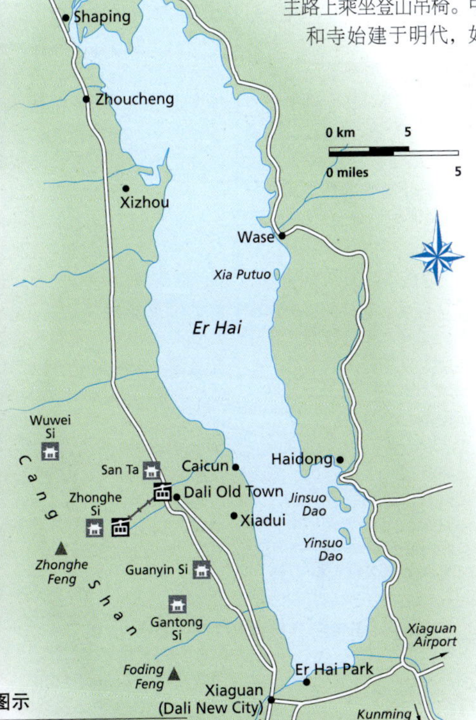

观音塘和感通寺

大理以南约 5 公里。

观音塘坐落在佛顶峰脚下，寺中供奉着大慈大悲的观音菩萨。如今观音塘新建了一座色彩绚丽的寺门，寺院内林木成荫，石雕精美。观音塘后面有一条 3 公里长的幽径，蜿蜒通向山顶的感通寺。当然游客也可以选择从中和寺出发，顺着壮观的玉带云游路徒步行至感通寺。今天，虽然感通寺仅有两座庙宇得到初步修复，但依然难掩其雄奇壮观的身姿。

大理周围城镇中的一处喧嚣热闹的集市

在碧波荡漾的大理洱海上畅游的渔夫和鸬鹚

洱海

每天。

洱海位于大理以东3公里处，是白族人民的母亲湖，因形似耳朵而得名。洱海纵贯40公里，湖中有众多渡船穿梭游弋，这里也是50多种鱼类繁衍生息的地方。大理的任何一家咖啡厅都可安排洱海游。大多数洱海游也包括游览小寺庙，或到洱海东岸景点观光游览。游客甚至还可以同养殖鸬鹚的渔民（参见416页）一同捕鱼，观看这种训练有素的水鸟如何捉鱼。旅游船只种类繁多，从搭载大型旅游团体的巨型游艇（俨然水上塔楼），到体积较小的游船，不一而足。这些船只都从洱海西岸的才村码头出发。

洱海游通常还包括游览**金梭岛**，该岛位于东岸附近。金梭岛原是南诏王室的避暑胜地，如今岛上建起了小渔村。往北更远处是**小普陀岛**，这是一块面积不大、峭拔突兀的岩石，其上盘踞着一座佛教寺庙。

周围村寨

洱海岸边散落着若干村寨，是寻幽探胜的好去处，赶集的日子尤其不可错过。大理北门外的公交车站停放着许多小巴，其中有一辆穿梭往返于各个村寨，可以很容易挥手拦截。位于大理北部20公里处的**喜洲**，历史上曾是南诏军事重镇。今天，这里建有约90栋白族民居，这些民居皆以宅院为中心，四面合围，特色鲜明。大多数白族民居都聚集在中心广场的东北部，其中有一处民居已被改建成温馨惬意的田庄宾馆。喜洲东北几公里的地方便是**周城**，这是湖边最大的白族村寨，村中还有生产扎染制品的作坊。周城以北便是**沙坪村**，沙坪是一个冷清寂寥的村落，不过每周一该村都会举办规模较大的集市，到时这里俨然成了十里八乡的活动中心。集市上有琳琅满目的当地农产品，也有牛羊牲畜，还有可口的野生蜂蜜、各种调味品以及白族传统服饰。沙坪集市规模宏大，喧嚣熙攘，色彩纷呈，是去当地旅游的重要一站。

沙坪白族妇女

湖的东面坐落着**挖色镇**，镇上青石板铺砌的逼仄街巷纵横交错，犹如迷宫。挖色镇上有一个简朴的政府宾馆，这里每周一也有市集，不过比起沙坪集市可就逊色多了。船只从沙坪以南10公里处的**海东码头**返回大理。

保山 ❻

大理西南120公里。从昆明出发。从昆明、腾冲和瑞丽出发。

保山为古代军事重镇，早在公元前5世纪就是通往印度的西南丝绸之路上的重要驿站。如今，虽然保山市游客寥寥，但它依然遗存着些许古时风韵——传统建筑风采依旧，趣味盎然；这里的农贸商品很丰富，从咸鸭蛋、咖啡、茶到皮靴、丝绸应有尽有。

保山市中心以西不远处便是风景秀丽的**太保山公园**，这是一个漫步徜徉的好去处。公园入口处矗立着明代建筑**玉皇阁**，阁分三层，以圆柱

南诏国

8世纪时，心狠手辣的云南王皮逻阁利用设宴款待对手的时机，纵火烧毁其帐篷，铲除宿敌，逐渐统一六诏。之后，他建立了南诏国，定都大理。南诏地处山谷，周围有群山庇护。倚仗险要的战略位置，南诏曾两次挫败了唐朝军队入侵，并一度控制了西南丝绸之路上的贸易往来。南诏鼎盛时期，其疆土曾横贯中国西南地区，并绵延至缅甸及越南部分地区。10世纪时为段思平的大理国所灭。

南诏塑像

太保山公园内典型的热带森林阔叶树

支撑，阁顶收拢为八卦形。两侧则皆筑有八角钟亭。玉皇阁附近坐落着明代寺庙 **玉佛寺，** 寺中供奉着几尊玉雕佛像。太保山山顶上则耸立着**武侯祠，** 该祠堂是为追思先贤诸葛亮（181~234 年）而修建的纪念性建筑，里面供奉着一尊大型诸葛亮泥塑，但见他长髯飘飘，安坐于众臣之间。

武侯祠中供奉的诸葛亮泥塑彩色像

太保山公园
太保山麓。每天。

腾冲 ❼

保山以西 168 公里。

腾冲曾是古西南丝绸之路的要冲，商贸繁荣，汉代时曾盛极一时。今天，偏远落后的腾冲县比临近的保山市保留了更多传统的木结构建筑。腾冲县处处林木蓊郁，火山温泉密集。这里也是主要的地震带，自 16 世纪以来，有记录的地震已达 70 多次。

县城北部的**光华路上**耸立着气势恢弘的英国领事馆，该领事馆建于 1899 年。这座废弃的领事馆不久将被改建为博物馆，在它身上处处彰显着维多利亚建筑风格与中国传统建筑风格的珠联璧合。光华路西段两侧是县城最大的集市，每天早晨举办。腾冲最富韵味的小巷位于**饮江西路**西侧，这里的缅甸商人经常光顾缅甸茶馆，他们身着布裙和凉鞋，一眼就能辨认出来。绝大多数缅甸商人都在这里做宝石和玉器生意，但如果您不是这方面的行家，建议还是要仔细鉴别真伪。县城西侧是**来凤山公园，** 园内松树成林，道路纵横交错。靠山顶处矗立着**来凤寺，** 该寺如今已是一个博物馆，内藏诸多当地历史文物。

来凤山公园
每天上午 8:00～晚上 7:00。

周边景点： 去城外景点观光最好是组团旅游，腾冲各大型酒店都可安排。和顺位于腾冲以西 4 公里处，始建于明代，境内风景如画。数以千计移居海外的和顺人纷纷捐款捐资，保护这里的传统建筑，因此当地传统的四合院、亭台、园林全都修葺一新，风采依旧。其中最令人称道的是一栋建于 1928 年的木结构藏书楼。

该地区地下断层多，地壳运动活跃，因此火山、熔岩床、间歇泉和温泉都非常密集。此处有 100 多座小火山，其中最引人注目的一座位于县城以北 20 公里处。大空山高约 250 米，紧邻一侧的是黑空山，黑空山高度仅有 80 米，但火山口深约 100 米。火山口岩体上凿有台阶，顺着层层台阶可深入其中。腾冲县西南仅 12 公里的地方便是地热温泉“热海”，“热海”中矿物质含量丰富，极受游客青睐，来此洗澡的人络绎不绝。

大空山与黑空山
每天。

热海
每天 24 小时。

瑞丽 ❽

腾冲西南 125 公里。从昆明出发。

瑞丽地处中缅边境，多多少少透着一些异域风情和不羁的格调，无论怎么看都是个彻头彻尾的边陲小镇。瑞丽市不乏缅甸商人以及傣族和景颇族居民，这是中国西南地区最引人入胜的地方之一，不容错过。市区北部坐落着一个饶有趣味的玉器宝石市场，与**南贸街并行而立**。到了晚上，瑞丽市才真正活跃起来，这时候街上设起了赌局，食品摊位也开始营业了。

山峦起伏、草木蓊郁的腾冲乡村风光

城市地图：丽江 ⑨

晾晒的玉米

丽江古城大研坐落在风景如画的谷地，四面青山耸峙，秀丽壮观，城内卵石铺砌的街巷逶迤交错，街巷两侧则建有木质房屋、咖啡厅、传统工艺品作坊等。古城大研是纳西族的聚居地，也是中国景色最为宜人的城市之一。1996 年丽江地区发生地震，造成 300 多人罹难，城市遭到严重破坏，丽江也因此受到全世界的关注。地震后，各地纷纷捐款，用以重修古城大研，众多酒店拔地而起，并新建了一座机场。1999 年，丽江被联合国教科文组织列入《世界遗产名录》。

一个典型的狭窄的街道，老城区中心

Heilong Tan Gongyuan

DONG DAJIE

YU HE

XINHUA JIE

水车
代表着老城区的入口，这些水车是用来做装饰的。

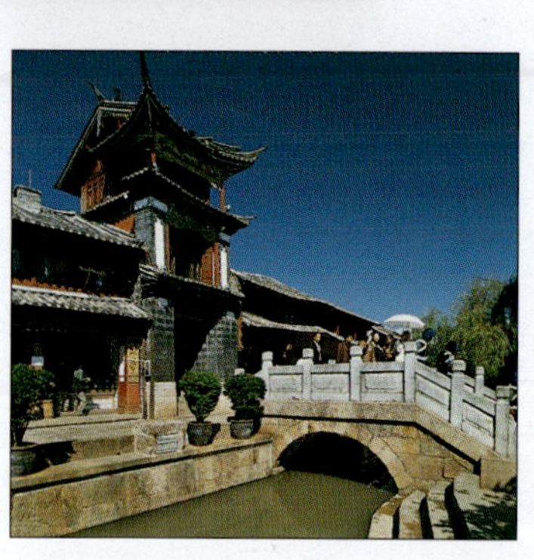

每晚都会有纳西古乐表演

塔
这座与众不同的塔是三朵节庆祝的中心，三朵是纳西族最大的保护神。

约瑟夫 · 洛克

约瑟夫 · 洛克是一个古怪的美籍奥地利植物学家，他 1922～1949 年在丽江生活。他收集了超过 8000 个植物样本，并为《国家地理》写报告。他致力于保护纳西文化并出版了第一部纳西语辞典。他有很多随行人员，包括厨师、雇佣兵、用人。

约瑟夫 · 洛克（右边）同 Choni 王子，1925 年

0 meters 100
0 yards 100

图示

推荐旅游线路

星级景点

★ 密士巷

★ 四方街

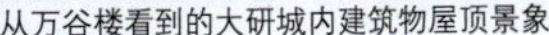

从万谷楼看到的大研城内建筑物屋顶景象

游客清单

昆明西北 527 公里。119 万。汽车南站和汽车北站。棒棒节（农历正月十五），三朵节（农历二月初二和八月初二），马节（农历七月）。中国国旅，香格里拉大道丽房商厦三层。电话：（0888）5160371。至大研。

万一迷了路，河道会有大帮助。沿河畔逆流而上就会找到古城里的大水车

★ 密士巷

密士巷是大研最美丽的街巷之一，巷子一侧的河道里流水潺潺。蓝页咖啡素食馆外面有一口井，当地人多在此驻足饮水。

古城中心

古城内逼仄的卵石小巷密集如织，河道纵横交错，且没有车马的喧嚣拥挤。它的旷世之美吸引着八方游客。如果不想在嘈杂拥挤的人群中游览观光，那就离开旅游主干道，去小巷子里走走吧。

★ 四方街

集市广场上游人很多，是丽江的中心。纳西人聚集在这里打牌、聊天。当地驯鹰男子常会在这里展示他们的鹰。

玉河发源于大研城北部的黑龙潭，透迤南流

探索丽江

狮子山把丽江划分为新城和老城，后者是丽江古城，又叫大研古镇，大多数酒店和其他设施都在老城。大研古镇以南狮子山上有少数几个景点，更多景点集中在大研镇北边的黑龙潭附近。丽江周围点缀着纳西族的小村庄，其中许多村子都有值得一看的寺庙。其中有些骑自行车便可到达，另外一些则需乘短途巴士。

在万古楼上可以饱览大研古镇秀色

万古楼

狮子山。每天早上7:30～晚上7:00。

山顶有一座楼阁，高33米，是丽江的制高点。游客可以从老城，也可以从山的西侧的民族路登顶。这是一座新近建成的四层高的楼阁，在上面可以饱览丽江古城的美景。

木府

老城西南。每天。

纳西族首领木氏自元代世袭丽江土司以来，历经元、明、清三代，其府邸建筑气象万千，徐霞客曾叹木府曰："宫室之丽，拟于王室。"主体在清朝因地震损毁，现在的建筑是其后以汉、纳西、白、藏等民族传统建筑风格重建的。

黑龙潭公园

新大街。每天早上7:30～下午6:00。

黑龙潭公园位于城北缘，风景怡人，潭内有得月楼，背后映衬着玉龙雪山的主峰。**东巴研究所**位于公园的西南角，是为保护纳西文化而建立的学术机构。这里有大约30位东巴巫师，学习和翻译纳西族宗教经卷。在公园的北面耸立着20世纪70年代迁建于此的原明代芝山福国寺解脱林门楼、五凤楼，原知府衙署的明代光碧楼及清代听鹂榭、一文亭、文明坊等建筑。**福国寺**最宏伟的是五凤楼，高20米，三层重檐，建于1601年。公园北门附近的**纳西族文化博物馆**内有纳西族服饰和习俗展览。

周边景点：白沙是位于丽江以北10公里的一个静谧的村庄。在忽必烈攻占云南之前，这里一直是纳西王国的国都。如今，这里除了两个宏伟的寺庙以外，看不出其过去的显赫地位。第一座庙位于村口，往往被人忽略。第二座稍往北，是琉璃殿，里面有一些保存完好的14世纪的壁画，画面上描述的是混杂的泛神宗教场景。这里有位著名纳西族神医，因布鲁斯·查特温（Bruce Chatwin）的游记中曾提到他而在西方声名大噪。在他的诊所，他会请您品尝他所配制的滋补草药茶。

玉龙村以北几公里远的北岳庙是供奉三朵神的。三朵是纳西族的本主神灵和最高保护神，传说是骑白马、穿白甲、戴白盔、执白矛的战神。这座寺庙一直由同一家族的人照看，已经接近1000年了。

玉峰寺建于1756年，是一座小藏传佛教寺庙。在丽江西北13公里处，位于玉龙雪山脚下。每年春天，一棵巨大的古茶花树会开出上千朵花。寺中的僧侣对这棵古树照顾备至。

红辣椒

壮丽的**玉龙雪山**耸立在丽江城边。这座山在20世纪60年代才首次得到勘测。要想游览此地，需要参加旅游团队或租车。在景区主要入口处有两条缆车线路可以把乘客带到雪线以上的。第一个是小索道，直达云杉坪，这里又称"情死之地"，传说云杉坪是纳西族第一对情人殉情之地。第二条是亚洲最高的索道，起点海拔3356米，终点4506米，在这里可以看到壮观的冰川山脊。

玉龙雪山交错耸立的山峰

纳西族

人口约295.464人，主要生活在云南，四川和西藏也有他们的聚居地。他们的精神之都是丽江。纳西语属汉藏语系藏缅语族彝语支。母系社会对纳西语有着重大的影响。例如，一个名词后面如果加上“女性”后缀，就成为最高级，加上“男性”后缀，就成为最低级。因此，“石＋女”，就是大石头；而“石＋男”指的就是小卵石。纳西族文字称为东巴文，由大约1400个象形符号组成，并且是唯一仍然在使用的象形文字系统。纳西族的宗教，也称为东巴教，是一种多神教，由道教、藏传佛教以及其他古老的泛灵论信仰混合而成。纳西族的主神是“三朵”，传说是骑白马、穿白甲、戴白盔、执白矛的神。纳西人每年两次祭祀“三朵”，以山羊做牺牲，当然还会配合歌舞。

东巴象形文字

纳西族社会的母系特征导致妇女主管各种日常生计以及大部分的劳作。家族的权力通过女系传递，由长女继承。纳西族的男人则主要在花园消磨时间，或是搞搞音乐。

每逢婚丧嫁娶或是新年等节日，人们都要请东巴巫师诵经。“文化大革命”期间，许多巫师遭到迫害。现在的巫师是那时幸存下来的人的传人，继承了古代纳西族的仪式。

传统披肩上，蓝色的部分代表夜晚，较低的羊皮带代表白天，小的圆圈代表星星。肩膀上的两个圆描绘的是青蛙的眼睛。青蛙是古老的纳西族的神。

纳西族音乐独具特色，它是道家、儒家等仪式以及诗词等结合在一起的艺术，演奏乐器有长笛、笛子、琵琶和古筝等。

这页上的东巴象形文字选自纳西族的《东巴经》。它是美籍奥地利学者约瑟夫·洛克（Joseph Rock，1884～1962年）翻译的无数东巴文献之一（参见388页）。

虎跳峡 ⑩

按箭头方向上山

这条流行的旅行线路沿金沙江穿过中国最深的峡谷之一——虎跳峡。据说它的名字的来源是因为有只老虎为逃避猎人而跳过峡谷的最窄处。山峰的平均高度有4000米，走在峡谷中会有很惊险的感觉。沿着山脊有一条30公里的小路，这条小路会穿过简朴的小村庄。可以让游客在这村里休息，欣赏乡村风景。这条线路可以在两天之内顺利走完，不过很多游客会愿意再多住一晚，如果时间紧可以参加旅行团从丽江出发。

本地弯
一个有优美风景的小村子，这里有几家旅馆，位置便利，距桥头1公里。

★ 峡谷的景色
从桥头到虎跳峡都有极好的景色。玉龙雪山在金沙江畔高耸。

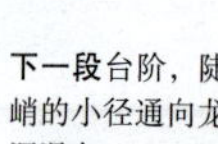

下一段台阶，陡峭的小径通向龙洞瀑布

二十四道拐
从桥头出发，二十四道拐是线路上最艰难的一部分。这里有超过24个弯道。有人会从诺余村雇马骑。

金沙江

永胜

桥头

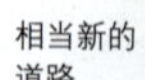

相当新的道路

诺余村
从桥头到诺余村只需2个小时。这里有几家客房提供住宿和餐饮以及马匹。

星级景点

★ 峡谷的景色

★ 胡桃林

旅客清单

丽江西南 100 公里。从丽江去往桥头和大具村。从大具村到丽江的最后一趟汽车下午 1:30 发车。访问大具村，乘坐轮渡。

山羊

山羊群已经吃光了很多山坡上的植物。

新轮船有时停运，在胡桃林和大具村出发前要确认

船乘坐处

Daju

Dabai

峡谷步行

在桥头和大具之间有沿山峰延伸的小路，那可以作为起始点。要到达本地弯或胡桃林需要一天的时间，所以要找地方过夜。不要自己一个人上路，或行走在大雨和大雾中。该地区有时会发生滑坡，所以一定要避开 7 月和 8 月的雨季。

0 km 3

0 miles 3

沿这条路下到金沙江

图示

- 渡口
- 主要道路
- 支线
- 旅游线路

★ 胡桃林

这个安静的村庄有大片梯田、胡桃林和木结构房屋。这里有峡谷最狭窄的部分，一定不能错过。

甘丹寺的藏式传统建筑

香格里拉 ⑪

丽江西北 198 公里。从丽江出发需 3～5 小时。长征路。电话：（0887）8225657。

因为有人发现这里与《消失的地平线》一书中描绘的香格里拉惊人的相似，于是，香格里拉就成了这里的新称谓（2001 年经国务院批准，同意中甸县更名为香格里拉县）。香格里拉是云南迪庆藏族自治州首府，如果您没有机会去西藏，那一定要来这里看看。这里的建筑大都摇摇欲坠，并不像是人间天堂，但南部的一些藏式建筑是这里的亮点。北部有西部地区最大的藏传佛教寺院——松赞林寺，里面有超过 600 位的僧侣。它由五世达赖喇嘛于 400 年前修建。在“文化大革命”时期遭到破坏，之后于 1981 年重新开放。站在建筑顶部可俯瞰香格里拉景色。

周边景色：有很多城郊短途旅行可以选择。例如，一段石灰石梯地，或者去碧塔海。当地旅行社为这些旅行都做了充分的准备。还有的旅行社有去往拉萨的线路。

贵州和广西

贵州和广西地区山峦起伏，有着典型的喀斯特地貌，中国许多大型的溶洞群都分布在这里。该地区虽然雨量充沛，但土壤贫瘠，直到明朝末年才有汉族人移居至此。因此，该地区发展较为落后，许多土著居民，尤其是苗族、侗族等依旧保留着他们的传统习俗，包括一些民族节日。广西也是中国人口最多的少数民族——壮族的聚居地。1958 年这里建立了广西壮族自治区。

贵州和广西虽同属中国最不发达的地区，但这里仍有一些景区交通便利，游客很多。闻名遐迩的桂林市位于广西东部，游船可沿漓江顺流而下，途经喀斯特地貌胜景，最终抵达阳朔，这里是背包族的天堂。凯里市是人们探访苗族村寨的大本营，该市交通日益便利，也越来越为游客所青睐。时间宽裕而又想一睹胜景的游客不妨乘坐公交车远行，秀丽的德天瀑布，中越边境的绝世美景，肇兴周边侗族村寨的木结构建筑以及草海鸟类保护区宁谧安静的水域会令此行值得期待。

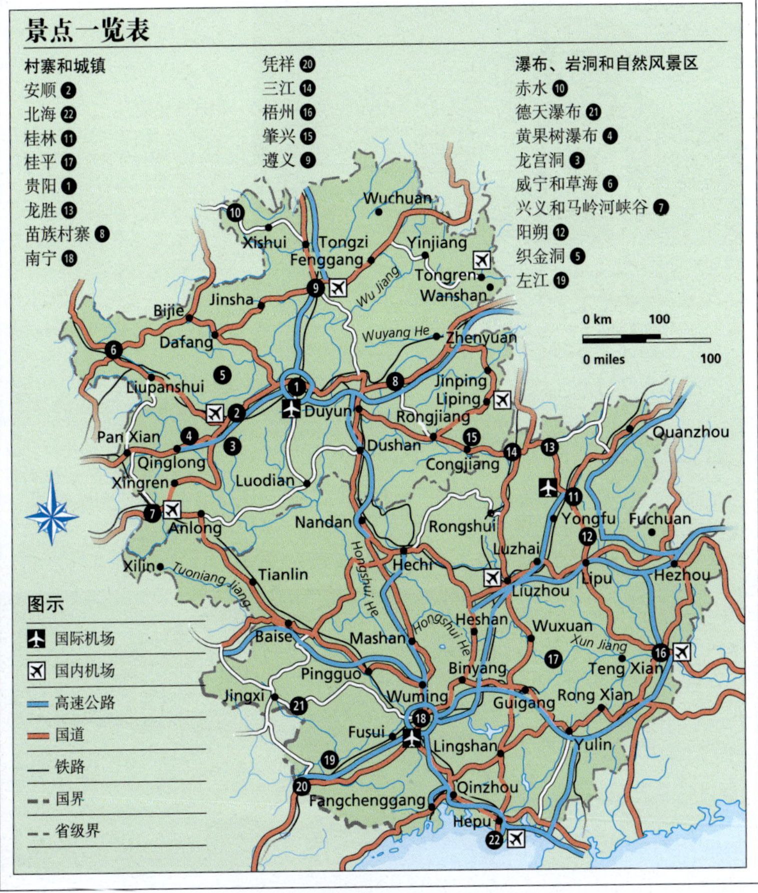

◁ 贵州布努族（瑶族中的一个族系）妇女与晾晒的红辣椒

贵阳 ❶

翠微园的花窗

贵阳始建于汉代，长期以来都是名不见经传的地方中心小城，直到20世纪初才成为贵州省的省会。贵阳市坐落于南明河畔谷地，北部有高山庇护。贵阳的意思是“贵山之南”，还有一种解释是“宝贵的太阳”，这也是对该省潮湿气候的一种描述。贵阳安详静谧，逐渐实现着现代化，林立的高楼周围园圃萋萋，偶有历史古迹点缀其间。花溪区地处贵阳南部，区内有乡郊公园和布依族聚居的村寨（参见398页），还有一个保存完好的明代古城。

甲秀楼和南明河上的拱形浮玉桥

翠微园传统寺庙建筑

甲秀楼和翠微园

大南门外南明河南岸。◯ 每天。

小巧玲珑的甲秀亭建于1598年，兀立在南明河一块突出的巨石之上。此楼最初为科举士子集会的灵秀宝地。如今被改为茶楼，楼内悬挂着古色古香的诗词卷轴。伫立楼上，便可以眺望贵阳繁华的街区美景。甲秀楼为木结构塔楼，高29米，共三层，拱形石桥浮玉桥横卧河上，连接两岸。翠微园坐落在石桥南侧，毗邻甲秀楼，原本是观音寺的一部分。该园建于1500年前后，但园内遗址全是晚清建筑。园内楼阁造型生动，长廊花墙四围，集幽、雄、朴于一身。

黔明寺、觉园、文昌阁

市中心，南明河以北。◯ 每天。

贵阳市中心附近依旧保留有几座经典建筑。最有趣的地方当属黔明寺，位于南明河北岸的阳明路上。它最主要的景点就是寺院外面的沿街市场。市场上兜售着各式商品，有盆景、宠物、渔具还有“文革”纪念品。富水南路上的觉园是另一座寺院，寺院大门外的素菜餐厅最值得一去，这里做的豆腐、蔬菜和面筋都以大量的辣椒为作料。位于文昌北路末端的文昌阁建于1609～1669年，阁分三层，飞檐如翼，秀丽典雅。原本是东城墙的一部分。

省博物馆

北京路168号。电话:（0851）6822214。◯ 周二～周日上午9:00～下午5:00。

这座古老的博物馆二层藏有许多有趣的当地文物，但这些文物鲜有文字说明。其中最为人称道的是一件高1米的汉代青铜马车以及从遵义附近一个明代墓穴里挖掘出来的一些琉璃塑像。馆内一面墙壁上的文字记录了19世纪苗族人民为抵制贵州日益繁重的赋税而揭竿起义的事迹。民族特色展品包括一些银器、蜡染布料及贵州许多少数民族的刺绣。

黔明寺外出售的朱红色香烛和小饰品

石阶通向青山茂林——黔灵山公园

黔灵山公园

枣山路 187 号。每天。

风景如画的黔灵山公园内有一座林木葱茏的小山，坐落在城市北部。青石板砌成的小径蜿蜒至公园胜境**弘福寺**，一路上可见许多祠堂，还有悬挂着红色布条的树木以及成群结队的猴子。寺院门口有一座高 10 米的大理石舍利塔以及一面花砖墙壁，上面描绘的是释迦牟尼佛诞生时九条彩龙吐水为之沐浴的场景。这座寺院始建于 1672 年，但寺内建筑多为今人所建，其中包括一座罗汉堂，堂内矗立着数百尊彩塑佛像。瞰筑亭蹲踞于山顶，登临其上，贵阳市全景尽收眼底。

花溪区

贵阳市南 17 公里。16路、25路、47路。

小城花溪是贵州大学和景色宜人的花溪公园所在地。城内树林葱翠，绵延 5 平方公里，溪涧潺潺，花圃似锦。一些布依族村寨散落在城区附近，其中包括完全以石头砌成的**镇山村**。该村以其地戏闻名，这种戏源自当地驱邪逐祟的传统仪式，跳地戏时，演员们会戴上夸张突出的木质面具。向南仅 12 公里的地方就是**青岩古镇**，此镇建于 1373 年，原为驻军前哨。其城墙可以追溯到 18 世纪，高 10 米，如今仍然完好无损，另有瞭望塔、石闸和 17 座寺庙。

游客清单

广州西北 1394 公里（865 英里）。160 万。龙洞堡机场。贵阳汽车站、中国民航（巴士直达机场）、体育馆汽车站。中华南路 11 号海天大厦 电话：(0851) 5841886。www.gygilxs.com

狗肉

在贵州有一点需要注意的是当地人喜食狗肉，这也是广西及东南亚国家部分地区人民的共同喜好。在中医里，狗肉与辣椒相似，是温性的，可补中益气，温肾助阳。因此狗肉常被用来做火锅主料。不过游客不必担心餐馆上菜时误上狗肉，因为专做狗肉的餐馆往往会把狗的尸体摆放在外，很好区别。

餐馆的招牌

贵阳市中心

翠微园 ②
甲秀楼 ①
觉园 ④
省博物馆 ⑥
黔灵山公园 ⑦
黔明寺 ③
文昌阁 ⑤

0 meters 800
0 yards 800

Qianling Shan Park
Hongfu Si
Provincial Museum
Guiyang Bus Station
Wenchang Ge
Jue Yuan
Qianming Si
Flower and Pet Market
Cuiwei Yuan
Jiaxiu Lou
CAAC
Tiyu Bus Station
Long-distance Bus Station
Train Station
ANSHUN & ZUNYI
Huaxi District
Longdong Bao Airport 10 km (6 miles)
BEIJING LU
ZHONGHUA LU
YOUYI LU
BAOSHAN BEI LU
QIANLING XI LU
ZAOSHAN LU
RUIJIN LU
YAN'AN LU
FUSHUI LU
WENCHANG BEI LU
SHIXI LU
GONGYUAN LU
HUANSHA LU
ZHONGSHAN LU
DUSI LU
HUAXI DADAO
XIHU LU
Nanming
JIEFANG LU
ZUNYI LU
SHACHONG BEI LU

安顺附近的布依族传统民居

安顺 ❷

贵阳市西南 100 公里。塔山东路。电话：(0853) 322 3173。

安顺始建于 13 世纪，原为军事重镇，现已发展为繁荣的商贸中心，它处在中部和西南陆路贸易通道上，因此战略位置极为重要。如今，安顺的主要产业有旅游业、自给农业和依托当地布依族发达纺织工艺的传统蜡染产业。布依族人口约 300 万人，散布在贵州西部。20 世纪 50 年代，人们设计了一套布依族语言文字系统，用以记录他们绚烂多彩的民间文学。

安顺市为喀斯特丘陵环抱，是贵州省风景最为秀丽的地方之一。但城市近郊有数座煤矿，大风起时，常见煤尘飞扬。安顺也有许多熙熙攘攘的沿街闹市，此外，从安顺去周边传统村寨也极为方便。繁忙的市中心就位于南华路和塔山路的交会处。**白塔寺**是安顺仅存的两座明代建筑中的一座，坐落在西秀山上，俯瞰着市区。另一座是**文庙**。文庙是一座孔庙，坐落在城市东北部的逼仄小巷里。这座具有 600 年悠久历史的庙宇曾经雕饰着精美绝伦的石刻图案。如今，保存下来的只有庙前的盘龙石柱，石柱雕饰精美，堪称国内石柱浮雕之绝品。

安顺周日市场里的水果商贩

市中心周围乡村贸易熙攘热闹。鳞次栉比的商店排列在蜡染厂外的南华路上，商店里出售着琳琅满目的蜡染产品，包括壁挂和彩旗。

周边景点：云山位于安顺市以东约 15 公里的地方，是明朝军队所建的军屯村寨。许多古老建筑散列其间，其中包括雅致的七眼桥，此桥因有七个拱形桥洞而得名。

天台山位于城市东北 25 公里处，山高 400 米，陡岩峭壁，郁郁苍苍。山顶一座佛教寺院建于 1616 年。

镇宁布依族苗族自治县地处安顺西南 25 公里，县内布依族传统村寨众多。这里的房屋墙壁纯以石头砌成，技艺高超，屋顶以石片为瓦，石片人为切成，层层叠叠覆在房顶，状若鱼鳞。

石哨村的房屋几乎完全是石建筑，该村以其地戏闻名远近。地戏是由传统汉族戏曲演化而来的一种地方戏。明朝时，从南京来此的士兵将他们的戏曲艺术带到这里。

龙宫洞 ❸

安顺西南 27 公里。从安顺出发。每天上午 8:00～每天下午 6:00。

龙宫洞是一处大型天然喀斯特洞群，为国家级风景名胜景区。整个龙宫景区包括水洞、旱洞、天池、瀑布、

当代蜡染工艺品，图案设计精巧，以红色和橙色为主

安顺蜡染工艺

中国西南地区很多少数民族都有着制作蜡染工艺品的传统。近千年来，安顺地区的布依族一直采用蜡染工艺在织物上绘制图案。自 20 世纪 50 年代安顺开办第一家工厂以来，布依族逐渐在本地纺织品市场上占据垄断地位。蜡染图案最早都是些动植物的抽象图画，以熔蜡涂于布料上绘制而成。绘过图案的布料以靛蓝浸染，水煮之后除去蜡质，布面就呈现出蓝底白花的图案。早期的蜡染图案颜色单调，现如今，蜡染已经实现规模化生产，图案色彩多样，有风格浓郁的生肖图、布依族传说以及神话人物。今天，安顺蜡染制品在国内很有市场。

龙宫洞旅游船

龙潭、石林、峡道及布依族石头村寨等。共有至少90处溶洞，溶洞之间由地下暗河相连，绵延9公里。向游客开放的只有6处溶洞，总长854米，游客可乘船从洞口进入，洞口一泓绿水，称作天池，掩藏在一条40米长的飞瀑之后。溶洞深处，最大的洞穴约80米高。

溶洞内各色钟乳石和石笋争奇斗艳，奇石林立，数不胜数。雨季时，游客可乘船直抵**虎穴洞**，洞内地表开阔，游客可徒步走出洞穴，然后穿过一片尖峭耸立的溶蚀石林，最终返回溶洞洞口。

黄果树瀑布 ❹

安顺西南50公里。🚌 ⏰ 每天早上7:00～下午6:00。🌐 www.hgscn.com

黄果树瀑布坐落在白水河上，白水河流经当地时河床断落成九级瀑布，黄果树为其中最大一级。以水势浩大著称，也是世界著名大瀑布之一。瀑高68米，在中国家喻户晓。每逢6、7月夏季雨水丰足的时候，河水水势湍急，宽81米的水帘一泻而下，坠入犀牛潭中，蔚为大观。然而，黄果树瀑布并不算中国最大的瀑布，当旱季来临的时候，河流水量减少，只有数条细流从岩壁上倾洒下来。每年的这时候，由于水位较低，人们甚至可以蹚水过河。梯桥纵横，将瀑布对面的观景台连缀在一起。**水帘洞**是一个134米长的洞穴，隐匿在瀑布之后，从洞中可望穿飞帘，宛若天然窗口。到此地游览的人们需做好被淋湿的准备。

白水河上其余十几处水景，当以上游的**陡坡塘瀑布**为最佳。陡坡塘瀑布的高度虽然仅有黄果树瀑布的1/4，但其宽度有105米，令人叹为观止。河流下游大约5公里的**天星风景区**有多个小溶洞，挺拔峭立的喀斯特石柱高达20米，银练坠潭里，石矶突起，将激荡翻涌的溪涧分作若干细流。

即便是旱季，黄果树瀑布依然瑰丽壮观

织金洞 ❺

安顺以北130公里。电话：（0857）7812015。从安顺出发，途经织金镇。也可以乘出租车。必须跟团。⏰ 每天。🌐 www.gzzjd.com

这里的溶洞群绵延超过12公里，一直延伸至喀斯特丘陵地带，这些高150米的溶洞是中国首屈一指的大溶洞，在全世界也名列前茅。这些溶洞位于织金镇东北25公里的地方，织金小镇破旧乏味，仅有寥寥少数宾馆。石瀑、巨型钟乳石和石笋之间筑有石径和阶梯，连接着各处溶洞。这里的奇峰异石都配有各自的名称，像“普贤骑象”、“仙女戏蛇”，还有惟妙惟肖的“婆媳情深”，尤为令人难忘。

广寒宫是织金洞中最大的溶洞，洞体长约400米。洞内有一株瑰丽奇绝的石笋，高17米，被称作“银雨树”。按规定，每组旅游观光队必须达到至少10人方能入洞游览两个小时以上。因此人数较少的观光队需要等待新来者加入，以便凑足人数。

草海上的平底船，地平线上可以看到低矮的群山

威宁和草海 ❻

贵阳以东 275 公里。到威宁，或去六盘水，然后乘长途汽车。彝族火把节（6 月 /7 月）。

贵州省西部是一处以采煤为主要产业的贫困地区，这里崎岖的山地景观由喀斯特丘陵和丛林组成。在遥远的西部，海拔 2195 米的威宁高原地处云南边陲，其主要城镇是小镇威宁，这里是回族、彝族和大花苗族聚居的地方。生活在中国各地的回族是唐、元时期沿丝绸之路来到中国的阿拉伯商人和波斯商人的后代。彝族群众大约有 660 万人，遍布中国西部地区。彝族的火把节是他们一年一度的重大节日，其特色包括射箭比赛、篝火和摔跤。大花苗族（参见 404 页～405 页）与凯里附近的苗族在语言和刺绣图案上都有所区别，其刺绣的特色是风格化的花卉图案，图案的灵感来自于他们的名字“大花”。

紧挨威宁西南的草海作为一处观鸟圣地闻名中国。这片占地 45 平方公里的自然保护区成立于 1992 年。椭圆形的蓝色浅水湖泊低山环抱，四周遍布芦苇丛，11 月～次年 3 月，这里会吸引成千上万的过冬鸟类。每年这里最重要的过冬鸟类包括一个由 400 多只濒危的黑颈鹤组成的鹤群以及许多欧洲鹤种、斑头雁和许多鸭类种群。

若要观察丰富多彩的鸟类生活，可以沿着鹤群聚集的湖岸漫步，或是租一艘平底船，靠近湖面上的野生鸟群。游客也可以租用船只在湖中游览。

暮春时节，草海周围开放着大面积千姿百态、绚丽动人的杜鹃花。草海的冬天，则是观赏黑颈鹤等 300 余种鸟类的最好季节。

兴义和马岭河峡谷 ❼

贵阳西南 300 公里 到兴义。马岭河峡谷有当地酒店安排运营的激流泛舟。

远在贵州省西南角，一座偏远的小集镇兴义市四周环绕着喀斯特地貌构造的圆形矮丘和一片片平坦的稻田。兴义市东北的郊区外横卧着一条长 15 公里的马岭河大峡谷。峡谷有些地方深约 100 米，由湍急的河流冲刷而成。地面上泉水喷涌而出，沿着布满青苔的悬崖一泻而下，形成一条条微型的瀑布。

这里河水湍急，瀑布跌宕徘徊，游客可以从城镇东北 25 公里处马岭河上游乘坐木筏漂流而下，沿途惊险刺激。峡谷下游的特色是沿着水道蜿蜒盘曲的步行小径和桥梁，沿河逆流而上，这些小路有时还会穿过天然的隧道。

马岭河峡谷下游的河水

中国鹤类

全世界有15种鹤，其中许多鹤种高度濒危，在中国有8种，中国的湖泊和沼泽对于这些鹤种的生存至关重要。大多数的鹤种生活在中国北方，特别是黑龙江省的扎龙自然保护区。这些鹤种均属候鸟，但许多鹤种，如热带赤颈鹤以及中国的特有品种黑颈鹤仅生活在华中和西南地区。鹤天然就拥有一种典雅的外观，其交配“舞蹈”也尤为壮观，它们会在其终身伴侣身前翩翩起舞、鼓翼而飞以引起其注意。正因为如此，鹤在中国是忠诚和长寿的象征。道教的长寿之神，寿星老（又称寿星）经常被描绘成骑鹤的形象。

赤颈鹤——世界最高的鹤

求爱成功的两只鹤会终生相伴。它们通过复杂的求爱表演巩固关系，在这个表演过程中它们会仰头绕脖，投枝掷石，跃翔空中，振翅而下。

鹤是好运、智慧、忠诚以及追求精神完善的象征，所以在官服和帝王服饰上经常可见鹤的图案。

迁徙季节，鹤会迁移非常远的距离，从夏季繁殖地到冬季避寒地之间，一些鹤种迁徙的距离达到4000公里。年轻的鹤会跟在年老的鹤组成的人字形后学习迁徙的线路。

鹤飞行时双腿自然垂下

飞行速度达到70公里/小时

蓑羽鹤是群居鹤种，已记录的鹤群中蓑羽鹤的数量有数千只之多。它们的食物主要是青蛙、鱼类和昆虫，不过它们也吃谷类和腐肉。

灰鹤是一种非常喜爱鸣叫的鹤种，它们通过构造特别的气管发出低沉的隆隆声、响亮的鸣叫声和沙哑的嘎嘎声。

苗族节日和手工艺品

绣有几何图形的刺绣

苗族发源于中国，约有八成的苗族人家居于中国南方省份，而在东南亚的老挝、柬埔寨、越南和缅甸也有相当规模的苗族。由于苗族社区地处边远山区，每个村落都有各自的习俗，可从其独特的服饰辨别，如未婚女孩制作和穿着的精美银饰和刺绣，这在一些苗族节日期间的特色集体舞蹈中可见一斑。

图示

苗族聚居区

凯里地区的苗族人称自己为“黑苗”，这与其色彩艳丽的服饰无关，通过这些服饰还可以辨别穿戴者所居的村庄或地区。这位妇女来自于雷公山地区。

巨大的长角头饰

贵州西部的大花苗族女性平时穿着蜡染百褶裙，节日期间会佩戴鲜红的头饰。

姊妹节

在这个为期三天的重要节日期间人们吃喝跳舞，少女们会选择自己的丈夫。男人们会给少女一包糯米；如果少女同意，会将一双筷子包在糯米中回赠给中意的男人，如果不同意，就会将辣椒包在糯米中。

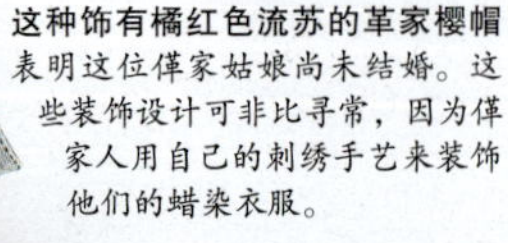
这种饰有橘红色流苏的革家樱帽表明这位僅家姑娘尚未结婚。这些装饰设计可非比寻常，因为僅家人用自己的刺绣手艺来装饰他们的蜡染衣服。

贵州西部的长角苗族会在节日期间将好几斤重的角状硕大发髻顶在头上，这些发髻是由他们自己和他们祖先的头发盘缠而成。

◁ 广西平安的龙脊梯田，一块块稻田精美地镶嵌在一起

刺绣是苗族一项基本的手艺，苗族少女从小就开始学习。她们在自己的衣服上精心缝制各种图案。缝制的图案越精美，少女的婚姻前景就越美好。

这件上衣是典型的革家服饰，其上绣有黑色的几何图案。衣服上有大量的刺绣，并使用蜡染工艺制作了抽象的水牛和植物图案。

苗族的银饰种类小到简单的耳饰，大到弯曲缠绕的硕大项链和制作精美的配有银铃、银角和各种动物造型的头饰。

精美的银饰包括头饰、胸饰和颈饰，黑苗族女孩从一出生就开始收集各种银饰

传统长褶裙

龙舟比赛在凯里地区每年至少要举行两次。村庄会派出一个龙舟队和一条船头雕刻有木龙头的长而窄的龙舟。

两头水牛头对头角力是苗族节日的特点，水牛是苗族的崇拜图腾，而且通常水牛不会受伤。

通常在节日期间，只有男人才吹奏芦笙。这种乐器是由一个带吹口的葫芦和十几根竹管组成。吹奏时它会发出悠扬的乐声。

苗族村寨 ⑧

凯里的塔楼花窗

中国苗族（见404页～405页）视凯里和镇远古镇周围地区为其发祥地。这两地之间，地势隆起，山峦连绵，山上松林蓊郁，山间河谷纵横。有几个村寨依旧保存着传统的木质房屋和卵石铺就的街道；其他村寨并不那么秀气，不过这里的人们每年都会庆祝自己的盛大节日。节日将至，每五天赶一次的集市上也处处洋溢着喜庆气息。凯里的公交车数量众多，但要去偏远地区，就需要打辆出租车或是远足了。

陡峭的山谷中横卧着郎德传统村寨

凯里

地处贵阳以东170公里。🚉 🚌 ℹ 营盘坡民族宾馆，营盘东路53号。电话：(0855) 8222506。

凯里市市区开阔，街道繁忙。后街集市为城市增添了一抹亮色。除此之外，凯里还有一座落满灰尘的**民族博物馆**，里面陈列着当地的银器和刺绣。大阁公园龙山山顶上矗立着一座木塔。塔中道教神祇画像风格迥异，塔中塑像也按道家习俗以鸡毛蘸血涂抹，奇特罕见。

民族博物馆
广昌路5号。🕐 每天。

郎德和西江

这条旅游线上的一些传统村寨交通最为便利，从凯里乘坐公交车即可到达。雇辆出租车，可以来个一日游，当然游客也可以夜宿西江。

撇开大路，步行约20分钟即可轻松到达郎德。郎德是完完全全的传统村寨，村寨50栋木质房屋依山而建，层层叠叠，密密匝匝。村寨中央有一汪池塘和一块跳舞专用的空地，空地中鹅卵石铺砌成同心圆状，中心耸立着一根木柱，木柱上悬挂着牛角并绘有龙的图案。

雷山县坐落在**雷公山**脚下，县城内到处是破败不堪的水泥建筑。该地区一些最偏远的村寨就散落在雷公山上。从雷公山出发，沿着一条土路再行30公里即可到达**西江**。西江是当地最大的苗寨，有大约1200栋木屋。最佳游览时间应该选在秋季新禾节或苗族新年。

东线

每天都会有数辆公交车从凯里出发途经台江和施洞到达镇远。台江和施洞每年都有盛大的节日庆祝活动。每逢此时交通也繁忙起来。这两个城市都可以进行一日游，台江有几处宾馆，施洞也有一个旅店，可以满足基本的住宿需要。

台江是一个不怎么整洁的集镇，距离凯里55公里。但每逢姊妹节，苗族姑娘们挑选丈夫的时候，数以千计的村民从各处赶来观看，此时的台江也会整葺一新。然而在其他时节，古老秀丽的**反排村**更值得游客一行。

施洞临河而建，村寨中房屋半数为木质建筑，街巷共五六条。逢集的日子，可以在此买到设计精美的银饰和刺绣手工艺品，在每年至少举办两次的龙舟节上，人们会将这些手工艺品穿戴在身上。

雷公山山坡梯田

西线

凯里至施秉的公车车往返频繁。施秉也是去往镇远的换乘站。重安和施秉两地都有一些能满足基本住宿要求的旅社和宾馆。

欢乐祥和的**麻塘村**是苗族分支僅家人的主要聚居地。麻塘附近建有公路，不过不能直达，如果您不想走那最后 5 公里的话，就要在凯里打辆出租车了。麻塘以西约 10 公里的地方是**香炉山**。1873 年苗族起义军一位首领张秀梅就在此地被清军击溃。为了缅怀他，苗族人每年都会在这里举办爬山节。

河畔小镇**重安**的古老商铺被改作繁荣的集市，从嫩鸭肉到自酿烈酒，人们讨价还价，熙攘热闹。道路一侧的**飞云洞**是神秘的道家圣地，建于 1443 年。少数布满青苔的道观（其中有苗族手工艺品博物馆）与岩洞和周围植被巧妙地融为一体，浑然天成。从㵲阳河南岸平淡无奇的小镇**施秉**出发，游客可乘筏顺杉木河漂流而下，或徒步远行至云台山，山上有一处明代庙宇遗址。

背着孩子的苗族妇女

重安的一排古老石砌作坊，以水流为动力。

镇远

凯里东北 100 公里。🚉 🚌 ℹ 㵲阳镇西门街 26 号。

镇远曾是古老的军事要塞，横卧在两面耸立的绝壁之间，两条悠长的街巷分列在㵲阳河畔。古镇北岸，重檐雕梁的清代石质建筑保存完好。古镇东面，一座明代石桥通向黑龙洞。这里的道观建在悬空的石崖上，石崖缝隙有水渗出，滴落到供奉着众神的神龛里。游客也可以到镇远东部的㵲阳河中泛舟，顺流而下，穿过一系列石灰岩谷地。

节日

1 月：台江县附近的稿午寨庆祝鼓社节。

2 月 /3 月：整个地区庆祝芦笙节。

4 月 /5 月：台江县和施洞镇庆祝姊妹节。

6 月 /7 月：许多临河村寨和城镇都会举办赛龙舟活动。

7 月 /8 月：香炉山举办节日活动。

8 月 /9 月：凯里及雷公山附近村寨庆祝新禾节；重安镇庆祝芦笙节。

10 月 /11 月：镇远附近的涌溪乡庆祝芦笙节、赛马节。

12 月：西江及凯里附近村寨庆祝苗族新年。

走上台阶就是革命根据地——遵义

遵义 ❾

贵阳以北 150 公里。

遵义是贵州省北部最大的城市，城市周边是林立的灰色水泥厂和喧闹的车站。城区整洁宁谧，古意盎然，安坐在河的北岸。在中国共产党的革命历史长河中，这座城市占据着特殊的地位。1935 年 1 月，中国工农红军长征途中入驻此地。在与国民党反动派的革命斗争中遭受重挫之后，中国共产党领导人毛泽东、周恩来以及共产国际军事顾问李德等人在此召开了遵义会议。为期三天的遵义会议确立了毛泽东的领导地位，并使中国共产党摆脱了苏联共产党的遥控指挥，这项举措对中国共产党打败国民党并最终领导中国人民走向胜利具有重要意义。**遵义会议会址**由灰砖砌成，疏落有致，里面陈列着许多革命历史文物。巷子后面有一栋类似的建筑，是中华苏维埃共和国国家银行及没收征发委员会所在地，该机构负责印制钞票，将打倒土豪劣绅得来的财产分发给农民。与之相邻的**长征博物馆**前身是天主教教堂，里面陈列着许多革命文物。河流上游的凤凰山公园里，**矗立着一座革命烈士纪念碑**，此碑是为缅怀长征英雄而建。

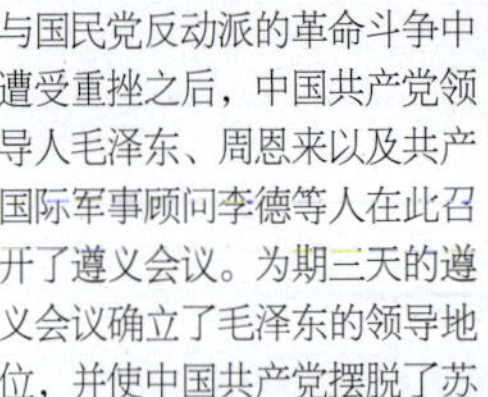

红军烈士纪念碑的浮雕一角

遵义会议会址
红旗路。每天上午 8:30～下午 5:00。

周边景点：遵义以南约 10 公里的地方有一处**杨璨墓**。该墓是当地安抚使杨璨（死于 1250 年左右）的安息之地。这座宋代陵墓的石头浮雕保存完好，美轮美奂，上面刻有花卉林木、守墓人物及绕柱盘龙等图案。陵墓上还悬挂着一幅杨璨身穿官服的画像。

赤水 ❿

遵义西北 180 公里。

赤水地处贵州西北部，与四川接壤，濒临赤水河，周围喀斯特丘陵连绵起伏。这些丘陵上生长着繁茂的亚热带林木，目前已被开辟为自然保护区，游客可从市区乘小巴到达。风景最胜处当属**十丈洞**，该洞在市区以南 37 公里，洞口有一条长 72 米的瀑布。西南约 16 公里的地方是**四洞沟**。此处河谷中淤泥为红色，"赤水"因此而得名。河水流经四条瀑布，并穿过一片茂密的竹林。当地人会采摘可食用的竹笋，竹子成材后，再把竹子劈成竹篾，编成席子。该地区还以茅台镇出产的白酒闻名于世。**茅台镇**地处习水县东南 80 公里处。

自然保护区
赤水小巴。每天。

古雅的宋代陵墓——杨璨墓（正面）

竹子

竹子是一种生长迅速的多年生禾本科植物，多分布在华中和华南，用途广泛。竹茎可做成管子、帽子、家具、席子、炊具等，某些种类的竹笋还可以烹制成美食。竹子的主要部分是其地下茎（在土下横着生长），根据种类不同，呈块状或条状。地下茎会长出均匀的竹笋，竹笋每天可长高近60厘米，直至成材。竹子几十年才能开一次花，有时甚至100年一次，开花后的竹子会枯死。在中国，竹子已成为宗教、哲学乃至文化的一部分。它象征着儒家的仁义观念；竹子修长挺拔，寸寸竹节象征着在文明大道上迈出的坚实脚步；它苍健、高雅、长寿，是中国诗词书画里永恒的主题。

用途广泛的竹茎

在野外，竹子遍布山丘，修长茂密，郁郁苍苍，连绵起伏，常被称为“竹海”。在园林中，稍小的竹子常被用来做象征性元素（参见178页~179页）。

竹画，或称墨竹，是备受世人推崇的艺术，并可与书法艺术相媲美（参见219页）。画家采用单色墨汁作画，寥寥几笔一挥而就，重在勾勒竹子神韵，而非描摹其外形。

竹篾可以编织成许多有用的东西，如家中用的帐子和窗帘，也可以编成装鸡的竹笼，这样就可以把鸡带到市场上去卖了。

竹茎用途广泛，可锯切，可钻孔，可折弯，可拼接，其韧性不减。能工巧匠能在数分钟之内制成像茶椅这样的竹质家具。

竹子具有出色的韧性，所以在竹子遍布的中国南方，人们更青睐使用竹质而非铁制的脚手架，即便在建高楼时也是如此。可以说，中国城市的繁荣是建立在这种大型禾本科植物的基础上的。

喀斯特

中国西部地区广袤的土地上，分布着大片壮观的喀斯特——石灰喀斯特蚀地貌。中国的石灰岩是由史前海底沉积物石化而成，地质剧变后浮现于地表。裸露在地表的碱性石灰岩受到自然酸雨侵蚀，结果在地面上形成了各种各样的喀斯特地貌，有密密匝匝的石林，尖峭耸立，达数米高；有巨大的锥形山，绵延半个贵州；还有尖塔状的山峦，挺拔俊秀，分布在桂林周围地区。在地面以下，渗透水和地下暗流侵蚀出蜿蜒幽长、纵横相通的溶洞，奇峰异石倒挂洞中。

石林，如昆明郊外的石林（参见376页～377页），是由古代海水退落和风雨侵蚀共同作用形成的喀斯特地貌。

喀斯特构造

中国西部地区的石灰岩岩层厚，纯度高，支离破碎，营造出奇特的喀斯特地貌。温暖湿润的气候加快了酸雨及植物腐烂产生的化学物质对石灰岩的溶蚀速度。

1. 地表河流流入石灰岩中的洞穴。地表水沿小孔缝隙渗入地下水位以下。

2. 河流侵蚀过的地表形成了喀斯特山峦。随着湍急的地下暗河穿过石灰岩层，地下水位不断下降，洞穴也日益开阔。

3. 石灰岩的主体被侵蚀冲刷到洞穴下面的页岩层。石灰岩山峰保留了下来，许多已是支离破碎，并留下了很多干涸的小洞穴。

落水洞或称天坑

是石灰岩受侵蚀不断陷落而成的。有的天坑大得让人心惊胆战。重庆小寨的这处天坑，其宽度几乎接近深度——666米。

中国南方地壳石灰岩

分布广泛且极为深厚，从而使这里的喀斯特地貌颇为壮观

喀斯特地貌景观

这幅剖面图显示的是理想化的喀斯特地貌，集合了这种地貌的所有特征。喀斯特地形通常有一层厚厚的布满洞穴的石灰岩，根据该地区的地质特点和形成年代，此处总结了几点特征。

漓江（参见414页～415页）

漓江一带喀斯特山丘起伏连绵，形态各异，游船从桂林的峰林出发，茂密的峰丛会逐渐进入视野。

峰林喀斯特
以峰峦挺拔，形似树木为其特色，山峰高30～80米，耸立在周围平坦的冲积平原上。桂林及周围地区常见这类奇特的塔状喀斯特地貌（参见412页～413页）。

一条渗失河在地表流淌，之后渗入地下，并汇入地下水系

喀斯特地区
处处可见洞厅开阔的溶洞，溶洞中满眼皆是令人惊叹的奇峰异石。这些奇特形状是由沉积的矿物质和水流侵蚀作用共同形成的。

峰丛喀斯特
不同于峭立的峰林，其山峰更近似圆锥状，且山与山之间有凹坑或石灰洞。最佳的峰丛景观在小镇兴坪附近（参见415页）。

桂林 ⑪

桂林以其喀斯特峰林闻名遐迩，这些山峰的高度大都在198米以下。桂林市到处可见这样的山峦，但南部漓江一带（参见414页～415页）最为集中。桂林市的历史可追溯到秦代，早在公元6世纪时，这里的秀美山川就已经吸引了无数文人骚客。明代时桂林被设为省会，1914年其省会地位被南宁取代。今天的桂林是座市容整洁的旅游城市，市区公园约有10处，园内峰峦俊秀，溶洞瑰丽。桂林的意思是“桂树之林”，在临河的滨江路上，桂树成荫，花香扑鼻。

在公园打太极拳

市中心居民区耸立的喀斯特山峦

榕湖和杉湖

榕湖北路与杉湖北路。塔 每天。

榕湖和杉湖相通，坐落在横穿市中心的中山路两侧。湖堤最初是明代护城河的一部分，现在湖堤上铺设了道路，并种植着榕树和柳树，绿树成荫，赏心悦目。西面的榕湖边生长着一株有800年树龄的老榕树，榕湖因此而得名。湖的北岸**矗立着古南门**，该门是桂林古老的南大门，是仅存的明代城墙遗址。湖的两岸由几座仿古拱桥相连。古典风格浓郁的日月双塔高40米，**俯瞰着**中山路东侧的杉湖。

日月双塔中的一座

象鼻山

明珠路上。 2路、58路。 从南环路出发。 每天早上7:00～下午6:00。

桂林最为赫赫有名的山是象鼻山，此山高100米，山体末端有一空洞，酷似一只在漓江边伸鼻豪饮的巨象。当地有一个这样的传说：从前玉帝的仪仗车队曾路过此地，途中一头驮运物资的神象病倒了，冷漠无情的玉帝把它遗弃在河边。在当地一对老夫妇的照顾下，神象恢复了健康，但它拒绝返回车队，玉帝便处死了神象，并将它变成了一座山，直到今天它依然矗立在这里。山顶上矗立着一座小佛塔，据说就是玉帝刺在大象背上的剑柄。从南环路乘船可到达象鼻山。通往山顶的路上有一座古老破败的佛塔。

七星公园

七星路。 每天早上7:00～晚上8:00

林木葱茏的七星公园坐落在漓江东岸，面积为2平方公里，因普陀山有四峰，月牙山有三峰而得名。七峰合在一起，正好构成了北斗星（大熊星座）形状。在中国神话中，北斗七星掌管着国祚民运。山上生长着茂密的灌木丛，为这里的100多只半野生猴子提供了栖息之所。几条小径蜿蜒通向高处的观景亭。

桂林崖壁上的石刻和石窟闻名于世。月牙山以其石刻著称。悬崖峭壁上雕刻着200多篇诗词文章，其中有些石刻作品可追溯到唐代。普陀山上矗立着一座高22层的普陀寺，山上有七星岩，岩洞洞体开阔，洞中有一条小型地下瀑布，并有少数嶙峋的怪石。高75米的骆驼山，巍然屹立在公园北部，酷似一只伏卧的单峰驼。从骆驼山山顶可远眺川山和不远处建有明代佛塔的塔山。

景色宜人的七星公园

灯光照耀下芦笛岩洞内色彩斑斓

靖江王府与独秀峰

西华路上。每天。

靖江王府四围高墙森然，并辟有四道城门，俨然一座小型的紫禁城。王府原是明朝太子朱守谦的宅第，建于1372年，比北京故宫还要早34年。这里曾一度居住着14代明朝藩王，20世纪20年代孙中山也曾入住于此。王府按照朝廷对藩王所作的规定构筑，其主要建筑前为承远门，中为承运殿，后为寝宫，最后是御苑。如今，王府已经成为广西师范大学所在地。入口处倾斜的大理石石板上雕刻着的祥云图案显示出皇家气象，但上面却没有雕刻龙，说明这只是座皇子府邸而非皇帝宫阙。

王府内院耸立着**独秀峰**，峰高216米，从北面守护着王府。山峰脚下的石碑上刻有5世纪时桂林太守颜延之赞美桂林的诗句。沿石阶登上峰顶，可饱览秀色。

游客清单

南宁市东北部420公里。508万。两江国际机场。桂林火车站。桂林汽车站、中国民航（汽车直达机场）、小巴车站（直达阳朔）。滨江路11号。电话：（0773）2861623。

伏波山

滨江路。每天。

伏波山是一块屹立在河畔的巨大黄褐色岩石，据称这块岩石能平息下面激荡翻涌的河水，伏波山也因此得名。山顶有一座破败的寺庙，庙中有一口巨大的铜钟，并矗立着数百尊宋代佛像。

芦笛岩

位于市中心西北5公里。3路、58路。每天。

在20世纪40年代日本侵华期间，芦笛岩曾是当地居民的避难所。芦笛岩上的岩洞高10米，长500米，蜿蜒穿过光明山。洞内石景在霓虹灯照耀下光怪陆离。

桂林市中心

伏波山 ⑥
靖江王府与独秀峰 ⑤
七星公园 ④
榕湖 ①
杉湖 ②
象鼻山 ③

0 km 1
0 miles 1

漓江游

漓江从桂林南缘至阳朔一线，风景绝胜，宛如直接从画卷中搬到现实中来一样。此处河水清浅，绿波荡漾，周围喀斯特山峦峭立，高可达300米，千姿百态，引人入胜。村寨竹林点缀其间——一派典型的中国南方乡村风光。这里的居民仍然乘竹筏渡河，而且常常使用驯化的鸬鹚捕鱼（参见416页）。漓江游大约需要6小时，通常还要吃一顿自助午餐。

渔民和鸬鹚

竹筏，冬季水位较低时可用来做水上交通工具

GUILIN

ZhuJiang-Dock

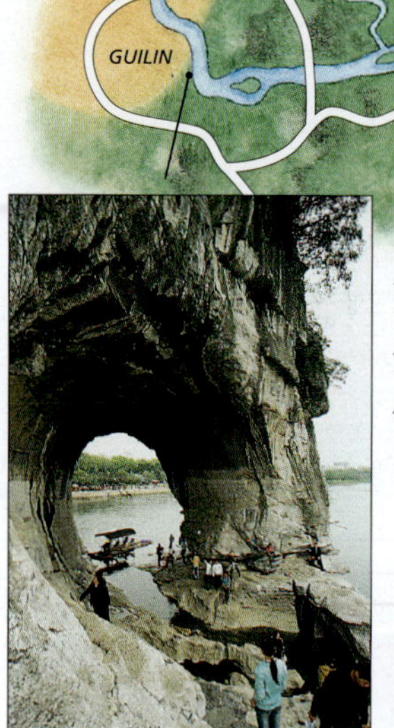

★ 象鼻山

象鼻山坐落在桂林市区河畔，是讨人喜爱的桂林城市标志（参见412页），它就像一头在漓江江畔伸鼻饮水的巨象。

珠江上的这处码头是许多旅游线路的起始地点

0 km 3

0 miles 3

大圩

大圩坐落在桂林下游地区，原是宋朝集镇，鹅卵石铺砌的主街两侧依然保留着许多有上百年历史的原木和石头房屋，小镇不远处还有一座秀丽的清代古桥。

图示

═ 小路

■ 建筑区域

景级景点

★ 象鼻山

★ 笔筒峰

★ 兴坪风光

杨堤附近尖耸的喀斯特峰丛

游客清单

桂林与阳朔距离 85 公里，约 6 小时路程。桂林滨江路 41 号。电话：(0773) 2861623（旅行社可订票）。可提供从阳朔至始发地的公交车。

★ 笔筒峰

笔筒峰在杨堤不远处，与毛笔山相对，这座尖峭笔直的山峰酷似中国传统笔筒。漓江上最为瑰丽壮观的山脉就发端于此地段。

★ 兴坪风光

兴坪是一座木建筑古镇和渡船码头，它揭开了绵延 20 公里的秀丽景色的序幕。这些耸立的山峰中以五指山和旋涡状的蜗牛山风景最佳。

鱼尾峰

九马画山的崖壁因矿物质沉积而呈褐色，有如一幅画屏，画屏上营造出众马奔腾的景象。

五指山

黄布滩是一块平铺江底的黄色岩石，即使在水位较高的时候也清晰可见

蜗牛山

Yangdi

Xingping

YANGSHUO

在冬季，由于上游水位太低，杨堤就成为漓江游的起点

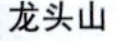

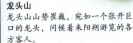

龙头山

龙头山山势崔巍，宛如一个张开巨口的龙头，问候着来阳朔游览的各方客人。

阳朔 ⑫

阳朔县是漓江游（参见414页～415页）的终点，县内有二级公路，周围秀丽的喀斯特山峦连绵起伏，绿油油的稻田星罗棋布。阳朔原本是一个名不见经传的乡村集镇，20世纪80年代末开始成为桂林游客青睐的旅游胜地。这里虽然不复往日的宁谧恬静，但有青山绿水，溶洞村寨，仍然是寻幽探胜的绝佳去处。在阳朔游玩最简单的办法就是租辆自行车。当地特产有葡萄柚和啤酒鱼——在镇上大多数餐馆里都能品尝到。近年来阳朔已成为亚洲最著名的攀岩中心之一，现已开发出200多条短途攀岩线路。

郁郁苍苍的碧莲峰俯瞰着漓江

停泊在漓江江畔的渡船，远处喀斯特山峦连绵起伏

西街

西街是一条长250米的鹅卵石街道，位于高速公路与漓江之间，街道上排列着修葺一新的清代乡村建筑。如今，街道上随处可见服务热情的餐馆、咖啡馆、宾馆以及面向外国游客的纪念品商店。

这里的餐馆可提供西餐如比萨和牛排，当然也有各种当地特色菜包括一些鲜鱼烹制的菜肴。

商店出售各种各样价格低廉的纪念品，从毛主席纪念品、木质戏剧脸谱到古代木板、蜡染工艺品、真丝T恤、卷轴画、现代和传统服饰以及盗版欧美音乐光碟，琳琅满目，应有尽有。有些折扣店还出售打折的名牌服装。

地处西街中段的鸿福饭店是以前的江西会馆，建于19世纪。河堤码头一带停靠着来自桂林的渡船，码头上铺砌着装饰性砖石，伫立码头可以眺望上游重峦叠嶂的秀美景色。公路以北的地方有几条秀丽的小巷和一个热闹的农贸市场，当地人都到这里买东西。

碧莲峰和阳朔公园

每天。

离阳朔县城中心不远处耸立着两座可以攀爬的山峰，高约100米。一座是碧莲峰，耸立在县城东南方，俯瞰着漓江，上面一条陡峭的小路直通峰顶。另一座是西朗山，坐落在县城西头的阳朔公园内。此处石阶相对平缓，顺着山上石阶可到达观景亭。阳朔公园也是漫步闲逛、观赏晨景的好去处。也有人早上在这里打太极拳。

鉴山寺和地下溶洞

阳朔县城南5公里。或骑自行车。每天上午8:30～下午5:00。

鉴山寺是阳朔唯一的一座庙宇，建筑古朴，为晚清风格，形似飞翼的马头墙护卫着庙门。鉴山寺融朝圣观光、敬香、礼佛等佛教活动为一体。

鸬鹚捕鱼

数千年以来中国人曾一度使用驯化的鸬鹚捕鱼。在中国南方一些地区人们仍旧沿袭着这种奇特的捕鱼方法。天黑后，渔民便乘竹筏外出捕鱼了，他们在鸬鹚的脖子上套一个皮圈，防止鸬鹚将捕获的鱼吞到肚子里去。鸬鹚在竹筏周围水域潜水捕鱼。竹筏的一头挂着灯笼，使它们不至于游到远处。鸬鹚捕到鱼后，渔民就会捉住鸬鹚，从它的嘴中把鱼取出来。在夏季，多数旅店都会组织长达数小时的观光旅行。

夜晚灯笼下的鸬鹚正在捕鱼

游客清单

桂林以南70公里（44英里）。6万。从桂林出发。中山中路362号大世界大厦八层。提供观光旅游及乘船旅游服务。要了解攀岩信息，可到县前街的咖啡厅，特别是那里的Lizard Lounge和Karst Café。

它地理环境优越，与月亮山、大榕树、聚龙潭等临近景点串汇成一大旅游风景区。庙宇不远处有黑佛洞、聚龙洞、新水洞等，都是20世纪90年代发现的地下溶洞群。洞内凉爽潮湿，道路泥泞，有当地人手持手电筒引路。虽然需要爬上高高的竹梯，翻过许多岩石，但这里没有铺砌齐整的道路，也没有通常为地下河流瀑布照明的炫目彩灯，令人神清气爽。

市场上卖的柚子

月亮山

阳朔以南7公里。或骑自行车。每天。

月亮山上耸立着一道拱形石壁，如一弯新月，奇特壮观，是阳朔最有名的山峰。沿着陡峭的石阶向上攀爬半个小时，穿过一片茂密的竹林和灌木丛，即可到达月洞。从月洞处远眺漓江谷地，禾田纵横，千峰竞秀，美不胜收。最佳的游览时间应该是夏季雨水丰足的时候，那时田野一派葱绿，煞是好看。如果要骑自行车旅行，游客应选择县城南部通向漓江的主街道，在距桥约200米远的地方右转。此处距离月亮山还有一个小时的路程。不远处坐落着龙潭村，村中有几处遗存的古老建筑，白垩粉刷的砖墙，木质的大门，青瓦铺就的屋顶上飞檐翘起，精巧细致。

富里村

阳朔以东8公里。或骑自行车。

美丽的富里村宁谧恬静，但每逢赶集的日子（尾数带有1、4或7的日子），村上的农贸集市就会非常热闹。这里的集市是当地最兴隆的集市之一。赶集的日子，村民们蜂拥而来，讨价还价，购买所需物品。集市上有牲畜、时令水果、塑料桶、各种蔬菜，还有当地有名的竹扇。北面屹立着尖峭的东朗山，在当地传说中，人们常把东朗山与阳朔的西朗山相提并论。

阳朔县聚龙洞周围美丽的乡村风光

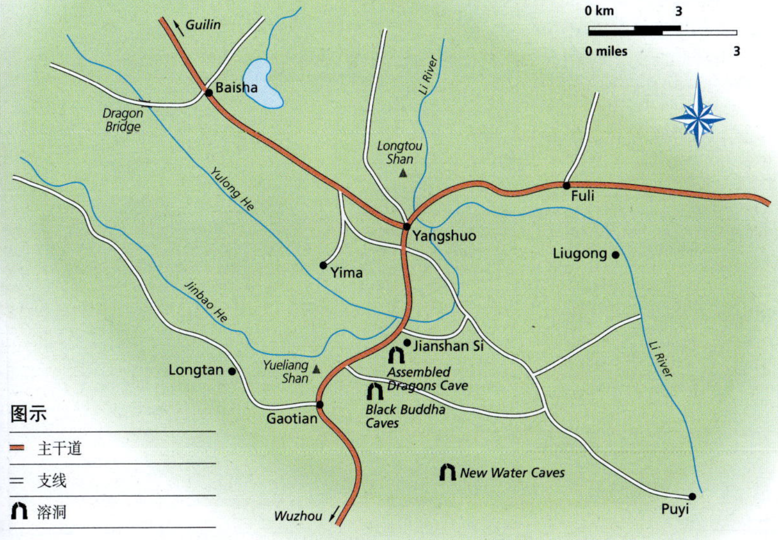

龙胜龙脊的层层梯田

龙胜 ⑬

桂林西北 90 公里。17 万。龙胜至平安的小巴。

龙胜各族自治县被融水河流域高耸的山脊环抱着，这里是游览乡野风光，寻访壮族瑶族村寨的大本营。市区西南耸立着一系列陡峭的山脉，高约 1000 米，被称为**龙脊梯田**，山下和山腰处的地域已被壮族居民辟为梯田，种植水稻。壮族人民住着传统的木质房屋，人口占龙胜人口的大多数。山顶上散落着一些瑶族村寨。瑶族有很多宗族分支，有些瑶族宗族依旧过着狩猎生活而非农耕生活。瑶族人还特别擅长刺绣、编织和印染。壮族村寨**平安**坐落在龙脊梯田的中心，靠近山脊顶部。村寨里有一些传统的木质结构客栈，并有几条小路通向其他村寨。

龙胜地处亚热带，属季风性气候，雨量充沛，气候宜人。冬无严寒，夏无酷暑，是旅游避暑的好去处。

三江 ⑭

桂林西北 175 公里。37 万。风雨桥旅行社。电话：（0772）8617088。

三江侗族自治县坐落在融水河畔。第二次世界大战期间，距此 35 公里的丹州（原为该地首府）失陷后，这里曾一度成为抗击日军的基地。今天的三江是侗族聚居地的中心城镇。这里的侗族居民身着靛蓝色衣服，人口约有 250 万。北部山丘上坐落着几处村寨，寨中建筑是典型的侗族风格，有木结构房屋、塔楼、桥梁等。热情好客的侗族人会为客人献上他们最爱喝的豆面茶或油茶，此茶是用油炸过的茶叶加米混合熬制而成，味道略苦。

融水河南岸，耸立着一座高 11 层的**鼓楼**，此楼是该地区最大的鼓楼，建于 2003 年，完全采用传统建筑工艺建造。鼓楼由四根 47 米高的木柱支撑着，这些木柱分别取材于四株不同的树干。鼓楼的第三层上设有一大鼓。

小巧玲珑的**福禄尼庵**坐落在山后，这有点儿不合常理，因为侗族主要信仰道教。尼姑庵有三个大厅，厅中供奉着许多塑像，既有佛教圣像也有道教神祇。融水河以北紧挨着政府宾馆的是县博物馆。博物馆里陈列着传统侗族建筑的比例模型，还有许多照片以及一些能够说明三江军事战略地位的地图。这里还展示着很多色彩艳丽的侗族、壮族和瑶族节日服装。

三江县出售的竹笋

周边景点：最近的侗族村寨坐落在三江侗族自治县县城以北 18 公里的**程阳地区**，这里的村寨簇拥在林溪河畔，游

程阳地区建造精巧的风雨桥

侗族建筑

侗族多聚居在树林茂密的山区，由于石质较松软，他们转而采用木材做建筑材料，充分发挥其建筑优势。这里的建筑不费一钉一铆，即使大型建筑也全靠凿榫衔接，技艺精湛。随着地区收入的增加，各个村寨竞相出资修筑传统桥梁和鼓楼，于是兴起了一股复苏传统建筑的潮流。鼓楼通常有方形塔底，并设有多重八角飞檐。鼓楼最初被用作瞭望塔或村寨集会场所，许多鼓楼的旁边还搭建着戏台，以备节日庆祝使用。构造精巧并搭建着桥亭的风雨桥也是村民们集会之所，同时也有禳灾辟邪之意。

程阳一处秀丽村寨中的传统鼓楼

客可从三江侗族自治县乘公交车或出租车到达。程阳与主干道之间有100多道桥梁。其中最精美的要属风雨桥了。**风雨桥**为侗族建筑“三宝”之一，是侗族人民引以为豪的民族建筑物。桥梁由巨大的石礅、木结构的桥身、长廊和亭阁组合而成。此桥可追溯到1916年，桥长78米，由雪松木建成，此桥完全靠凿榫衔接，不用一颗铁钉，历时12年才制造完成。桥顶矗立着五座桥亭，每座桥亭都代表着不同的地域风格，尤为精致典雅。这些精美的桥梁不仅具有实用价值，而且是祭拜河神的圣地。由于担心香烛会引发火灾，多数祭坛现已被移到了河岸上。

有兴趣探访民族村寨、欣赏周边乡村风光的游客可在这里找到基本的住宿设施。程阳地区每个村寨中都有一座小鼓楼，村寨周围的稻田里还有竹子制成的巨大水轮，灌溉田地时，人们转动水轮往竹管中送水，竹管再把水导入禾田里。

高山集镇**独峒**坐落在三江侗族自治县北部，乘交车有两个小时的路程（去独峒的公路只有一条，沿途侗族村寨数不胜数）。独峒镇靠近湖南地界，游客可在这里找到基本的住宿设施。一条鹅卵石铺砌的小路通向**高定村**，这个村寨上矗立着六座鼓楼和100多座带有青色屋顶的木屋。

肇兴 ⑮

三江西北120公里。🚌 从三江出发。

最令人神往的侗族村寨当属肇兴了。肇兴侗寨历史悠久，在金正隆五年（1160年），肇兴的先民就在这里建寨定居，距今已有850年的历史。肇兴坐落在宽阔平缓的谷地，寨中鱼塘星罗棋布，一条潺潺的溪流穿寨而过。这里还保存着闻名于世的传统建筑群（村寨周边也散落着一些现代建筑）。村镇分为五个片区，分别聚居着不同的宗族，每区都有各自的鼓楼、戏台及风雨桥。原来的古建筑在“文化大革命”时被毁，但这些重修的传统建筑看起来也一样古色古香，精巧细致。风雨桥和戏台上都装饰着镜子碎片及精致的勾边。

这里的侗族居民依旧穿着自制的深蓝色传统服饰，人们先用木槌把衣服捣软，然后在上面涂抹鸡蛋清，以此来驱赶蚊虫。

条条泥泞的田间小路通向村寨周围的水稻梯田里。其中有一条小路通向7公里外的山上小寨**唐安**，寨上木质建筑密密匝匝。**纪堂**地处肇兴以南3公里，虽然山路陡峭，但绝对不虚此行。寨上一些古老的鼓楼曾在20世纪70年代初期的“破四旧”狂潮中幸免于难。

肇兴侗族木质房屋群

梧州 ⑯

桂林东南 220 公里。313 万。

梧州是一个较大的城镇，坐落在西江北岸，靠近广东边界。19 世纪时，欧洲人在这里开辟了商埠，梧州曾一度成为广州与西南地区商船往来的补给站和贸易中心。在梧州东部老城区，到处可见保留下来的殖民建筑，特别是**大东上路步行街**一带，这里的现代化中国农贸市场与经典欧式建筑形成鲜明对比。

梧州**蛇园**是中国最大的蛇园，位于市中心东北部的石鼓冲。园中饲养着多达 50 万条蛇，包括眼镜蛇、环蛇、响尾蛇、鼠蛇等，这些蛇主要供应各餐馆和中医药材市场。蛇园的蛇制品地道优质，蛇餐风味独特，享誉中外。蛇因其身体的柔韧性和能够蜕皮的特点而备受推崇。蛇身主要被用来治疗关节炎和各种皮肤疾病。夏季是观赏蛇园的最佳时机；到了冬天，蛇会变得毫无活力，蛇园里储备的蛇也可能所剩无几。

蛇园
云盖路，石鼓冲。每天。

林木环绕、云雾弥漫的桂平西山茶园

桂平 ⑰

桂林以南 220 公里。

桂平坐落在郁江和浔江的交汇处，周围群山葱郁，环抱着这座不太惹人注意的城市。随着 20 世纪 90 年代本地区水路交通的终止，桂平作为区域中心的地位也日益没落。现在它的支柱产业是甘蔗。

桂平还以其出产的上等绿茶——西山茶闻名远近。西山茶种植于**桂平郊外的**西山。细长的茶叶经过加工，被卷成小型雪茄烟的形状。沏茶时，一次放一根茶叶（茶叶要一根一根地浸泡，依次放入水中），沏出的茶水味道略苦，但清香宜人。

从城区可以毫不费力地登上西山。徒步攀爬约两个小时，沿途可见茶园、竹林，还有为数不少的唐代佛寺。掩映在西山上坡茂林深处的龙华寺建于宋代，20 世纪 80 年代被修葺一新。寺院里供奉着大量的佛像。据说这里出售的西山茶比桂平商店里出售的质量更优。伫立在山顶可饱览河畔

桂平龙华寺的石狮

太平天国运动

此画描绘的是 1864 年清军从太平军手中夺回南京的场景

1840～1842 年鸦片战争失败后，中国被迫向英国支付巨额赔款。赋税的增加使广西南部等农村贫困地区的人们生活在水深火热之中。人民不满清政府的统治，于是，1851 年 1 月在洪秀全的号召和组织下，一支 1 万多人的队伍在金田村举起起义大旗，洪秀全号称天王，建立太平天国。1853 年太平军挥师北上，一举攻克南京，并定都在此。洪秀全根据《圣经》教义创立“拜上帝会”，在此教义的指引下，太平军最初计划推翻清朝统治和传统儒教，建立一个人人平等的社会。但是，军事指挥上的失误再加上洪秀全的一意孤行使太平天国运动陷入岌岌可危的境地。1864 年 7 月，洪秀全病逝于孤城南京后，清军重新夺回南京。在这场长达 14 年之久的太平天国运动中，大约有两千万人丧生，生产遭到破坏，但它也极大地动摇了清朝的统治，打击了中外反动势力，推动了历史的前进。

平原的大好景色。

周边景点：从桂平坐公交车经过40分钟的路程可到达**金田村**。该村坐落在城区以北25公里处。下了公交车，步行5公里，穿过农田，可到达洪秀全太平军的第一个军事指挥部。这里的博物馆里陈列着兵器、画作，还有一些记录太平天国运动重要事件的地图。

东山鼓

东山鼓因越南一处考古遗址而得名，最古老的东山鼓有2200多年的历史。它们似乎发源于泰国或越南，然后蔓延到整个东南亚地区。典型的东山鼓鼓腰狭窄，由青铜制成，高可达1米，不同地域的东山鼓风格会有很大差异。广西地区的东山鼓有十二角星标志，上面通常会装饰着青蛙雕像，鼓的中央位置镂刻着士兵佩戴羽毛头饰立于战船上的精美图案。

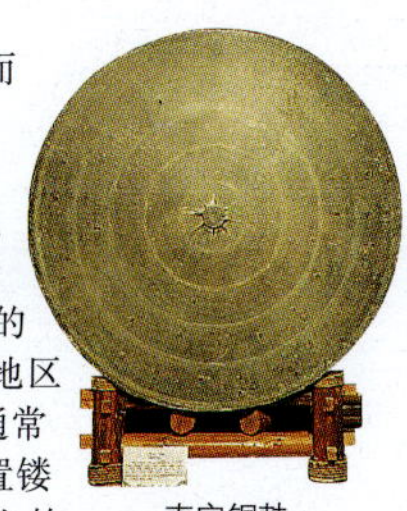

南宁铜鼓

一位明史专家指出，东山鼓最初被用作储存容器，后来开始被壮族人民视为权威的象征。在以前的农事仪式上，人们都会敲东山鼓庆祝，时至今日它们依旧是贵州苗族节日里的打击乐器。

桂平西山一处崖壁上飞瀑如练

南宁 ⑱

桂林东南350公里。693万。新民路40号。电话：(0771) 2804960。

南宁为广西首府，安坐在广西区南部，距离越南边境仅200公里。南宁建于宋代，1912年被设为广西省省会，直到第二次世界大战时被日军占领。1949年南宁重新成为首府城市。在20世纪60年代的越南战争期间，南宁曾是支援北越极为重要的物资调度中心。1979年中越关系恶化，中国发起对越自卫反击战，南宁再次成为一个军事据点。今天，这座城市的规模正在迅速扩大，在一定程度上得益于20世纪90年代中越跨界交通线的恢复。

南宁是游客旅行的中转站，从这里他们可以前往越南或广西西南边陲的一些景点，如德天瀑布和左江（参见422页～423页）。南宁市仅有几处纪念碑和少数景点，但这里到处洋溢着安详闲适的气息，并有许多热闹的集市，是一个不错的去处。南宁也是壮族的主要聚居城市，壮族人口占市区总人口的六成多。

兴宁路上的**繁华购物区**里修葺一新的欧式建筑向人们诉说着1907年南宁被开辟为通商口岸的历史。坐落在民族大道的**省博物馆**里陈列着50多个风格各异的古代青铜东山鼓，其中有些已有2000多年的历史。

人民东路的**人民公园**里种植着各种各样的热带植物，如海芋、赫蕉、鸟巢蕨及黄檗等。城东茶花园路上坐落着**金花茶公园**，公园里种植着稀有植物金花茶，这种植物仅生长于广西山区，野外很可能已经绝迹。这种茶花的花瓣大而坚硬，在茶花中比较罕见。

每年10月末11月初，南宁会举办旅游节、民歌节等大型旅游活动。

南宁露天市场上的蔬菜商贩和他们的蔬菜筐

省博物馆
民族大道。每天上午9:00～下午5:30。

人民公园
人民东路1号。每天。

花山左江江畔一处崖壁上的古代岩石图画

左江 ⑲

南宁市西南 100 公里。 至宁明县。 至宁明县。 舢板从宁明驶往花山。 河船旅游事宜请联系南宁旅游局。陇瑞自然保护区

在宁明县（南宁至萍乡铁路线上的小城）租一条小船，顺着宁谧的左江溯流而上，沿途可观赏史前岩石壁画和山势峥嵘的喀斯特景观。这些壁画可追溯到战国至汉朝末年，距今有 2000 多年的历史，所画人物造型共有 2600 多个，散列在江边 70 多处位置。壁画由红棕色氧化亚铁涂制而成，主要描绘的是萨满教仪式的盛大场面。壁画上的图案与在越南及中国南部地区发现的东山鼓上的图案极其相似。人们普遍认为创作这些壁画的是当地壮族的祖先骆越人。

第一处壁画位于距离宁明县大约 20 公里的上游地区，但绝大多数都集中在**花山**。花山坐落在江边，乘船 3 个小时左右的路程。江边一处 10 米高的陡峭悬崖上画有 1200 多个条状人物造型，以男性居多，似乎在跳一种仪式舞蹈。壁画中反复出现的是一个小圆圈符号，可能代表铜鼓，圆圈周围几个人似乎在跳舞，他们高举着胳膊像是在祈求神灵。有些人携带刀剑或骑在野兽背上。其中仅有两个人物拖着长长的头发，可以明显看出是女性。上面还画着狗、马、农民及龙舟赛桨手的图案。立于整个活动场面中心的是祭司，从他佩戴的精致头饰就可以辨认出来。

攀龙是地处宁明与花山之间的河畔小寨，小寨周围山峦峥嵘，风景秀丽。这里的几处漂亮木质建筑可为游客提供住宿。攀龙有几条道路通向**陇瑞自然保护区**，这些道路是专为保护区内非常稀有的白头叶猴而建的。这种黑白两色的灵长类动物藏匿在茂林深丛中，要撞见它们几乎是不可能的，但顺着崎岖的小路前行也别有一番风味。

凭祥中越边境上的门楼

凭祥 ⑳

南宁市西南 150 公里。

凭祥周围横亘着广袤的甘蔗田，并绵延着本地区典型的锯齿形山峦，这个繁忙的集镇是中国至越南铁路线的始发站。到越南的游客需

一群身穿传统服装的壮族妇女

壮族

壮族是中国人口最多的少数民族，约有 16/17 万人。主要分布在广西壮族自治区，也有少数聚居在周边省份和越南。壮族有自己的语言，这种语言不是采用汉字字符，而是以拉丁字母为基础。该地区所有路标都是汉壮双语路标，这一点在桂林和南宁地区尤为明显。在城市，除了语言上的差异外，人们很难区分壮族人和汉族人。但在农村地区，壮族男子往往包着头巾，身穿青色马褂，而妇女则穿蓝色绣花上衣。壮族人多信奉万物有灵说，所以广西佛教寺庙和道观比较少。祭牛节是壮族最盛大的节日之一，在每年农历四月份（4 月或 5 月）的第八天，相传是牛王的生日。到了这一天，各家停止役牛，把牛刷洗干净，而且用一种特殊的米饭喂牛。

秀丽雄伟的喀斯特山峦围绕着壮观的德天瀑布

在过境处出示有效签证。去往**友谊关**另有15公里。目前的中越边境线早在明朝时就已经划定，10米高的石墙依然屹立着，石墙上还有重建的瞭望塔及游客过境时要穿过的一座城门。瞭望塔的二层有本地区立体模型，站在这里可以远眺越南。在边境线中国一侧有一座20世纪初期欧洲风格的建筑，由当时占领该地区的法国建造。随着过境越南铁路线的重新开通，距离此处5公里远的同登也恢复了通向河内的铁路线。

德天瀑布 ㉑

南宁市以西150公里。🚌 经由大新至硕龙，从硕龙出发的小巴可直达瀑布，有16公里远。

德天瀑布起源于广西靖西县归春河，终年有水流入越南又流回广西，经过大新县德天村处遇断崖跌落而成瀑布。

位于中越边境上，由多级瀑布组成，宽阔壮观，是世界上第二大跨国瀑布，仅次于美加边界上的尼亚加拉大瀑布。除此之外，这两处瀑布并没有什么共同之处。德天瀑布没有尼亚加拉瀑布雷霆万钧的气势，但它更加柔和美丽，瀑布从石崖上倾泻下来，分多级跌落，中途岩石阻隔，涡旋潆洄，瀑布四周山峦起伏，田垄齐整，苍翠蓊郁。游客可以到瀑布下面宽阔的水域游泳，或者乘竹筏到瀑底淋水。需要记住的是，河流中央就是边境线——所以不要到对面较远的地方游玩。瀑布上面有一条路，顺路前行可找到一块20世纪50年代的石碑，石碑用中文和法文明确标记着中越两国边界。

北海 ㉒

南宁以南150公里。✈ 🚂 🚌 ⛴ 至海南岛。

北海是一座拥有约40万人口的热带港口城市，同时也是乘船去海南岛（参见302页～303页）的始发地。北海是中国古代海上丝绸之路的始发港，是中国西部地区唯一的沿海开放城市，也是一处享誉海内外的度假胜地。

北海建于2000多年前，汉朝时曾是繁忙的码头，盛极一时。北部滨海区的中山路上坐落着旧时租界，这里街巷逼仄，蜿蜒约2公里，巷子里的灰泥建筑建于20世纪20年代，现在已经支离破碎，几处廊柱耸立的店面也常常被热闹的渔市占据。

中山路距市中心约3公里远的地方是**海南码头**。不远处有一处小码头，码头上堆满了机动帆船、锈迹斑斑的货轮以及破败不堪的拖网渔船。

北海另一处景点**银滩**位于城市以南10公里。银滩虽然也有一些度假村和餐馆，但这里的海岸线单调乏味，无法与美丽的海南海滩相媲美。

北海中山路上的一座旧时教堂（正面）

东北地区

东北地区概要

地处中国外围边缘的东北地区幅员辽阔，矿产丰富，充满了野性的魅力。几个世纪之前，这里就曾生活着几个勇猛顽强的少数民族，包括契丹、蒙古和曾统治中国长达250余年的满族。现在东北地区包括辽宁、吉林和黑龙江三省，是中国的重工业中心。这一地区水绕山环，地貌错落有致，是休闲度假的旅游胜地。辽宁沈阳故宫见证了满族曾经的兴盛，高速发展的大连处处可见新的建筑奇迹。长春市曾为伪满洲国首都，冬天的景致极好；吉林省的省会长春是一座蓬勃发展的汽车工业城市；黑龙江省则以哈尔滨的国际冰雪节闻名于世。

冰峪沟口华丽的牌坊，辽宁

景点一览表

城镇

长春 ❻
大连 ❺
丹东 ❸
哈尔滨 ❾
吉林 ❼
锦州 ❷
沈阳 ❶

自然保护区、山脉和自然风景区

冰峪沟 ❹
长白山（参见446页～447页）❽
镜泊湖 ❿
五大连池和中俄界河 ⓬
黑龙江扎龙国家级自然保护区 ⓫

◁ 黑龙江的支流嫩江蜿蜒穿过严寒的黑龙江大地

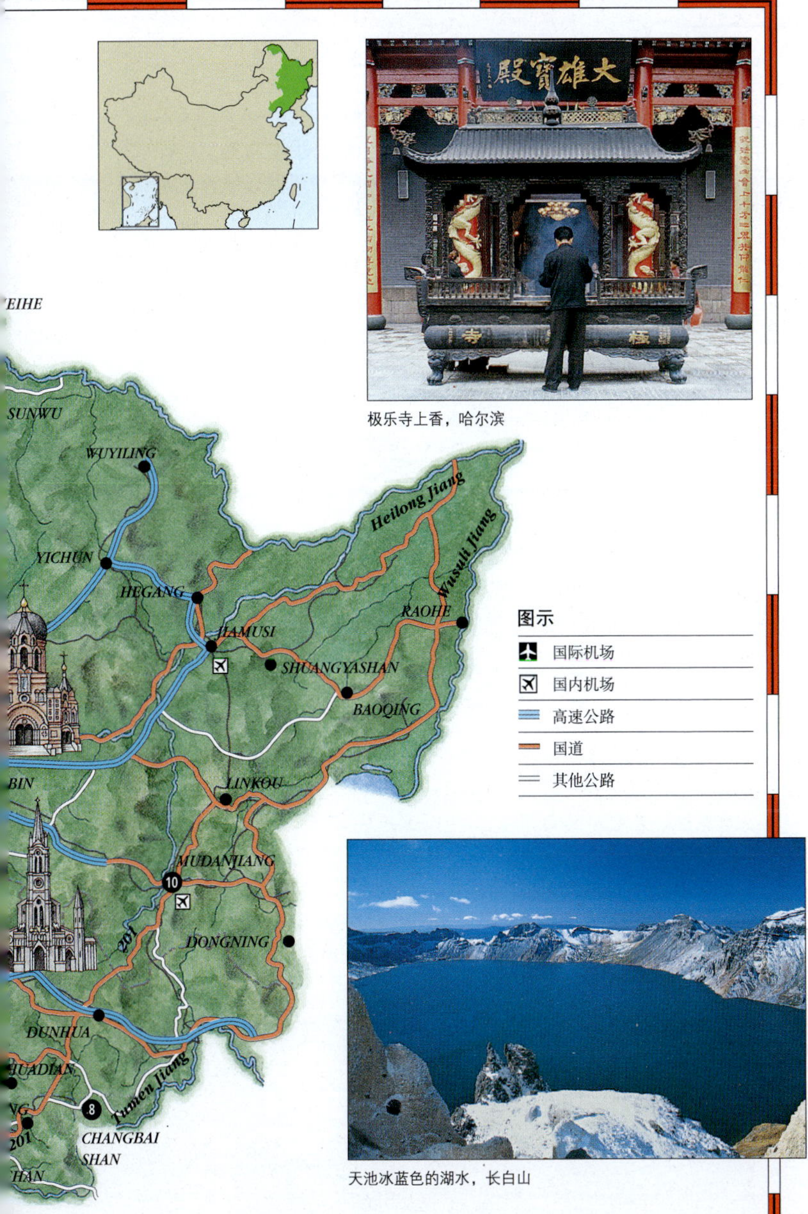

极乐寺上香，哈尔滨

天池冰蓝色的湖水，长白山

0 km 100

0 mile 100

交通

沈阳、大连、长春、哈尔滨、吉林等主要城市和北京之间有定期的航班和列车。同时北京到沈阳、大连、长春也有高速列车营运。东北地区各大城市之间有定期的列车和汽车，而航班很少，包括哈尔滨和大连。冬天前往热门的旅游目的地比较容易，比如吉林和哈尔滨，如果想去一些相对偏远的地区，如镜泊湖和长白山则比较困难。市区内，出租车是最好的出行选择。

东北地区概况

东北三省与俄罗斯、朝鲜两国接壤，构成了中国最北部的一片辽阔区域。中原文化是北部地域文化的主体，但该地区地处边陲，独特的地理位置和历史进程使其文化有了鲜明的区域特征。东北地区旅游资源丰富，既有繁华大都市和延绵的山林，也有融合了异域文化的边陲小镇。

东北地区非常复杂，很难对其进行概括分类，夏季炎热，冬季严寒。社会主义计划经济时期过度发展重工业，破坏了原有的城市风貌和优雅迷人的殖民建筑。随着中国近期经济的繁荣，部分地区发展迅猛。

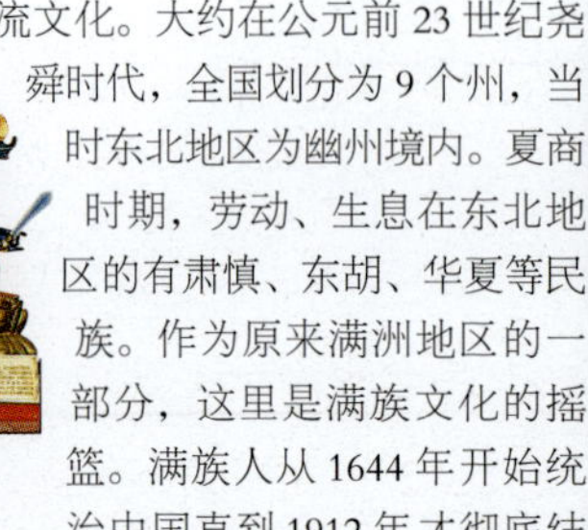

欢喜佛塑像，北塔，沈阳

东北包括辽宁省、吉林省和黑龙江省，东北地区是中华文明的发祥地之一，大量文物表明，在史前时期，我们的祖先就在东北地区劳动、生息和繁衍。公元前4000年左右，中华种族肃慎族系创造东北早期文明——新开流文化。大约在公元前23世纪尧舜时代，全国划分为9个州，当时东北地区为幽州境内。夏商时期，劳动、生息在东北地区的有肃慎、东胡、华夏等民族。作为原来满洲地区的一部分，这里是满族文化的摇篮。满族人从1644年开始统治中国直到1912年才彻底结束。1625年，沈阳成为满洲政权的国都。直到现在，那里仍然保留着令人震撼的沈阳皇宫，也正是在沈阳，满族统治者完善了军政合一的八旗制度——以颜色区别族系的社会组织形式。1644年，适

道里区内庄严的俄式建筑，哈尔滨

伪满皇宫正面，长春

逢明朝被推翻之际，满族人迁都北京。如今，东北地区的满族人仍然以自己的民族历史为荣。

近代，东北地区受到沙俄和日本的窥视，它们改变了这一地区的命运。19 世纪末，沙俄对旅顺的不冻港产生了浓厚的兴趣，并试图将东北的部分地区划为自己的属地，还修建了西伯利亚大铁路在东北的支线。日俄战争后，沙俄被迫把自己在东北的特权转让给了日本。20 世纪三四十年代，东北地区又惨遭日本蹂躏，他们把东北重新命名为满洲国，并拥立溥仪为傀儡皇帝。日本的残暴统治给这里留下了深深的伤痕和令人欷歔的遗址，比如哈尔滨近郊的侵华日军第 731 部队罪证遗址。

孔庙的门把手

随着第二次世界大战的结束，日本结束了对东北地区的统治，随之而来的是毛主席领导下的工业化。20 世纪 50 年代，中国与苏联的友好合作使东北地区建立了斯大林式的国营经济。但是很快，中苏关系恶化，冲突很快在边境附近爆发。

东北地区丰富的矿产资源曾使其成为全国的工业中心。然而近些年来，一方面由于投资不足，另一方面国营企业大幅缩小规模，导致大批工人失业。

几个世纪的困苦生活铸就了东北人刚毅、真挚、直率、好客的性格。中国人普遍认为他们强悍、粗犷、酒量大。和南方人比起来，东北人“人高马大”，东北话听起来有些土，但和普通话很接近，容易理解。不同于精致的粤菜和上海本帮菜，东北菜比如饺子、乱炖、土豆等既丰盛又实在。肥沃的黑土地孕育了东北人特殊的性格气质。东北地区地貌变化多样，既有浓密的森林，也有火山带，而边境地区尤为复杂。这里适合进行多种户外活动，尤其是在扎龙自然保护区，可以远足，也可以观鸟。边境城市丹东旅游业蓬勃发展，特别受朝鲜游客欢迎。

尽管受到工业化的影响，但是东北还是有很多景点值得游览。哈尔滨带有洋葱头圆顶和繁复拜占庭装饰的建筑透着典型的俄式风格，体现了这里的文化融合。黄海沿岸的大连是一个生机勃勃的城市，经济发展的速度堪比上海，有“北方的香港”的美誉，也为工业衰退的东北增加了几分活力。

镜泊湖畔隐蔽的小水湾，黑龙江

清朝

清朝宫廷的雕刻

满族人曾世居东北，是中国最后的封建统治者。1636 年，皇太极称帝，改国号为“大清”。明末农民起义削弱了明朝的统治，满族人趁机入关侵入中原，于 1644 年攻占北京。满族统治者大部分沿用了明代的政治体制，随着时间推移还吸收了地方特色。尽管清朝出现了康熙(参见 122 页)、乾隆等几位中国历史上最杰出的皇帝，但清朝晚期，衰败成为不可逆转的趋势。外来势力的侵略和清朝内部的保守，最终导致了满族统治的崩溃和清朝的瓦解。

留长辫子曾是清朝时期中国人的传统。满族人入关以后，强迫所有汉族男人剃发垂辫。

紫禁城

像明朝一样，清王朝定都北京。满族统治者是紫禁城最后的主人。在多达 3000 名太监的服侍下，他们的宫廷生活充满了盛大的仪式和典礼，直到 1912 年，中华民国成立，清朝统治宣告结束。

努尔哈赤(1616～1626 年在位)是满族的第一位皇帝。17 世纪初，他统一了北部女真各部，建立了军政合一的八旗制度，后又迁都沈阳，但去世之前未能入主中原。后来，他的儿子皇太极于 1636 年称帝，定国号“大清”，继续对明朝发动进攻。

沈阳故宫是满族人建立的清政权的早期皇宫，始建于努尔哈赤统治时期，皇太极继位以后，将宫殿修建完成。1644 年，满族人推翻了明朝的统治，迁都北京，沈阳故宫成为皇帝巡幸东北时的行宫。

清朝初期的统治者每年夏天都会离开紫禁城到内蒙古地区消夏避暑。为了保持满族的精神和活力，他们狩猎骑射，夜宿毡房。

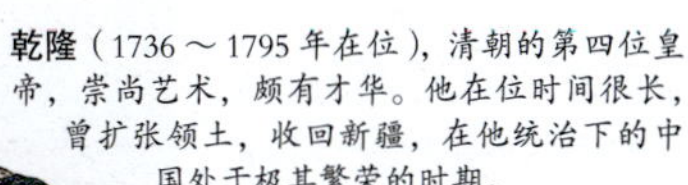

乾隆（1736～1795年在位），清朝的第四位皇帝，崇尚艺术，颇有才华。他在位时间很长，曾扩张领土，收回新疆，在他统治下的中国处于极其繁荣的时期。

圆明园（参见103页）是耶稣会传教士为乾隆皇帝设计的。园中宏伟的建筑大部分在1860年被英法联军摧毁。

耶稣会传教士汤若望（1591～1666年）以其博学的天文知识征服了清廷。耶稣会认识到，如果想对中国具有影响力，必须掌握儒家经典。

1793年，马嘎尔尼勋爵带着英国国王乔治三世精心准备的礼物来到中国，希望中英两国可以自由通商。乾隆皇帝回绝了他的提议，拒绝向英国让步。

义和团运动

义和团是中国华北地区兴起的秘密结社组织。他们念咒降神，相信自己有抵御枪弹的法力，并掀起了一场以“扶清灭洋”为口号，针对西方在华人士的大规模暴力运动。慈禧借机利用义和团，给洋人施加压力，以收两败俱伤之效。1900年，义和团开进北京，并围困了使馆区。最后，八国联军出兵镇压义和团，并强迫清政府签订了《辛丑条约》，按条约规定，外国军队可以驻守北京。

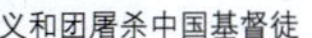

义和团屠杀中国基督徒

西太后慈禧（参见101页）是一位非常保守又极端专权的统治者。她对洋人不屑一顾，任命维护义和团的端王为总理衙门的大臣办理洋务。

西伯利亚大铁路

西伯利亚大铁路包括三条线路：西伯利亚线、蒙古线和满洲线。1891 年，沙俄决定修筑一条横贯帝国东西的铁路干线。通过与清政府协商，后来增修了穿越满洲的支线，1903 年全线通车运营。1905 年日俄战争后，沙俄被迫把部分满洲线转让给日本，后又绕过满洲，修筑了新线。西伯利亚线于1916年完成。蒙古线于 20 世纪四五十年代连入该线。在 21 世纪这个航空旅行的时代，一周的火车之旅是不可错过的体验。

西伯利亚大铁路上的火车和乘务员

19 世纪末 20 世纪初，东正教会的牧师曾在满洲各地进行宗教服务。如今，在哈尔滨、旅顺和满洲里等边境城镇，俄罗斯人留下的痕迹随处可见。

尽管 1939 年开始电气化工程，直至 2002 年蒸汽火车才完全被取代。由于中国和俄罗斯的轨道宽度不同，列车抵达中俄边界时，需要用吊车把车厢吊起换上新的轮对。

火车行驶在东北平原的草原上

这张 1907 年的海报刊登了西伯利亚大铁路冬季浪漫之旅的广告。海报带有明显的日本风格，因为那时日本占领了朝鲜。

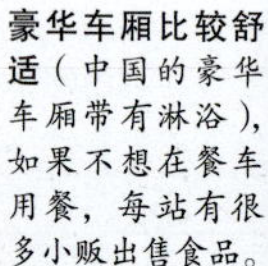

豪华车厢比较舒适（中国的豪华车厢带有淋浴），如果不想在餐车用餐，每站有很多小贩出售食品。

这条世界上最长的铁路全长接近 9500 公里，整个旅程需要 7 天时间。

RUSSIA
Moscow
Yekaterinburg
Omsk
Oz. Baykal
Irkutsk
Ulan-Ude
KAZAKHSTAN
MONGOLIA
Harbin
Vladivostok
PEOPLE'S REPUBLIC OF CHINA
Beijing

图示

- 西伯利亚大铁路
- 蒙古支线
- 中长支线

中长线

Vostok 号从北京出发，经过山海关和哈尔滨，继续驶往壮美的东北平原，穿越辽阔的俄罗斯，然后返回。这趟车每周只发 1 班，行程需要 6 天。

如果不和其他乘客聊天，旅途中的大部分时间是透过车窗欣赏风景

蒙古支线可能是三条线路中最有意思的。穿过中国境内的长城，途经云冈石窟的所在地大同，再通过蒙古国和其莽莽草原，最后横穿广阔的俄罗斯。然而，要走这条路需要办理3个签证。

贝加尔湖的悬崖绝壁为当时的建设者们出了难题，他们不得不在坚硬的岩石上开凿隧道、架设桥梁。所有的这一切都是值得的，三条线路都会经过湖南岸，那里可以欣赏到沿途中最美的风景。

旅行提示

- 可以通过 www. seat61.com 订票。
- 夏季是旺季，秋季稍微淡一些，冬季列车有加热系统，但是户外非常寒冷。
- 带上方便面、巧克力、水杯和餐具，列车上有开水供应。
- 全程至少安排 1 次或 2 次下车旅行，再次上车，每站都要单独购票。
- 准备好伏特加酒。

莫斯科是西伯利亚铁路三条线路的终点站（始发站）。那里可以继续前往圣彼得堡和波罗的海。莫斯科拥有众多的博物馆、教堂和宏伟建筑，值得花几天时间细细品味。

辽宁、吉林、黑龙江

东北地区包括辽宁、吉林、黑龙江三省，南起黄海之滨的山海关，北抵西伯利亚边境，面积达80万平方公里，大于西班牙和葡萄牙之和，人口1亿人。该地区地形变化多样，有海港，也有荒无人烟的森林和山脉。

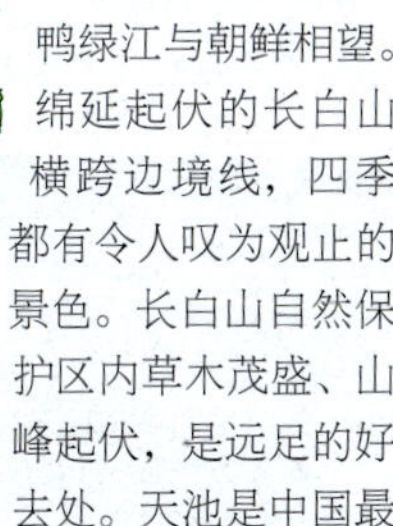

这个地区是旧时的满洲的一部分，满族统治者耗巨资在沈阳修建的皇宫就是他们权力的证明。辽宁南部的沿海城市大连以风景优美的滨海大道和细软的沙滩闻名。作为东北地区唯一的不冻港，大连曾被日本和俄国觊觎，1885～1955年更是被这两个国家轮番占领。

吉林省的省会长春仍然存有日本帝国主义侵略的遗址。日本在长春建立伪满洲国，扶植末代皇帝溥仪登上了傀儡皇帝的宝座。黑龙江省的哈尔滨从建筑到餐馆处处都留有俄罗斯的印迹。位于中朝边境的丹东市，隔着鸭绿江与朝鲜相望。绵延起伏的长白山横跨边境线，四季都有令人叹为观止的景色。长白山自然保护区内草木茂盛、山峰起伏，是远足的好去处。天池是中国最深的火山湖，据传这里还生活着神秘的水怪。

其他的自然景观还有：岩层高耸的辽宁冰峪沟大峡谷，黑龙江境内的火山湖——五大连池和镜泊湖以及扎龙自然保护区内巨大的水禽保护区，尤其到了繁育季节，保护区内的沼泽湿地栖息着几百种鸟类。

棒槌岛风景区隐秘的小海湾，大连

◁松花江上的游览观光船，靠近吉林

沈阳 ❶

巨大的毛泽东塑像

沈阳是辽宁省省会，也是东北最大的城市。也许没有大连那么绚丽奢华，但是沈阳位于辽宁中部，是重要的交通枢纽和工业中心。早在战国时期，这里就是燕国的战略重镇。蒙古人建立元朝，这里第一次被命名为沈阳。1625年，沈阳成为满族人的都城，改名奉天，他们在此修建了可以与北京紫禁城媲美的沈阳故宫。

大政殿外成群的游客，沈阳故宫

沈阳故宫

沈阳路171号。电话:（024）24844192。每天上午9:00～下午4:30。室内。

沈阳故宫规模仅次于北京紫禁城，坐落于沈阳老城的中心位置，是沈阳最有名的历史景点。它始建于1625年，当时为大汗努尔哈赤统治时期。是清朝入关前建造的皇宫，现已辟为沈阳故宫博物院，是国家重点文物保护单位，与北京故宫构成了中国仅有的两大完整的明清皇宫建筑群。1644年，清军攻陷长城山海关后（参见128页）涌入中原，后逐步统一中国。沈阳故宫共有房屋300多间，是努尔哈赤和皇太极生活过的皇宫。虽然沈阳故宫建筑上具有浓烈的满族和蒙古族特色，但也明显带有对明皇宫——紫禁城的模仿痕迹。皇宫的建筑布局可分为三个部分。中路的主要建筑是**崇政殿**，是皇太极处理政务、接见附属国使臣和封疆大吏的地方。崇政殿后是帝后妃嫔的寝宫**清宁宫**。中路还有一座凤凰楼，是当时城内的最高建筑。

西路的文溯阁过去存放着一部《四库全书》36078册（当时共有七部）。《四库全书》编纂于清朝，是几乎囊括了中国古代所有图书的百科全书，现仅存四部。**大政殿**是东路最重要的建筑，殿前的立柱以盘龙装饰。顺治皇帝在此登基，成为1644年清军入关后清朝的第一位皇帝。大政殿前方的十王亭是八旗首领议事办公的场所，八旗是满族分封和继承土地的一种组织形式。沈阳故宫目前正在进行大规模修缮，很多宫殿不能参观。2004年，沈阳故宫被世界教科文组织列入《世界遗产名录》。

毛泽东塑像

中山广场。

毛泽东塑像矗立于沈阳市中心的中山广场。毛泽东塑像也矗立于中国各地的公共广场，其中包括云南丽江（参见388页～390页）和新疆喀什（参见508页～509页）等偏远的边疆地区。但是沈阳的这座巨大雕像更传神，毛泽东被塑造为身披大衣的伟人。

北塔

北塔街27号。夏季：上午8:30～下午5:00，冬季：上午9:00～下午4:30。

北塔建于1643年，是环绕沈阳市东西南北的“四塔四寺”中修缮较好的一座。最能体现北塔原有特色的是大殿和法轮寺。大殿还装饰有佛教壁画。

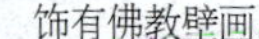

韦驮，北塔

九·一八事变博物馆

望花南街46号。夏季：上午8:30～下午5:00，冬季：上午9:00～下午4:30。

九·一八事变博物馆是为纪念1931年9月18日日军攻占沈阳，中国军民起而抗战而建。全面系统地展示日军对中国东北侵略的整个过程。和其他同主题的展馆一样，部分展品有些骇人，从中可见日本侵略者的残暴。

北陵装饰华丽的西墙和入口

游客清单

北京东北 700 公里。715 万。沈阳机场。火车南站或火车北站。客运南站、快速客运站、中国民航（机场巴士）。市府路 290 号。电话：(024) 22958888。

北陵

沈阳城北，北陵公园，泰山路 12 号。每天早上 7:00 ～下午 6:00。室内。

北陵公园占地辽阔，其内的北陵是努尔哈赤的儿子皇太极（1627 ～ 1643 年在位）和其皇后博尔济吉特氏的陵墓。北陵始建于 1643 年，即皇太极去世的同一年，是中国规模最大、保存最完好的帝陵之一。陵墓设计体现了中国帝陵（参见 104 页～ 105 页）的典型特色。由南面的正红门进入陵寝，东西两侧各有一座小跨院。东跨院是更衣亭，即皇帝祭祀时更换衣冠之处；西跨院是宰牲亭，即祭祀时宰杀牲畜及家禽的场所。一条神道通向隆恩殿，神道两侧立有“石像生”。隆恩殿后就是大树掩映下的皇陵，过去叫做昭陵，陵前还有一块精致的雕龙影壁。

神兽，北陵

东陵

沈阳市东 5 公里。每天上午 8:00 ～下午 4:00。室内。

规模宏大的东陵是清太祖努尔哈赤与其皇后叶赫那拉氏的陵墓，建成于 1651 年。东陵的设计非常巧妙，后倚天柱山，前临浑河，主陵建筑为三层，要到达大门需要登上 108 级台阶。中国人把 108 看做是一个很神圣的数字。道教认为 108 代表着“天罡三十六星，地煞七十二星”。佛教也很看重 108 这个数字，比如佛珠有 108 颗，有些佛教宗派有 108 罗汉。

沈阳市中心

沈阳故宫 ①
毛泽东塑像 ②
北塔 ③
北陵 ⑤
九・一八事变博物馆 ④

0 km 1
0 miles 1

令人印象深刻的笔架山由落潮时显现的“天桥”连接到陆地

锦州 ❷

沈阳西南 200 公里。

锦州是中国环渤海地区的重要开放城市，地处辽宁省西南部，是一座有着2000多年历史的文化名城，也是一座素享盛名的商贸重镇，更是一座生机勃勃、蕴涵巨大发展潜力的现代化港口城市。这里出土了大量侏罗纪时期的生物化石，吸引了众多游客，其中有300多件藏于**文雅博物馆**。文雅博物馆是一所由业余收藏家杜文雅先生建立的私人博物馆。这座不起眼的三层小楼位于和平路，有传闻说可能不久之后会迁往别处。展品中最吸引人的是1998年出土的杜氏孔子鸟化石。化石出土于恐龙化石资源丰富的辽西地区，属于中生代鸟类化石。其他展品还包括中国龙鸟化石和距今12000万年、高达9米的古树化石以及侏罗纪时代的恐龙蛋化石等。自锦州出发，向南34公里就是**笔架山**。笔架山通过“天桥”（天然卵石通道）与陆地连接，而“天桥”只有在落潮时才从海水中显现出来。笔架山形似毛笔笔架，山上有几座道教庙宇，从山顶还可以观赏到壮美的海景。游客可以步行通过“天桥”，或者搭渔船上山。步行需要提前查询海水潮汐的变化时间。

文雅博物馆
和平路二段33-13号。电话：(0416) 2122145。每天上午8:30～下午5:00。

笔架山
每天上午8:30～下午5:00。

丹东 ❸

沈阳东南277公里。242万。十纬路20号。电话（0415）213 7493。

丹东位于辽宁省东部鸭绿江畔，城市中心矗立着毛泽东雕像。如果不是因为与朝鲜隔江相望，游客就很容易把它当成一个不起眼的边陲小镇而忽略掉。如今，丹东是中国最大的边境城市。这个城市有很重的朝鲜族印迹，从烧烤和满街的朝文字母到朝鲜族商店和旅行纪念品，无不显示着朝鲜族特色。

如果要去长白山和绚烂美丽的天池（参见446页～447页），一般会从丹东出发，其实，这里也有几处特色景点。丹东的标志性景观是**鸭绿江断桥**。河中与断桥并列的另一座铁路桥横跨中国和朝鲜，由此通过的铁路线贯通北京和平壤。断桥原来是一座铁桥，1950年朝鲜战争期间，遭到美军轰炸，如今只剩下半截，朝鲜境内的部分已经拆除。中国境内的部分留下了战争带来的累累伤痕。这座断桥作为**抗美援朝战争**的

鸭绿江端桥曾经连接着中国与朝鲜

姿态各异的岩石耸立在平静的河面上，冰峪沟

纪念被保存下来。感兴趣的游客可以乘坐鸭绿江上的观光游船或快艇，近距离地接触一下朝鲜。朝鲜是个相对闭塞的国家，但是允许拍照，其实也没有什么可拍之处，比较上镜的包括工厂、市民和斯大林式建筑。如果想进一步了解中国在抗美援朝战争中的贡献，可以参观**抗美援朝纪念馆**，那里有大量关于这场战争的展品。几乎所有展品只配有中文说明。抗美援朝纪念馆以抗美援朝战争史为基本陈列，主要陈列内容分布在陈列馆、空军专馆、全景画馆和露天兵器陈列场。

一名值班的女交警

凤凰山坐落于城市西北部50公里处，海拔840米，那里还流传着很多道家神话。山上有众多的庙宇、石刻，还有很棒的徒步线路。每年4月举行庙会时，是游览凤凰山的最好时机。虎山位于丹东市城东15公里的鸭绿江畔，是国家级鸭绿江风景名胜区的一个重要景区，它隔江与朝鲜的于赤岛和古城义州相望。**虎山长城** 的游客较少，这段重修的长城位于丹东东北20公里处，靠近九连城，俯瞰鸭绿江和朝鲜边境。这段长城的历史可以追溯至明万历年间，是长城的东端起点。2003年，**虎山长城历史博物馆**落成，以中国历朝历代长城建设发展的历史为脉络，以数百件历史文物向参观者讲述中国长城与古代战争的历史。由于此处的中朝边境线并不十分清晰，所以不建议在此徒步旅行，以免不慎进入朝鲜境内。

鸭绿江断桥
电话：(0415)2122145。每天。

凤凰山
凤城市 每天。

冰峪沟 ❹

大连东北240公里。大连至庄河，然后乘汽车。大连至庄河，然后乘汽车去冰峪沟风景区。

冰峪沟风景区占地110平方公里，风景如画。素有“辽南桂林”之美誉，蜚声海内外。景区内奇峰林立，沟谷幽深，还有多处庙宇和布满岩洞的悬崖峭壁，特别适宜沿河散步，当然也可以爬山、垂钓、漂流。可以先到大连东北方向的庄河市，然后再从庄河到景区。景区可提供住宿。节假日和夏天的周末这里的游客特别多，最好能够避开这些时间。

被誉为“天然动植物王国”的辽宁仙人洞国家森林公园是庄河市又一旅游胜地，与冰峪沟相邻。

通向凤凰山上道观的石阶

大连 ⑤

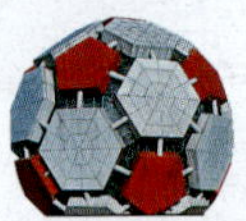
巨型足球，劳动公园

大连是一个非常自信的城市，也是东北地区最有活力和吸引力的城市。豪华的高档酒店，蓬勃发展的经济，欧洲风格的现代化建筑，足球队和整洁的城市环境使它全国闻名。大连与上海有很多相似之处：它们都是港口城市，都是国际化的大都市，都是经济特区，都曾被外国占领。但是，海岸线上风景优美的沙滩和绿地为大连增添了独特魅力。大连位于中国东北的最南端，接近辽东半岛的最南端，既有微微海风，还有东北其他地区所没有的温暖的冬天。

中山广场附近的殖民式建筑和现代高层建筑

游览大连

大连几乎没有庙宇和纪念碑，大多数游客来大连是为了享受沙滩和海鲜，购物和时尚。城市的主要街道都以**中山广场**为中心，向外辐射。中山广场内草地如茵，周围环绕着优雅的殖民式建筑。这些建筑的历史可以追溯到俄国和日本侵占大连的时代。夜幕降临时，当地人会聚集在广场跳舞、欣赏音乐，有时还有机会观看文艺表演。周围建筑中最迷人的是位于广场南侧的大连宾馆（中山广场4号）和北侧的中国银行（中山广场9号）。大连主要的购物中心是**天津街**，位于中山广场西北侧，这条步行街上有很多商店。胜利广场的地下也有一家大型购物中心。友谊商店位于人民路的东端。

大连市内有很多林荫大道和公园。中山广场的西南坐落着**劳动公园**，被称为大连象征的大型足球体育建筑艺术馆就坐落在公园中心。每年春天在这里举办的大连槐花节使其闻名遐迩。继续向前，便是大连另一个主要广场——**人民广场**。人民广场原名斯大林广场，广场上原有一座苏军烈士纪念塔，现已迁至旅顺。广场绿草如茵，夜晚灯火通明。

大连的沙滩很有名气，而且乘公交车或出租车即可到达。**东海公园**位于大连海滨风景区的东北部，靠近滨海路十八盘，占地450余公顷，海岸线长达1200余米。这个公园是为了庆祝大连建市100周年修建的，园内有大型海洋生物雕像，比如体型巨大的章鱼、鲨鱼等。这里海景迷人、海水清澈但水温较低，每年7月中旬才适宜游泳。沙滩上游客很多，他们通常带着帐篷和沙滩巾来待上一整天。

沿滨海路继续往南走，就能到达**棒槌岛景区**。这里有中国东海岸最好的沙滩，过去只允许政要高层进入，现在已向公众开放。沿滨海路漫步，风景宜人，还可以看到黄海上的礁石岛屿。下一站是深受游客青睐的**老虎滩景区**，景区内有大型的海滨游乐场和极地水族馆。再向西10公里左右，便是非常喧闹拥挤的**付家庄景区**。继续向前走还有星海公园，园内的**圣亚海洋世界**十分有名。海洋世界内有一条116米长的海底通道和孩子最喜欢的海洋生物展示区。离海岸线很近的星海广场是为了纪念1997年香港回归修建的。

东海公园
滨海路。每天上午8:00～下午5:00

棒槌岛风景区
每天。

圣亚海洋世界
每天上午9:00～下午5:00。

星海广场

◁ 为哈尔滨冰雪节准备的巨型冰雕

周边景点：旅顺位于大连市西南35公里处，战略位置非常重要，拥有天然的终年不冻港。早在19世纪中期，旅顺就是清政府北洋水师的重要基地，那时的旅顺港被称为亚瑟港。中日甲午战争（1894～1895年）后，旅顺被日本占领，短暂回归中国后，1897年又被沙俄强占，用作太平洋舰队的基地。1905年日俄战争后，日本又从沙俄手中抢夺了旅顺，直到第二次世界大战结束。现存的俄式建筑有建于1898年的**旅顺火车站**。这个车站是当时沙俄修筑的南满铁路支线（参见432页～433页）的终点站，现在仍在使用。**旅顺日俄监狱**曾关押过俄国人、日本人、朝鲜人和中国人，内设血腥的刑讯室和绞刑室等设施。监狱旧址经过修复后，作为陈列馆向社会开放。**白玉山**位于港口北部火车站附近，山顶有成排加农炮和一座表忠塔。该塔是日本帝国主义侵华的罪证。登顶还可以欣赏旅顺全景。景区内的奇石馆展示的500多块奇石大都是本地特有的鹅卵石，令人叹为观止。海军兵器馆馆藏600多种千余件展品，堪称“近代兵器世界”。旅顺是中国海军的重要基地。

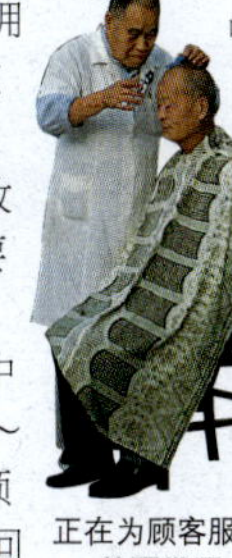
正在为顾客服务的理发师

游客前往之前，要先咨询中山广场附近的公安局，办理许可证。

停靠在星海广场附近的观光游轮

游客清单

沈阳以南300公里。583万。大连机场。大连市汽车站、中国民航（巴士机场）、黑石礁汽车站。从烟台和威海。大连槐花节（春季）。中山路145号，香洲大饭店。电话：（0411）83691165。www.citdsl.net

日俄监狱

向阳街139号。每天。

大连市中心

棒棰岛景区 ⑥
东海公园 ⑤
付家庄景区 ⑧
劳动公园 ③
人民广场 ④
圣亚海洋世界 ⑨
天津街 ②
老虎滩景区 ⑦
中山广场 ①

0 km 2
0 miles 2

Airport 4 km (3 miles)
Dalian Bay
Yellow Sea
HUABEI LU
SHUGANG LU
Dalian Bus Station
Dalian Train Station
Tianjin Jie
RENMIN LU
CHANG JIANG LU
BINHAI LU
ZHONGSHAN SQUARE
CHAOYANG JIE
ZHONGSHAN LU
Malan
RENMIN SQUARE
Labor Park
ZHONGNAN LU
Donghai Park
XI'AN LU
DONG BEI LU
JIEFANG LU
Bangchuidao Scenic Area
Sun Asia Ocean World
YING CHUN LU
Xinghai Beach
ZHONGSHAN LU
Heishijiao Bus Station
LUSHUN
Fujiazhuang Scenic Area
Yanwoling Park
Tiger Beach Scenic Area

长春末代皇帝的皇宫内的起居区

长春 ❻

沈阳以北300公里。753万。到大连、上海和天津。西安大路国际大厦701室。电话：（0431）8851 20001。

吉林的冬天十分寒冷，吉林省省会的名字却叫做长春。第二次世界大战结束时，长春遭到严重破坏，同时也结束了它作为日本傀儡政权——伪"满洲国"国都"新京"的屈辱历史。战后，长春积极发展工业，现在的长春的汽车制造业全国闻名，成为工业衰退中的东北地区最有吸引力的绿色城市。

长春最有名的景点是**伪满洲国皇宫**，是中国最后一位皇帝溥仪作伪满洲国傀儡皇帝时的宫殿。这座皇宫位于城市东北角，皇宫、旧式家具和老照片仿佛是溥仪那荒唐而悲剧的人生写照。这里没有紫禁城的庄严和华贵，取而代之的是被流放的帝王的压抑沉痛。然而，几年前对其进行的修缮重现了宫殿的恢弘，使其成为了一个展示溥仪傀儡皇帝生活的博物馆。1987年，贝托鲁奇导演的叙事电影《末代皇帝》的部分镜头就是在这里拍摄的。另外，市东南部的新民大街还有一些包括伪满洲国"国务院"大楼在内的日本占领时期的建筑。此楼曾为伪满洲国政权的中枢机关，楼内比较有特色的是一部溥仪经常使用的铜制奥的斯电梯。

长春末代皇帝的皇宫内的办公区

人民大街上的人民广场东北角坐落着佛教名寺**般若寺**。该寺建于1921年，是长春市最大的佛教寺院，现为吉林省和长春市佛教协会所在地。寺院的山门由并列的三座拱门组成，错落有致，做工精巧。寺内可分为三进院落，分别是弥勒殿、大雄宝殿、西方三圣殿。大殿中最引人注目的是释迦牟尼塑像和两侧群列的十八罗汉。长春的电影产业很出名，长春电影制片厂可供参观，不过可能只有真正的电影爱好者才会特别感兴趣。

末代皇帝的皇宫
光复路5号。每天上午8:30～下午4:40。www.wmhg.com.cn

末代皇帝

爱新觉罗·溥仪在他的伯父光绪皇帝去世后，于1908年登基，成为清朝的末代皇帝，那年他仅3岁。他的年号宣统，在位时间短暂。1911年辛亥革命爆发，1912年2月12日溥仪被迫退位，新的共和政府成立，延续了2000多年的封建帝制结束。失去帝位的溥仪仍然住在皇宫，直到1924年。之后，他偷偷逃离，居住在天津日租界。他后来被安排当上了日本的伪满洲国的傀儡皇帝，住在长春的宫殿内。抗战结束后，他被苏军逮捕并移交给中央政府，1950年被监禁。1959年，毛泽东给予他特赦。溥仪再也没有回到紫禁城，他于1967年死于癌症，没有留下子女。著有名作《我的前半生》。死前的7年，他被选为全国政协委员。

中国末代皇帝溥仪（1905～1967年）

吉林 ⑦

长春以东100公里。2710万。到上海、大连和天津。重庆路2288号。电话：(0432)244 3451。

1931年至1945年，日本占领吉林市。当时吉林市是一个鲜为人知的工业小城市，位于松花江两岸。像东北的许多其他城市一样，吉林市的历史很短。17世纪之前，它一直是一个小村庄。17世纪时，这里成为一个军事要塞。日本占领期间，这里高度工业化，当时在松花江上建设了巨大的丰满水电站。水电站的水库造就了吉林的一个主要的冬季风景——雾凇。冬天，吉林市松花江岸的松树和柳树枝叶上会结满白霜。从水电站流出的温水进入松花江后，不会结冰，水汽上升后会在树枝上凝结，产生晶莹剔透的树挂，有如精致的珊瑚。正如哈尔滨一样，冬季是吉林市的旅游旺季，这里从1月到2月底也有冰雕节。

在城市西边山丘起伏的北山公园内，沿着小路惬意地散步，会经过**历史悠久的寺庙和亭台楼阁**。公园内有多处道教和佛教寺庙，值得研究，其中包括关帝庙、三王庙和玉皇阁等，寺庙门口经常有许多算命先生。

当地人引以为豪的城市景点还有**吉林天主教堂**，由法国人于19世纪初修建。吉林天主教堂坐落于松花江路，吉林大桥北端附近，南临松花江。教堂在“文化大革命”期间遭到破坏。成为吉林市的标志后，于1980年重新开放。教堂东面是**文庙**。旧时参加科举的考生，考前都会来此祭拜，祈祷孔圣人的帮助和祝福。文庙安静优雅，可来此躲避城市的吵闹。

在城市南边，有**陨石雨陈列馆**。这里陈列着吉林省1976年降下的陨石碎片，其中包括重约2吨的陨石。

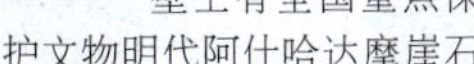
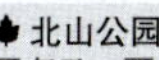
吉林天主教堂

周边景点：距离吉林市不远，有**朱雀山**，距离松花湖仅4公里，最高峰为寻梦峰（又名尖刀峰），海拔817米，山南断壁上有全国重点保护文物明代阿什哈达摩崖石刻。朱雀山森林公园隶属于吉林市松花湖实验林场，是吉林市四大名山之一。其滑雪场最负盛名。以前这里就以其寺庙和适于远足而闻名，现在又建设了两个供滑雪的坡道。在滑雪场的餐厅可以一览朱雀山全景。

吉林市东南约24公里有风景如画的**松花湖**，面积广阔，四周山峰环绕。它提供了一个理想的远离城市的度假地，这里有巨大的森林公园，可以徒步或划船。每年冬天，湖周围的山坡都会成为国内最先进的滑雪胜地，吸引大批的野外爱好者。湖的南端是丰满水电站大坝。每年洪水期，大坝的4座水闸都会打开泄洪，保护吉林市的安全。

北山公园
每天。

吉林天主教堂
松花江路3号。
每天礼拜时间开放。

文庙
南昌路2号。每天。

吉林雾凇

吉林市文庙内的雕像

朱雀山
从吉林火车站乘出租车。
每天。提供滑雪设备。

松花湖
吉林至丰满的338次车，然后乘出租车到滑雪胜地。

长白山 ❽

身着民族服装的朝鲜族妇女

长白山是联合国教科文组织生物圈保护区，是中国最大的自然保护区，面积有1965平方公里，拥有丰富的动植物资源。这里有茂密的落叶针叶林带，里面出产人参等重要的药用植物以及东北虎（西伯利亚虎）等濒危动物。而在森林线以上，是东亚唯一的高山苔原带。

来长白山最值得一看的是天池，这是位于中朝边界的群山中的火山口。这里是中国最壮观的景色之一，在这里可以远足，饱览美景，不过这些活动只在夏秋季节向游人开放。

白桦
尽管长白山的森林遭受了大量的采伐，但这里仍然有80多种不同种类的树，如这些白桦树。

★ 长白瀑布
从天池流出的大量的水（10月～次年6月山顶被积雪覆盖）在火山口附近形成了壮观的瀑布，有68米高。

0 km 1
0 miles

图示
国界线
路径

人参

人参的根部（亚洲人参）在中国几千年来一直备受重视，中医认为它具有神奇的疗效，甚至有起死回生的能力。人参原产于中国东北和朝鲜，是一种生长缓慢的多年生草本植物，现已广泛种植（不过野生人参是最珍贵的）。中国人尤其看重东北人参，一度受到皇帝法令的保护，以防止过度采挖。人参需要生长到6年以上才能有疗效。优质野生人参非常昂贵，每克的价格在150～450美元。但是，购买者需要注意的是，市场上充斥着假冒产品。

人参的根及叶片

星级景点
- ★ 长白瀑布
- ★ 天池

游客清单

白河以南25公里；吉林以东560公里。电话：(0432) 2435683。到白河，然后乘公交车或出租车。6月～9月（其余时间大雪封山）。到白河的最后一班汽车在下午4:00。从吉林出发（中国国旅）。

★ 天池

这座火山上一次喷发是在1702年，摧毁了周围的大部分森林。传说天池（中国最深的湖）里有类似尼斯湖水怪的东西。

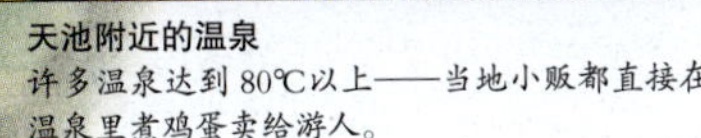

天池附近的温泉

许多温泉达到80℃以上——当地小贩都直接在温泉里煮鸡蛋卖给游人。

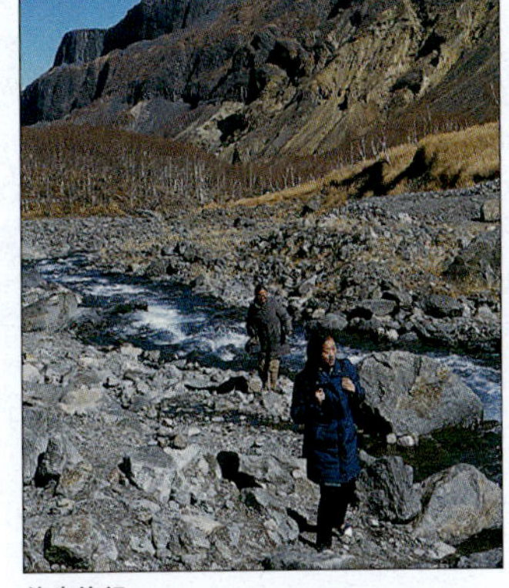

徒步旅行

即使在旅游旺季，徒步旅行者也可以很容易欣赏探索长白山美丽的旷野——要注意，不要迷路走到朝鲜境内。

攀登长白山

由于冬季大雪封路，长白山只在6月～9月向徒步者开放。虽然绕天池一周只有13公里，但却不能绕其一周旅游，因为一部分道路在朝鲜境内。徒步旅行要做好准备应对难以预测的天气条件，因为有时会变得非常寒冷（另外要携带大量食物和水）。不太适应长途步行的人可以租用四驱车一路开到主峰。游客可以住在长白山顶的酒店里，或在湖边的帐篷里过夜。跟团旅行也很容易，通常包括两晚住宿。

哈尔滨 ❾

哈尔滨位于中国东北平原北部，临近广阔的西伯利亚平原，是黑龙江省的省会。哈尔滨原本仅仅是松花江边的一个小渔村。19世纪末，俄国人在此修筑了连接俄罗斯符拉迪沃斯托克和大连的中东铁路。铁路和布尔什维克革命使大量的俄罗斯人涌到这个城市，从而改变了它的命运。哈尔滨素有“东方莫斯科”的美名，至今还保存着很多小巧迷人的俄式建筑，整个城市好似俄罗斯的边防小城。哈尔滨夏季凉爽宜人，冬季气温则会骤降至 -30℃ ，而此时最适合举办壮观美丽的冰雪节。

人们沿哈尔滨江畔休闲散步

游览哈尔滨

道里区是哈尔滨最繁华的地段，从火车站一直延伸到松花江畔，高档精品店、皮草店和大型百货商店鳞次栉比。游客可沿**中央大街**一路向北步行，沿途可以欣赏风格独特的鹅卵石街巷及俄国时代的宏伟建筑。中央大街上很多商店和建筑已被修复，建筑外墙上附有说明。步行街环境优美，与之相连的几条小街巷都非常适合悠闲散步，那里还有很好的酒吧和餐馆。冬天街道两侧有很多美丽的冰雕，夏天多是热闹的咖啡馆。

哈尔滨的摩的

哈尔滨最壮观的俄式建筑**圣·索菲亚教堂**矗立在中央大街东侧。从1907年至今，圣·索菲亚教堂是在中国境内以及俄罗斯远东地区规模最大的东正教教堂。拜占庭式的教堂墙体全部采用清水红砖，上有巨大饱满的绿色洋葱头穹顶。教堂现为建筑博物馆，见证了俄国对这个城市的深远影响。

北侧是**兆麟公园**，一年一度的冰灯游园会就在这里举行，从1月5日开始一直延续到2月25日。冬天的兆麟公园是一个冰奇灯巧、玉砌银镶的冰的世界，各种形式的冰雕应有尽有，有简单的建筑物、纪念碑以及寺庙等。

哈尔滨松花江边零星散布着一些有意思的景点。位于中央大街终点广场的**防洪纪念塔**建于1958年，是为了纪念哈尔滨人民战胜特大洪水而建。

斯大林公园顺堤傍水而建，延伸42公里，这也是中国最后一个纪念斯大林的建筑。如今公园是哈尔滨当地人江边散步和聚会的好地方。夏季，游客可乘游船沿江游览，游船还可以穿过松花江到达北岸的**太阳岛公园**。太阳岛公园内有多个特色景点。游客上岛有多种选择，可以乘缆车，如果是冬季，松花江会彻底结冰，游客可以乘马车或干脆走过去。每年，太阳岛都举办冰雪艺术博览会，岛上的东北虎林园饲养着世界濒危物种东北虎。围栏隔开的动物生活区对这种大型的猫科动物而言实在太小，很多游客用活鸡挑逗它们，老虎终日不得安宁。

冬季的太阳岛是一个冰清玉洁、玉树银花、浪漫梦幻的童话世界，被誉为“都市雪乡”。一年一度的太阳岛雪博会以巧夺天工的冰雪艺术、精美绝伦的雪塑冰雕、丰富多彩的文化活动、奇特刺激的娱乐项目吸引了大量的中外游客。

位于火车站东南的**黑龙江省博物馆**藏品平淡无奇。东大

宏伟壮观的拜占庭式建筑——圣·索菲亚教堂

东北虎林园的老虎，哈尔滨

圣·索菲亚教堂
地段街。每天。

太阳岛公园
警备路3号。每天。

极乐寺
东大直街9号。每天。

哈尔滨北方森林动物园
鸽子洞。每天。

游客清单

沈阳以北550公里。989万。哈尔滨市汽车站、中国民航（机场巴士）。松花江街14号。电话：(0451) 53601717。冰雪节（每年1月5日至2月25日），哈尔滨音乐节（每年7月）。

直街东段有几座佛教寺庙，所有的寺院在“文化大革命”期间都曾遭到破坏。

宁静的**极乐寺**是黑龙江省最大的佛教寺院，现在经常举办佛教活动。寺院的设计布局具有典型佛教寺院建筑的风格和特点，进入寺门，首先是钟鼓二楼，然后是天王殿和供奉释迦牟尼和菩萨的大雄宝殿，与之毗邻的是**七级浮屠塔**。不远处位于文庙街的文庙规模宏大，也值得参观。

哈尔滨动物园已移至距市中心41公里处，更名为**哈尔滨北方森林动物园**，目前是中国最大的动物园之一。

周边景点： 距哈尔滨西南20公里的平房保存着骇人听闻的侵华日军第731部队罪证陈列馆。这个细菌试验基地原由日军第731部队负责管理，遗址现已对公众开放。当时这是一个绝密的军事试验机构，他们用关押在这里的中国人、朝鲜人、英国人、蒙古人和苏联人进行各种细菌试验。第二次世界大战结束时，为毁灭罪证，日本人销毁了这个基地。直到20世纪80年代，在一位日本作家的顽强努力下，这段历史才被揭露。遗址陈列馆主要以图片展示为主，配有中文说明。日军细菌试验基地遗址正是第二次世界大战中日军暴行的历史见证。

典雅的七级浮屠塔

侵华日军第731部队罪证陈列馆
平房。每天。

哈尔滨市中心

圣·索菲亚教堂 ②
防洪纪念塔 ④
极乐寺 ⑧
黑龙江省博物馆 ⑦
七级浮屠塔 ⑨
斯大林公园 ⑤
太阳岛公园 ⑥
兆麟公园 ③
中央大街 ①

Sun Island Park ⑥
Flood Control Monument ④
Ferry Terminal
Songhua Jiang
Stalin Park ⑤
①
Zhaolin Park ③
YOUYI LU
BEIMA LU
ZHAOLIN JIE
JINGYU JIE
TAIGU JIE
JINGYANG JIE
Qiji Futu Pagoda ⑨
Jile Temple ⑧
Jiuzhan Park
JINGWEI JIE
GAOYI JIE
ZHONGYANG DAJIE
Church of St. Sofia ②
QINYANG SQUARE
JIHONG JIE
DONGDAZHI JIE
ANGUO JIE
XINYANG JIE
Train Station
FENDOU LU
HONGJUN LU
Children's Park & Railway
Provincial Museum ⑦
Huayen Si
Airport 22 km (13 miles) PINGFANG
Bus Station
XIDAZHI JIE
ZHONGSHAN LU
WENCHANG JIE
Harbin Northern Forest Zoo
CAAC

0 km 1
0 miles 1

镜泊湖吊水楼瀑布

镜泊湖 ⑩

牡丹江西南 100 公里。只有在夏季可以从牡丹江至东京，然后乘小巴到镜泊湖。冬季需要乘坐出租车。从哈尔滨和牡丹江出发。牡丹江景福路 34 号。电话：（0453）695 0061。每天。

镜泊湖是数千年前由于火山爆发而从牡丹江分割出来的，是世界上少有的高山湖泊。以天然无饰的独特风姿和峻奇神秘的景观而闻名于世，是国家著名风景区和避暑胜地。其 50 公里长的水面风景秀丽，两边的森林清晰地映在水面，因此得名“镜泊湖”。在夏季，大批的旅游者——主要是中国人和俄罗斯人汇集到镜泊山庄，它位于镜泊湖北岸，有着丰富的度假设施。虽然旅游业有点儿破坏了镜泊湖的自然风光，但大部分水域仍然澄澈，周围茂密的山林也值得探幽。40 米宽的**吊水楼瀑布**位于镜泊湖的北端。在夏季多雨时，层层水帘最为壮观，而在冬天，则会冻结成壮观的冰瀑。

冬季也可以游览镜泊湖，不过需要知道，即使到了 4 月份，气温也可能下降到零下好几摄氏度，而且这个季节交通和住宿选择较少。7 月和 8 月是最多雨，也最繁忙的月份，建议大家预订湖边的酒店。另一种选择是住在牡丹江市的北部，从那里可以乘坐前往镜泊湖的汽车。游览活动包括划船、钓鱼和远足，此外也可以乘船环湖观光。瀑布不远处是一个朝鲜族村庄。

周围有好几处火山景观，包括熔岩洞穴和**地下森林**，它位于镜泊湖西北 50 公里。所谓的地下森林其实并不在地下，而是生长在 10 个休眠火山口中肥沃的土壤上。这里脆弱的生态系统支撑着各种不同的动物和植物种群，包括黑熊、豹、紫松、冷杉、云杉等。从镜泊湖度假区的大门口定点有出租车和公交车前往地下森林。大家也可以找一下包括地下森林的经典的旅行团。

游客在镜泊湖滑水

地下森林
镜泊湖西北 50 公里。每天。

黑龙江扎龙国家级自然保护区 ⑪

齐齐哈尔市东南 27 公里。到齐齐哈尔，然后乘汽车。每天。

黑龙江扎龙国家级自然保护区位于松花江—嫩江平原，是中国最大的湿地自然保护区，面积 21 万公顷。它处于鸟类从北极到东南亚迁徙的线路上。扎龙保护区的芦苇丛、池塘和沼泽为近 300 种鸟类提供了一个理想的家园，这些鸟包括天鹅、鹳、野鸭、大雁、白鹭、白鹮以及其他水禽。保护区成立于 1979 年，是远东斑背大尾莺（Megalurus pryeri）的少数几个繁殖地之一。世界上 15 个种类的鹤，在这里有 6 种。最著名的是濒危的丹顶鹤，它长着黑色和白色的羽毛，头部有红色的顶。这种鸟在中国是长寿的象征。此外，这里的繁殖研究中心还繁育白枕鹤。这里的其他珍稀鸟类包括鸿雁和白鹤。春季鸟类抵达，并开始在夏季繁殖。游览保护区的最佳时间是 4 月～6 月。来这里最好带上望远镜，因为水禽不易接近。

扎龙自然保护区的湿地，候鸟迁徙的重要停留地

中国东北的化石

中国一直是化石收藏家的优秀采集地。130多亿年前，中国北方大部分地区分布着火山，森林遍布，物种丰富。由于火山爆发，火山灰以及岩浆等覆盖了大地。多年来这里发现了各种化石，从类似菊石的简单的贝壳类生物，到完整的大型恐龙化石都有发现。最近，中国东北地区令世人关注，因为这里至少发现了5种带羽毛的恐龙。羽毛不仅用于飞行，而且可以保温，或许还有装饰作用。2009年中英两国科研人员报告说，在中国东北发现的一批恐龙化石填补了从长尾翼龙到短尾翼龙之间的进化空白，为纪念提出进化论的达尔文，研究人员将新发现的这种翼龙命名为“达尔文之翼”。

菊石的卷曲外壳

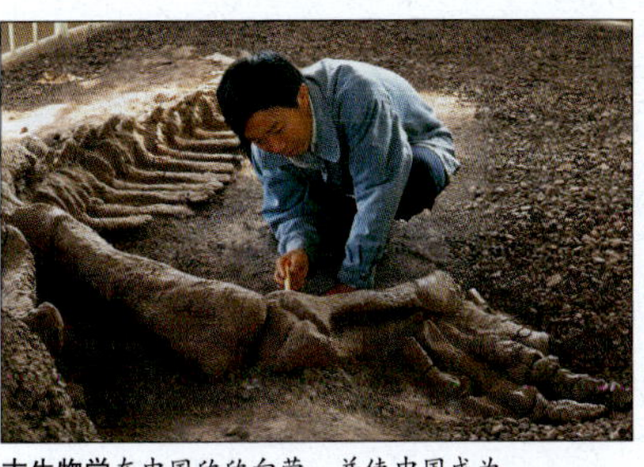

古生物学在中国欣欣向荣，并使中国成为有关进化论辩论的中心国家。因此，政府一直热衷于资助进一步的研究。

蜻蜓化石有时保存得非常完好，甚至可以看到昆虫的翅膀，比如这个化石。之所以能保留如此惊人的细节，多亏了上面先是盖了一层细细的火山灰，接着又盖上了一层厚厚的泥土，防止其被氧化和快速腐烂。

二齿兽（Dicynodont，一译迷龙）是草食爬行动物，体型大小似猪，有两颗大门牙。这是最常见的恐龙化石之一，世界各地都有发现。

恐龙蛋按大小和壳的类型进行分类，因为很难判断它们到底是什么龙的。有些非常像鸟蛋，这进一步支持了鸟类是特定恐龙群体的后裔的理论。

顾氏小盗龙是一种四翼生物，而且它的双腿也覆盖着羽毛。它可以从一棵树滑翔到另一棵树。羽毛的轮廓可以清楚地看到，一些人认为，它可能代表恐龙和鸟类之间的过渡阶段。

五大连池的其中一个

五大连池和中俄界河 ⑫

哈尔滨以北 375 公里。 从哈尔滨或齐齐哈尔到北安，然后乘汽车到五大连池。 从哈尔滨出发。

五大连池是位于黑龙江省西部的一个广阔的自然保护区。这里居住着一个古老的少数民族——达斡尔族。五大连池的意思是“五个大的连着的湖”。它们是一系列火山爆发形成的，其中最近的一次发生在 18 世纪。火山熔岩隔断了北河，形成了这些湖泊，使五大连池变成了一系列地热温泉。这里的地热硫黄温泉在中国知名度很高。

五大连池附近的 14 个火山使这块地势平坦的区域多了一些变化。西边的 3 号湖是两个主要的火山口，分别是**老黑山**和**火烧山**。这里发生的火山喷发距今最近的发生于 1719 ～ 1721 年。两座火山都很受游客的喜爱，可以登顶一览五大连池全景。老黑山周围都是熔岩，当年它喷出的熔岩最多。不过，和这里的其他火山一样，现在都处于休眠状态。参观者还可以在该地区冒着刺鼻气味的温泉中沐浴，并品尝当地的矿泉水。由于火山喷发，五大连池地区还形成了储量丰富的天然冷矿泉水，富含多种人体所需的微量元素，对多种常见疾病具有显著疗效。民间应用已有 200 多年的历史，享有“神圣泉水”的美誉。五大连池周围有众多的疗养院，许多体弱多病的人以及老年人纷纷来此寻求治病康复之道。这里的水域也是当地达斡尔人每年 5 月举行饮水节的地点。

该地区遍布地下溶洞，包括冰冷的**水晶宫**和**白龙洞**。这些地下冰洞里装饰着冰雕，夏天游客如织。最近的住宿地点是五大连池市，有几家宾馆。由于旅游团队往往要价过高，而且线路往往包括不必要的地点，游客乘坐普通出租车或“摩的”可能更方便。

白龙洞
每天。

周边景点：黑龙江省得名于**黑龙江**（俄罗斯那边称作阿穆尔河）这条河流，很长一段都是中国和俄罗斯之间的边界。黑龙江是中国四大河流（包括黑龙江、黄河、长江、珠江）之一，沿线曾盛产沙金，在清朝达到鼎盛，为带动当地经济发展起到了重要作用。中国东北的几个少数民族世代定居此地，靠河谋生。从这里可以看到俄罗斯西伯利亚的森林和边境附近的小型定居点。

这里较大的边境城镇**黑河市**有火车通往哈尔滨。近年来与俄罗斯的布拉戈维申斯克的边境贸易健康发展。游客可以在北京申领俄罗斯的旅游签证，参观这一港口城镇。此外还可以乘船沿黑龙江观光，时间一小时左右。黑龙江省最北端的是**漠河**，漠河以其独特的地理位置和森林、冰雪、大界河等自然景观，集春韵、夏景、秋实、冬雪于一身。其主要景观是壮观的冬季出现的北极光。北极光在北面天空开始出现时是一个由小至大、颜色变幻不定的光环，色彩臻至最灿烂艳丽时，光环慢慢移向东边，由大变小，逐渐消失，是难得一见的奇景。这个镇在 6 月的最长白昼记录接近 22 小时。

冰封的黑龙江江面可以用作道路，穿越大量森林覆盖的地区

生活在界河边的少数民族

虽然黑龙江省人口中的大多数是汉族，但是在界河边，生活着多个少数民族，其中包括鄂伦春族、赫哲族、鄂温克族等。这些游牧民族世代生活在这片荒野之中。他们用兽皮做衣，用当地的植物做药。迁徙的时候，用桦树皮搭帐篷。鄂伦春族以狩猎为生，是游牧民族契丹族的后裔。他们的语言属阿尔泰语系，萨满教传统和万物有灵的信仰都是其民族特点。赫哲族的人口只有几千人，是中国人口最少的民族之一。他们拥有令人称奇的捕鱼技能。鄂温克族在捕鱼和狩猎之外，主要通过养殖驯鹿谋生。但是，这样的生活已经日渐式微：在一些保护区，狩猎已被禁止，这迫使游牧民成为定居的农民，另外一些人则到更容易谋生的城市生活。

花楸树的药用浆果

驯鹿是鄂温克族生活中不能缺少的动物。这种动物很适合生存在寒冷的地区。然而，这种传统的游牧生活方式正在消失。

鄂温克帐篷传统上有一个桦树干制成的框架，夏天用桦树皮包裹，冬季则覆盖兽皮。帐篷很合乎风水的说法，通常是入口朝南，以避免来自北方的风。

鄂伦春族是狩猎专家，猎物的肉用来食用，毛皮则制作衣物。现在政府提供补贴，引导其中一些人定居成为农民。

赫哲族有带有传奇色彩的鱼皮衬衣、鱼皮裤，甚至是鱼皮鞋。他们将鲤鱼、梭子鱼和鲑鱼的干皮缝在一起，制成特别能防水的衣物，价格昂贵。

鄂伦春族的传统狩猎场曾受到工业化以及森林砍伐的侵蚀，近年来则因为中国设立了许多新的野生动物保护区，封闭了大片的狩猎地区。

内蒙古和丝绸之路

内蒙古和丝绸之路概要

这个占中国面积 1/3 的巨大地区形成一个巨大的弧线连接西伯利亚与中亚。在地理上它的范围包括森林、沙漠和草地，这里居住着中国的一些少数民族，包括蒙古族、维吾尔族和回族，还有一些外来民族如俄罗斯人、哈萨克斯坦人以及吉尔吉斯人。内蒙古、宁夏、新疆是民族自治区。丝绸之路上的绿洲城市新疆和甘肃最吸引游人，充满佛教洞窟壁画、废墟以及杂乱的市场。另外，这里也是中国最后一片美丽而巨大的荒漠。

高庙里的僧人，中卫

炳灵寺的佛像（甘肃）依然保留着它原来的色彩

交通

目前在主要城镇和城市有机场，而铁路网络只限于干线，连接各大中心城市。自助旅行者需要使用当地的巴士服务，巴士网络覆盖全面，但是很拥挤，不舒服。由于距离的因素，旅行者可能会在一个时间点集中于一个区域，如丝绸之路或蒙古草原。

◁ 双峰驼行走在喀喇昆仑公路附近，喀什

在沙坡头，一片正在被沙漠侵蚀的绿洲

青海湖（中国最大的湖泊）旁边的游牧民族

内蒙古和丝绸之路概况

内蒙古、宁夏、甘肃、青海和新疆这片广阔的区域占据了中国面积的大部分。这里人烟稀少，但壮美的景色、当地人独特的生活方式还有古时的丝绸之路都使其极具魅力。从历史景点到伊斯兰教，传说中丝绸之路的遗迹随处可见。

内蒙古自治区简称蒙。位于中国北部边疆，西北紧邻蒙古和俄罗斯。面积118万平方公里；以蒙古族和汉族数量最多，此外，还有朝鲜、回、满、达斡尔、鄂温克、鄂伦春等民族。

瓷瓦装饰的大经堂，塔尔寺

全区分设9个地级市，3个盟；其下又辖11县级市、17县、49旗、3自治旗。首府：呼和浩特市。最大城市：包头市。赤峰、乌兰浩特、乌兰察布、乌海、呼伦贝尔、通辽、鄂尔多斯等为自治区内主要城市。

主要山脉有大兴安岭、贺兰山、乌拉山和大青山。东部草原辽阔，西部沙漠广布。年均气温 -1℃～10℃；全年降水量50～450毫米。已探明矿藏60余种，稀土、煤、银等储量巨大。

内蒙古草原自古以来就是游牧民族的家园，他们世代以放养牧马为生。而新疆地区多为荒凉的沙漠，古老而复杂的地下暗渠滋养着绿洲上生活的维吾尔族人，他们讲阿尔泰语系的维吾尔语。两个地区唯一的共同点就是都有比较极端的天气和地形。新疆大部分地区很平坦，但为一些世界上海拔最高的山脉所包围，西南为帕米尔高原，西北为天山山脉，中部为塔克拉玛干沙漠，流动沙丘面积巨大，维吾尔语意是“进去出不来的地方”。夏季这里酷热难当，冬季干冷无比。新疆有着辽阔的地域，适宜的气候，复杂多样的地貌和土壤，不仅风光旖旎，而且特产资源十分丰裕。

月牙泉附近的流动沙丘，敦煌

三教合一的高庙内的香炉，中卫

在崇山峻岭、绿洲戈壁之间，有着数不尽的“粮仓”、“肉库”、“油盆”、“煤海”。

青海地处山地高原，而宁夏和甘肃地区非常干燥，只有黄河流域附近适宜居住。

内蒙古有草原、沙漠和山脉，夏季气候宜人，但是非常短暂，冬季狂风大作，寒冷无比。

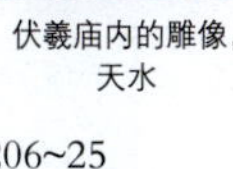

伏羲庙内的雕像，天水

历史上，这里最重要的时期是丝绸之路时期。丝绸之路，简称丝路。是指西汉（前 206~25 年）时，由张骞出使西域开辟的以长安（今西安）为起点，经甘肃、新疆，到中亚、西亚，并联络地中海各国的陆上通道（这条道路也被称为“西北丝绸之路”，以区别日后另外两条冠以“丝绸之路”名称的交通线路）。因为由这条路西运的货物中丝绸制品的影响最大，故得此名。其基本走向定于两汉时期，包括南道、中道、北道三条线路。那时候，商队带着丝绸、香料和茶叶等穿过茫茫沙漠，沿路在绿洲小镇停留休憩。几个世纪之后，这里成了蒙古霸主成吉思汗（参见469 页）的领地。直到今天，这些沙漠中的绿洲城镇还延续着繁荣的商贸交易，主要是当地出产的葡萄干、马鞍、短剑等产品。

丝绸之路上最重要的历史文化古迹便是敦煌莫高窟，也许那里藏有世界上最丰富的佛教壁画、彩塑、经卷和手稿。甘肃的拉卜楞寺和青海的塔尔寺都属于藏传佛教寺庙。游客除了可以参观商队旅社遗址、石窟和寺庙之外，还可以游览壮美的草原、山脉和湖泊。

青海湖是中国最大的湖泊，湖区至今保留着最自然的状态。随着“西部大开发”计划的实施，西部地区的经济正在慢慢发展，但让牧民和传统商人放弃他们由来已久的生活习惯和文化需要相当长的时间。因此，尽管该地区地域广阔，却只有几个大城市，比如甘肃省省会兰州和新疆首府乌鲁木齐。

尼姑聚集在夏河的尼姑庵外，甘肃

大草原上的蒙古人

13 世纪，成吉思汗（参见 469 页）统一了蒙古草原各部，并建立了横跨欧亚大陆的庞大的帝国。如今，蒙古地区分为两个部分：北部的蒙古国和中国的内蒙古自治区。传统上蒙古族是广阔草原上的游牧民族，是生活在马背上的民族。他们的传统饮食以肉食和奶食为主，比如经过发酵的马奶和极易醉人的“艾日格”（酸奶子）。内蒙古地区的蒙古族人现大多从事相对稳定的农业耕作。然而，他们也在努力地保持自己的民族传统，比如举办一年一度的那达慕大会。

摩托车已经取代马，成为很多家庭的交通工具。一辆摩托车经常会驮着一家人。蒙古包外拴着马，也经常停着摩托车。

骑术

大元帝国所向披靡的关键在于蒙古人精湛的骑术。骑术在蒙古人的生活中仍然非常重要，很多人都是先学骑马再学走路。健壮的蒙古马依然是草原牧民生活的最重要组成部分。

“蒙古人”一词最早在唐代开始使用，是指当时的几个部落。这张元至正十年（1350 年）的彩饰表明：直到 20 世纪，蒙古人的生活方式并未发生本质的变化。

蒙古包是游牧民族居住的传统毡房。他们多住在辽阔的草原深处。呼和浩特附近有很多固定的蒙古包营地。

蒙古包的整体支架都可拆卸，便于搬运。“乌尼”就是椽子（一般为橙色），10～15 根“乌尼”便可连接所有的围墙支架——“哈那”。

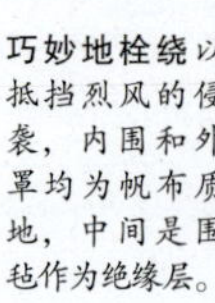

巧妙地栓绕以抵挡烈风的侵袭，内围和外罩均为帆布质地，中间是围毡作为绝缘层。

蒙古族主要的传统服装是蒙古长袍，蒙语称其为“德勒”(deel)，配有颜色鲜亮的腰带。男女都穿长袍，袍子质地因季节而变化，冬季穿羊皮袍，春季穿夹袍，夏季穿单袍。

蒙古式摔跤、赛马和射箭是那达慕大会中最受欢迎的竞技活动。摔跤不分公斤级，也没有时间限制。参赛者只要把对方摔倒在地，或者是对方膝盖以上的任何部分着地就算获胜。

那达慕大会手持彩旗的参赛骑手

皮革马鞍更加舒适，已经取代了传统的木质马鞍

强壮的蒙古马

佛教是蒙古族的主要信仰。在忽必烈统治时期，西藏对蒙古朝廷有很强的影响力，从16世纪开始，每个蒙古包内都供奉藏传佛教佛像。

蒙古包内温暖而舒适。包内中央位置为炉灶，而包的后面有供奉祖先的神龛，并且专供家中长者和贵宾祭拜之用。

土壤沙化

土壤沙化是指原有的肥沃土地变为沙地，是由于对土地的过度使用和灌溉不当造成的。土壤沙化现已成为中国的一个主要问题。在内蒙古地区，沙化导致牧场退化，严重影响了人们传统的生活方式。贫穷的牧民为了发家致富，一窝蜂地涌向牧场，过度放牧致使上层土遭到破坏。政府鼓励牧民放弃游牧生活转而从事固定的农业生产，从而减轻土地的负担。

往日肥沃的草原变为贫瘠的沙地

丝绸之路

骆驼商队穿越丝绸之路上巨大沙丘

事实上，古代中国和东欧的贸易通道不止一条。“丝绸之路”是在19世纪由冯・里希特霍芬男爵（Baron von Richthofen）命名的。这条贸易通道在汉代空前繁荣，使西汉的都城长安（今西安）和整个中国都受到外来文化和生活方式的影响。那时，中国拥有先进的技术和大量劳动力，并且垄断着一些贵重商品的生产，因而从贸易发展中受益匪浅。

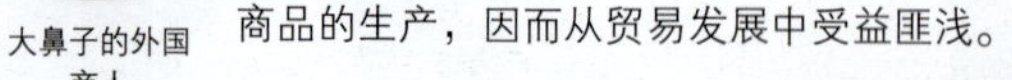

大鼻子的外国商人

丝绸之路的贸易

行走于丝绸之路上的商人从事多种贸易，不仅包含香料、丝绸、瓷器、玉器，而且还涉及黄金、白银、羊毛、阿拉伯马和许多其他日用品。然而，正是神秘的中国丝绸（参见208页～209页）使西方人尤其着迷。

这件公元前1500年的丝绸 发现于大夏，即现在的阿富汗境内。这表明在丝绸之路达到鼎盛的唐代之前，贸易网络早已建立。

罗马是丝绸的主要进口国，他们称中国为“赛里斯”——丝国。这枚罗马金币发现于新疆丝绸之路沿线。

在与西方接触之前，中国人并不珍视黄金和白银。这个带有中东风格的黄金茶杯表明，这些贵重金属从唐代开始非常流行。

汉武帝和张骞

公元前2世纪，在与匈奴交战的过程中，汉武帝发现汉军的战马更适合拉车，而匈奴的战马更为迅猛。因此，他派遣张骞出使粟特和大宛国以寻访传说中的宝马。虽然张骞没有完成使命，但他带回了大量有关西域物产风貌的信息，最终推动丝绸之路贸易的发展，而大宛国的“汗血宝马”最终来到中国。

大宛国的“天马”塑像

这尊中式香炉说明随着贵金属的流行，中国制造银质工艺品的技巧不断提高。

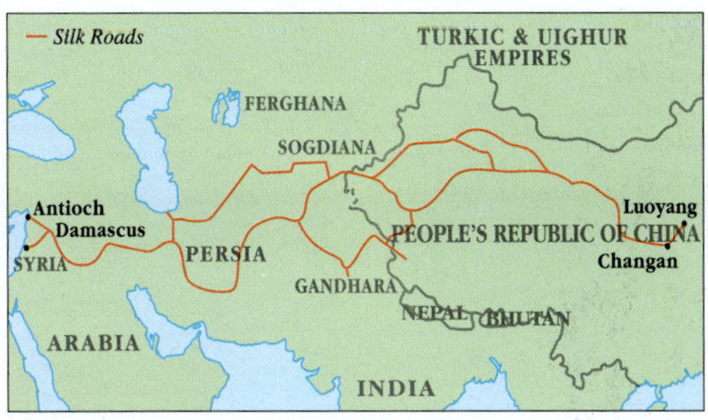

丝绸之路是连接中国和罗马帝国的一系列线路通道。主要线路环绕塔克拉玛干沙漠南北两侧，然后与西伯利亚和印度线路交会，再向西到中亚和波斯，最终延伸到地中海地区。丝绸之路在稳定时期繁荣通畅，战乱时期衰退没落。

加泰罗尼亚地图的详细记载

这张地图绘制于14世纪，当时是为法国查理五世而作。由地图可以看出，中世纪后期人们对地理知识的了解程度。中国之所以包括在内，得益于马可·波罗的游记。

外来的思想观念和宗教

通过与外国人的接触，商人带回了外国的宗教信仰，比如佛教。佛教既是一种哲学体系也是一种艺术风格，并且最终成为中国的国教。

艺术的影响大多来自当时的佛教中心——犍陀罗。公元前4世纪，亚历山大大帝征服了犍陀罗，此后，该地区独特的艺术风格逐渐形成。这尊犍陀罗风格的中国人半身像使人联想起优雅的古希腊雕塑作品。

这种十字符号证明，公元前8世纪，景教已经传入中国。传入中国的其他宗教包括伊斯兰教、犹太教和摩尼教。摩尼教来自古巴比伦，以光与暗的对立原则为基础。

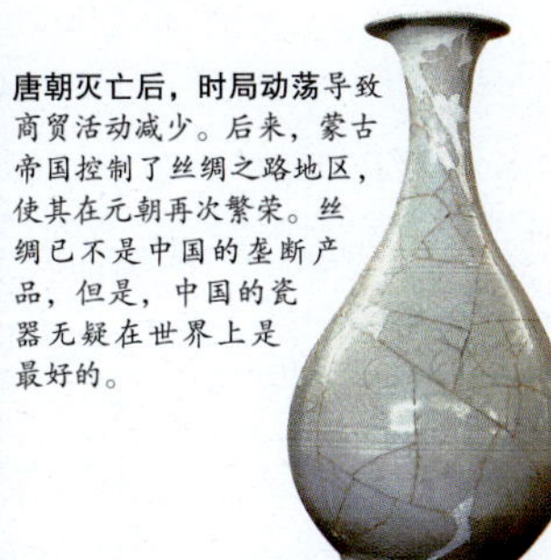

唐朝灭亡后，时局动荡导致商贸活动减少。后来，蒙古帝国控制了丝绸之路地区，使其在元朝再次繁荣。丝绸已不是中国的垄断产品，但是，中国的瓷器无疑在世界上是最好的。

15世纪，随着大船海运的兴起，丝绸之路随之衰败。与陆路运输相比，海运费用低，风险小，而且更加舒适。过去往来商队居住的旅馆也逐渐被废弃。

内蒙古和宁夏

这一地区包括内蒙古和宁夏两个自治区。内蒙古如一张大弓，位于中国北部。宁夏是除去海南岛之外，中国面积最小的省级行政区。该地区的主要魅力在于壮美的风景和独特的少数民族文化。

内蒙古大部分地区是绵延起伏的草原，传统的帐篷（蒙古包）点缀其中。从省会呼和浩特可以很方便地参加旅行团，去体验当地人传统的生活方式。如果想更加刺激一些，游客可以北上锡林浩特和海拉尔，那里有更为广阔、原始的荒野等待人们的探索。历史上的蒙古地区包括蒙古国、内蒙古（现属中国）和西伯利亚的部分地区。宁夏北接内蒙古自治区，于1928年设省。20世纪50年代，宁夏曾成为甘肃的一部分，1958年又单独成立宁夏回族自治区。分散聚居在中国各地的回族穆斯林是丝绸之路阿拉伯商人的后裔，但现在基本上已被汉化。尽管宁夏已经部分工业化，但总体来说，它属于不发达地区。宁夏仅有几处有意思的景点，一处为西夏王陵，它坐落在自治区首府银川附近，景色优美的贺兰山下。另一处主要景点就是固原附近的须弥山石窟，窟内藏有大量佛教雕刻。

◁ 内蒙古大草原上的传统蒙古包

呼和浩特 ❶

北京以西 410 公里。 223 万。 市区以东 16 公里。 车站东街通达饭店。中国国旅。电话：(0471) 4607395。

自明代以来，呼和浩特就是一座佛教小城，1952 年设为内蒙古自治区的首府。近几年，呼和浩特城市规模不断扩大，但也保留了一些遗址，比如，城南传统的泥砖房子、召庙寺院和精彩的博物馆等。然而，周围的大草原和草原上的传统生活方式可能更加吸引人。夏天，城市到处都是绿色，也是旅游的最佳季节。呼和浩特主要居住着汉族人，还有一小部分蒙古族人和回族人。

内蒙古博物馆内的恐龙骨架

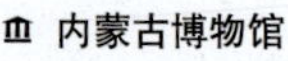

内蒙古博物馆

呼伦贝尔路。 每天上午 9:30～下午 5:00。

坐落在新城市中心的内蒙古博物馆展示了内蒙古人民的历史发展和民族传统，绝对值得一游。内蒙古博物馆组成四个基本陈列：“内蒙古古生物化石陈列”、“内蒙古历史文物陈列”、“内蒙古民族文物陈列”、“内蒙古革命文物陈列”，常年对外展出。博物馆一层陈列着蒙古族作为游牧民族的生活用品，譬如马鞍、服装、弓箭、马球用具和蒙古包（中亚游牧民族居住的可拆卸的帐篷）等。博物馆收藏的古生物化石汇集了蒙古地区的化石珍品，其中有一具完整的披毛犀骨骼，出土于满洲里（参见 472 页）的一个煤矿。除此之外，几副巨大的恐龙骨架也令人叹为观止。楼上是关于成吉思汗的展厅，13 世纪，成吉思汗统一了蒙古各部，后来建立了人类历史上面积最大的帝国。部分图示和展品配有英文说明。

自行车上出售当地水果的小货摊

藏传佛教寺院席力图召大经堂

清真大寺

通道南街。 每天。

独具特色的清真大寺位于西南的旧城区，寺院建筑因融合了中式和阿拉伯式的建筑风格而远近闻名。寺内主体建筑建于清代，清一色的水磨青砖建筑，殿顶为中式出檐小塔楼。清真大寺是穆斯林做礼拜的地方，允许非穆斯林游客参观，如果有当地回族穆斯林陪同就更方便了。但是，礼拜区仅供穆斯林使用，不对游客开放。周围的穆斯林区也值得探访，狭窄的小巷两侧有很多餐馆，那里可以吃到非常美味的面条和烤肉串。

席力图召

通道南街。 每天。

从旧城区清真大寺向南步行，不久便到了席力图召。席力图召建于明朝，原本只是一座小藏传佛教寺庙，现为呼和浩特最古老的寺庙之一，也是该地区最大的藏传佛教喇嘛寺。该寺共有十一世活佛相继转世至今，所以席力图召在内蒙古地区的宗教地位十分显赫，是呼和浩特市佛教权力的中心。原有的寺庙毁于火灾，现存的建筑重建于 19 世纪，“文化大革命”期间曾遭到过严重破坏，但后来大部分已被修复。寺庙建筑基本上是中式风格，也融合了少许藏式建筑元素，比如，白塔表面遍布石刻，包含梵文六字真言、中式蟠龙以及藏传佛教密宗壁画。壁画生动地描绘了地狱中的血腥和恐怖。寺庙仍有很多佛事活动，这里的僧侣非常友好而且可以用英语交流。通常他们很乐意带游客四处参观。

大召

通道南街。每天。

大召坐落于通道南街西侧的一个狭窄的小巷中，是呼和浩特最大的佛教寺院。它始建于明万历七年（1579 年），建筑风格和布局与席力图召相似，最近一次翻修是在 20 世纪 90 年代。17 世纪末，著名的康熙皇帝下令对大召进行整修，大殿殿壁上还绘有康熙亲访大召的壁画。殿内还有一尊高约 3 米的释迦牟尼纯银佛像，是寺内的珍品宝藏之一。大召还收藏了很多乐器和精美的龙雕。每逢佛教节日，大召都会举行一些盛大的佛教活动。

乌素图召，呼和浩特的蒙古寺庙

五塔寺

每天上午 9:00 ～晚上 7:00。

具有印度风格的五塔寺位于旧城区青城公园以南，是呼和浩特最有魅力的建筑之一。五塔寺建于清雍正五年（1727 年），曾为其他寺庙的一部分，那所寺庙现已消失。五座玲珑的舍利塔端坐在金刚座上。金刚座为束腰须弥座，其束腰部雕刻有姿态各异的佛像，共计 1563 尊。塔后的影壁上有一幅罕见的“蒙古文天文图”石刻，刻有“十二宫图”并标明了很多天体的位置。

门神，乌素图召

乌素图召

呼和浩特市区西北 12 公里。每天上午 9:30 ～下午 4:30。坐落在大青山南麓，以村名命名为乌素图召。

乌素图召始建于明万历三十四年（1606 年），寺庙建筑为蒙古风格但也兼有汉藏建筑特色。寺院内装饰着明代壁画和一些雕工复杂的雕龙木刻。“乌素图”在蒙语中意为“有水的地方”。附近的草原牧场和大青山景色秀丽，非常适合进行当日往返的短途旅行。

白塔

呼和浩特市东郊 15 公里。每天上午 8:00 ～下午 5:30。

白塔为八角七层阁楼式塔，始建于 10 世纪，原为辽代的藏经塔（参见 58 页）。塔高 55 米，为砖木结构，塔身外侧刻有以中国神话和自然为主题的精美浮雕，比如蟠龙、花卉以及飞鸟等。塔内设有旋转式楼梯通向塔顶，登顶便可观赏城市全景。要去白塔最好在市内乘出租车。

开阔的草原是蒙古游牧人的传统家园

草原

蒙古的历史和草原分不开。对于许多人来说，只要提到蒙古，首先联想到的就是一望无际、蔓延到天际的草原。草原为羊马提供饲料，维持着蒙古人的游牧生活。从呼和浩特出发，可以去附近的三个大草原：以北 80 公里处的希拉穆仁草原，以西 120 公里处的辉腾锡勒草原以及北部 150 公里处的格根塔拉草原。要想去这几个草原旅行，最简单的办法就是参加旅行团。行程安排一般包括夜宿传统的蒙古包（牧民居住的传统帐篷），参加蒙古宴会，观看蒙古运动表演。这些活动虽然带有明显的表演形式，但多少也表现了一些蒙古文化。游客还可以雇匹马，来个自助游，或者与当地牧民商量，夜宿蒙古包。

五当召一个大殿外的佛教壁画，包头

包头 ❷

呼和浩特西 170 公里。217 万。从北京出发。包头宾馆。电话（0472）5154615。

包头是内蒙古最大的城市，这里曾经干旱贫瘠，经济欠发达，当地居民主要是蒙古牧民。而现在，它已经成了工业重地，主要人口是汉族，蒙古族人口也占很大比例。这个城市分为三个主要区域——**东河区**是包头最古老的部分，位于城市东部；而西部包括：**青山区**，这里是主要的购物区；**昆都仑区**，这里是工业中心。青山区与中国任何其他的现代城市都很相似，高楼店铺林立；而昆都仑区则是过去时代遗留下的老工业区，有很多空旷寂寥的广场，缺乏绿化。东河区的街道两旁，往往是土坯房子，紧紧靠在一起的庭院给这个色彩单调的城市增添了一抹亮色。

周边景点：五当召是该地区保存最完好的喇嘛寺，位于包头东北部 70 公里处的宁静的山谷中。该寺建于 1749 年，它是一栋层层依山垒砌的白色建筑，群山环绕，被苍松翠柏掩映，显得十分雄浑壮观。建成后迅速成为重要的朝圣地，住寺僧人有数百名，属于黄教。它与西藏的布达拉宫、青海的塔尔寺和甘肃的拉卜楞寺齐名，是我国藏传佛教的四大名寺之一。这里有一批清代的佛教壁画。包头以南仅 10 公里处，**黄河**在这里形成了一个大拐弯，称作河套地区。蒙古人称这里为鄂尔多斯。黄河为这里提供了灌溉，这里成了肥沃的绿洲。河两边没有多少可看的东西，但是舒缓的大河迂回流过平整的大片耕地，是一幅壮阔的画卷。

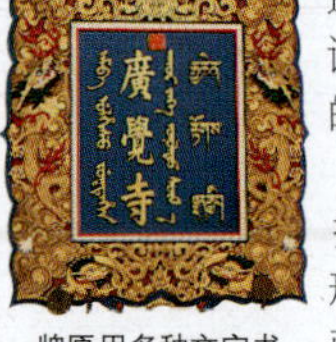

牌匾用多种文字书写，五当召

包头以南是巨大的戈壁沙漠，横跨内蒙古北部和蒙古共和国。**鸣沙山**位于包头以南 60 公里。这里遍布沙丘，其中一些高达 90 米。游客从沙丘上滑下，沙粒滑落会发出声音，鸣沙山由此得名。这里的旅游项目还有滑翔伞和骑骆驼。游客可以从大路上乘坐缆车到达游乐区。

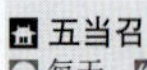

五当召
每天。

鸣沙山
每天。

东胜 ❸

包头以南 100 公里。25 万。

东胜主要是外来游客的旅游基地。想到**成吉思汗陵**（伊金霍洛旗），要从东胜出发，乘坐巴士，向南颠簸 50 公里才能到达。

几乎可以肯定成吉思汗并不是埋在这里，有人认为他真正的陵墓位于蒙古国境内乌兰巴托附近的肯特山。不过，有学者认为，这个陵墓里有成吉思汗的遗物，它业已成为许多蒙古族人朝圣的地方。

成吉思汗陵包括三个连体蒙古包形状的建筑，以壁画装饰。中间的大殿中有一个成吉思汗的塑像以及元朝的版图。其他的大殿里装饰着一些帷幔、蒙古包、祭坛以及其他宗教法器。

每年这里举行 4 次特别仪式，祭祀成吉思汗，吸引来自整个内蒙古地区的朝圣者。

成吉思汗陵
每天上午 8:00 ～晚上 7:30。

成吉思汗陵是蒙古族人的朝圣地

成吉思汗

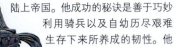

1162年出生于孛儿只斤部落的首领家中，起名铁木真。他是天生的武士，十几岁他杀死同父异母的弟弟。1206年得到了“成吉思汗”（“成吉思”是大海的意思，颂扬他和大海一样伟大）的封号。他统一了蒙古各部族，成立了20万人的大军，征服了中原以及亚洲大部分地区，并最终创造了历史上最庞大的陆上帝国。他成功的秘诀是善于巧妙利用骑兵以及自幼历尽艰难生存下来所养成的韧性。他的军队的饮食来自他们的马匹和所到之处抢夺的粮食。

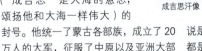

成吉思汗陵的成吉思汗像

成吉思汗死于1227年，此时尚未攻占北京。死因据说是坠马。蒙古大军征服的大部分地区都是发生在他死后，但这是以他的组织和战争意志为基础做到的。

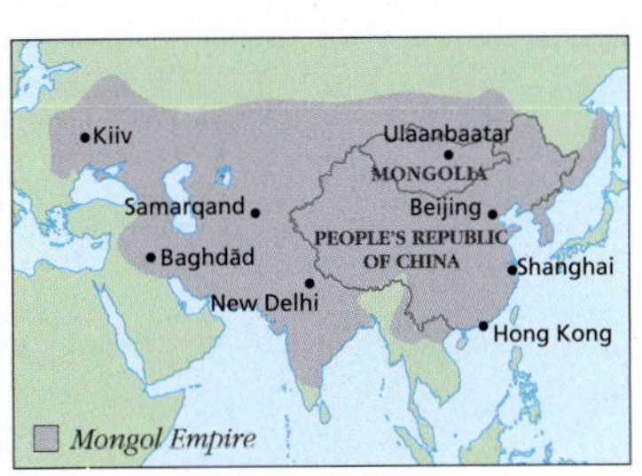

成吉思汗的后代所征服的帝国版图

成吉思汗是出类拔萃的组织者和军事战略家。他还创立了第一部蒙古法典《成吉思汗法典》，并推动了中国和欧洲的贸易增长。

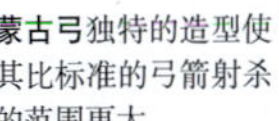

蒙古弓独特的造型使其比标准的弓箭射杀的范围更大

长矛用于近距离搏斗

蒙古马体型较小，但身体健壮

骑兵是至高无上的，能够在移动中战斗

蒙古战士

这幅波斯图画作于成吉思汗去世100年后，描绘的是他与塔塔尔人作战的场景。蒙古人打仗获胜的关键是他们的骑兵。在当时，他们纪律严整，移动迅速，全副武装，作战凶猛机智，无与伦比。

成吉思汗陵形状类似蒙古包。他去世后，他的遗体由数千名追随者带回蒙古。他墓地的确切地点是亘古之谜。

海拉尔周围广阔的呼伦贝尔草原

锡林浩特 ❹

呼和浩特东北 500 公里。✈ 从北京出发。🚉 至二连浩特然后乘汽车。🚌 从呼和浩特乘汽车。ℹ 白马饭店。电话：(0479) 8223592。

锡林浩特位于内蒙古大草原腹地，游客可以游览辽阔而苍劲的草原，还可以在牧民的牧场之家留宿。在这里参团旅行的费用要比在呼和浩特便宜，行程更加休闲。个体旅行社也提供自助游服务。

海拉尔 ❺

锡林浩特东北 350 公里。✈ 从北京、呼和浩特出发。🚉 从哈尔滨、齐齐哈尔、北京出发。🚌 ℹ 北苑宾馆位于胜利街。电话：(0470) 8224017。

"海拉尔"是因城市北部的海拉尔河而得名。海拉尔是由蒙古语"哈利亚尔"音转而来，意为野韭菜，因海拉尔河两岸过去长满野韭菜，故取名为"海拉尔"。

海拉尔靠近俄罗斯边境，是内蒙古最北端的城市。如果想在夏天探访大草原，可以从这座阿穆尔河（黑龙江）岸边的小城开始。城内最主要的景点是第二次世界大战时期侵华日军的地下要塞遗址。海拉尔要塞由中国囚犯修建，作为重要的防御工事坐落在哈拉尔西北的山脊上，表明了日本势力向中国西部的不断推进。出了海拉尔便是辽阔的**呼伦贝尔草原**。草原上水草丰茂，河流纵横，牛羊成群。旅行社可以帮助安排旅行。

满洲里 ❻

海拉尔以西 186 公里。🚉 从海拉尔和哈尔滨出发。🚌 从海拉尔出发。ℹ 二道街 35 号。电话：(0470) 6228114。

满洲里市位于内蒙古呼伦贝尔大草原的腹地，东依兴安岭，南濒呼伦湖，西邻蒙古国，北接俄罗斯，是我国最大的沿边陆路口岸。

长期以来这个边境小城只生活着一些游牧民族。直到 1901 年，中东铁路和西伯利亚铁路均在满洲里设立车站，这里才逐渐发展为定居城市。如今，在扎赉诺尔的调车场仍然可以看到蒸汽机车。俄罗斯对当地的建筑风格影响深远，带有彩色百叶窗的木刻楞和俄式的彩色水泥砂浆建筑随处可见。满洲里最主要的景点为**达赉湖**，南部地区也称其为"呼伦湖"，是中国最大的湖泊之一。湖区环绕着湿地草原，是众多候鸟比如天鹅、雁、鹤的栖息佳境。旅行社有草原旅游的项目，游客可以在蒙古包（毡房）留宿。

元上都 ❼

呼和浩特东北 450 公里。ℹ 锡林浩特旅行社位于白马饭店。电话：(0479) 8224448。

元上都又名"夏那都"，其遗址位于多伦附近，靠近内蒙古边界。传说中的元上都宫城是成吉思汗之孙忽必烈的避暑行宫（参见 469 页）。塞缪尔·泰勒·柯勒律治（Samuel Taylor Coleridge）在他的诗中曾赞美过这位中国最伟大的皇帝和他华美的行宫，

满洲里，中东铁路的最后一站

◁ 五塔寺墙上刻满了浮雕佛像，呼和浩特

诗中写道："上都坐忽必烈汗，恢弘皇城乐御邦。"宫城在忽必烈时期便已开始废弃，最终沦为废墟。这里没有什么可游之处，如果想去参观，可以联系锡林浩特的旅行社。

银川 ❽

呼和浩特市西南 525 公里。151 万。银川市东南 25 公里。电话：（0951）6727898。

银川位于宁夏北部，贺兰山为它阻挡了来自沙漠的大风和寒流。银川是一个很方便的旅游集散中心，游客可以从这里出发，玩转周围景点。在黄河的滋润下，这个草木葱茏的城市从公元 11 世纪开始便是鲜为人知的西夏国国都。除了塔群和银川城外 12 公里处的西夏王陵（参见 474 页），这个短暂的王朝在历史上没有留下多少痕迹。神秘的西夏王朝始于公元 11 世纪，位于当时宋朝疆域的北部地区。从公元 982 年到 11 世纪 30 年代，西夏连续不断地进行对外扩张，疆域横跨现在的整个宁夏以及陕西、甘肃、青海、内蒙古各地。虽然古代一度称他们为西方蛮夷，其实在唐朝文化的同化下，西夏文明的发展已达到相当成熟的水平，直至公元 1227 年为入侵的蒙古人所灭。

海宝塔外的算命广告

如今，银川是个充满活力的城市，城内有很多特色景点。城区分为两个部分，城西靠近火车站的新城和城东 7 公里处的老城。银川客运总站和大部分景点都位于老城。

解放街是老城的主干道，坐落着两座精心重修过的中式塔楼，其中的一座是**鼓楼**，另一座是**玉皇阁**。玉皇阁位于老城东郊，其历史可追溯到明代。鼓楼南侧的鼓楼街是银川繁华的购物中心，那里林立着很多大型百货商店。

老城区内雄伟的鼓楼

鼓楼街西侧矗立着**西塔**，该塔为 13 层八角式塔，位于承天寺院内。承天寺建于公元 11 世纪，现在也是**宁夏回族自治区博物馆**所在地。博物馆内藏有大量的西夏文物，馆内还设有丝绸之路精品展和回族民俗文物展等。回族人信奉伊斯兰教，是唐、元时期来自中东的阿拉伯和波斯商人的后裔。

南门位于博物馆的西南，靠近汽车站，它好似北京天安门的缩小版。南门西南不远处就是**南关清真寺**。南关清真寺是一座现代建筑，建于 1981 年，取代了建于 1915 年的老寺。这里宗教活动非常活跃，回族群众在此祈祷礼拜。不像中国其他的清真寺，南关清真寺几乎没有任何中国建筑的特点，而是带有鲜明的中亚风格。老城北郊古老的**海宝塔**坐落在一个香火旺盛的佛教寺院中。据记载，此塔又称"北塔"，高约 54 米，建于公元 5 世纪。1739 年，原塔毁于地震，现存的海宝塔是于 18 世纪重修的建筑，共 9 层，基本保留了原塔风格。该塔的棱角结构别具一格，每层都有出轩和壁龛。登上宝塔顶层，视野特别开阔，可以饱览市区、黄河还有贺兰山的壮美景色。

银川市及其所属各县（市、区），主要气候特点是：四季分明，春迟夏短，秋早冬长，昼夜温差大，雨雪稀少，蒸发强烈，气候干燥，风大沙多等。

鼓楼和玉皇阁
解放街。每天上午 8:30～下午 5:00。

宁夏回族自治区博物馆
进宁南街。每天上午 9:00～下午 5:00。寺庙、海宝塔和博物馆分别收费。

南关清真寺
玉皇阁南街。每天。

位于银川市北部，有 1500 多年历史的海宝塔

贺兰山下壮观的西夏王陵

贺兰山 ❾

银川以西 20 公里。 或乘租车。
银川中国旅行社位于解放西街 116 号。电话：（0951）5048006。

贺兰山是温带荒漠与温带荒漠草原的分界线，又是西北内流区与外流区的分水岭。高耸的地形及良好的植被对保护富庶的银川平原的生态环境具有重要作用。

贺兰山巍然耸立在银川以西 20 公里处，主峰海拔 3556 米，著名的历史古迹众多。**西夏王陵**就位于贺兰山东麓，那里是西夏王朝（1038 ～ 1227 年）的皇家陵寝。巨大的陵区内葬有 12 位西夏皇帝，虽然历经沧桑，但气势磅礴，规模宏大。再向西就是**滚钟口**，如果天气好的话，周围的山区特别适合远足。由此向北 8 公里便可以到达**拜寺口双塔**，塔高 12 米，并且饰有佛像。附近还有**苏峪口**岩画，创作年代不详，主要描绘了飞禽走兽和人面。从银川雇辆小巴或者出租车，一天之内就可以把所有的景点游完。

西夏王陵
银川市以西 35 公里。 每天上午 8:00 ～ 晚上 7:00。

108塔 ❿

参见 475 页。

中卫 ⓫

银川市西南 170 公里。 中卫旅游服务：逸兴大酒店。电话：（0953）7012620。

中卫是个非常美丽的城市，北靠腾格尔沙漠，南临黄河。城区不大，步行或者坐人力车就能转个大概。市中心坐落着一座明代中式**鼓楼**。中卫的主要景点是建于 15 世纪的**高庙**。高庙非常奇特，是集佛教、道教、儒教以及基督教于一身的寺庙。最初，高庙为佛教寺院，在后来的发展过程中融合了其他宗教建筑的特点，有 200 多间各种类型的小礼拜堂和房屋。经历代多次重建后，现在的高庙是一座建筑风格独特多样的寺庙。

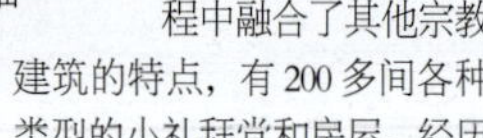

亭阁上的绘画，高庙

周边景点： 中卫以西 15 公里坐落着引人入胜的**沙坡头**风景区。它濒临黄河，河堤一侧是葱葱绿洲，另一侧则布满了巨大的山丘。中卫有小巴车发往沙坡头沙漠试验研究站，研究站成立于 1956 年，主要研究如何生态治理土地沙化。沙坡头地区已经取得了良好的治沙成果，周围渐渐形成沙生植物带和成片树林。这里现在是一个旅游度假胜地，游客可以骑骆驼在沙漠上走走，也可以乘古老的渡河工具羊皮筏渡向黄河彼岸。景区有滑沙板出租，游客可以坐滑沙板从高高的沙山顶自然下滑，非常刺激。

沙坡底下，有眼清泉汇入东南沙坡下的果园内，古称蕃王园，今叫童家园。园子面积不大，但避风向阳，林木茂盛，叠翠流红，溪流潺潺，鸟语花香。

高庙
鼓楼北街。 每天。

沙坡头
每天上午 8:30 ～下午 5:00。

多教合一的高庙砖雕牌坊，中卫

固原 ⓬

银川西北 460 公里。 须弥山石窟。 从固原到三营，然后乘出租车。

固原市是宁夏回族自治区回族聚居的地区，历史悠久。这里物产丰富，山川秀美。

固原位于宁夏南部，人们经常从这里出发去游览**须弥山**（宝山）**石窟**。**石窟**位于固原西北 50 公里处高大的砂岩山上，现存佛教洞窟 100 多个。石窟是丝绸之路繁盛时期的宗教文化遗产，多为北魏、隋、唐时期开凿。窟内藏有 300 多个保存完好的佛像雕刻，其中最著名的是第 5 窟内高达 19 米的弥勒佛像。

108塔 ⑩

108塔坐落于青铜峡镇附近的沙漠中，随山势按奇数排列成12行，错落有致，整体呈三角形，俯瞰黄河。这些佛教纪念塔的来龙去脉至今仍是未解之谜。过去一直认为佛塔建于元代（1206～1368年），但据最新考证，这些佛塔与西夏国有些渊源。对于中国人来说，108是个非常重要的数字：佛教认为人有108种烦恼，要佩戴108颗佛珠。

游客清单

银川以南85公里。从银川到青铜峡镇，然后乘小巴或出租车。每天。

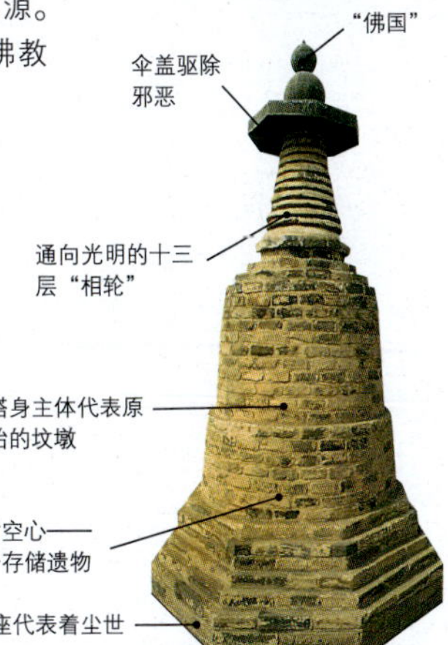

★ 山坡位置
108塔极为壮观。游塔的同时，还可以在塔群周围安静的山林中走走。在这里您可以找到最宁静的寺庙和最具灵感的雕刻。

★ 覆钵式塔
类似于印度的佛塔，覆钵式塔具有深刻的象征意义。在早期的佛教艺术中，佛陀没有以人的形象出现，佛塔就是他的象征。

欣赏佛塔

如果河水水位够高，乘船欣赏佛塔是最好的选择。佛塔保存完好，但重建痕迹过于浓重。

星级景点

★ 山坡位置

★ 覆钵式塔

西夏国

西夏钱币

公元11世纪初，党项人在宋朝疆域的北部地区建立了神秘的大夏王国。党项人或许来自西藏，逐渐强大后就建立了自己的国家，并且强迫宋朝向其交纳“岁贡”。然而，他们在1227年被蒙古人彻底打败后几乎销声匿迹，仅有少量遗物留存下来，比如钱币、书籍，还有一块著名的刻有西夏文字的碑刻（现在藏于西安）。

甘肃和青海

几个世纪以来，甘肃和青海被视为边疆地区，是古代中国的边塞门户。甘肃位置偏远，连接着中国腹地和西北广大的沙漠地区。河西走廊夹于祁连山和北山之间，绵延1200公里，绿洲星罗棋布，自古以来就是沟通中原和西域的交通要道。丝绸之路和长城都经过这里，目前兰新铁路也由此通过。兰州数百年来就是丝绸之路上的交通要冲，黄河在此穿城而过。兰州西南是藏族人聚居的夏河县，那里有恢弘壮丽的拉卜楞寺。兰州西北的沙漠地区有两处伟大的历史古迹——气势宏伟的明代嘉峪关关城和敦煌石窟。青海处于甘肃和西藏之间的高原地区，地广人稀，人口只有550万。从文化、历史和地理各个方面来看，青海都属于西藏高原的一部分，它曾经为西藏的安多藏区，直到1928年才成为独立的省份。青海地理位置偏僻，然而，这里的自然风光非常秀丽，省会西宁位于茂密葱郁的山谷之中，那里还有中国最大的湖泊——青海湖，湖区至今保留着最天然的状态。省内的塔尔寺是中国最大的藏传佛教寺庙之一。由格尔木和西宁穿过世界上最高的山脉便可进入西藏。

◁ 塔尔寺巨大的弥勒佛塑像，青海

麦积山 ❶

佛陀弟子

麦积山石窟是中国最著名的佛教石窟之一，拔地而起的麦积山犹如佛教传说中的圣山——须弥山。第一批雕塑大约造于4世纪末，后来历代均有营造和修缮，直至清代才停止。因此，麦积山石窟真实地反映了中国佛教艺术风格的发展和演变。保存至今的洞窟约有200个，游客可沿凌空栈道到达所有的石窟。然而，最精彩的几个石窟不对外开放，窟内光线阴暗，窟口还设有铁栏，游客最好自备手电筒。

麦积山从远处看形似麦垛或干草堆

第5窟
“牛儿堂”

第135窟
“天堂洞”

★ 摩崖大佛：第98窟
中间巨大的阿弥陀佛高达16米，两尊稍小的菩萨侍立左右。由此可见，当时塑像艺术已摆脱古典的印度风格。

泥塑

麦积山因山石疏松，不宜在岩石上精雕细镂，窟中塑像大多为黏土经木质模具压制而成。虽然泥塑不易保存，但与其他佛教石窟如敦煌莫高窟的塑像相比更加生动、精细。麦积山仅有少量的石雕，但雕刻石料都取自异地。

雕像展示了服饰和发型的细节

第133窟实际上是一个坟墓，也藏有很多雕塑和壁画。此窟被认为是最精美、最神圣的洞窟之一

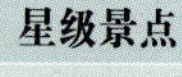

星级景点

★ 摩崖大佛深98窟

★ 栈道观景

★ 摩崖大佛：第13窟

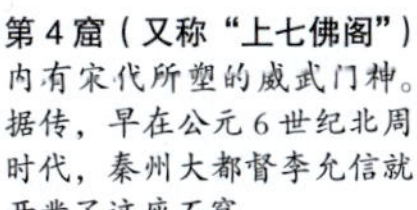

第 4 窟（又称“上七佛阁”）
内有宋代所塑的威武门神。据传，早在公元 6 世纪北周时代，秦州大都督李允信就开凿了这座石窟。

游客清单

天水市东南 45 公里。电话：（0938）2231075。天水北道。每天上午 8:30～下午 5:30。如果额外支付一大笔费用，有机会参观关闭的洞窟。包括门票。

第 3 窟千佛廊

★ 摩崖大佛：第 13 窟
这些巨大的雕像最初造于隋代，明代时加以修复。雕像周围有无数小洞，当时可能用作支持保护。

中七佛阁：第 9 窟
塑像显示了这一时期的雕塑逐渐摆脱印度影响，塑像人物形象有鲜明的宋代中原人特点。这些塑像身材匀称苗条，衣服褶皱非常清晰。

第 43 窟为魏后墓

★ 栈道观景
站在麦积山绝壁的栈道上，附近乡村的美景尽收眼底。如果时间允许，建议参观山下的植物园。

洛门拉稍寺的释迦牟尼造像

洛门 ❷

兰州市东南 250 公里。水帘洞石窟。从洛门乘小巴。

洛门小镇可以作为游览**水帘洞石窟**的大本营。石窟位于附近大山的壮观的峡谷之中。水帘洞石窟位置偏远，仅有一条坎坷道路相通。这条路实际上是一个河床。遇到恶劣天气，道路变得无法使用，无法到达此地。水帘洞在石壁上，为拱形自然洞窟。雨季山顶飞流直下如水帘，因有此名。主要景点是一个雕刻在岩壁上的高 30 米的释迦牟尼像。此外还有拉稍寺，该寺建于山腰的洞穴中，里面有北魏时期（386 ～ 534 年）的绘画和雕刻造像。游客可以从天水或兰州乘巴士或火车到达洛门。

郎木寺 ❸

兰州以南 270 公里。从兰州、临夏或夏河到合作市，然后直接乘巴士到达。

郎木寺这个偏远山区小镇中，生活悠闲，居住着藏族、回族和汉族等民族。附近的丘陵山地可供步行或骑马，山间小路尚未开发，未遭破坏。一条小溪从镇中流过，小溪虽然宽不足 2 米，却有一个很气派的名字“白龙江”。镇里有几个香火鼎盛的寺庙。建于 1413 年的**达仓郎木赛赤寺里**有数百个僧人，他们在这里除了学习藏传佛教经典以外，还学习占星和医药知识。这里还有著名的天葬台。不过，游客是不允许看天葬仪式的。

达仓郎木赛赤寺
每天。

夏河 ❹

兰州市西南 280 公里。传召大法会（2 月 / 3 月）。

夏河坐落在西藏高原边缘的一个山谷中，海拔 2090 米。这里按行政区划是甘肃的一部分。旅游业是夏河的支柱产业，其资源十分丰富。草原风光景色如画，森林松涛神韵幽远，民族文化绚丽多姿，人文景观特色浓厚。夏河是一个重要的藏传佛教寺院小镇，吸引了众多虔诚的佛教朝圣者每年到**拉卜楞寺**朝圣。这里是回、藏、汉等民族混居的地方。

夏河适宜骑马旅行，探索周围的草原。有的人也选择自行车运动。这个镇仅有一条街道，沿大峡河铺展开。城镇的商业集中在东端；拉卜楞寺位于中央；藏族区在西端，在这里可以一瞥藏民的生活。这个镇非常值得一去，尤其是对那些不去西藏的人。

周边景点：离桑科村不远，夏河以西 10 公里处，有一个由桑科草原环绕的湖泊。这里有牧民放牧牦牛。有路通到这片长满绿草鲜花的地方，不过需要付费。在北边 30 公里处，坐落着更加广阔美丽的甘加草原。

郎木寺附近令人惊叹的高原景观

拉卜楞寺

拉卜楞寺的僧人

拉卜楞寺是西藏以外黄教（格鲁派）最重要的中心。它吸引了数以千计的藏族朝圣者。“文化大革命”期间，寺院被关闭，直到1980年才重新开放。当时寺院的僧侣从4000人减少到约1200人。寺庙北靠龙山，南面大峡河，风水甚佳。寺院建筑巍然，周围是迷宫般的小巷，适于漫步游览。

游客清单

兰州市西南260公里。临夏，兰州或同仁。每天上午8:00～中午，下午2:00～6:00。11月～次年2月。主要寺院要求跟团游览。传昭大法会 农历藏历元月初三或初四至二十五日（见44页～45页）

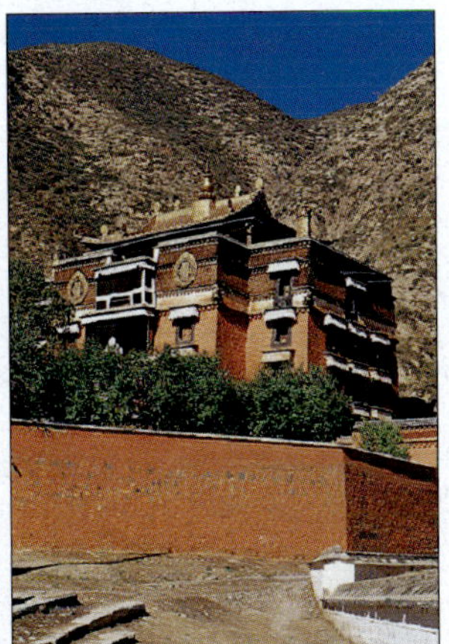
拉卜楞寺的大经堂

探索拉卜楞寺

拉卜楞寺是藏传佛教格鲁派六十寺院之一。目前拉卜楞寺保留有全国最好的藏传佛教教学体系。1982年被列入全国重点文物保护单位。

拉卜楞寺自1709年（清康熙四十八年）建寺，主持建造的是当地的一个僧人，名叫俄昂宗哲。他成为该寺第一代活佛，称嘉木样，在藏传佛教中地位排在达赖喇嘛和班禅喇嘛之后。拉卜楞寺在“文化大革命”中受到的损失相对较小，但是1985年的一场大火严重破坏了大经堂，后来进行了全面重建。今天，寺院建筑遍布整个小镇。实际上根本无法分辨镇中建筑和寺院的边界，二者密不可分地交织在一起。

寺院具有典型的藏式风格，有6大经堂供研习佛经，此外有18佛殿、昂欠（活佛住所）以及数以百计的僧房。寺院也是一个学术机构，藏有6万余种佛经和专门书籍。大经堂供僧侣研究诸如数学、天文学、医学和其他学科等程度不同的更深奥的知识。

大经堂是“磋钦措兑”会议的场所，为全寺之中枢。是最令人印象深刻的建筑，可容纳4000僧人。这里的僧人每天早上会在大经堂门前等待进人进行祷告，场面壮观。拉卜楞寺周围还有一圈经轮。转经轮过去是，现在仍然是多数西藏人的祈祷方式。

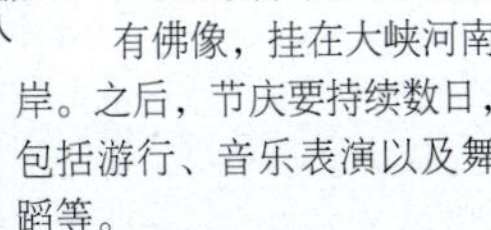
高帽派僧人

经轮中间是**贡唐塔**，在寺院中主要道路的南边。塔身高近31米，高五层，顶上是铜是制镏金佛塔，里面有数千卷佛经和佛像。游客可以爬到塔顶，鸟瞰寺院和小镇全貌。拉卜楞寺的个别地方只能随团参观，不过大部分地方可以自由游览。当然，游客应尊重这里的宗教习俗。

夏河的传召大法会也很著名。来自全国各地的数以千计的香客届时都可以看到一幅巨大的唐卡，上面绘有佛像，挂在大峡河南岸。之后，节庆要持续数日，包括游行、音乐表演以及舞蹈等。

寺院全景，左边是金光闪闪的贡唐塔

捆绑待售的面条，临夏

临夏 5

兰州市西南 100 公里。 22 万。 从兰州、西宁和夏河出发。

临夏市是临夏回族自治州的首府。

临夏市很适合休闲散步，熙熙攘攘的大街上，满眼都是当地人。这里回族群众聚居，穆斯林文化特色浓郁。古时临夏市曾是来往兰州和丝绸之路南线的通关要道。现在来往兰州和夏河之间也可在此地稍作停留。但是除众多的清真寺外，临夏市只有极少的景点。其中给人印象最深刻的是位于南门广场南侧的**南关清真寺**。

临夏市的魅力在于独具特色的市场和茶楼。市场两旁店铺出售雕葫芦、地毯和马具。最有意思的是许多老人都佩戴一种当地产的水晶眼镜。城区南部的解放南路有当地最大的夜市，密密麻麻的小吃摊堆满了香气扑鼻的饼（一种咖喱味的面包）和小山般高的鲜面条、干面条。

临夏市聚居着很多东乡族人，他们的语言属于阿尔泰语系。13 世纪忽必烈西征，许多当地人从中亚被迫东迁，据说东乡人就是这些移民的后代。

兰州 6

象皮鼓

兰州是一个大型工业城市，是甘肃省的省会。自古以来，兰州就是连接中部和大西北的交通枢纽，也是丝绸之路起点河西走廊的咽喉要冲，因此兰州文化上更接近于西北而不是中原。黄河从市区穿流而过，古时候，人们常常在兰州渡过黄河天堑。直到 19 世纪，这里才修筑了一座由锁链连接的浮桥。第一座黄河铁桥建于 1907 年。虽然大部分的景点都在郊区，但是市区有美食小吃、大型的购物中心，还有很棒的博物馆。

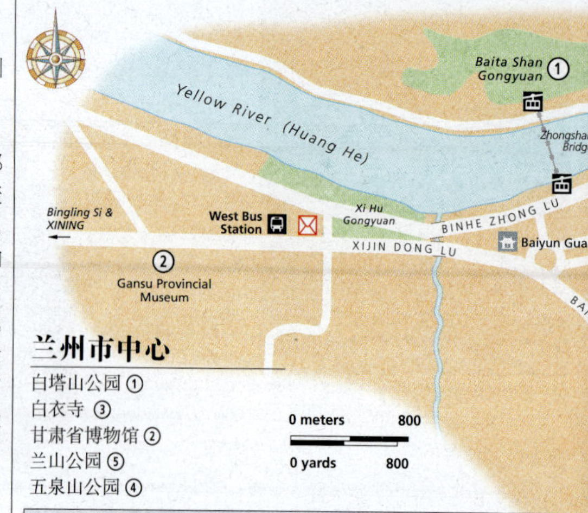

兰州市中心

白塔山公园 ①
白衣寺 ③
甘肃省博物馆 ②
兰山公园 ⑤
五泉山公园 ④

黄河两岸郁郁葱葱的白塔山公园和兰州市区

白塔山公园

每天早上 6:30～晚上 8:30。

白塔山公园位于黄河北岸，临近中山桥，因山头有一座白塔而得名。白塔建于 13 世纪，属于山顶寺庙。白塔与黄河上的铁桥构成雄浑壮丽的画面，成为兰州市的象征之一。上山石阶沿陡峭山势而建，人行道两侧有茶座、清真寺、苗圃和各种亭阁。游客可在公园乘缆车上山，也可从市区乘坐黄河索道，飞越黄河，直达山顶。

甘肃省博物馆

西津西路。周二～周日。

甘肃省博物馆位于兰州市西部，主楼为苏联式建筑。博物馆一层古生物化石展厅陈列着1973年发现的黄河古象（猛犸象）化石骨架。二层历史文化展厅中所有藏品全部附有英文说明，其中最有名的是出土于武威汉墓的铜奔马，为青铜器，距今已有2000多年的历史。奔马三足腾空，一足踏飞燕着地，又名马踏飞燕。是与铜奔马同一墓区出土的铜出行仪仗队由铜马、铜车和奴婢等组成。这里还有属于新石器时代晚期的仰韶文化彩陶展。其他文物包括丝绸之路雕刻、木简木雕、文字碑帖等。另外，博物馆花园中有搬迁复原的3世纪末4世纪初的嘉峪关魏晋壁画墓。最后是关于长征的革命文物展厅。

兰州火车站的马踏飞燕塑像

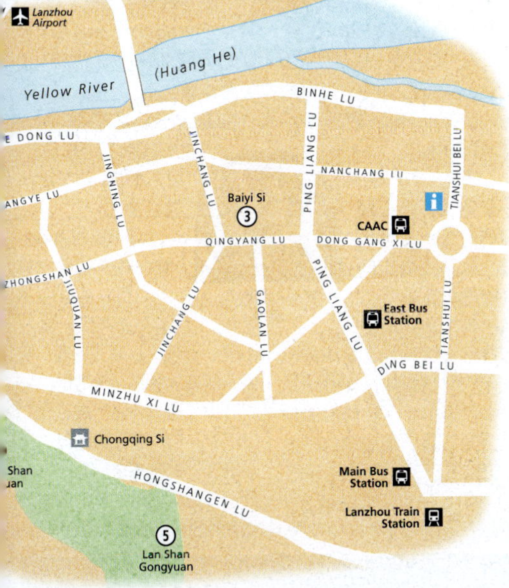

白衣寺

白衣寺建于明代（1368～1644年），寺内有白衣寺塔及白衣菩萨殿等建筑。现位于庆阳路东段街北，离繁忙的金昌路只有几百米远。寺院位于兰州市主要购物区内，为高楼大厦所包围。独特的地理位置使闹市中的白衣寺格外引人注目，值得一游。此外值得一看的

崇庆寺极具观赏性的门把手，五泉山

兰山公园

每天上午8:00～晚上8:00。

兰山公园位于兰州市正南，可从五泉山公园乘缆车到达，行程大约20分钟。公园位于山顶制高点，是夏天避暑纳凉的好地方，可以欣赏到傍晚日落和城市夜景。公园还设有游乐城和一些餐厅，也有一条蜿蜒小路通向五泉山公园。

游客清单

西安以西680公里。323万。兰州机场，市区北部90公里。兰州火车站。中国民航（机场大巴）、汽车东站、个体汽车站、客运中心、汽车西站。农民巷旅游大厦二层。电话：（0931）8813222。

五泉山公园

每天早上6:00～下午5:00。

五泉山公园位于兰州城南，类似于一个传统的园林公园。园内丘壑起伏，溪流如带，楼阁错落，曲径通幽，是旅游休闲的好去处。五泉山因有甘露、掬月、摸子、惠、蒙五眼清澈甘美的泉水而得名。相传汉代将军霍去病西征匈奴，曾驻兵于此。士卒饥渴，霍去病手执马鞭，连击五下，鞭响泉涌。在五泉山的佛教古建筑中，**崇庆寺**的历史可追溯至明代洪武五年（1372年），寺内现陈列一口铸于金泰和二年（1202年）的铁钟。尽管崇庆寺历史久远，但经历过多次整修，随着现代建筑材料如混凝土的应用，寺庙成为苏联式和中国传统式的混合体。**园内另一处**古建筑金刚殿内完好地保存着一座铸于明洪武三年（1370年）的铜接引佛和莲花基座。佛像高约5米，为铜像之精品。

五泉山公园四叶式月亮门

悬崖上巨大的弥勒佛坐像，第 172 窟，炳灵寺

炳灵寺 ❼

兰州市西南 90 公里。 到刘家峡水库，再乘游船到石窟。 季节性开放，当水库达到较高水位时开放。 从兰州出发。

宏伟的炳灵寺佛教石窟是甘肃省最著名的旅游景点之一。佛教沿丝绸之路传入中国，这些石窟属于佛教早期的重要遗址。石窟开凿在高 60 米、延伸约 1.6 公里的沟峡崖壁上。炳灵寺被黄河刘家峡水库与外界隔离，精美的雕塑和壁画保存得相当完整，甚至在“文化大革命”期间也未遭到破坏。“炳灵”意为“千佛洞”，而现存石窟只有 183 个，其中 149 个更确切地应该被称为窟龛。

石窟创建于西秦，距今已有 1600 多年的历史。据传，当时工匠们用绳索把自己悬挂在绝壁上，面对崖壁进行雕刻。炳灵寺石窟与大同和洛阳的佛教石窟类似。大部分窟龛都有石刻雕像、泥塑和精美的壁画。现存早期石窟中最重要的是第 169 窟，始建于西秦，窟中有一尊无量寿佛和两尊菩萨像，是中国历史最悠久，保存最完整的造像。其他大部分窟龛开凿于唐代。令人印象最深刻的是第 172 窟内高 27 米的弥勒佛坐像（未来佛）。另有一座石雕的方塔，四座泥塑塔。

丝绸之路慢慢衰败之后，造像活动仍在延续，宋代、明代和清代的作品都可以找到。虽然窟内仍存有一些年代更为久远、笔法更为粗犷的唐代壁画，但在宋、明时期壁画发展到顶峰。

前往炳灵寺有不确定性，能否通航取决于水库的水位。秋季是游览炳灵寺的最佳季节，但出发之前，最好向旅行社咨询。从兰州乘汽车，2 小时后到刘家峡水电站大坝，再坐 3 小时的游船便可到达石窟。在浩渺的平湖上可以看到繁忙工作的渔民、美丽的村庄、沿岸的庄稼。

平凉 ❽

兰州市东南 250 公里。

平凉是一个安静的小城，悄悄地隐藏在甘、宁两省区交会处的山区之中。历史上是陇东传统的商品集散地，素有“旱码头”之称。周围山峰挺拔，有些高达 2100 米。平凉鲜有游客光顾，游客来此多为参观市区以西 10 公里处的道教名山——**崆峒山**。道观修筑在崆峒山峭壁顶部，毗邻波光粼粼的高山平湖，山上还有一些佛教寺庙。附近地区草木繁茂，特别适合穿越远足。

此外还有王母宫、温泉、柳湖、南石窟寺、龙泉寺（崇信县办）、莲花台、紫荆山国家级森林公园、云崖寺以及明代宝塔、李元谅墓等风景名胜、文物古迹都是寻根访古、观光旅游、避暑休闲的好去处。

碑刻，崆峒山，平凉

平凉是甘肃省主要农林产品生产基地和畜牧业、经济作物主产区，盛产小麦、玉米、谷类、荞麦、油菜、胡麻、林果、烤烟等，具有开发“两高一优”农业的广阔前景，曾与庆阳地区以“陇东粮仓”闻名遐迩。特产中山药、百合、蕨菜、甲鱼等极具地方特色，皮毛肉类远近闻名。

郁郁葱葱的崆峒山北峰，平凉

佛教的传播

佛教在中国的确立是一个漫长的过程，具体何时传入中国并无定论。中国的第一处宗教建筑应该是东汉时期都城洛阳附近的白马寺（参见152页）。佛教就是佛陀的教育，由公元前6世纪居于古印度北部的佛陀所创立。大约从公元1世纪开始，佛教沿丝绸之路由来自中亚的移民传入中国。在中国社会的动荡时期，佛教逐渐在民间普及，那时候儒学作为中国社会的正统学说并不为平民接受，最终统治者也接受了佛教。大乘佛教在中国得到发扬，后分为几个宗派，比如在日本非常流行的禅宗。

石佛塑像

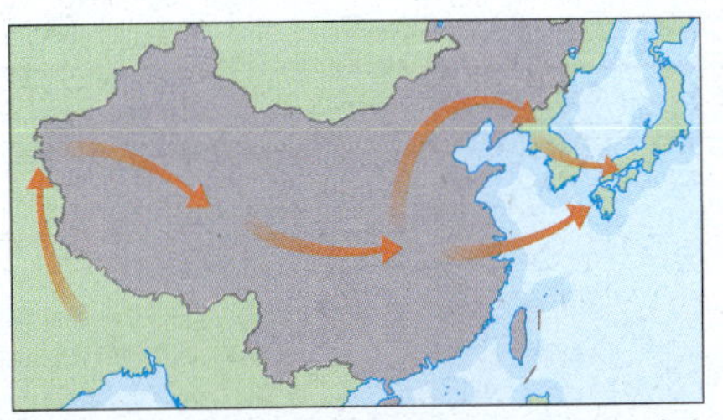

大乘佛教源于公元1世纪时期的印度，后于公元600年左右经中国传入日本。

西安大雁塔建于唐永徽三年（652年），是为了存放高僧玄奘西天求法从印度带回的佛经而建。此后玄奘（参见29页）在此翻译了大量佛教经典直至去世，极大地推动了佛教在中国的传播。

敦煌石窟（参见494页～495页）是去印度朝圣的和尚途经丝绸之路的最后一站。壁画和塑像是为了推动公元2世纪到11世纪佛教在中国传播，是中国早期佛教艺术中的精品。

大慈大悲的观音菩萨可应机以种种化身救苦救难。观音在中国寺庙中的塑像常为女相，是中国信徒最崇奉的菩萨。

佛教在唐代初期臻于鼎盛时期，并获得了统治者的庇护。经历了宋、元、明、清，佛教由盛转衰（主要是在汉族地区）。

武威 ⑨

兰州市西北 225 公里。

武威位于兰州和张掖之间。是“世界旅游标志之都”、“中国葡萄酒的故乡”、“西藏归属祖国的历史见证地”和“世界白牦牛唯一产地”，素有“银武威”之称。1969 年，甘肃省最著名的文物珍品铜奔马就出土于武威城北几公里处的**雷台**汉墓。铜奔马现藏于**甘肃省博物馆**，如今在武威随处可见奔马塑像。雷台汉墓是大型砖室墓，墓道和墓室陈列了一些出土文物的复制品，汉墓现对公众开放。

其他景点还包括北大街上的砖塔——罗什塔，城东还有**古钟楼**和一个非常漂亮的花园。**文庙**位于城南，武威市博物馆就设在文庙里。重建改造后的南门为这座高速变化发展的城市增添了几分旧时的威严。

文庙
每天上午 8:30～下午 6:00。

大佛寺内的香炉，张掖

张掖 ⑩

兰州市西北 450 公里。

张掖位于中国甘肃省河西走廊中部。甘肃省名“甘”字由来地。汉族为主，另有回、裕固、蒙古等 26 个少数民族。

张掖是古丝绸之路上的重要驿镇，名胜古迹众多。市中心的明代**鼓楼**内藏有一口大钟，城东**道德观**的历史也可追溯至明代，现在仍然经常举办道教活动。南街附近有一座弥陀千佛塔，俗称土塔，附近**大佛寺**正殿内藏有全国最大的室内卧佛。**马蹄寺**石窟是规模宏大的佛教石窟，就位于张掖城南 60 公里处的藏族小镇马蹄。

大佛寺内的佛塔

嘉峪关 ⑪

兰州市西北765公里。从敦煌出发。

嘉峪关是明代万里长城最西端的关隘，是中华文明的西方终点。嘉峪关的主要景点为明代修筑的嘉峪关关城（参见490 页～491 页）。市区内的**长城博物馆**藏有大量翔实的资料，展示了长城从汉代到明代的历史演变，展品包括关于长城的图片、模型等。

嘉峪关附近还有一些有趣的景点。嘉峪关关城以北 6 公里处的悬壁长城**始筑于 16 世纪**，用以连接关城和黑山。关城附近还有描绘战国时期人们生活场景的黑山岩画。嘉峪关以南 6 公里处是明代万里长城西段的第一墩台——嘉峪关长城第一墩。嘉峪关市以东 20 公里的墓群为魏晋时期（220～420 年）所建，墓葬大部分由画像砖垒砌而成，笔法简洁，形象生动。七一冰川位于嘉峪关市南 120 公里处的**祁连山**腹地，海拔 4300 米。每到夏秋季节，冰峰在蓝天丽日下分外晶莹耀眼，与潺潺的溪流以及绿草如茵、鲜花盛开的高山牧场共同构成一幅恬静而又充满生机的迷人画卷。可先乘火车，再乘出租车，最后徒步到达。

长城博物馆
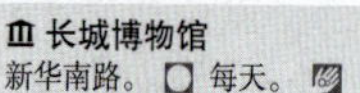
新华南路。每天。

16 世纪的悬臂长城，嘉峪关

◁ 嘉峪关关城，是明代万里长城西端第一雄关

大博弈

“大博弈”特指19世纪晚期大英帝国与沙皇俄国争夺中亚沙漠和山区控制权的战略冲突，后因鲁德亚德·吉卜林的(Rudyard Kipling)小说《基姆》而流传开来。博弈的中心为阿富汗，两国都想在此扩大自己的影响。最终，英国于1880年成功扶植了阿富汗的亲英政权。与此同时，新疆穆斯林脱离了清朝的统治，1863年，阿古柏在喀什噶尔建立政权。1877年，清政府收回了新疆，正值此时，俄国入侵了伊犁河谷，后与清政府谈判要求在该地区设立领事馆。而英国直接向喀什派出了一个贸易使团，借此进一步入侵西藏地区。1907年，英俄两国签署了英俄条约，明确划分了双方的势力范围，英俄大博弈至此告一段落。

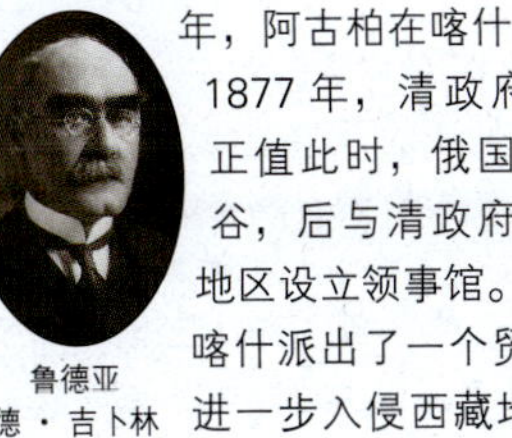
鲁德亚德·吉卜林

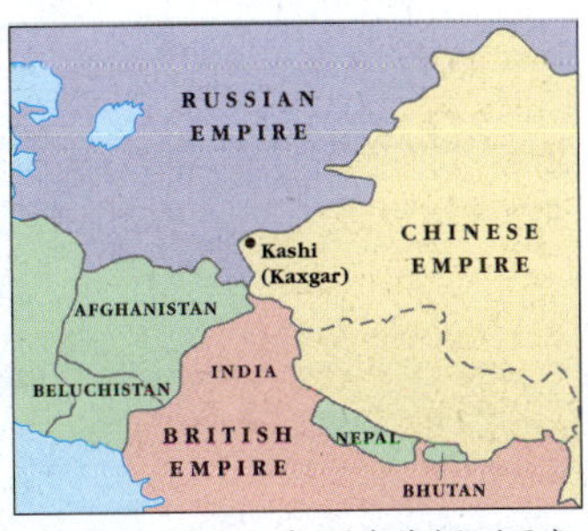

中亚是俄国、英国和清政府都曾染指的区域。英国担心俄国会对印度构成威胁，因此想利用阿富汗、喀什噶尔和西藏作为印度边境前的缓冲地带。

谢尔·阿里(Sher Ali)(1825～1879年)，领导第一次英阿战争的多斯特·穆罕默德(Dost Mohammed)之子。他允许俄国外交使节团进入阿富汗，但拒绝了英国代表团的造访，由此引发了第二次英阿战争。最终阿卜杜勒·拉赫曼(Abdur Rahman)在英国人的支持下于1880年登上了王位。

亚历山大大帝和帖木儿都曾穿过帕米尔高原入侵印度。俄国曾于1885年和1896年先后两次进入帕米尔地区，英国随后派军，形成军事对峙。双方后来达成协议，划定了新边界，避免了战争冲突。

《张开的嘴》(1899年)，这幅漫画描绘了一头狮子(代表英国)和一头熊(代表俄国)都把手伸向了惊恐的中国人。中国的内乱进一步削弱了国力，清政府多次被迫与外国列强签订不平等条约，割让土地，并允许他们向中国派遣带有间谍性质的商贸使团。

英国企图扩大在中国的影响范围，西藏地区首当其冲。由于西藏拒绝接受英国派出的商贸使节团，英国人在荣赫鹏(Younghusband)的指挥下，于1903年大举进犯江孜(参见541页)。

嘉峪关关城 ⑪

角楼

嘉峪关关城矗立于茫茫戈壁滩上，是万里长城的西端起点，它依山而建，扼守着峡谷地带。嘉峪关始建于明洪武五年（1372年），以黄土夯筑而成，是明代著名的防御工事，被誉为“天下第一雄关”。它控制着中国与中亚军事和贸易联系的纽带，战略地位十分重要。虽然边境线还要在嘉峪关以西，但人们普遍认为嘉峪关是中华文明西部的终点站。关外都为蛮夷之地，环境恶劣，是被贬官员和囚犯流放之所。

城楼内部的细节
正如这些木门，城楼内部饰有精美的绘画，为典型的明代风格。

罗城
用来诱敌，敌人进入后，守军便可从上面攻击敌人。过往商队也在此临时停留。

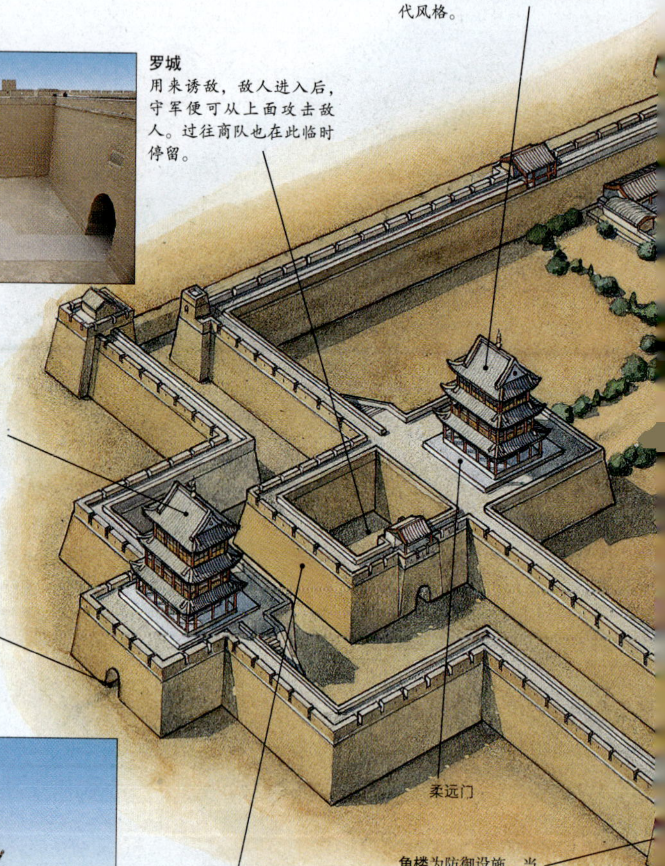

嘉峪关关门共三层，是典型的明代歇山顶式建筑

叹息门过去人们出关时常常在此留言，以表依依惜别之情

柔远门

角楼为防御设施，当弓箭手向攻城军队放箭时，可保护弓箭手免受袭击

★ 城墙
由黄土夯筑和砖砌而成，高10米，长约750米。城墙设计巧妙，两门内侧有马道可达城墙顶。

星级景点

★ 城墙

★ 光化门

游客清单

嘉峪关市西5公里。电话（0937）6396058。🚌 ◯ 7月～10月：每天早上7:00～晚上10:00，11月～次年6月：每天上午8:00～晚上8:00。🎫 实行一票制（包括长城博物馆）。

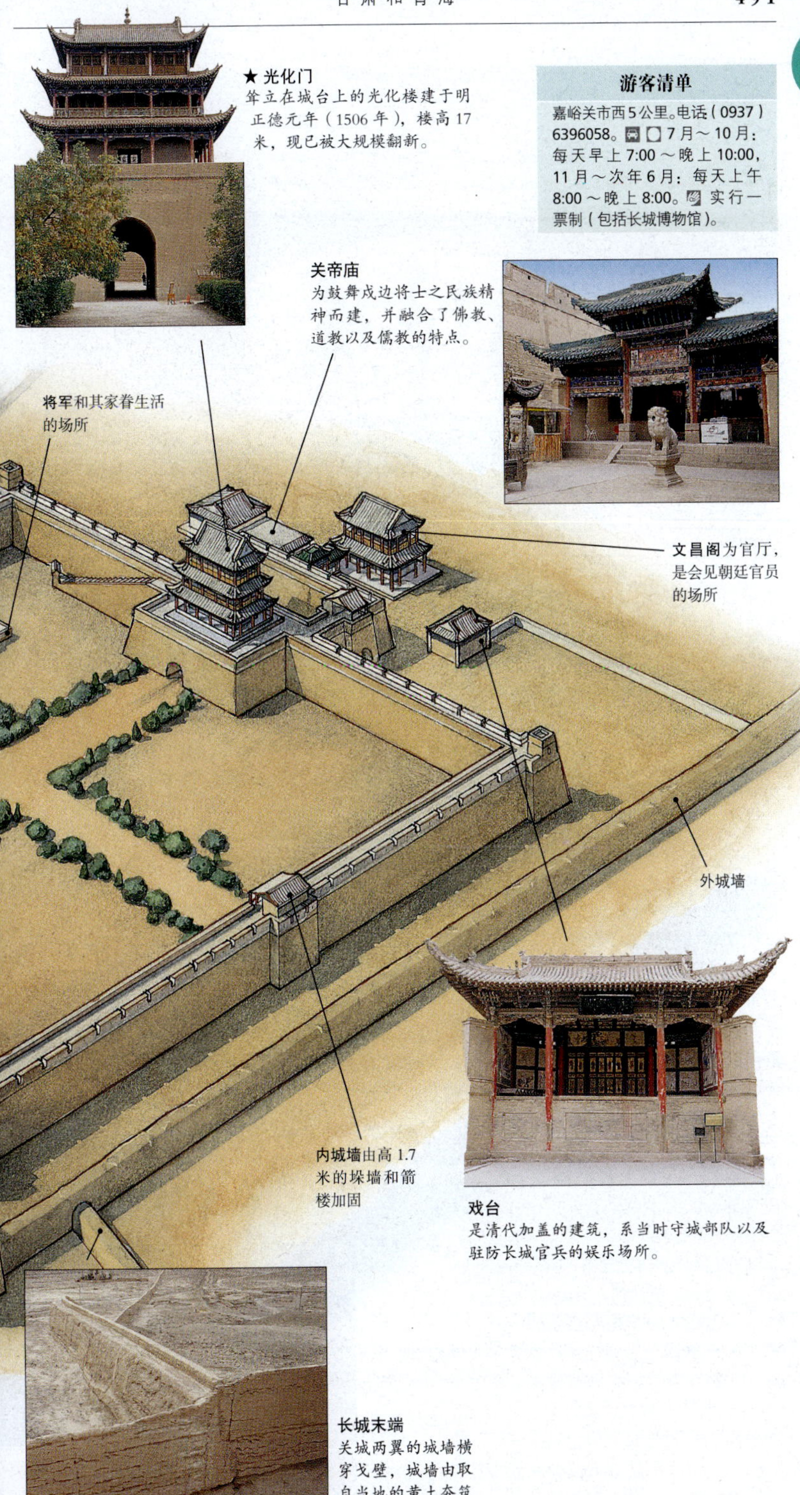

★ 光化门
耸立在城台上的光化楼建于明正德元年（1506年），楼高17米，现已被大规模翻新。

关帝庙
为鼓舞戍边将士之民族精神而建，并融合了佛教、道教以及儒教的特点。

将军和其家眷生活的场所

文昌阁为官厅，是会见朝廷官员的场所

外城墙

内城墙由高1.7米的垛墙和箭楼加固

戏台
是清代加盖的建筑，系当时守城部队以及驻防长城官兵的娱乐场所。

长城末端
关城两翼的城墙横穿戈壁，城墙由取自当地的黄土夯筑而成。

骑骆驼穿越鸣沙山沙丘，敦煌

敦煌 ⑫

🚉 🚌 柳园，敦煌以北 130 公里，然后乘汽车。🚌 ℹ John's Information Café，鸣山路 22 号。电话：(0937) 8827000。

绿洲小城敦煌是古代丝绸之路上的名城重镇，丝绸之路经过敦煌后，向西沿塔克拉玛干沙漠分为南北两路。附近有著名的莫高窟，人们去莫高窟时会在敦煌稍作停留，因此这里的经济比较繁荣。敦煌的旅游配套设施完善，餐馆和经济型酒店都能够满足国内外游客的需要。**敦煌市博物馆**最有价值的藏品是出土于莫高窟藏经洞（第 17 窟）未遭窃掠的汉文和藏文经书。另外的展品还包括汉长城烽火台沿线出土的一些丝绸、家具等。夏天傍晚，敦煌主干道东大街附近夜市非常热闹，主要出售旅游纪念品，比如皮影、中国卷轴画、玉器、钱币、西藏的牛羊角和佛像等。**月牙泉**位于敦煌市南 5 公里处，是一个小型淡水湖泊，几千年来一直是当地的重要水源。月牙形的清泉，泉水碧绿，如翡翠般镶嵌在金子似的沙丘上。泉边芦苇茂密，随微风起伏，碧波荡漾，水映沙山，蔚为奇观。月牙泉有四奇：月牙之形千古如旧，恶境之地清流成泉，沙山之中不淹于沙，古潭老鱼食之不老。与之毗邻的鸣沙山相对高度 35～115 米。人若从山顶下滑，脚下的沙子会发出声响，所以叫鸣沙山。如果想欣赏更美的景色，游客可以在凉爽的傍晚爬上沙丘。此外，这里还有一系列娱乐项目，包括动力滑翔伞、滑沙和骑骆驼等。景区附近还有一座小型的民俗博物馆。

印花纺织品，敦煌市场

白马塔矗立在敦煌西郊 4 公里处的旷野中，塔身 9 层，整体为藏式喇嘛塔风格。相传，来自丝绸之路龟兹王国的高僧鸠摩罗什的白马于公元 384 年在这里死去。人们修塔以纪念，取名“白马塔”。

周边景点：敦煌古城位于敦煌市西南 20 公里处，是 20 世纪 90 年代建造的影视外景基地。古城位于大漠戈壁上，建筑规模十分宏伟，但如果细看已经相当陈旧。这里已经是常规的旅游景点，景区内有很多纪念品商店，甚至还有可以住宿的毡房。

敦煌以西 80 公里处有两个汉代关隘——**玉门关和阳关**。两关相距 5 公里，中间为戈壁，原有长城相连。玉门关和阳关均已被废弃 1000 多年并且不断受到流沙侵袭，但现存遗迹雄姿犹存。玉门关城垣残高 10 米的城墙是唯一可以辨认的人造建筑。

🏛 敦煌市博物馆
阳关东路。电话：(0937) 8822981。🕘 每天上午 9:00～下午 6:00（冬季闭馆）。🎫

月牙泉
🕘 每天上午 8:00～下午 5:50。

月牙泉和鸣沙山沙丘，敦煌

丝路绿洲的文物掠夺

19世纪末，我国正处于清末混乱动荡局势下，西方列强乘机入侵。他们觊觎我国西部的资源，派出了一些打着探险、科考幌子的所谓探险队、科考队在我国西部收集情报，同时肆意掠夺文物。单是莫高窟藏经洞中就约有4万件文物被盗窃掠夺。如今这些价值连城的艺术珍品散落在世界10多个国家的30多个博物馆和图书馆里。这些藏经洞文物的被掠夺和流散，影响了我国对文物的保存的研究，是西方列强对我国无耻的有组织劫掠。

唐乐俑，敦煌

19世纪末，沙尘暴过后流沙下的古城显现出来，由此关于古城的传说开始流传。高昌故城曾经是佛教和景教的中心（参见503页）。

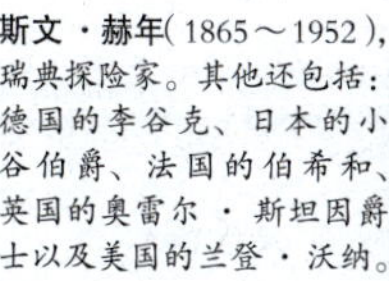

斯文·赫年（1865～1952），瑞典探险家。其他还包括：德国的李谷克、日本的小谷伯爵、法国的伯希和、英国的奥雷尔·斯坦因爵士以及美国的兰登·沃纳。

1904年，德国人李谷克在柏孜克里克千佛洞发现了这尊佛头。不断扩大的沙漠很好地掩护了洞窟，洞内精美的壁画得到了很好的保护。李谷克把佛头从墙壁上切割下来，然后运回了德国。日本人、英国人、法国人、俄国人等都先后参与了对千佛洞文物的盗抢。

这幅绢画出土于莫高窟。英国人奥雷尔·斯坦因于1907年来到这里，他结识了道士王圆箓从而得以进入新发现的藏经洞（第17窟），并将海量文物运送回英国。

被斯坦因带走的**菩萨像壁画**和部分莫高窟其他壁画。

敦煌石窟壁画

敦煌石窟壁画是中国佛教艺术的瑰宝，由于位置偏僻，人迹罕至，石窟壁画得以较好保存。从公元4世纪到11世纪的700多年间，佛教僧侣陆续在敦煌开凿洞窟并创作了精美的壁画。这些壁画几乎被人们遗忘，直到1907年，探险家斯坦因偶然发现了敦煌莫高窟和看守道士王圆箓。随后他发现了成千上万的珍品，其中包括世界上最早的印刷书籍——《金刚经》以及一些僧侣用来复制壁画的刻版等，他随即将大量的珍贵文物运回英国。

第275窟：十六国（366～439） 此窟为凿于北凉时期的早期洞窟，通过壁画和佛像的形式描述了迈达拉佛也就是未来佛。

第272窟：十六国(366～439年) 这些提婆（佛教天使）正在全神贯注地倾听佛陀教导。

第254窟：北魏（386～534年）《萨那太子本生图》描述了佛陀的早期生活，包括王子后来献身的故事。壁画内容更加丰富，艺术作品更加成熟。

第249窟：西魏（535～556年） 北壁有一幅生动鲜活的狩猎图，图中猎人后仰射箭——这个动作只有马镫发明之后才可能完成。

第428窟：北周（557～581年） 本窟的《萨那太子本生图》描绘了萨那太子舍身饲虎的动人故事。

第419窟：隋代（581～618年） 在短暂的隋朝时期，中国南北得到统一，统治者接纳了佛教。这种和谐让更多的中原艺术风格得到发展，也是敦煌发展的繁荣时期。这个洞窟描述了王子们的狩猎旅行。

第420窟：隋代(581～618年) 这幅壁画描绘了丝绸之路之旅，佛教就是通过丝绸之路传入中国的。壁画中还有风格独特的建筑，但在现实中并未发现。

第 220 窟：初唐（618～704年）壁画常常会出现供养人像，这幅壁画描绘了世家大族翟氏一家 10 代供养人。

第 217 窟：唐朝初期至盛唐（618～780 年）壁画详细描述了阿弥陀佛的西方极乐世界，还有一些非常精美但未完成的菩萨画像。

第 17 窟：晚唐（848～907 年）壁画为《说法图》，本窟就是由王圆箓发现的著名的藏经洞。

第 263 窟：西夏（1308～1227年）西夏对很多前朝洞窟进行过简单改造和修缮。本窟原凿于北魏时期。

承载了佛教 1000 多年历史的敦煌

莫高窟

甘肃省敦煌市西南 25 公里的莫高镇。每天上午 8:00～下午 6:00。

莫高窟俗称千佛洞，被誉为 20 世纪最有价值的文化发现，“东方罗浮宫”。它始建于十六国的前秦时期，历经十六国、北朝、隋、唐、五代、西夏、元等的兴建，形成了巨大的规模。是世界上现有规模最大、内容最丰富的佛教艺术圣地。

莫高窟开凿在大漠中的悬崖上，周围地势平缓。如果是自助旅行，去莫高窟相对容易，敦煌有很多发往莫高窟的小巴。通常，司机要等到坐满才出发，但仅仅半小时的旅程很方便。一定要记住：从上午 11:30 到下午 2:30，洞窟关闭。

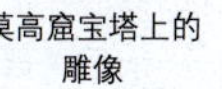
莫高窟宝塔上的雕像

现存洞窟 600 多个，大约只有 30 个向游客开放。参观票价包括中文讲解，绝对物有所值。如果请英文讲解员，需要额外支付费用，但这样一来，同行的游客会少一些。如果再另外付费，有时甚至可以参观有欢喜佛的洞窟。讲解员大都对洞窟的历史、壁画和雕塑知识相当了解。建议自备手电筒，窟内严格执行禁止照相的规定（除非您买个高价许可证）。标准的游览持续半天，游客可以参观大概 15 个洞窟和博物馆，那里展出了莫高窟出土的一些古代手稿原作。建议同时参观敦煌石窟文物保护研究陈列中心。展区有 7 个原大复制的洞窟，虽然没有原窟古朴的氛围，但游客可以近距离地欣赏原窟中难以接近的壁画。希望留宿的游客可以在当地普通的旅馆过夜，也可以乘小巴回敦煌，最后一班在下午 6:00 左右发车。

第 96 窟前的九层楼，窟内大佛高达 30 米

隆务寺装饰精美的经堂，同仁

同仁 ⑬

夏河以西 107 公里。 热贡六月会（农历六月）、佛教节（农历一月）。

同仁，藏语称“热贡”，是夏河和西宁之间的中转站。在这个小城，游客可以充分体味原汁原味的藏族群众生活。位于城郊的**隆务寺**是装饰华丽的藏传佛教寺庙，经堂内藏有大量的珍贵文物。该寺建于元大德五年（1301 年），经过现代重建后，拥有 3 座经殿。隆务寺属于藏传佛教的分支——黄教。黄昏时分，游客可以观看住寺喇嘛们的辩经会，他们用精准的肢体语言阐述论点。幸运的话，还能看到喇嘛们制作沙画。藏传佛教寺庙后有一条流向草地的小溪，蜿蜒大约 1 公里，通向一个美丽的藏族村寨。**上下吾屯寺**位于另一个村寨，距市区 7 公里，分为上庄寺和下庄寺。该寺有中国国家知名的唐卡艺术家 50 多名。上下两寺装饰得极为艳丽华贵，这里是热贡艺术的发祥地。热贡艺术作为藏传佛教聚居区艺术中的一个流派，区别于其他藏族聚居区的艺术。其作品造型准确生动，工笔精细绝美，色彩艳丽，富于装饰性，充分展现了线条的节奏感、运动感和立体感，强调了整体的完美性。其质朴的画风、匀净协调的设色、惟妙惟肖的神态刻画，充分体现了藏族人民的智慧和灿烂的文化。每座经堂都装饰着精美绝伦的彩绘和雕刻。村寨的居民讲藏语、蒙语和一些方言。

清真大寺内的信徒

塔尔寺 ⑭

参见 498 页～499 页。

西宁 ⑮

兰州以西 232 公里。 194 万。 西宁大厦。电话：(0971) 8129842。

西宁是青海省的省会。市内景点很少，但是聚居着多个少数名族，主要有回族、藏族以及少量的哈萨克族和蒙古族。从 16 世纪起，西宁就是逐渐衰落的丝绸之路南线的必经之地。如今，这里常常作为青海旅行的起点站。西宁地处海拔 2200 米的偏远山谷，夏季凉爽，冬季严寒。

靠近市中心，坐落在东关大街的**清真大寺**是中国西北地区规模最大、历史最悠久的清真寺之一。该寺最初建于 14 世纪，最近刚经过改造整修。大寺是完全的中式设计，整个建筑飞檐斗拱，描金涂彩，蔚为壮观。寺内公共广场内总是聚满了穆斯林信徒。

北山寺是一个道观，位于西宁市北，湟水河南岸。依山面水，居高临下，上有断崖壁立，下有陡坡相连，地势险峻，气势宏伟。那里特别适合午后的远足，先走石梯，然后经过木栈道，还会通过很多刻有道教符号的山岩神殿。

要想体味西宁的少数名族风情，最好就去城西西大街附近的**水井巷市场**，那里有 3000 多个摊位，吃食用度一应俱全，小吃有热面包、羊肉、烤肉串等。出发去青海湖之前，最好先来这里采购些食品。

建于 14 世纪，带有中国传统建筑风格的清真大寺，西宁

孟达天池自然保护区

孟达天池 ⑯

西宁东南200公里。到官亭或循化，然后乘出租车。

黄河岸边的孟达天池风景秀丽，是孟达自然保护区的核心景区。孟达天池面积约300亩，池水清澈碧澄，与蓝天一色，群峰倒影，随波微动。湖中水鸟飞翔，鱼儿舒然游动。相对于省内大部分地区而言，这里土地肥沃，植被丰富。保护区多为森林覆盖，特别适合徒步旅行和观鸟。游客可通过西宁的旅行社帮助安排行程，但保护区内也提供住宿。循化前往孟达天池的沿途风光非常美，公路沿着黄河蜿蜒在峭壁上，还会路过宁静的小镇和大片种满小麦、大麦和玉米的农田。

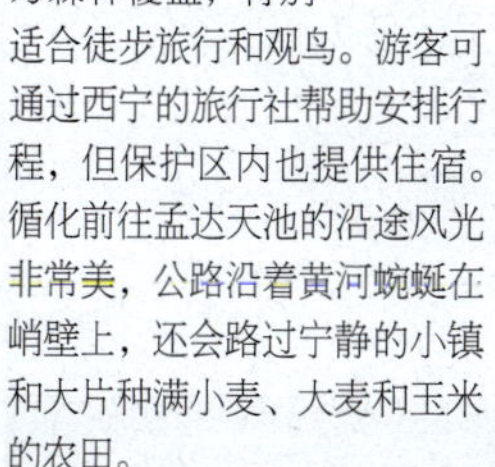

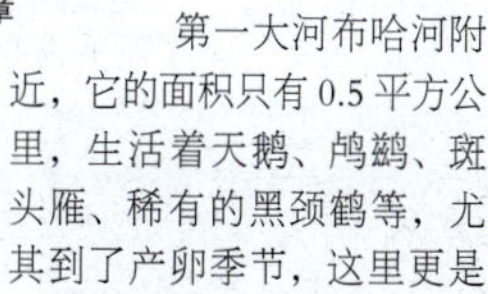

刻有藏文书法的徽章

青海湖 ⑰

西宁以西150公里。鸟岛 11月～次年2月。

青海湖地处西藏高原，是中国最大的内陆湖泊，湖面面积达4500平方公里，湖面海拔接近3200米。由于其特殊的地理位置，游客要想去旅行，最好通过旅行社。青海湖周围是空旷的荒原，沿路风景美不胜收。尤其在夏天，葱绿的草滩上有成群的牦牛。

青海湖为低温咸水湖，鱼类资源丰富，湖区从而成为鸟类繁衍生息的天然场所。大部分前往青海湖的游客会去**鸟岛**观光，这个岩石小岛位于青海湖的西部，在流注湖内的第一大河布哈河附近，它的面积只有0.5平方公里，生活着天鹅、鸬鹚、斑头雁、稀有的黑颈鹤等，尤其到了产卵季节，这里更是鸟类的天堂。

南岸的青海湖旅游中心可以提供游船、垂钓、骑马和徒步旅行等服务，同时也提供住宿。

格尔木 ⑱

西宁以西762公里。格尔木宾馆。电话：（0979）413003。

格尔木为蒙古语，意为河流密集的地方。格尔木位于青海省的西部，地处青藏高原腹地，海拔高达3000米。格尔木辖区属大陆高原气候，少雨、多风、干旱，冬季漫长寒冷。它是方圆几百公里内唯一的大城市，是青海省内除西宁之外的第二大城市，主要人口为汉族。如今，格尔木是连通西宁、敦煌、拉萨的中转站。

从格尔木坐汽车到西藏拉萨并不便宜，因为车票只能通过旅行社购买，票价有了大幅提高。汽车要在高原行驶，一路颠簸，整个旅程大约需要25个小时。晚上气温会降到0℃以下，强烈建议带足供给和御寒衣物。其实，从这儿旅行最好的方式是乘坐火车。新落成的青藏铁路从格尔木到拉萨路段是目前世界上海拔最高的铁路线，车厢内装有防压差车窗和供氧设施。

格尔木城景色一般，但出城沿途景观奇特，可以欣赏到独特迷人的类月地貌。

青海湖岸色彩斑斓的经幡

塔尔寺 ⑭

经轮

塔尔寺位于莲花山坳中，四面有院墙围裹。该寺是藏传佛教在中国最重要的寺庙之一。格鲁派创始人宗喀巴（参见 520 页）出生在这里。第一个寺庙即为他于 1560 年修建。“文化大革命”期间，寺院一度关闭，但寺庙建筑受到了保护。该寺于 1979 年重新开放。1990 年青海发生地震，寺庙建筑有所损坏，随后进行了重大修复。从西宁去塔尔寺交通便利，因此这里游客和香客都很多。

★ 大金瓦殿
这座殿建于宗喀巴的出生地，据说这里长出一棵树，每片叶子上都有一个佛的形象。殿内有一个银色佛塔，上面有宗喀巴的画像。

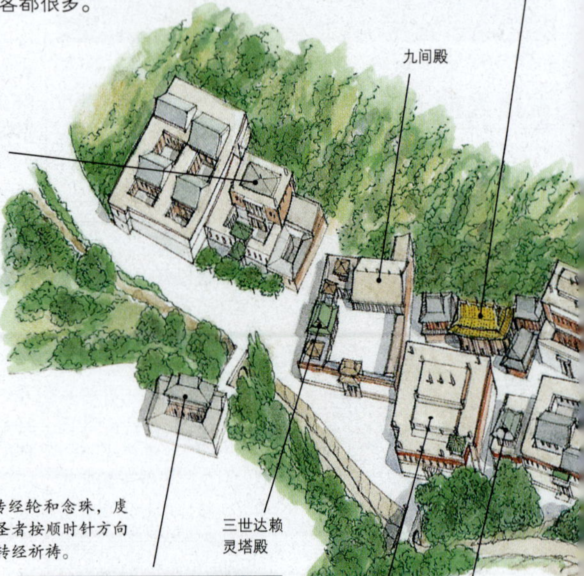

九间殿

时轮经院

朝圣
手持转经轮和念珠，虔诚的朝圣者按顺时针方向绕寺院转经祈祷。

三世达赖灵塔殿

厨房

★ 酥油花院
这里展示的都是酥油制作的雕塑作品，芳香浓郁。色彩明丽的绘画描绘的是佛教传说中的场景。

★ 大经堂
这个大殿可容纳 2000 名僧人聚集在一起念诵佛经。大殿里悬挂着唐卡。平屋顶靠大柱子支撑，每一个柱子上都包裹着精美的毯子。

星级景点

★ 大经堂

★ 酥油花院

★ 大金瓦殿

当地僧人
塔尔寺有僧人600多名，毕生在此研习佛法。寺院僧人一度曾达3000名。

游客清单

西宁以南28公里的湟中县。从西宁出发。上午8:30～下午5:30。传召大法会：藏历元月初三或初四至二十五日；释迦圣月：藏历四月初八至十五日；宗喀巴节：藏历十月二十五日。

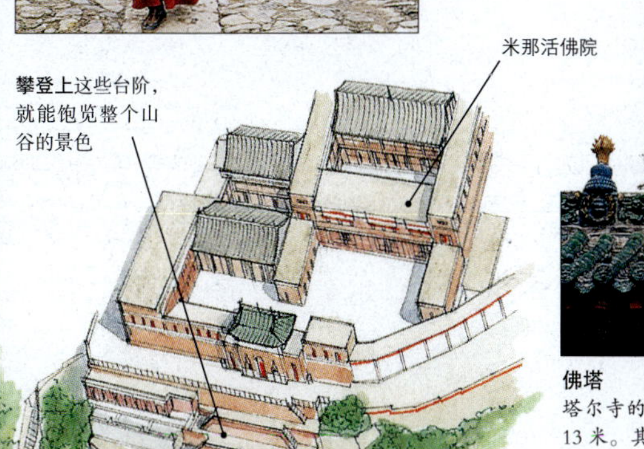

米那活佛院

攀登上这些台阶，就能饱览整个山谷的景色

佛塔
塔尔寺的入口处，是一个高耸的佛塔，塔高13米。其方形底座象征地球，圆顶象征水，座阶象征火，塔伞象征风，塔尖则象征“空”或“神空”。

小金瓦殿
这个亭子构造奇特，装饰有许多动物。这里有鹿、山羊等的标本，身上披有哈达，在最顶层向下俯视。

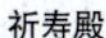

祈寿殿
这个破旧的寺庙建筑是用于宗教监护的。不过外部的壁画是新的，并显示出汉藏文化融会在一起。

新疆

新疆是中国的一个民族自治区，也是中国面积最大的省级行政区，周边与八个国家接壤。这个偏僻的地区为世界上最高的一系列山脉所环绕，中间是广袤的沙漠和草原。

2000 年前，在酷热的塔克拉玛干沙漠的南北边缘，一些绿洲城镇沿丝绸之路而建。贸易吸引了来自印度和欧洲的商人，新疆成为中西方的交会点，基督教堂和佛教寺庙随之涌现。自西汉以来，这一地区就开始成为中国版图的一部分。唐朝末年，这一地区多次为突厥人占领，15 世纪伊斯兰教被确立为该地区的主要宗教。18 世纪，清政府加强了这一地区的有效控制，并于 1884 年正式建立新疆省。1949 年，新疆和平解放。新疆是一个多民族聚居的地区，少数民族约占总人口的 50%。由于该地区维吾尔族人聚居较多，1955 年新疆维吾尔自治区成立，乌鲁木齐设为自治区首府。如今，新疆的旅游资源极为丰富。天山山脉、乌鲁木齐城外天池周围有丰美的牧场，还有沙漠高山背景下棕榈密布的丝绸之路古城，如吐鲁番和喀什等，都是很精彩的旅游目的地。也可以向西南方向走，越过昆仑山脉进入巴基斯坦，或者沿着古老的贸易线路一直向西到哈萨克斯坦。

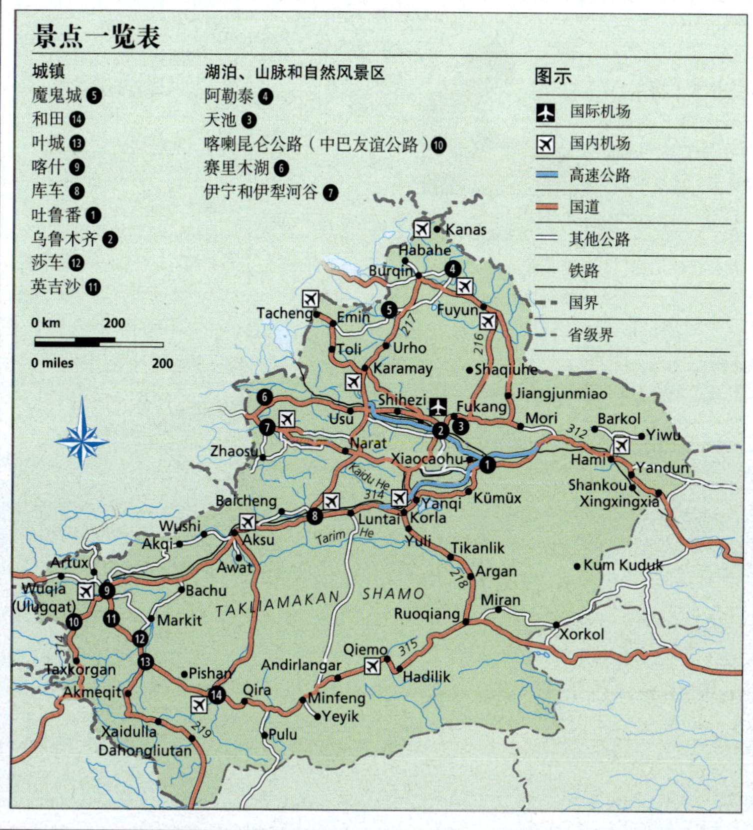

中国最西部帕米尔山脉中的峡谷

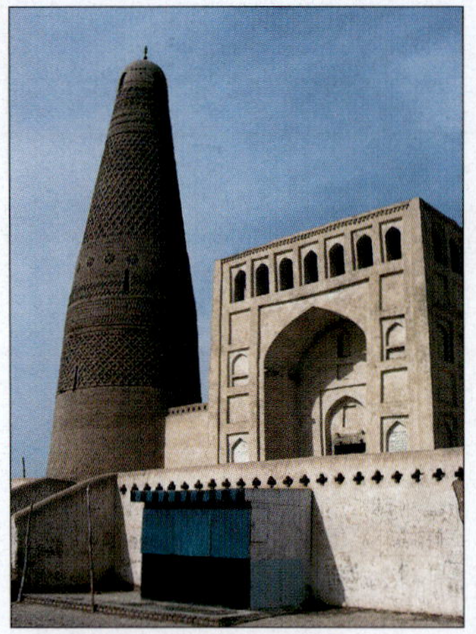

优雅的苏公塔和伊斯兰风格的清真寺

吐鲁番 ❶

乌鲁木齐西南 187 公里。 27 万。 大河沿客运站，吐鲁番以北 54 公里，然后乘小巴。 绿洲宾馆。电话：(0995)8521352。

绿洲中的吐鲁番是一个维吾尔族人聚居的小城，它位于丝绸之路北线，吐鲁番盆地中心，是世界上海拔最低的地区之一。维吾尔族人原为西伯利亚游牧部落的后裔，公元 7 世纪完成部落统一，公元 9 世纪定居于今新疆地区。后来，伊斯兰教在中亚地区传播时，他们改信了伊斯兰教。吐鲁番是个非常随和的小城，以盛产葡萄闻名于世。尘土飞扬的大街两侧有很多土坯房，也常常布满葡萄架。丝绸之路上的交河故城和高昌故城连同其他几个景点都位于吐鲁番城外。夏天这里极其炎热，游客最好乘坐当地的驴车进行参观。

待售的干果，吐鲁番集市

苏公塔

城东郊 2.5 公里。 清晨～黄昏。

苏公塔清真寺也许是吐鲁番地区无数清真寺中最具特色的一座。与之毗邻的苏公塔建于 1778 年，塔身浑圆，自下而上逐渐收缩，像一个结实而优美的烟囱。该塔由吐鲁番二世郡王苏来曼为纪念他的父亲额敏和卓而建。苏公塔是伊斯兰建筑风格，并有设计精巧的土砖装饰，通往塔顶的楼梯于 1989 年关闭。

巴扎（集市）

老城路。 每天。

吐鲁番的小市场是一个很有意思的地方。市场上可以看到很多土特产，比如各种药剂、装饰刀、服装、布料、坚果、水果（特别是葡萄干）。

吐鲁番博物馆

高昌路。 每天上午 9:00～晚上 8:00。

这个小博物馆藏有一些有价值的藏品。让游客感兴趣的应该是从城外现已清空的唐代阿斯塔纳墓出土的文物，其中包括古代丝绸、服装、食物，甚至还有几具保存完好的干尸。

交河故城

吐鲁番市以西 10 公里。 小巴或自行车。 上午 9:00～下午 6:00。

交河故城的地位和规模虽不及高昌故城，但是城池布局独具特色。交河原为汉兵驻军要塞，公元 6 世纪处于回鹘人的统治之下。或许由于水源的断绝，交河城废弃于元代。故城位置十分奇特，处于陡峭高台上，街道规划十分明确，值得游览。

从交河故城返回的途中可以顺便参观坎儿井。坎儿井是一种设计精巧的灌溉暗渠，遍布新疆。地上按一定间隔打深浅不一的竖井，地下要修通暗渠，沟通各井，引水下流，然后把地下水引至地面灌溉农田。

高山背景下陡峭高台之上交河故城

吐鲁番附近著名的火焰山

葡萄沟

从城里乘小巴。每天。

坐落于吐鲁番市北的葡萄沟是一个非常令人向往的沙漠绿洲。游览葡萄沟最好的时节是在盛夏，一望无际的葡萄架上挂满了晶莹剔透的葡萄。游客可以在沟内享用午餐，品尝鲜葡萄和葡萄干（收费）。附近有一个葡萄酒酿造厂，还有很多专门晾晒葡萄干的“晾房”。

火焰山

从城里乘小巴。

柏孜克里克东侧的道路直通火焰山。这座砂岩山随着以玄奘西天求法取经为素材的神话小说《西游记》而闻名遐迩。火焰山在书中被描述为一片火海。其实，在特定时间，山体在烈日的照射下，砂岩灼灼闪光，还有炽热的气流上升，看起来就像烈焰熊熊。

柏孜克里克千佛洞

吐鲁番市东北50公里。从城里乘小巴。清晨～黄昏。

沙漠中的柏孜克里克千佛洞位于胜金河上游的悬崖上，千佛洞原属于回鹘高昌佛寺的一部分，开凿于公元6世纪至14世纪。洞窟内原藏有大量佛教壁画，这些带有印度、伊朗风格的壁画明显深受西方的影响。可惜，由于几个世纪的疏于保护，现存壁画残缺不全。20世纪初，德国探险家李谷克（von Le Coq）和格伦威德尔（Grunwedel）几乎窃走了所有的壁画，然后藏于柏林的博物馆。后来这些珍品全部毁于第二次世界大战的战火中。

柏孜克里克千佛洞内的佛像壁画

阿斯塔纳

吐鲁番东南40公里。从城里乘小巴。清晨～黄昏。

高昌国的墓地位于高昌故城西北几公里处的阿斯塔纳。墓葬年代为公元3世纪到8世纪。墓地的系统发掘始于1959年，出土了几具由沙漠空气自然风干的尸体，干尸被裹在丝绸中；同时还出土了许多日用品，包括陶器、木雕、钱币还有军事文书和土地交易文书等。大部分文物现陈列于吐鲁番和乌鲁木齐的博物馆。目前向游客开放的3座墓室展出了唐代绘画和几具保存完好的干尸。

高昌故城

吐鲁番东南46公里。从城里乘小巴。清晨～黄昏。

高昌故城位于阿斯塔纳古墓的东南，故城被高11.5米的外墙环绕，气势雄伟。全城有9个城门，西面北边的城门保存最好。城池建于公元1世纪，当时为屯兵要塞。公元4世纪，高昌成为高昌国国都，同时为重要的经济中心，也是世界古代宗教荟萃之地，景教、摩尼教（波斯的一种二元宗教）都曾在此传播。据传，公元630年玄奘西行求法取经时曾拜访过高昌。从公元9世纪到13世纪，高昌曾为高昌回鹘国的王城，但于明代初期被废弃。故城范围较大，但是除了外城西南角的一所寺院之外，其他所有的建筑都难以辨认。

柏孜克里克千佛洞位于壮观的河流峡谷之中

乌鲁木齐 ❷

喀什东北 1470 公里。人民路 33 号。电话：（0991）2817006。

乌鲁木齐自 19 世纪以来就是新疆的中心城市，东临冰雪覆盖的天山，自然风光秀丽。历史上乌鲁木齐就是古丝绸之路新北道上的重镇，中西方经济文化的交流中心。如今，乌鲁木齐是高速发展的现代化大都市，总人口约 234 万，店铺、高楼大厦林立。自 1949 年以来，很多汉族人来此定居，如今约占总人口一半，其他为少数民族，包括维吾尔族、满族、哈萨克族、蒙古族和塔吉克族等。

天山环绕之中的幽蓝色的天池

乌鲁木齐早已不再是一个边塞小城，1991 年贯通乌鲁木齐和阿拉木图铁路通车运营，乌鲁木齐最终成为连接中亚和欧洲的中心枢纽。多数游客是为游览天池而来，其实乌鲁木齐是很有魅力的城市，比如热闹的市场和独具特色的少数民族文化。**新疆维吾尔自治区博物馆**馆藏极为丰富。博物馆专门设立了出土文物展，特别展出了吐鲁番地区的出土文物，包括保存完好的干尸、绢画，还有精美的织锦。除此之外，新疆少数民族民俗展会聚了新疆少数民族的日用品、首饰还有传统服饰等各种展品。位于市区北部**红山**上的红山公园景色十分秀丽，山顶上有一座建于 18 世纪的宝塔，如果登临其上，乌鲁木齐风光一览无余。

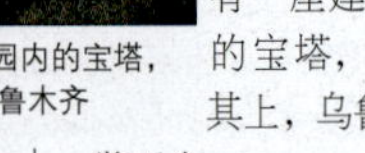

红山公园内的宝塔，乌鲁木齐

新疆维吾尔自治区博物馆
西北路。每天上午 8:30～下午 5:00。

葡萄和葡萄酒

在新疆，几乎每个家庭都参与葡萄生产与加工，有的从事葡萄种植，有的利用晾房加工葡萄干。葡萄在新疆的种植可能始于殷商早期，司马迁著名的《史记》中首次记载了葡萄酒。事实上，中国的葡萄酒酿造技术传自西域。元代的葡萄酒生产，尤其在新疆地区已成规模。到了明代，栽培的葡萄品种有水晶葡萄、紫葡萄还有无核绿葡萄。如今中国的葡萄酒产业蓬勃发展，而这些品种多数仍在种植。

乌鲁木齐的市场中的水果商正在称葡萄

天池 ❸

乌鲁木齐以东 100 公里。电话：（0994）3231238。从乌鲁木齐出发。冬季。湖区可租马。

天池是中国西北部干旱沙漠中的一座高山湖泊，湖面海拔 1980 米，湖水清澈，晶莹如玉。四周群山环抱，绿草如茵，繁花似锦，有“天山明珠”的盛誉。天池处于雄伟雪山的环抱之中，其中包括主峰海拔 6000 米的博格达峰。游览天池至少需要一天时间，有时甚至是几天。天池非常漂亮，游客可以在湖区悠闲地散散步，或者徒步去附近星罗棋布的哈萨克人的毡房看看。

当地的哈萨克族人大多是牧民，以牧羊为生，最近也有很多人从事旅游业。哈萨克人非常热情好客，他们还可以提供湖区和附近山区的导游和租马等服务。

天池仅在夏季对游客开放（5 月～9 月），冬季常常大雪封山，难以到达。湖区附近有很多哈萨克人的毡房旅馆可提供住宿。游客可以在景区留宿，比仅在白天游览有意思得多。

中国的伊斯兰教

伊斯兰教是在公元7世纪中叶通过丝绸之路传入新疆的。在此200多年之前，已有一些阿拉伯人通过海路到达中国的南部地区。到了明代，信仰伊斯兰教的穆斯林群体已在中国成熟发展。他们完全融入了汉族社会，但坚守着自己的穿着和饮食习惯。发展到现在约有1300万人，他们已经成为中国社会的重要成员。新疆地区的少数民族多为穆斯林，包括维吾尔族、哈萨克族、柯尔克孜族、塔吉克族、塔塔尔族、来自东北的乌孜别克族，还有大批分散在中国各地讲汉语的回族。中国的穆斯林在信仰上基本属于逊尼派，遵从四大教法中的哈乃斐学派。哈乃斐被认为是伊斯兰教中最古老和自由的学派，其教义审慎引用圣训，重视类比和公议。

中国清真寺中的阿拉伯文

中国的清真寺保留大部分传统的伊斯兰建筑风格，但宝塔和飞檐带有鲜明的中式建筑特色。

在所有穆斯林社区，每天“五时”礼拜，宣礼员唱宣礼词。如今，宣礼词多用扬声器播放。

清真寺内集会的教众通常为男性，他们匍匐在米哈拉布前，米哈拉布就是壁龛，其方位朝向麦加。礼拜大殿留作周五举行“主麻”。

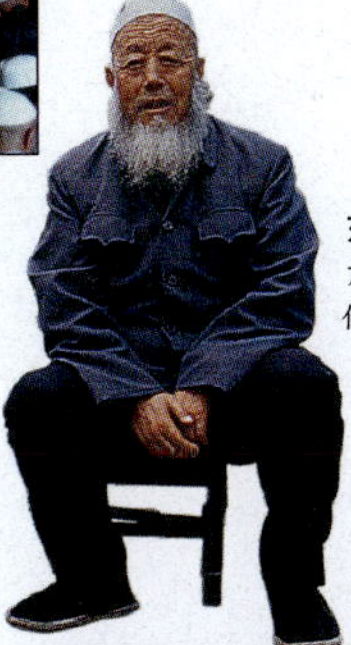

东乡穆斯林来自甘肃省，讲蒙古语。他们已经放弃了游牧生活，从事稳定的农业耕作。

回族据说是阿拉伯和波斯商人的后裔。唐代时他们来到中国，并与当地人通婚组成家庭，目前为中国最大的穆斯林群体。

《古兰经》于1927年被首次全部翻译成中文。通过学者对经文的解读，《古兰经》已经成为穆斯林生活的重要部分。

喀纳斯自然风景保护区令人叹为观止的高山风景，阿勒泰

阿勒泰 ❹

乌鲁木齐以北650公里。✈至阿勒泰，然后转乘汽车。🚌由乌鲁木齐至布尔津，然后乘汽车或开车至保护区，路程约为150公里。ℹ电话：(0906)6524464。

新疆南部多为干旱的戈壁和荒山，而北部多为高山俯视下的森林、湖泊、溪流。阿勒泰地区接壤蒙古、俄罗斯和哈萨克斯坦，以纯净秀美的自然风光闻名于世。最美的当属**喀纳斯自然景观保护区**。保护区的精华喀纳斯湖深藏于壮美的阿勒泰山深处，湖面海拔1370米，风景宜人，动植物繁盛。游客可在景区内散步，也可乘船游湖。乌鲁木齐全年有前往阿勒泰的旅行团。

魔鬼城 ❺

临近乌尔禾，克拉玛依以北100公里。👥1.3万。ℹ电话：(0906)6524464。✈从克拉玛依出发，然后乘汽车。🚌从克拉玛依出发。

准噶尔盆地边缘的石油钻井区有一处独特的风蚀地貌，被称为魔鬼城。许多电影曾在此拍摄外景，其中包括《卧虎藏龙》。现在这里是一个著名的旅游目的地。游客可以租乘骆驼、山地自行车或四轮车等。

赛里木湖 ❻

伊宁以北120公里。🚌

赛里木湖像一颗璀璨的宝石悬于雄伟的高山和鲜花盛开的草原之中。湖区海拔2000米左右，冬季严寒漫长，夏季凉爽，花草繁茂。游客可由伊宁乘汽车到达。赛里木湖非常漂亮，鲜有旅游团光顾，有湖畔宾馆和蒙古包可提供住宿。

伊宁和伊犁河谷 ❼

乌鲁木齐以西390公里。👥45万。✈🚌从乌鲁木齐出发，至伊犁河谷。🚌从伊宁出发。

伊宁临近哈萨克斯坦边境，是伊犁哈萨克自治州的首府。几个世纪以来，俄国在这一地区影响深远。1872年阿古柏统治时期（当时称为喀什噶尔），俄国占领了整个伊犁河谷。清政府重新统一新疆后，在惠远设总统伊犁等处将军。其实伊宁是一个舒适友好的小城，绿树成荫，当地蜂蜜酿造

赛里木湖畔鲜花烂漫，草原上牧羊的妇女

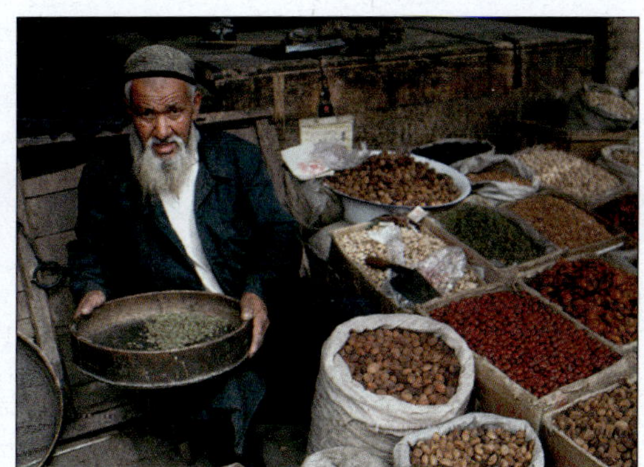
伊宁维吾尔巴扎的老式商店

的啤酒和硬奶酪远近闻名。市内既有宽敞大道和现代建筑群，又有小巷深处绿荫流水的少数民族人家，比较出名的景区有阿拉本图亚风情园、城市海景乐园、汉家公主纪念馆、民族英雄林则徐纪念馆、伊黎河大桥、拜图拉清真寺、伊宁回族大寺等，以及遍布周围的雪岭冰川、高山湖泊、森林公园、草原毡房，都是旅游观光、度假休闲的好去处。青年公园南侧的老城区有热闹的维吾尔巴扎（集市）和小吃街。每到夏天，大街小巷的夜市和小吃大排档格外繁荣。

街上待售的葡萄，伊宁

伊宁以南5公里处的**伊犁河谷**有风景秀美的牧场和农田。那里还生活着锡伯族人，他们主要聚居在察布查尔锡伯自治县。清朝时期，锡伯人民肩负着屯垦戍边的使命，西迁伊犁。他们注重保留自己的文化传统，至今仍然拥有自己的语言和文字。

库车 8

乌鲁木齐西南300公里。 46万。 库车旅行社。电话：(0997) 7129558。 每周五。

库车是一个绿洲中的维吾尔族小城，有着悠久的历史，史称龟兹，是西域三十六国之一。公元8世纪龟兹逐渐失去独立地位，接受中原管辖，但仍与印度关系密切。早在公元4世纪，龟兹王国的佛教已经十分兴盛。东晋佛学大家鸠摩罗什生于龟兹，他幼年出家，曾游学印度北部克什米尔地区，归国后翻译了大量的梵语佛经，是中国著名的佛教高僧和译经大师。佛教由印度经库车传遍中国，在唐朝时达到鼎盛。丝绸之路的贸易发展给当地带来了巨大财富，库车修建了一些规模宏大的寺庙。公元7世纪玄奘去印度取经时曾路过库车，他声称在一场哲学辩论中战胜了当地的统治者。公元9世纪随着伊斯兰教的传入，佛教在此的影响渐渐消逝。如今库车是前往喀什途中的停留站，实际上它分为老城区和新城区两个部分。老城区中是热闹的巴扎（集市）气氛，空气中弥漫着细尘，狭窄的小巷和老式的泥屋被很好地保存了下来。**库车大寺**重建于1923年，青砖绿瓦，是典型的阿拉伯风格，雕梁画栋十分精美，没有一丝一毫汉族建筑的痕迹。

游库车一定不能错过县城以西70公里处的**克孜尔千佛洞**。千佛洞修凿于公元5世纪至7世纪，混合了印度、伊朗和希腊风格，精美绝伦。克孜尔千佛洞的洞窟形制大致有两种：一种为僧房，是供僧徒居住合作生产的场所，多为居室加通道结构，室内有灶炕和简单的生活设施；另一种为佛殿，是供佛教徒礼拜和讲经说法的地方。20世纪初，石窟曾不幸屡遭考古学者和探险家的窃取。虽然壁画已被剥落，但窟内装饰得以留存。特别是第38窟的《天宫伎乐图》和第175窟的《耕地、制陶图》，格外引人注目。

另外，苏巴什古城遗址位于库车县城北部约30公里处。

克孜尔千佛洞
租车自驾或乘出租车。 每天。 库车旅行社。

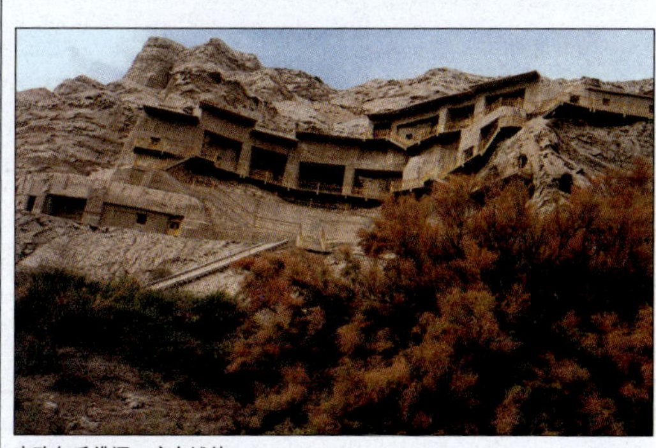
克孜尔千佛洞，库车城外

喀什 ⑨

维族花帽，旧城区

“丝路明珠”喀什位于新疆西部，东临塔克拉玛干沙漠，西靠帕米尔高原。自古以来喀什就是一座非常重要的城市，是古丝绸之路北线和南线的西端交会处。早在东汉建初三年（78 年），东汉已在喀什驻军设防，公元 9 世纪喀什逐渐伊斯兰化，直到 18 世纪，清军平定当地叛乱，喀什重归中国版图。不久之后，中亚浩罕汗国阿古柏入侵新疆，自封为喀什噶尔汗，1877 年败亡，清政府重新收复该地。如今的喀什是繁忙的商贸城市，也是中西交通的咽喉枢纽，尽管城市已经现代化，可是喀什依然保留了其原有的魅力。

市场上正在等待牲畜交易的农民，喀什

周日大巴扎（周日大市场）

艾孜热特路附近。每天。牲畜市场 周日。

喀什周日大市场全国闻名，位于喀什市东北角吐曼河东岸，又称东门大巴扎。虽然目前大市场已分为两个部分，牲畜市场位于几公里外城东南。每到开市，成千上万的人涌来，有的骑着马，有的赶着驴车，有的骑着摩托，还有的步行。市场非常热闹，各种土特产应有尽有，有精美的地毯、花哨的布匹，还有干鲜果品等。其实更有意思的还是热闹的牲畜市场（有班车往来于两个市场），有人试乘马匹在路上来回奔驰，路边还有成群待售的小羊。鲜活的牲畜市场会从清晨一直持续到傍晚，那里总是尘土飞扬，充满了噪声。

艾提卡尔清真寺

艾提卡尔广场。每天上午 8:50～晚上 10:00（礼拜期间谢绝参观）。

艾提卡尔清真寺是新疆规模最大的清真寺，也是中国规模较大的清真寺之一。清真寺的前身可能是一个建于公元 15 世纪的小清真寺，后于 1738 年扩建。整个寺庙建筑为中亚风格，几个世纪以来经过不断整修，现存的清真寺历史只能追溯至 1838 年，可惜“文化大革命”期间清真寺曾遭到严重破坏。正门是用黄砖砌成的，石膏勾缝，两侧各竖一个宣礼塔。门内是多边形过厅和大水池，殿内空间巨大，由 100 多根立柱支撑，可容纳 7000 名信徒礼拜。传统上，女性是不允许进入清真寺的，但只要游客穿着得体，应该没有问题。礼拜时间谢绝参观。另外，进入大殿时要脱鞋。

喀什老城

艾提卡尔清真寺东北。

喧闹杂乱的维吾尔巴扎（市场）位于艾提卡尔广场的东北位置，按照经营项目分为花帽巴扎、民族乐器巴扎、地毯巴扎、五金巴扎等。巴扎上最具特色的商品当属喀什当地生产的基利姆地毯和艳丽的中亚花帽。老城区的土坯街巷纵横交错，房屋鳞次栉比，密密麻麻分布着很多当地的茶室和小餐馆，可以品尝到馕、面条、炖羊肉、烤肉串等。清真寺东边的色满路尽头和西南的云木拉克夏路都能看到残存的高约 3 米的旧城墙。

艾提卡尔清真寺、喀什市和地平线上的帕米尔高原

老巷子两侧的土坯房，喀什

尤素甫・哈斯・哈吉甫墓

每天。

尤素甫・哈斯・哈吉甫是11世纪维吾尔族最受尊敬的思想家、诗人，以其史诗《福乐智慧》而闻名于世。最初他被安葬在城外，后来人们担心陵墓可能会遭到洪水的威胁，遂将其挪至喀什的主广场附近。虽然陵墓内部比较普通，但外部建筑风格独特。陵墓上冠蓝色穹顶和几个尖塔，整个陵墓还铺有带有阿拉伯式图案的蓝底白花琉璃砖。

阿帕霍加——香妃墓

（参见510页）。

三仙洞

喀什北部18公里处。

位于伯什克然木河南岸的峭壁上，为古佛教洞窟遗址。据考证，开凿于东汉末期，是目前所知的我国西部保存下来的最古老的洞窟，也是古代疏勒地区仅存的一处佛教遗址，异常珍贵。洞窟开凿在砂岩峭壁上，所以要想进洞并不容易。多年以来，对洞窟整修和重饰破坏了很多壁画和雕像。然而，一些小佛像被保存下来。游客如果想参观这些佛像，必须要获得喀什旅游局的许可，并且只能参加官方组织的旅行团。

游客清单

乌鲁木齐西南1473公里。45万。喀什国际机场。喀什火车站。国际汽车客运站、中国民航（机场巴士）。周日。

罕诺依古城

喀什东北35公里。

唐代繁盛一时的罕诺依古城位于喀什东北茫茫的戈壁滩上。古城大约毁于公元12世纪，城内建筑均已无存。距其不远处便是高大的**莫尔佛塔**。据说，高僧玄奘西行取经时曾来过此地。

乌帕尔

喀什市区以东30公里。

穆罕默德・喀什噶里亚是11世纪著名的学者、语言学家。他的主要贡献是编著了《突厥语词典》，这是世界上第一部突厥语词典。穆罕默德・喀什噶里亚墓位于乌帕尔，那里还有关于他生平和作品的文物陈列室可供参观。每周一的当地市场也非常热闹。

喀什市中心

阿巴克霍加——香妃墓 ⑤
艾提卡尔清真寺 ②
喀什老城 ③
周日大巴扎（周日大市场）①
尤素甫・哈斯・哈吉甫墓 ④

阿帕霍加——香妃墓

阿帕霍加墓建于17世纪，整个陵墓和附近的建筑是中国伊斯兰建筑的杰出典范。该陵园是伊斯兰教著名大师阿帕霍加的宗族墓。然而，这座陵墓也被称为香妃墓，因为埋葬在这里的霍加后裔中，有一个叫伊帕尔罕的女子，据说她就是传说中的香妃。传说香妃原为新疆回部贵族的王妃，回部叛乱后，香妃被乾隆皇帝生擒，带回北京并纳为妃子。香妃始终不从乾隆，有人说她最后自杀，也有人说她被太后赐死，还有人说香妃最终是寿终正寝。其实所有这些都是传说而已。

通往阿帕霍加墓的道路两侧种满了梧桐树

墓室拱顶直径达17米。拱顶原有的琉璃贴面砖约有一半已经脱落

伊帕尔罕的墓丘位于主墓室内，并附有标签说明。陵前还停放传说中从北京运送香妃尸体回喀什的驮轿

★ 几何装饰

伊斯兰艺术中经常使用花卉和几何纹样，因为只有神才有创造和设计生命的权力（鲜花被视为是无生命的）。

尖塔

四个角落的尖塔少了其他尖塔的细长和优雅，而它们独特的魅力在于华美的瓷砖条纹图案和精致的伊斯兰式装饰。

★ 坟丘阿帕霍加家族的坟丘

位于高台上，全部用蓝色玻璃砖包砌，上面还覆盖着各种颜色的丝绸。

星级景点

★ 几何装饰

★ 墓地

墓地
当地的维吾尔族人仍然在使用这个墓地，里面布满了形态各异、尖顶的泥质或砖质坟墓。死者下葬前要经过洗尸的程序，尸体抬到墓地之前，还要先停放在附近的清真寺内。

游客清单

旧城区东北郊4公里。从人民广场出发。也可以骑自行车或步行到达。陵墓 每天上午8:00～下午5:30。 清真寺 每天（周五为“主麻日”）。

塔楼装饰
每扇窗户都饰有独特的几何图案，周围点缀着精美的阿拉伯式花纹。上冠带有扇形边饰和尖顶饰的倒莲花穹顶。

位于入口两侧的宣礼塔

阿拉伯式花纹是非常漂亮的植物式设计。主干延伸出一系列分支，有些分支继续分裂，还有的回归主干，从而构成连绵不绝的图案

阿帕霍加建筑群

伊斯兰教在公元7世纪由来往于丝绸之路上的阿拉伯商人传入新疆。可是直到公元15世纪，伊斯兰教才成为该地区的主要宗教，而喀什也成为伊斯兰教的中心。阿帕霍加建筑群是非常重要的伊斯兰建筑，包括主墓室、四个礼拜厅、教经堂和墓地。门楼饰有蓝色琉璃瓦。庭院中还有一个水池，信徒在进入清真寺之前，要在此净身。大厅内有精美的彩绘木质券拱，由带有突角拱（由一个个伊斯兰特色的圆拱小龛组成，用于结构支撑）的立柱所支撑。

阿拉伯式突角拱

陵墓门楼
精美华丽的陵墓门楼是典型的中亚地区清真寺建筑中所使用的伊凡壁龛式正门。

卡车通过喀喇昆仑公路检查站，后面就是高耸的帕米尔山脉

中巴友谊公路 ⑨

从喀什西南延伸到巴基斯坦。

喀喇昆仑公路（中巴友谊公路）是穿越喀喇昆仑山脉，往来于中国和印度的唯一途径，这里曾经是古代丝绸之路的支线。从20世纪70年代到80年代，中巴两国沿着古代商队的行驶线路，修筑了穿越山脉连接中国和巴基斯坦的公路。公路北起中国喀什，穿过最高海拔达8000米的帕米尔山脉，南到巴基斯坦的伊斯兰堡，全长1300公里。公路路况极其复杂险恶，而沿途风景则美不胜收。塔吉克族牧民在高原牧场上放养骆驼和牦牛。高原湖泊，比如喀拉库里湖平静的湖面映衬着巍峨的雪峰，还有残存的商队旅社孤独地矗立于公路沿线。

塔什库尔干是中国边境上的小城，气候寒冷，那里还有著名的古城遗址。过了塔什库尔干便是中国和巴基斯坦的边界口岸——海拔4800米的**红其拉甫口岸**。苏斯特是巴基斯坦与中国接壤的小镇，巴基斯坦的边检站就设在那里。游客需要特别注意，边境在冬天是关闭的，要想过境去巴基斯坦需要在北京或者中国香港办理签证。中巴公路历经将近20年才建成，虽然条件设施不断改善，但要沿此线旅行是相当艰苦的。整个行程大约需要四天，游客需要携带御寒的衣物，备足食品和饮用水。

英吉沙 ⑪

喀什以南60公里。

安静的小城英吉沙位于丝绸之路的南线，以其特产的英吉沙小刀闻名遐迩。维吾尔族男子都有佩带小刀的习俗，几个世纪以来，英吉沙的工匠一直手工制作他们的佩刀。如今许多商店都出售各种形状和不同尺寸的英吉沙小刀。其实大部分小刀都是在工厂生产的，但城镇中心的工匠们仍然沿用传统的制刀技艺。

英吉沙小刀厂的工人们使用最基本的工具生产设计精致的木柄小刀，并在刀柄上用白银和牛羊角等进行镶嵌。虽然工厂大门外竖着“禁止入内”的牌子，其实有时是可以进厂参观的。

小刀是馈赠亲友的佳品，但需要办理特别的手续才能带回家。

周日市场的货摊上陈列的磨光后的英吉沙小刀，英吉沙

玉

千百年来中国都有磨制和雕琢软玉、翡翠、皂石和玉髓的传统。软玉被称为真玉，其他的都统称为玉。玉最初被当做工具来使用，后来到汉代，玉被广泛地用于制作珠宝。到了清代，工匠开始用玉雕刻复杂的工艺品，比如雕工烦琐的动物玉器。玉向来被认为是绿色的，其实它的颜色有很多种，黄色、黑色和非常珍贵的白色等。对于中国人来说，玉象征着长寿和纯洁，常常作为抵御疾病的护身符随身佩戴。新疆尤其是和田地区是中国软玉的唯一产地，因此，早在新石器时代那里就已经形成了系统的玉石供应体系。

未切割软玉

莎车 ⑫

喀什东南 170 公里。

数百年以来莎车一直都是丝绸之路南线上的重要商贸中心。它位于新疆维吾尔自治区塔里木盆地西缘，老城区内有很多土坯墙和狭窄的街道，但有意思的景点很少。**阿尔清真寺**有彩绘的天棚覆顶，庭院中还有新建的**阿曼尼沙汗纪念陵**。阿曼尼沙汗（1526～1560 年）是莎车可汗之妃，也是一位杰出的女诗人。清真寺后面有一个庞大的墓地，莎车历代汗王的陵墓就在那里。另外莎车周日大市场也非常热闹。

推着一车萝卜的商贩，莎车

叶城 ⑬

喀什东南 230 公里。

叶城是丝绸之路南线和田和喀什之间的驿站小城。这座古老而底蕴丰富的维吾尔族小城绝对值得探访。矗立于拱廊巴扎（市场）之中的**加曼清真寺**建于公元 15 世纪，是叶城的主要景点。

和田 ⑭

喀什东南 400 公里。29 万。
和田旅游。电话：(0903)2026090。

绿洲中的和田历史悠久，原为于阗王国的国都。公元 9 世纪，伊斯兰教东进，在此之前，和田一度成为佛教最早的传播中心。公元前 68 年，和田正式纳入汉朝中央政府的统辖之下，归入中国的版图之中。几个世纪以来，和田出产的玉石、地毯和丝绸的品质为中华之冠，现在当地还有很多加工厂家。据传，丝绸最初是由与当地王子和亲的汉族公主带来的。公元 440 年，她把蚕茧藏在头发里，偷偷带到了和田。塔乃依路上的玉器厂可以参观工匠雕刻玉器，河对岸的地毯厂也值得一游，特别是有意购买地毯的游客，因为这里地毯价格相对便宜。对丝绸生产感兴趣的游客可以去城市东北位置的**和田丝绸厂**转转。

老城区的部分城墙仍然矗立于努尔瓦克路的两侧。每周五、周日城区东北都有非常热闹的大巴扎（集市）。虽然没有喀什的巴扎那么有名，但是巴扎上的商品种类繁多，有牲畜、水果、丝绸、地毯等。

在 19 世纪末，关于该地区古城的传说开始在和田流传，从而吸引了多个探险队蜂拥而至。**和田地区博物馆**内藏有一份该地区文物遗址点分布图，上面详细标注了各个被埋古城的具体位置。博物馆内还有很多有价值的展品，包括丝绸残片、木器和附近古城遗址出土的玉器以及一具五代时期 10 岁女孩的干尸和一具 35 岁带有印欧特征的男性干尸。城南 30 公里的**玛利克瓦特古城**曾为重要的佛教中心。如今古城遗址只留下了大大小小的土墩以及一些零散的玻璃和陶器碎片。

和田地区博物馆
塔乃依路。每天。

和田露天市场上的工匠

西藏

西藏概要

西藏三面环山，地理环境相对孤立。三座山分别是喜马拉雅山、喀喇昆仑山和昆仑山，它们都是世界最高山系。过去由于交通不便，国外旅游者一直无法到达西藏。后来飞机通航之后直到最近，有“世界屋脊”之称的西藏才对外国游客开放。西藏主要城市拉萨，一直保留着其宗教中心的地位，这里有大昭寺、达赖喇嘛的冬宫——布达拉宫以及哲蚌寺和色拉寺等大型寺院。西藏到处体现着山峰环绕的高原荒漠全景景观，但深蓝的纳木错和高耸云端的珠穆朗玛峰确实值得一游。

拉萨大昭寺门上悬挂的唐卡

Kasbgar
Bangong Co
DOMAR
RUTOG
LUGU
GAR
219
GÊRZÊ
DONGCO
LUNGGAR
COQÊN
BARGA
BURANG
Mt. Kailash
Mapam Yumco
GUNSANG
Damgog Zangbo (Maguan He)
0 kilometers 100
0 miles 100
ZHONGBA
219
SHIGA
7 SAKYA MONAS
THE NEPAL BORDER 9
8 Qoma langma BASE CAMP

康巴拉路上看到的藏南最大的湖泊羊卓雍错

景点一览表

城镇和城市
江孜 5
拉萨 1
尼泊尔边界 9

自然风景区
纳木错 4
珠峰大本营 8

庙宇和寺院
萨迦寺 7
桑耶寺（参见 538 页～ 539 页）2
日喀则及扎什伦布寺 6
楚布寺 3

◁ 雄伟的珠穆朗玛峰峰顶

拉萨最神圣的寺庙大昭寺屋顶上看到的布达拉宫

Golmud
AMDO
317
BAQÊN
Yushu
Lancang Jiang
Garze
NAGQU
Nag Qu
QAMDO
109
NAM CO
4
BANBAR
Kangding
BANGDA
SURPHU
NASTERY
3
LHASA
1
318
NYINGCHI
RAWU
2
SAMYE MONASTERY
Nu Jiang
NTSE

交通

游客大多从成都、四川或是尼泊尔的加德满都乘飞机抵达。此外拉萨和加德满都之间还有一条公路连接，自由行的外籍个人游客可以由此路离开西藏，但只有外籍旅行团可以通过这种方式进入西藏。从青海的格尔木到西藏的巴士线路已被高速铁路线取代了，大多数人从西宁或成都乘火车到拉萨。不论采取什么方式进入西藏，都需要西藏旅游局（TTB）签发的许可证。电话：（0891）6912080。在西藏不允许外国人单独旅行。最好的办法是在拉萨跟团旅行，旅行社也会处理许可证问题。

图示

- 国际航班
- 国道
- 其他公路
- 铁路

西藏概况

千百年来西藏地理位置封闭，加之独特的神权文化，给西藏披上一层神秘的面纱。西藏的神权文化以佛教为基础，受到古老苯教的影响。1950 年，中央政府进驻西藏，西藏和平解放。此后西藏发生了翻天覆地的变化，但是西藏的传统文化和藏族价值观源远流长，继续吸引着游客并使他们为之着迷。

西藏：以清正式定名得名。唐宋为吐蕃；元属宣政院；明称乌思藏，设都司等；清初称卫藏，卫即前藏，藏即后藏；后正式定名为西藏，为西藏得名的开始；清设驻藏大臣；民国初称西藏地方；中华人民共和国成立以后，1965 年西藏自治区正式建立。

大昭寺佛像壁画

自 7 世纪佛教传入西藏，佛教文化已经渗透到西藏生活的方方面面。在西藏，寺庙可以当做宫殿、行政管理中心和学校。达赖和班禅是喇嘛充当西藏的精神领袖，当时的西藏是保持封建农奴统治，抵制所有现代化进程，因此在西藏农奴制改革之前，在西藏没有最简单的工业世俗教育和公路。甚至比转经筒更精密的技术都寥寥无几。

松赞干布（608 ～ 650 年）将佛教引入西藏。松赞干布统一了吐蕃，是吐蕃杰出的领袖。他在来自中原和尼泊尔的妻妾影响下，皈依佛教。下一个吐蕃赞普墀松德赞（742 ～ 803 年）确立了佛教在藏族社会的重要地位。他邀请印度大师莲华生到吐蕃传教，兴建吐蕃第一座佛寺——桑耶寺。8 世纪本土的苯教重新兴盛，导致佛教僧侣饱受迫害。尽管后来佛教重新出现，但吐蕃分裂成若干小国。

15 世纪初建成的甘丹寺正在不断扩展

江孜塔尔寺的佛像慧眼

13世纪吐蕃臣服于所向无敌的蒙古帝国，1247年以和平的方式归顺元朝中央。萨迦寺住持喇嘛被任命为吐蕃的统治者。后来，宗喀巴（1357～1419年）创立格鲁派，又称黄教。他的弟子成为一代代的达赖和班禅喇嘛，统治西藏500年。每一个新的达赖和班禅喇嘛被视为是前一个的轮回转世。1950年，中央政府同西藏地方政府签订合约，和平解放西藏。

拉萨古城是西藏的中心，现在古城中的汉族人数已经超过藏民。国家修建了壮观的青海格尔木到拉萨的铁路，随着铁路的通车，内地到拉萨定居的人数将持续增加。拉萨旧城区是布达拉宫和大昭寺所在地，这里很好地保留了西藏的文化传统。在拉萨围绕着寺院有很多虔诚、快乐的朝圣者，在磕长头时转动经轮。

西藏大部分是沙漠，平均海拔超过4000米，冬季气温远低于0℃。为了适应这种严酷的生活环境，藏民形成了很多特殊习俗。他们就像高原上的牦牛一样吃苦耐劳；像雪莲一样沉静而又美丽绽放。

藏族有近1/4的人是牧民，成群地饲养犏牛（普通牛和牦牛的杂交种），世代生活在帐篷里。牲畜为他们的日常生活提供了重要产品。牦牛奶制作黄油用于制造藏族群众生活中必不可少的酥油茶，或用于烟雾缭绕的佛堂灯芯燃料。

西藏的公路很少，行程总是很费时。最繁忙的线路是拉萨至尼泊尔边界的友谊公路，它途经日喀则、江孜和壮美的萨迦寺。从这里到珠峰大本营距离很远，旅途颠簸，但绝对不虚此行。珠峰大本营会让您领略最高峰的壮丽景色。拉萨也有很多其他很好的一些旅游目的地。到哲蚌寺、色拉寺、甘丹寺和楚布寺交通便利，而纳木错和桑耶寺相对较远。

西藏坛场，密宗仪式图

西藏既有独特的高原雪域风光，又有妩媚的南国风采，而与这种大自然相融合的人文景观也使西藏在旅行者眼中具有了真正独特的魅力。至今，还有许多藏族人的生活习俗与高原之外的现代人有着很大的距离，也正是由于距离的产生，才使西藏的一切具有了一种神秘的诱惑力，才使西藏成为多少人的梦中家园。

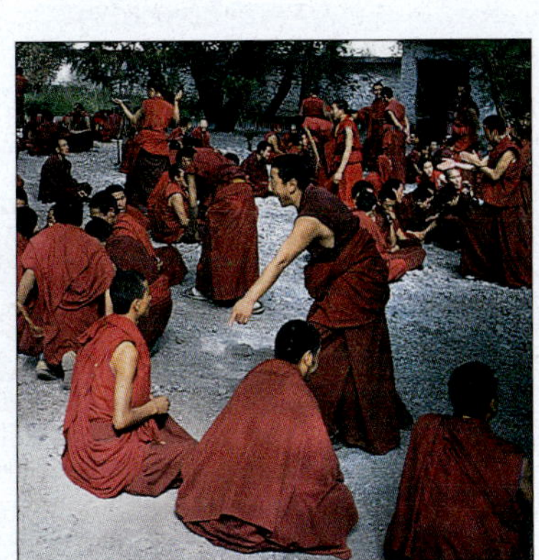

僧侣在树下辩经，这是色拉寺常见的景象

藏传佛教

护法

强调怜悯和自我牺牲的大乘佛教在7世纪由印度传入西藏。随着它在西藏的传播，通过合并苯教仪式，纳入苯教神明，吸收了西藏土生的苯教的许多东西。像大多数佛教徒一样，藏族群众坚信来世。他们认为来世生活是好是坏取决于今世的因果报应。对很多藏族群众来说，佛教完全渗透到日常生活中，以至于人们根本无法接受宗教与日常事件相分离的这种概念。其实在藏语中本没有“宗教”这个词。

神龛是用来盛放精神大师骨灰的。方形基底象征大地；尖峰顶冠代表空灵领域。

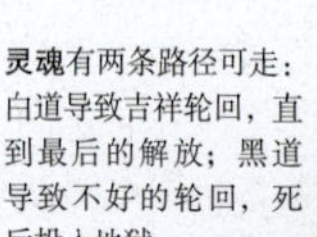
格鲁派或黄教是在14世纪由改革派宗喀巴创立。在几个世纪以来该教派控制着西藏的政治，由达赖喇嘛和班禅喇嘛领导（参见519页和542页）。

僧侣和寺院

在佛教势力最大时，西藏有大约2700座寺院和众多佛教派系。大多数家庭都会送一个儿子出家，过独身和沉思冥想的生活。

宁玛派是最古老和最传统的教派。是在7世纪由佛教宗师莲华生创立。

苯教——佛教传入前西藏的宗教信仰

苯教是信奉万物有灵论的宗教信仰，它强调巫术、神鬼和驯服恶魔，是佛教引入前西藏的本土宗教。崇拜的对象包括天地、日月、雷电冰雹、山石草兽等各种自然物以及自然界的神灵和鬼魂。

19世纪的苯教神明青铜塑像

灵魂有两条路径可走：白道导致吉祥轮回，直到最后的解放；黑道导致不好的轮回，死后投入地狱

在车轴处是三毒：蛇（嗔）、猪（痴）和公鸡（贪），三种动物永远追逐对方的尾巴

生命之轮

生命之轮象征多生多劫，死神阎罗王手持巨轮。得到教化是超脱不断生命轮回的唯一途径。

顺时针方向旋转转经筒就会把写在卷成圈的纸上的祈祷送到天上。最大的轮上包含数千祈祷，由曲轴或水带动旋转。

祈祷和仪式

在西藏，崇拜形成许多习俗，过程中用到法器。这些习俗和法器帮助积累功德。礼拜始终是遵循顺时针方向，可以是沿着圣地的短途朝拜，也可以是成熟的朝圣。最吉祥的礼拜地是在冈仁波齐山附近，此处被认为是宇宙的中心。极乐世界在108圈。

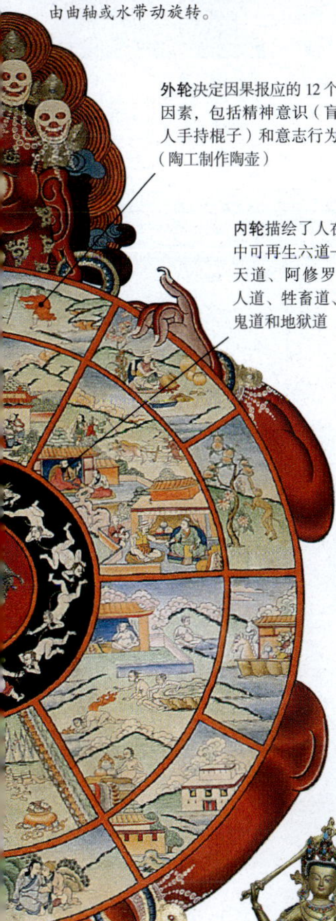

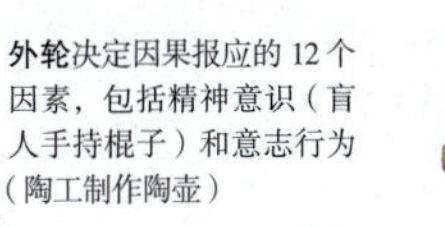

外轮决定因果报应的12个因素，包括精神意识（盲人手持棍子）和意志行为（陶工制作陶壶）

由两具头骨化石上部分制成的仪式鼓，作为祈祷工具有额外的能量，因为它是由人类遗骸制作而成的。

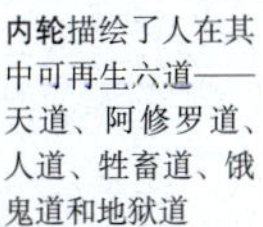

内轮描绘了人在其中可再生六道——天道、阿修罗道、人道、牲畜道、饿鬼道和地狱道

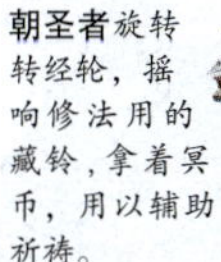

朝圣者旋转转经轮，摇响修法用的藏铃，拿着冥币，用以辅助祈祷。

嘛呢石上刻着梵文咒语“唵嘛呢叭咪吽”（如意宝啊，莲花呦），这句是作用强大的佛教诵经。

西藏万神庙

有众多神明、佛陀、恶魔，构成了藏传佛教诸神。佛，觉悟真理者，觉行圆满，进入极乐世界。菩萨既是觉悟的“众生”，又是以觉悟他人为己任的“有情”。

文殊师利（文殊菩萨）代表聪明智慧。他右手握智慧剑。

佛家诸神

释迦牟尼：现世佛

强巴（弥勒佛）：未来佛

燃灯佛：过去佛

莲华生大师：佛祖在人世的化身，在西藏传布佛教

观音菩萨：“观察（世间民众的）声音”的菩萨

度母（塔拉）：亦称为“多罗菩萨”或“救度佛母”（梵语Tara，藏语Drolma，意为“救度者”）

护法与佛教的敌对势力作斗争。原本莲华生驯服恶魔，并用宗教信仰约束他们。大黑天护法玛哈嘎拉是最常见的护法之一，是观音的愤怒状。

游牧生活

年轻的牧民和犏牛

羌塘地区几乎占到西藏面积的70%，这里聚集了大约1/4的藏族群众。因为气候恶劣、干旱，难以进行农业耕作，很多藏族群众只能过着游牧生活。他们的生活延续着千百年来的传统，鲜有现代生活的印记。他们仍然放牧绵羊、山羊和犏牛（普通牛和牦牛的杂交种）。这些动物比低地动物的肺活量大，血红蛋白多，适应了高海拔地区的环境。游牧民族的文化也顺应了严酷干旱的气候。

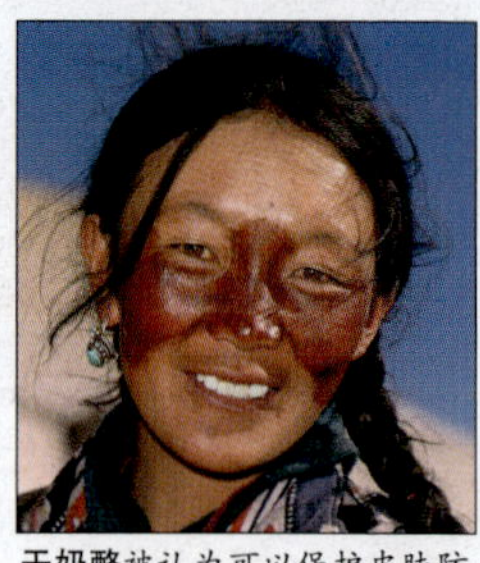
干奶酪被认为可以保护皮肤防止日晒，但男性根本不使用它。妇女用一簇羊毛将干奶酪涂抹在脸上，作为化妆品使用。

这些牧民在畅饮牦牛奶制成的酥油茶。这种酥油茶是西藏广受欢迎的饮品。茶内的盐分可以防止脱水，脂肪可以提供所需的能量。他们穿到膝盖部位的藏袍，在长袍边缘有黑色条块，这是男性牧民的传统服装。

藏族群众传统上着束带长袍，由山羊皮做成。在夜间可以把长袍对折充当毯子。藏袍内面是细细的羊毛，而结实耐用的羊皮在外面抵御风雪。袖子格外长，可保持双手温暖。妇女将头发编成穗，然后佩戴珠宝。这些珠宝中，珊瑚是妇女们尤其看重的。

牧群

牧民的衣、食、住、行完全依赖于牧群，有时他们还会由此获得收入。这些动物全身都是宝。例如，山羊的奶可以做成奶酪，皮毛可以制成衣服，羊毛用于交易，牛粪可以做燃料。

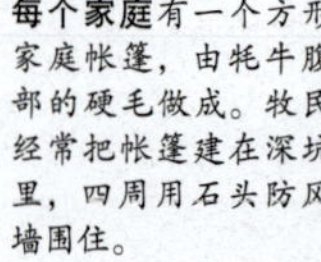

每个家庭有一个方形家庭帐篷，由牦牛腹部的硬毛做成。牧民经常把帐篷建在深坑里，四周用石头防风墙围住。

女牧民正在往防风墙上堆牦牛粪。牦牛粪风干之后，她将其从墙上刮下来，当做煮饭用的燃料。工作任务严格按性别分配。妇女做所有的挤奶、搅乳、编织、收集燃料的工作，所以全年大部分时间比男性工作辛苦。

牧民把牦牛奶制的黄油从搅乳器倒出，用来制作浓烈且带咸味的酥油茶。游牧民族的日常饮食非常简单，主食是糌粑，这是藏语，炒青稞麦的意思。可以干吃，也可以当主食食用。几乎为牧民提供了大约一半的营养。也有奶酪、萝卜，偶尔炖肉补充饮食。

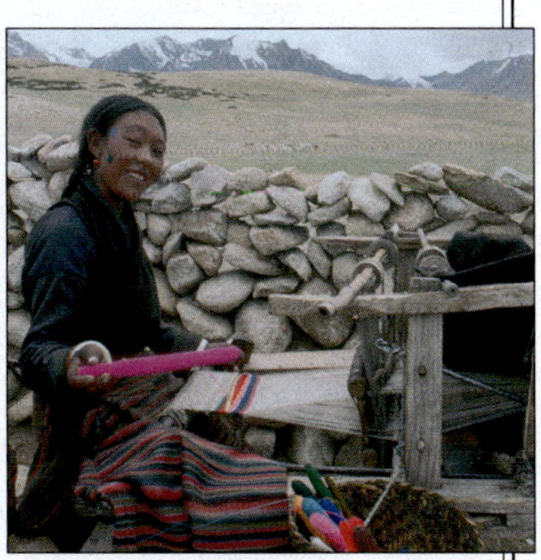

牧民使用织布机，将牦牛毛和羊毛织成结实的纺织品，用来做帐篷、毯子和衣服。开司米是指长在山羊下腹部柔软的一层细毛，最近越来越受欢迎。所以许多牧民的收入有所增加。

牧群迁徙

因为整个羌塘高原的生长季节都一样，游牧民族既不持续迁徙，也不会移动得太远。他们只在 15～65 公里的范围内迁徙。事实上，他们尽量减少迁徙，牧民认为过多移动会对牲畜不利。有些家庭甚至在其主要露营点建造房屋。到了秋天，牧群吃完了主要露营点的大部分植被，生长季节也已经结束，此时牧民就会将牲畜赶到下一个平地放牧。在这里，牧群要在干枯的植被上寻找牧草，时间长达 8～9 个月。随后，牧民可能会把牲畜赶到一些更远的小山上。然后，他们再回到原来的露营点。

牧民正在赶着牦牛翻越雪山

西藏

巨大的青藏高原总面积250万平方公里。其北方广阔的区域是羌塘高原，面积辽阔，为无人居住的高原沙漠，其间咸水湖星罗棋布。几乎所有的主要景点和城市以及西藏半数人口（西藏人口 281 万），都集中在环境稍好的南部地区。

雅鲁藏布江冲击形成的肥沃的雅鲁藏布江谷地濒临喜马拉雅山脉，该山脉走向沿西藏南部边界。喜马拉雅山只有 14 亿年的历史，是地球上最年轻、最高的山脉，有 70 多个山峰达 7000 米，包括海拔最高的珠穆朗玛峰，高达 8844.43 米。这些山峰被积雪覆盖，因此西藏才赢得了“雪域高原”的称号。在平均海拔 4000 米以上，稀薄的空气加剧了阳光照射，使得适应气候和防晒至关重要。

西藏东部有中国三大河流波涛汹涌的长江、萨尔温江和湄公河冲刷出的峡谷。西藏北部宽敞辽阔，是吃苦耐劳的游牧民族的聚居地。随着现代工业化影响的深入，这些未开发地区慢慢缩小。近 50 年来，西藏在中央政府领导下，发展迅速，但同时西藏仍然坚定地保留着其文化传统，最明显的表现就是兴盛起来的寺庙。随着越来越多的地区对外开放，旅游业发展迅速，游客们也有机会一览曾经封闭的神秘世界。

主要的祈祷大厅在甘丹寺

◁拉卜楞寺宏伟的大门

拉萨 ❶

自7世纪起便成为西藏的首府，拉萨风景迷人，是西藏旅游的重要一笔。布达拉宫屹立于红山上，曾是达赖喇嘛的生活起居地。依山而建，气势雄伟，总览全城。拉萨东部老城的部分区域是最有意思的地区。它的中心有令人尊敬的大昭寺。周围是八廓街，这里仍保留着古老的风格，寺庙烟雾缭绕，寺中有鹅卵石铺地的小巷。许多虔诚的藏族群众来此朝拜。混凝土建筑物和网吧的出现显示了最近几十年来拉萨发生的巨大变化。

次巴拉康泥塑

拉萨市中心

阿尼仓姑寺 ④
大昭寺 ⑤
鲁康 ②
罗布林卡 ⑦
布达拉宫 ①
小昭寺 ③
西藏博物馆 ⑥

图示

城市地图：八廓街

（参见528页～529页）

0 meters 500
0 yards 500

Drepung Monastery & Nechung Monastery
BEIJING ZHONG ROAD
NORBULINGKA BEI ROAD
MINZU NAN ROAD
⑥ Tibet Museum
MINZU ROAD
⑦ Norbulingka
NORBULINGKA ROAD
Main Bus Station
Lhasa Airport 93 km (60 miles)
Railway Station 4 km (2.5 miles)
CHINGDOL ZHONG ROAD
Kyi Chu

鲁康寺的彩色壁画

布达拉宫

参见532页～533页。

鲁康

拉萨龙王潭公园。

位于布达拉宫山后的湖中岛上，为拉萨市著名园林之一。风景如画，古柳蟠生。此寺庙是为供奉水神龙王（鲁）而建立。寺中主厅里刻有鲁的神像，骑象而飞。寺的顶层装饰有美妙的18世纪壁画，显示了佛教取经的线路。达赖喇嘛（参见518页）住在此，修身养性。

寺中二层墙壁布满佛教神话，描述印度密宗大师在操练神秘的瑜伽。宗教神话也显示了六世达赖喇嘛宗师罗布林卡的生活片段，而鲁康就是罗布林卡于17世纪初建立的。

小昭寺

每天上午9:00～下午5:00。付费。

小昭寺，3层，位于八廓街北（参见528页～529页），是大昭寺的姊妹寺。7世纪由唐嫁入吐蕃的文成公主主持修建（参见518页），用来供奉她带来的觉卧佛——释迦牟尼佛12岁等身像（西藏最尊敬的佛）。据说，松赞干布死后，唐朝派兵入吐蕃抢走觉卧佛，其家人将塑像隐藏在大昭寺内。后金城公主再嫁入吐蕃，才把觉卧佛迎出供于大昭寺觉康，并将原供于大昭寺的松赞干布的另外一位妻子尼泊尔尺尊公主带来的米居多杰佛——释迦牟尼8岁等身像移至小昭寺供奉（参见530页～531页）。

重建后的寺院有许多巨大的转经轮，但不如大昭寺热

小昭寺的转经轮

达赖喇嘛在罗布林卡的新宫

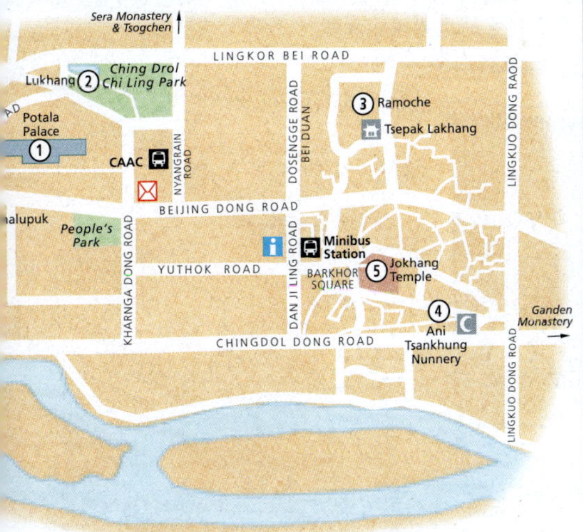

闹。隔壁是**次巴拉康**，供奉着强巴，这是西藏对未来佛的称呼（参见 521 页）。

阿尼仓姑寺

每天。

阿尼仓姑寺有着与众不同的传统和风格，这里不仅是女性信徒和僧尼们的乐园，同时也是女性学习佛学和各种知识的场所。

在西藏旧城，阿尼仓姑寺隐匿其中，很难寻觅。在热闹繁忙的八廓街以南的后巷里漫步，寻觅阿尼仓姑寺是一种美妙的体验。黄色建筑依街而建，阿尼仓姑寺坐落其中。阿尼仓姑寺主大厅里供奉着千手观音菩萨像（参见 521 页），其背后是 7 世纪时松赞干布使用的冥想室。寺内花木繁茂，一尘不染，空气中弥漫着宁静古朴的气氛。阿尼仓姑寺众女尼们会热情欢迎游客，这是该寺最主要的吸引点。

大昭寺

参见 530 页～ 531 页。

西藏博物馆

夏季：上午 9:00 ～下午 6:30，冬季：上午 10:30 ～下午 5:00。

西藏博物馆是西藏第一座具有现代化功能的博物馆。

大昭寺建筑恢弘壮观。该寺到处有宗教宣传，且有 3 万多件文物值得一游。寺内有大量的宗教艺术品，但最有趣的展示品是西藏珍贵的乐器和医疗工具。

罗布林卡

每天上午 9:30 ～下午 6:00。

游客清单

51 万。到拉萨贡嘎国际机场，距离拉萨 65 公里，然后可乘交车。到拉萨汽车站。主要汽车站、中国民航、小巴站。四轮驱动车。西藏旅游局。电话：（0891）6912080。

罗布林卡（宝贝公园）曾是历代达赖喇嘛的夏宫，现在被辟为风景优美、树木繁茂的公园。1755 年七世达赖喇嘛始建，后世达赖不断扩建，全园占地 36 万平方米，一些宫殿、礼堂和其他建筑矗立其间，是午后休闲的好去处。入口西侧的小路可通至最古老的宫殿——**格桑颇章**，八世至十三世达赖都使用过该宫殿。主厅有大量的唐卡（参见534页）和一个宝座。更吸引人的是**新宫**，位于园林北部，是 1954 年为当时的十四世达赖喇嘛修建的。它的大殿内以壁画的形式展示西藏历史的重大事件，包括开垦第一块土地到修建包括罗布林卡在内伟大的寺庙建筑等。旁边是达赖喇嘛的冥想室和卧室，完全保留了当时的样子。夏天是最好的旅行季节，气候温暖湿润，整座城市郁郁葱葱，还能赶上雪顿节。雪顿节时期，西藏各地的藏戏流派都汇集该处举行盛大会演，拉萨城内的老百姓更是举家前往罗布林卡，歌舞欢庆达一周时间。

罗布林卡内色彩耀眼的门廊

城市地图：八廓街

拉萨最活跃的街道——迷人的八廓街有着熙熙攘攘的朝圣者、当地人及去往大昭寺（参见530页～531页）的游客——每当黄昏时分游人络绎不绝。这种顺时针方向、围绕着大昭寺的环游朝圣，也有人称其为科拉，是西藏最神圣的朝拜，起源于公元7世纪；线路两旁的市场摊位为到此的朝圣者服务。八廓街大多数是古老建筑物，有些可以追溯到8世纪。尽管人们努力保护，但一些重要的建筑物还是被拆除了，取而代之的是传统式建筑。尽管如此，八廓街的卵石小巷依旧独特古典。

大昭寺屋顶装饰品

酥油摊
一位摊主正在出售供大昭寺朝圣使用的牦牛酥油。该酥油应用广泛，使得该地区飘着一股独特的味道。

★ 大昭寺
宏伟的大昭寺，是西藏最重要的宗教建筑，它坐落在八廓街的中心，拉萨的其他地区围绕着它发展。

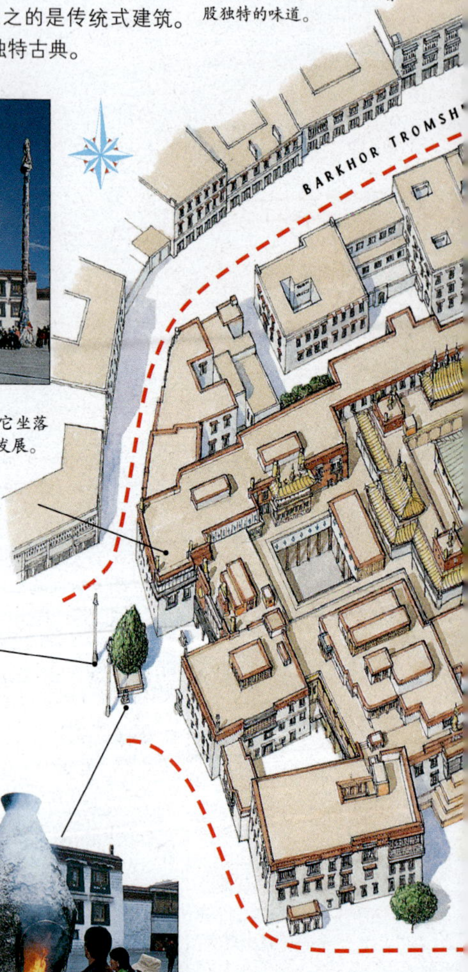

BARKHOR TROMSHI

风马旗
大昭寺外立着的两支挂满风马旗的经杆。

香炉
灌木杜松在四只石质香炉内燃烧着，这是朝圣线路的标志。

图示

- - - 朝圣线路

星级景点

★ 大昭寺

★ 墨如宁巴寺

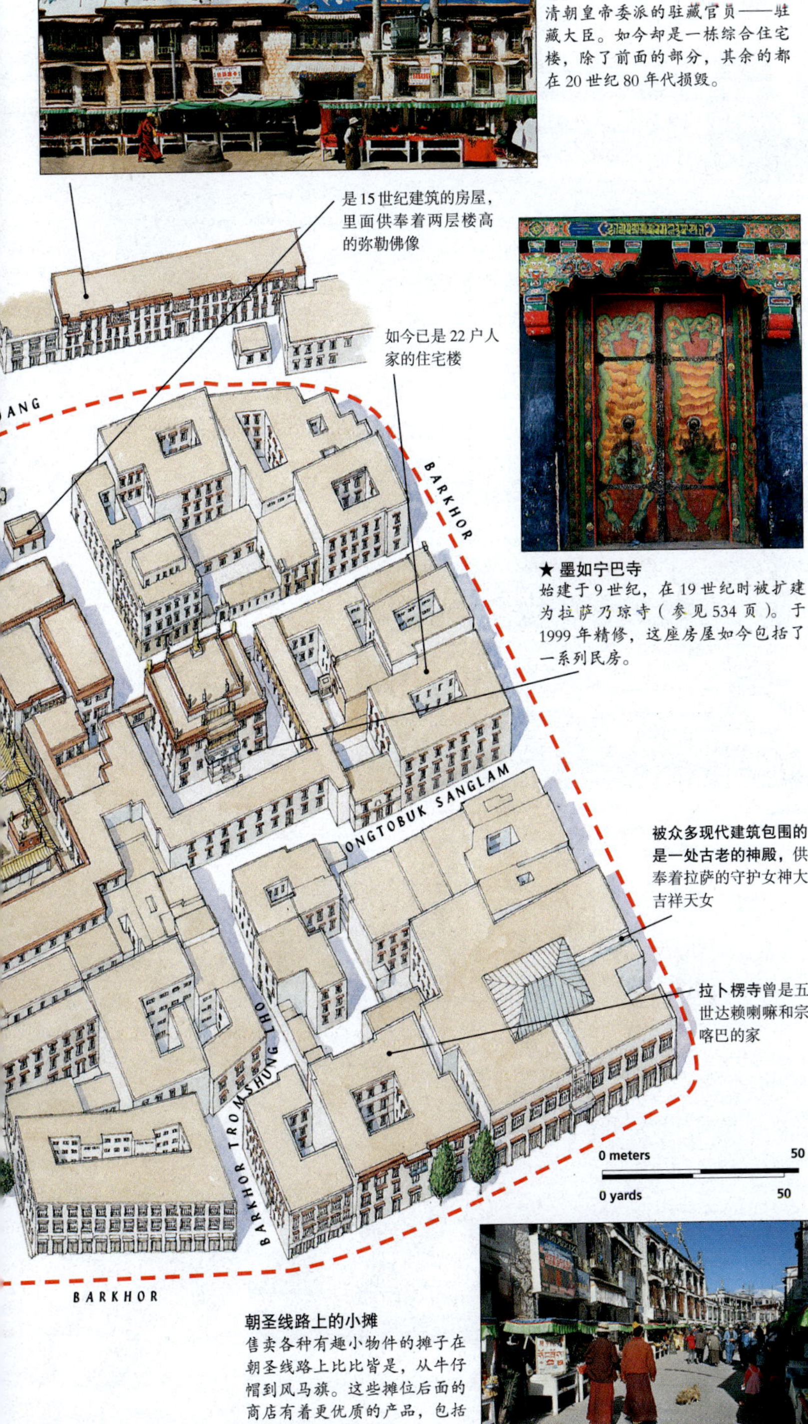

这座18世纪的房屋，曾经居住过清朝皇帝委派的驻藏官员——驻藏大臣。如今却是一栋综合住宅楼，除了前面的部分，其余的都在20世纪80年代损毁。

是15世纪建筑的房屋，里面供奉着两层楼高的弥勒佛像

如今已是22户人家的住宅楼

★ 墨如宁巴寺

始建于9世纪，在19世纪时被扩建为拉萨乃琼寺（参见534页）。于1999年精修，这座房屋如今包括了一系列民房。

被众多现代建筑包围的是一处古老的神殿，供奉着拉萨的守护女神大吉祥天女

拉卜楞寺曾是五世达赖喇嘛和宗喀巴的家

朝圣线路上的小摊

售卖各种有趣小物件的摊子在朝圣线路上比比皆是，从牛仔帽到风马旗。这些摊位后面的商店有着更优质的产品，包括了宗教雕像、地毯等。

大昭寺

屋顶动物塑像

无止境的喧嚣，摇曳着的酥油灯，令人沉醉的焚香使得大昭寺之旅成为西藏最难忘的经历。大昭寺始建于639年，是为供奉松赞干布的尼泊尔妻子尺尊公主作为陪嫁带来的释迦牟尼8岁等身像而建的。松赞干布的另一位妻子，来自中原的文成公主为其选址。文成公主称有一个巨大的女妖头东腿西休眠于地下，大昭寺所在的湖泊是女妖的心脏，湖水是她的血液，需建一座庙宇才能压住她。松赞干布去世后，文成公主的陪嫁释迦牟尼12岁等身像从小昭寺（参见526页）移到了大昭寺，人们认为面临入侵时大昭寺比小昭寺更加安全。

叩头的朝圣者
大昭寺是西藏最神圣的庙宇。朝圣者在寺院门外的石板上跪拜祈祷。

庭院
这种开放的庭院是节日祭祀的中心。祭坛上数以百计的酥油灯从入口延伸至内里。

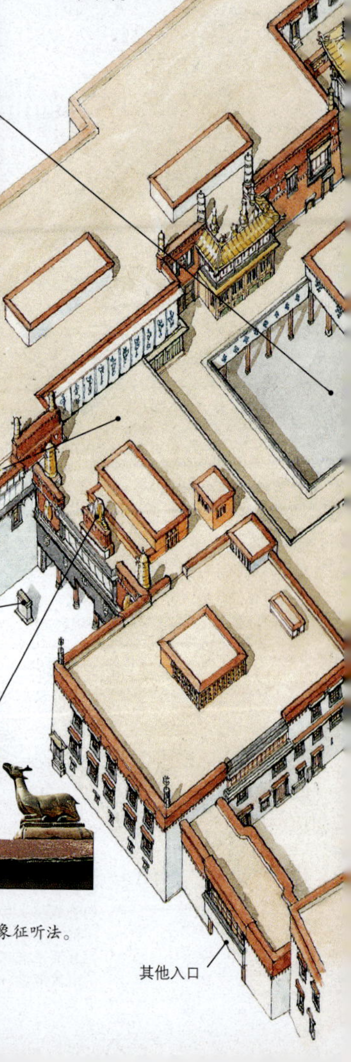

入口处立着威严的四大天王，掌管着四个主要的方向

这块石碑刻有公元822年大唐与西藏立下的条约，表示两国相互尊重彼此的边界

屋顶装饰
法轮象征佛法，两旁的卧鹿象征听法。

其他入口

星级景点

- ★ 仙乃日殿
- ★ 觉卧佛殿
- ★ 内部密室

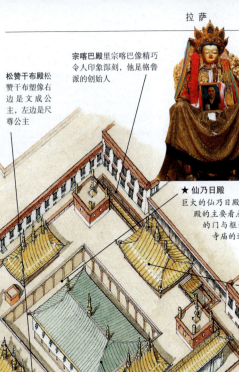

宗喀巴殿里宗喀巴像精巧令人印象深刻，他是格鲁派的创始人

松赞干布殿松赞干布塑像右边是文成公主，左边是尺尊公主

游客清单

拉萨八廓街。每天上午9:00～下午6:00。从左往右沿顺时针方向游览。内部密室 上午8:00～中午。 正月里有祈愿大法会。

★ 仙乃日殿

巨大的仙乃日殿即同情世间的菩萨，是该殿的主要看点。7世纪由尼泊尔人制作的门与框架，是为数不多的原来的寺庙的遗物。

★ 觉卧佛殿

朝圣者簇拥在这尊安详的雕像前祭祀和祈祷。这尊释迦牟尼12岁等身塑像是文成公主的嫁妆之一，是西藏最受尊敬的佛像。

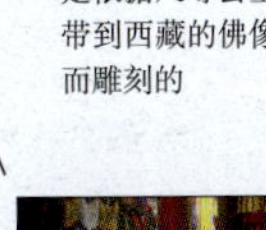

这里供奉的佛像是依据尺尊公主带到西藏的佛像而雕刻的

★ 内部密室

这里供奉着大昭寺内一些最重要的雕像。沿墙分布的经殿需以顺时针方向参观。

经筒

朝圣者朝一个方向旋转环绕于内殿的经筒。

布达拉宫

屋顶青铜雕像

建立在拉萨最高的红山上，布达拉宫是西藏规模最恢弘的建筑。13层楼高，有超过1000个房间，最初是松赞干布为迎娶文成公主而建的，17世纪重建后成为历代达赖喇嘛的冬宫，是西藏历史上政教合一的统治中心。整座建筑具有鲜明的藏式风格，内部还收藏了无数的珍宝，堪称是一座艺术的殿堂，向世人展示西藏灿烂虔诚的宗教文化。松赞干布于631年建成了第一座宫殿，而如今已被合并为更大的建筑群。它由两个主要部分构成——1645年兴建的白宫和1693年竣工的红宫。

★ 金顶
好像飘浮在宫殿之上，金顶覆盖着（实际上是铜）前任达赖喇嘛的往生堂。

五世达赖灵塔殿内供奉的佛塔塔身用金皮包裹，耗金3000公斤。

★ 十三世达赖喇嘛灵塔殿
有黄金和珠宝装饰的十三世达赖喇嘛灵塔，高约13米。在十三世达赖喇嘛土登嘉措的坐像前有一座由20万颗珍珠穿成的珍珠塔。

红宫庭院

地基是完全架构的，使得宫殿立于陡峭的山上

唐卡仓库

★ 立体曼荼罗
这座复杂的曼荼罗由贵重金属和珠宝组成，体现了觉悟的途径。

星级景点

- ★ 十三世达赖喇嘛灵塔殿
- ★ 金顶
- ★ 立体曼荼罗

游客清单

拉萨北京中路。电话：(0891)6834362。每天上午8:00～下午5:00。参观金顶和展览室需额外付费。在经殿内拍照需额外付费。不适宜攀爬阶梯困难的人。

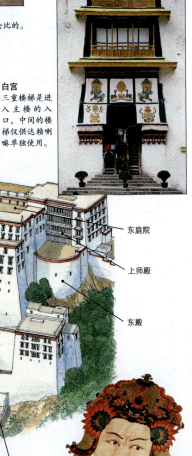

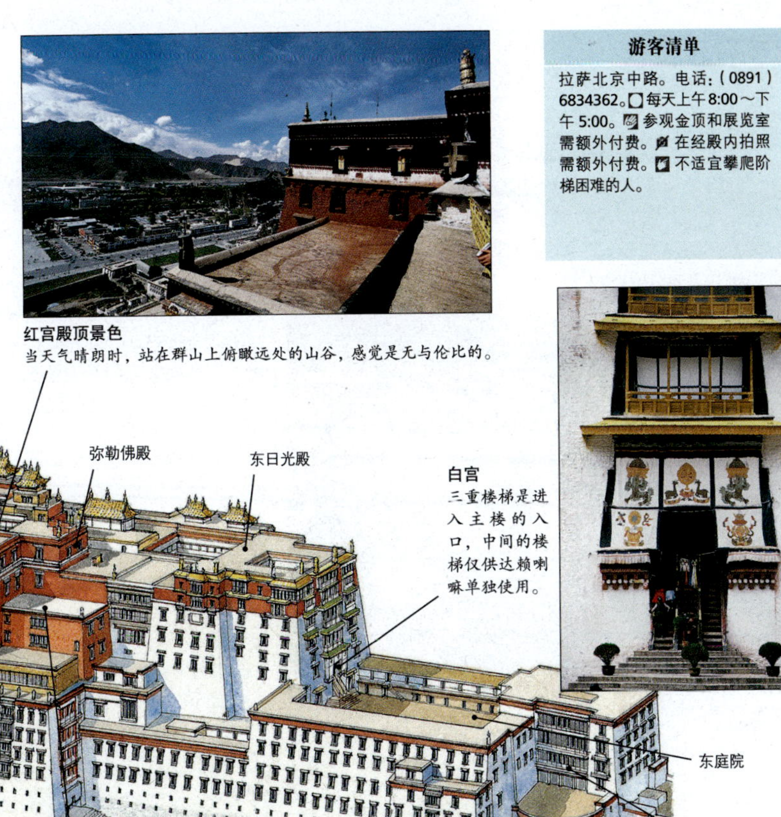

红宫殿顶景色
当天气晴朗时，站在群山上俯瞰远处的山谷，感觉是无与伦比的。

白宫
三重楼梯是进入主楼的入口，中间的楼梯仅供达赖喇嘛单独使用。

天王壁画
东边入口处有华丽的四大天王像，四大天王乃佛祖守护者。

西大厅
位于红宫一层，是布达拉宫内的最大的佛殿，中有六世达赖喇嘛的神圣宝座。

探游拉萨

拉萨周围地区遍布寺院，如哲蚌寺、乃琼寺、色拉寺和甘丹寺。

游客很容易便可从拉萨搭乘汽车、小巴，或租赁车辆，都可做一天内理想的往返旅行。拉萨的旅行社出租大巴、司机，提供导游服务，也代办必要的通行手续。车辆最多可容纳5人。如果为节约成本想寻找旅伴，请查看背包客旅馆的布告栏。

乃琼寺内一幅令人毛骨悚然的密宗画

哲蚌寺

拉萨以西8公里。每天上午8:00～下午4:00（经殿中午～下午3:00关闭）。

整个寺院规模宏大，鳞次栉比的白色建筑群依山铺满山坡，远望好似巨大的米堆，故名哲蚌。哲蚌，藏语意为“米聚”，象征繁荣。由格鲁派创始人宗喀巴（参见520页）的弟子绛央却杰于1416年建立。17世纪时该寺达到鼎盛，曾是西藏最富有的寺院，有4个学院及1万名僧侣，今天也仍有500～600名僧侣。

该院占地面积广阔，游览最简单的途径就是跟随朝圣者，他们围着寺院顺时针行走。从入口处左转就到了**甘丹颇章**，建于1530年，由二世达赖喇嘛主持修建。他的起居室在第七层，房间很朴素。庭院里，木雕工和木刻版印刷工忙于印制经文。下一个就是**错钦大殿或称大法堂**，它是寺里最气派的建筑。屋顶由大约180根柱子支撑着，殿堂挂满了唐卡和帘子，还有装饰用的装甲服。**三世殿**位于大法堂后面。

大殿入口处有楼梯，由楼梯上去，很可能看到**弥勒佛**（又称未来佛或强巴佛）巨大的佛头和手臂，佛身有三层楼高。朝圣者在佛像前顶礼膜拜，并从神圣的海螺中饮水。隔壁是度母堂，内藏有木质的经文和般若佛母的塑像。般若佛母是诸佛的母亲，女神塔拉的化身。在雕像腿上有一颗牙齿，据说是属于宗喀巴的。错钦大殿后是小巧的**文殊寺**，石壁上刻有智慧佛文殊菩萨像。该朝圣线路继续向北至阿巴扎仓经院，然后向东南方向的其他经院移动。

每个殿堂都有精美的雕塑。那些适应了这里生活的游人可以沿着哲蚌寺朝圣的线路游览。沿途风景秀丽，会看到石刻和尼姑的洞穴住所。

乃琼寺

拉萨南部7公里。每天上午8:00～下午4:00（经殿中午～下午3:00关闭）。

从哲蚌寺出来后，朝东南方向步行15分钟，就到了乃琼寺。乃琼寺是西藏乃琼神所在地。在传说中，公元8世纪莲华大师将凶恶的乃琼多吉札丹降伏，将其变为藏传佛教的护法神。因此乃琼寺里有西藏最神奇的一种巫师，也就是法力无边的乃琼神。乃琼神

唐卡与曼荼罗

唐卡是裱好的描画或刺绣于织锦上的宗教绘画。唐卡常见于寺庙还有居民家中。他们描绘的题材广泛，包括众佛生活、西藏神学和占星术以及圣坛或宇宙生命的几何表述。扎什伦布寺（参见542页）每年节日期间展出巨幅唐卡。曼荼罗经常用于佛教徒的冥想，外形方方圆圆，都围绕着正中间的焦点。在拉萨布达拉宫（参见532页～533页）有一个极好的用贵重金属制成的立体曼荼罗。僧侣们花了很长时间做出五彩砂石坛场，完结时却将它们扫除，以此象征生命的短暂。

象征宇宙的曼荼罗

参加色拉寺辩经的僧侣

不仅可预示未来，也守护着佛祖的教义和其追随者。在与达赖喇嘛的交流中，乃琼神身穿精心设计的繁重服饰，在做神示前会异常恍惚，以假死的状态做出预言。乃琼寺院外的装饰令人惊悚，寺院外面的庭院满是血腥的壁画。经殿内一片昏暗，头骨雕塑隐约可见。去二层通风的休息室着实是个不错的选择。屋顶的经殿是用来献给莲华生密宗大师的，也被称为莲华生大师。

色拉寺

拉萨以北4公里。每天下午3:00～5:00。

1419年格鲁派弟子建立了色拉寺。色拉寺以其武僧而出名。这里曾经有僧侣5000名，如今却连1/10都不到，尽管积极的翻修意味着未来情况可能会有好转。

沿着顺时针方向，感受三个经院。从主路上左转就能到达第一个经院——色拉寺，曾供佛教基础教学使用。离色拉寺远一点儿的山上，是密宗学习的场所。它旁边的色拉济用以教化来访的僧侣。每一处建筑都有灯光昏暗的大厅，后面的经殿里满是雕像。寺中最大的，也是最引人注目的是坐落于**山峰最高处的**错钦大殿。它以满墙的唐卡著称，这里还有十三世达赖使用过的宝座，还有他和色拉寺的创始人释迦益西的画像。在小路的尽头是露天辩经场，每天下午3:30，僧侣们会围在一起辩论佛法，值得前来参观。他们仪式化的手势、掌声以及辩论场上的热烈气氛使游人也深受感染。去色拉寺朝圣时，从大门口进入后向西走，一个小时后游历结束，还能看到一些美丽的石头浮雕。

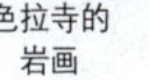
色拉寺的岩画

甘丹寺

拉萨东部45公里。从大昭寺广场有穿梭巴士可达。每天上午8:50～下午4:00。

甘丹寺是由藏传佛教格鲁派的创始人宗喀巴于1409年亲自筹建的，可以说是格鲁教派的祖寺。宗喀巴的法座继承人，历代格鲁派教士甘丹赤巴居于此寺。

甘丹寺是距离拉萨最远的寺庙，坐落于旺波日山上，景色秀丽，最值得一游。感受这个地方，最好是同兴奋的朝圣者一起搭乘每天早上6:30从拉萨八廓街发车的大巴，下午2:00返回。甘丹寺的核心建筑是**赤多康佛堂**，其中间是一个巨大的金银佛塔（舍利塔或宗喀巴的葬冢），里面还存有宗喀巴的遗物。然而，建筑物并不是该寺主要的魅力所在。该寺的朝圣是一大亮点，朝圣为时一个小时。

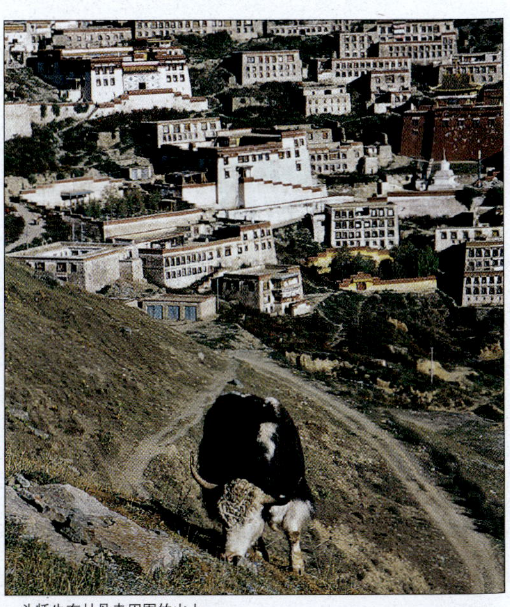
一头牦牛在甘丹寺周围的山上